T0194866

Heine-Jahrbuch

Herausgegeben in Verbindung mit
der Heinrich-Heine-Gesellschaft

HEINE-JAHRBUCH 1999

38. Jahrgang

Herausgegeben von Joseph A. Kruse
Heinrich-Heine-Institut
der Landeshauptstadt Düsseldorf

Verlag J. B. Metzler
Stuttgart · Weimar

Anschrift des Herausgebers:
Joseph A. Kruse
Heinrich-Heine-Institut
Bilker Straße 12–14, 40213 Düsseldorf

Redaktion: Karin Füllner und Marianne Tilch

Die Deutsche Bibliothek – CIP-Einheitsaufnahme

Heine-Jahrbuch ... / hrsg. in Verbindung mit der Heinrich-Heine-
Gesellschaft. – Stuttgart ; Weimar : Metzler.
Erscheint jährl. – Früher im Verl. Hoffmann und Campe, Hamburg. –
Aufnahme nach Jg. 34. 1995
Darin aufgegangen: Heinrich-Heine-Gesellschaft:
Mitteilungen der Heinrich-Heine-Gesellschaft, Düsseldorf

Jg. 34. 1995 – Verl.-Wechsel-Anzeige

ISBN 978-3-476-01710-9
ISBN 978-3-476-03788-6 (eBook)
DOI 10.1007/978-3-476-03788-6
ISSN 0073-1692

© 1999 Springer-Verlag GmbH Deutschland
Ursprünglich erschienen bei J.B. Metzlersche Verlagsbuchhandlung
und Carl Ernst Poeschel Verlag GmbH in Stuttgart 1999

Inhalt

Siglen

1. H. Heine: Werke und Briefe

B   = Heinrich Heine: Sämtliche Schriften. Hrsg. von Klaus Briegleb. München:
               Hanser 1968–1976, 6 Bände (6, II = Register)
DHA   = Heinrich Heine: Sämtliche Werke. Düsseldorfer Ausgabe. In Verbindung
               mit dem Heinrich-Heine-Institut hrsg. von Manfred Windfuhr. Hamburg:
               Hoffmann und Campe 1973–1997
HSA   = Heinrich Heine: Werke, Briefwechsel, Lebenszeugnisse. Säkularausgabe.
               Hrsg. von den Nationalen Forschungs- und Gedenkstätten der klassischen
               deutschen Literatur in Weimar (seit 1991: Stiftung Weimarer Klassik) und
               dem Centre National de la Recherche Scientifique in Paris. Berlin und
               Paris: Akademie und Editions du CNRS 1970 ff.

2. Weitere Abkürzungen

Galley/Estermann = Eberhard Galley und Alfred Estermann (Hrsg.): Heinrich Heines Werk im
                   Urteil seiner Zeitgenossen. Hamburg: Hoffmann und Campe 1981 ff.
HJb   = Heine-Jahrbuch. Hrsg. vom Heinrich-Heine-Institut Düsseldorf. Ham-
                   burg: Hoffmann und Campe 1962–1994; Stuttgart: Metzler 1995 ff.
Mende   = Fritz Mende: Heinrich Heine. Chronik seines Lebens und Werkes. Berlin:
                   Akademie ¹1970; ²1981
Seifert   = Siegfried Seifert: Heine-Bibliographie 1954–1964. Berlin und Weimar: Auf-
                   bau 1968
Seifert/Volgina = Siegfried Seifert und Albina A. Volgina: Heine-Bibliographie 1965–1982.
                   Berlin und Weimar: Aufbau 1986
Werner   = Michael Werner (Hrsg.): Begegnungen mit Heine. Berichte der Zeitgenos-
                   sen. Hamburg: Hoffmann und Campe 1973, 2 Bände
Wilamowitz   = Erdmann von Wilamowitz-Moellendorff und Günther Mühlpfordt (†):
                   Heine-Bibliographie 1983–1995. Stuttgart und Weimar: Metzler 1998
Wilhelm/Galley   = Gottfried Wilhelm und Eberhard Galley: Heine-Bibliographie [bis 1953].
                   Weimar: Arion 1960, 2 Bände

Aufsätze

I.

»Berlin ist gar keine Stadt«

Der Ursprung eines Topos. Heines »Briefe aus Berlin«

Von Susanne Ledanff

I. Vorbemerkung

Ironie ist für Heine in vieler Hinsicht das Merkmal der Berliner Eindrücke. Die naiv-entlarvende Bemerkung einer jungen Berlinerin – »Mutter, was gehn Ihnen die jrine Beeme an?« – ist ihm eine »ergötzliche« Reaktion auf »unwahre Naturempfindung und dergleichen grüne Lügen« (DHA VII/1, 95). Ironie ist ihm auch die Namensgebung der Monumente und Anlagen in der preußischen Hauptstadt: die »Lange Brücke«, die nicht sehr lang ist, und der »Lustgarten«, wo der Garten oder die Lust (oder beides) fehlt, denn er ist ein Exerzierplatz (DHA VI, 10). Ironie ist nun aber auch in Hinblick auf Heines Beschreibungen der preußischen Hauptstadt darin zu sehen, daß die prägnanteste Analyse des geistigen Berlin nicht in den »Briefen aus Berlin« zu finden ist, wo man sie mit Recht erwarten dürfte, sondern in einem Vergleich der Städte Berlin und München am Anfang der »Reise von München nach Genua«. Hier ist eine Definition einer paradoxen Eigentümlichkeit der Stadt nachzulesen: »Berlin ist gar keine Stadt, sondern Berlin giebt bloß den Ort dazu her, wo sich eine Menge Menschen, und zwar darunter viele Menschen von Geist, versammeln, denen der Ort ganz gleichgültig ist; diese bilden das geistige Berlin.« (DHA VII/1, 17) Die Charakteristik, die zunächst als eine Heinesche Kennzeichnung des geistigen Lebens Berlins aus der rationalen Tradition der Aufklärung genommen werden kann, die vom Geist Friedrichs des Großen und des Buchhändlers Nicolai geprägt wurde[1], kann in bestimmter Weise als Auftakt einer modernistischen Toposbildung verstanden werden: Gemeint ist der Topos einer berlinspezifischen Anonymität und »Wesenlosigkeit«, der die Lage des Intellektuellen in einem wenig heimeligen, geschichtslosen Klima kennzeichnet und zudem das Bild der namenlosen »unsichtbaren

Stadt« und die Austauschbarkeit der modernen technischen Metropolen des Funktionalismus in der Epoche der Neuen Sachlichkeit andeutet.[2]

Vom Stereotyp des rationalen Berlinismus, der immerhin schon in Goethes und Schillers Flüsseallegorien der Xenien eine Anti-Berlin-Polemik entzündete, zu den (post)modernen »city matters« des 20. Jahrhunderts wäre es nun ein schier unüberwindbarer Sprung bzw. eine rein semantisch verfahrende Klitterung von Berlinstereotypen, wenn solche leicht überspitzten Stadtcharakteristika nicht von Heine stammten, der 1822 seine, wie zu sehen sein wird, in der Tat modernistische Züge aufweisenden Berlinimpressionen aus seiner Berliner Studienzeit der Jahre von 1821 bis 1823 im »Kunst-und Wissenschaftsblatt« des »Rheinisch Westfälischen Anzeigers« als sein Prosadebut veröffentlichte: die »Briefe aus Berlin«. Den Berlintexten Heines ist eine erstaunlich geringe Aufmerksamkeit gewidmet worden, und dies sowohl in den Kulturgeschichten Berlins[3], der Geschichte der Stadtbeschreibungs- und Reiseliteratur, der Geschichte der urbanen Berliner Ästhetik[4] wie schließlich auch in der eigentlichen Heine-Forschung. Hier war es Jost Hermands Ehrenrettung der journalistisch-politischen Radikalität der »Briefe« in seinem Artikel »Heines ›Briefe aus Berlin‹. Politische Tendenz und feuilletonistische Form« von 1969[5], die damit allerdings auch deren Bedeutung als »Vorstufe« zur politisch codierten neuartigen Schreibweise der »Reisebilder« festlegte. Ich will im folgenden zeigen, wie die Heinesche Schreibweise das gesellschaftliche Phänomen der damaligen Großstadt Berlin auf kulturelle Umbruchserscheinungen und auf eine spezifische »kulturelle Moderne« einer anonymen städtischen Kommunikationskultur hin zu deuten vermag. Heine kann als der Autor gesehen werden, der als Beobachter der Berliner diskontinuierlichen Kulturentwicklung als erster seine bereits ästhetisierten Akzente auf die Stichworte einer ›exzentrischen‹ geschichts- und traditionslosen Berliner ›Andersheit‹ setzt. Zu ergänzen ist, daß eine neue Untersuchung, nämlich Hinrich C. Seebas Deutung der Heineschen Berlintexte als »Origins of the Urban Gaze«, die Modernität der lange vernachlässigten Berliner urbanen Erfahrung bei Heine bestätigt, hier im Vorgriff auf die Stadttexte der Moderne.[6] Seeba entdeckt Heine als den ersten Flaneur der Literaturgeschichte – vor Börne, Kracauer und Hessel –, der als »critical flaneur« mit seinem »consuming gaze« die Widersprüche und den »unheimlichen Kontrast« im Schauspiel der urbanen Massen herausliest. Diese aufschlußreiche Interpretation der Modernität von Heines Berlintexten als »urbane Zeichendramaturgie« kann durch weitere Einordnungen der Berliner Kulturphänomene und dem für Heine spürbar Neuen, Spezifischen und Zukunftsweisenden in der damals jüngsten europäischen Metropole ergänzt werden. Wenn sich nachweisen läßt, wie Thomas Anz bei seiner Begriffsbestimmung der Avantgardebewegungen des 20. Jahrhunderts für die Berliner Situation um 1800 feststellt, daß nämlich sich hier bereits die berlinspezifischen »virulenten Spannungen zwischen gesellschaftlichen Modernisierungsprozessen und ästhetischen Innovationsschüben«[7] abzeichnen, dann sind Heines Berlin-Texte für ein in dieser Hinsicht noch ausstehendes Projekt der frühen Berliner Kultur- und Literaturgeschichte von hervorragender Bedeutung. Es wird nachzuweisen sein, wie es gerade Heines vom Berliner Anschauungsobjekt entzündeter ironischer Schreibweise gelingt, die ›objektiv-ironischen‹ Widersprüche und die Modernisierungsprozesse der Berliner Stadterfahrung für eine Rekonstruktion der Vorgeschichte der Berliner Moderne zugänglich zu machen.

II. Berliner Traditionslosigkeit: Berlinimagos im Überblick

Um auf die weiteren zugespitzten Stadtcharakteristika der Stadtvergleichsatire von Berlin und München zurückzukommen, die Heine 1829 mit Münchner Erinnerungen, aber auch einer aufgefrischten Berlinanschauung bei der Fertigstellung der »Italienischen Reise« während seines dritten Aufenthalts in Berlin (und Potsdam) verfaßt[8], so enthalten sie das Paradox, daß sie einerseits damals bereits konventionelle Berlinbeschreibungen vorführen, aber andererseits fast wörtlich die späteren radikalen Berlinimagos der Moderne antizipieren. Damit dürften sie mehr darstellen als nur ein Jonglieren mit witzigen Städtestereotypen. Wie schon die Berliner unsinnliche Geistigkeit ist auch der Eindruck baulicher Traditionslosigkeit bereits Zitat: »Der durchreisende Fremde sieht nur die langgestreckten, uniformen Häuser, die langen breiten Straßen, die nach der Schnur und meist nach dem Eigenwillen eines Einzelnen gebaut sind und keine Kunde geben von der Denkweise der Menge.« (DHA VII/1, 17) In die »Briefe aus Berlin« baut Heine eine beglaubigte Berlinreisebeschreibung ein, nämlich die berühmte Charakteristik Madame de Staëls, nach der die ganz moderne Stadt, »cette ville toute moderne«, keine Prägung durch die Geschichte und den Charakter der Bewohner erkennen läßt (»on n'y aperçoit point l'empreinte de l'histoire du pays, ni du caractère des habitants«).[9] Traditionslosigkeit in Stadtbild und Stadtkultur, eine Stadtanlage, die keine gewachsene National- und Stadtkultur spiegelt, sind Merkmale einer bis in heftige antiurbane Affekte hineinreichenden Geschichte der Berlinbeschreibung, die dann das Verhältnis zum »steinernen Berlin« der Mietskasernenstadt ausdrücken. Die uniforme Nüchternheit des Stadtbilds, so analysiert Heine in der Nachfolge Mme. de Staëls, verdankt sich dem

»Eigenwillen eines Einzelnen,« des »großen Fritz« als des »vorzüglichsten«
Stadtplaners, später, wie in den »Briefen« ausgeführt wird, weiterer könig-
licher Stadtbildner, namentlich Friedrich Wilhelms III., dessen klassizistischer
Umgestaltung Heine beiwohnt. Eine preußische Tradition ist also schon der
Ursprung dieser Berliner Moderne mit ihrem Mangel an »Alterthümlichkeit«:
»und doch ist dieses Neue schon so alt, so welk und abgestorben. Denn sie ist
größtentheils, wie gesagt, nicht aus der Gesinnung der Masse, sondern Einzelner entstanden« (DHA VII/1, 17). Heines eigentümliche Betonung des
Kontrasts von »Menge« und »Einzelnem« ist für Seeba der »ironical twist«,
den er den konventionellen Ansichten gibt: »welk« und »tot« ist das friderizianische Berlin, nicht das zukünftige Berlin der urbanen Massen. Nicht nur
das friderizianische Berlin aber, dessen musealen Charakter er in Potsdam erfährt, ist der von Seeba herausgestellte »Kontrast«. Die permanente Berliner
Moderne wird, wie in den »Briefen aus Berlin« deutlicher zu sehen, ideolo-
giekritisch als autoritäre »Gesinnungsarchitektur« gesehen, wobei jedoch das
schnelle Veralten dieser prestigeträchtigen Projekte der preußischen Monarchen ihre jeweiligen Ewigkeitsabsichten ad absurdum führt. Damit ist bereits
die erste der Berliner »Ironien« angedeutet. Heine konnte selbstverständlich
nicht ahnen, daß die Zukunft aus der Berliner architektonischen Künstlichkeit und Uniformität die prosaische Häßlichkeit der monotonen Mietskasernenstadt machen würde. Der Berliner Uniformismus ist generell ein in den jeweiligen historischen Momenten ideologisch und sozialkritisch zu deutendes
Phänomen. Heines Stadtvergleichssatire deutet an, daß die Berliner bauge-
schichtlichen Ironien und ihr Ursprung aus der verspäteten, schnell rotieren-
den Repräsentationskultur für ihn symbolische Auflösungserscheinungen des
Alten darstellen mögen, die im traditionellen Stadtbild der mittelalterlich geprägten Stadt eher verschleiert sind.

   Pointe und Aufmacher des Berlin-Münchner Städtevergleichs ist die neue
Konkurrenz der Städte um den Titel des »neuen Athen«. Noch ehrgeiziger als
der Emporkömmling Berlin erscheinen Münchens neuerliche Ansprüche auf
den Titel, damals also der Inbegriff einer glanzvollen metropolitanen Progressivität. »München«, so lautet Heines scheinbar positive Wertung, ist

> eine Stadt, gebaut von dem Volke selbst, und zwar von auf einander folgenden Generazio-
> nen, deren Geist immer noch in ihren Bauwerken sichtbar, so daß man dort, wie in der He-
> xenscene des Makbeth, eine chronologische Geisterreihe erblickt, von dem dunkelrohen
> Geiste des Mittelalters, der geharnischt aus gothischen Kirchenpforten hervortritt, bis auf
> den gebildet lichten Geist unserer eignen Zeit, der uns einen Spiegel entgegenhält, worin je-
> der sich selbst mit Vergnügen anschaut. (DHA VII/1, 18)

Bei dieser Veranschaulichung des Hegelschen Weltgeistes in Münchens Stadtbild sind nicht nur die Ausdrücke der »spaßhaften Rührung« bei der Betrachtung der barocken »haarbeuteligen Schlösser« ein Indiz für den leisen Spott
an dieser traditionsreichen Geistigkeit: Vor allem die letzte Befreiung des
»Geists«, der München zum »neuen Athen« machen will, die »heiteren
Kunsttempel« des Neoklassizismus Klenzes, spielen auf eine zweifelhafte
Progressivität an. Sollte Heine nicht die Parallele mit der königlichen Stadtge-
staltung aus der »Gesinnung [...] Einzelner«, im Falle Münchens durch Kö-
nig Ludwig I., gesehen haben? »Vom Volk selbst gebaut« ist die bayerische
Hauptstadt gewiß nicht, nicht in der Gegenwart, nicht in der Vergangenheit.
Heine läßt nun die Streitfrage der Städtekonkurrenz listig in der Schwebe. Er-
gänzt man die hier aufgeführten Stadteindrücke der Berliner Geschichts- und
Traditionslosigkeit als Formel der kurzen hauptstädtischen Vergangenheit der
Preußenmetropole durch weitere zeitgenössische Wahrnehmungen eines
Großstadttypus, wie ihn Heines Gesprächspartner Varnhagen von Ense beschreibt, so beeindruckt Berlin vor allem durch »die Mannigfaltigkeit der
Richtungen, die Weite des Raums und die Fülle der Gegenstände, welche sich
in ihnen darboten, das Massenhafte, worin auch das Bedeutende sich verlor«.[10] Diese Formulierung des Bilds der »großen Stadt« im damaligen Ver-
gleichsmaßstab (»gegen welche Frankfurt und Brüssel doch nur als mittlere
aufkamen«) ist nicht uninteressant, nicht nur weil Heine in Hinblick auf die
ihm bekannten Städte mindestens das Gleiche empfinden mußte. In Berlin
sind die neuen Zeitzeichen des Eindrucks des »Massenhaften«, der Weite und
Ausdehnung der bei Heines Ankunft zweihunderttausend Einwohner zählen-
den Stadt der wahrlich wenig harmonische Hintergrund der neuen baulichen
glanzvollen Fassade. Varnhagens Eindruck des »Massenhaften« findet sich,
wie zu sehen sein wird, in den »Briefen aus Berlin« in den unterschiedlichsten
Erscheinungsformen gespiegelt. Wichtig scheint mir, daß der Heinesche Spott
über den ›gewachsenen‹ Stadttypus Münchens in seinem Kontrast zu der un-
romantischen Berliner Neuheit zumindest andeutungsweise auch schon eine
geschichtskritische Pointe verbirgt. Es ist immer verdächtig, wenn Heine wie
in der seiner Romantikkritik zeitlich angenäherten Stadtvergleichsatire eine
Gespenster- und Blutmetaphorik gebraucht. In das Bild der zeitgenössischen
romantischen Erwartungen an sichtbare »Vergangenheit« in deutschen Städten
schiebt sich bereits Heines Kritik der Mittelaltersehnsucht, jenes Mittelalters,
das »manchmal von einem bösen Gespenst belebt, [...] am hellen lichten Tage
in unsere Mitte [tritt], und [...] uns das rothe Leben aus der Brust [saugt]«
(DHA VIII/1, 241).[11]
Von diesen despektierlichen Blicken auf zeitgenössische Vorstellungen älte-

rer und neuerer Städteschönheit nun ein Sprung zu den Topoi der Berlinwahrnehmung der Moderne, die sich nicht nur im Laufe der Industriali-
sierung und Technologisierung der Stadt radikalisieren, sondern, wie schon bei
Heine angedeutet, die ideologischen und politischen Bedingungen der Berliner Andersheit reflektieren. Der Topos der Berliner Traditionslosigkeit
schlägt sich in der Berlinliteratur als eine geradezu legendäre Imagobildung
nieder, die übrigens auch fast immer vom Auftauchen der ambivalenten Metapher des Berliner »Sands« – als Dürre, Voraussetzungslosigkeit und Abstraktheit des Orts – begleitet wird.[12]

Der Kunsthistoriker Wilhelm Hausenstein schreibt im Höhepunkt der My-
thosbildung einer abstrakten Stadterfahrung Berlins in den zwanziger Jahren
des 20. Jahrhunderts:

> Es ist, als ob Berlin auf nichts stünde; nur wäre dieses Nichts eben das ›Nichts‹ ein zum We-
> sen erhobenes Nichtseiendes. Man fühlt keinen Boden – und eben dies wäre die Position der
> Stadt. Wir denken an Wien, Paris, an die alten Städte des Südens und Westens, die in ihrer
> Abgestandenheit Wesen haben, Natur haben. Berlin steht in keiner Abgestandenheit, in kei-
> ner Geschichte, gleichsam in überhaupt keiner Herkunft.[13]

Berlinimagos der Moderne in den avantgardistischen Bewegungen, genauer
des Funktionalismus und der Neuen Sachlichkeit, d. h. die imaginären Stadt-
bilder in den Köpfen der Reisenden, Flaneure und Autoren heben das »un-
sichtbare Berlin« hervor und damit die Anonymität und Austauschbarkeit der
modernen Städte.[14] Im kulturhistorischen Wandel der Großstadtrealität im
Zuge der technologischen Modernisierung der Metropole liegen die zu verar-
beitenden Bilder der rational organisierten Massengesellschaft jenseits der
Grenzschwelle einer »zivilisatorischen Moderne«, wie sie etwa als kulturloser
Amerikanismus in der folgenreichen Berlinkritik in Karl Schefflers Buch
»Berlin, ein Stadtschicksal« gezeichnet wird. Die »Fehler und Häßlichkeiten«
im »Schicksal« Berlins führt Scheffler darauf zurück, daß Berlin schon immer
»nicht natürlich wie ein Gewächs sondern künstlich wie eine Gründung geworden ist«.[15] Was hier interessant ist, was letztlich erlaubt, die Heineschen
kritischen Lektüren der Berliner Stadt- und Kultureigentümlichkeiten mit
dem Berliner Zivilisationsmythos des 20. Jahrhunderts in Bezug zu setzen, ist,
daß alle Berlinästhetisierungen der Moderne – im negativen wie positiven Sinne – sich auf den Stand der zivilisatorischen Epochenproblematik, und dies
speziell in den deutschen Verhältnissen beziehen.[16] In den – im Vergleich zu
Heines Beobachtungszeitraum – verschärften Widersprüchen der zivilisatorischen Standortbestimmung im Deutschland der Weimarer Zeit entsteht der
Höhepunkt der Berliner Imagobildung aus dem Kontrastbild kulturell-tech-

nologischer Progressivität der Hauptstadt und rückständiger bzw. traditions-
bewahrender Nation. In diesem Kontext ist Hausensteins von der paradoxen
Berlinattraktion zeugende Bemerkung zu sehen. Sie dehnt fast polemisch den
Provinz-Metropole Gegensatz, das Bild des »Provinziellen«, auf wahre Groß-
städte, bekannte Hauptstädte, auf Wien, Paris, u. a. auch auf die bayerische
Metropole aus. Nun wird das Heinesche Aperçu heimatloser Geistigkeit in
dem »Ansammlung-Ort« Berlin zur wahren urbanen »Indifferenz«, werden
die Topoi der Künstlichkeit der Stadtanlage zum symbolischen Ausdruck des
Stadttypus der Zukunft und des modernen Lebensgefühls. In den modernistischen Topoi der Zwanziger Jahre ist die Vehemenz des Vergleichs und der
Herausstellung Berlins in seiner faszinierenden Andersheit dadurch zu verstehen, daß Berlin als einziger Ort einer umso radikaler und schockartig hervortretenden Moderne es in den Augen mancher Berlinbetrachter auch im europäischen Spektrum unvergleichlich macht. In den anderen nationalen Metropolen
ist die technische Modernisierung der Gesellschaft noch harmonisch in das
traditionsbewahrende Stadtbild integriert.[17] Der »lehrreiche Ort« Berlin ist,
wie auch Blochs Skizzen und Essays zur »Erbschaft dieser Zeit« zeigen, ein
»Hohlraum, der durch den Einsturz der Strukturen der alten Gesellschaft
entstanden ist.« In diesem umgebenden » kochenden Behälter der Vergangenheit« ist Berlin ein antifeudales »Vakuum«: »Berlin ist außerordentlich gleichzeitig, eine stets neue Stadt, eine stets hohl gebaute, an der nicht einmal der
Kalk fest wird oder ist.«[18] Über die Grenzlinie der technisch-kapitalistischen
Industriemetropole hinweg ist es innerhalb des Topos der »immer werdenden« Stadt (Scheffler) eine bestimmte Konstellation, die aufhorchen läßt. Die
städtebauliche Geschichtslosigkeit und Uniformität, die so vielfach seit der
Wilhelminischen Epoche gesteigert wurde, kann zum Symbol einer Wahrnehmung einer anti-feudalen, dynastiefernen städtischen Moderne werden – als
Anzeichen veränderter Ordnungen!

III. Die »Briefe aus Berlin«

In den »Briefen aus Berlin«, den Heineschen Nachrichten an die Provinz, ist,
so soll es an Beispielen aus der hier gelieferten »unsystematischen« Informa-
tionsflut gezeigt werden, eben diese Dynamik einer sich andeutenden Auflösung skizziert, stehen die alten Ordnungen den neuen urbanen Erlebnisformen in krassen, oft paradoxen Situationen gegenüber. Es sind Widersprüche,
die allerdings erst in der Heineschen Perspektive und den sprachlich produ-
zierten Kontrastwirkungen voll zur Geltung kommen. Die in der biographi-

schen Heine-Literatur gern diskutierte Frage nach Heines Verhältnis zu Berlin soll daher zunächst zurückgestellt werden.[19] Notgedrungen mußte Heines
Reaktion auf die preußische Hauptstadt ambivalent ausfallen. Heines Berlin-
erfahrung war, knapp gesagt, gemischt aus den urbanen Anziehungen des Ge-
sellschafts-, Theater- und Musiklebens und dem scharf empfundenen Druck
der restaurationszeitlichen Zensurverhältnisse und der Überwachung der öffentlichen Meinung. Außer der Übung des urbanen »Sehens« in Heines Berliner Erfahrung sei bereits in Hinblick auf die neuen abstrakten Kommunikationsformen des »Lesens« und des »Hörens« von Stadtnachrichten erwähnt,
daß Heine nicht nur ein leidenschaftlicher Flaneur, sondern auch ein nicht
minder leidenschaftlicher Zeitungsleser war, der die neuen städtischen Orte
der Cafés, das Josty und das Stehely, wie andere Liberale auch wegen der hier
ausliegenden Menge der Zeitungen, und zwar auch der ausländischen, besuchte. Die »Briefe aus Berlin« sind ein erstes Ausreizen der ideologie- und
gesellschaftskritischen Rede. Sein hier schon zu findender, die Zensur hinter-
gehender »Verschlußstil«[20] deutet in »unsystematisch«-kohärenter Weise die in
Berlin sich bloßstellenden ›Ironien‹ der Herrschaftsverhältnisse und der Tendenzen in Berlins diskontinuierlicher Kulturgeschichte und kultureller Gegenwart. Für eine imagologische Untersuchung sind gerade die Stadteigen-
tümlichkeiten interessant, die Heine aus dem Vorrat der bereits bekannten
Berlinwahrnehmungen aufgreift, sie in ihrer weniger konventionellen Bedeu-
tungsessenz kritisiert und in die wahren Tendenzen der Gegenwart und Zukunft stellt. Die Wahrzeichen der Stadt, Rationalität, Unsinnlichkeit, Uniformität, Traditionslosigkeit, erhalten in ihren beiden angestammten Domänen,
im Baulichen und Geistigen, eine überraschende neue Bedeutung.

IV. »Spreeathen« und »Spreesparta«

Zur Schilderung der baulichen »Modernismen« wählt Heine den traditionellen Berichtanfang der Schilderung des »äußeren und des inneren Leben Berlins« (S. 9).[21] Dies klingt ähnlich wie der aufklärerisch-empfindsame Reisebrief
Georg Friedrich Rebmanns, dessen überwiegend städtebauliche Lobpreisun-
gen in interessantem Kontrast zu dem stehen, wie Heine die Berliner Stadtgestaltung sieht.[22] Heines journalistisches Debut ist zunächst in die seit der Aufklärung beliebte Stadtbeschreibungsliteratur[23], allerdings hier in die neueren
Muster des zeitgemäßen unterhaltsamen, sprunghaften Erlebnisberichts ein-
zuordnen. Die Ähnlichkeit des berühmten Mottos »Assoziazion der Ideen
soll immer vorwalten« (ebd.) mit der »seltsamen Manier« in Schadens Skan-

dalchronik »Berlins Licht und Schattenseiten« (»was mir auffiel, wurde im Momente des ersten Eindrucks aufgenommen und nur in dieser Ordnung wird es dargestellt«)[24] markiert zugleich die Herkunft des Heineschen Mitteilungsstils aus der zeitgenössischen Journal- und Reiseliteratur – und seine Brechung! In der Tat ist ein »Innen« und ein »Außen« in solcher Weise verwoben, daß aus den städtischen, baulichen Charakteristika Zeichen mentaler und politischer Zustände werden, die sich der Kritik darbieten. Wie H. C. Seeba vorführt, sind selbst die Scherze über die Ironien der Berliner Namensgebung durchaus nicht unschuldig, wenn Heine etwa darauf anspielt, daß bei so vielen unangemessenen Namen auch der Name der »Königstraße« als neuerdings kommerzielle Prachtstraße auf krasse Widersprüche, d. h. das neuerliche Konsumbedürfnis der Massen hinweist.[25] Preisendanz' strenger Bewertung des »Pubertären« in den Witztechniken der Heineschen Frühprosa wäre die Zahl der hintersinnigen Bedeutungen der scheinbar nur launigen Einfälle entgegenzuhalten.[26]

Zunächst scheint bei der Beurteilung der neuen Bauten in Heines »äußerem« Berlinbild ein milder Spott vorzuherrschen, der in den meistgebrauchten Adjektiven erkennbar ist: *groß, herrlich, großartig, prächtig.* Diese übertriebene Huldigung gilt dem klassischen »Spreeathen«: der in Heines Zeit in den zwanziger Jahren sich ereignenden klassizistischen Umgestaltung der Berliner Mitte auf ihrer barocken und friderizianischen Grundlage. Heine durchwandert (und befährt auch einen Teil der Strecke mit der Droschke) die Königstraße, die Linden, die Friedrichstraße und kurz den Tiergarten hinter dem Brandenburger Tor. Von der Droschke aus und somit mit Blick auf die schnell vorbeiziehende neue Prächtigkeit Berlins wird die rhetorische Frage erhoben: » Finden Sie nicht, obschon diese Stadt neu, schön und regelmäßig gebaut ist, so macht sie doch einen etwas nüchternen Eindruck« (S. 16). Aus dem anschließenden Zitat des berühmten Berlinkommentars der Mme. de Staël bleibt vor allem *ein* Satz im Gedächtnis hängen und zwar deshalb, weil Heine bei seinem Stadtspaziergang alles tut, um ihn zu belegen: »Berlin [...] ne fait pas une impression assez sérieuse« (ebd.). Die klassizistischen regelmäßigen Stilideale fallen schon deshalb dem Verdikt der Unseriosität anheim, weil sie nur zu deutlich in Berlin eine hastige Überlappung der Stile bloßlegen. Der Spaziergänger Heine braucht im Jahr 1822 zunächst einmal nur zu beobachten, auf welche Weise, wie Jobst Siedler zur Stadtgeschichte anmerkt, »einzig in Berlin jede Epoche die vorausgegangenen verzehrt«.[27] Das geschah schon in der Umwandlung des friderizianischen Berlins durch Abriß und Aufstockung und in der darauf folgenden Transformation dieses vorklassischen Berlin durch Schinkels Bauten im griechischen Stil. Beispiele der Erneuerungssucht hat Heine festgehalten, meist in ironisierter Form: »Die Bau-

ten unter den Linden, wodurch die Wilhelmstraße verlängert wird, haben
raschen Fortgang. Es werden herrliche Säulengänge.« (S. 47) Heines Kritik
schließt schon die friderizianische Epoche und ihre Schnellbauweise ein. Zum
»imposanten« Anblick der »Linden« heißt es: »Hier drängt sich Prachtgebäude an Prachtgebäude. Ueberall verzierende Statuen; doch von schlechtem
Stein und schlecht gemeißelt. Außer die auf dem Zeughause.« (S. 12) Daß
nach dem Barock schon im friderizianischen Berlin nur scheinbar für die
Ewigkeit gebaut wurde, offenbart sich dem Besucher auf manchmal gefähr-
liche Weise, was zum Beispiel auch von dem Reisenden Rebmann festgestellt
wurde, der ebenfalls die Gefahr durch herabstürzende Statuen vermerkte.[28] In
der Berliner »Baustelle« der zwanziger Jahre des 19. Jahrhunderts ist es noch
eine weitere »Unseriosität«, die den reinen Kunstidealen widerspricht und die
dem kritischen Betrachter ins Auge springen mußte. Die Ziele der neuesten
Stadtgestaltung aus dem »Eigenwillen« eines »Einzelnen«, jetzt König Friedrich Wilhelm III., sind, wie schon bei den früheren Monarchen, die der militärischen Rationalität. Zu Heines Zeit dient der Neubau der Schloßbrücke,
die er als Baustelle erwähnt, den königlichen Wünschen nach einer Raumbil-
dung gegen Lustgarten und Schloß für die Paraden »Unter den Linden«, die
also den Lustgarten als traditionelles Exerziergelände integriert und zudem
Schinkels klassizistisches Meisterwerk der Neuen Wache ebenfalls in diese unter Paradeaspekten angelegte Anlage stellt.[29] Daß »der Militairstand der ange-
sehenste in Berlin ist« (S. 11), war nun nicht nur Heine bekannt. Aber nicht
nur am Lustgarten reflektiert Heine die preußische Staatsdisziplin, die »vor
der Gefahr der Verweichlichung« schützt (ebd.). Ein kalt-rationaler Stadtein-
druck verbindet sich mit einem weiteren Prospekt der Berliner uniformen
Stadtanlagen. Es ist die 3,3 Kilometer lange »große Friedrichstraße«, die ihm
»die Idee der Unendlichkeit« veranschaulicht (S. 15). Damit spielt Heine nicht
nur auf die Abstraktion Hegelscher »Ideen« an, sondern, was seinen Witz an
die Imagos der Moderne mit ihrer Ästhetisierung des »kalten Berlins« der
endlos langen Ausfallstraßen der Gründerjahre anbindet, auf eben jene Baugeschichte der von Friedrich Wilhelm I. unter militärischen Gesichtspunkten
angelegten Stadtanlage der Friedrichstadt: »Hier bekömmt man den Schnup-
fen. Es wehet ein fataler Zugwind zwischen dem Hallischen und Oranienbur-
ger Thore.« (ebd.) Wenn man bedenkt, daß andere Reisende von den langen
Straßenfluchten der Wilhelm- und Friedrichstraße sichtlich beeindruckt waren[30], so gehen Heines Kälteimpressionen im preußisch-rationalen Stadtbild
in die Richtung der späteren Berlinkritik, z.B. Hegemanns kritischem Rückblick auf die militaristisch-»geistlose« Berliner Baugeschichte in seinem Buch
über das »Steinerne Berlin«.[31]

Angesichts von Heines auffälliger Kritik namentlich der klassizistischen Umgestaltung Berlins lohnt es sich, der Bedeutung der »Nüchternheit« des Klassizismus nachzugehen. Genauer, wie läßt sich der Schinkelsche Klassizismus bewerten? Unter dem Gesichtspunkt einer imagologischen Untersuchung ist es höchst aufschlußreich, daß das alte Berliner Zentrum »Unter den Linden«, zwar erst nach dessen Vollendung um die Jahrhundertmitte, in den Augen vieler Betrachter besonders der späteren Zeit eine Aura aus Vollendung und Reinheit hatte, die sich in die Stadtimagos der Berliner »Wesenlosigkeit« einfügen kann. Ich zitiere noch einmal die modernistische Berlinästhetik Hausensteins von 1929, nach dessen Worten Berlins Mitte eine » Dignität« faßt, »die mir das Wesen des Klassischen auch dann suggerieren würde, wenn ich Rom nie gesehen hätte [...] und wenn ich Athen nie sehen sollte«.[32] Das Stichwort »Spreeathen und Sparta« zur Charakterisierung dieses Abschnitts der Berliner Baugeschichte[33] ist das Bindeglied, das Hausensteins Sicht der klassischen Bauten, »wie sie sich im Kubischen, Lotrechten darstellen, ›rechtwinklig an Leib und Seele‹«, in den funktionalistischen Geist Berlins überführen kann. Hausenstein vermerkt auch, »daß das graphitne Grau dieser preußischen Antike melancholisch macht; [...] daß die Spröde aller dieser Schönheit, all dieser ernsten Repräsentation, das Unsinnliche der preußischen Antike, das, wenn man so will, ein wenig Kommandierende ängstigt.« (ebd.) Das »Spartanische der Schinkelschen Wache« (ebd.) ist die preußische »spartanische« Variante des modernen Athen. Der Kühlheit dieser Assoziationen hätte Heine wohl zugestimmt. Was aber ist es, was ihm letzlich jede Anerkennung auch fortschrittlicher Züge der Berliner Architektur versagt? Die von Rebmann gelobte städtebauliche Schönheit, etwa des Gendarmenmarkts, »der schönste öffentliche Platz in Berlin«, und die von ihm ausgehenden »schönsten und regelmäßigsten Straßen«[34] sowie der fortschrittliche Klassizismus des Schinkelschen Theaters werden mit keiner Zeile erwähnt (dafür aber die Cafés und Weinlokale des umliegenden Künstler- und Gelehrtenviertels). Heine kann Schinkels etwa im Schaupielhaus errungener »bürgerlich-moderner Kälte«[35] keine Bewunderung zukommen lassen, weil er vor allem sehen will, was die klassizistische Gestaltung damals eben auch war: Anpassung an die »ernste«, aus der preußischen Rationalität erwachsene Repräsentativität und die hintergründige Präsenz Friedrich Wilhelms III. als Urheber von Berlins klassizistischer Modernisierung. Friedrich Wilhelm III. schrieb Schinkel 1820 bei der Modernisierung des friderizianischen Doms die beiden kleinlichen Nebenkuppeln vor, die Heine allerdings erwähnenswert findet: »Der große, oben gründete Turm ist nicht übel. Aber die beiden jungen Thürmchen machen eine höchst lächerliche Figur. Sehen aus wie Vögelkörbe« (S. 11).

Heine grast also die überall umgestaltete Stadt nach solchen visuellen Paradoxien der preußischen »Gesinnungsarchitektur« ab, die häufig genug den Spott
der Berliner und Besucher hervorrufen. Interessant sind hier auch die Kommentare zu den diversen gerade in Arbeit befindlichen oder aufgestellten Statuen. Die teilweise idealisierten Helden auf dem Wilhelmplatz, »in römi-
schem Costüm mit einer Allonge-Perücke« (S. 11), ebenso die »kolossalen
Statuen« im Tiergarten, »wovon die Eine einen Apoll vorstellen möchte«
(S. 16), finden wenig Gnade, es sei denn als interessantem Streitpunkt im Berliner Stadtgespräch.

Der zweite Aspekt der Kritik an »Spree-Athen« ist die Konfrontation der
Fassade der spätabsolutistischen klassizistischen Rationalität und Simplizität,
deren bürgerlich-oppositioneller Aspekt also konsequent übersehen wird, mit
der Präsenz der städtischen Menge. Der König wohnt im »schlichtesten und
unbedeutendsten Gebäude« des Schloßplatzes, dem Königlichen Palais (dessen schlichtes Interieur wiederum Schinkel ausstattete), »Einfach und bürger-
lich.« (S. 12) Überhaupt gilt Heines Satire diesem scheinheilig »schlichten«
König. Es gibt eine interessante Parallele zwischen Heines Besichtigung der
ins »Einfache und Bürgerliche« gewandelten Repräsentativität des preußischen Machtzentrums, die in seinem Stadtspaziergang immer die allgegenwär-
tige Menschenmenge auf der Prachtavenue Unter den Linden ins Blickfeld
rückt, mit den biedermeierlichen Paradegemälden Franz Krügers (»Opern-
platz«, 1822, und »Unter den Linden«, 1837). Wie Eckhard Gillen in einem
kurzen Verweis auf Heines »Briefe aus Berlin« hervorhebt, ereignet sich in
dieser Periode die »Durchdringung feudalabsolutistischer und neu entstehen-
der bürgerlicher Kultur«. In Krügers Bild ist in der »scheinbar ›gestaltlosen
Masse‹ eine Ordnung erkennbar, die vom König und seinen Truppen ausgeht«, obwohl der Vordergrund die Menge aus Bürgern, Kleinbürgern und
Arbeitern darstellt.[36] Das gleiche kann auch für Heines Mengenszenen gelten.
Vor dem Hintergrund dieser preußisch-»schlichten« Präsenz des Monarchen,
seinen Repräsentanzbauten und exerzierenden Truppen treibt die »geputzte
Menge« bei Heine in der Hauptspaziergangszeit um 12 Uhr die Linden auf
und ab (S. 13) und gibt dem Flaneur das eigentliche Vergnügen seines Stadterl-
ebnisses. Auch aus Heines Klassizismuskritik läßt sich analog zu Seebas
Analysen der Mengenszenen des ersten Berlinbriefs das Stadtgemälde als eine
bereits brüchige Fassade interpretieren, in der die autoritäre Staatsmacht bereits koexistiert mit der Ankündigung eines neuen Zeitalters und der Eigen-
dynamik des städtischen Kollektivs.

V. »Kulturelle Moderne«: die städtischen Kollektive

In einem zweiten Schnitt sollen nun die aus diesem hintergründigen Berliner
Stadtbild hervortretenden kulturellen Mechanismen, d. h. die kollektiven Er-
lebnis- und Kommunikationsformen der Großstadt Berlin gedeutet werden.
Anstelle des Begriffs der Massen ziehe ich den des städtischen Kollektivs oder
der städtischen Kollektive vor. Die »kulturelle Moderne«, um die es im folgenden geht, ist wiederum, aber auf eine neuartige Weise, mit den Berliner
Konnotationen des Rationalen und Abstrakten verbunden. Hier dürften die
Berlinimagos kollektiven Erlebens und Kommunizierens als Formen einer anonymen abstrakten ›Geistigkeit‹ bereits auf das 20. Jahrhundert verweisen.
Deren Ursprünge liegen Sengles Biedermeier-Stichworten zufolge in der Restaurationszeit. »Die neue Gesellschaft ist kalt, weil sie ›vermittelt‹, unpersön-
lich, abstrakt wird«[37], schreibt Sengle und meint u. a. die technische Entwicklung der Schnellpresse, das Vereinswesen und die in der Großstadt besonders
greifbaren Erlebnisformen kollektiver Vergnügungen. Der Blick auf die Herkunft der Berliner Großstadtmenge, die ja noch nicht den »Massen« der industriellen Großstadtbevölkerung zuzurechnen ist, verstärkt das Bild des
›kalten‹, in gewisser Weise zukunftsträchtig die technische Modernisierung
ankündigenden preußischen Staatswesens. Die Hauptstadt ist von der preußischen Staatsräson und hier auch einer vorindustriellen technisch-ökonomi-
schen Rationalität geprägt. Die »Militarisierung« der Gesellschaft, die »Mili-
tärwirtschaft« schon im absolutistischen Preußen, katapultierte Berlin in
schnellem Tempo in die Rolle der sechsten europäischen Großstadt. Bis in
Heines Zeit reicht das preußische – vorindustrielle – »Exerzierfeld der Moderne«.[38] Es zeigen sich jetzt die Übergänge in der noch merkantilistisch ge-
fesselten Gewerbestadt. Das Manufakturwesen und der das Umfeld aufsau-
gende Zentralismus schaffen den Pauperismus – Vorzeichen und Bedingungen
für Berlins späteren Aufstieg zur Industriemetropole. Eigentümlich ist, daß
Heines Beobachtungen immer sozusagen utopische Momente der »Ständever-
mischung« festhalten. Es sind Formulierungen, die dadurch trotz aller demokratischen Verheißung, die von Hermand betont wird, noch etwas Biedermei-
erlich-Umfassendes haben. Solche Momente und Orte sind etwa die Redouten
im Neuen Opernhaus, zu denen auch die »niedre Volksklasse« Zugang hat
(S. 36), die »neue Börse«, in die »nicht allein Kaufleute, sondern auch Beamte,
Gelehrte und Personen aus allen Ständen« drängen (S. 46). Alle »Stände« sind
in der »wogenden« Menge Unter den Linden zu finden. Im Schauspiel der
scheinbar biedermeierlichen ›Versöhnung‹ des volkstümlichen Königs mit seinem Volk, der Liebe der Berliner zu ihren »schönen Königskindern« (S. 22)

findet Heine allerdings etwas Interessantes, natürlich wiederum Paradoxes, das die städtischen Kollektive hervorbringen.

Der dritte Brief ist u. a. der Schilderung der Vermählungsfeierlichkeiten Ihrer königlichen Hoheit der Prinzessin Alexandrine (»unsre« Alexandrine) (S. 41) gewidmet. Heine notiert, während er sich selbst in dieser gaffenden Menge bewegt: »Es ist einer der schönsten Züge im Charakter der Berliner, daß sie den König und das königliche Haus ganz unbeschreiblich lieben« (S. 40f.), was natürlich heißt, daß Heine diese bis in »die geringsten Bürgerhäuser« dringende Verehrung ärgert. Aber er weiß sie auch zukunftsträchtig (um-) zu deuten, im Sinn einer aufziehenden überpersönlichen städtischen Kommunikations- und Konsumkultur, die das Kollektiv zum wahren Bedeutungsgeber macht und ihre Objekte zum Gesprächsstoff und Spektakel. Die Perspektive, aus der das königliche Hochzeitsspektakel berichtet wird, führt nun zum auffälligsten Modernismus der »Briefe«, die fast ausschließlich über das Auftreten einer kulturellen Moderne, den Konsum von Kultur als Massenkonsumgut berichten. In diesem Sinn wird auch die königliche Familie konsumiert. Parallel zum Personenkult um die Schauspielerin Madame Neumann, von der man »eiserne Medaillen« (S. 44) verkauft, dringt die Verehrung ins Privatleben der Mitglieder des Königshauses ein und kommentiert an ihnen ihre intimen Seiten. So reaktionär dieses Phänomen als biedermeierliche Idyllisierung der Königsfamilie zu deuten wäre, sozusagen der Auftakt des kompensatorischen Interesses der breiten Masse an öffentlichen Identifikationsfiguren in den Medien des 20. Jahrhunderts – Heine bringt es fertig, ein Paradox von Personenkult und einer in Wahrheit bereits aufziehenden großstädtischen Dynastieferne aufzuzeigen. Es liegt an der Technik der Berichterstattung über die Vermählungsfeierlichkeiten, daß der Betrachter Heine als hintergründiger Genießer dieses Schauspiels die intimen Sehnsüchte und Emotionen der Berliner(innen) belauscht. Mit dem Projizieren der Liebessehnsüchte auf die Mitglieder der Königsfamilie, hier die Prinzessin Alexandrine, wird die »ernste Repräsentativität« der Monarchie bereits entwertet. In dieser Szene fällt gleichwohl der Kontrast zwischen dem erotischen Egoismus der Menge und dem »bluthroten« Geist des absolutistischen Staatsakts auf. Heines Ironie läßt den projektiven Liebesträumen den Schock der Wirklichkeit folgen: »Da donnerten plötzlich die Kanonen, die Damen zuckten zusammen, die Glocken läuteten, Staub- und Dampfwolken erhoben sich, die Jungen schrieen, die Leute trabten nach Hause, und die Sonne ging blutroth unter hinter Monbijou.« (S. 41)[39] Beide Bilder, Heines Interesse an den »ganz eigne[n], fast sich widersprechende[n] Gedanken« auf den Gesichtern (S. 40) und das von ihnen konsumierte, jedoch selbst nicht harmlose Schauspiel, plazieren den Berli-

ner »großstädtischen Egoismus« (S. 36) in seinen Widerspruch zu den alten
Ordnungen.

Nun tritt in Heines »Briefen« als ein Charakteristikum seiner Mitteilungs-
form überall die Berliner Medien- und Konsumkultur als Berichterstattung
des Stadtgesprächs, hier aber eben nicht nur der höfischen Ereignisse, sondern weit umfangreicherer städtischer Vorgänge hervor. Die Blätter der
Hauptstadt oder andere deutsche Zeitungen geben ein unablässiges Echo vor
allem der Ereignisse des Hof- und Gesellschaftslebens sowie der Theater- und
Musikwelt. Heine bringt Auszüge in den fiktiven Nachrichtenreihen des
Kammermusikus, die ein rhetorisch eindrucksvolles Erzählprinzip darstellen
und ihm so manche oppositionelle Pointe gestatten[40], rekurriert aber auch
sonst auf sensationelle Gesprächsstoffe und liefert vor allem selbst ein origi-
nelles Theaterfeuilleton zum Weber-Spontini-Streit. Der Stellenwert der von
Heine verfremdend benutzten Publizistik ist höchst zwiespältig zu bewerten,
wenn sie nicht nur als restaurationszeitliche Misere, sondern, wie hier versucht, als paradoxe Bedingung der »kulturellen Moderne« in Berlin verstanden wird, zu der die städtische Dynamik der Nachrichtenverbreitung und des
Kulturkonsums gehört.

Ich beziehe mich hier auf Hermands Kommentierung der »Konvenienzliteratur«, die Heine ausgiebig als Vorarbeit seiner eigenen Stadtberichte studiert
hat.[41] Die aufs Gesellschaftliche konzentrierte Trivialpublizistik, aber auch der
ungemeine Aufschwung des Interesses am Theater in den Zeitschriften[42], sind
Ventile der Zustände des Zeitungswesen, dem die Zensur die Reflexion politisch und sozial brisanter Themen untersagt, dies übrigens nicht erst seit dem
neuen Zensuredikt für Preußen von 1819. Bereits um 1800 bot Berlin das Bild
einer publizistisch äußerst regen Verlags- und Zeitungsstadt (mit 34 Buch-
handlungen und 32 Druckereien), aber einer mageren Qualität der Presse.[43]
Das Interesse an einem Lokalteil in den Berliner Zeitungen wächst unter diesen extrem repressiven Bedingungen der zwanziger Jahre, der »großen Küm-
merlichkeit der Zeitungen in Preußen«[44], ein Merkmal nicht nur der beiden
großen Berliner Zeitungen, der (seriösen) »Spenerschen« und der (volkstümlichen) spezifisch berlinischen »Vossischen«. So hat der von Heine gelobte
»Gesellschafter«, ansonsten ein schöngeistiges Blatt, seit 1820 eine Rubrik
»Allerlei aus Berlin«. Weniger wichtig für Heines Berichterstattung ist, daß
aus dem kompensatorischen Interesse am Theater auch ein qualitativ anspruchsvoller, wenn auch von der Zensur gegängelter Theaterjournalismus
entsteht, denkt man etwa an die – auch von Goethe gelesenen – Rezensionen
des »Theater-Schulze« (der ab 1823 das Theaterreferat der »Spenerschen«
übernimmt). In den »Briefen aus Berlin« akzentuiert Heine die großstädti-

sche Popularisierung der Berliner Kulturnachrichten, so z.B., wenn er allein
aus den »Stimmen«, aus der zerstrittenen Kulturberichterstattung und deren
Fortsetzung im Stadtgespräch seinen Beitrag zum Spontini-Weber-Streit liefert, »[...] alles, was ich hier sage, sind bloß fremde Stimmen, die im Gewoge
des Tagesgesprächs besonders hörbar sind« (S. 25). Dieser durchgehende Modernismus der »Briefe«, die Wiedergabe aus zweiter Hand, ist aber erst dadurch ein Hinweis auf die transitorischen städtischen Bedingungen und ein
Berliner Großstadtphänomen, daß sich in der Nachrichtenverbreitung bereits
die Diversifikation der auf breite Schichten ausgedehnten Konsumenteninter-
essen andeutet. In den »Briefen« läßt sich andeutungsweise die Dynamik
nachvollziehen, inwieweit nämlich das Konsumbedürfnis nach Stadtnachrichten in der Hauptstadt zumindest auf breite untere Volksschichten bereits aus-
gedehnt ist. Heine erwähnt eine neue Wochenschrift, »die in der Volkssphäre«
sich bewegt: »Kuriositäten und Raritäten« sowie weitere »Volksblätter«: »Der
Beobachter an der Spree« und »Der märkische Bote«. (S. 46) Mit 4000 Ab-
nehmern war »Der Beobachter an der Spree« die wichtigste Berliner traditionelle, seit der Besatzungszeit bestehende, volkstümliche Wochenschrift, die
das größere Publikum durch »gehaltlose Gemeinheiten, oft auch beleidigende
Personalitäten, wohl gar im unfeinen Volksdialekte« anzog, wie der für sein
eigenes skandalöses Berlinbuch bekannte bereits erwähnte Adolf von Schaden
kommentiert.[45] Die Zahl der »hiesigen belletristischen Blätter« ist »Legion«,
deren »in die Spree geworfene Makulatur den Fluß zum Überfließen bräch-
te«[46], merkt die Heines Notizen ergänzende Stadtchronik Schadens bissig an.
Das Berlinspezifische dieses Bilds ist wohl dadurch zu relativieren, daß sowohl die »Konvenienzliteratur« als auch die Verbreitung volkstümlicher,
›bildsamer‹ und unterhaltsamer Lesestoffe die publizistische Situation der
deutschen Städte überhaupt charakterisiert. Sie nimmt jedoch in den Berliner
expandierenden Großstadtkollektiven verschärfte Züge an. Die Phase im Zeitungswesen vor der Entstehung eines eigentlichen, politisch und gesellschaftlich relevanten Informationsauftrags der Presse ab der Jahrhundertmitte ist,
negativ bzw. mit Heines Bild des Berliner »Krähwinkel« (S. 19) der klatsch-
süchtigen Selbstbespiegelung gesprochen, charakterisierbar als eine immerhin
neue Form des Informationsflusses, der – etwa über Anzeigen, Bekanntma-
chungen, Totenlisten – die städtischen Kollektive erreicht und ihre Neugier
auf Vorgänge außerhalb des eigenen Lebens befriedigt, ein städtisches Zusam-
mengehörigkeitsgefühl schafft[47], allerdings auch die bereits angesprochenen
abstrakten kollektiven Lebensformen hervorbringt. So ist das bereits in der
friderizianischen Epoche geschaffene »Intelligenzblatt«, dessen Titel nun in
der Tat pure »Ironie« (S. 45) ist, ein reines Anzeigenblatt. In den Heineschen

Nachrichtenreihen dominieren einerseits die Bereiche des Höfisch-Gesell-
schaftlichen, dann die beliebten Personalien, die Kultur-, Wissenschafts-, Fi-
nanz- und Prozeßnachrichten. Doch auch die Sphäre des eigentlich Volkstümlichen ist vertreten, etwa mit dem Jubiläum einer Dienstmagd (und einer
Prostituierten), vor allem aber in den Anzeigen über Volksbelustigungen, etwa der Menagerien, Wachsfiguren, Akrobaten oder einer »seltenen Schlange«,
d. h. Heine verzeichnet hier auch den gewachsenen Bedarf an großstädtischer
volkstümlicher Unterhaltung. Weiterhin deutet Heine an, wie die bei ihm
schon in einer breiten Palette vorgeführten Stadtneuigkeiten auf keinen Fall
auf die gebildeten Stände beschränkt sein dürften. Die Nachrichtenverbreitung ist in den »Briefen«, auch wenn dies rhetorisch überspitzt ist, ein nicht
näher erläutertes Massenphänomen des städtischen Geredes: »Ganz Berlin«
spottet über die »Posaunen« und »Elephanten« in Spontinis »Olympia« (S. 25).
Eine Opernaufführung ist überhaupt »immer ein ungeheurer Spektakel« (S. 27).
     Neben dem Zeitungslesen gibt es die mündliche Nachrichtenverbreitung
der gerade aktuellen »Anekdoten«, die Heine in der Berliner Schnellebigkeit
charakterisiert: »Zwey ganze Tage sprach man davon in Berlin; das will viel
sagen« (S. 43). Auf die tatsächliche Zeitungsleserschaft ist die Verbreitung der
wahrhaft bewegenden Nachrichten also nicht angewiesen. Hier will ich zu
einem Höhepunkt der Heineschen Reflexion der Berliner übergangshaften
medialen Urbanität in den »Briefen« kommen, die in der Jungfernkranzepiso-
de zutage tritt: Nicht zuletzt wird auch die ›hohe Kultur‹ in einer besonderen
Form in Umlauf gebracht – über das Singen eingängiger Melodien. Das beste
Beispiel der Popularisierung des Kulturellen ist schließlich die Jungfernkranz-
episode, also eine der Passagen, die zu den vom Autor ausgewählten Glanz-
punkten seines journalistischen Debüts gehörten.[48] Einen Tag lang erleidet
Heine die Umsetzung des Opernlieds vom »Jungfernkranz« in einen ›Gassen-
hauer‹, gesungen von Wäscherinnen, Barbieren und den Spaziergängerinnen
im Tiergarten: »aus allen Häusern klingt er mir entgegen; Jeder pfeift ihn mit
eigenen Variazionen; ja, ich glaube fast, die Hunde auf der Straße bellen ihn.«
(S. 23) Damit ist die ›höhere‹ Bedeutung des Opernstreits entschieden: der
»Freischütz« ist ein Musical! Dabei ist Heines Musikkritik wohl nicht so di-
lettantisch, wie er vorgibt. (S. 25) Seine sozusagen musikpsychologische Ein-
ordnung der deutschen Nationaloper als »Ohrwurm« ironisiert noch einmal
seine dialektische Haltung im Klima der deutschnationalen Weberbegeiste-
rung und der Polemik gegen die Spontinische Fest- und Hofoper.[49] Heine akzentuiert schließlich überhaupt im bereits breite Volksschichten erreichenden
Stadtgespräch eine kulturelle Dynamik, nach der Berlin die Hauptstadt der
massenweisen Reproduktion des Kulturellen im Stadtgespräch zu sein scheint.

Auch literarische Werke geraten so in Umlauf. Scotts Werke sind »›der Jungfernkranz‹ der Lesewelt [...], weil man sie überall liest, bewundert, bekritelt,
herunterreißt und wiederliest«, und zwar »von der Gräfin bis zum Nähmäd-
chen, vom Grafen bis zum Laufjungen« (S. 28). Der Reporter Heine findet in
der Berliner Schnellebigkeit der Moden und dem Tempo ihrer Verbreitung gerade angesichts der sich andeutenden sozialen Ausbreitung des Stadtgesprächs
ein großstädtisches Konsumverhalten vor, das das borniere »Krähwinkel« in
amüsanter Weise überlagert. Ja, im konsumierenden und kommentierenden
städtischen Kollektiv, bestehend aus bürgerlichen und kleinbürgerlichen
Nachrichtenkonsumenten, mag eine von der Obrigkeit nicht mehr steuerbare
eigenmächtige Meinungsbildung aufscheinen. Im Sinne der »unbewußten
Eindrücke«[50] des restaurationszeitlichen Gesellschaftskörpers gilt dies auch
für die Aufmerksamkeit, mit der »man hier« – trotz Zensur – manche in der
Presse durchschlüpfenden politisch brisanten Ereignisse wahrnimmt und auf-
geregt bespricht: »alle Leute sind mehr oder weniger vom Zeitgeist erfüllt, oft
unbewußt«, will Varnhagen die »mit zunehmender Dreistigkeit« geäußerten
Meinungen verstehen.[51] Eine Reihe dieser aufrührerischen Aspekte des Tagesgesprächs (viele davon in Varnhagens ähnlich fragmentarischen Nachrichten-
notizen seiner Tagebucheintragungen gespiegelt) bilden Heines Nachrichten-
material. Über die Interessen des liberalen Publikums hinaus geht aber Heines
weit disparateres Bild der städtischen Kommunikationskultur, in der die »Un-
terhaltungen« die räsonierenden liberalen Gesprächszirkel sprengen. Der Ex-
pansion ins Kollektive und Volkstümliche des Großstadtgesprächs schenkt
Heine, Döblin vorwegnehmend, eine Aufmerksamkeit, die seine Prosa in die
Nähe der metropolitanen Schreibimpulse des 20. Jahrhunderts versetzt.

VI. Heimatlose Geistigkeit: Geschichte und Tendenzen der Berliner »Indifferenz«

In der Aufzeichnungszeit seiner Stadtimpressionen im Jahre 1822 diagnostiziert schließlich Heine eine Umdeutung der Berliner Traditionen der unsinn-
lichen und traditionslosen Geistigkeit, die, wie abschließend zu zeigen, sich
dem Intellektuellen als Anzeichen eines »Endes der Kunstperiode« aufdrän-
gen müssen. Das Bild der Kommunikationsmechanismen der Hauptstadt bezeichnet mehr als alle konventionellen Klischees zur Berliner Rationalität die
neue Erfahrung, die Heine mit der einer gewachsenen Kultur gegenüber »in-
differenten«, von Tag zu Tag lebenden Gesellschaft macht. Hier, in diesen von
Heine berechtigterweise als Berliner Seichtheit und Oberflächlichkeit emp-

fundenen schnellebigen Kulturmechanismen ist jedoch eine für den Schriftsteller entscheidende Attraktion angelegt, die in Heines Kulturreportagen der
»Briefe« nicht zu übersehen ist: Berlins Rolle als »Hauptmarktplatz« der »literarischen Notizen« (S. 49). Die Widersprüche in Heines brieflichen Äußerungen über Berlin erklären sich aus dieser marktmäßigen Attraktion. Schreibt
er etwa 1827 aus London:« Nach Berlin zieht es mich auch nicht sonderlich.
Seichtes Leben, witziger Egoismus, witziger Sand« (HSA XX, 292), dann gesteht er Varnhagen 1829 aus München seine »Sehnsucht nach der Hauptstadt,
nemlich Berlin. Wenn ich mahl gesund bin will ich suchen ob ich dort nicht
leben kann.« (HSA XX, 323) Seine zweite kurze und die letzte dritte Rückkehr nach Berlin sind u. a. mit den Berliner publizistischen Möglichkeiten
und verlegerischen Kontakten verbunden, namentlich zu dem Herausgeber
Gubitz und seinem »Gesellschafter«, der Zeitschrift also, die Heine rückblik-
kend als »die Wiege meines Ruhms« tituliert.[52] Von daher sind Heines Cha-
rakterisierungen der kulturellen Gegenwart in Berlin eine zwar zwiespältige,
jedoch auch die modernen Tendenzen umschreibende Bestandsaufnahme. Was
er später als »Bagatelliteratur« bezeichnet, wird in Berlin spöttisch festgehalten: »An Dichtern fehlt es nicht, aber an guten Gedichten.« (S. 50) Der Berliner marktmäßige »Ansammlungsort« und das damit zusammenhängende
mengenmäßige Anwachsen der hiesigen Literaturproduktion weist darauf
hin, daß Berlin seit den Tagen der Aufklärung, wie schon von Madame de
Staël bemerkt, das geistige Zentrum der Aufklärung war mit einer durch seine
Journale »bis in den katholischen Süden, Südwesten und nach Wien reichen-
den Ausstrahlung«.[53] Um 1800 hatte sich Berlin nach Leipzig zum zweitwich-
tigsten Verlagsort entwickelt. Bereits in diesem frühen Stadium bringt die
Berliner publikatorische Anziehung (die selbstverständlich nicht die multi-
zentrischen deutschen Gegebenheiten aufhebt) die Mischung der Berliner
Künstler- und Literatenszene aus Einheimischen und den vielen Zugereisten
hervor. Heine zählt einige, mit Vorliebe heute vergessene Schriftsteller auf,
die keine Berliner sind (S. 50f.) – und profitiert doch selbst von den Möglichkeiten der Verlagsmetropole!
   Aber auch innerhalb der anspruchsvollen Berliner Salonkultur zeichnen
sich die Übergänge und Auflösungserscheinungen ab, die die Berliner »Indifferenz« dem Ort gegenüber auch in dieser institutionalisierten Gesprächskultur verschärft. Hier ist Heines Anschauungsobjekt vor allem das wichtigste
Relikt der Berliner Salonkultur im Hause der Varnhagens, wo er seine »Erziehung zum Wesentlichen« erhält.[54] Ein Element der Tradition der Berliner
Bürgerkultur ist, daß seit den räsonierenden Zirkeln der Aufklärung die Berliner Intellektuellen sich eine gewisse Staatsferne bewahren, wie sie nur in der

verspäteten, keine bis ins Mittelalter zurückreichende Geschichtsanschauung
bietenden preußischen Nation und ihrer Hauptstadt entstehen konnte.[55] Die
Trennung von »Raison« und »Staatsräson« bedeutet eine gewisse (auch räum-
liche) Distanz der autoritären königlichen Aufklärung (in Potsdam) gegenüber, ist aber in den bildungsbürgerlichen Idealen von einem verinnerlichten
Reformbedürfnis der Popularphilosophie geprägt, das sich noch in der »un-
vergleichlichen Kultur der Berliner Freizügigkeit«[56] des Jahrhundertbeginns,
also in den avantgardistischen Berliner jüdischen Frauensalons der Henriette
Herz, Dorothea Veit und Rahel Levin-Varnhagen fortsetzt. Im Grunde tra-
diert sich das Spielerisch-Ästhetische dieser Salonkultur, wenn hier an Rahels
Salon gedacht wird, trotz des Einzugs der liberalen Interessen Varnhagens in
ihrem zweiten Salon in der Restaurationsepoche. Für Heine ist diese persön-
lichkeitsbildende Gesprächskultur noch in seinem ersten langen Berlinaufent-
halt eine wichtige Phase seiner Entwicklung. Was, wie Norbert Miller herausstellt, ab der Politisierung des Berliner Klimas nach 1806 im ersten Jahrzehnt
noch ein Zwischenspiel, ja Nebeneinander von humanitätsphilosophischem
Weltbürgertum und romantisch-exzentrischen Verkündungen des deutschnationalen Staatsgedankens war, wird in der Restaurationszeit die deutschtü-
melnde »Avantgarde« der Burschenschaften und Turnvaterbewegung, zu der
sich Heine nur sehr »dialektisch«, in den »Briefen« aber überwiegend spöttisch verhalten konnte.[57] Wenn also in der Berliner Salonkultur, deutlich auch
in der Distanz, die Heine bei seinem zweiten Berliner Aufenhalt zu seinem
inzwischen umgezogenen »Vaterland« in der Friedrichstraße zeigt, eine Epoche zu Ende gegangen ist, ja er vorher schon die Brüche in der fast mehr
gewohnheitsmäßig von der gealterten Rahel aufrechterhaltenen Geselligkeit
erleben konnte, so müssen ihm einige der Ironien der Berliner diskontinuierlichen Kulturentwicklung spürbar gewesen sein. Im zukunftsweisenden Sinne
benennt er Hauptstadtkultur als Anziehungspunkt »heimatlos-indifferenter«
Gewinnsucht, wenn Boucher, in der »capitale de la musique« das »rasende
Geld« macht.

»Es geht der *capitale de la musique* wie jeder andern *capitale;* man konsu-
mirt in derselben, was in der Provinz produzirt wird« (S. 47), resümiert Heine das renommierte Berliner Musikleben. Gilt dieser Satz im weiteren Sinne
nun aber auch für den berühmten Berliner Goethekult, der u. a. die von Heine beobachteten Auflösungserscheinungen in der Berliner Salonkultur erhellen könnte? Hier wurde ihm ja immerhin eine versuchsweise Bekehrung zur
Goetheschen Religion zuteil. Legen sich möglicherweise für Heine in seinen
in den »Briefen« angedeuteten ironischen Bemerkungen zur Berliner Goethe-
rezeption, die die späteren Ansichten des »Endes der Kunstperiode« andeu-

ten, weitere Ironien der Berliner Kulturentwicklung dar?[58] Weimar ist nun
zwar nicht als Provinz, aber als ein Ort aufzufassen, an dem jenes aufs Wahre
und Schöne gerichtete Kunstideal verbindliche, allgemeingültige Normen für
das gesamte geistige Deutschland errichten sollte. Im Berliner Phänomen des
Goethekults wiederholt sich noch einmal die kommunikative Verbreitung der
Hochkultur, wenn auch diesmal auf einer anderen Geisteshöhe.

Es ist im Verlauf des ersten Drittels des 19. Jahrhunderts nachzuvollziehen,
wie die Goethe-Feindlichkeit Berlins zunehmend einer Huldigung Platz
macht, der Goethe selbst gönnerhaft-abwartend, aber ohne sonderliches Interesse an einer engeren Beziehung zur preußischen Hauptstadt gegenüber-
stand. Zu den Promotoren gehört, neben den erwähnten Frauensalons, auch
der Leiter der Singakademie Zelter. Varnhagens Verbindung zur Romantik
zeigt Heine den Beitrag der späten Berliner Romantik zur Goetheverehrung,
deren Mitglieder er teilweise persönlich kannte wie z.B. Chamisso und Fouqué. Am Theater bemühen sich erst Iffland, dann Graf Brühl, im Berliner Publikum die Distanz zu Weimar zu überwinden. (Theaterereignisse, die Heine
konsequent übergeht, auch die Einweihung des neuen Schauspielhauses 1821
mit einem würdevollen Einweihungsprolog Goethes.) Verspätet atmet Berlin
– wie auch andere Städte – in Architektur und Bildhauerkunst den Geist der
normativen klassizistischen Ideale. Viele dieser Erscheinungen sind nicht ber-
linspezifisch, aber dennoch mußten in Hinblick auf den im deutschen Goethekult führenden Berliner Salon, namentlich auf Rahels schwärmerischen
Umgang mit dem »Abgott« Goethe, Heine die Ironien der Berliner kulturellen »Sekundarität« auffallen. Hier ist ihm aber der Kult um Goethe bereits
ein Persönlichkeitskult. Heine spottet über das Goethesche Lob Varnhagens,
der »ihn tief begriffen und ihn oft über sich selbst belehrt habe. Wahrlich,
nächst dem Gefühle, Göthe selbst zu seyn, kenne ich kein schöneres Gefühl,
als wenn einem Göthe, der Mann, der auf der Höhe des Zeitalters steht, ein
solches Zeugniß giebt.« (S. 49)

Als zeitgenössisch relevante Literatur erscheint nun in den »Briefen aus
Berlin« deutlich die Berliner Spätromantik, und zwar als eine geradezu aus
den Berliner Eigentümlichkeiten der hoffnungslosen Diskrepanz zur Wirklichkeit erwachsene, hier besser als anderswo gelingende originelle Kunstform
des Phantastischen. Wenn man Heines Satz von Berlin als bloßem Ansammlungsort weiter nachgehen will, so ist der romantische Schriftsteller in Berlin
»heimatlos«. In der Romantik sind die religiös-märchenhaften, mittelalterlichen Stoffe dem Geist der Stadt so fremd wie nur möglich, so hatte Heine
noch pointierter übrigens in seinem Berlin-Münchner Städtevergleich die Situation der Berliner Romantik in den zwanziger Jahren umrissen (DHA VII/

1, 17). In Berlin schlug die Aufklärung um in ihr Gegenteil bzw. präsentierte
das Kulturleben Momente eines Neben- und Miteinander der Gegensätze,
d. h. von der Zeit der frühen Salons bis hin zur Kontrastwelt von Hoffmanns
Spätwerk.[59] Was die Abkehr von anschaulicher Wirklichkeit angeht, die Heine
später in der »Romantischen Schule« scharf kritisiert, so entsteht die in Berlin
besonders deutliche Diskrepanz, die sehr schön von Renate Böschenstein-
Schäfer wiedergegeben wird: Die Geschichtslosigkeit der Stadt verweigert der
Poesie ihren Bezugspunkt und zwingt zunächst zur Flucht aus der Stadt in
geschichtsgeladene Landschaften und Städte.[60] Tieck spricht geradezu das aus,
was Heine in seinem Aperçu zum Berliner Ansammlungsort andeutet. »Was
geht mich der Ort an, an dem ich geboren bin?«[61] Die späte Berliner Romantik kapriziert sich aber da, wo sie Fragmente der städtischen Alltäglichkeit in
die Literatur aufnimmt, auf Selbstreflexivität, etwa in Hoffmanns Karikaturen
der »ästhetischen Teegesellschaft« oder als Spiegelung der »serapionistischen
Gespräche« in den »Serapionsbrüdern«.[62] Die alte These vom städtischen Ursprung der Romantik hat ihren Sinn in Hinblick auf diese spätromantische,
literarisch reflektierte Geselligkeit und Hoffmanns von Heine so geschätzte
Kunst, aus der nüchternen Berliner Wirklichkeit »Gespenster« erstehen zu
lassen: »sie nickten ihm entgegen aus jeder chinesischen Theekanne und jeder
berliner Perücke« (DHA VIII/1, 192). Varnhagens Satz, daß Heine in der
Harzreise »beständig Berlin vor der Seele« hat[63], weist in die Richtung dieser
Verwandtschaft mit den bei Hoffmann vorgefundenen Kontrastwirkungen
von Poesie und Berliner aufklärerischer Dürre. Die Berliner unpoetische Geschichtslosigkeit bringt schließlich nach Heine eine am Schluß der »Briefe«
gar versöhnlich gesehene, aus den Defiziten der Wirklichkeitsanschauung in
der »Dachstube« zusammengefaßte Phantastik hervor (S. 53). Im Gegensatz
jedoch zum Bild des einsamen Dachstubenpoeten spürt der Autor Heine in
der Prosa der »Briefe aus Berlin« eine aufziehende massenhaft-abstrakte
Stadtkultur auf. Wesentlich moderner als seine Schlußsätze der »Briefe« ist etwa jenes Bild vom Inneren des Café Royal, also einem jener, die intime Salonkultur ablösenden neuen Orte der städtischen Öffentlichkeit, das ein Beispiel der Kongruenz der Berliner ironisch-kontradiktorischen Verhältnisse
mit den kontrastiven Erzählmitteln der »Briefe« abgibt: Gelehrte, Journalisten und Schriftsteller an ihren Tischen, jeweils »Antagonisten«, der Schriftsteller und sein Kritiker, unter ihnen auch E. T. A. Hoffmann (S. 17). »Wollen
Sie die Augen ergötzen«, lädt Heine den Berlinbesucher zu weiteren Attrak-
tionen der Berliner Caféhäuser ein, »so betrachten Sie die Bilder, die hier im
Glaskasten des Jagorschen Parterre ausgestellt sind. Hier hängen neben einander die Schauspielerinn Stich, der Theolog Neander und der Violinist Bou-

cher« (S. 15). Die Tendenz der Stadtkultur zur disparaten Mediengesellschaft demonstriert sich in einem visuellen Nebeneinander und liefert Heine die Vielzahl der ironischen Phänomene, die er für seine Stadtnachrichten an die Provinz einfängt.

Der Berlintopos einer widersprüchlichen Anziehung gerade aufgrund des Fehlens einer gewachsenen Kultur und Tradition, Berlins »Wesenlosigkeit«, all dies zeigt auch in der Moderne des 20. Jahrhunderts die urbane Attraktion der Stadt immer als ein ambivalentes Emotionsgemisch, das aber schließlich die Ästhetik des Disparaten und des Widersprüchlichen zum Bild des Anti-Provinziellen sublimiert. Heine hat im Vergleich hierzu schlicht andere Sorgen, nämlich sein politisches Engagement, um die Berliner Defizite in modernistischer Weise zu stilisieren. Heines Beobachtungen der Berliner »Unsinnlichkeit« und »Abstraktheit« in den städtischen Kulturmechanismen in den »Briefen«, letztlich auch die Ironie, daß es diese Vorgänge sind, die die in den Salons noch aufrechterhaltene goethesche Bildungsepoche zu ihrem »Ende« bringen, bestätigen die Annahme, daß zu diesem Zeitpunkt etwas in Berlin beginnt, was deutlich ab dem Naturalismus in Erscheinung tritt, nämlich eine »diskontinuierliche Moderne« (Anz), die sich in Schüben, Rückschlägen und plötzlichen Wahrnehmungen im Bewußtsein der Schriftsteller herausbildet.

Anmerkungen

[1] Vgl. Zur Geschichte der Religion und Philosophie in Deutschland, DHA VIII/1, 68.

[2] Siehe hierzu Klaus Scherpe (Hrsg.): Die Unwirklichkeit der Städte. Großstadtdarstellungen zwischen Moderne und Postmoderne. Reinbek bei Hamburg 1988, bes. Einleitung, S. 9.

[3] So z. B. nicht in Renate Böschenstein-Schäfers Überblick: Das literische Leben 1800–1850. – In: Berlin und die Provinz Brandenburg im 19. und 20. Jahrhundert. Hrsg. von Hans Herzfeld. Berlin 1968, S. 558–699. Weitere Beispiele bei Seeba [Anm. 6]. Nach Abschluß der Arbeit erhielt ich noch einen Hinweis auf die Neuausgabe der »Briefe aus Berlin« als Insel Taschenbuch: Heinrich Heine. Briefe aus Berlin. Hrsg. von Joseph A. Kruse. Frankfurt a. M./Leipzig 1991. Kruses Nachwort greift die auch meinen Aufsatz leitenden Gedanken auf: »Die Haupt- und Residenzstadt Berlin mit ihren damals etwa 200000 Einwohnern wird somit zum Nabel der deutschen Welt, die sich durch anteilnehmende Lektüre der offenherzigen Schilderungen geradezu mit neugieriger Emphase jederzeit in das hektische Leben der Metropole einbringen kann. Dadurch will bereits der junge Heine den Kosmopolitismus fördern, den Berlin aufgrund seiner vielfältigen Angebote in sich enthält und nahelegt.« (S. 106).

[4] Eine ältere, für das Verstehen der Stadtbeschreibungsmotive hilfreiche Darstellung ist Karl Riha: Die Beschreibung der großen Stadt. Zur Entstehung des Großstadtmotivs in der deutschen Literatur (ca. 1750–1850). Bad Homburg/Zürich 1970, in der die Heine-Briefe ebenfalls nicht explizit einbezogen werden. Eine neue Untersuchung zur frühen Reiseliteratur und Großstadtwahrnehmung liegt zwar vor unserem Untersuchungszeitraum, liefert aber interessante Stichworte zur

»Ausformung typischer Städtebilder«, den Hintergrund also auch für Heines Stadtstereotypen: Thorsten Sadowski: Reisen durch den Mikrokosmos. Berlin und Wien in der bürgerlichen Reiseliteratur um 1800. Hamburg 1998. In der umfangreichen Literatur zum Thema der urbanen Ästhetik ausgehend von Berlin wird dem vorindustriellen Berlin sehr wenig Aufmerksamkeit gewidmet, was sich erst in jüngster Zeit im Zuge der Aktualität des Berlinthemas ändert. Siehe etwa in der auf Englisch publizierten Literatur zur Berliner Kulturgeschichte (mit jedoch nur kurzen Erwähnungen Heines): Ronald Taylor: Berlin and its culture. A historical portrait. New Haven / London 1997, sowie Alexandra Richie: Faust's metropolis: a history of Berlin. New York 1998.

[5] In: Gestaltungsgeschichte und Gesellschaftsgeschichte. Literatur-, kunst- und musikwissenschaftliche Studien. Hrsg. von Helmut Kreuzer. Stuttgart 1969, S. 284–305.

[6] Hinrich C. Seeba: »Keine Systematie«. Heine in Berlin and the Origins of Urban Gaze. – In: Jost Hermand/Robert C. Holub (Hrsg.): Heinrich Heine's Contested Identities. Politics, Religion, and Nationalism in Nineteenth-Century Germany. New York (u.a.) 1999 (German Life and Civilization. 26). Ausgangspunkt für Seebas Deutung des ersten Berlinbriefs Heines ist u.a. die Tatsache, daß auch Walter Benjamin die Bedeutung der Menge bei Heine in seiner Hervorhebung der Motive in Hoffmanns »Des Vetters Eckfenster« übersieht. (»Über einige Motive bei Baudelaire«).

[7] Thomas Anz: Berlin Hauptstadt der Moderne. Expressionismus und Dadaismus im Prozeß der Zivilisation. – In: Das poetische Berlin. Metropolenkultur zwischen Gründerzeit und Nationalsozialismus. Hrsg. von Klaus Siebenhaar. Wiesbaden 1992, S. 103.

[8] Vgl. Anm. 52.

[9] DHA VI, 16. Vgl. das Berlinkapitel in Mme. de Staëls »De l'Allemagne« von 1810: A. L. G. de Staël-Holstein: De l'Allemagne. Nouvelle Edition, publiée par la Comtesse Jean de Pange. Paris 1958, Bd. I., S. 235 f.

[10] Karl August Varnhagen von Ense: Denkwürdigkeiten des eigenen Lebens. Neuaufl. Berlin 1971, Bd. II, S. 216 (bei seiner Rückkehr nach Berlin in der Nachkriegszeit).

[11] Damit widerspreche ich Hermands Kommentar zum Mme. de Staël-Zitat in den »Briefen aus Berlin« (»Wie Heine vermißte auch sie die Altertümlichkeiten«; DHA VI, 404). Es ist vielmehr eine ironische, dialektische Kritik der beiden Stadttypen anzunehmen.

[12] Imagos sind definiert als »ästhetische Erfahrung des Exotischen« (Wellek). Zur Geschichte der Stadtimagos bzw. Berlinimagos gibt es eine umfangreiche, in jüngster Zeit stark erweiterte Sekundärliteratur. Hier interessant zur ästhetisch-ideologischen Überformung der Berlinwahrnehmung im Laufe der »Mentalitätsgeschichte«: Metropolis Berlin. Berlin als die deutsche Hauptstadt im Vergleich europäischer Hauptstädte 1871–1939. Hrsg. von Gerhard Brunn u. Jürgen Reulecke. Bonn u. Berlin 1992. Siehe auch: Berlin. Literary Images of a City. Eine Großstadt im Spiegel der Literatur. Hrsg. von D. Glass, D. Rösler u. J. J. White. Berlin 1989 (besonders die Beiträge von Dieter Schäfer und Horst Denkler). Der einzige Hinweis auf Heine in einem imagologischen Überblick erscheint bei Ulrich Giersch: Der Berliner Sand ... Materie, Medium, Metapher einer Stadt. – In: Ästhetik und Kommunikation 1983, H. 52, S. 7–18. Das Heine-Zitat, das von mir als Motto gewählt wurde, wird hier allzu metaphorisch und ohne geistesgeschichtliche Begründungen als avantgardistisches Phänomen gedeutet, »als Überbau«, als »ein über dem Sand schwebendes Nomadenzelt«, als das Zentrum der Wurzellosigkeit. (S. 16.).

[13] Berliner Eindrücke. – In: Hier schreibt Berlin. Hrsg. von Herbert Günther. Nachdruck der Erstausgabe von 1929. Berlin o.J., S. 283. Siehe Wilhelm Hausenstein: Europäische Hauptstädte. Zürich und Leipzig 1932, S. 372 f.

[14] Scherpe [Anm. 2]. Weiterhin Michael Bienert: Die eingebildete Metropole: Berlin im Feuilleton der Weimarer Republik. Stuttgart 1992.

[15] Karl Scheffler: Berlin – ein Stadtschicksal. Nachdruck der Erstausgabe von 1910. Berlin 1989, S. 55.

[16] Siehe: Brunn/Reulecke: Metropolis Berlin [Anm. 12]; ebenso der frühere Band der Autoren: Berlin … Blicke auf die deutsche Metropole. Hrsg. von Gerhard Brunn u. Jürgen Reulecke. Essen 1989. Zum Begriff der »zivilisatorischen Moderne« siehe Anz [Anm. 7].

[17] Siehe Brunn/Reulecke [Anm. 12], S. 31 f.

[18] Ernst Bloch: Übergang: Berlin, Funktionen im Hohlraum. – In: Erbschaft dieser Zeit (1935). Bd. IV der Gesamtausgabe. Frankfurt/M. 1962, S. 212.

[19] Eine interessante Behandlung ist Wolfgang Hädeckes Monographie: Heinrich Heine. Eine Biographie. München 1985, da sie Querverbindungen zur Epoche und zur Stadtentwicklung enthält. Weiterhin das Nachwort von Gerhard Wolf: Und grüß mich nicht Unter den Linden. Heine in Berlin. Gedichte und Prosa. Hrsg. und mit einem Nachwort von G. Wolf. Frankfurt/ M. 1981.

[20] Siehe das Preußenkapitel bei Klaus Briegleb: Opfer Heine? Versuche über Schriftzüge der Revolution. 1. Aufl. Frankfurt am Main 1986, S. 62. Die »höchsten erreichbaren Grade eines prosaischen Verschlußstils« unter dem Zwang der Zensur stellen das Heinesche Dilemma von kunstvoller Verschlüsselung und zugleich dem Wunsch nach Popularität dar. Über Hermands [Anm. 5] eindrucksvolle Deutung der »Briefe« als Vorstufe hinaus siehe das von ihm decodierte Beispiel der Verschlüsselungstechnik der »Hut-ab«-Episode (S. 297), wie es von Norbert Altenhofer ebenfalls als nur den Eingeweihten verständliche »Hieroglyphe« aufgeführt wird. N. Altenhofer: Die verlorene Augensprache. Über Heinrich Heine. Hrsg. von Volker Bohn, Frankfurt 1993, S. 62 und S. 65. Zum »Briefe aus Berlin«-Kapitel bei Klaus Pabel: Heines »Reisebilder«. Ästhetisches Bedürfnis und politisches Interesse am Ende der Kunstperiode. München 1977, S. 52–73, hier zum »Assoziationsprinzip als literarische Strategie zur Darstellung der partikularisierten Gesellschaft und zur Überwindung der Zäsur«.

[21] Folgende Seitenangaben beziehen sich auf die »Briefe aus Berlin« (DHA VI).

[22] Georg Friedrich Rebmanns »Kosmopolitische Wanderungen durch einen Theil Deutschlands«, 1793, hier zitiert in: G. F. Rebmann: Werke und Briefe. Berlin 1990, Bd. I, S. 103. Zur Rolle der Stadtbeschreibungsliteratur, namentlich Rebmann, aber auch Schaden, siehe Hermand, DHA VI, 383.

[23] Diese Muster der Großstadtbeschreibung beschränken sich natürlich nicht auf Berlin, vielmehr initiieren die ab dem Ende des 18. Jahrhunderts in Weimar gegründeten Korrespondentenberichte »London und Paris » und andere schon Jahrzehnte vorher publizierte Beschreibungen der großen europäischen Städte erst die deutschen Stadtbeschreibungen, zum Teil lange bevor sie diese großstädtische Realität erreichen. Siehe Riha [Anm. 4], S. 32 f. Diese Stadtbeschreibungsstereotypen (wie die der Straßenszenen, der Menge, etc.), die von Hermand nicht beachtet werden, engen zwar Heines Originalität ein, nicht aber das Neue seiner kritischen Brechung der Muster.

[24] Berlins Licht und Schattenseiten, nach einem mehrjährigen Aufenthalte an Ort und Stelle skizziert durch Adolf von Schaden. Dessau 1822, S. 18.

[25] Vgl. Anm. 6.

[26] Wolfgang Preisendanz: Heinrich Heine. Werkstrukturen und Epochenbezüge. München, 2. verm. Aufl. 1983, S. 25.

[27] Wolf Jobst Siedler: Die Tradition der Traditionslosigkeit. Notizen zur Baugeschichte Berlins. – In: Preußen. Beiträge einer politischen Kultur. Bd. II des Ausstellungskatalogs Preußen Versuch einer Bilanz. Hamburg 1981, S. 311.

[28] Rebmann [Anm. 22], S. 104.

[29] Goerd Peschken: Preußens Mitte. – In: Exerzierfeld der Moderne. Industriekultur in Berlin im 19. Jahrhundert. Unter Beteiligung zahlreicher Autoren hrsg. von J. Boberg, T. Fichter u. E. Gillen. München 1984, S. 44–51.

[30] Rebmann [Anm. 22], S. 104.

[31] Werner Hegemann: Das steinerne Berlin. Geschichte der größten Mietskasernenstadt der Welt. 4. Aufl., mit einem Vorwort von Walter Benjamin. Braunschweig/Wiesbaden 1988, S. 102.

[32] Hausenstein: Berliner Eindrücke [Anm. 13: Europäische Hauptstädte], S. 407. Der Bezirk dieser »Dignität« bezieht sich auf Langhans' und Schinkels »Klassik«, einschließlich des barocken Berlin bis hin zu der weiteren Umgestaltung des Lustgartenareals, die zu Heines Zeit mit dem Bau des Museums gerade begann (1822–1830). Siehe Peschken: Preußens Mitte [Anm. 29]. Hier auch der Hinweis auf Hausensteins Äußerungen (S. 50).

[33] »Spreeathen und Sparta« als Obertitel der Kapitel über Berlins vorindustrielle Geschichte: – In: Exerzierfeld der Moderne [Anm. 29].

[34] Rebmann [Anm. 22], S. 105. Das hier erwähnte Schauspielhaus ist noch das 1801 von Langhans gebaute, das 1817 abbrannte.

[35] Peschken [Anm. 29] über Schinkels rigorosen Klassizismus (Neubau des Schauspielhauses 1819–21): »Die Kälte verweigert sich der Deutung als Verherrlichung altabsolutistischer Harmonie, die Rationalität ist bürgerlich-modern« (S. 45).

[36] Eckhard Gillen: Bürgertum und Militär. – In: Exerzierfeld der Moderne [Anm. 29], S. 52.

[37] Friedrich Sengle: Biedermeierzeit. Deutsche Literatur im Spannungsfeld zwischen Restauration und Revolution 1815–1848. Tübingen 1971f. Bd I, S. 24. Der Hinweis auf diese »neurotischen« unbewußten Einstellungen der Biedermeierepoche findet sich bei Hädecke: Heinrich Heine [Anm. 19], S. 132.

[38] Bernd Rabehl: Absolutismus, Militär und Industrie. – In: Exerzierfeld der Moderne [Anm. 29], S. 18–29, bes. S. 28.

[39] Vgl. auch Hermands Interpretation der Parodie der Jungfernkranzmelodie und des Königsgeschlechts [Anm. 5], S. 298. In solchen Parodien liegt wohl nicht nur Heines subjektive Technik der Anbringung von »Nadelspitzen« als die Beobachtung eines neuen städtischen Phänomens.

[40] Siehe hierzu Hermands detaillierte Kommentare sowohl in dem Artikel von 1969 [Anm. 5] als auch in dem Textkommentar der DHA.

[41] DHA VI, 384 und Hermand [Anm. 5], S. 289ff. Hermand zeigt, wie eingehend Heine diese »Konvenienzliteratur«, etwa die der befreundeten Elise von Hohenhausen oder Caroline Fouqué studiert hat, entweder die essayartigen Serienartikel über Berlin oder die Korrespondentennachrichten in den größeren deutschen Zeitschriften.

[42] Spezielle Theater-Kalender und -Zeitschriften, über die Kulturnachrichten in den üblichen Blättern hinaus, d.h. ausschließlich dem Berliner theatralischen Leben gewidmet, gab es von Iffland bis Saphir, also in den Jahren während der napoleonischen Besatzung und der – allerdings erst nach Heines Weggang etablierten – polemischen und täglichen Theaterberichterstattung durch Moritz Gottlieb Saphirs »Berliner Schnellpost« (1826–27) und den »Berliner Courier« (1826–1829). Siehe: Ludwig Geiger: Berlin 1688–1840. Geschichte des geistigen Lebens in der preussischen Hauptstadt. Neudruck der Ausgabe Berlin 1895. Berlin 1987, Bd. II, S. 321 u. 512ff.

[43] Peter de Mendelsohn: Zeitungsstadt Berlin. Menschen und Mächte in der Geschichte der deutschen Presse. Überar. und erw. Auflage Frankfurt/M./Berlin/Wien 1982, S. 54.

[44] Ludwig Salomon: Geschichte des deutschen Zeitungswesens. Von den ersten Anfängen bis zur Wiederaufrichtung des deutschen Reiches. Neudruck der Ausgabe Oldenburg 1906, Aalen 1973, S. 261. Vgl. Hermand [Anm. 5], S. 292.

[45] Schaden [Anm. 24], S. 65. Heine erwähnt Schadens Skandalchronik in den »Briefen« (S. 33).

[46] Ebd., S. 63. Die von Schaden genannten Auszüge aus der Berliner Zeitschriftenwelt erwähnen u.a. eine Reihe schnell eingehender Journale: eine »Leuchte«, der »Freimüthige für Deutschland«, neuerdings ein »Zuschauer« (S. 64). Ein aufschlußreiches Bild des vorhandenen Bedarfs an volkstümlichen Stadtnachrichten ergibt sich aus den Anekdoten und eingestreuten Witzen, auch den »Querlesungen« aus anderen Blättern in Saphirs Sammlung: Conditorei des Jokus oder scherzhafte Bonbons, Früchte und Confitüren für spaßliebende Näscher und Leckermäuler. Eine Auswahl jokoser Aufsätze, Einfälle, Anekdoten und Witzspiele aus dem »Berliner Courier« und der »Berliner Schnellpost«. Hrsg. von M. G. Saphir. Leipzig 1828. Zum ›massenhaften‹, weit in die ›niederen‹ Schichten ausgedehnten »Verschlingen« der Saphirschen Blätter, als Indiz des volkstümlichen Konsumbedarfs der zwanziger Jahre, siehe Salomon [Anm. 44], S. 308.

[47] Mendelsohn [Anm. 43], S. 60.

[48] Die in die erste Auflage der »Reisebilder« aus den »Briefen« übernommenen feuilletonistischen Erzählepisoden.

[49] Zu den politischen Begründungen von Heines kritischer Haltung im Opernstreit etwa bei Hermand [Anm. 5], S. 302, oder Hädecke [Anm 19], S. 141. Zu ergänzen ist, daß Heine das Phänomen der »Popularisierung« (»Briefe«, S. 24) als solches fasziniert; zumindest scheint die »Vortrefflichkeit«, die Eingängigkeit der Melodie nicht minder wichtig als die deutsch-romantischen Themen. Siehe auch seine ironische Reverenz vor Gubitz' hier ganz anderer ›gelehrter‹ Kritik (»Briefe«, S. 26).

[50] Vgl. Anm. 37.

[51] K. A. Varnhagen von Ense: Blätter aus der preußischen Geschichte. Hrsg. von Ludmilla Assing. 5 Bde. Leipzig 1868–69, Bd. II,. S. 88.

[52] HSA XX, S. 222. – Das Buch »Gedichte« erschien bei der Maurerschen Verlagshandlung als Heines erste Buchpublikation, vermittelt durch Gubitz; im April 1823 das Buch ›Tragödien; nebst einem lyrischen Intermezzo« bei Dümmler, Berlin. 1824 bei einer kurzen Berlinreise bringt Heine Gubitz noch »Drei und dreißig Gedichte« für den »Gesellschafter«.

[53] Horst Möller: Die politische und kulturelle Rolle Berlins von der Aufklärung bis zur Reichsgründung. – In: Berlin im Europa der Neuzeit. Ein Tagungsbericht. Hrsg. von Wolfgang Ribbe u. Jürgen Schmädeke. Berlin/New York 1990, S. 55–73, hier S. 60.

[54] Siehe Herbert Scurla: Rahel Varnhagen. Die große Frauengestalt der deutschen Romantik. Eine Biographie. Frankfurt/M. 1980. Kapitel »Ich gehöre Madame Varnhagen!« Rahel und Heine, S. 350ff.

[55] Siehe Ingeborg Drewitz: Die Identitätsfindung der Bürger in Preußen – oder: ein Prozeß aus immer neuen Anfängen. – In: Preußen Dein Spreeathen. Preußen. Versuch einer Bilanz [Anm. 27], Bd. IV, S. 15–37, bes. S. 19

[56] Norbert Miller: Literarisches Leben in Berlin im Anfang des 19. Jahrhunderts. Aspekte einer preußischen Salonkultur. – In: Kleist-Jahrbuch 1981/82, S. 13–32, hier S. 19.

[57] Zu dieser Dialektik in Heines Studentenzeit: Jost Hermand: Eine Jugend in Deutschland. Heine und die Burschenschaften. – In: J. H.: Mehr als ein Liberaler. Über Heinrich Heine. Frankfurt/M/Bern/New York/Paris 1991, S. 11–28.

[58] Der Begriff des »Endes der Kunstperiode« von 1828 läßt sich nur vorsichtig in den kritischen Goethe-Anspielungen in den »Briefen aus Berlin« sowohl zum Goethe-Kult und als den Andeutungen des Goetheschen »Aristokratismus« anbringen; von einem dialektischen »Überwindungs-Muster« kann aber schon hier die Rede sein. Zur Goethe-Auseinandersetzung in »levels« am Beispiel der »Briefe aus Berlin« siehe George F. Peters: »Der große Heide Nr 2«. Heinrich Heine and the Levels of his Goethe Reception. New York/Bern/Frankfurt/M./Paris 1989, bes. S. 53–61, sowie Mathias Nöllke: Goethe als Kunstmittel. – In: HJb 1994, S. 95.

[59] Einen weiteren Kontrast von Aufklärung und Romantik im räumlichen Übereinander von Nicolai und Tieck hält Heine später in der »Romantischen Schule« fest: »die neue Zeit trampelte schon über dem Kopfe der alten Zeit« (DHA VIII/1, 180).

[60] Böschenstein-Schäfer [Anm. 3], S. 662.

[61] Zitiert nach Böschenstein-Schäfer, ebd.

[62] Zum Berliner Hintergrund der »Serapionsbrüder« siehe Nachwort von Walter Müller-Seidel. – In: Die Serapionsbrüder. Gesammelte Erzählungen und Märchen. Herausgegeben von E. T. A. Hoffmann. Bd. I (Erstausgabe 1819–21), München o.J.

[63] Karl August Varnhagen von Ense: Literaturkritiken. Mit einem Anhang: Aufsätze zum Saint-Simonismus. Hrsg. von Klaus F. Gille. Tübingen 1977, S. 37f.

Die unmögliche und die mögliche Liebe

Heines Liebeslyrik in der Geschichte der Gefühle

Von Karl Heinz Götze

Heines literarischer Weltruhm beruht zuallererst auf seiner Lyrik. Das vorherrschende Thema dieser Lyrik ist die Liebe. Im Rhythmus von Heines Poesie haben deutsche Leser »generationsweise vom Blatt geliebt«[1] und vom Blatt gesungen, was sie zu fühlen glaubten. Kaum eine Liebeslage, auf die Heine sich und uns keinen Vers zu machen gewußt hätte. Von den Gedichten des Zyklus' »Junge Leiden« im »Buch der Lieder« bis zu den letzten Gedichten, die in der Pariser »Matratzengruft« entstanden, werden die Schicksale und Formen der Liebe immer wieder sondiert und poetisch erprobt. Das Spektrum reicht von der Hohen Minne, die sich durch eine unüberwindliche Kluft vom Objekt ihrer Anbetung getrennt weiß, bis zur sogenannten niederen, die von Heine über die Grenzen des bis dahin poetisch Sagbaren hinaus gepriesen wird.

Angesichts der prominenten Rolle, die die Liebe in Heines Werk spielt, nimmt es nicht Wunder, daß sich die Forschung immer erneut mit der Liebe bei Heine auseinandergesetzt hat. Einig ist sie nur über eines: Die Liebe, die Heine darstellt, ist unglückliche Liebe. Warum das so ist, darüber gehen die Meinungen freilich weit auseinander. Hier ist kein Platz für einen Forschungsbericht, aber immerhin seien doch einige Auffassungen angedeutet, die zugleich grundlegenden methodischen Herangehensweisen entsprechen.

Die positivistisch orientierte Heine-Forschung des ausgehenden 19. Jahrhunderts nahm Heines Liebesgedichte, wie in der damaligen Germanistik allgemein üblich, als biographische Dokumente. Man ging also davon aus, daß Heine die Liebesenttäuschungen wirklich erlitten habe, von denen seine Gedichte erzählen, und man fahndete nach den Damen, die für diese Enttäuschungen verantwortlich zu machen wären: Man fand Amalie, des reichen Hamburger Onkels verehrte Tochter, und suchte nach ihren Schwestern, sei es in Hamburg, sei es in Paris. Die Suche gestaltete sich schwierig, denn man mußte feststellen, daß Heine, der so gern und auch so offen über die Liebe dichtete, außerhalb der Bücher sehr diskret mit den Spuren seiner Amouren umging. Es stellte sich gar der Verdacht ein, daß Heine nicht so geliebt hatte, wie es in seinen Büchern stand. Frühe Bordellbesuche in Hamburg wurden ruchbar und rückten die ätherische Liebe zu Amalie ins Zwielicht, andererseits gab es kaum zuverlässige Beweise dafür, daß Heines Liebesleben in den Pariser Jahren wirklich so liederlich und promiskuitiv gewesen ist, wie die Gedichte vermuten ließen. Kurz: Der Verdacht ließ sich nicht abweisen, daß Heine »gelogen« hatte. Er wurde zusätzlich genährt durch die literaturhistorisch leicht erweisbare Tatsache, daß Heines Liebespoesie nicht unmittelbar aus dem Herzen floß, sondern volksliedhafte, romantische, ja petrarkistische Modelle[2] zitierte und vor allem durch den für Heine typischen ironischen Ton, der schon im »Buch der Lieder« das Hohe Lied der verhinderten Liebe immer wieder durchbricht.

Damit sind zwei entgegengesetzte, aber methodisch gesehen verwandte Paradigmen der Interpretation der Liebeslyrik Heines angedeutet: Das erste hält sich an den sentimentalen Schmelz insbesondere der frühen Gedichte, liest sie als Abbild von Heines persönlichem Erleben und borgt sie sich, um eigene Gefühle unglücklicher Liebe hineinzuprojizieren. Man geht wohl nicht fehl in der Annahme, daß der Publikumserfolg von Heines Gedichten diesem Mechanismus wesentlich geschuldet ist. Diese Lektüre muß über ironische Brechungen sentimentalischen Liebesüberschwangs ebenso hinweglesen wie über die abgebrühte künstlerisch-technische Routine, mit der Heine »sein« Thema behandelt. Die Parteigänger der These, daß die Gefühle in Heines Poesie »erlogen« seien, nehmen hingegen die Widersprüche wahr, die die sentimentalische Lektüre leugnet, sowohl die zwischen Leben des Autors und Dichtung als auch die in den Texten selbst vorhandenen, leiten daraus aber den Vorwurf ab, Heines Liebeslyrik sei unernst, unecht, sei schiere Künstelei ohne Tiefe. Bernd Kortländer hat darauf hingewiesen, daß Goethes Konzeption der Erlebnislyrik dem Vorwurf zugrunde liegt, Heines Liebeslyrik sei eine Poesie der Lüge. Kortländers subtiler Kritik an den Kritikern, die Heine der Lüge zeihen, ist ganz und gar zuzustimmen. Zweifel möchte ich nur an seiner Feststellung anmelden, daß, aufs Ganze gesehen, »die Heine-Forschung den erlebnislyrischen Ansatz für Heines Liebesgedichte inzwischen endgültig verworfen hat.«[3] Mir scheint es hingegen so zu sein, daß der erlebnislyrische Ansatz, sozialgeschichtlich oder psychoanalytisch kostümiert, in der neueren Forschung durchaus einen prominenten Platz besetzt.

Nehmen wir als Beispiel die Position des bekanntesten unter den deutschen

Heinrich Heine
Bronzestatuette von Theodor von Gosen (1898)

Literaturkritikern. Marcel Reich-Ranicki dekretiert: »Wenn es je einen deutschen Dichter gegeben hat, der ein Leben lang und auf geradezu manische
Weise bemüht war, seine persönliche Problematik in seinem Werk zu subli-
mieren, dann war es Heinrich Heine.«[4] Seine Problematik, sein »wirkliche[s]
Thema«[5] sei jedoch nicht die Liebe, sondern die Situation des Juden in der
deutschen Gesellschaft des beginnenden 19. Jahrhunderts:

> Bei Lichte besehen, verkündet Heine im »Buch der Lieder« nicht die Liebe, sondern weit
> eher deren Unmöglichkeit. Die beklagenswerte und aussichtslose, die eben unmögliche Liebe
> symbolisiert die Situation des Verstoßenen und Ausgeschlossenen, genauer: des Juden [...].

Heine habe das ohnmächtige Verlangen des Juden nach Anerkennung ästhetisch transformiert in das immer neue Lied von der unerhörten Liebe und
wurde dadurch

> zum poetischen Sprecher und Sachwalter aller Benachteiligten und Unterlegenen, aller, die
> an ihrer Rolle in der Gesellschaft gelitten haben, aller, die sich nach Liebe sehnten, aber sich
> mit der Sehnsucht, mit der Hoffnung begnügen mußten.[6]

Jost Hermand argumentiert ähnlich, will freilich Heines Liebesschmerz nicht
allein auf das Leiden an seiner jüdischen Existenz in Deutschland zurückführen. Das »Buch der Lieder« handele, so schreibt er, »von männlicher Fru-
strierung«.[7] Die habe mit den Geschlechtsrollen zu tun, die den »Mann zum
unentwegten Schmachten und die angebetete Frau zum unentwegten Spröde-
tun«[8] verurteile. Vor allem aber drücke sich im Liebesschmerz der Heineschen Poesie die prekäre soziale Situation Heines aus:

> Daher ist die Liebeslyrik des jungen Heine, der aufgrund seiner mangelnden Berufsaussich-
> ten, seiner geringen finanziellen Rückversicherung und zum Teil auch seines jüdischen
> Außenseitertums wegen ein [...] Eckensteher der Gesellschaft war, in ihrer schmachtenden
> Frustriertheit durchaus realistisch und nicht bloß sentimental.[9]

Aus der psychoanalytisch inspirierten Perspektive mit der sich insbesondere
Manfred Schneider[10] und in seiner Nachfolge Franz Futterknecht[11] Heines
Liebesproblematik genähert haben, erscheint die »unmögliche Liebe« in
einem ganz anderen Licht. Futterknechts Grundthese lautet vereinfacht, daß
mit der bürgerlichen Familie des 18. Jahrhunderts ein neuer Sozialtypus, eine
neue Seelenverfassung entstehe, in der das Kind, insbesondere das »im Über-
maß geliebte« Kind, geschützt und verehrt aufwachse. Da der Schutzraum
Familie aber nicht hermetisch abgeschlossen werden könne, bräche die ganz

anders, nämlich zweckrational verfaßte außerfamiliäre Ordnung in den Binnen-
raum ein, bewirke Traumata und führe zur Neurose. Als Zeichen solcher Neurose deutet Futterknecht sowohl die Antike- und Mittelalteridealisierungen als
auch den »Antitechnizismus, Antimaterialismus, die Vielzahl der Konversionen
und Selbstmorde« in der Goethezeit. Bei »Lenz, Goethe, Schiller, Hölderlin,
Kleist, Brentano und Mörike« will Futterknecht solch »eindeutige Spuren trau-
matisch erlebter Krisen«[12] festgestellt haben – und natürlich bei Heine. Heines
unbewußtes Kindheitstrauma glaubt Futterknecht in den »Memoiren« dargestellt, in einer Passage, die zeige, wie »dem jungen Harry zum ersten Mal auf-
ging, daß sein geliebter Vater sich selbst, seinen Beruf und die Liebe zu seinem
Sohn nur ›spielte‹ [...].« Die Passage selbst hat bei Heine nichts Dramatisches:

> Zuweilen blieb es nicht beim bloßen Handkuß und mein Vater nahm mich zwischen seine
> Knie und küßte mich auf die Stirn. Eines Morgens umarmte er mich mit ganz ungewöhn-
> licher Zärtlichkeit und sagte: ich habe diese Nacht etwas Schönes von dir geträumt und bin
> sehr zufrieden mit dir, mein lieber Harry. Während er diese naiven Worte sprach, zog ein Lä-
> cheln um seine Lippen, welches zu sagen schien: mag der Harry sich noch so unartig in der
> Wirklichkeit aufführen, ich werde dennoch, um ihn ungetrübt zu lieben, immer etwas Schö-
> nes von ihm träumen (DHA XV, 83).

Kleine Ursachen, große Wirkungen. Hier habe Heine, – so Futterknecht –
zum ersten Male das »Leben als Gaukelspiel und Betrug« kennengelernt,
einen »Schock« erfahren, daraufhin »in narzißtischem Furor einen Mord an
seinem Vater begangen«, dadurch seine »eigene Identität zerstört«[13], das natürliche Verhältnis zur Sinnlichkeit verloren[14], eine »Zwangsneurose« ausgebildet,
die ihn nur zu »pervertierten Liebesbeziehungen« fähig machte. So habe ihn
Amalie durchaus geliebt, aber Heine habe aufgrund seiner »beschädigte[n]
Seelenapparatur«[15] diese Liebe nicht leben können.

Ich halte hier ein, obgleich es leicht möglich wäre, viele weitere Erklä-
rungsansätze für die Tatsache vorzustellen, daß die Liebe bei Heine zunächst
unmögliche Liebe ist. Schon die genannten sind geeignet, in Verwirrung zu
stürzen: Für die einen soll Heine gedichtet haben, was er erfuhr, für die anderen soll er seine Liebe erlogen und erkünstelt haben, die dritten sehen das
Unglück der Heineschen Liebesgedichte als verschleierten Ausdruck seiner
jüdischen Randexistenz, die vierten als Resultat der Tatsache, daß er wenig
Geld und düstere Berufsaussichten hatte; die fünften verweisen ihn wegen
Liebesunfähigkeit direkt an den Psychiater, die sechsten sind ratlos, weil zumindest im »Buch der Lieder« »für die passive, leidende Haltung des lyrischen Subjekts [...] für das Unterliegen gegen irgendeine Übermacht, kein
rechter Grund erkennbar ist.«[16]

Freilich sind alle genannten Ansätze auch nicht schon deshalb zu verwerfen, weil sie sich widersprechen. Es ist durchaus plausibel, daß Heines familiäre Sozialisation, seine jüdische Herkunft, sein sozialer Status, sein Pariser Exil die Art und Weise beeinflußt haben, wie er Liebe erlebte und wie er darüber schrieb. Festzuhalten ist freilich allemal die gern ignorierte literaturwissenschaftliche Binsenwahrheit, daß das Erleben der Liebe und das Schreiben darüber zwar nicht unabhängig voneinander, aber auch keineswegs identisch sind. »Die Entdeckung der Inkommunikabilität« der Liebe geht, wie Niklas Luhmann gezeigt hat, schon auf das 18. Jahrhundert zurück.[17] Die Semiologen, vor allen anderen Roland Barthes mit »Fragmente einer Sprache der Liebe«[18], haben die Differenz zwischen der Sprache der Liebe und dem Sprechen oder Schreiben über Liebe erhellt, ein Ansatz, den Manfred Schneider in seiner großangelegten Untersuchung der europäischen Liebessprachen zu dem Ergebnis erweitert hat, daß Liebe, wo sie sich sprachlich ausdrücken will, allemal mit Betrug verknüpft ist, weil sich Liebe in ihrer Wahrhaftigkeit unmöglich linguistisch artikulieren kann.[19] Wenn also kein direkter Weg vom Liebeserlebnis – das verfehlte natürlich eingeschlossen – zum Liebesgedicht führt, so ist *vor* allen Fragen nach lebensgeschichtlichen Wurzeln der Liebesdichtung Heinrich Heines die Frage danach zu stellen, was »Liebe« und »lieben« denn bedeuteten, als Heine schrieb. Kurz: Heines Liebesdichtung ist einzuschreiben in eine »Geschichte der Gefühle« und in die Geschichte des Redens über Gefühle, also in die Geschichte der Liebesdiskurse.

Diese Geschichte existiert freilich nur in Rudimenten. Das dürfte wesentlich damit zu tun haben, daß die Liebe als ein so universelles und transhistorisch existentes Phänomen erscheint wie sonst nur der Tod. Man hat, so schrieb Günter Anders 1986,

> bis heute den emotionalen Apparat des Menschen für eine natürliche und unveränderbare Mitgift (wie etwa die physiologische Ausstattung) des Menschen gehalten; während es natürlich niemanden gegeben hätte, der nicht pausenlose Veränderung der Ideen, der Institutionen in der Gerätewelt zugegeben hätte.[20]

Dazu kommt, daß Liebe etwas ist, was sich wissenschaftlichen Definitionen und wissenschaftlicher Arbeitsteilung souverän entzieht. Auch die Psychoanalyse scheint von der Komplexität des Gegenstandes überfordert, der doch auf ihrem ureigensten Feld liegt. So schreibt der Psychoanalytiker Martin S. Bergmann: »Die Psychoanalyse hat bisher keine eigene Definition der Liebe geliefert, und dies bedeutet meiner Ansicht nach, daß es ihr nicht gelungen ist, das Wesen der Liebe aufzudecken.«[21] Das Wesen nicht – und die Geschichte schon längst nicht. So wissen wir vor allem von der Soziologie, daß

Liebe an das Verhältnis gebunden ist, das der Liebende zur Welt hat. Gesellschaftlich »werden Leitvorstellungen festgelegt, die die individuelle Gefühlsbindung beeinflussen.«[22] Wenn wir den Forschungen Luhmanns und Dux' trauen dürfen, dann vollzieht sich in der Romantik, also in der Bewegung, als deren Erbe und Überwinder sich Heine reklamiert[23], eine geradezu epochale Neubestimmung der Liebe. In der Romantik wird die Bedeutung der Liebe aufs Äußerste gesteigert, eine Bedeutungssteigerung, die bis heute ihren Widerschein darin findet, daß die romantische Liebe als die Liebe schlechthin angesehen wird. Meine These ist, daß Heines Liebeslyrik zuallererst von der Rolle der Liebe in der Romantik her verstanden werden muß. Der Gedanke an sich ist nicht neu. Futterknecht und im Anschluß Kortländer haben die Bedeutung der Liebe bei Heine im Rückgriff auf Friedrich Schlegels Transzendentalphilosophie zu bestimmen versucht.[24] Die Arbeit des Soziologen Günter Dux mit dem Titel »Geschlecht und Gesellschaft. Warum wir lieben«, in deren Zentrum die Entzifferung der romantischen Liebe steht, scheint mir demgegenüber aber den Vorzug zu bieten, daß sie von der Stellung des romantischen Subjekts in der Welt ausgeht. Heine kommt bei Dux nicht vor. Dennoch seien seine in bestem, d. h. hermetischem Soziologendeutsch verfaßten Überlegungen hier vereinfacht referiert, da sie, so meine ich, eine entscheidende Seite von Heines Liebeskonzeption aufzuschließen geeignet sind.

Romantische Liebe, wie sie Dux versteht, ist nicht zuallererst Mondenschein und Nachtigallenschmelz, sondern ein verzweifelter Versuch, in einer als sinnlos erkannten Welt sich dennoch eines Sinns zu versichern. Die Welt geht einer kleinen Avantgarde privilegierter Intellektueller am Ende des 18. Jahrhunderts verloren, und sie versuchen, sie in der Liebe wiederzufinden. So könnte man Dux' Grundthese formulieren. Sie bedarf der Erläuterung: Alle menschliche Subjektivität entsteht dadurch, daß der Mensch gemeinsam mit anderen die Natur beherrschen muß. In traditionalen Gesellschaften geschieht das so, daß das Subjekt sich ausbildet für die vorbestimmte Rolle, die später sein Leben ausmachen wird. Einfach gesprochen: Der Sohn des mittelalterlichen Bauern wird Bauer, der des mittelalterlichen Handwerkers wird Handwerker. Die Sinnfrage stellt sich nicht. Der materielle Sinn ist die Subsistenzsicherung, der höhere Sinn durch die Religion und ihre heilsgeschichtlichen Schemata verbürgt. Mit der naturwissenschaftlichen, der industriellen und der politischen Revolution der Neuzeit geht diese Sicherheit in der Ausbildung der eigenen Natur wie die Garantie des Sinns allmählich zu Ende. Die Welt wird als sich verändernde und den menschlichen Zwecken unterworfene erfahren. Bürgerliche Erziehung bildet, aber sie bereitet gerade nicht mehr unmittelbar auf eine festumrissene gesellschaftliche Identität vor. Unter diesen Bedingungen erweitern sich die Möglichkeiten des nicht mehr fixierten Ichs unendlich – ein Vorgang, den Karl Heinz Bohrer als Ich-Entgrenzung bezeichnet[25] – aber damit muß es sich auch als unbestimmt empfinden, als charakterlos, als eigenschaftslos, wie Musil die gleiche Problematik im 20. Jahrhundert formulieren sollte. Bei alledem verschwindet natürlich die Welt in ihrer Materialität nicht, sie ist fortan lediglich nicht mehr fähig, Maximen sinnvoller Lebensführung zu geben, Moral und zweifelsfreie Handlungsperspektive zu begründen. Die Welt ist da, aber ohne Bedeutung. Ihr Getriebe ist immanent rational und wird immer rationaler, aber sie verpflichtet das Individuum zu nichts, jedenfalls nicht das Individuum, dessen materielle Existenz gesichert ist. Hegel und nach ihm Marx haben dafür auf anderem theoretischen Hintergrund den Begriff der Entfremdung benutzt, die Dichter häufig das Bild der Maschine.

Nun läßt sich ja mit dem Bewußtsein von der Sinnlosigkeit der Welt durchaus leben. Unserer Gegenwart ist schließlich im alltäglichen Leben die Annahme sinnhafter Existenz weitgehend verloren gegangen. Die Krise der Romantik bestand aber gerade darin, daß sie der immanenten Sinnlosigkeit der Welt innewurde, sich mit ihr aber nicht abfinden wollte. Leben unter Preisgabe des absoluten Sinns war ihr unerträglich, deshalb entwickelte sie äußerste Widerstände dagegen, sich von der Welt wie sie ist, vereinnahmen zu lassen. Sie wanderte aus in eine Traumwelt absoluten Sinnverlangens, der aber die Wirklichkeit abhanden gekommen ist. Daß die Welt Traum wird, ist einer der Grundtopoi der Romantik. In einer Traumwelt aber läßt sich nicht auf Dauer leben. Auch der Traum braucht – ebenso wie die Poesie – materielle Wirklichkeit, braucht Subjektivität, die sich nur in der Wirklichkeit bilden kann. Der Romantiker lebt in zwei Welten und wird an beiden irre – nicht selten auch buchstäblich. Zusammengefaßt:

> Die Krise des romantischen Subjekts besteht nach alledem darin, einer bedeutungsvollen Welt verlustig gegangen zu sein, gleichwohl aber dem Anspruch einer Sinnbestimmung des Daseins im Absoluten verhaftet zu bleiben.[26]

Aus dieser Krise heraus entsteht die romantische Liebeskonzeption. Die Liebe soll den verlorengegangenen Sinn, die Bedeutsamkeit des Lebens zurückbringen, die Bindung an die Welt wieder herstellen. In ihr liegt die letzte Hoffnung auf sinnhaftes Dasein beschlossen. Warum gerade die Liebe? Nur die Liebe gehört einerseits zweifelsfrei der Welt an und ist ihr doch zumindest für Momente nicht unterworfen, nur sie ist Körper und Geist, Natur und Gesellschaft, nur sie ist in der Zeit und außer ihr, sie ist zugleich völlig sinnfrei und sinnstiftend. In der Liebe, so wollte es die Romantik, konnte die Welt zurückgewonnen werden. Dux zitiert, um diesen Zusammenhang zu bezeichnen, Schlegels »Lucinde«: »Sie waren einer dem anderen das Universum.«[27]

Nun ließe sich einwenden, daß die Liebe diese Rolle seit je gespielt hat. Daran ist richtig, daß dem Menschen allemal aufgegeben war, sich unterzubringen in der Welt und er dazu den anderen, den Liebespartner brauchte. In der Romantik verschärft sich jedoch die Problemlage dahingehend, daß die Welt, das Universum durch den anderen überhaupt erst hergestellt wird. Es ist evident, daß die Liebe die Aufgabe, die ihr die Romantik aufhalst, nicht tragen kann, schon deshalb nicht, weil sie ja ihrerseits der Individualität und Subjektivität der Partner bedarf, die sich nur in der Auseinandersetzung mit der Welt, der vorfindlichen, herauszubilden imstande ist. Zudem: Auch das romantische Liebespaar muß sich nach seinen kleinen Fluchten aus der Welt wieder in derselben unterbringen. Kurz: Romantische Liebe ist nicht von dieser Welt, romantische Liebe in ihrem emphatischen Sinn unmöglich.

Das also war die Problemstellung, die Heine von der Romantik erbte. Es dürfte klar geworden sein, daß sie nicht zu lösen war, indem man Mut faßte, sich ein bißchen unkonventionell zu benehmen, »sich bei wechselseitiger Sympathie einfach in die Arme zu schließen«[28], wie Jost Hermand vorschlägt. Es dürfte ebenso klar sein, daß Heines hanseatische Cousine Amalie mit der Lösung des Grundproblems der romantischen Liebe überfordert war. Es dürfte aber auch klar sein, daß sich Heines Liebesunglück nicht einfach als individuelle Pathologie eines perversen Zwangsneurotikers darstellen läßt, wie das Futterknecht tut, der Heines ungesundem Liebesverlangen die Liebe der »psychisch intakten Bürgerstöchter«[29] Hamburgs gegenüberstellt und als Remedium für Heines Liebeskrankheit vorschlägt, was schon Onkel Salomon vorschlug: Er hätte mehr arbeiten sollen.[30] Da genau war ja das Problem. Die Arbeits- und Sozialwelt des beginnenden 19. Jahrhunderts bot eben nicht mehr, was die Romantik und – in ihrer Nachfolge Heine – dann in der Liebe suchten. Heine wollte etwas, was in der modernen Welt nicht zu haben ist: absoluten Sinn und zweifelsfreie Identität.

Man kann das, was Liebe bei Heine bedeutet, nicht verstehen, wenn man es nicht begreift als eine epochale Konstellation, als Versuch, in einer modernen Welt an einem absoluten Sinnverlangen festzuhalten. Erst in diesem Zusammenhang haben die oben erwähnten Theorien über die Ursachen von Heines Liebesunglück explikativen Wert: Dadurch, daß Heine als Jude, als begabter und geliebter Sohn einer Kernfamilie ohne nennenswertes Kapital, dessen Berufspläne scheiterten und der schließlich sein Land verließ, in besonderer Weise von traditionellen Bestimmungen seiner Existenz freigesetzt war, erfuhr er verschärft das, was Dux den romantischen Weltverlust nennt. Entsprechend stark war die Sehnsucht danach, ihn in der Liebe aufzuheben, im anderen das Universum zu finden.

Daß der junge Heine von der Romantik nicht nur das Formenarsenal übernahm, sondern auch die grundlegende Problemstellung, ist leicht zu erweisen. Das »Buch der Lieder« beginnt bekanntlich mit den »Traumbildern«, und das Traumhaft-Werden der Welt ist ja, wie oben gezeigt, die romantische Konsequenz des Verlusts der Sozialwelt.[31] Daß er auch den romantischen Lösungsvorschlag zunächst übernimmt, erweist schon die flüchtige Lektüre – Heines Texte antworten mit Liebessehnsucht auf den Weltverlust.

Die Ausgangslage also ist gleich, freilich findet sich die romantische Entwirklichung der Welt in Heines frühen Gedichten extrem zugespitzt. Die Welt erscheint als Zaubergarten von Zitaten aus der Volkspoesie und der Romantik. Allerdings – und das macht den singulären Ort des »Buchs der Lieder« in der Geschichte der deutschen Literatur aus – hält Heine nicht nur am romantischen Paradigma fest, sondern er zeigt spätestens ab dem »Lyrischen Intermezzo« zugleich, daß das Konzept der romantischen Liebe verfehlt ist. Johannes Jokl hat aus gutem Grund seine eingehende Untersuchung des »Buchs der Lieder« mit dem Titel »Die Unmöglichkeit romantischer Liebe« versehen.[32] Er zeigt ausführlich, wie dort romantische Liebe poetisch inszeniert und dann unterminiert wird durch das gestaltete Wissen von ihrer Unmöglichkeit. Man kann Heine nur als tändelnden poetischen Leichtfuß oder gar als Lügner mißverstehen, wenn man übersieht, daß die beiden Positionen todernst gemeint sind: Heine gestaltet die Sehnsucht nach einer absolut sinnhaften Existenz in einer absolut sinnhaften Welt, gestaltet sie als absolute Liebessehnsucht. Darin ist er ganz Romantiker. Aber er zeigt zugleich immer erneut, daß sie auf dieser Welt, also jenseits von Traum und Tod, nicht zu realisieren ist, sondern ewig Sehnsucht bleiben muß. Damit läßt er die Romantik hinter sich. Heine zeigt nicht gern, was er da zeigen muß, er zeigt es gegen die eigenen Wünsche. Daß er es trotzdem tut, macht das »Buch der Lieder« der romantischen Staffage entgegen zu einem schmerzhaft realistischen Buch. Wer ein Ziel, eine Sehnsucht hat, die auf dieser Welt nicht zu realisieren ist, von dieser Unmöglichkeit aber nicht weiß, hat das Zeug zum naiven Dichter oder zum tragischen Helden. Jemand, der darum weiß, aber weder von der Sehnsucht noch von seiner Erkenntnis lassen kann, ist ein Zerrissener (wie ein Modewort der zwanziger Jahre des 19. Jahrhunderts lautete) und gerät in ein ironisches Verhältnis zu sich selbst. Dieses ironische Verhältnis zu sich selbst, vielleicht am gültigsten formuliert in den Versen

> Ich hab mit dem Tod in der eignen Brust
> Den sterbenden Fechter gespielet (DHA I, 259),

erlaubt Heine ästhetisch die Bearbeitung eines unlösbaren Problems.

Daß der Rückgriff auf die sozial- und ideengeschichtliche Konstellation, die das Konzept der romantischen Liebe hervortrieb, zur Erklärung der Gedichte des »Buchs der Lieder« beitragen kann, hoffe ich gezeigt zu haben. Wie aber ist es um ihren explikativen Wert für die Liebespoesie in den »Neuen Gedichten«, im »Romanzero« und in »Gedichte. 1853 und 1854« bestellt? Schließlich wird in den »Neuen Gedichten« »bewußt das Liebesmodell der Gedichte im ›Buch der Lieder‹ durchbrochen: erfüllte, aber auch desillusionierte Liebe, Sinnlichkeit statt vergeblichem Schmachten und lustvollem Schmerz.«[33] In der Forschung herrscht weitgehende Übereinstimmung darüber, daß Heine in seiner Pariser Zeit »auch poetisch Abschied [nimmt] von seinen bisherigen Liebeskonzepten«, daß »Leichtigkeit, Frivolität, witzelndes Spiel, hautnahe Oberflächlichkeit, momentanes Genießen« nun in den Gedichten vorherrschen. Die zeitgenössische Kritik bis hin zu Gutzkow hat Heine solche literarische Libertinage als persönliche Lüsternheit vorgeworfen, ein Vorwurf, der heute gern dergestalt reproduziert wird, daß Heines »Bild von der Frau« nun »zynisch-negative Züge«[34] bekommen habe. Auch die Heine-Forschung der ehemaligen DDR konstatierte, daß Heine imstande sei, »ausgesprochen lieblos über Frauen zu schreiben« und hält ihm, wie früher schon Karl Kraus, die Liebesdichtung Goethes als Muster vor, wo die Frau nicht mehr nur als »Objekt des Begehrens, sondern als selbständig und prinzipiell ebenbürtig« erscheine. Hans Kaufmann, aus dessen ansonsten in vieler Hinsicht verdienstvollem Heine-Buch dieses Zitat stammt, verkennt nicht, daß Goethes Liebeskonzeption zu seiner Zeit utopisch ist, behauptet aber mit Hinweis auf die neuen Geschlechterverhältnisse in den sozialistischen Ländern die »größere Gegenwartsnähe«[35] der Konzeption Goethes.

Unbestritten ist jedenfalls, daß seit den »Neuen Gedichten« das Thema »Liebe« in Heines Poesie seine alles beherrschende Stellung verliert, die Dichtung welthaltiger wird und die dargestellte Liebe sinnlicher. Zu fragen wäre, wie diese Phänomene untereinander und mit der Problemstellung des »Buchs der Lieder« zusammenhängen. Anders gefragt: Was wird in Paris aus Heines Konzeption der romantischen Liebe? Stellt sie sich unter den Händen französischer Grisetten doch als individuelle Neurose heraus?

Zunächst wäre festzuhalten, daß schon die romantische Liebeskonzeption die Sinnlichkeit keineswegs leugnet, sondern sogar ihre Verabsolutierung kennt und darauf zu reagieren versucht. Schlegels »Lucinde« ist eine literari-

sche Zeitgenossin von de Sades »Justine«. Die Verabsolutierung der Sinnlichkeit ergibt sich aus der beschriebenen historischen Konstellation um die Wende zum 19. Jahrhundert, als die Sozialwelt ihre Verbindlichkeit verliert und
damit auch Moral und Sinn beliebig werden. Was dann bleibt, ist zunächst
nichts mehr als krude Körperlichkeit und, daraus folgend, Triebhaftigkeit und
Genußgier. Das aus seinen Weltbindungen freigesetzte Subjekt hat nur noch
sich selbst und seine Sinne. Die Sinnlichkeit, so heißt es in Ludwig Tiecks
»William Lovell«, ist »der Haushofmeister unserer Maschine«.[36] Aber die
Protagonisten der absolut gesetzten Sinnlichkeit in Tiecks Roman scheitern.
Der Grund dafür ist schon in dem Bild angedeutet, das den Körper als Maschine abbildet: Sinnlichkeit, die nicht mehr mit Geistigkeit zu vermitteln ist,
verdoppelt nur das leere Getriebe der Maschinenwelt. Es bedarf der Liebe,
um Sinne und Geist, Subjekt und Welt zu versöhnen und diese Welt als sinn-
haft-menschlich erleben zu können.

Was aber passiert mit der Sehnsucht nach sinnhaftem Leben in dem Moment, in dem Heine die Liebe bewußt auf Sinnlichkeit reduziert? Daß er es
bewußt tut, zeigt z. B. das erste Gedicht des Zyklus »Yolante und Marie« aus
den »Verschiedenen«, in dem das lyrische Ich von einer liebeserfahrenen Mutter und ihrer schönen Tochter mit Hilfe eines gespickten Hasenbratens und
eines Gesprächs über Dichtkunst gewonnen werden soll, dieses Ich sich aber
weigert, sich mit den Damen über die Dichtkunst oder – wie im fünften Gedicht des »Angelique«-Zyklus – über die deutschen Zustände zu unterhalten
(DHA II, 48 und 39). Die Liebe wird in den »Verschiedenen« von ihrer romantischen Überfrachtung entlastet. Deshalb kann sie jetzt körperlich stattfinden und kann eine Geschichte haben, wie sie der Zyklus »Seraphine« vorführt, dessen Gedichte in ihrer Abfolge von der Entstehung, Erfüllung und
dem Verlöschen der Liebe erzählen. Genauer: Der Gedanke, in der Liebe
durch den anderen das Universum als sinnhaftes zurückzugewinnen, ist aufgegeben. Das, so meine ich, bedeutet bei Heine aber nicht die Preisgabe der
absolutistischen Logik und damit die Anerkennung der Sinn- und Geistlosig-
keit der Welt überhaupt. Nur wird die jetzt woanders gesucht, nämlich in der
Welt selbst, die die Romantik, wo sie noch nicht heilsgeschichtlich regrediert
ist, als sinnlose Maschinerie betrachtet. In den dreißiger Jahren übernimmt
Heine nicht nur in modifizierter Form die Hegelsche Geschichtsphilosophie,
die die Welt sinnhaft als Entäußerung und Rückkehr des absoluten Geistes
und als Fortschritt im Bewußtsein der Freiheit versteht, sondern auch das
ökonomische Programm des Saint-Simonismus, so daß er schließlich mit dem
ironischen Abstand, den er allemal einhielt, sogar temporär zum ideellen Parteigänger von Marx werden konnte. Kurz, Heine versucht, »die romantischen

Sehnsuchtsbilder in vermeintlich realisierbare Gesellschaftsmodelle zu transformieren.«[37] Dieser Vorgang kommt paradigmatisch zum Ausdruck in dem Hochzeitskarmen, das den Höhepunkt des »Seraphine«-Zyklus bildet. Die Vereinigung mit der Geliebten hat hier eben nicht ihren Sinn in sich, sondern sie wird erst bedeutungsvoll als »Felsen«, auf dem die »Kirche« des »dritten, neuen Testament[s]« gebaut wird. Die geschichtliche Welt, in der die sinnliche Liebe stattfindet, erscheint als im Prozeß der politischen und sozialen Emanzipation begriffen. Nur deshalb kommt hier ausnahmsweise der körperlichen Liebe der quasi-religiöse Rang zu, auf den die religiöse Liebessehnsucht der frühen Gedichte vergebens abzielt:

> Und Gott ist alles, was da ist;
> Er ist in unsern Küssen. (DHA II, 34)

Heine gewinnt durch die geschichtsphilosophische Fundierung seiner Freiheitshoffnungen, durch die Rezeption der frühsozialistischen Theorie, die das wirtschaftliche Wohlergehen aller als geschichtlich möglich erweisen wollte, sowie durch seine Erfahrungen in der europäischen Hauptstadt Paris die Welt als sinnhaft zurück, und er findet zugleich eine anerkannte Identität in ihr als Deutschlands erster Dichter nach dem Tode Goethes. Nicht zufällig nennen auch Marx und Engels neben der englischen Nationalökonomie die Hegelsche Dialektik und den Frühsozialismus als Quellen ihrer Theorie und damit als Quellen der wichtigsten politisch-sozialen Bewegung des 19. und 20. Jahrhunderts.[38] Daß Marx selbst die Welt keineswegs als per se sinnhaft begriff, sondern geschichtliche Bewegung aus dem Zusammenspiel von objektiv angelegten Möglichkeiten und subjektivem Handeln verstand, hat beträchtliche Teile der Bewegung, die in seinem Namen entstand, nicht vor der Illusion eines Geschichtsdeterminismus bewahren können, eine Illusion, der Walter Benjamin in seinen Thesen »Über den Begriff der Geschichte«[39] 1940 den Prozeß macht, die aber erst 1989 ihren Bankrott quittierte.

Wohlgemerkt: Die Darstellung der geglückten Einfügung sinnlicher Liebe in einen pantheistisch beseelten Kosmos freier und emanzipierter Menschheit bleibt bei Heine auch in der Zeit der »Neuen Gedichte« die Ausnahme. Aber die Entlastung der Liebe von der Aufgabe der absoluten Sinnbestimmung kommt dem Realismus ihrer Darstellung in Heines Lyrik außerordentlich zugute. Die Liebe wird gezeigt als das, was sie nur sein kann, als beschädigte Liebe, beschädigt von den Institutionen, von der Zeit, von den Liebenden selbst. Heine verweigert sich aufs Ganze sowohl der Liebesutopie, die ein Teil der Goetheschen Liebesgedichte aufweist, als auch der Einstimmung in die philiströse Überführung romantischen Sentiments in biedermeierliche Bürgerlichkeit, wie sie Hegel nicht ohne Häme als den natürlichen Gang der Liebesdinge darstellt.

> Denn das Ende solcher Lehrjahre besteht darin, daß sich das Subjekt die Hörner abläuft, mit seinem Wünschen und Meinen sich in die bestehenden Verhältnisse und die Vernünftigkeit derselben hineinbildet, in die Verkettung der Welt eintritt und sich in ihr einen angemessenen Standpunkt erwirbt. Mag einer auch noch soviel mit der Welt herumgezankt haben, umhergeschoben worden sein, zuletzt bekommt er meistens doch sein Mädchen und irgendeine Stellung, heiratet und wird ein Philister so gut wie die anderen auch; die Frau steht der Haushaltung vor, die Kinder bleiben nicht aus, das angebetete Weib, das erst die Einzige, ein Engel war, nimmt sich ungefähr ebenso aus wie alle anderen, das Amt gibt Arbeit und Verdrießlichkeiten, die Ehe Hauskreuz, und so ist der Katzenjammer der übrigen da.[40]

Die Gedichte aus dem »Romanzero« und die »Gedichte. 1853 und 1854«, soviel sei nur angedeutet, müssen ohne die Hoffnung auf eine bessere Welt der Freiheit und der Emanzipation des Fleisches auskommen. Trotzdem gewinnt die Liebe in ihnen nicht die alte, übersteigerte Bedeutung zurück. Die ungeheuren Hoffnungen, die Heine zur Zeit des »Buchs der Lieder« wider besseres Wissen auf sie setzte, kann er ihr nicht mehr zumuten, obgleich sich die Welt nicht in Richtung auf ein irdisches Paradies entwickelt hat, sondern als Narrenhaus kenntlich wird. Der Poet der Liebe, der »Als Liebhaber [...] / Kaum ein Glied bewegen kann« (DHA III, 396), macht Verse, die den romantischen Überschwang vieler früher Gedichte aufs Elementarste herabstimmen: »Was dem Menschen dient zum Seichen / Damit schafft er Seinesgleichen« (DHA III, 403). Daß die Liebe, die körperliche Liebe, etwas geben kann, was kein Ruhm aufwiegt, wird darum nicht vergessen:

> Unser Grab erwärmt der Ruhm.
> Thorenworte! Narrenthum!
> Eine beßre Wärme giebt
> Eine Kuhmagd, die verliebt
> Uns mit dicken Lippen küßt
> Und beträchtlich riecht nach Mist. (DHA III, 236)

Solche Verse sind ein Erwachsenenleben weit entfernt vom romantischen Konzept der Liebe und vom Leiden an ihrer Unmöglichkeit. Die Suche nach einer absoluten Sinnsetzung freilich kann Heine auch im nachrevolutionären Jahrzehnt nicht völlig verabschieden. Und so zitiert er denn Gott in seine Matratzengruft. Gott übernimmt die Rolle, die im Frühwerk die Liebe hatte, so wie die Liebe in der Romantik die Rolle übernahm, die im traditionalen

Weltbild Gott innehatte. Die Unmöglichkeit Gottes wird freilich ebenso durchschaut wie früher die Unmöglichkeit romantischer Liebe. Herbeigesehnt, um der närrischen Welt einen Sinn und dem Kranken Trost zuzusprechen, erweist er sich in Heines späten Gedichten als mehr nicht denn als Produkt der Sehnsucht des Dichters nach dem Absoluten.

Heines Liebessemantik mit ihren Übersteigerungen und Paradoxien entsteht an einem genau zu bezeichnenden literatur-, ideen- und sozialgeschichtlichen Ort. Sie erbt von der Romantik die Aufgabe, vermittels der intimen Kommunikation der Liebenden Identität, Subjektivität, Sinn und Glück in einer Welt herzustellen, die sich dem Einzelnen als sinnfrei, unverbindlich und unübersichtlich präsentiert. Heine nimmt die Aufgabe an – aber mit der wachsenden Einsicht ihrer Unlösbarkeit, die sich ausdrückt in der immer erneuten Darstellung der Unmöglichkeit romantischer Liebe. Er vermag sich weder der romantischen Problemstellung zu entziehen noch der realistischen Einsicht, daß die romantische Lösung nicht haltbar ist. Aus diesem Paradox entsteht Heines frühe Liebeslyrik. In der Zeit zwischen den Revolutionen von 1830 und 1848 ändern sich Heines Deutungsmuster der Welt, die nun als immanent sinnhaft bestimmt erscheint. Die Liebe, von der Aufgabe befreit, die Welt zu konstituieren, kann nun als das erscheinen, was sie zu Heines Zeit ist, als ebenso lustbringend wie beschädigt und vergänglich. Dieser Standpunkt geht nach 1848 nicht zugleich mit dem Zukunftsoptimismus verloren. Die Liebe ist, was sie ist, und das ist mehr, als alles andere sein kann, der Ruhm eingeschlossen. Aber im Hintergrund hallt nicht nur die Trauer über den eigenen Verlust körperlicher Liebesfähigkeit nach, sondern auch die alte Trauer darüber, daß die Liebe nicht mehr sein kann, als das, was sie ist.

Heines Liebeskonzeption steht zwischen der traditionaler Gesellschaften und der der Moderne. Daß die hochgesteckten Hoffnungen, die er auf die Liebe setzte, noch im ästhetischen Gelingen letztlich scheiterten, hat das 19. Jahrhundert nicht davon abgehalten, es bei fortbestehender Problemlage immer wieder mit ihnen zu versuchen. Fortbestehende Problemlage, das hieß, daß kein Weg zurück führte zu religiöser Sinngebung und die weltliche Sinngebung durch die sozialistische Bewegung von der Wirklichkeit immer wieder dementiert wurde. Genau das determinierte, Günter Anders zufolge, das Schicksal der Liebe im 19. Jahrhundert. Anders spricht den oben erläuterten Zusammenhang in Analogie zur Religion ungenau als »Erlösungsbedürfnis« aus.

Wenn im vorigen Jahrhundert Liebe das Kernthema der Gesellschaft und der Literatur war, so wohl vor allem, weil sie als Erlösungsersatz diente. Da sowohl der verweltlichte Zustand des Christentums wie der Naturalismus »Erlösung« im religiösen Sinne ausschloß; da wirtschaftlicher Individualismus der »Erlösung« durch Gemeinschaft (wie Compte und die verschiedenen Sozialismen sie erhofft hatten) widersprach, verlangte die Zeit etwas, was zugleich kommunionsartig, privat und weltlich war. Eine widerspruchsvollere Bedingung könnte man sich schwerlich ausdenken. Nur die Geschlechtsliebe genügt ihr: sie »erlöst« von Institutionen, Alltag und Vereinsamung; privat war sie, denn sie erforderte nicht mehr als zwei Menschen; und daß sie die Verkörperung des Weltlichen war, das bedarf keiner Erklärung. – Das Sinnliche wurde nun also zum Übersinnlichen befördert, Brunst zur Inbrunst, der Akt zur unio mystica.[41]

»Heute«, so Anders, »sind wir von dieser Religiosifizierung der Liebe sehr weit entfernt.« Ob das so ist, oder ob sich nur ihre Form gewandelt hat, wird sich im ersten global nachutopischen Zeitalter, dem unsrigen, erst zeigen. Wenn es auch nicht mehr die Kuhmagd ist, »die verliebt / Uns mit dicken Lippen küßt / Und beträchtlich riecht nach Mist« – eine »beßre Wärme« als die der Liebe ist nicht in Sicht in kälter werdenden Zeiten.

Anmerkungen

[1] Die Formulierung stammt von Kurt Tucholsky, der sie auf sein Buch »Rheinsberg« bezog. Kurt Tucholsky: Gesammelte Werke. Hrsg. von Mary Gerold-Tucholsky und Fritz J. Raddatz. Reinbek 1960, Bd. I, S. 872.

[2] Manfred Windfuhr: Heine und der Petrarkismus. – In: Heinrich Heine. Hrsg. von Helmut Koopmann. Darmstadt 1975, S. 207–231.

[3] Bernd Kortländer: Poesie und Lüge. – In: Heinrich Heine. Ästhetisch-politische Profile. Hrsg. von Gerhard Höhn. Frankfurt a.M. 1991, S. 198.

[4] Marcel Reich-Ranicki: Heine und die Liebe. – In: Streit und Humanität: Nachdenken über Lessing/Walter Jens. Vorträge u. Ansprachen [...]. Hrsg. von Helmut Koopmann und Henning Krauß. München 1992, S. 25.

[5] Ebd., S. 31.

[6] Ebd., S. 34. – Hanna Ahrend versuchte schon 1948, Heines Dichtung aus seiner Zugehörigkeit zum Judentum zu erklären (Hanna Ahrend: Heine. – In: Sechs Essays. Heidelberg 1948, S. 84–91). Auch Hans Mayer sieht Heines jüdisches Außenseitertum als konstitutiv für seine Dichtung an (Hans Mayer: Außenseiter. Frankfurt a.M. 1975, S. 207–224).

[7] Jost Hermand: Vom »Buch der Lieder« zu den »Verschiedenen«. Heines zweimalige Partnerverfehlung. – In: Heinrich Heine. Ästhetisch-politische Profile [Anm. 3], S. 219.

[8] Ebd., S. 217.

[9] Ebd., S. 216.

[10] Manfred Schneider: Die kranke schöne Seele der Revolution. Heine, Börne, das »Junge Deutschland«, Marx und Engels. Frankfurt a.M. 1980.

[11] Franz Futterknecht: Heinrich Heine. Ein Versuch. Tübingen 1985.

[12] Ebd., S. 124.

[13] Ebd., S. 126f.

[14] Ebd., S. 135.

[15] Ebd., S. 144.

[16] Hans Kaufmann: Heinrich Heine. Geistige Entwicklung und künstlerisches Werk. Berlin/ Weimar 1976, S. 206.

[17] Niklas Luhmann: Liebe als Passion. Zur Codierung von Intimität. Frankfurt a.M. 1982, S. 153 ff.

[18] Roland Barthes: Fragmente einer Sprache der Liebe. Frankfurt a.M. 1988.

[19] Manfred Schneider: Liebe und Betrug. Die Sprachen des Verlangens. München 1994.

[20] Günter Anders: Lieben gestern. Notizen zur Geschichte des Fühlens. München 1986, S. 9.

[21] Martin S. Bergmann: Eine Geschichte der Liebe. Vom Umgang des Menschen mit einem rätselhaften Gefühl. Frankfurt a.M. 1994, S. 360.

[22] Luhmann [Anm. 17], S. 189.

[23] »Das tausendjährige Reich der Romantik hat ein Ende, und ich selbst war sein letzter und abgedankter Fabelkönig.« Heine an Varnhagen von Ense am 3. Januar 1846 (HSA XXII, 181).

[24] Futterknecht [Anm. 11], S. 222 ff.; – Kortländer [Anm. 3], S. 206.

[25] Karl Heinz Bohrer: Der romantische Brief. Die Entstehung ästhetischer Subjektivität. Frankfurt a.M. 1989, S. 133 ff.

[26] Günter Dux: Geschlecht und Gesellschaft. Warum wir lieben. S. 432.

[27] Friedrich Schlegel: Kritische Ausgabe seiner Werke. Hrsg. von Ernst Behler. München 1963, Bd. V, S. 67.

[28] Hermand [Anm. 7], S. 217.

[29] Futterknecht [Anm. 11], S. 133.

[30] »Kurz: man muß von einem erwachsenen Menschen erwarten können, daß er bereit ist zu arbeiten. Mehr hat man in Hamburg zunächst nicht von Heine erwartet« (Ebd., S. 147).

[31] Dux [Anm. 26], S. 408–413.

[32] Johannes Jokl: Die Unmöglichkeit romantischer Liebe. Wiesbaden 1996.

[33] Bernd Kortländer: Nachwort zu Heinrich Heine. Gedichte. Hrsg. von Bernd Kortländer. Stuttgart 1993, S. 200.

[34] Hermand [Anm. 7], S. 227, 229 und 231.

[35] Kaufmann [Anm. 16], S. 177 und 180.

[36] Ludwig Tieck: William Lovell. – In: L. T.: Werke in vier Bänden. Hrsg. von Marianne Thalmann. München [o. J.], S. 496.

[37] Futterknecht [Anm. 11], S. 209.

[38] »[...] wir deutschen Sozialisten sind stolz darauf, daß wir abstammen nicht nur von Saint-Simon, Fourier und Owen, sondern auch von Kant, Fichte und Hegel« (Friedrich Engels: Die Entwicklung des Sozialismus von der Utopie zur Wissenschaft. – In: MEW. Berlin 1962, Bd. XIX, S. 188).

[39] Walter Benjamin: Über den Begriff der Geschichte. – In: W. B.: Gesammelte Schriften. Hrsg. von Rolf Tiedemann und Hermann Schweppenhäuser. Frankfurt a.M. 1974, Bd. I/2, S. 691–704.

[40] Georg Wilhelm Friedrich Hegel: Vorlesungen über die Ästhetik. – In: G. W. F. H.: Werke in zwanzig Bänden. Frankfurt a.M. 1970, Bd. XIV, S. 220.

[41] Anders [Anm. 20], S. 11.

Heinrich Heine: Von der französischen »Spezialrevoluzion« zur deutschen »Universalrevoluzion«[1]

Von René Anglade

Walter Grab, dem Tel Aviver Freund, herzlich zugeeignet

Kein geschichtliches Ereignis hat Heine so stark geprägt wie die Französische Revolution. Sie wurde mit vollem Recht zum wichtigsten Bezugspunkt von Heines Denken, zum zentralen Thema seines Werkes erklärt. Heine blieb aber nicht bei seiner ungeteilten anfänglichen Begeisterung. Sein Interesse verschob sich allmählich von den historischen Pariser Vorgängen zur gedanklichen Wegbereitung einer zukünftigen deutschen Revolution. Er, der ein enthusiastischer Anhänger der Franzosen und ihrer geschichtlichen Leistung war, zögerte nicht, ihre Revolution abschätzig zur »Spezialrevoluzion« zu stempeln, und ihr eine deutsche »Universalrevoluzion« gegenüberzustellen. Eine Einzeluntersuchung, die sich zum Ziel setzte, Sinn und Absicht dieser zwei provokativen Begriffe in Zusammenhang zu bringen und miteinander zu vergleichen, gibt es, so weit ich sehen kann, noch nicht. Die vorliegende Arbeit möchte helfen, diese Lücke zu schließen und einige neue Aspekte im Verhältnis Heines zur Revolution aufzuzeigen.

Die chronologische Darstellung wurde bevorzugt, weil sie die Kontinuität im Entwicklungsverlauf von Heines Ideen am besten wiederzugeben vermag. Die aufeinanderfolgenden Etappen von Heines Rezeption und kritischer Verarbeitung der Französischen Revolution und ihrer Fortsetzung durch Napoleon, die Bedeutung der Begegnung mit der Hegelschen Philosophie und später mit dem Saint-Simonismus bilden den Sockel, auf dem Heine weiterbaut bis zur prophetischen Verkündung der kommenden deutschen Revolution. Auf diese Weise läßt sich die progressive Veränderung des Blickwinkels aus den Schriften ablesen. Und man kommt dann zu der überraschenden Feststellung, daß das Projekt der deutschen Revolution Heines Denken ebenso lange beschäftigt hat wie die Aufnahme und enthusiastische Beschäftigung mit der französischen. Von 1821 bis 1832 steht diese im Mittelpunkt seiner Betrachtungen und Bemühungen, ab 1833 und bis 1844 die deutsche. Es ist aber noch nicht alles. Es fällt bald auf, daß die Wandlungen, die in Heines Ansichten der Revolution vor sich gingen, daß die Veränderung seines Revolutionsideals den genauen Gradmesser seiner Liebe zu Deutschland darstellen. Auch dieser Aspekt wurde berücksichtigt.

I.

»Deutschlands Ruhm will ich besingen« – so lautet einer der ersten überlieferten Verse, die der siebzehnjährige Heine kurz nach der Niederlage Napoleons in der Belle-Alliance-Schlacht (DHA I/1, 512) geschrieben hat. Das ganze Gedicht ist eine Hymne auf deutsche Eigenschaften und deutsche Tugend. Trotz aller diesbezüglichen Ableugnungen, trotz aller Beschimpfungen und Verlästerungen seiner deutschen Kritiker – Verleumdungen, die ihn sein Leben lang verfolgten und nach seinem Tode nicht aufhörten – liebte Heine Deutschland und war stolz, ein Deutscher zu sein. Seine Liebe zu Frankreich hat daran nie etwas geändert. Ja, gerade in Frankreich wird seine Liebe zu seinem Lande noch tiefer und sich in einer begeisterten Vorausschau der deutschen Zukunft konkretisieren.

Das Datum dieses Gedichts bezeichnet aber auch einen scharfen Wendepunkt. Mit dem Ende der französischen Verwaltung weiter Gebiete Deutschlands fing eine neue Zeit an, eine Zeit der Reaktion. »Ich bin geboren [...] in einer Stadt, wo zur Zeit meiner Kindheit, nicht bloß die Franzosen sondern auch der französische Geist herrschte«, erinnerte sich Heine später (»Memoiren«, DHA XV, 61). Nicht nur der französische Geist, auch und vor allem die französische Gesetzgebung herrschten in den von den Franzosen verwalteten Gebieten Deutschlands damals. Die Besetzung war trotz alledem erträglich, weil sie bürgerliche Gleichheit und persönliche Freiheit mit sich brachte. Dies änderte sich mit einem Schlag nach 1815. Viele zeitgenössische Zeugnisse zeigen, daß der viel besungene Befreiungskrieg mancherorts gar nicht so empfunden wurde:

> Wir jagten die Franzosen fort
> Sollt' besser sein geschwinder;
> Man gab uns viele schöne Wort'
> Und hieß uns: liebe Kinder!
> > Jetzt sind wir wiederum zurück,
> > Da wend't sich's um im Augenblick,
> Jetzt heißt man uns bald Hunde.[2]

In diesen paar Versen aus einem anonym erschienenen Gedicht (Titel: »Chur-fürchterlich-Häßliches Zopfregiment«) spiegelt sich die Enttäuschung, die dem Sieg gefolgt war.

Unter dem neuen Kurs und dem neuen politischen Klima hatten vor allem die Juden zu leiden. In der Franzosenzeit hatten sie alle Rechte eines norma-len Bürgers genossen. Diese Rechte wurden bald wieder angetastet. Das von den Romantikern und Deutschtümlern phantasierte deutsche Reich sollte ju-denrein sein.[3] Im Jahre 1819 kommt es in mehreren Städten (u. a. Würzburg, Frankfurt am Main, Heidelberg, Hamburg, Karlsruhe) zu Ausschreitungen gegen die jüdische Bevölkerung, begleitet von dem Hep-Hep-Ruf (Hieroso-lyma est perdita). Im August 1822 wird das preußische Edikt von 1812, das im Sinne der französischen Gesetzgebung die Integration der Juden erleichtert hatte, aufgehoben. Durch Beschluß des Geheimen Burschentags in Dresden (29. September 1820) ist den Juden die Mitgliedschaft abzusprechen. Begrün-dung: die Juden haben kein Vaterland. Heine, der seit 1819 Student und seit 1820 Burschenschaftler ist, wird unter dem Vorwand, das burschenschaftliche Keuschheitsprinzip verletzt zu haben, ausgeschlossen.[4] Seine Liebe zu Deutschland ist erschüttert und wendet sich zeitweilig in Haß um, einen Haß, wovon der ergreifende Brief vom 14. April 1822 an seinen Busenfreund Sethe, in dem er ihm die Freundschaft aufkündigt, eine Idee geben kann:

> Alles was deutsch ist, ist mir zuwider; und Du bist leider ein Deutscher. Alles Deutsche wirkt auf mich wie ein Brechpulver. Die deutsche Sprache zerreißt meine Ohre [sic]. Die eignen Gedichte ekeln mich zuweilen an, wenn ich sehe, daß sie auf deutsch geschrieben sind. (HSA XX, 50)

Im selben Brief zählt er bewegt auf, was ihm teuer war: Wahrheit, Französi-sche Revolution, Menschenrechte, Lessing ...

In diesen Jahren ist Heines tiefe und ernste Liebe zu Frankreich, seine Be-geisterung für die Errungenschaften der Revolution und für Napoleon ent-standen. Bis zu diesem Zeitpunkt hatte er diesen Themenkomplex nur mit einem Gedicht – den berühmten »Grenadieren« – gestreift, einem volkslied-haften Stück, das keine eigentliche politische Reflexion enthielt. Von nun an werden die Anspielungen auf die Französische Revolution wie ein roter Fa-den seine Werke durchziehen. Die »Emanzipazion der Menschheit« wird das Hauptthema seines weiteren Schaffens sein. Bezeichnenderweise gilt die erste Anekdote des Jura-Studenten der Modernität der französischen Gesetzge-bung und Rechtssprechung. In einer köstlichen Episode seiner »Briefe aus Berlin« (1822) läßt Heine einen preußischen Gerichtsauskultator über die französische Prozeßordnung wettern, eine Prozeßordnung, die nicht mehr geheim, sondern öffentlich ist, und beim Mord sogar ein Geschworenengericht vorsieht:

> Wozu [...] diese Oeffentlichkeit? [...] Man übergebe mir die Sache, ich zünde mir die Pfeife an, lese die Akten durch, referire darüber, bey verschlossenen Thüren urtheilt darüber das Collegium und schreitet zum Spruch [...] und es kräht kein Hahn darnach. Wozu diese Jury, diese Gevatter Schneider und Handschuhmacher? [...] Ich, ein studirter Mann [...], der alle seine juristische Collegien wohl testirt hat, [...] besitze doch mehr Judicium als solche unwissenschaftliche Menschen?

Das größte Ärgernis aber sind diese neuen französischen Gesetzbücher:

> das Schlimmste ist noch dieser Code Napoleon, dieses schlechte Gesetzbuch, das nicht mahl erlaubt, der Magd eine Maulschelle zu geben – (DHA VI, 48).

Heine war fest davon überzeugt – und seine juristische Bildung bestärkte ihn in dieser Ansicht –, daß das Rechtswesen einer Nation den Gradmesser ihres zivilisatorischen Fortschrittes darstellt.

Inzwischen ist Heine in Berlin Hegels Schüler geworden. Die historische Dialektik Hegels, sein Diktum »die Weltgeschichte ist der Fortschritt im Bewußtsein der Freiheit« und sein Optimismus machen einen tiefen Eindruck auf ihn, der bis Ende der vierziger Jahre anhalten wird. Er findet sich in seiner eigenen Auffassung der Französischen Revolution und in seiner Bewunderung Napoleons bekräftigt. Im Wintersemester 1822/1823 hört er die Vorlesung über die Philosophie der Weltgeschichte, in der Napoleon zu den »Geschäftsführern des Weltgeistes« gerechnet wird. In der »Harzreise« (1826) werden die Französische Revolution und Hegel zusammen genannt. Das nächtliche Gespräch mit der Tochter des Clausthaler Bergmanns verbindet den Geist-Begriff Hegels mit den Errungenschaften der Revolution:

> Jetzo, da ich ausgewachsen,
> Viel gelesen, viel gereist,
> Schwillt mein Herz, und ganz von Herzen
> Glaub ich an den heil'gen Geist.
>
> Dieser that die größten Wunder,
> Und viel größ're thut er noch;
> Er zerbrach die Zwingherrnburgen,
> Und zerbrach des Knechtes Joch.
>
> Alte Todeswunden heilt er,
> Und erneut das alte Recht:
> Alle Menschen, gleichgeboren,
> Sind ein adliges Geschlecht. (DHA VI, 109)

Es wurde bemerkt[5], daß das Wort »Revolution« eine Rückkehr zum Ursprünglichen bedeutet. In diesem Fall hieß dieses Ursprüngliche: das Naturrecht. Das Problem der Verwandlung der natürlichen Freiheit des Individuums in gesellschaftliche Ordnung hatte Rousseau in seinem »Gesellschaftsvertrag« gestellt. Die Worte sind bekannt: »L'homme est né libre, et partout il est dans les fers.« Der Mensch ist frei geboren, und überall liegt er in Ketten. Wie ist dieser Wandel zustande gekommen? fährt Rousseau fort, die gesellschaftliche Ordnung ist ein geheiligtes Recht, das allen anderen zur Grundlage dient, und doch stammt dieses Recht nicht von der Natur. Solche Überlegungen führten, wie wir alle wissen, zur Erklärung der Menschenrechte. Denn, was nicht naturgegeben ist, kann abgeändert werden. Hier ist eine Abgrenzung notwendig. Es wurde bemerkt, daß Heine die Idee des Fortschritts in der Geschichte von Hegel übernahm. Aber die Auffassung Hegels vom Staat teilt er nicht. Dazu war er viel zu sehr Individualist. Als solcher steht Heine der Gesellschaftsvertragstheorie nahe, während Hegel sie strikt ablehnt. Für Hegel ist das Individuum ein subjektives Wahnbild, ein Nichts, dem er »objektive Verwirklichungen der Vernunft«: Familie, Recht, Staat, entgegenhält. In dieser Hinsicht steht Heine der französischen Auffassung nahe.

Die menschliche Gesellschaft wird durch die Revolution neu gegründet: »nicht bloß die Form des Staates, sondern das ganze gesellschaftliche Leben« wird »neu umgestaltet, neu begründet«, heißt es 1827 in den »Englischen Fragmenten« (DHA VII/1, 266). Es gibt tatsächlich keine Geburtsprivilegien mehr, keinerlei Vorrechte überhaupt, keine feudalen Strukturen mehr, keine Untertanen, die Juden sind Bürger unter gleichen Bürgern, die Souveränität geht vom Volk, vom Gesetz aus. Heine wird nicht müde, diese Errungenschaften zu preisen, auf sie zurückzukommen. Sie sind der Spiegel, den er den deutschen Machthabern, den Deutschen überhaupt, entgegenhält – sehet, vergleichet!

Die Begeisterung läßt ihn ständig zu religiösen Bildern greifen:

> Die Franzosen sind aber das auserlesene Volk der neuen Religion, in ihrer Sprache sind die ersten Evangelien und Dogmen verzeichnet, Paris ist das neue Jerusalem, und der Rhein ist der Jordan, der das geweihte Land der Freyheit trennt von dem Lande der Philister. (»Englische Fragmente«, DHA VII/1, 269).

Die religiösen Töne dürfen uns nicht irreführen. Sie gehören in den Bereich der Rhetorik. Die Französische Revolution war in Wirklichkeit stark gegen die Religion, die Hauptstütze des Throns, gerichtet, ja, sie war zum Teil atheistisch. Auch wenn er in diesem Zusammenhang das Wort »Offenbarung« gebraucht, weiß Heine, daß die Revolution ein Werk der menschlichen Vernunft war – »jener allgemeinen Erkenntnißquelle«, »die demokratischer Natur ist«, nach Heines schönem Wort (DHA VII/1, 267) –, diese »Offenbarung« ist aber die Vernunft, die sich in jedem von uns manifestiert, in jedem von uns spricht.

Die geistige Elite Deutschlands hatte sich nach den Septembermorden und der Hinrichtung des Königs von der Revolution mit Abscheu abgewendet. Sie zeigte sich unfähig, die Revolution anders als vom ethischen Standpunkt aus zu beurteilen, und verfehlte dadurch ihre historische Bedeutung. Es ist ein Verdienst Heines, verstanden zu haben, daß in diesem Fall das erhabene Ziel der Befreiung die Mittel heiligte, und daß er nicht vergaß, alle Umstände zu berücksichtigen. So wird z.B. die Hinrichtung Ludwigs XVI. durch seinen Verrat an seinem Volk und durch die äußerste Kriegsbedrängnis gerechtfertigt (vgl. »Englische Fragmente«, DHA VII/1, 268). Und was die Schreckensherrschaft anbelangt, so notiert er in den »Französischen Zuständen«: »Der Terrorismus, der sich damals entfaltete, war aber mehr eine Erscheinung als ein System« (DHA XII/1, 97) und deutet die Politik des Wohlfahrtsausschusses als Reaktion auf Bedrohungen von außen und von innen.

Bei aller Kenntnis der Revolution scheint Heine doch einen wichtigen Aspekt des großen Ereignisses gar nicht registriert zu haben, was die Heine-Kritik, so weit ich sehen kann, ebenfalls ignoriert hat. Heine erwähnt an keiner Stelle seines Werkes die entscheidenden Maßnahmen, die die Neuverteilung des Bodenbesitzes betrafen. Die Abschaffung des Grundrechts, Enteignung, Aufteilung und Verkauf von Kirchen- und Emigrantengütern, die Aufhebung des Anerbenrechts – eine Konsequenz des Gleichheitsprinzips –, vertausendfachten die Zahl der Kleinbauern und Kleingrundbesitzer, welche 1816 nach dem Ende der Revolutionskriege ca. 6500000 betrug.[6] Indem sie den Boden freimachte und zerteilte, schuf die Revolution die Voraussetzung für eine Demokratie von Kleinbauern und bürgerlichen Kleinbodenbesitzern. Diese Maßnahmen übten logischerweise einen starken stabilisierenden Einfluß aus. Jene zahlenstarke soziale Gruppe neigte nunmehr zum Konservatismus, was Heine nach seiner Ankunft in Paris allmählich spürte, ohne es zu analysieren. Er bemerkte nur: die Franzosen »sind die alten Franzosen nicht mehr«[7], und stellte fest, daß die progressiven Antriebe fast ganz zum Erliegen gekommen waren.[8]

Die Begeisterung, die Heine für die Revolution stets gezeigt hat, läßt eine starke Sympathie für den Republikanismus erwarten. Dies ist aber nicht der Fall oder doch nur bedingt. Seine hedonistische Natur einerseits, sein Aristokratismus andererseits standen einer vollen Anerkennung im Wege. Er machte übrigens keinen Hehl daraus:

> Ich liebe die Erinnerung der früheren Revoluzionskämpfe und der Helden, die sie gekämpft,
> ich verehre diese eben so hoch, wie es nur immer die Jugend Frankreichs vermag, ja, ich ha-
> be noch vor den Juliustagen den Robespierre [...] und den großen Berg bewundert – aber
> ich möchte dennoch nicht unter dem Regimente solcher Erhabenen leben [...]. Es ist keine
> Inkonsequenz, daß ich diese Republik enthusiastisch liebe, ohne im Geringsten die Wieder-
> einführung dieser Regierungsform in Frankreich und noch weniger eine deutsche Ueberset-
> zung derselben zu wünschen. (»Französische Zustände« 1832, DHA XII/1, 175)

Ohne ganz auszuschließen, daß die republikanische Form der Regierung sich in späterer Zukunft behaupten könnte, wird er zeit seines Lebens der konstitutionellen Monarchie den Vorrang geben.

Diese Einstellung trug bestimmt nicht wenig zu Heines Napoleon-Verehrung bei. Der französische Kaiser stand ihm auch zeitlich und gefühlsmäßig näher. Der Vierzehnjährige hatte ihn mit eigenen Augen in Düsseldorf gesehen. Er hat zu dem Manne, der die Revolution nach Deutschland brachte, eine geradezu affektive, eine besondere Beziehung und konnte ihn um so leichter ins Heldische, Mythische, ja Göttliche stilisieren. Diese Art der Beziehung erklärt übrigens auch die Schärfe der gelegentlichen Kritiken, die Heine aussprach und die so viele Enttäuschungen artikulierten. Heine war objektiv genug, den »Welteroberer«, den »Autokraten«, den »gekrönten Kerkermeister der Revoluzion« (DHA XIII/1, 334), vor allem aber jede Untreue an der Erbschaft der Revolution, deren er sich schuldig gemacht hatte, zu tadeln, deren schlimmste in seinen Augen war, daß Napoleon sich »von einem Priester« zum Kaiser hatte »salben« lassen (DHA XII/1, 41).

Napoleon hat zwar die monarchische Form der Regierung wieder eingeführt, man lese aber den verblüffenden Wortlaut vom Artikel 1 der Constitution de l'An XII, die die Verfassung des Konsulats ablöste: »Le gouvernement de la république[9] est confié à un empereur.« Wortwörtlich: Die Regierung der Republik wird einem Kaiser anvertraut. Ein neuer Adel entstand; es war aber ein Verdienstadel. Das feudale System blieb abgeschafft. Vor allem: keine der wichtigen Errungenschaften der Revolution wurde angetastet. Mehr noch: das emanzipatorische Werk der Revolution wurde durch klare Gesetze fest verankert.

Heine erfaßte schon früh und mit großem Scharfsinn die positiven Aspekte der kaiserlichen Politik, wie z.B. das energische Vorantreiben von großen, gemeinnützigen Arbeiten (Hafenbauarbeiten, Kanäle, Bau von Straßen) in ganz Europa (z.B. DHA VII/1, 67), die Maßnahmen zur Förderung der Wirtschaft. Er nannte Napoleon deshalb später einen »saint-simonistischen Kaiser« (DHA XII/1, 217). Er verstand das einigende, aussöhnende Genie des Kaisers und dessen positive Folgen zunächst einmal für Deutschland, aber nicht weniger für Frankreich, wenn auch auf andere Weise. »Je veux réconcilier les Frances«, d. h. ich möchte beide Parteien Frankreichs, ich möchte die zwei Hälften des Landes versöhnen, hatte der Erste Konsul gesagt und damit meinte er: gottlose Jakobiner und katholische Monarchisten einander näherbringen, die Wunden, die die Revolution geschlagen hatte, schließen. Auch dies hatte Heine verstanden und zu formulieren versucht; es ist die oft mißinterpretierte Stelle in »Nordsee III«: »so handelte Napoleon, nie ganz revoluzionär und nie ganz contrerevoluzionär, sondern immer im Sinne beider Ansichten« (DHA VI, 159/160). Hier lag tatsächlich eine weniger auffällige, aber für Frankreich wesentliche Leistung des Kaisers. In der Tat ist Napoleon nicht nur der Erbe der Revolution gewesen; er hat sie gerettet und fortgesetzt. Das revolutionäre Frankreich war nach Robespierres Fall in eine schwere Krise geraten. Das Land war nicht nur weiterhin von außen bedroht, sondern auch von innen durch den Aufstand der katholischen und königstreuen Bauern des Westens einerseits und durch die Rivalität feindlicher Faktionen in der Hauptstadt andererseits.[10] Die Kassen waren leer, der Bankrott drohte. Dem Genie Bonapartes und seiner eisernen Hand gelang es, die Verhältnisse zu ordnen, und die wichtigsten Errungenschaften der Revolution zu bewahren. Auch dieses Verdienst Napoleons hat Heine verstanden und hervorgehoben.[11]

Heine erkannte sehr früh, daß es nicht genügte, das Prinzip der Volkssouveränität zu proklamieren, um eine wahre Demokratie zu etablieren. Das allgemeine und direkte Wahlrecht konnte nicht gültig verwirklicht werden, solange die breiten Massen ein minimales Bildungsniveau nicht erreicht hatten. Der Revolution war es nicht gelungen, ihren Plan eines allgemeinen, öffentlichen und obligatorischen Schulunterrichts durchzuführen. Wenn die Verfassungen in den folgenden Jahrzehnten in Frankreich rasch einander ablösten, so war es nicht nur wegen häufigen Wechsels der Mehrheiten, sondern weil Praxis und Wissenschaft der Politik im demokratischen Kontext noch zu entdecken waren. Man tappte förmlich herum. Die Erziehung der Volksmassen, jene Voraussetzung einer »Volkwerdung der Freyheit«[12], war eine unbedingte Forderung, aber sie blieb späteren Jahrzehnten vorbehalten. Von Jules Ferry, der den allgemeinen kostenlosen und obligatorischen Schulunterricht 1882 in Frankreich einführte, stammt das bekannte Wort: »La première république nous a donné la terre, la seconde le suffrage, la troisième le savoir«: die erste Republik gab uns den Boden, die zweite das allgemeine Wahlrecht, die dritte die Bildung.

Diese Problematik der Demokratie hilft uns verstehen, was Heine, ganz abgesehen von der historischen Bedeutung des Mannes, an Napoleon fesselte.

Das »Volkskaisertum« – Napoleon war bekanntlich für Heine »der Mann des Volkes« (DHA XII/1, 74) – bot eine vorläufige Lösung des Problems. Der Kaiser stützte seine Autorität direkt auf das Volk, angefangen mit seinen Soldaten. Seine geistige Superiorität legitimierte seine Obergewalt. Der große Abstand zum Bildungsniveau der Massen ließ die autokratische Führung akzeptabel erscheinen, zumal der Kaiser gleiches Recht für alle vorwalten ließ, und darauf achtete, alle Verdienste zu belohnen.[13]

II.

In seinem Nachwort zum letzten »Reisebilder«-Band (November 1830) hatte Heine klar ausgesprochen, daß die Zeit gekommen sei, zu Taten zu schreiten (»Aux armes citoyens!« war das Leitmotiv). Und in der »Einleitung zu ›Kahldorf über den Adel‹« (1831) fügte er hinzu: »und es ist natürlich, daß wir [Deutschen] zur Politik [d.h. zur Revolution] übergehen.« (DHA XI, 135) In diesen Texten, die beide noch vor der Übersiedlung nach Frankreich entstanden waren, geht es lediglich um eine politische Umwälzung, um Zerstörung alter staatlicher Strukturen.

Im Mai 1831 trifft Heine in Paris ein. Er führt das Leben eines Berichterstatters, aber als ein in Frankreich nicht unbekannter Schriftsteller unterhält er bald Beziehungen zu bedeutenden Männern. Er kann das politische Leben des Landes aus nächster Nähe beobachten. Die sozialen und politischen Spannungen entladen sich unter seinen Augen in der Form von blutigen Demonstrationen oder Arbeiteraufständen. Die erste Konsequenz ist eine gewisse Ernüchterung, eine gewisse Desillusionierung – »*Vive la France! quand même*« – lautet das Motto zu den »Französischen Zuständen« (1832). Die zweite ist ein erhöhtes Interesse für gesellschaftliche Probleme. Diese, die große »Suppenfrage«, werden ihn von nun an immer intensiver beschäftigen und seine Auffassung der Revolution neu prägen. Er schreibt am 10. Juli 1833 an Laube, daß die Grundfragen einer jeden Revolution »weder Formen noch Personen« betreffen, »weder die Einführung einer Republik, noch die Beschränkung einer Monarchie: sondern sie betreffen das materielle Wohlseyn des Volkes.« (HSA XXI, 56)

Heines Ankunft in Paris fiel mit der aktivsten Periode der saint-simonistischen Ideologie zusammen. Er hatte von den Lehren Saint-Simons in Deutschland bereits Kenntnis gehabt und großes Interesse für sie gezeigt. In Paris wurde er sofort mit ihren Hauptvertretern Michel Chevalier und Prosper Enfantin bekannt. Der Begründer der Bewegung selbst war 1825 gestorben. Auch wenn er den Namen Saint-Simonist für sich ablehnte (was man verstehen kann, denkt man an die Lächerlichkeiten einiger Bräuche, die unter den Anhängern üblich waren), ist es jedoch sicher, daß er von der Doktrin des Grafen starke und anhaltende Impulse bekam. Die neue Gesellschaft nach Saint-Simon ist eine »Produzentengesellschaft«. »Produzenten« – Saint-Simon nennt sie auch »Industrielle« – sind ebenso Maurer und Schuster wie Manufakturbesitzer, Ingenieure, Wissenschaftler oder sogar schaffende Künstler, Dichter. Der Unterschied zwischen Arbeitgeber und Arbeitnehmer wird nicht gemacht. Diese Gesellschaft basiert auf der prinzipiellen Gleichheit aller, ist aber nicht egalitär, sondern hierarchisch und funktioniert nach dem Prinzip: jeder nach seinem Talent und nach seiner Leistung. Die Auffassung kam Heines individualistischen Bedürfnissen entgegen. Wir haben hier also mit einer ökonomischen Ideologie zu tun: Das erklärte Ziel ist, einen allgemeinen Wohlstand durch Rationalisierung der Arbeit und erhöhte Produktivität zu erreichen. Der Müßiggang, das Rentendasein waren von der Doktrin verpönt. Die Bewegung hatte eine deutlich religiöse Färbung, was Heine ebenfalls gefallen mußte. Ein weiterer Aspekt war die sogenannte »Réhabilitation de la chair« (die Rehabilitierung der Materie überhaupt und also die des Fleisches) und die Emanzipation der Frau, die in einen Sinnlichkeitskult mündeten. Auch diesbezüglich trafen sich Heines Ansichten mit den saint-simonistischen Lehren. Sein Bekenntnis zum Saint-Simonismus hat Heine am klarsten und schönsten in der »Romantischen Schule« abgelegt:

> Wir haben die Lande gemessen, die Naturkräfte gewogen, die Mittel der Industrie berechnet, und siehe wir haben ausgefunden: daß diese Erde groß genug ist; daß sie jedem hinlänglichen Raum bietet, die Hütte seines Glückes darauf zu bauen; daß diese Erde uns alle anständig ernähren kann, wenn wir alle arbeiten und nicht Einer auf Kosten des Anderen leben will [...]. (DHA VIII/1, 218)

Diese Erfahrungen, die des französischen Alltags mit seinen harten Spannungen und des Saint-Simonismus, führten Heine zu dem Schluß, daß die Französische Revolution unvollendet geblieben war. In seinen »Französischen Zuständen« (1832) stellt er fest, daß die Umgestaltung der Institutionen zwar gelungen ist, daß aber die Geistesbildung damit nicht übereinstimmt, nicht auf das notwendige Niveau gebracht wurde, vor allem aber, daß die materiellen Bedürfnisse des Volkes noch nicht befriedigt sind. Bezugnehmend auf die Juli-Revolution, die erst zwei Jahre vorher stattgefunden hatte, schreibt er, man merke bei diesem Anlaß, »daß nicht bloß die französische Spezialrevoluzion noch nicht vollendet sey, sondern daß erst die weit umfassendere Universalrevoluzion ihren Anfang genommen habe« (Art. VI, DHA XII/1, 131).

Ein bemerkenswerter Satz und eine Reflexion, die einer Wende in Heines Blickrichtung entspricht. »Spezial« wird die Französische Revolution näher bezeichnet und dies trotz des unleugbaren Universalanspruchs der Menschenrechtserklärung, weil sie es bei der Proklamierung von Prinzipien beließ, ohne für die Bedürfnisse des Einzelnen zu sorgen. »Universal« wird die neue, zukünftige Revolution nicht in erster Linie wegen ihres Weltanspruchs genannt, sondern weil sie alle Lebensbereiche, den sozialen nicht weniger als den politischen, umfassen wird.

In den nächsten Jahren, auch wenn die Französische Revolution noch einen festen Bezugspunkt bildet, konzentrieren sich Heines Überlegungen und Erwartungen mehr auf die kommende deutsche Revolution. Schon die behandelten Gegenstände zeigen die Verschiebung des Interesses. Die zwei wichtigen Schriften, an denen Heine in den Jahren 1832–1835 gearbeitet hat – »Die romantische Schule«, »Zur Geschichte der Religion und Philosophie in Deutschland« –, haben die neueste deutsche Literatur und die deutsche Geistesgeschichte zum Thema, und sie wurden allen seinen Beteuerungen zum Trotze nicht für die französischen, sondern wohl hauptsächlich für die deutschen Leser verfaßt und waren als aufrüttelnde Aufklärungsarbeiten gedacht. Gleich auf der ersten Seite der Philosophie-Schrift macht der Autor folgende Bemerkung: »Das Volk hungert nach Wissen, und dankt mir für das Stückchen Geistesbrod, das ich ehrlich mit ihm theile.« (DHA VIII/1, 13) Wahrscheinlich haben die intensiven Vorbereitungsarbeiten für die Philosophie-Schrift eine nicht geringe Rolle bei dieser Wandlung gespielt. Die unvergleichliche Größe der deutschen Philosophie, ihre hohe Sprengkraft kamen Heine dabei zum Bewußtsein. Er beschließt jedenfalls seine Analyse der deutschen Geistesgeschichte mit stolzen Voraussagen zur kommenden deutschen Revolution.

»Zur Geschichte der Religion und Philosophie in Deutschland« endet nämlich nicht – wie man hätte erwarten können – mit einem zusammenfassenden Überblick, sondern mit einer Art Zukunftsvision[14], die sich in Ton- und Blickrichtung stark von dem restlichen Text der Philosophie-Schrift abhebt. Heine liebte es, seine Werke oder Abschnitte derselben mit einer oder mehreren dithyrambischen oder hyperbolischen Seiten zu beschließen. Diese pathetischen Aufgipfelungen haben gewöhnlich das Thema der Revolution, die Aufforderung zum Kampfe zum Gegenstand.[15]

Der ziemlich ausführliche Text – zu lang, um hier zitiert zu werden[16] – verkündet in glühenden Bildern die kommende deutsche Revolution, und diese trägt alle Züge jener »Universalrevoluzion«, die er zwei Jahre zuvor in seinen »Französischen Zuständen« erwähnt hatte. Man hat nicht ohne Recht diese Blätter mit der apokalyptischen bzw. prophetischen Tradition zusammengebracht. Es gibt keinen Grund, hier parodistische oder ironische Akzente her-auszuhören. Eine gewisse Feierlichkeit im Ton ist durch den Inhalt gerecht-fertigt. Daß es Heine hier ernst ist, kann man übrigens daraus ersehen, daß er diese Vision neun Jahre später wiederholen wird.

Fassen wir die Hauptgedanken dieser Blätter zusammen:

– Die deutsche Philosophie ist keine bloß deutsche Angelegenheit; sie be-trifft das ganze Menschengeschlecht.

– Dank der Doktrinen deutscher Philosophen (gemeint sind hier Kant, Fich-te und Schelling) haben sich revolutionäre Kräfte in Deutschland entwik-kelt, und der besänftigende Einfluß des Christentums wird nicht verhin-dern können, daß sie mit einer fürchterlichen, ja dämonischen Gewalt ans Werk gehen. Diese Möglichkeit ist die wahrscheinlichere, wenn auch eine unblutige Revolution von Heine in Betracht gezogen wird.

– Die kommende deutsche Revolution wird durch ihre Radikalität gekenn-zeichnet, dieselbe Radikalität, die auch die deutsche Philosophie charakte-risiert. Die deutsche Revolution wird die direkte Folge der deutschen Phi-losophie auf dem Gebiet der Erscheinungen: »der Gedanke«, sagt Heine, »geht der That voraus«.

– Was sich dann in Deutschland ereignet, wird in der Weltgeschichte beispiel-los bleiben und die Französische Revolution auf das Niveau einer »harmlo-sen Idylle« herabdrücken.

– Der Boden des europäischen Lebens wird durchwühlt.

– Die Völker werden einen Kreis um Deutschland bilden. Die Welt wird von diesem Schauspiel mit Entsetzen und Bewunderung zugleich erfüllt.

– Endlich werden die Franzosen gewarnt: sie sollen sich hüten, sich in diesen Prozeß einzumischen; es wäre für sie gefährlich.

Abgesehen von der stolzen Behauptung einer Überlegenheit der deutschen Philosophie und von einer dringenden Warnung an die Franzosen, werden in diesen drei Seiten wohl die zu erwartende gewaltige Wucht und die immense Tragweite der deutschen Revolution verkündet, aber keineswegs die Züge die-ser Revolution fixiert oder ihr Inhalt definiert. Einige Hinweise wird der Le-ser zwar im Inneren der Philosophie-Schrift finden. Sie sind aber zu karg und zu allgemein, als daß er sich ein Bild von den staatlichen und gesellschaft-lichen Strukturen, die aus dieser Revolution hervorgehen sollten, machen könnte.

Die Französische Revolution war in erster Linie eine politische gewesen und ein Werk der menschlichen Vernunft. Die Gesellschaft war durch sie von der Religion abgekoppelt worden. Vor seiner Ankunft in Frankreich hatte Heine keinen Anstoß daran genommen, ja sogar den Sieg der Vernunft gepriesen. Die sozialen Probleme waren von ihm allerdings kaum berücksichtigt worden. In Paris steht er plötzlich mitten in der bewegtesten, spannungsreichsten Zeitgeschichte. Die Dinge erscheinen ihm nicht mehr aus einer verklärenden Distanz, sondern in ihrer alltäglichen Härte. Vor allem scheint ihn das geistige Klima befremdet zu haben. Wir können uns heute wohl kaum noch vorstellen, welche Kluft das nüchterne, skeptische nachrevolutionäre Frankreich von dem damaligen beschaulichen und romantischen Deutschland trennte. Dieser krasse Gegensatz mag die Überspitzung der Urteile Heines erklären, der doch tatsächlich an mehreren Stellen seines Werkes die Franzosen als reine Materialisten bezeichnet und ihnen sogar die Seele abspricht! Dieses Moment hat in seiner Reflexion über die künftige deutsche Revolution einen wichtigen Platz eingenommen. Die deutsche Revolution darf keine atheistische sein. Die Philosophie-Schrift konstatiert zwar den Tod des christlichen Gottes[17], hebt aber dafür um so deutlicher die neue, pantheistische Form der Religiosität mit allen sich daraus ergebenden Konsequenzen hervor.

Der Kern seiner Zukunftsschau, seiner deutschen Revolution, ist, nach Heines eigenen Worten, »eine religiöse Synthese«. Hier fließt mehreres zusammen: zum ersten Gedanken aus der Naturphilosophie Schellings, die Identifizierung von Gott und Natur und die sich daraus ergebende Aufhebung jeglichen metaphysischen Dualismus' – die endgültige Aufgabe eines außerweltlichen Gottes; zum zweiten der saint-simonistischen Doktrin entnommene Ideen, der Traum von allgemeinem Wohlstand dank Rationalisierung bzw. Intensivierung der Güterproduktion und die Rehabilitation der Materie; zum dritten endlich Hegels Fortschrittsgedanke, Hegels Gott-Prozeß, Gott in Bewegung, »Gott, der auf Erden im Menschen wohnt« (DHA IV, 301), nach Heines Formulierung, oder, nach Hegels Diktum: »der sich im progressiven Fortschritt des Bewußtseins der Freiheit im Leben der Völker manifestiert«.

Dank dieser geistigen Quellen, aus denen sie schöpfen wird, wird sich die deutsche Revolution der Zukunft klar von der französischen abheben. Sie wird sich von dieser in religiöser und in sozialer Hinsicht unterscheiden, die Französische Revolution zwar fortsetzen, aber ergänzend, aber auf einer höheren Ebene. Das Wort von Saint-Just: *»Le pain est le droit du peuple«* wird von Heine korrigiert: *»le pain est le droit divin de l'homme«*[18] (DHA VIII/1, 61). Was helfen dem Volke die prinzipiellen Rechte, die ihm zuerkannt wurden, was helfen ihm die Menschenrechte, wenn es hungert? Das Volk braucht Gottesrechte. Hegels Pantheismus vollzog die deificatio hominis, die menschliche Vergöttlichung. Heine schreibt:

wir stiften eine Demokrazie gleichherrlicher, gleichheiliger, gleichbeseligter Götter. Ihr verlangt einfache Trachten, enthaltsame Sitten und ungewürzte Genüsse; wir hingegen verlangen Nektar und Ambrosia, Purpurmäntel, kostbare Wohlgerüche, Wollust und Pracht, lachenden Nymphentanz, Musik und Comödien – (DHA VIII/1, 61).[19]

Die Saint-Simonisten, fügt er hinzu, »haben etwas der Art begriffen und gewollt. Aber [...] der umgebende Materialismus hat sie niedergedrückt, wenigstens für einige Zeit.« Deutschland dagegen bietet den passenden Boden für die Verwirklichung dieses Ideals, denn der Pantheismus, wie Heine es in seiner Philosophie-Schrift proklamierte, »ist die verborgene Religion Deutschlands« (DHA, VIII/1, 62).

Um Mißverständnisse zu vermeiden, ist an dieser Stelle eine Klarstellung notwendig. Es gibt viele Arten der Religion, viele Auffassungen Gottes, aber nur eine einzige kommt zu dieser Zeit für Heine in Frage: jene Form des Pantheismus, nach der Gott in der Natur und das heißt auch im Menschen tätig ist. »Gott ist ‹in› dem ›Prozeß‹ wie Hegel sich ausdrückt und wie er auch von den Saint-Simonisten gedacht wird«, notierte Heine in einem Fragment zur »Romantischen Schule« (DHA VIII/1, 467). Zu dieser Zeit seines Lebens verwirft Heine jede Art von Transzendenz, jeglichen strafenden, außerweltlichen Gott. Nur daraus lassen sich nach ihm die Freiheit und die Mündigkeit verwirklichen, die er für den Menschen postuliert: »Wir sind mündig«, schreibt er, »und bedürfen keiner väterlichen Vorsorge« (DHA VIII/1, 61), was Adorno mit den Worten kommentierte: »Der Mensch wird zur gottfreien Persönlichkeit«.

Nicht der institutionelle, der politische Rahmen des Lebens – dafür hatte die Französische Revolution bereits gesorgt –, sondern das Leben selbst, das individuelle Menschenschicksal soll von Grund auf verändert werden. Es geht nunmehr in dieser deutschen Revolution der Zukunft um eine Erneuerung des menschlichen Zusammenseins von der Wurzel her, und diese ist, wie wir gesehen haben, philosophisch, sozial und religiös zugleich.

Bei dieser umfassenden »religiösen Synthese« übernimmt Heine von den Saint-Simonisten bzw. von Hegel und Schelling wichtige Ideen, verbindet oder mischt sie jedoch frei nach seinen Bedürfnissen, ohne sich ganz mit der Auffassung des einen oder des anderen zu identifizieren. Der Schritt vom Gedanken zur Tat, zum Aktivismus, die Forderung einer Umwälzung gehört ihm allein. Das einfache Verschmelzen dieser drei Quellen war ohnedies unmöglich, da sie in wichtigen Punkten wie in der Auffassung des Staates, des Rechts oder der Geschichte stark differierten.

Beschränkt man sich auf die Vision selbst (DHA VIII/1, 119f.), so stellt man überrascht fest, wie wenig die frohe Botschaft von einem zukünftigen glücklichen, ja göttlichen Leben, das doch von der Idee dieser Revolution nicht zu trennen ist, ihre Spur in diesen Blättern hinterlassen hat. Das Wort »Glück« selbst fehlt. Ersichtlich beschreibt die Vision eher die Geburtswehen als die Verwirklichung der neuen Gesellschaft. Jedenfalls wechseln im Text philosophische Abstraktionen mit Bildern von Gewalt und Zerstörung ab. Da letztere überwiegen, drängt sich die Frage von selbst auf: worauf beziehen sich die Voraussagen brutaler Kraftentfaltung? Die Vision selbst liefert einige Hinweise, die durch die Befragung anderer Texte Heines ergänzt werden können. Heine macht eine deutliche und doch bisher nicht genau registrierte Unterscheidung, die aber für das richtige Verständnis des Textes eine Hilfe bietet. Er schreibt: »Jetzt ist es freylich ziemlich still [...]. Es sind nur die kleinen Hunde, die in der Arena herumlaufen und einander anbellen und beißen« (S. 119). Das eigentliche geschichtliche Ereignis, das die Vision verkündet, die Auseinandersetzung »auf Tod und Leben«, wird auf eine spätere, nicht näher bestimmte Zeit verschoben. Welche sind nun aber die Hunde? Hinter dieser bildhaften Bezeichnung stehen die zwei entgegengesetzten Meinungsgruppen der Zeit: die politischen Obskuranten einerseits, die Liberalen andererseits. Daß auch diese unter der verächtlichen Metapher subsumiert werden, zeigt wohl, daß Heine der Tiefe und der Festigkeit ihrer Überzeugungen nicht recht traut. Hunde, Kläffer sogar, sind natürlich in erster Linie die bramarbasierenden Deutschtümler, die lauthalsigen und tatenarmen Nationalfanatiker. Nicht ihretwegen jedoch, wie man bei flüchtiger Betrachtung glauben könnte, wird im Text das große und kräftige Bild einer wilden und kriegerischen germanischen Vergangenheit aufgezeichnet, wenn es auch stimmt, daß sie sich ständig (in den Jahren 1806–1815 und um 1840 wieder) in übertriebener, lächerlicher Weise auf diese heldische Vergangenheit berufen hatten. Heine hielt sie von Anfang an für ziemlich harmlos, und belegte sie mit Spott. Der nicht genannte Protagonist im entscheidenden Kampf der Zukunft, am Tage, wenn es darum gehen wird, »die letzten Wurzeln der Vergangenheit auzurotten« (S. 117), ist das deutsche Volk in seiner Gesamtheit. Die einprägsamen Bilder heldischen Kampfesmuts, das Heraufbeschwören altgermanischen Glaubens, altgermanischer Götter wollen eigentlich nur die riesige, die unwiderstehliche Kraft, die diesem Volk innewohnt, umschreibend unterstreichen. Diese unheimliche, noch schlummernde Macht, wird die neuere deutsche Philosophie, die alle kirchlichen Fesseln gesprengt und den Weg zum Pantheismus[20] gefunden hat, freisetzen. Dann wird Thor emporspringen und ihre radikalen Diktate ausführen. Diese Interpretation der Vision findet ihre Bekräftigung in dem Gedicht »Deutschland!« (DHA II, 141–142) aus dem Jahre 1840. Einige Dunkelheiten in der Vision können durch Heranziehung dieses Textes erhellt werden.

Das Gedicht bildet eine Art Zwischenstufe in der Reihe der Revolutions-
vorhersagen Heines auf halbem Wege zwischen der Schlußvision von »Zur
Geschichte der Religion und Philosophie in Deutschland« und »Deutschland.
Ein Wintermährchen«. Es zeigt auffällige Ähnlichkeiten mit dem Schlußteil
der Philosophie-Schrift im Ton wie in der Wahl der Bilder. Hier steht das
Volk eindeutig im Mittelpunkt des Geschehens. Es wird durch ein kleines,
rasch heranwachsendes Kind symbolisiert, genau wie im späteren »Romanzero«-Gedicht »Carl I.«. Die »Sonne« ist des Kindes Amme und säugt es mit
»wilder Flamme« (V. 2 und 4). Die von Heine immer wieder eingesetzte Chiffre steht für Licht der Vernunft, Emanzipation des Geistes, ja Revolution
(»Julius-Sonne«).[21] »Deutschland!« ist die Prophetie vom Triumph des mündig gewordenen, aufgeklärten deutschen Volkes. Aus dem Kinde wird ein
Riese von ungeheurer, zerstörerischer Kraft. Die »unsinnige Berserkerwuth«
der Schlußvision hat ihre genaue Entsprechung in den zwei Versen des Gedichts:

> Und schlägt Euch damit den Rücken wund
> Und die Köpfe wickelweiche. (V. 11–12)

»Feuer«, »Flamme«, die Signal-Bilder der Revolution sind in beiden Texten
zu finden. In beiden auch wird ein Hammer geschwungen, um »entzwey zu
schlagen«, um zu »zerschlagen«. Ebenfalls auf beiden Seiten ist die stabreim-
ende Zwillingsformel »singen und sagen« zu finden (»Von dem wir singen
und sagen«, »wovon die nordischen Dichter singen und sagen«), seit Karl
Lachmann[22] ein Hinweis auf mittelalterliche Dichtung und auf germanische
Sagenwelt. Im Gedicht dient die Wendung zur Einführung Siegfrieds. In der
Philosophie-Schrift erscheint die Zwillingsformel verbunden mit der Bezeichnung »unsinnige Berserkerwuth«, was doch einem transparenten Hinweis auf
den rachewütigen Ausgang des Nibelungenliedes gleichkommt und darüber
hinaus indirekterweise auf Siegfried. So ist dieser nicht nur im Gedicht, sondern, wenn auch nur andeutungsweise, in der Schlußvision anwesend. Als die
strahlendste Verkörperung des deutschen Menschen und zugleich als Symbol
überirdischer Kraft erscheint Siegfried als stellvertretend für das unbesiegbare
deutsche Volk, das auf diese Weise im Mittelpunkt beider Texte steht, explizit
hier, implizit dort. Eine weitere Verbindungslinie zwischen beiden Texten ergibt sich aus der Auflösung des Drachen-Motivs. Der von dem »aufgeklärten« Siegfried im Gedicht bekämpfte Drache ist natürlich nicht Fafnir. Die
mythologischen Gestalten haben hier lediglich gleichnishafte Funktion. Aber
die Drachen-Metapher ist deshalb keineswegs »unbestimmt«, sie steht keines-

falls »für jeden Feind, der es mit der Stärke des künftigen Deutschland zu tun
haben wird«, wie Walter Hinck schreibt.[23] Nicht außerhalb des Landes, sondern in Deutschland, ist der Drache zu suchen. In ihrer Interpretation von
einem anderen Gedicht Heines »Die Nacht auf dem Drachenfels« hat Gabriele Ruhl 1986 überzeugend bewiesen[24], daß dieser Heinesche Drache, wenn er
in zeitkritischem oder politischem Kontext vorkommt, ein heimisches Ungeheuer darstellt, das die Mächte der Vergangenheit verkörpert.

Ein letzter Punkt, der bisher ausgespart wurde, muß noch berücksichtigt
werden. Was bedeutet in beiden Texten die dringende Warnung, sich nicht in
die deutsche Revolution einzumischen, die zweimal in der Schlußvision ausgesprochen wird, hier namentlich an Frankreich gerichtet, und die im Gedicht wiederholt wird, diesmal in der allgemeineren Form »Ihr Nachbarskin-
der hütet Euch / Mit dem jungen Burschen zu hadern!«? Heine hat wohl als
erster, oder doch als einer der ersten zeitgenössischen Beobachter verstanden,
daß Deutschland unmerklich zum Riesen heranwuchs. Er stützte – für einen
Dichter wohl ein einmaliger Fall – seine Beobachtungen u. a. auf die demo-
graphische Entwicklung beider Länder. Die Warnung der Philosophie-
Schrift: »Ihr habt von dem befreyten Deutschland mehr zu fürchten als von
der ganzen heiligen Allianz mitsammt allen Kroaten und Kosacken« (S. 119),
ist die fast wortwörtliche Wiederholung einer Stelle aus den »Französischen
Zuständen« (vgl. DHA XII/1, 179). Im Artikel vom 3. Oktober 1840 steht die
lapidare Bemerkung: »Die Franzosen sind jetzt in einer schlechten Lage,
wenn hier die Bajonnetten-Mehrzahl entscheidet.« (DHA XIII/1, 91–92) Der
Artikel vom 4. Dezember 1842 enthält die stolze Behauptung: »Deutschland
[ist] trotz seiner Zerstückelung die gewaltigste Macht der Welt, und diese
Macht ist im wunderbarsten Wachsthum.« (DHA XIV/1, 241)[25] Gleichzeitig
stellt er einen Rückgang auf französischer Seite fest. Die Mahnungen an die
Franzosen in der Schlußvision werden mit der trockenen Feststellung ge-
knüpft: »Ihr seyd nicht mehr in einem solchen Zustande« – des »Freyheits-
rausches« nämlich (S. 119; vgl. auch DHA XIII/1, 109). Dabei war Heine fest
davon überzeugt, daß eine Revolution, ganz gleich auf welcher Seite des
Rheins[26], leicht zu einem Krieg zwischen beiden Ländern führen könnte. In
seinem Artikel vom 12. Juli 1842 schreibt er: »Was wäre das Ende dieser Bewegung [...]? Es wäre der Krieg, der gräßlichste Zerstörungskrieg, der leider
die beiden edelsten Völker der Civilisazion in die Arena riefe zu beider Ver-
derben; ich meine Deutschland und Frankreich.« (DHA XIV/1, 20) Die
Dringlichkeit und der Ernst dieser Bedenken erklären jedenfalls, daß diese
Warnungen an Frankreich ein ganzes Drittel der Schlußvision in Anspruch
nehmen. Bei so bedenklichen Feststellungen ist nicht ganz auszuschließen,

daß Heine, als er die deutsche Revolution ins Auge faßte, einen möglichen Eroberungskrieg Deutschlands, um die neuen Errungenschaften in die Nachbarländer zu tragen – eine Art Gegenstück zu den französischen Revolutionskriegen –, erwogen und befürchtet hat.[27] Diese pessimistische Interpretation scheint jedoch nicht die richtige zu sein. Die Sorge um Frankreich hat einen anderen Grund. Wie die statuierte Entsprechung zwischen Französischer Revolution und deutscher Philosophie klar macht, glaubt Heine an Affinitäten zwischen Frankreich und Deutschland, an eine Gemeinsamkeit der Ziele und Bedürfnisse.[28] Gerade die Schlußvision zeigt, daß Deutschland das Land ist, das die Nachfolge der Französischen Revolution als erstes antreten wird. Der historischen Rückständigkeit Deutschlands ungeachtet hält Heine es für fähig, ja fähiger als England (!) nach Frankreich und über Frankreich hinaus, den Weg zu einer neuen Demokratie zu beschreiten, wie die folgende Stelle aus dem Vorwort zum Einzeldruck des »Wintermährchens« (1844) eindeutig zeigt:

Ich bin der Freund der Franzosen, wie ich der Freund aller Menschen bin, wenn sie vernünftig und gut sind, und weil ich selber nicht so dumm oder so schlecht bin, als daß ich wünschen sollte, daß meine Deutschen und die Franzosen, die beiden auserwählten Völker der Humanität, sich die Hälse brächen zum Besten von England und Rußland und zur Schadenfreude aller Junker und Pfaffen dieses Erdballs. (DHA IV, 311)

*

Die Revolutions-Prognose aus der Philosophie-Schrift war kein augenblicklicher Einfall, sondern im Gegenteil wohlüberlegt, was ihre Wiederholung in kaum abweichender, nur etwas gemilderter Form in dem neun Jahre später erschienenen Epos »Deutschland. Ein Wintermährchen« eindeutig beweist. In der neuen Version seiner Revolutionsvorausschau wird man lediglich weniger Berserkertum vorfinden und das Fehlen der Warnung an die Franzosen konstatieren.

Die Zukunftsvision findet sich hier nicht ganz am Ende, sondern im vorletzten Caput; sie hebt sich von dem Rest des Epos durch krude, fast unausstehliche Bilder ab. Und wie in der Philosophie-Schrift wird man auch hier ihre Aussage mit Elementen ergänzen müssen, die über das ganze Werk verstreut sind. Fassen wir die Zukunftsprognose, die sich daraus ergibt, zusammen. Gleich im ersten Caput des Epos stoßen wir auf zwei sehr wichtige Strophen:

> Ein neues Lied, ein besseres Lied,
> O Freunde, will ich Euch dichten!
> Wir wollen hier auf Erden schon
> Das Himmelreich errichten. (Str. 9; DHA IV, 92)

und zwei Strophen weiter:

> Es wächst hienieden Brod genug
> Für alle Menschenkinder,
> Auch Rosen und Myrten, Schönheit und Lust,
> Und Zuckererbsen nicht minder.

»Rosen und Myrten, Schönheit und Lust« hier, »Nektar und Ambrosia, Wollust und Pracht« in der Philosophie-Schrift, es sind für Heine dieselben Chiffren einer glücklichen Gesellschaft.

Aber das Epos ist freilich auch, wir wissen es, eine Abrechnung mit der Vergangenheit Deutschlands, mit überholten politischen Formen und sozialen Strukturen. Diese Kritik füllt vier Fünftel des Werkes aus und führt um so leichter auf die Idee einer bevorstehenden Umwälzung, da der Autor mit Anspielungen auf Episoden aus der Zeit der Französischen Revolution und mit der Erwähnung einiger Hauptakteure derselben oder gar der Guillotine nicht spart. Die kommenden Ereignisse werden nicht deutlicher umrissen als dies neun Jahre früher der Fall war. Aber genauso wie in der Philosophie-Schrift werden sie als gewaltsam und blutig hingestellt. Dafür sorgen in den beiden Texten zwei symbolische Figuren. Thor mit dem Riesenhammer aus »Zur Geschichte der Religion und Philosophie in Deutschland« findet hier seine Entsprechung in der Gestalt des vermummten nächtlichen Begleiters des Dichters – jenem Liktor und Scharfrichter in einer Person –, der ihn überall als die Tat von seinen Gedanken begleitet. Das zentrale Begriffspaar aus der Philosophie-Schrift kehrt hier in personifizierter Form wieder. Der Dichter übernimmt selbst das Amt, das die Philosophen in der Schlußvision bekleideten. Thor[29] zerschlug die gotischen Dome, der Liktor zerschmettert die Reliquien der Heiligen Drei Könige, das Sinnbild der christlichen Vergangenheit. Angekündigt wird die Revolution durch zwei Verse des 25. Caputs:

> Es poltert heran ein Spektakelstück,
> Zu Ende geht die Idylle. (DHA IV, 150)

Seine Angst und Abscheu vor dem Kommenden faßt Heine in der Metapher des Nachtstuhls Karls des Großen im 26. Caput, die wir wohl alle in Erinnerung haben:

> Was ich gesehn, verrathe ich nicht,
> Ich habe zu schweigen versprochen,
> Erlaubt ist mir zu sagen kaum,
> O Gott! was ich gerochen! – – –
> [...]
> Es war als fegte man den Mist
> Aus sechs und dreyzig Gruben. – – – (DHA IV, 153)

Eine Anspielung auf die 36 Throne des Deutschen Bundes, die es zu stürzen gilt, was bei ihm sofort die Vorstellung einer kommenden deutschen Schrekkensherrschaft hervorruft:

> Ich weiß wohl was Saint-Just gesagt
> Weiland im Wohlfahrtsausschuß:
> Man heile die große Krankheit [30] nicht
> Mit Rosenöl und Moschus – (DHA IV, 153)

Nachdem Heine Deutschland aus der Nähe wiedergesehen hat, macht er sich keine Illusionen mehr über die Härte der zu erwartenden Kämpfe und fragt nicht mehr wie einige Jahre früher: »wird die deutsche Revoluzion eine trockne seyn oder eine naßrothe – –?« (»Einleitung zu ›Kahldorf über den Adel‹«; DHA XI, 135).

Auch die neun Jahre früher formulierte Prophezeiung, wonach die deutsche Revolution die französische überragen würde, und sich auf ganz Europa, ja, auf die ganze Welt erstrecken würde, wird 1844 von Heine wiederholt, diesmal allerdings in einem nachgeschickten Vorwort, dem Vorwort zum Separatdruck des Epos, und in einem weniger sieghaften und erfolgssicheren Ton. Die glatte Behauptung von 1835 ist einer Reihe von Wenn-Sätzen gewichen. Nicht nur die Deutschlandreise, sondern auch die deutsch-französische Krise von 1840, haben ihre Spur hinterlassen. Mit Bezug auf die Forderung nationalistischer deutscher Kreise nach Rückgabe Elsaß-Lothringens schreibt Heine:

Indessen, die Elsasser und Lothringer werden sich wieder an Deutschland anschließen, wenn wir das vollenden, was die Franzosen begonnen haben, wenn wir diese überflügeln in der That, wie wir es schon gethan im Gedanken, wenn wir uns bis zu den letzten Folgerungen desselben emporschwingen, wenn wir die Dienstbarkeit bis in ihrem letzten Schlupfwinkel, dem Himmel zerstören, wenn wir den Gott, der auf Erden im Menschen wohnt, aus seiner Erniedrigung retten, wenn wir die Erlöser Gottes werden, wenn wir das arme glückenterbte Volk [...] wieder in [seine] Würde einsetzen [...] – ja, nicht bloß Elsaß und Lothringen, sondern ganz Frankreich wird uns alsdann zufallen, ganz Europa, die ganze Welt – die ganze Welt wird deutsch werden! Von dieser Sendung und Universalherrschaft Deutschlands träume ich oft wenn ich unter Eichen wandle. (DHA IV, 301)

Was hier das richtige Verständnis von Heines Intention stören mag, ist natürlich die Tatsache, daß die deutschen Nationalisten, die Teutomanen, um 1840 Forderungen stellten, die nur zu konkret waren. Es ist ein ironischer Wink Heines, wenn er hier ihren selbstherrlichen Ton nachahmt, und wenn er anscheinend maßlosere Ansprüche meldet als diejenigen, die ihnen vorschwebten. Damit bedeutet er ihnen: Euer Ziel ist wohl zu erreichen – ein ehrgeizigeres kann sogar erlangt werden –, aber nicht auf dem Wege, den Ihr eingeschlagen habt.

Heine hat einmal in der Tat in einer Aufwallung von Begeisterung versucht, dieser Erwartung einen Gehalt zu verleihen. Die einschlägige Stelle, die übrigens ebenfalls zu einer Schlußvision – hier: am Ende des vierten Buches von »Ludwig Börne« – gehört, hat folgenden Wortlaut:

> es ist leicht möglich, daß die S e n d u n g dieses Stammes [des Stammes Abraham] noch nicht ganz erfüllt, und namentlich mag dieses in Beziehung auf Deutschland der Fall seyn. Auch letzteres erwartet einen Befreyer, einen i r d i s c h e n Messias – mit einem himmlischen haben uns die Juden schon gesegnet – einen K ö n i g d e r Erde, einen Retter mit Zepter und Schwert, und dieser deutsche Befreyer ist vielleicht derselbe, dessen auch Israel harret ...
> O theurer, sehnsüchtig erwarteter Messias! (DHA XI, 110)[31]

Der zukünftige Retter Deutschlands wird zugleich »König der Erde« genannt, was dem Text des Vorwortes von 1844 genau entspricht:

> – die ganze Welt wird deutsch werden! Von dieser S e n d u n g und U n i v e r s a l h e r r s c h a f t Deutschlands träume ich oft wenn ich unter Eichen wandle.[32]

Das Unglaublichste[33] dabei ist wohl die Tatsache, daß Heine es gewagt hat, zu denken und zu schreiben, allen Erfahrungen zum Trotze, der irdische Messias, der Befreier Deutschlands könne ein Jude sein!

Kein Text zeugt klarer von Heines brennender Liebe zu Deutschland als diese, in denen er das Bild der deutschen Revolution heraufbeschwört. Keiner zeigt deutlicher, wie sehr seine Natur mit dem zutiefst religiösen deutschen Wesen im Einklang steht. »Er hat Deutschland so heiß geliebt, wie die alten Propheten Jerusalem«, notierte Hermann Kesten 1944 in seinem New Yorker Exil.[34]

Was Heines Auffassung und Vorstellung der deutschen Revolution anbelangt, so ist das Jahr 1844 Gipfel- und Wendepunkt zugleich. Nach der Publikation von »Deutschland. Ein Wintermährchen« wird die Reflexion über Rolle und Einfluß des Kommunismus das Problem der Revolution überlagern. In den sogenannten »Briefen über Deutschland«, an denen er Ende 1844 arbeitet (es handelt sich um Fragmente, die zum Teil seinen »Geständnissen« einverleibt, zum Teil erst postum veröffentlicht wurden), bereitet sich die tiefgreifende Wandlung vor, die erst in den fünfziger Jahren ihren Niederschlag finden wird. Heine wiederholt in diesen Blättern die Ideen seiner Philosophie-Schrift aus dem Jahre 1835. Er konturiert sie sogar noch schärfer, aber verschiebt zugleich die Perspektiven. Die Ausgangsposition bleibt dieselbe: die Philosophie hat in Deutschland gegen das Christentum Krieg geführt; der Glaube, die Gottesfurcht sind erschüttert. Während die Hauptthese der Schrift von 1835 aber kurz gefaßt wie folgt lautete: Die deutsche Philosophie hat auf der Ebene des Geistes eine der politischen französischen gleichwertige Revolution vollzogen, und den Schluß daraus zog: jetzt bleibt nur noch ein Schritt, vom Gedanken zur Tat, und das heißt zur Revolution zu tun, so erscheint sie nunmehr in der neuen Form: die deutsche Philosophie hat zum Kommunismus geführt. Heine schreibt:

> Die Vernichtung des Glaubens an den Himmel hat nicht bloß eine moralische, sondern auch eine politische Wichtigkeit: die Massen tragen nicht mehr mit christlicher Geduld ihr irdisches Elend, und lechzen nach Glückseligkeit auf Erden. Der Kommunismus ist eine natürliche Folge dieser veränderten Weltanschauung und er verbreitet sich über ganz Deutschland. (DHA XV, 170)

Die deutschen Philosophen sind jetzt die Führer der Proletarier in ihrem Ankampf gegen das Bestehende (vgl. DHA XV, 170). Dabei ist das Ziel vorläufig unverändert geblieben: die zukünftige Gesellschaft, die Heine gelassen eine kommunistische nennt, wird mit denselben Worten beschrieben, die er neun Jahre früher in der Philosophie-Schrift verwendet hatte:

> Wir wollen keine Sanskülotten seyn, keine frugale Bürger [...]: wir stiften eine Demokrazie gleichherrlicher, gleichheiliger, gleichbeseligter Götter. Ihr verlangt einfache Trachten [...] (DHA VIII/1, 61 und XV, 170–171)

Er kann sie gleichmütig so bezeichnen, denn sie ist ersichtlich in seinen Augen noch eine pantheistische. Wir wissen es: die Absage an den jenseitigen Gott ist für Heine keineswegs gleichbedeutend mit Atheismus. Er hat ja selbst diesen Schritt vollzogen und nimmt dessen ungeachtet das Prädikat »religiös« für sich in Anspruch (vgl. »Zur Geschichte der Religion und Philosophie in Deutschland«; DHA VIII/1, 87). Heine hat sich mehrmals gegen die Beschuldigung verwahrt, ein Materialist bzw. Atheist zu sein (vgl. u. a. den Vorbericht der »Geschichte der neueren schönen Literatur in Deutschland«, 1833; DHA VIII/1, 494). So erklärt sich seine zu dieser Zeit eher positive Be-

urteilung des Kommunismus: »der jetzige Communismus«, schreibt er am
12. November 1844 an Gustav Kolb, ist doch »eine weit respektablere und im-
posantere Erscheinung als der damalige schale nachgeäffte Jakobinismus«
(HSA XXII, 141). Gemeint ist hier der Jakobinismus Börnes. Später allerdings, wenn er zu der Einsicht kommen wird, daß Kommunismus von Atheismus nicht zu trennen ist, wird die große geistige Krise der fünfziger Jahre
eintreten und zu entschiedener Ablehnung des Kommunismus führen (aber
dies gehört nicht mehr zu unserem Thema). Dann wird er u. a. die bekannten
Zeilen schreiben:

> Um die Wahrheit zu sagen, es mochte nicht bloß der Ekel seyn, was mir die Grundsätze der
> Gottlosen verleidete und meinen Rücktritt veranlaßte. Es war hier auch eine gewisse welt-
> liche Besorgniß im Spiel, die ich nicht überwinden konnte; ich sah nemlich, daß der Atheis-
> mus ein mehr oder minder geheimes Bündniß geschlossen mit dem schauderhaft nacktesten,
> ganz feigenblattlosen, communen Communismus. (»Geständnisse«; DHA XV, 30)[35]

Es ist, so scheint mir, bisher nicht genug unterstrichen worden, in welch ho-
hem Maße die von Heine stolz angekündigte deutsche Revolution, ihrem Wesen nach von der französischen abweicht. Die eigentliche Grundlage dieser
zukünftigen deutschen Revolution ist nicht naturrechtlich mehr, sondern
theologisch. Nach der schönen, prägnanten Formel Manfred Windfuhrs:
»Heine macht den Pantheismus zur theologischen Grundlage der Demokratie«.[36]

Die Männer, die die Erklärung der Menschen- und Bürgerrechte vom
26. August 1789 ausgearbeitet hatten, waren von der Theorie des Naturrechts
und von der juristischen Fiktion des Gesellschaftsvertrags, d.h. von einer
Konstruktion der menschlichen Vernunft ausgegangen. Indem sie diese Prinzipien zu unerläßlichen Garantien erklärten, ohne welche eine demokratische
Gesellschaft nicht möglich sei, verliehen sie ihnen einen politischen Status. Jede theologische Dimension war von vornherein ausgeschlossen, wollte man
doch gerade die bisher theologische Unterbauung der monarchischen Herrschaft ein für allemal ausmerzen! Das Band, das den Herrscher an Gott
knüpfte, wurde damals so entschieden zerschnitten, daß die Franzosen nicht
begreifen, wie ein Bundeskanzler, ein englischer Prime Minister – heute
noch! – in ihren Ansprachen Gottes Beistand erbitten können.

Unbeachtet blieb bisher noch ein anderer Aspekt von Heines Prophezeiung. Heine konzipiert ersichtlich die Etappen, die zur deutschen Revolution
führen sollen, nach dem Muster einer Hegelschen Trias: Die erste Stufe bildet
die Geistesbefreiung durch die Reformation, die zweite stellt die deutsche
Philosophie des Idealismus dar, die dritte endlich ist die kommende deutsche

Revolution, die den Prozeß vollenden soll. Die Kritik hatte wenig Mühe zu zeigen, daß dieser Dreischritt, wenn auch rein formell von Hegel inspiriert, nichtsdestoweniger Heine allein gehört. Hegel hat nämlich nirgends eine gewaltsame politische Umwälzung befürwortet. Heine hat allerdings behauptet, die subversiven Absichten der Hegelschen Philosophie bloßgelegt zu haben. Es ist aber Heine, der hier spricht, nicht Hegel. Dieses Schema läßt – auffällig genug – die Französische Revolution beiseite! Alle drei Stufen, alle drei Leistungen, wie wir gesehen haben, sind deutsche. Die Französische Revolution – die Beseitigung der absoluten Monarchie, die Abschaffung des feudalen Systems, die Erklärung der Menschenrechte u. a. – wird einfach in die Rolle einer Zwischenstufe abgedrängt. Diese Konsequenz scheint von Heine nicht beabsichtigt worden zu sein; sie wird nirgends formuliert; sie ergibt sich aber aus der Logik der Trias. Es ist kein geringes Paradox, daß das geschichtliche Ereignis, das in den Frühschriften so enthusiastisch gefeiert wurde, in dem Augenblick, da Heine sich der Vorausschau der zukünftigen deutschen Revolution zuwandte, merklich verblaßte.

Diese Revolutionsprognosen sind gelegentlich von Kritikern (Sternberger, Reeves) als Utopien gekennzeichnet worden. Nirgends jedoch in »Zur Geschichte der Religion und Philosophie in Deutschland« oder im »Wintermährchen« macht Heine den Versuch, einen imaginären Staat in einem Nirgendwo zu schildern. Nirgends werden staatliche und gesellschaftliche Strukturen eines solchen Phantasielandes als Alternative zur Realität auch nur skizziert. Es fehlen in Wirklichkeit alle konstitutiven Elemente einer Utopie[37], was nicht wundernehmen kann, wenn man sich daran erinnert, daß Heine für abstrakte Konstrukte keinen Sinn hatte. Die provokative Prophezeiung einer kommenden »Demokrazie gleichherrlicher, gleichheiliger, gleichbeseligter Götter« kann an sich noch keine Utopie ergeben, zumal sie nicht wortwörtlich zu nehmen ist, metaphorischen Charakter hat. Heine denkt nicht daran, den Boden historischer Erfahrung zu verlassen. Die kommende deutsche Revolution wird als Fortsetzung, Erweiterung, Optimierung der Französischen Revolution gedacht. Er rollt Wunschbilder einer besseren Zukunft auf, an deren Verwirklichung er in seiner patriotischen und quasi religiösen Begeisterung wirklich glaubt. Von einer Utopie kann also keine Rede sein, wohl aber von einer generösen, enthusiastischen Illusion und, was die Verkündung einer großen deutschen Revolution anbelangt, von einem historischen Irrtum. Auch Karl Marx übrigens hat zu jener Zeit, diese notwendige Umwälzung betreffend, eine unrealistische Voraussage gewagt, die er aber bald korrigieren sollte.

Nicht frei von Fehlurteilen war auch Heines Bewertung der neueren deutschen Philosophie gewesen. Es ist aber schwer, wenn nicht unmöglich, genau zu ermitteln, ob er Opfer einer lückenhaften Information war (wir wissen nicht, welche von den einschlägigen Schriften er gelesen hatte), ob er bewußt gewisse Aspekte unterdrückte, ob er endlich Opfer einer optimistischen Illusion wurde. Wir späte Leser haben es natürlich leicht, festzustellen, daß die Unerbittlichkeit dieser Philosophien, die er nicht müde war, hervorzuheben, in Wirklichkeit von ihren Autoren selbst strikt eingeschränkt worden war. Als Beispiel sei hier nur Fichte zitiert: »Würdigkeit der Freiheit muß von unten herauf kommen; die Befreiung kann ohne Unordnung nur von oben herunter kommen.«[38] Beispiele ließen sich mehren.

Heine, der sonst erstaunlich sichere politische Diagnosen stellte, behielt mit seiner Vorhersage einer tiefgreifenden deutschen Revolution nicht recht. Die von ihm rauschend verkündete Umwälzung blieb aus. Nur mit Zorn und Verachtung konnte er in den Jahren 1848/1849 auf die schwachen und improvisierten Erhebungen, die sich in Deutschland ereigneten, hinabsehen. Sie hatten mit der großen Sache, die er im Sinne hatte, nichts zu tun.

Die Unfähigkeit seiner deutschen Landsleute, ihr politisches Leben selbst zu reformieren, hatte er freilich befürchtet. Das ironische Gedicht »Die Britten zeigten sich sehr rüde« aus dem Jahre 1849 gibt dafür Zeugnis.[39] Die »unvollendete«, »unzulängliche« Französische Revolution wirkte indessen weiter fort. Ihre Erklärung der Menschen- und Bürgerrechte erlangte den Status einer Universalherrschaft; es gehen noch täglich Impulse von ihr aus, vielleicht weil sie sich damit begnügte, die wenigen unerläßlichen Prinzipien zu verkünden, die den Menschen neben seiner Würde die ihm unentbehrliche Freiheit sicherten. Sie versprach dem Menschen nicht die Erfüllung seiner Wünsche. Sie setzte ihn in die Lage, sich sein Glück selber zu erkämpfen.

Anmerkungen

[1] Erweiterte Fassung eines in Wien im Rahmen des Heine-Symposiums des Instituts für Wissenschaft und Kunst gehaltenen Vortrags.

[2] Das Biedermeier im Spiegel seiner Zeit. Briefe, Tagebücher, Memoiren, Volksszenen und ähnliche Dokumente, gesammelt von Georg Hermann. Berlin, Leipzig, Wien, Stuttgart 1913, S. 323. Die zitierte Stelle ist die zweite Strophe.

[3] Walter Grab: Der deutsche Weg der Judenemanzipation 1789–1938. München und Zürich 1991, S. 22.

[4] Nach Jost Hermand soll Heine bei Bovenden, einer Mensurstätte nördlich von Göttingen, jene Unkeuschheit begangen haben (DHA VI, 590). Eberhard Galley meinte hingegen, daß der Ausschluß aus antisemitischen Gründen erfolgte (Eberhard Galley: Heine und die Burschenschaft. – In: HJb 11 (1972), S. 72.

[5] Vgl. Jean-Marie Domenach: Revolution und Moderne. – In: Merkur 43 (1989), Heft 1, S. 1.

[6] Nach dem Grundsteuerbuch des Jahres 1816 zählte Frankreich ca. 6 500 000 Grundbesitzer. Davon waren ca. 5 500 000 Besitzer von kleinen bzw. kleinsten Parzellen (2,65 ha im Schnitt), ca. 630 000 Besitzer von Grundstücken mittlerer Größe (durchschnittlich 33 ha) und 34 600 Großgrundbesitzer (über 270 ha). Nach: Albert Meynier: La terre et le paysan de la Révolution à l'Empire (1789–1815). – In: La Révolution. Revue d'histoire contemporaine. N. S., 1936, S. 335.

[7] Deutschland. Ein Wintermährchen, Caput V, V. 57–59: »O, fürchte nicht, mein Vater Rhein, / Den spöttelnden Scherz der Franzosen; / Sie sind die alten Franzosen nicht mehr« (DHA IV, 102).

[8] In seinem Artikel vom 4. November 1840 schreibt Heine: »Die große Umwälzung, welche seit fünfzig Jahren in Frankreich stattfand, ist, wo nicht beendigt, doch gewiß gehemmt.« (»Lutezia«, Art. XXIV; DHA XIII/1, 95).

[9] Hervorhebung von mir.

[10] Im Zusammenhang mit einer sich anbahnenden politischen Krise in Frankreich schreibt Heine am 12. Mai 1832 unter Anspielung auf den 18. Brumaire: »Man wird alsdann über Verletzung der Constituzion schreyen, wie einst im Rathe der Alten, als ebenfalls der rechte Mann kam, welcher das Haus säuberte.« (»Französische Zustände«, Kap. VII; DHA XII/1, 153). Den Staatsstreich vom 18. Brumaire hatte Heine in der »Reise von München nach Genua«, Kap. XXIX, kritischer beurteilt. Vgl. DHA VII/1, 68.

[11] Vgl. DHA XV, 181: »der eiserne Mann, der in Frankreich der Revoluzion Einhalt that, [und] dennoch ihr Gonfalonière war.«

[12] Vgl. »Lutezia«, Art. LVIII: »Die Freyheit, die bisher nur hie und da Mensch geworden, muß auch in die Massen selbst, in die untersten Schichten der Gesellschaft, übergehen und Volk werden. Diese Volkwerdung der Freyheit, dieser geheimnißvolle Prozeß, der, wie jede Geburt, wie jede Frucht, [...] Zeit und Ruhe begehrt, ist gewiß nicht minder wichtig, als es jene Verkündigung der Prinzipien war, womit sich unsre Vorgänger beschäftigt haben.« (DHA XIV/1, 68).

[13] Solche und ähnliche Überlegungen werden Heine nach der verfehlten 48er Revolution dahin führen, in dem Neffen des großen Kaisers, in Napoleon III., trotz aller Bedenken wegen der Form seiner Machtübernahme, nach der triftigen Formulierung Gerhard Höhns »die Kontinuität [...] eines Regierungssystems«, eines »Herrschaftsmodells« zu begrüßen. Dieses Modell schien Heine für diese Gesellschaft das Beste zu sein, weshalb seine Beurteilung Napoleons bis zum Schluß positiv blieb (Gerhard Höhn: Heine-Handbuch. Zeit, Person, Werk. 2. aktualisierte und erweiterte Aufl. Stuttgart und Weimar 1997, S. 491).

[14] Diese Zukunftsvision wurde sofort von der Zensur unterdrückt, wurde aber bekannt durch den Vorabdruck in der Oppositionszeitschrift »Der Geächtete« und durch die französische Fassung.

[15] Vgl. »Spätere Nachschrift (November 1830)« am Ende der »Stadt Lukka« mit dem Aufruf »Aux armes citoyens!« (DHA VII/1, 205). Der fünfte Abschnitt des dritten Buchs der »Romantischen Schule« endet ebenfalls mit einer Aufforderung: »Vorwärts! fort und immerfort / Frankreich rief das stolze Wort: / Vorwärts!« (DHA VIII/1, 239).

[16] Von: »Die deutsche Philosophie ist eine wichtige, das ganze Menschengeschlecht betreffende Angelegenheit« bis zum Ende des dritten Buchs (DHA VIII/1, 117–120).

[17] »Hört Ihr das Glöckchen klingeln? Kniet nieder – Man bringt die Sakramente einem sterbenden Gotte.« (DHA VIII/1, 78).

[18] Hervorhebung von mir.

[19] Gerhard Höhn schreibt zutreffend: »Das sinnliche Bekenntnis, fast ist es eine Hymne, feiert die Vorstellung eines Lebens ohne jede Entfremdung.« [Anm. 13], S. 354.

[20] Für Gerhard Höhn bedeutet diese Philosophie »in ihrer letzten Konsequenz Atheismus«.

[Anm. 13], S. 350. Zu dieser Folgerung wird der späte Heine allerdings gelangen. Zur Zeit der Abfassung der Philosophie-Schrift jedoch hielt er noch an seiner Auffassung einer pantheistischen neueren deutschen Philosophie fest.

[21] Nicht ohne Überraschung und gewisses Befremden stellt man fest, daß die bekannte Sonne-Metapher in ihrer politischen Bedeutung als: Licht der Vernunft, Aufklärung, Emanzipation, Revolution, vom Grimmschen Wörterbuch ignoriert wird. Wohl kennt aber das Wörterbuch die Verbildlichung Sonne = Mädchen und führt als Beispiel gerade ein Gedicht Heines an! (Deutsches Wörterbuch von Jacob und Wilhelm Grimm, Bd. X, bearbeitet von Moriz Heyne u.a. Leipzig 1905).

[22] Karl Lachmann: Kleinere Schriften, Bd. I. Berlin 1833, S. 461 ff.

[23] Walter Hinck: Die Wunde Deutschland. Heinrich Heines Dichtung, Frankfurt/M. 1990, S. 181.

[24] Gabriele Ruhl-Anglade: Vom Kreuzberg zum Drachenfels. Heines ›Die Nacht auf dem Drachenfels‹. – In: Zeitschrift für deutsche Philologie 105 (1986), S. 481–498, besonders S. 493–496.

[25] Vgl. auch DHA VIII/1, 37: »Sonderbar! Wir Deutschen sind das stärkste [...] Volk.«

[26] Heine fürchtete das jähe Aufschäumen des Volkszorns auf beiden Seiten. »Dämonisch« sind nicht nur für ihn die Kräfte des altgermanischen Pantheismus (vgl. Vision, S. 118), sondern auch die aufgebrachten Volksmassen in Paris (Bericht über die Cholera-Epidemie, DHA XII/1, 136). Vgl. auch DHA VIII/1, 118 und XIII/1, 31.

[27] Diese Vermutung äußerte 1939 Edmond Vermeil. Vgl. Edmond Vermeil: Henri Heine. Ses vues sur l'Allemagne et les révolutions européennes. Paris 1939, S. 125. Er schreibt abschließend: »Sie [die Deutschen] werden das christliche und katholische Frankreich genau wie das rationalistische und deistische Frankreich zerstören.«

[28] Hans Mayer schreibt, die Konvergenz hervorhebend: »Das ›Deutschlandbuch‹ durfte kein ästhetisches Fresko werden, sondern sollte helfen, die deutsche Zukunft, und mit ihr die französische zu projektieren.« – In: Hans Mayer: Heinrich Heine: Beiträge zur deutschen Ideologie. Frankfurt/M, Berlin, Wien 1971, Einleitung S. XV.

[29] Thor ist das Sinnbild des altgermanischen heidnischen Glaubens, der vom Christentum nicht ganz vernichtet, nicht ganz ausgemerzt wurde, und der im deutschen Unbewußten weiterwirkt. Er symbolisiert den germanischen Widerstand gegen das Christentum, gegen Rom.

[30] Heine hatte zuerst geschrieben: »Man mache keine Revoluzion«.

[31] Hervorhebung von mir.

[32] Hervorhebung von mir.

[33] Diese unerhörte Erwartung läßt sich besser im Lichte der Betrachtungen Heines über die ursprüngliche Ähnlichkeit von Juden und Deutschen verstehen. Vgl. das Jessika-Kapitel in »Shakspeares Mädchen und Frauen« (DHA X, 125–126).

[34] Hermann Kesten: Der Geist der Unruhe. Köln und Berlin 1959, S. 74.

[35] Heine blieb auf der Stufe eines »demokratisch-revolutionären« Standpunkts stehen; den Schritt zur »proletarisch-revolutionären Bewegung« vermochte er nicht zu vollziehen, bemerkte Georg Lukacs (Text + Kritik. Hrsg. von Heinz Ludwig Arnold. Januar 1968, S. 25. Zuerst in: Aufbau 12 (1956), Heft 2).

[36] Manfred Windfuhr: Heinrich Heine. Revolution und Reflexion. 2. Aufl. Stuttgart 1976, S. 149.

[37] Heine fehlt zu Recht in dem Metzlerschen Realienband von Wolfgang Biesterfeld: Die literarische Utopie. 2. überarbeitete Aufl. Stuttgart 1982.

[38] Johann, Gottlieb Fichte: Beiträge zur Berichtigung der Urteile des Publikums über die Französische Revolution. Neu herausgegeben von Dieter Bergner. Leipzig 1957, S. 19.

[39] Ein weiterer Ausdruck von Heines diesbezüglicher Skepsis findet sich in folgender Stelle der französischen Fassung der »Elementargeister«: »Peut-être le génie de la Révolution ne peut-il remuer par la raison le peuple allemand; peut-être est-ce la tâche de la folie d'accomplir ce grand labeur? Quand le sang lui montera une fois, en bouillonnant, à la tête, quand il sentira de nouveau battre son cœur, le peuple n'écoutera plus le pieux ramage des cafards bavarois, ni le murmure mystique des radoteurs souabes; son oreille ne pourra plus entendre que la grande voix de l'homme.« (»Traditions populaires«; DHA IX, 189). Diese Stelle fehlt in beiden Ausgaben von »De l'Allemagne«.

»Rothe Pantoffeln«

Von Martin Glückert

[A]ber herrliche, rothe Saffianschuhe; die waren freilich weit schöner,
als die, welche die Schuhmacherfrau der kleinen Karen genäht hatte.
Nichts in der Welt kann doch mit rothen Schuhen verglichen werden![1]

Als der späte Heine sich dem Genre Fabel zuwandte, war diese Gattung
schon längst im Niedergang begriffen. Die begrenzten Ausdrucksmöglichkei-
ten der Gattung entsprachen nicht mehr den komplexen zeit- und gesellschaftskritischen Gestaltungsabsichten. Daher verlor die Fabel ihre Rolle als
politisch-ideologisches Ausdrucksmittel und sank schließlich zur pädagogi-
schen Lehrdichtung, zur Kinderfabel herab.[2] Auch bei Heine gibt es eine Fabel, die ganz den Eindruck einer Kinderfabel erweckt. Sie ist das vierte Gedicht in der Sammlung »Gedichte. 1853 und 1854«, »Rothe Pantoffeln«:

> Gar böse Katze, so alt und grau,
> Sie sagte, sie sey eine Schustersfrau;
> Auch stand vor ihrem Fenster ein Lädchen,
> Worin Pantoffeln für junge Mädchen,
> 5 Pantöffelchen von Maroquin,
> Von Safian und von Satin,
> Von Sammt mit goldnen Borden garnirt
> Und buntgeblümten Bändern verziert.
> Am lieblichsten dort zu schauen war
> 10 Ein scharlachrothes Pantöffelchenpaar;
> Es hat mit seiner Farbenpracht
> Gar manchem Dirnchen ins Herz gelacht.
>
> Eine junge weiße Edelmaus,
> Die ging vorbey dem Schusterhaus,
> 15 Kehrt wieder um, dann blieb sie stehn,
> Thät nochmals durch das Fenster sehn –
> Sprach endlich: Ich grüß Euch, Frau Kitze, Frau Katze,
> Gar schöne rothe Pantöffelchen hat Sie;
> Sind sie nicht theuer, ich kauf sie Euch ab,
> 20 Sagt mir wie viel ich zu zahlen hab.

> Die Katze rief: Mein Jüngferlein,
> Ich bitte gehorsamst, treten Sie ein,
> Geruhen Sie mein Haus zu beehren
> Mit Dero Gegenwart; es verkehren
> 25 Mit mir die allerschönsten Madel
> Und Herzoginnen, der höchste Adel –
> Die Töffelchen will ich wohlfeil lassen –
> Doch laßt uns sehn, ob sie Euch passen –
> Ach, treten Sie ein und nehmen Sie Platz –
> 30 So flötet die boshaft listige Katz,
> Und das weiße, unerfahrene Ding
> In die Mördergrub, in die Falle ging –
> Auf eine Bank setzt sich die Maus
> Und streckt ihr kleines Beinchen aus,
> 35 Um anzuprobiren die rothen Schuhe –
> Sie war ein Bild von Unschuld und Ruhe –
> Da packt sie plötzlich die böse Katze
> Und würgt sie mit der grimmigen Tatze,
> Und beißt ihr ab das arme Köpfchen,
> 40 Und spricht: Mein liebes, weißes Geschöpfchen,
> Mein Mäuschen, du bist mausetodt!
> Jedoch die Pantöffelchen scharlachroth,
> Die will ich stellen auf deine Gruft;
> Und wenn die Weltposaune ruft
> 45 Zum jüngsten Tanz, o weiße Maus,
> Aus deinem Grab steigst du heraus,
> Ganz wie die andern, und sodann
> Ziehst du die rothen Pantöffelchen an.

> Moral.

> Ihr weißen Mäuschen, nehmt Euch in Acht,
> 50 Laßt Euch nicht ködern von weltlicher Pracht!
> Ich rath Euch, lieber baarfuß zu laufen,
> Als bey der Katze Pantoffeln zu kaufen. (DHA III/1, 188 f.)

Der ausgeprägt kindliche Ton, in dem hier erzählt wird, ist innerhalb der übrigen Fabelgedichte Heines nur als einzigartig zu bezeichnen. Denn in keiner anderen Fabel wird ein derartiges Aufgebot an Hilfsmitteln eingesetzt, um solch einen kindlichen Charakter hervorzurufen: Das ruhige, dominant jambische Versmaß, der durchgängige Paarreim, der Kinderreim »Ich grüß Euch, Frau Kitze, Frau Katze« (V. 17), märchenhaft-veraltete Intensivierungen wie »Gar böse [...] Gar manchem [...] Gar schöne« (V. 1, 12 u. 18) fallen hier ebenso ins Gewicht wie die zahlreichen (15!) Diminutive oder die reichhaltige illustrative Ausschmückung durch Adjektive. Diese steigern entweder die Intensität (V. 9, 25, 26 u. 45), entfalten Heines eigene Neigung zur »Farben-

pracht« (V. 11) – das Farbenspiel mit Grau, Gold, vor allem aber Weiß und
Rot – oder trennen kindlich streng zwischen Gut und Böse, zwischen einer
jungen, weißen, edlen Maus und einer alten, grauen, bösen Katze (V. 13, 1 u.
30).

Trotz dieses dominierenden Tons ist »Rothe Pantoffeln« kaum als Kinderfabel anzusehen; zwei Anhaltspunkte führen in eine andere Richtung. Zum
einen ist der kindliche Charakter des Gedichts nicht von seinem grausamen
Inhalt, dem brutalen Tod einer leichtsinnigen Maus und der zynischen Vertrö-
stungsrede der Katze, zu trennen. Dieser Kontrast von Ton und Inhalt begegnet uns auch im politischen Reflexionsgedicht »Carl I.« – als Gegensatz zwischen inhaltlichem Todesgesang und der formalen Fiktion eines Wiegenliedes –,
weshalb die kontrastive Komposition von kindlichem Charakter und politisch
brisantem Inhalt auch für das vorliegende Gedicht vorauszusetzen ist. Zum
anderen liefert Heine selbst einen Anhaltspunkt, da er am 12. August 1852 an
seinen Verleger Campe schreibt:

> Meine geistige Aufregung ist vielmehr Produkt der Krankheit als des Genius, so z.B. habe
> ich in der letzten Zeit, um meine Schmerzen zu beschwichtigen, eine Menge drolliger Thier-
> fabeln versifizirt wovon ich vielleicht eine nächstens unserm Kronprinzen, dem jungen Cäsa-
> rowitsch Campe, meinem künftigen Verleger, zum Auswendiglernen schicken werde. Rasend
> vor Schmerzen, wirft sich mein armer Kopf hin und her in den schrecklichen Nächten, und
> die Glöckchen der alten Kappe klingeln alsdann mit unbarmherziger Lustigkeit. (HSA XXIII,
> 225)

Zweierlei wird hier mitgeteilt: Einmal spricht Heine den flüchtigen Gedanken
aus, er werde auch dem Sohn seines Verlegers, dem jungen Heinrich Julius
Campe, »vielleicht eine« Fabel »zum Auswendiglernen« schicken.[3] Zudem
– diesen Einschub umschließend – nennt der Dichter einen Grund, weshalb
er seine Fabeln geschrieben hat: Er muß in den schlaflosen, »schrecklichen
Nächten« in seine lyrische Hausapotheke greifen und sich mit seinen »drolli-
ge[n] Thierfabeln« ein wirkungsvolles Medikament zubereiten, »um [s]eine
Schmerzen zu beschwichtigen«. Womit auch die Fabeln in den Zusammenhang einer »Komik als Überlebensstrategie«[4] zu stellen sind. Aber mehr noch,
Heine läßt im selben Kontext eine seiner dichterischen Identitäten, den »Narren«[5], hervortreten. Dieser Narr wird unfreiwillig dazu getrieben, auf seine
rasenden physischen wie psychischen Schmerzen mit dem Klingeln seiner alten Narrenkappe zu antworten. Dabei dienen »Lustigkeit«, Humor und Ironie, die Glöckchen dieser »alten Kappe«, bei Heine nicht nur dazu, die eigene
Misere, die »weinerlichen Gedanken« (DHA XV, 77) zu überklingeln und sie
dadurch auf eine lebensnotwendige Distanz zu halten. Auch die zeitge-

schichtliche Misere veranlaßt den Dichter oft genug, kräftig seine Schellen-
kappe zu schütteln. Heines dichterische Identität als Narr ist schließlich eine
Rolle, in der er vorwiegend auf der politischen Bühne auftritt.[6] Dies schlägt
sich auch in den übrigen Fabeln nieder, ermöglichen diese doch dem späten
Heine, der ja keineswegs die politische Dimension ganz aus dem Auge verliert, der trotz seiner Krankheit an der zeitgeschichtlichen Misere nach der
mißglückten Revolution von 1848 immer noch mitleidet und durch sie ›angegriffen‹ wird (DHA III/1, 119, V. 59), »politisch-ideologische Themen zu behandeln«.[7]

Insofern darf auch für »Rothe Pantoffeln« behauptet werden, in dieser Fabel spreche Heine als politischer Narr, der die Widersprüche der jüngsten
Zeitgeschichte literarisch aufarbeitet.

I. Lesarten

Die literaturwissenschaftliche Forschung hat »Rothe Pantoffeln« – ganz im
Gegensatz zu »Die Wanderratten« – bisher selten wahrgenommen. Sofern das
Fabelgedicht dennoch Beachtung findet, bleiben erhellende Kommentare
meist aus.[8] Einige Untersuchungen greifen die verfremdete Vision des Jüngsten Gerichts (V. 44–48) heraus und bringen diese mit Heines eigenem Auferstehungsglauben in Verbindung.[9] Den Inhalt dieser Version des jüngsten Tages
und den wesentlichen Kern der Fabel wird man somit allerdings nicht ge-
wahr. Alberto Destro faßt ihn bündig zusammen: »Bösartigkeit und Heuche-
lei scheinen in der Welt zu dominieren und schrecken selbst vor der höhni-
schen Versprechung künftigen Glücks im Himmel nicht zurück.«[10] Daher
kann es nicht von besonderem Interesse sein, ob sich aus der Szenerie dieses
Jüngsten Gerichts eine mittel- oder unmittelbare Stellungnahme zum Auferstehungsglauben Heines ableiten läßt, vielmehr muß primär geklärt werden,
wer hier wem so höhnisch Glück im Himmel verspricht. Zumal für den
Dichter in der ersten Version der Fabel die Vision vom letzten Gericht ent-
behrlich war[11] und er nur mit dem vertröstenden Verweis der Katze auf das
Jenseits schloß: »die rothen Pantöffelchen passen dir nicht, [...] Doch kannst
du keine rothen haben [...] So laß dich einstweilen mit grünen begraben«
(DHA III/2, 1105).

Die für jeden Rezipienten interessanteste Frage, wer sich hinter der Maus,
der Katze und den titelgebenden roten Pantoffeln verbergen könnte, versuchen lediglich zwei Autoren zu lösen. Herman Salinger leitet einen autobio-
graphischen Gehalt der Fabel ab; dieser nährt sich aus der Tatsache, daß Heine

seine Frau »Mathilde«, die als Lehrling im Schuhgeschäft ihrer Tante Maurel in Paris tätig war, 1834 im besagten Schuhladen kennenlernte. Demnach werde diese Begegnung mit der jungen weißen Edelmaus (Heine), den anziehenden roten Pantoffeln (Mathilde) und der alten bösen Katze (die Tante) nochmals literarisch nachgestellt. In der erneuten Begegnung könne Heine nun seine zuweilen mißliebigen Gefühle gegenüber seiner Frau zum Ausdruck kommen lassen.[12] Salingers psychologischer Ansatz bleibt insgesamt jedoch nicht nachvollziehbar, da die Beziehung zwischen Heine und seiner Frau nicht durch zwiespältige oder mißliebige Gefühle, sondern vielmehr durch Fürsorge und tiefe Zuneigung geprägt ist.[13]

Arnold Pistiak dagegen entschlüsselt »Rothe Pantoffeln« vor einem gesellschaftlichen Hintergrund. Demnach wird im Bild der weißen Maus ein autoritätsgläubiges »royalistisches Volk« erfaßt, während die Katze einen Ausdruck »der Brutalität und der Raffinesse der modernen Demagogen« darstellt. Die Pantoffeln dagegen entpuppen sich als »Instrumente zur Manipulation und Deformation der Edelmaus«. Die Schuhe stehen stellvertretend für eine ködernde Ware, die die Katze benutzen kann, um ihre politische Macht aufrechtzuerhalten. Das Gedicht warne somit nicht nur vor der unbegrenzt vertrauensseligen Naivität eines autoritätsgläubigen Volkes, es enthülle auch »die in der Warengesellschaft so schwer durchschaubare Polyfunktionalität der Waren.«[14] Zumindest eine Kernfrage bleibt auch hier noch offen: Weshalb sollte Heine in ernsthafter Weise vor einer Ware wie rote Pantoffeln warnen (»Laßt Euch nicht ködern von weltlicher Pracht!« V. 50), wo er doch andererseits dem Volk sonst solche labenden Waren wie »Kaffe und Schnupftabak« gönnt, wo er doch selbst immer wieder »Waren« wie etwa »Rindfleisch«, »Zuckererbsen« oder gar »Purpurmäntel« fordert?[15]

II. Pantoffeln, Katzen und Mäuse

Wenn die roten Pantoffeln im folgenden nicht für eine repräsentative Ware, für gewöhnliches Schuhwerk gehalten werden, so aus zwei Überlegungen: Zum einen können solche pretiösen Schuhe kaum eine erschwingliche Ware für das Volk darstellen. Denn sie bestehen aus exklusivem und teurem Maroquin- oder Saffianleder, aus Samt oder Satin mit goldenen Borden (V. 5 ff.). Zum anderen sind rote Schuhe und Pantoffeln im Volksglauben, in der Geschichte und in der Literatur symbolisch besetzt. »Am häufigsten ist der Schuh als Herrschafts-, Hoheits- und Würdezeichen zu finden.«[16] Das gilt besonders für rote Schuhe. Deren sozialgeschichtlicher Status als Zeichen der

Herrschaft und Macht läßt sich von der römischen Antike bis zur Französischen Revolution verfolgen. So trugen römische Kaiser, römische Senatoren und byzantinische Herrscher rote Schuhe als besonderes Rangabzeichen.[17] Ein damit eng verwandtes Hoheitszeichen besaß auch der europäische Adel in der Zeit Ludwigs XIV. bis zur Französischen Revolution. Er genoß das Privileg, Schuhe mit roten Absätzen zu tragen.[18] Schließlich gibt es dann noch die Schuhe, die für die Krönungsschuhe der deutschen Kaiser gelten: seidene rote Schuhe mit einer edelsteinbesetzten Goldborte.[19]

Das Verlangen der Maus nach »rothen Schuhen« (V. 35) deutet in der Fabel einen Herrschaftsanspruch an. Ein Herrschaftsanspruch, der im Bild rote Pantoffeln noch eine Steigerung erfährt, tritt damit doch der Pantoffel, ein weiteres Symbol der Herrschaft, noch hinzu.[20] So sehr aber auch das Bild rote Pantoffeln auf einen Anspruch auf Macht und Herrschaft abgestellt sein mag, es ist gebrochen. Schließlich ist der Pantoffel in der Mitte des 19. Jahrhunderts nicht mehr der Schuh der Vornehmen, ein Gesellschafts- oder Tanzschuh, sondern er ist längst zum »lässigen Hausschuh«[21] herabgesunken. Pantoffeln signalisieren damit auch Häuslichkeit, Gemütlichkeit oder gar Langeweile. Innerhalb dieses Bedeutungsspektrums greift auch Heine selbst wiederholt das gemütliche Kleidungsstück auf.[22]

Die beiden Tiermetaphern können hier in einen gesellschaftlichen Kontext gestellt werden. »Katze« und »Maus« erhalten bei Heine mehrfach eine gesellschaftspolitische Dimension.[23] In ihnen drückt sich der in der Volksüberlieferung weit verbreitete Gegensatz von Königtum (Katze) und Volk (Maus) aus. Auch in der Fabel deutet die Katze auf ein Sinnbild des Königtums oder besser der traditionellen monarchischen Führungskräfte hin. Schließlich weist der überlegene Vierbeiner auf seine vertraute ›Kundschaft‹ »Herzoginnen, der höchste Adel« (V. 26) hin. Diese Perspektive unterstützt auch die gezielt eingesetzte Farbsymbolik: »Gar böse Katze, so alt und grau« (V. 1). Der »Katze« haftet im Pleonasmus »alt und grau« das Ergraute, Überkommene und Alte an, das sie ebenso wie den alten Repräsentanten der Monarchie in »Carl I.« – er wird bei seiner Hinrichtung seine »greisen [also grauen] Haarlocken« (DHA III/1, 26, V. 26f.) verlieren – auszeichnet.

Die junge weiße Edelmaus, Gegenspielerin zur alten grauen bösen, d.h. unedlen Katze, ist hier sprachliches wie inhaltliches Pendant. Sie ist als eine – im weitesten Sinne – demokratische, d.h. auch liberale und republikanische Opposition zu begreifen. Zwei Anhaltspunkte stärken diese Annahme: Diese Maus ist »jung« (V. 13), sie ist ein »Jüngferlein«, ein »junges Mädchen« oder, wie es in einer Lesartenvariante allgemeiner heißt, ein »Kind« (V. 21 u. 4; DHA III/2, 1105). Damit trägt die »Maus« ganz ähnliche Züge wie das junge

Köhlerkind in »Carl I.« oder andere »Kinder« Heines, mit denen die heran-
wachsende demokratische Freiheitsbewegung Deutschlands bildhaft verglichen wird.[24] Der zweite Anhalt findet sich in der Charakteristik »Edelmaus«
(V. 13) bzw. edle Maus. Heine ordnet seinem Fabeltier eine Eigenschaft zu,
die er wiederholt auf ihre demokratische Bedeutung festlegt: »Wir schlagen
uns für den Grundsatz, daß alle Menschen auf dieser Erde gleich edel geboren sind, und kein Mensch, seiner Geburth wegen, im Staate bevorrechtet
werden soll« (DHA XII, 469).[25] Mit der Bezeichnung ›edel‹ drückt sich aber
nicht nur Affirmation, sondern auch ironische Distanz aus: Am deutlichsten
beim Tendenzbären »Atta Troll«, der die vielen politisch-oppositionellen
Richtungen des Vormärz in seiner Bärenhaut vereint. Als ein »edler Gegner«
spricht dieser »edle Held«, ganz antiaristokratisch: »[...] der ist edel / Welcher edel fühlt und handelt« (DHA IV, 45, V. 41; 79, V. 29 u. 23, V. 51 f.).

Wenn der politisch verwandte Artgenosse des ›Troll‹, die »gleich edel ge-
borene« (s. o.), demokratisch gesinnte »Maus«, ausdrücklich eine ›weiße‹ ist
(V. 13, 31, 40, 45 u. 49), wird damit – in Analogie zur Farbsymbolik bei der
Katze – ihre Grundeigenschaft noch unterstrichen. Weiß als traditionelle Farbe der Unschuld verstärkt hier noch den »edlen« Charakter dieses »unerfah-
renen Dings«, das zudem ein »Bild von Unschuld und Ruhe« ist (V. 31 u. 36).
Der weißen, katzen-zutraulichen Edelmaus, der bürgerlich-demokratischen
Opposition, fehlen somit – um in der politischen Tiermetaphorik Heines zu
bleiben – ganz die energischen und bedrohlichen Züge der hungrigen »Wanderratten«, die Züge eines kommunistisch geprägten Proletariats: »So eine
wilde Ratze / Die fürchtet nicht Hölle nicht Katze« (DHA III/1, 335, V. 25 f.).

III. Eine Revolutionsgeschichte

Eine Revoluzion ist ein Unglück, aber ein noch größeres Unglück ist eine verunglückte Revoluzion. (DHA XI, 74)

Auf Grundlage dieser drei Referenzen liest sich die Fabel als allegorische
Nachlese der deutschen Revolution von 1848/49. Grundlegend für diese These
ist, daß die »Pantoffeln« nicht als instrumenteller Köder der »Katze« fungieren
– quasi ins »Schaufenster« gestellt werden –, um eine »Maus« zu fangen. Sehr
wohl aber läßt sich die »Maus« von der günstigen Gelegenheit verlocken, diese in Aussicht stehenden »Pantoffeln« für sich zu erlangen. Schließlich sind
die »rothen Pantoffeln« nicht das erste Paar Schuhe, das den Demokraten angeboten wurde:

> Nicht mehr baarfuß sollst du traben,
> Deutsche Freyheit, durch die Sümpfe,
> Endlich kommst du auf die Strümpfe,
> Und auch Stiefeln sollst du haben!
>
> [...] Eine große Zukunft naht dir!-
> Laß dich nur vom welschen Satyr
> Nicht verlocken zu Excessen! (DHA II, 121, V. 1–4 u. 10–12)

Der reaktionäre Sprecher dieser »Verheißung« – allem Anschein nach Friedrich Wilhelm IV. von Preußen (vgl. DHA II, 739) – ist ebenso wenig »Schustersfrau« (V. 2) wie die »Katze« in der Fabel eine ist, auch wenn er der »Deutsche[n] Freyheit« »Stiefeln« wohlfeil offeriert. Das Versprechen »Stiefeln sollst du haben!« bedeutet hier ein beschränktes Angebot an Herrschaft, an politischer Teilhabe, wie es die preußischen Könige durch ihre wiederholten Verfassungsversprechen seit den Befreiungskriegen einer zunehmend sich regenden demokratischen Opposition zusicherten.

Aufgrund solcher Angebote, aufgrund der Hoffnung innerhalb der revolutionären Bewegung des Jahres 1848, die bisherigen politischen Machthaber würden ihre übermächtigen Positionen gleichsam von selbst räumen[26], mag auch die »Maus«, deren naives und geködertes Bewußtsein in der ersten Strophe nachempfunden wird (»Sie sagte, sie sey eine Schustersfrau« und »Am lieblichsten dort zu schauen war« V. 2 u. 9), annehmen, die »rothen Pantoffeln« würden ihr günstig angetragen werden.

Das Gebaren beim Abhandeln der »Pantoffeln« besitzt ebenfalls Parallelen zum Verlauf der deutschen Revolution: Weitgehend gewaltfrei, ohne konkrete Revolutionspläne brach 1848 spontan und unerwartet eine Bewegung aus, die »[...] gerade durch ihren idealistischen Zug Riesenkräfte entfaltete und ihre Gegner in die Knie zwang.«[27] Ebenso agiert die »Maus«: Friedlich, spontan, schier zufällig (V. 14–16) steht sie, nur mit ihrem naiv-idealistischen Charakter bewaffnet, vor der »Katze« und verlangt ihre roten Schuhe.

Sofern die »Maus« die »Pantoffeln« abhandeln will – sie will ja nicht zu teuer (etwa mit dem Leben) dafür bezahlen (V. 19 f.), unterstreicht das eine Haltung, wie sie auf seiten der Revolutionsbewegung zu beobachten war. Der Glaube an eine natürliche Kooperation mit den traditionellen Führungskräften, denen man auch durch Zugeständnisse, mit Einbußen der eigenen Forderungen entgegenkommen mußte.[28]

Wie es der »Katze« in der Fabel aber nicht darum geht, die »Maus« sofort unschädlich zu machen und ihr den Kopf abzubeißen, so lag es ebenfalls nicht im Interesse der alten politischen Kräfte, die revolutionäre Bewegung sofort blutig niederzuschlagen. Vielmehr fingen sie die revolutionäre Stoß-

kraft mit der Erfüllung der Märzforderungen erfolgreich auf. In vergleichba-
rer Weise kommt in der Fabel die »Katze« durch ihre konziliante, schmeichelhafte Rede der Forderung der »Maus« entgegen. Sie erfüllt zuvorkommend
und bereitwillig das Verlangen nach »rothen Pantoffeln« und befriedigt von
vornherein ein Bedürfnis der »Maus«, das implizit in den roten Schuhen
steckt: ihren Wunsch nach Egalität mit der »Katze«. Mit den Phrasen aristo-
kratischer Hofsprache »gehorsamst«, »Geruhen«, »Dero Gegenwart« (V. 22,
23 u. 24) – natürlich auch der Pronomina »Sie« und »Euch« (V. 22, 23, 29 u.
28), die sich kurz darauf in die weniger höfliche Anredeform »du« umwan-
deln (V. 41, 46 u. 48) – wird die »Maus« auch tatsächlich für kurze Zeit zur
»Edelmaus« (V. 13), zu einem »gleich edel« (s. o.) geborenen Wesen.

Die alten politischen Kräfte blieben aber nicht bei ihren versprochenen Zusagen, wie die »Katze« nicht bei ihrem Versprechen bleibt, die »Pantoffeln«
»wohlfeil [zu] lassen« (V. 27). Da die »Maus« über keine Mittel verfügt, ihr
Verlangen nach den roten Schuhen auch konsequent durchzusetzen, ist es ein
leichtes für die »Katze«, der vertrauensseligen »Maus« das »Köpfchen« abzubeißen (V. 39).[29] Desgleichen besitzt auch die Revolutionsbewegung, d.h. deren Repräsentanten in der Nationalversammlung, keine exekutive Gewalt, um
die eigene Souveränität zu behaupten; sie verliert gleichfalls ihren »Kopf«,
ihre Macht, als sich 1849 das Parlament auflösen muß und wieder vorrevolu-
tionäre Machtverhältnisse eintreten. Die Kopflosigkeit der »Maus« verweist
somit nicht auf einen faktischen Tod, sondern bedeutet, wie auch Heines Verwendung des Motivs der Kopflosigkeit nahelegt, dumm und machtlos zu werden.[30] Das findet übrigens auch eine Übereinstimmung mit einem Urteil Heines aus einem Brief an Heinrich Laube von 1850. Heine wirft dort Laube vor,
er habe mit seinem Buch über das deutsche Parlament seine eigene, die »revo-
lutionaire Parthei« einseitig karikiert und fährt fort: »Du hast kopflose Menschen guillotinirt« (HSA XXIII, 54).[31]

An eine politische Auferstehung der demokratischen Bewegung ist im
Nachmärz nicht mehr zu denken, die Revolutionsbewegung bleibt wie die
»Maus« in der Fabel »mausetodt« (V. 41). Dieser trostlose gesellschaftspolitische Nachmärz-Zustand wird metaphorisch auch mit Hilfe der Lazarus-
Chiffre abgebildet. Wie der tote Lazarus aus dem Johannesevangelium (11, 1–
44, hier 18) im Grab eingeschlossen ist, so bleibt die demokratische Bewegung in der Situation des politischen Begraben-Seins, die »Maus« im »Grab«,
in der »Gruft« (V. 46 u. 43). Damit wird ein Zustand historischer Grabesruhe
artikuliert, der noch drastischer ausfällt als das »Joch«, unter das die Freiheitsbewegung in »Im Oktober 1849« (DHA III/1, 119, V. 55) gerät. Da dieser
politische Grabeszustand ebenfalls auf »andre« Bewegungen (DHA III/1, 118,

V. 52), etwa auf die österreichische, italienische oder ungarische Revolutionsbewegung, zutrifft, bleibt auch diese »Maus« »ganz wie die andern« (V. 47)
tot und kann nicht mehr – im Gegensatz zu Lazarus – auf eine diesseitige
Wiederauferstehung hoffen.[32]

Was dagegen der »Maus« bleibt, ist die zynisch ausgesprochene Perspektive
auf eine religiöse Wiederauferstehung. Darin stimmt die erste Version des Fabelendes mit der endgültigen Vision vom Jüngsten Gericht ganz überein. Ein
Stück politischer Macht und Gleichberechtigung rückt für die »Maus« mit
dem Rat »So laß dich einstweilen mit grünen [Pantoffeln] begraben«[33] (DHA
III/2, 1105), sich mit der baren Hoffnung – grün als traditionelle Farbe der
Hoffnung – zu begnügen, in ebenso weite Ferne wie mit »rothen Pantoffeln«,
die sie erst zum »jüngsten Tanz« (V. 45) anziehen kann. Aus dem Mund der
»Katze« erweisen sich solche Zusagen von Lebensfreude (»Tanz«), Egalität
und Macht (»rothe Pantoffeln«) als desavouierter religiöser Trost, der – abgesehen von der Demonstration wahrer Gewalt – die Verweigerung der »Schuhe« auch religiös rechtfertigen will. Als eine zentrale und kontinuierliche Position von Heines Gesellschaftskritik legt diese falsche Vertröstung dar:
Christliche Religion kann nicht nur die befreiende Perspektive entfalten,
»[...] daß die Menschen von gleich edler Geburt sind [...]« (DHA VII/1, 264),
sondern sie läßt sich auch als »Stütze des Despotismus« (DHA VIII/1, 127),
als Legitimationsmittel überkommener Herrschaftsverhältnisse mißbrauchen,
da die Überbetonung einer künftigen, himmlischen Beseligung alle irdischen
Ansprüche auf Wohlfahrt und Freiheit relativieren hilft.

IV. Der Narr

Weshalb aber setzt der Dichter die Revolutionsereignisse von 1848 in eine,
wie oben dargelegt, ausgesprochen kindliche Fabel um? Ferner, wo spricht
der politische Narr Heine?

Zunächst ist die Intention dieser Umsetzung darin zu sehen, daß sie Komik
erzeugt. Eine Komik, die dem existentiell notwendigen Bedürfnis des Dichters nachkommt, die eigenen »Schmerzen zu beschwichtigen« (s. o.). Zudem
eröffnet sich hiermit ein weiter Spielraum humoristischer Kritik für den politischen Narren Heine. Der kann durch seine Fabel den Widerspruch zwischen idealen Zielvorstellungen und dem katastrophalen Resultat dieses längst
vergangenen – auch das Geschehen in der Fabel ist in die Vergangenheit ver-
legt, vgl. V. 2 ff. – aber neu inszenierten »fabelhaften Schauspiels« (DHA XV,
36) Revolution plastisch hervortreten lassen. Vor allem aber führt der Narr, in

»unbarmherziger Lustigkeit« (s.o.) zur Karikatur genötigt, vor Augen, daß
für ihn diese Revolution nicht zuletzt an einer unreifen, d.h. naiv-kindlichen
Vorgehensweise scheitern mußte: So überzeichnet der Narr den auch für ihn
unerwarteten Revolutionsausbruch und die mangelnden Strategien für einen
politischen Umwälzungsversuch zum Wirksamwerden eines »Gott-Zufall«
(DHA XIV/1, 292), zur willkürlichen Zufälligkeit:

> Eine junge weiße Edelmaus,
> Die ging vorbey dem Schusterhaus,
> Kehrt wieder um, dann blieb sie stehn,
> Thät nochmals durch das Fenster sehn – (V. 13–16)

Mit diesem zaudernden und unentschlossenen Gebaren der »Maus«[34], muß
sich die Revolutionsbewegung den Vorwurf der Planlosigkeit und Zagheit gefallen lassen. Im Anschluß daran steigert Heine die auf Konsens mit den traditionellen Führungskräften beruhende Politik der »Demokraten«. Sie wird
zum Ausdruck absoluter Autoritätsgläubigkeit – was Pistiak sehr zutreffend
als royalistische Haltung herausstellt. Autoritätsgläubigkeit illustriert sich hier
nicht nur durch die Bereitwilligkeit, die »Pantoffeln« abzuhandeln oder durch
die Wortgläubigkeit der »Maus«, sondern auch durch ihre überdeutlich kindliche Begrüßung, die uneingeschränkte Vertrauensseligkeit signalisiert: »Ich
grüß Euch, Frau Kitze, Frau Katze« (V. 17).

Tritt der Narr bislang als distanzierter Erzähler auf, der selbst im Versuch,
seiner Fabel Objektivität und Authentizität zu verleihen – mit den wörtlichen
Reden in V. 17ff. u. 21ff. –, seine subjektive Kritik darlegt, so löst er sich mit
Hilfe von »Narren-Kommentaren« von dieser Rolle. Die Kommentare des
Narren treten plastisch hervor, weil die vierte Strophe, die des »Höhepunkts«
wegen nun im Präsens erzählt (V. 30, 33–35 u. 37–39), durch begleitende
Kommentare im Präteritum (V. 31–32 u. 36) durchbrochen wird:

> Um anzuprobiren die rothen Schuhe –
> Sie war ein Bild von Unschuld und Ruhe –
> Da packt sie plötzlich die böse Katze (V. 35–37).

Der parenthetische Einwurf in V. 36 verzerrt als ein solcher »Narrenkommentar« die friedliche und gewaltfreie Vorgehensweise der Revolutionsbewegung
karikierend zu Handlungsunfähigkeit und Passivität.[35]

Schließlich geht das Geltendmachen des Narren sogar so weit, den »Höhepunkt« der Fabel – er wird dennoch formal gewahrt (V. 37ff.) – durch einen
weiteren Narrenkommentar schon vorwegzunehmen:

> So flötet die boshaft listige Katz,
> Und das weiße, unerfahrene Ding
> In die Mördergrub, in die Falle ging –
> Auf eine Bank setzt sich die Maus (V. 30–33).

Diese Vorwegnahme des Fabelendes ist für den politischen Narren Heine nötig, um sein schon während der Revolution geäußertes Mißtrauen gegenüber der Konzilianz der reaktionären Kräfte,

> Mich ängstet, wenn die Vipern Liebe girren
> Und Wolf und Esel Freyheitslieder flöten. (DHA III/1, 324, V. 7–8)

nun als sichere Erkenntnis über das zwangsläufige Scheitern der deutschen Revolution herauszustellen.

Wenn der Narr sich in der abschließenden »Moral« in kritischer Distanz zu den »weißen Mäuschen« (V. 49), allen Anhängern demokratischen Denkens, selbstbehauptend zu Wort meldet (»Ich« gegenüber »Euch« V. 51), dann ist seine Warnung weder als ausschließlich ernsthaft noch als »nur ironisch aufgesetzt«[36] zu begreifen. Natürlich spricht aus dem barock anmutenden Rat: »Laßt Euch nicht ködern von weltlicher Pracht!« (V. 50) zunächst selbstverleugnende Ironie. Denn Heine, der sich auch nach 1848 immer noch zu den gleichen »demokratischen Prinzipien« (DHA III/1, 180) bekennt, redet damit der vorausgegangen falschen Vertröstung – die Warnung impliziert eine Ausrichtung auf eine himmlische Pracht – das Wort. Diese *selbstverleugnende* Ironie ist jedoch zugleich eine *selbstbehauptende* Ironie, beschwört doch ›weltliche Pracht‹ auch den ehemaligen sensualistischen Revolutionstraum Heines, den Traum von einer Götterdemokratie mit »[...] Purpurmänteln, kostbaren Wohlgerüchen, Wollust und Pracht [...]« (DHA VIII/1, 61) herauf. Diese wirkliche »Pracht« wird dem halbherzigen Ziel nach einer konstitutionellen Monarchie – spätestens hier signalisieren die »Pantoffeln« Langeweile –, nach roten »Pantöffelchen« (V. 18) gegenübergestellt.

Dem ironischen Sprechen entgegengesetzt erteilt der Narr seine Ratschläge auch völlig ernsthaft. Denn unter »Pracht« fällt auch die schmeichelhafte Rhetorik der »Katze«, mit der es erst gelingt, die »Maus« zu ködern. Die Warnung des Narren Heine ist insoweit auch eine Aufforderung zur Skepsis gegenüber falschen Versprechungen und äußerlicher Sprachpracht. Womit sie freilich auch auf eine Meta-Ebene tritt und vor der eigenen Sprachkunstfertigkeit, der selbstverleugnenden Ironie, die zum Verzicht aufruft, warnt.

Gerade das Geködert-Werden der »Maus« durch falsche Versprechungen trifft den Narren und damit eng verwandten politischen »Märtyrer« Heine an

einem besonders wunden Punkt. War es doch seine schriftstellerische Domäne, die »Sprache der Vernunft« zu reden, sein Volk »zu erleuchten und zu
veredeln« (DHA XV, 31). Deshalb kann er die tiefe Resignation über das Revolutionsunglück, das für ihn auch aus einem Nicht-Anhören des Narren resultiert, mit seinen Empfehlungen *ex negativo* nicht verbergen:

> Laßt Euch nicht ködern von weltlicher Pracht!
> Ich rath Euch, lieber baarfuß zu laufen,
> Als bey der Katze Pantoffeln zu kaufen. (V. 50–52)

Aber selbst hier noch bleibt Heine weiser Narr, der als eine Art nachrevolutionärer »Kunz von der Rosen« einen ernsthaften Rat gibt. Herrschaftsansprüche, Ansprüche auf Demokratie und Freiheit dürfen nie rein äußerliche
und inhaltsleere Ziele – als weitere Komponenten von »weltlicher Pracht« –
bleiben. Sie müssen begrifflich wie geistig verinnerlicht werden, d.h. »Freyheit [...] muß [...] Volk werden« (DHA XIV/1, 68). Erfolgversprechender als
das Abhandeln solcher Ansprüche (»Pantoffeln zu kaufen«) ist für den Narren, da auf seine »Sprache der Vernunft« ohnehin nicht gehört wird, die Erfahrung von Entbehrung. Führt das schmerzliche und demütigende »baarfuß
[...] laufen« doch früher oder später zur Erkenntnis, daß geplantes, aktives
und konsequentes Handeln notwendig ist, um dem Barfuß-Laufen abzuhelfen.

»Rothe Pantoffeln« droht – gemessen an Lessings Kriterien für die Fabel –,
den Rahmen traditioneller Fabeldichtung zu sprengen. Heines »Moral« besteht nicht aus *einem* allgemeinen moralischen Satz[37], der sich anschauend auf
den zugrundeliegenden Fall zurückführen ließe, sondern bleibt vielschichtig.
Auch sind Heines Fabeltiere keine allgemein bekannten Charaktere[38], sie weichen sogar auffällig von ihrem natürlichen Charakter ab, wenn die »Katze«
mehr an zynischen Vertröstungsreden als am Fressen einer katzen-zutraulichen (!) »Maus« interessiert ist. Aber solche »Verstöße« gegen Fabelkriterien
können nur zeigen, wie Heine auch in »Rothe Pantoffeln« die Möglichkeiten
der Fabel seinen zeit- und gesellschaftskritischen Gestaltungsabsichten – gelungen und erneuernd[39] – anpaßte.

Anmerkungen

[1] Hans Christian Andersen: Die rothen Schuhe. – In: Hans Christian Andersen's: Sämtliche
Märchen. Zweite vermehrte Aufl. Leipzig 1850. ND Dortmund 1979, S. 309–317, hier S. 310. Heines Fabel, die vermutlich zwischen 1852 bis 1854 entstanden ist, weist zu Andersens Märchen, das

1845 publiziert wurde, eine Reihe von Bezügen auf. In beiden Texten werden explizit rote Schuhe in den Mittelpunkt gestellt und sie werden titelgebend – meines Wissens als die einzigen literarischen Texte in dieser Zeit. Ferner gibt es folgende inhaltliche Parallelen: Heine spricht von einer angeblichen »Schustersfrau«, die »Pantöffelchen von Maroquin/Von Safian und von Satin« anbietet (V. 2 u. 5 f.). Bei Andersen tauchen eine »alte Schuhmacherfrau« und »Saffianschuhe« auf (Andersen, S. 309 u. 310). In der Fabel wird die Maus implizit als »junge[s] Mädchen« bezeichnet und zur Kundschaft der Katze gehören »Herzoginnen, der höchste Adel« (V. 4 u. 26). Ganz ähnlich klingt das im Märchen. Dort heißt es von Karen, sie sei »ein kleines Mädchen, so fein und so niedlich!«, ihre Schuhe seien ursprünglich für ein »Grafenkind« bestimmt und selbst eine »Prinzessin« trage solche Schuhe (Andersen, S. 309, 310 u. 311). Auch das Tanzmotiv kehrt wieder. Während aber der kleinen Karen die roten Schuhe wie festgewachsen bleiben und sie bis zur völligen Erschöpfung weitertanzen muß (S. 313 f.), so darf die Maus ihre Pantöffelchen erst zum »jüngsten Tanz« (V. 45) anziehen. Heines »Maus« kommt also nie mit ihren Schuhen, mit »weltlicher Pracht« (V. 50) in Berührung, während Karen, nachdem sie ihren Stolz und Hochmut bereut hat, von »Putz und Pracht« nichts mehr wissen will (S. 316). Wenn Karen reuig sich vom Scharfrichter die Füße abschlagen läßt (»Schlage mir nicht den Kopf ab!«, S. 314 f.), kehrt das bei Heine insoweit wieder, als er die Maus den Kopf verlieren läßt (V. 39). Trotz einiger inhaltlicher Übereinstimmungen steht die Fabel aber nicht im Verhältnis einer Adaption oder Parodie zum Märchen. Denn die selbst gestalteten Tiermetaphern und das vielschichtige Bild der roten Pantoffeln stehen in einem ganz anderen Kontext (s. u.). Parodistisch wirkt die Fabel nur, wo das unterschiedliche Religionsverständnis beider Autoren aufeinandertrifft: So läßt Andersen im Vertrauen auf Gott sein geläutertes Mädchen zum Himmel auffahren: »ihre Seele flog auf Sonnenstrahlen zu Gott; und dort war Niemand, der nach den rothen Schuhen fragte« (S. 317); während Heines »Maus« kopflos und »mausetodt« (V. 41) in religionskritischer Absicht zynisch auf den Jüngsten Tag verwiesen wird. Die Parallelen zwischen beiden Texten lassen jedenfalls vermuten: Die persönlichen wie literarischen Beziehungen zwischen den beiden Dichtern weisen noch forschenswerte Aspekte auf, die über die Pionierarbeit von Teschner hinausgehen (vgl. Heinrich Teschner: Hans Christian Andersen und Heinrich Heine. Ihre literarischen und persönlichen Beziehungen. Diss. Münster 1914). Nicht allein Andersen wird vom (frühen) Heine beeinflußt (so Teschner), sondern auch Heine hat vom dänischen Dichter literarische Anregungen aufgenommen.

  [2] Repräsentativ für diese Entwicklung steht Johann Wilhelm Hey mit seinen sehr populären Kinderfabeln (Fünfzig Fabeln für Kinder mit Bildern. Hamburg 1833 und Noch fünfzig Fabeln in Bildern. Gotha 1837).

  [3] Eben diese Textstelle hat Prawer und Sammons dazu veranlaßt, auf eine allzu starke Verknüpfung zwischen den Fabeln und dem jungen Heinrich Julius Campe zu schließen. Da diese Briefstelle nur als assoziativer Einschub angesehen wird, können weder Prawers noch Sammons Ansichten geteilt werden. Sammons empfiehlt speziell für »Rothe Pantoffeln«: »There seems no need to press the interpretation of these fables so hard, for they were written with a child in mind, Campe's son« (Jeffrey L. Sammons: Heinrich Heine, The Elusive Poet. New Haven and London 1969, S. 404). Prawer behauptet sogar: »He [Heine] hoped, in fact, to write a whole book of animal fables for Campe's young son, but never found sufficient leisure, peace of mind and physical strength to complete the collection« (Siegbert Salomon Prawer: Heine. The tragic satirist. A Study of the Later Poetry 1827–1856. Cambridge 1961, S. 245). Zwar macht Heine seine Idee, dem jungen Campe eine Fabel zu schicken, nach zweieinhalb Jahren (!) auch wirklich wahr. Er sendet ihrer sogar drei (im Februar 1855 »Der tugendhafte Hund« sowie »Pferd und Esel«, vgl. HSA XXIII, 408; im August 1855 »Fabel. / Es saß ein brauner Wanzerich«, vgl. HSA XXIII, 449), aber weder diese späten Widmungen noch der vorliegende Brief erhärten die These, Heine

hätte seine Tierfabeln speziell für den jungen Heinrich Julius Campe geschrieben oder gar ein ganzes Fabelbuch für den Sohn seines Verlegers schreiben wollen.

[4] Gerhard Höhn hat diesen treffenden Ausdruck geprägt. Gerhard Höhn: Heine-Handbuch. Zeit, Person, Werk. 2. aktual. u. erweit. Aufl. Stuttgart/Weimar 1997, S. 148.

[5] Zum Narrenbild bei Heine vgl. Burghard Dedner: Politisches Theater und karnevalistische Revolution. Zu einem Metaphernkomplex bei Heinrich Heine. – In: Heinrich Heine und das neunzehnte Jahrhundert: Signaturen. Neue Beiträge zur Forschung. Hrsg. von Rolf Hosfeld. Berlin 1986, v.a. S. 155–158. Unter dem späten »Narren« Heine wird in Anlehnung an Dedner hier zweierlei verstanden: einmal der zerstörerisch-aggressive Satiriker, zum anderen der Autor, der Geschichte als dämonozentrisches Welttheater interpretiert und die daraus resultierende Verzweiflung nur aushält, weil er das Absurde ins Komische umbiegt.

[6] So in der fundamentalen Studie von Sabine Bierwirth: Heines Dichterbilder. Stationen seines ästhetischen Selbstverständnisses. Stuttgart/Weimar 1995, S. 129ff. Die vorliegende Wiederaufnahme dieses Dichterbilds im Campe-Brief ordnet Bierwirth allerdings dem künstlerischen Bereich von Heines ästhetischem Selbstverständnis zu. Vgl. Bierwirth, S. 415f.

[7] Alberto Destro im Kommentar zu den Fabeln. DHA III/2, 1371.

[8] Butler kommentiert lapidar: »Red Slippers (Rote Pantoffeln) is one of the most enchanting examples of the cautionary tale.« Ein weiterer Hinweis, was denn bezaubert und vor was gewarnt wird, fehlt jedoch (E. M. Butler: Heinrich Heine. A Biography. London 1956, S. 237). Fairley schreibt: »Wenn wir die Fabel von der Katze und der Maus lesen, sind wir Zeugen solcher Feinheit, daß wir vergessen, wie alt das Thema ist.« Konkrete Ausführungen über die »Feinheit« oder das ›alte Thema‹ bleiben auch bei Fairley aus (Barker Fairley: Heinrich Heine. Eine Interpretation. Stuttgart 1965, S. 135). Schließlich ist noch Storz zu erwähnen, der das Gedicht zwischen allgemeinen Gedanken über Heines Fabeln und Ausführungen über die Lazarus-Dichtung – ohne weitere Bezugnahme – vollständig (!) zitiert (Gerhard Storz: Heinrich Heines Lyrische Dichtung. Stuttgart 1971, S. 220f.).

[9] Prawer stellt eine Verbindung zwischen dem Jüngsten Gericht in der Fabel und einem Traum Heines aus »Ludwig Börne« her (DHA XI, 118). Er bemerkt im Anschluß: »Ever and again he seeks to convey, through such poor materials as this earth affords, his visions of a realm beyond and his hopes – to which he clung quand même – of the immortality of the soul and the resurrection of the body« (Prawer [Anm. 3], S. 248). In ähnlicher Weise argumentiert Wirth-Ortmann. Da die äußerliche Verfremdung dieses letzten Gerichts (die »Weltposaune« V. 44 anstatt des biblischen Posaunenschalls) nur Heines »Karikatur der Volksfrömmigkeit« unterstreiche, viele der Lazarus-Gedichte den Todesgedanken aufnähmen, kann sie noch auf der gleichen Seite resümieren: Heine sei »seit seiner Rückkehr zum Gottesglauben von dieser Hoffnung auf Auferstehung und damit von der Überwindung des Todes überzeugt« (Beate Wirth-Ortmann: Heinrich Heines Christusbild. Grundzüge seines religiösen Selbstverständnisses. Paderborn u.a. 1995, S. 223). Rose dagegen meldet Zweifel am Auferstehungsglauben Heines an. Die Parodie in »Auferstehung« (DHA III/1, 107), die Auferstehungsvision in vorliegender Fabel und Heines Traum aus »Ludwig Börne« (s.o.) stehen bei ihr auf gleicher Argumentationslinie: »Der Traum überzeugt aber nicht, und im Gedicht ›Rote Pantoffeln‹ wird die Maus durch ihre Hoffnungen und Träume irregeführt [...]. Die Lehre der Auferstehung ist zwar seiner [Heines] Situation gemessen, aber sie wird immer wieder als falsch abgelehnt« (Margaret A. Rose: Die Parodie. Eine Funktion der biblischen Sprache in Heines Lyrik. Meisenheim 1976, S. 100).

[10] Destro im Kommentar zur Fabel. DHA III/2, 1106.

[11] Hierauf weist Espagne in seiner aufschlußreichen und prägnanten Studie über Heines Fabeln hin (Michel Espagne: Les fables de Heine: Manuscrits et contrainte générique. – In: Cahier Heine. 3. écriture et contraintes. Paris 1984, S. 89–115, hier S. 104.

[12] Herman Salinger: Heine's »Rote Pantoffeln«: Wit and autobiography. – In: Monatshefte für Deutschen Unterricht. (33) 1941, S. 213–216, bes. S. 216.

[13] Zwar kann die partnerschaftliche Gefühlswelt – ehelicherweise – nicht völlig von Spannungen und Krisen frei sein (vgl. »Celimene« DHA III/1, 360 u. III/2, 1555 f.), insgesamt dominieren in dieser Beziehung mit Gedichten wie »An die Engel«, »Babylonische Sorgen« und »Ich war, O Lamm, als Hirt bestellt« (DHA III/1, 116 f., 189 f. u. 357) Gefühle der Liebe und Fürsorge (vgl. dazu Alberto Destro DHA III/2, 836 ff., 1110 ff. u. 1544 f. sowie Jeffrey L. Sammons: Heinrich Heine. A modern biography. Princeton 1979, S. 197–205). Aber selbst wenn man dieser Lesart folgen wollte, bleiben bei Salinger logisch nicht zu bewältigende Widersprüche: Wieso sollte sich Heine, der sein Selbstverständnis als Mann kräftig herausstellt (vgl. DHA XV, 35 f. u. 99 oder DHA III/1, 99, 101 u. 111), ausgerechnet mit einer weiblichen Maus (»Jüngferlein« V. 21) identifizieren? Außerdem hätte Heine jeglichen Anspruch auf eine halbwegs sinnvolle Fabelmoral untergraben. Denn auf eine Frau zu verzichten (»lieber baarfuß zu laufen« V. 51) kann ja nur für eingefleischte Junggesellen eine recht empfehlenswerte »Moral« sein; was freilich auch ganz andere interessante tiefenpsychologische Rückschlüsse zuließe.

[14] Arnold Pistiak: »Ich grüß Euch, Frau Kitze, Frau Katze«. Zu Heines Gedicht »Rothe Pantoffeln«. – In: »Ich Narr des Glücks«. Heinrich Heine 1797–1856. Hrsg. von Joseph A. Kruse unter Mitw. von Ulrike Reuter und Martin Hollender. Stuttgart/Weimar 1997, S. 502–508, hier S. 508 u. 506.

[15] Vgl. hierzu DHA XIII/1, 295, HSA XXI, 56, DHA IV, 92 u. DHA VIII/1, 61.

[16] Handwörterbuch des Deutschen Aberglaubens. Hrsg. von Hanns Bächtold-Stäubli. Berlin/Leipzig 1927ff. Bd. VI (1936), Sp. 1347.

[17] Vgl. Guiseppe A. Bravo und Juliana Trupke: 100000 Jahre Leder. Basel/Stuttgart 1970, S. 175 u. 172 f.; Werner Dahlheim: Die griechisch-römische Antike. Bd. II. Stadt und Imperium: Die Geschichte Roms und seines Weltreiches. 2. durchges. u. aktual. Aufl. Paderborn u.a. 1994, S. 242; Erika Thiel: Geschichte des Kostüms. 6. stark erw. u. neu gestaltete Aufl. Wilhelmshafen u.a. 1985, S. 54 ff.

[18] Vgl. Thiel [Anm. 17], S. 235 f. Bildnachweise: S. 233 u. 257.

[19] Dazu Günter Gall: Die Krönungsschuhe der Deutschen Kaiser. – In: Tradition und Erneuerung. Erinnerungsgabe für Friedrich Hengst zum 80. Geburtstag. Hrsg. von Erwin Stein. Frankfurt/M. 1972, S. 69–83, bes. S. 71 u. 73.

[20] Hierzu: Deutsches Wörterbuch von Jacob Grimm und Wilhelm Grimm. Leipzig 1854ff. Bd. 7 (1889), Sp. 1426: »der pantoffel ist das symbol der herrschaft«.

[21] So Trübners Deutsches Wörterbuch. Hrsg. von Walther Mitzka. Berlin 1935. Bd. V, S. 47.

[22] Die gemütlichen Hausschuhe in »Fromme Warnung« deuten mit der Prophezeiung, im Himmel gäbe es »Ruhe, [...] weiche Pantoffeln und schöne Musik« (DHA III/1, 111, V. 11 f.), nur milde Gemütlichkeit und Langeweile an. Sehr viel drastischer dagegen demonstrieren in »Leib und Seele« die »Pantoffeln von Blei« (DHA III/1, 187, V. 16), daß die vom Körper getrennte Seele lähmende Langeweile im Himmel zu erwarten habe. Schließlich paßt dann auch das gemütliche »Pantoffelgeschlappe« des Petrus in »Himmelfahrt« ganz zu den übrigen Bildern von einem eintönigen Paradies (DHA III/1, 208, V. 13). Weiterhin begegnen Pantoffeln auch als Zeichen für irdische Langeweile. Etwa mit dem Wunsch in »Mich locken nicht die Himmelsauen«, der ein Verlangen nach biederer Häuslichkeit vorgibt: »Im Schlafrock und Pantoffeln bleibe / Ich gern bey meiner Frau zu Haus« (DHA III/1, 205, V. 19 f.) oder als »Guter Rath«, der nahelegt, zu einem philisterhaften Leben in Ruh, gehöre es auch, Pantoffeln anzuziehen (DHA III/1, 219, V. 20).

[23] Vgl. dazu die Untersuchung von Alfred Opitz: »Adler« und »Ratte«. Schriftstellerisches

Selbstverständnis und politisches Bewußtsein in der Tiermetaphorik Heines. – HJb 20 (1981), S. 22–54, hier S. 40f.

[24] Vgl. das »Kind« der »Jungfrau Germania« in »Das Kind«; »kleine[s] Kind« in »Deutschland« oder der in der Wiege liegende »Heiland«; »die junge Freyheit« in »Ludwig Börne« (DHA II, 120, V. 3 u. S. 141, V. 1; sowie DHA XI, 77).

[25] Vgl. das Urteil über den Pianisten Liszt: »der geadelte und dennoch edle Franz Liszt« (DHA XIV/1, 130). Mit der gleichen Charaktereigenschaft belegt Heine auch das revolutionäre Engagement des Vormärzdichters Herwegh: »Und unter den Haaren, groß und edel / Wuchsen Gedanken [...]« (DHA III/1, 316, V. 30f.).

[26] Dazu Günter Wollstein: Deutsche Geschichte 1848/49. Gescheiterte Revolution in Mitteleuropa. Stuttgart u. a. 1986, S. 13.

[27] Ebd. S. 9 u. 13.

[28] Ebd. S. 99. Solche Zugeständnisse sind beispielsweise die Wahl des Reichsverwesers Erzherzog Johann oder die Einigung über eine Fortführung des monarchischen Prinzips. Ebd., S. 78f.

[29] Dagegen Pistiak: »Sie [die Katze] will die ›Edelmaus‹ fressen [...] Der Zynismus ihrer Rede an das zerfleischte Opfer bestätigt noch einmal drastisch die im ersten Vers gegebene Charakteristik« (Pistiak [Anm. 14], S. 504). Ob diese Maus wirklich zerfleischt wird und gefressen werden soll, bleibt Spekulation. Die Katze in vorliegender Fabel jedenfalls begnügt sich damit, (nur) das »Köpfchen« der Maus abzubeißen. Ferner äußert die Katze die Absicht die kopflose »Maus« in einer »Gruft« (V. 43) zu begraben.

[30] Vgl. dazu Leslie Bodi: Kopflos – ein Leitmotiv in Heines Werk. – In: Internationaler Heine-Kongreß Düsseldorf 1972. Hrsg. von Manfred Windfuhr. Hamburg 1973, S. 227–244. Bodi verbindet allerdings ohne nähere Bezugnahme zur Fabel das vorliegende Katz-und-Maus-Spiel mit dem Liebesmotiv, »[...] wobei der Frau die Rolle der gefährlichen Katze zukommt, wie in der späten Fabel ›Rote Pantoffeln‹ [...]« (S. 230).

[31] Im entgegengesetzten Sinn erfüllt sich mit einer »kopflosen« Revolutionsbewegung eine Prophezeiung aus einem Vormärzgedicht Harro Harrings: »[...] Seid auf euren Kopf bedacht. / Wenn das Volk einst grimm und beißig / Der Geduld ein Ende macht.« – In: Der deutsche Vormärz. Texte und Dokumente. Hrsg. von Jost Hermand. Stuttgart 1967, S. 298.

[32] Inwieweit Heine auch auf farbsymbolischer Ebene die verunglückte Revolution von 1848 illustrieren wollte, bleibt reine Spekulation. Allerdings verlockt die Farbgebung der drei Referenzen, Grau-Weiß-Rot (V. 1, 13 u. 18) zur Annahme, hier werde sehr geglückt eine mißlungene Trikolore (Blau-Weiß-Rot) dargestellt.

[33] Vgl. dazu den ähnlich zynischen Rat aus dem Lazarus-Gedicht »Weltlauf«: »Ach, so lasse dich begraben –« (DHA III/1, 105, V. 6). Er verweist auf ein ökonomisches Begraben-Sein.

[34] Vgl. dagegen Pistiak [Anm. 14], der trotz der Verse 13–16 feststellt: »Nicht einen Augenblick lang fragt sich die Maus, ob sie die Pantoffeln wirklich benötigt, ob es richtig/vernünftig/klug/ sinnvoll wäre, den Laden der Mäusefresserin zu betreten [...]« (S. 506).

[35] Vgl. dazu den ebenso drastischen Vorwurf in »Die Briten zeigten sich sehr rüde«: »Der Deutsche, er wird gemüthlich bleiben / Sogar im terroristischen Treiben« (DHA III/1, 325, V. 21 f.).

[36] So Destro in seinem Kommentar zur Fabel DHA III/2, 1106.

[37] Gotthold Ephraim Lessings Fabeln. – In: Gotthold Ephraim Lessing: Werke. Hrsg. von Herbert G. Göpfert. Darmstadt 1996, Bd. V, S. 385.

[38] Ebd., S. 389.

[39] So Espagne [Anm. 11], S. 99.

II.

»Damit sie die Geister entzünde und die Herzen treffe, rede die Philosophie in verständlichen Tönen!«

Eine unbekannte Quelle für Heines philosophische Studien

Von Renate Francke

Der allgemein von der Forschung vernachlässigte philologische Apparat zu Heines Schriften ist doch hin und wieder gut für Entdeckungen. So erwies sich bei den Arbeiten am (nächstens erscheinenden) Kommentar zu »Zur Geschichte der Religion und Philosophie in Deutschland« in Band VIII der Heine-Säkularausgabe (HSA)[1] eine kleine, schlecht lesbare Notiz in einem Konzept als Schlüssel zu neuen Einsichten in Heines philosophische Kenntnisse und seine Methoden ihrer Aneignung und Darstellung.

Während für die ersten beiden Bücher der »Religion und Philosophie« wichtige Quellenwerke in Heines Nachlaßbibliothek überliefert sind (L. T. Spittler, Grundriß der Geschichte der christlichen Kirche. Reutlingen 1814; W. G. Tennemann, Grundriss der Geschichte der Philosophie für den akademischen Unterricht. 5. Aufl. Leipzig 1829; H. G. Tzschirner, Der Fall des Heidenthums. Leipzig 1829), waren für die Ausführungen über die Philosophen im dritten Buch keine Vorgaben (außer den von Heine genannten biographischen Arbeiten zu Kant und Fichte) bekannt. Man mußte davon ausgehen, daß Heines dezidierte Urteile über Kant, Fichte und Schelling auf eigener Lektüre der Werke der drei Denker gründeten. Und nicht nur die Werke selbst, sondern auch ihre zeitgenössische Rezeption schien Heine studiert zu haben, wie aus dem beiläufig hingestreuten Hinweis auf »zwei unbedeutende Anzeigen« (HSA VIII, 195) nach dem Erscheinen von Kants »Critik der reinen Vernunft« zu entnehmen wäre; in Heines bisher bekannten Quellen werden diese jedenfalls nicht erwähnt.

Hier bietet nun die philologische Beschäftigung mit der Genese einer Textstelle im dritten Buch der »Religion und Philosophie« den Ausgangspunkt für neue, vielleicht doch überraschende Erkenntnisse. Es handelt sich um eine Passage, in der Heine Fichtes Gottesdefinition referiert, wie sie in dessen 1799 erschienenen Broschüren »Appellation an das Publikum« und »Der Herausgeber des philosophischen Journals gerichtliche Verantwortungsschriften gegen die Anklage des Atheismus« formuliert ist. Wir stellen hier zunächst die von Heine veröffentlichte Fassung vor.

Nach einem wörtlichen Fichte-Zitat (übernommen aus der Ausgabe von Fichtes Sohn Hermann Immanuel »Johann Gottlieb Fichte's Leben und litterärischer Briefwechsel«) heißt es bei Heine:

> Wie es halsstarrigen Menschen eigenthümlich, so hat sich Fichte in seiner Appellazion an das Publikum und seiner gerichtlichen Verantwortung noch derber und greller ausgesprochen, und zwar mit Ausdrücken, die unser tiefstes Gemüth verletzen. Wir, die wir an einen wirklichen Gott glauben, der unseren Sinnen in der unendlichen Ausdehnung, und unserem Geiste in dem unendlichen Gedanken sich offenbart, wir, die wir einen sichtbaren Gott verehren in der Natur und seine unsichtbare Stimme in unserer eigenen Seele vernehmen: wir werden widerwärtig berührt von den grellen Worten, womit Fichte unseren Gott für ein bloßes Hirngespinnst erklärt und sogar ironisirt. Es ist zweifelhaft, in der That, ob es Ironie oder bloßer Wahnsinn ist, wenn Fichte den lieben Gott von allem sinnlichen Zusatze so rein befreit, daß er ihm sogar die Existenz abspricht, weil Existiren ein sinnlicher Begriff und nur als sinnlicher möglich ist! Die Wissenschaftslehre, sagt er, kennt kein anderes Seyn als das sinnliche, und da nur den Gegenständen der Erfahrung ein Seyn zugeschrieben werden kann, so ist dieses Prädikat bei Gott nicht zu gebrauchen. Demnach hat der Fichte'sche Gott keine Existenz, er i s t nicht, er manifestirt sich nur als reines Handeln, als eine Ordnung von Begebenheiten, als ordo ordinans, als das Weltgesetz. (HSA VIII, 215)

In einer Vorstufe zu dieser Passage, die als ursprüngliche Fassung der Druckvorlage überliefert ist, wird statt der referierenden und kommentierenden Wiedergabe von Fichtes Auffassungen eine Kette von Zitaten geboten:

> In seiner »Appelation an das Publikum« und seiner »Gerichtlichen Verantwortung« hat Fichte sich über die goethischen [gemeint ist: göttlichen R. F.] Geheimnisse noch bestimmter ausgesprochen. z.B. »Über die Schöpfung der Welt ist noch das erste verständliche Wort vorzubringen« [Dieser Satz wurde gestrichen. R. F.] – – »Der Begriff von Gott als einer besonderen Substanz ist ein unmöglicher und widersprechender Begriff. Nur die fromme Einfalt denkt Gott als eine ungeheure Ausdehnung durch den unendlichen Raum. Wer Glückseligkeit erwartet ist ein Thor; diese und ein Gott, den man ihr zu Folge annimmt, sind Hirngespinste. – – – Mir ist Gott ein von allen sinnlichen Zusätzen gänzlich befreites Wesen, welchem ich daher nicht einmal den nur allein möglichen sinnlichen Begriff der Existenz zuschreiben kann. – – Da ferner nach dem Obigen die Wissenschaftslehre kein anderes S e i n kennt, als das Sinnliche, und nur der Gegenstand der Erfahrung i s t, so ist dieses Prädikat von Gott nicht zu brauchen; man kann von ihm nicht sagen: er ist Substanz; er ist gar nicht zu denken als eine Form der Ausdehnung, sondern als eine Ordnung von Begebenheiten. Gott ist kein Sein sondern ein reines Handeln, Leben und Prinzip einer übersinnlichen Weltordnung – –«

Diese Zitate lassen sich sinngemäß, wenngleich nicht wörtlich, in den Verteidigungsschriften belegen, und man konnte annehmen, daß Heine sie aus den Originaldrucken übernommen, aber abgewandelt hatte.

In dem anfangs erwähnten Konzept, dem ältesten Überlieferungsträger zu dieser Textpassage, lautet nun aber die entsprechende Stelle: »In seiner Appelazion an das Publikum u in seiner Verantwortung sind noch deutlichere Stellen, die wir ebenfalls hierher setzen: (S. 139 Bachm.)« Die Entzifferung der Abkürzung führte zu Heines Quelle: »Ueber die Philosophie meiner Zeit. Zur Vermittlung. Von Carl Friedrich Bachmann, Dr. und ordentlichem Professor der Philosophie auf der Universität Jena« (Jena 1816). Aus diesem Buch, S. 138 f., wurde der in der ursprünglichen Fassung der Druckvorlage in Anführungszeichen eingeschlossene Text wörtlich und, mit Ausnahme eines Satzes, vollständig abgeschrieben. Der gleiche Text (mit Ausnahme des gestrichenen Satzes) ist in einer vor der Druckvorlage entstandenen Abschrift von Schreiberhand überliefert. Als Vorlage für die Abschriften hatte vermutlich Heine die Textstellen in einem Exemplar des Buches gekennzeichnet und mit dem einleitenden Satz versehen. Bachmann leitet in seinem Buch den Fichte-Text mit dem Satz »Hier sagt er noch kräftiger:« und Anführungszeichen ein, setzt aber keine Ausführungszeichen hinter den fortlaufenden Zitattext, der nicht – wie in den Abschriften – von Gedankenstrichen, sondern von zwei Verweisen auf die Quellen gegliedert wird. Dies erweckt den Eindruck, daß exakt zitiert wird. Tatsächlich hat Bachmann jedoch Fichtes Formulierungen geändert und zusammengezogen. Zum Vergleich seien im folgenden die originalen Fichte-Texte in der Reihenfolge angeführt, in der sie in den Abschriften resp. bei Bachmann zusammengestellt wurden. In Fichtes »Appellation an das Publikum« heißt es:

Blos folgender Wunsch an meine Gegner! möchte es ihnen doch gefallen haben, bey dieser Gelegenheit das von mir erbetene erste verständliche Wort darüber vorzubringen, was das doch eigentlich heißen möge: Gott habe die Welt erschaffen (S. 55 f.); – Ich sage [...] daß der Begriff von Gott, als einer besondern Substanz, ein unmöglicher und widersprechender Begriff sey. (S. 59); – Daß die fromme Einfalt Gott als eine ungeheure Ausdehnung durch den unendlichen Raum [...] sich bilde (S. 61); – Wer Glückseligkeit erwartet, ist ein mit sich selbst und seiner ganzen Anlage unbekannter Thor; es giebt keine Glückseligkeit, es ist keine Glückseligkeit möglich; die Erwartung derselben, und ein Gott, den man ihr zufolge annimmt, sind Hirngespinste. (S. 66 f.); – Was sie Gott nennen ist mir ein Götze. Mir ist Gott ein von aller Sinnlichkeit und allem sinnlichen Zusatze gänzlich befreietes Wesen, welchem ich daher nicht einmal den mir allein möglichen sinnlichen Begriff der Existenz zuschreiben kann. (S. 68)

In der »Gerichtlichen Verantwortung gegen die Anklage des Atheismus«
schreibt Fichte:

> Nur der Gegenstand der Erfahrung ist, und es ist nichts außer der Erfahrung (S. 38); –
> Gott ist zu denken, als eine Ordnung von Begebenheiten, keinesweges aber, als eine
> Form der Ausdehnung. Man kann von ihm nicht sagen: er ist Substanz, oder des Etwas
> […] Er ist […] kein Seyn, sondern ein reines Handeln, (Leben und Princip einer über-
> sinnlichen Weltordnung) (S. 40 f.).

In der edierten Fassung von Heines Text ist die Anlehnung an Bachmann
nicht mehr zu erkennen. Doch der Verweis auf Bachmanns Buch gab hinreichend Anlaß, es auf seine weitere Verwendung als Quelle für die »Geschichte
der Religion und Philosophie« zu prüfen. Das Buch behandelt auf 314 Seiten
nach einer »Einleitung« und einem Kapitel »Blick auf die Vor-Kantische Periode« in einzelnen Kapiteln »Kant und seine Schule«, Jacobi, Reinhold, Fichte
und Schelling, des letzteren »Freunde« (einschließlich Hegels) und »Gegner«
und schließt mit einem Kapitel »Die Vermittlung«, das in 67 »Aphorismen«
versucht, die Aufgabe der Philosophie zu bestimmen.

Vor allem die Kapitel über Kant, Fichte und Schelling erweisen sich als
Quelle für zahlreiche Details in Heines Ausführungen zu diesen Philosophen.
Dabei bleibt Heine häufig nahe an Bachmanns Formulierungen, pointiert sie
aber so, daß sie die Souveränität seiner eigenen Urteile unterstreichen.

So hat Heine Kants »Critik der reinen Vernunft« nachweislich in der zweiten Auflage von 1787 gelesen und sich selbst ein Urteil gebildet. Aber die
Nuancen, die eine Vertrautheit mit der Geschichte des Werkes suggerieren wie
die anfangs erwähnten Rezensionen, stammen von Bachmann, der schreibt:

> Nie hat wohl ein Werk, welches sich als ein so bedeutendes ankündigte, bei seiner Erschei-
> nung weniger Sensation gemacht, als Kant's Kritik; denn es machte gar keine. Zwei unbe-
> deutende Recensionen […] waren nicht geeignet, das Publikum aus dieser Gleichgültigkeit
> zur Theilnahme aufzuregen. (S. 76 f.)

Bachmann weist die beiden Rezensionen, von denen eine sehr abgelegen war,
bibliographisch nach. Heine teilt in der »Geschichte der Religion und Philosophie« mit: »Es wurde anfangs ganz übersehen, nur zwei unbedeutende
Anzeigen sind damals darüber erschienen« (HSA VIII, 195). Darauf folgen
Angaben zur späteren Rezeption, die ebenfalls von Bachmann übernommen
sind.

Mitunter ist ein sprachliches Bild schon von Bachmann vorgegeben, und
Heine setzt Glanzlichter darauf durch die Art seiner Aneignung; so bei einer

musikalischen Metapher, mit der Bachmann (S. 24) Kants Arbeitsweise charakterisiert:

> In der Ausarbeitung seiner Werke befolgte er eine vortreffliche Methode, indem er in kleinen Stücken erst gleichsam präludierte, bevor er seine große Composition herausgab, welche alle Hörer und Nachdenker seiner Zeit mit Bewunderung erfüllen sollte.

Heine weitet die Metapher in einer Weise aus, die die »sociale Bedeutung jene[s] Hauptbuch[s]« anklingen läßt:

> Während Kant im Kopfe schon sein großes Werk ausarbeitete, hat er diese kleinen Aufsätze vor sich hingeträllert. Er lächelt da wie ein Soldat, der sich ruhig waffnet, um in eine Schlacht zu gehen, wo er gewiß zu siegen denkt. (HSA VIII, 197 und 195)

Wo Bachmann mit Vergleichen des Guten zu viel tut, z. B. bei der Erläuterung von Kants kritischer Methode und seiner Auffassung des menschlichen Erkenntnisvermögens, wo das kopernikanische Weltbild, die Farbvorstellung Blindgeborener und Platons Höhlengleichnis herangezogen werden (Bachmann, S. 29 f.), beschränkt sich Heine auf die umso wirkungsvollere Darbietung eines einzelnen, des Höhlengleichnisses. Dabei bringt er Bachmanns umständliche Erklärungen der Bedeutung von Kants Kritik auf den Punkt:

> Die Philosophen vor Kant haben zwar über den Ursprung unserer Erkenntnisse nachgedacht [...]; über den Umfang unseres Erkenntnißvermögens, oder über die Grenzen unseres Erkenntnißvermögens ist weniger nachgedacht worden. Dies ward nun die Aufgabe von Kant (HSA VIII, 197).

Auch bei der Passage in der »Geschichte der Religion und Philosophie«, die beginnt:

> Nach diesen wenigen Worten, womit ich die Aufgabe Kant's angedeutet, ist jedem begreiflich, daß ich denjenigen Abschnitt seines Buches, worin er die sogenannten Phänomena und Noumena abhandelt, für den wichtigsten Theil, für den Mittelpunkt seiner Philosophie halte[,]

und die exakt die beiden Begriffe, besonders das Noumen als »Grenzbegriff« definiert (HSA VIII, 198 f.), besteht Heines Leistung in der sprachlichen Leichtigkeit und Prägnanz, mit der er die Problematik des Gegenstands darstellt. Die Information verdankt er Bachmann, bei dem es (S. 54 f.) heißt:

Nach diesen Lehren ist die wichtigste die von den Phänomenen und Noumenen, oder den Erscheinungen und Dingen an sich. Diese Untersuchung trifft die Seele der Kritik, denn das Ding aller Dinge, oder das wahre Ding an sich, ist das transcendentale Ideal, und die Frage nach der Erkenntniß desselben hängt ab von der Beantwortung der Frage, ob überhaupt von Dingen an sich etwas gewußt werden könne. Die Eintheilung der Dinge an sich und Erscheinungen ist nun nicht so zu verstehen, als gebe es zweierlei Dinge, erscheinende Dinge und Dinge an sich und die Eintheilung der Gegenstände in Phänomena und Noumena, der Welt in eine Sinnes- und Verstandeswelt, kann in positiver Bedeutung gar nicht zugelassen werden, der Begriff eines Noumenon in positiver Bedeutung, als Gegenstand einer nicht sinnlichen oder intellectuellen Anschauung ist blos problematisch, und ein als eine Begrenzung gegebner Begriff, um die sinnliche Anschauung nicht bis über die Dinge an sich selbst auszudehnen, aber die Möglichkeit solcher Noumenen ist gar nicht einzusehen, und der Umfang außer der Sphäre der Erscheinungen ist für uns ganz leer. Wir können von einem solchen Noumen weder sagen, daß es möglich, noch daß es unmöglich ist, indem es bloß dazu dient, die Grenze unsrer sinnlichen Erkenntniß zu bezeichnen.

Auch für die Fichte-Partien der »Geschichte der Religion und Philosophie« zog Heine Bachmann zu Rate. Der Wissenschaftslehre widmet Bachmann lange Erklärungen zwischen den Ecksätzen:
»Welches ist der Grund unsrer Behauptung, daß unsern Vorstellungen etwas außer uns entspreche? Diese Frage, welche er für die eigentliche Aufgabe aller Philosophie hielt, beunruhigte Fichten seit seiner frühesten Jugend.« (S. 129) und »Die Grundidee des Fichteschen Systems ist folglich: Alle Realität ist nur in dem Geiste.« (S. 135) Heine faßt sie zusammen:

> Die Aufgabe, welche sich Fichte stellt, ist: welche Gründe haben wir, anzunehmen, daß unseren Vorstellungen von Dingen auch Dinge außer uns entsprechen? Und dieser Frage giebt er die Lösung: alle Dinge haben Realität nur in unserem Geiste. (HSA VIII, 205)

Die sich daran anschließenden pointierten Aussagen zur Wissenschaftslehre beruhen ebenfalls auf Bachmanns wesentlich umständlicheren Darlegungen (S. 127–135).

Selbst ein so »typisch Heinescher« Einfall wie die Erörterung der »komische[n] Seite unserer Philosophen«, Fichtes Klagen über sein Nichtverstandenwerden (HSA VIII, 204), findet sich bei Bachmann (S. 125), dort mit behäbigem Humor breit ausgeführt.

Bei der Beurteilung Schellings konnte sich Heine stärker auf eigene Lektüre stützen. Zudem hatte er von Schelling einen persönlichen Eindruck gewinnen können, als er während seines Münchener Aufenthalts 1827/1828 einige Vorlesungen über das »System der Weltalter« bei ihm hörte. Von Bachmann (S. 162 f.) übernahm er die Empfehlung an den Leser, Schellings Bücher chronologisch zu lesen, um die Herausbildung seiner Grundidee zu erkennen (HSA VIII, 220f.). Seine Auffassung »Die Lehre des Spinoza und die Natur-philosophie, wie sie Schelling in seiner besseren Periode aufstellte, sind we-sentlich eins und dasselbe« (HSA VIII, 222), konnte Heine bei Bachmann (S. 194) bestätigt finden:

> Es war Schellingen vorbehalten, das System des Spinoza zu erneuern. Das Schellingsche Sy-stem und das des Spinoza sind wesentlich Eins; auch dem Spinoza ist Gott Alles in Allem, und der Grundgedanke seines Systems ist: Es ist nur Eine Substanz, Gott, und Gott kann gedacht werden unter der Form des Seyns oder der Ausdehnung und unter der Form des Denkens, an sich aber ist er die Identität beider. Daher berief sich auch Schelling so oft und gern auf Spinoza.

Vermutlich sind Heines Ausführungen zur Identitätsphilosophie nicht auf den von ihm als Quelle angegebenen Originaldruck gegründet, sondern auf Bach-manns teils referierende, teils zitierende Zusammenfassung von Schellings »Darstellung meines Systems der Philosophie«. Heine schreibt:

> Der Gott des Herrn Schelling ist das Gott-Welt-All des Spinoza. Wenigstens war er es im Jahr 1801, im zweiten Bande der Zeitschrift für spekulative Physik. Hier ist Gott die absolute Identität der Natur und des Denkens, der Materie und des Geistes, und die absolute Identi-tät ist nicht Ursache des Welt-Alls, sondern sie ist das Welt-All selbst, sie ist also das Gott-Welt-All. (HSA VIII, 222f.)

Bei Bachmann (S. 173f.) heißt es:

> Diese neue Darstellung des Systems findet sich in der Z e i t s c h r i f t   f ü r   s p e k u l a t i v e   P h y-s i k , 2ten Bds. 2tes Heft, Jena 1801. Hier geht er von der Vernunft selbst aus, als absoluter Vernunft, [...] oder von d e m   A b s o l u t e n , denn das Absolute ist eben die ewige Identität des Seyns und Denkens, Objektiven und Subjektiven, der Natur und Geschichte. [...] Die absolute Identität ist nicht Ursache des Universums, sondern das Universum selbst.

Auch Heines Darstellung von Schellings Definition des Absoluten in »Philo-sophie und Religion« steht Bachmann näher als dem Originaldruck. Bei Hei-ne heißt es:

> Hier wird das Absolute in drei Formeln ausgedrückt. Die erste ist die kathegorische: das Absolute ist weder das Ideale noch das Reale (weder Geist noch Materie), sondern es ist die Identität beider. Die zweite Formel ist die hypothetische: wenn ein Subjekt und ein Objekt vorhanden ist, so ist das Absolute die wesentliche Gleichheit dieser beiden. Die dritte For-mel ist die disjunktive: es ist nur Ein Sein, aber dies Eine kann zu gleicher Zeit, oder ab-wechselnd, als ganz ideal oder als ganz real betrachtet werden. (HSA VIII, 223)

Bachmann (S. 178) schreibt:

> Es gibt drei solcher Formen. Die erste ist die kategorische. Diese kann sich in der Reflexion blos negativ ausdrücken. Das Absolute ist weder das Ideale, noch das Reale, sondern die absolute Identität beider. Die zweite ist die hypothetische: Wenn ein Subjekt und ein Objekt ist, so ist das Absolute das gleiche Wesen beider. Die dritte ist die disjunktive, es ist nur Eins, aber dieses Eine kann auf völlig gleiche Weise jetzt ganz als ideal, jetzt ganz als real betrachtet werden.

Die Reihe solcher Beispiele, die beweisen, daß Bachmanns Buch ein für Heine nützliches Kompendium war, ließe sich verlängern. So finden sich etwa für Heines Ausführungen zur Bedeutung der Zahl in der Lehre des Pythagoras (HSA VIII, 196f.) wie für seine Charakterisierung von Lessings Polemik (HSA VIII, 187) ähnliche Darlegungen bei Bachmann (S. 255 und S. 16f.). Doch wichtiger noch ist die grundlegende Idee des Buches, mit der Heine ganz übereinstimmte. In der »Geschichte der Religion und Philosophie« entwickelte er aus der Analogie zwischen Französischer Revolution und deutscher Philosophie, die er in der »Einleitung zu Kahldorf über den Adel« bereits witzig pointiert hatte, eine geschichtsphilosophische Prognose. Dies wurde bisher als Heines ureigene Leistung betrachtet.

> Die Behandlung des Geschichtlichen der Religion und Philosophie ist kühn, großartig und durchaus genetisch. Die Zusammenstellung der philosophischen Revolution Deutschlands mit der politischen Revolution Frankreichs ist der Glanzpunct seines welthistorischen Witzes,

schreibt schon Wienbarg in seiner Rezension des zweiten »Salon«-Bandes 1835.[2] Umso mehr überrascht es, diese Analogie als Ausgangs- und Schlußpunkt von Bachmanns Ausführungen zu finden. Bachmann beginnt die »Einleitung« zu seinem Buch mit der Feststellung:

> Zwey große Bewegungen sind es, beide von durchaus welthistorischer Bedeutung, wodurch die handelnde und denkende Welt unsrer Zeit im Innersten erschüttert worden; die Französische Revolution, und die große Umgestaltung der Philosophie und aller Wissenschaften in Deutschland. Beide haben unser Vaterland im Innersten zerrissen und die geheimsten Atome desselben aufgeregt; beide aber auch eine andere Wendung genommen, als irgend ein menschlicher Gedanke bestimmen konnte.

Die Wendung im Politischen sieht Bachmann in der nationalen Annäherung der Deutschen durch die patriotische Bewegung der Befreiungskriege. Die philosophische Umwälzung sei noch kaum über Deutschlands Grenzen hinaus wahrgenommen worden, indessen liegen in ihr nicht weniger große Keime verborgen, und weder die Gleichgültigkeit der Menge, noch die allgemeine Noth, überhaupt keine Macht und irdischen Verhältnisse werden dieses Werk des Weltgeistes zerstören (Bachmann, S. 1 f.).

Im folgenden stellt Bachmann einen Zusammenhang zwischen dem Ausbruch der Französischen Revolution und der beginnenden Rezeption von Kants »Critik der reinen Vernunft« her:

> Wunderbar bleibt es doch, daß die eigentlichen Wirkungen von Kant's Kritick der reinen Vernunft, welche mehrere Jahre nach ihrer Erscheinung ein völlig verschlossenes Buch war, gleichzeitig sind mit den ersten Bewegungen, wodurch sich die französische Revolution ankündigte. […] Kant's Kritick der reinen Vernunft wird als das Werk eines Riesengeistes gepriesen, welches in der Philosophie und durch sie in dem ganzen Gebiete des menschlichen Wissens die größte, und wohlthätigste Revolution hervorbringen werde; es regt sich die Idee einer allgemeinen Gesetzgebung für alle vernünftige Wesen, als Freie, Personen, Zwecke an sich, der revolutionaire Geist erbt auf Reinhold, Fichte und Schelling, und wird einheimisch in der deutschen Wissenschaft, es entstehen die blutigsten Kämpfe, ein wissenschaftlicher Jakobinismus und Terrorismus, literärische Todschläge und Schandthaten und ein wahrer Poissardenton, der Mensch überfliegt alle Schranken der Endlichkeit, setzt sich selbst an die Stelle Gottes, und, läßt die ganze Welt aus seinen eignen Gedanken entstehen, und das Werk, welches das Königsthum des Dogmatismus für immer gestürzt zu haben wähnte, erzeugte aus seinem eignen Schooße den kühnsten Dogmatismus, den je die Welt gesehen. Welcher tiefer blickende sieht nicht in beiden Erscheinungen die Bewegungen Einer ungeheuren Umwälzung, hier im Wissenschaftlichen, dort im Leben! (Bachmann, S. 3 f.)

Bei Heine heißt es pointiert zur »Critik der reinen Vernunft«: »Dieses Buch, wie schon erwähnt, erschien 1781, und wurde erst 1789 allgemein bekannt.« (HSA VIII, 195)

Bachmann ist nicht der erste, der die beiden Entwicklungen verglichen hat. Schon in einer Besprechung von Kants »Zum ewigen Frieden« im »Moniteur« vom 3. Januar 1796 ist die Rede von »Le célèbre Kant, cet homme qui a produit en Allemagne dans les esprits une révolution pareille à celle que les vices de l'ancien regime ont laissé arriver en France dans les choses«.[3] Hegel leitet in seinen Vorlesungen über die Philosophie der Geschichte den Abschnitt »Neueste deutsche Philosophie« folgendermaßen ein:

> Kantische, fichte'sche und schelling'sche Philosophie. In diesen Philosophien ist die Revolution als in der Form des Gedankens niedergelegt und ausgesprochen, zu welcher der Geist in der letztern Zeit in Deutschland fortgeschritten ist; ihre Folge enthält den Gang, welchen das Denken genommen hat. […] In Deutschland ist dieß Prinzip als Gedanke, Geist, Begriff, in Frankreich in die Wirklichkeit hinausgestürmt.[4]

Aber bei Bachmanns Vergleich ist die Perspektive neu. Er verweist ausdrücklich darauf, »wie in unserer Zeit Alles mit Gewalt auf die Anerkennung und Verwirklichung der Ideen hindrängt.« Die Illusion, »Zeitabschnitte, wie der gegenwärtige, wo sich in allen Theilen unseres Vaterlandes ein neues, herrliches Leben regt und Deutschland zu politischer Selbstständigkeit gelangt ist« (Bachmann, S. 7 und S. 10), seien dieser Entwicklung besonders günstig, wird verständlich aus der Situation, in der Bachmann 1816 sein Buch schrieb, nach den Befreiungskriegen und vor den Karlsbader Beschlüssen.

Im letzten Kapitel seines Buchs, »Die Vermittlung«, geht Bachmann wieder vom revolutionären Gehalt der Philosophie von Kant bis Schelling aus. Wie die Französische Revolution habe auch die deutsche Philosophie zerstörerische Folgen, aber diese seien unvermeidlich und wirkten klärend. Als Aufgabe der zukünftigen Philosophie, als »Vermittlung«, sieht es Bachmann, die progressiven Züge der einzelnen philosophischen Lehren in einem System zu vereinigen, »damit endlich einmal die Schule in das Leben eingreife, das Wissen das Handeln leite!« (S. 310) Die Philosophie werde endlich »als Allgemeines anerkannt werden, und der lächerliche Dünkel verschwinden, als sey ein Einzelner im ausschließenden Besitz der Wahrheit.« (S. 311) Bachmanns Vorstellungen zufolge sollte die Philosophie den Schulstreit in den Wissenschaften vermitteln.

> Damit wird die Philosophie von selbst ins Leben übergehen. Die Wissenschaft der Wahrheit soll die menschlichen Handlungen leiten, die höchsten Gesetze für den Willen, die Ideen für das Leben darstellen. […] Wahrlich! der hätte den Buchstaben und nicht den Geist der Wissenschaft, der sie auserwählt hielt für wenige Geweihte! (S. 311 f.)

Die Philosophie sei »ein Universum, […] ein Abbild des äußern«, »ein lautes Geheimniß. So auch vergrabe die Philosophie ihre Schätze nicht, sie verlasse einmal die dumpfige Klosterzelle, das bestaubte Studirzimmer, trete ins Freie und verkündige ihre erhabenen Lehren den Versammlungen der Menschen selbst.« (S. 312, S. 313) »Damit sie die Geister entzünde und die Herzen treffe, rede die Philosophie in verständlichen Tönen!« (S. 314)

Heines Schlußfolgerung, daß »ein methodisches Volk« wie die Deutschen mit der Reformation beginne, sich dann mit der Philosophie beschäftige und »nur nach deren Vollendung zur politischen Revoluzion übergehen« dürfe (HSA VIII, 228), eine Schlußfolgerung, die den Schluß der »Geschichte der Religion und Philosophie in Deutschland« einleitet, gründet auf Hegels System, mit dem er wahrscheinlich vertraut war, ehe er Bachmann gelesen hatte. Aber der Anfang der Schrift, der erst in seiner letzten, für die deutsche Publikation entstandenen Fassung den selbstgewählten Auftrag formuliert, »die großen Fragen [...], die in der deutschen Gottesgelahrtheit und Weltweisheit zur Sprache gekommen, [...] ihre sociale Wichtigkeit [...] ganz klar und deutlich ausgedrückt« dem Volk vorzutragen (HSA VIII, 131), könnte von Bachmanns Aufforderungen inspiriert sein.

Wie Heine mit dem Buch in Berührung kam, ob ihm der Verfasser bekannt war, ist ungewiß. Sein Name taucht in Heines Werk und Briefwechsel nicht auf. Solange der Dichter in Deutschland lebte, war der Philosophiehistoriker Karl Friedrich Bachmann über seinen Wirkungsort hinaus kaum bekannt.[5] Er wurde 1784 in Altenburg geboren, studierte von 1803 bis 1806 in Jena anfangs Theologie, dann Philosophie. Bei Hegel hörte er Naturphilosophie, Geschichte der Philosophie, Logik und Metaphysik. Nach Studien in Dresden und Hauslehrertätigkeit in der Schweiz kehrte Bachmann 1810 nach Jena zurück und beschritt eine akademische Laufbahn, die begünstigt wurde durch die finanzielle Lage der Universität, die keine bedeutenderen Kräfte besolden konnte. Er begann als Privatdozent, erhielt 1812 eine außerordentliche Professur und schon 1813 den Lehrstuhl für Moral und Politik. Bis zu seinem Tod 1855 las er Ästhetik, Geschichte der Philosophie, Logik und Metaphysik, mit geringem Beifall bei den Studenten. Wachsendes Interesse wandte Bachmann der Mineralogie zu, und in seiner von Goethe geförderten Tätigkeit am Mineralogischen Kabinett der Universität brachte er es 1832 zum Amt des Direktors dieser Einrichtung. Zahlreiche Erwähnungen in Goethes Briefen und Tagebüchern belegen, daß Goethe sich von Bachmann über philosophische Fragen unterrichten ließ und Bachmanns Publikationen mehr oder weniger interessiert zur Kenntnis nahm.

Im Bewußtsein, den großen Innovationen der Philosophie in Jena nichts annähernd Vergleichbares hinzufügen zu können, schloß sich Bachmann einer älteren Tradition der Jenaer Universität an, die von Tennemann zu einem Höhepunkt geführt worden war: der Philosophiegeschichtsschreibung. In seiner ersten Schrift über diesen Gegenstand, »Über Philosophie und ihre Geschichte« (Jena 1811), vertritt er die Positionen von Schellings Naturphilosophie und Hegels geschichtsphilosophischen Auffassungen:

> Die Philosophie ist die Wissenschaft des Absoluten [...]. Das Absolute, es kann nicht besser ausgedrückt werden, ist die absolute Identität, oder Indifferenz der Natur und des Geistes. (S. 37)

und

> Der Geist aber, als absoluter Geist, ist nicht im einzelnen wirklich, sondern nur in dem ganzen System der Geister, d.h. dem Staate, und wiederum nicht in dem einzelnen Staate, son-

dern in der Einheit aller Staaten, in dem großen Staate der Menschheit, d. h. in der Geschichte. (S. 57)

Ausgangspunkt auch dieser Schrift ist die politische Lage Deutschlands, das sich nur in der geistigen Bewegung der Philosophie behaupten könne.

In »Ueber die Philosophie meiner Zeit. Zur Vermittlung«, Heines Quelle, bekennt sich Bachmann zu Schellings Naturphilosophie, in der, wie bei Spinoza, Gott als das Absolute gedacht werde. Was Bachmann bei Schellings Methode aber als Mangel erscheint, daß das Absolute als Ausgangspunkt seines Systems gesetzt und nicht als Resultat gewonnen werde, und daß Schelling die Logik als Lehre vom formalen Denken vernachlässige, findet er als Vorzug bei Hegel, der von einem einfachen Bewußtsein ausgehe, das sich ausbilde zum absoluten Wissen: »das Ganze ist nur das durch seine Entwickelung sich vollendende Wesen«. (Bachmann, S. 239) Hegels Einfluß klingt auch im Untertitel »Zur Vermittlung« von Bachmanns Schrift an.

Dann setzt ein Wandel in Bachmanns Anschauungen ein. In seiner Schrift »Das System der Logik, ein Handbuch zum Selbststudium« (Leipzig 1828) distanzierte er sich von Hegel wie von Schelling. Gegen Hegels metaphysisch spekulative Auffassung von Logik setzte er eine Lehre von den reinen Formen der Erkenntnis, den Denkformen, und die Naturwissenschaften wollte er nicht mehr unter naturphilosophischen Prämissen, sondern rein empirisch behandelt wissen. Das Buch wurde ins Französische und Russische übersetzt.

Öffentliche Aufmerksamkeit erreichte Bachmann, als er mit seiner Schrift »Ueber Hegel's System und die Nothwendigkeit einer nochmaligen Umgestaltung der Philosophie« (Leipzig 1833) Hegel und vor allem dessen Schüler angriff. Von einem christlichen Standpunkt aus verurteilte er Hegels Identifizierung von Denken und Sein als eine Anmaßung, den göttlichen Geist in den Formen menschlichen Denkens fassen zu wollen. Die Notwendigkeit des dialektischen Prozesses hebe die Freiheit auf und rechtfertige den Despotismus, als den Bachmann nun die revolutionäre Bewegung ansah. Die Erwiderung eines Schülers von Hegel könnte Heine wahrgenommen haben: In den Berliner »Jahrbüchern für wissenschaftliche Kritik« 1834, aus deren Augustheft Heine eine Besprechung von Cousins »Fragmens philosophiques« durch den Hallenser Hegelianer Hermann Friedrich Wilhelm Hinrichs in die »Citations« von »De l'Allemagne« aufnahm, war im Mai von demselben Verfasser eine deutlich kritische Rezension von Bachmanns Hegelbuch erschienen.

Auch Karl Rosenkranz griff, ebenfalls 1834, Bachmann heftig an; Bachmann replizierte auf beide Angriffe mit »Anti-Hegel« (Jena 1835), mit noch stärkerer Betonung seiner christlichen Religiosität und noch schärferen Vorwürfen gegen Hegels revolutionsbefördernde Lehre. Folgerichtig verurteilte er 1838 in einer Prorektoratsrede »Ueber eine Schattenseite unserer Literatur« (gedruckt 1846) das revolutionäre Prinzip, das von Kant ausgehend sich über alle Wissenschaften verbreitet und zu einem Mißbrauch der Freiheit geführt habe, wie er sich in Mangel an Religiosität (Strauß' »Leben Jesu«), Gemeinheit der Gesinnung (das Junge Deutschland) und Hinwendung zu bloß materiellen Interessen äußere.

Wenn Bachmann der Rang eines Initiators zugebilligt würde, so träfe auch auf ihn Heines Urteil über Schelling zu: »[...] wenn das Werk der Iniziazion vollbracht ist, stirbt der Iniziator – oder er wird abtrünnig.« (HSA VIII, 225)

Wahrscheinlich stieß der Dichter beim Studium von Wilhelm Gottlieb Tennemanns »Grundriss der Geschichte der Philosophie für den akademischen Unterricht« auf Bachmanns Buch. Tennemanns erstmals 1812 erschienenes Kompendium brachte der Leipziger, seit 1828 Göttinger Professor der Philosophie Amadeus Wendt in drei neuen Auflagen auf den jeweils letzten Stand; von ihm stammen die Erwähnung Bachmanns als eines später abtrünnigen Schelling-Schülers (Tennemann, S. 521) und die Verweise auf verschiedene seiner Schriften, darunter in einem der einleitenden Paragraphen auf »Ueber die Philosophie meiner Zeit«.[6]

Wann und wo Heine sich das Buch beschaffte, ist nicht zu ermitteln. In der Bibliothèque nationale de France in Paris ist es nicht vorhanden. Vermutlich hat er es, wie auch Tennemanns Werk, in Deutschland erworben.

Leider sind die von Bachmann hinterlassenen persönlichen Spuren so karg, daß sich nicht feststellen ließ, ob er etwas von der Wirkung seines Buchs erfahren hat. Es hätte eine Möglichkeit der Information gegeben: Im April/Mai 1835, nach dem Erscheinen der »Geschichte der Religion und Philosophie in Deutschland« also, besuchte ein alter Hamburger Bekannter Heine in Paris. Es war der frühere Improvisator und nunmehrige Jenaer außerordentliche Professor für neuere Literatur Oscar Ludwig Bernhard Wolff. In einem Reisebericht beschreibt Wolff ausführlich Heines Lebensumstände und Ansichten und teilt dabei mit: »Wir sprachen [...] noch von tausend Dingen, vom Pantheismus, der die Franzosen sehr interessiert, von Hegel und seinen Schülern«.[7] Wolff hatte Heine schon am 14. März 1834 aus Jena geschrieben, er habe die »theils aus Collegialität mit Göttingen« herrührende Animosität seiner Kollegen gegen Heine »durch unablässiges Reden« verringert. »Erscheint etwas Neues von Dir, so thun sie mir schön, weil sie wissen daß ich es habe, und ich leihe es ihnen heimlich; so hat Dein Salon bereits in manchem Boudoir gelegen, und ich mußte ihn bereits neu tapezieren lassen.« (HSA XXIV, 256) Das war der erste Band des »Salon« mit den »Memoiren des Herren von

Schnabelewopski«. Die Philosophiegeschichte im zweiten Band des »Salon« dürfte nicht soviel Interesse gefunden haben. Aber die Vorstellung, daß Wolff sie Bachmann geliehen haben könnte, ist reizvoll.

Wolff wurde offenbar von Bachmann geschätzt. Das zeigte sich im April 1841, als Bachmann Dekan der Philosophischen Fakultät war und auf Empfehlung Wolffs Karl Marx in absentia promovierte. Die Fürsprache Wolffs, der als Honorarprofessor nicht Mitglied der Fakultät war und demzufolge keine verbindlichen Vorschläge einreichen konnte, ist aus dem Dankbrief belegt, den Marx am 7. April 1841 an Wolff richtete. Darüber hinaus gibt es keine Zeugnisse für die Beziehung dieser drei Persönlichkeiten, die auf verschiedene Weise auch mit Heine zu tun hatten.[8]

Anmerkungen

[1] Heinrich Heine. Säkularausgabe. Werke. Briefwechsel. Lebenszeugnisse. Hrsg. von den Nationalen Forschungs- und Gedenkstätten der klassischen deutschen Literatur in Weimar (seit 1991: Stiftung Weimarer Klassik) und dem Centre National de la Recherche Scientifique in Paris. Bd. VIII: Über Deutschland 1833–1836. Aufsätze über Kunst und Philosophie. Bearb. von Renate Francke. Berlin und Paris 1972.

[2] In: Literarische und Kritische Blätter der Börsen-Halle. Hamburg. 14. 1. 1835. Zitiert nach: Galley/Estermann III, 43.

[3] Gazette national, ou Le Moniteur universel. Nr. 103, 3. 1. 1796, S. 410: »Littérature étrangère. / Projet de paix perpétuelle par Kant.«

[4] Veröffentlicht nach nicht mehr verifizierbaren und datierbaren Scripten in: Georg Wilhelm Friedrich Hegel's Werke. Vollständige Ausgabe durch einen Verein von Freunden des Verewigten [...] XV. Bd. Berlin 1836, S. 534 f. – Hegel hatte über diesen Gegenstand bereits 1805 in Jena gelesen, wo Bachmann sein Hörer war. Heine hörte die Vorlesungen über die Philosophie der Geschichte im Wintersemester 1822/23 in Berlin.

[5] Vgl. Johannes Guenther: Lebensskizzen der Professoren der Universität Jena seit 1558 bis 1858. Jena 1858; Max Wundt: Die Philosophie an der Universität Jena in ihrem geschichtlichen Verlaufe dargestellt. Jena 1932; Lutz Geldsetzer: Die Philosophie der Philosophiegeschichte im 19. Jahrhundert. Meisenheim am Glan 1968. – Ferner wurden die in Frage kommenden Bestände des Universitätsarchivs Jena und des Goethe- und Schiller-Archivs Weimar ausgewertet.

[6] Wendt besuchte im März 1835, also nach dem Erscheinen der »Religion und Philosophie«, Paris und bemühte sich vergeblich um »ein genaueres Gespräch« mit Heine, wie er nach seiner Rückkehr nach Göttingen Heine am 28. Mai schrieb. Die im Schlußsatz geäußerte »Hoffnung [...], Ihnen irgend einmal im Leben wieder zu begegnen« (HSA XXIV, 316f.), erfüllte sich nicht. Wendt starb im darauffolgenden Jahr.

[7] O. L. B. Wolff: Briefe geschrieben auf einer Reise längs dem Niederrhein, durch Belgien und Paris. Leipzig 1836. Zitiert nach: Werner I, 294.

[8] Alle dazu überlieferten Dokumente sind veröffentlicht und z. T. reproduziert in: Die Promotion von Karl Marx 1841. Eine Quellenedition. Eingeleitet und bearbeitet von Erhard Lange, Ernst-Günther Schmidt, Günter Steiger, Inge Taubert unter Mitwirkung von Bolko Schweinitz. Berlin 1983.

Heinrich Heine, der Verdacht
einer Bleivergiftung und Heines Opium-Abusus

Von Christoph auf der Horst und Alfons Labisch

Das Heine-Jubiläumsjahr endete, wie es dramaturgisch nicht besser hätte inszeniert werden können, mit einem Paukenschlag: Wenige Tage vor dem 200. Geburtstag des Düsseldorfer Dichters geben Rechtsmediziner der Heinrich-Heine-Universität Düsseldorf und der Georg-August-Universität Göttingen eine Mitteilung an die Presse: Die im Sommer 1997 in Auftrag gegebene Haaranalyse habe den erstaunlichen Befund ergeben, daß die untersuchte Haarprobe Heines mit einer im Verhältnis zur Norm bis zur 200fachen Menge von Blei belastet sei. Die ersten Folgerungen werden von den Medizinern gleich frei Haus mitgeliefert: Möglicherweise starb Heine an einer Bleivergiftung.

Was war aber nun im einzelnen geschehen? 1996 wurde eine außergewöhnlich umfangreiche und verdienstvolle medizinhistorische Arbeit, die von Henner Montanus vorgelegte Dissertation über die Krankheiten Heines[1], publiziert. Im Heine-Jahrbuch 1996 antworteten C. auf der Horst/A. Labisch in einem Rezensions-Essay auf diese Publikation und formulierten die conditio sine qua non, die an eine retrospektive und doch eindeutige Diagnose zu stellen sei: Heines sterbliche Überreste, falls sie denn eindeutig zu identifizieren wären, müßten »molekularbiologisch auf Genmaterial vermuteter Krankheitserreger« untersucht werden (HJb 35 (1996), S. 247). Im Sommer 1997 beauftragte das Heinrich-Heine-Institut, das im Besitz einer Haarlocke Heines ist, den Düsseldorfer Rechtsmediziner Wolfgang Huckenbeck und den Göttinger Rechtsmediziner Harald Kijewski mit einer Haaranalyse, um Erbmerkmale zu bestimmen und metallene Stoffe zu identifizieren. Mit im Hintergrund stand hier die begründete, sowohl mit Heines eigenen Zeugnissen als auch mit zeitgenössischen Therapieformen gut vereinbare Vermutung, daß Heines Haare wegen einer syphilis-indizierten Quecksilber-Therapie eine

Quecksilberbelastung aufweisen könnten. Die Haaranalyse wurde dann, um die vom Heinrich-Heine-Institut zur Verfügung gestellten 6 Haare Heines möglichst zu schonen, mit moderner Technologie (Totalreflexions- und Röntgenfluoreszenz) in der Fa. Atomica in München analysiert. Es ergab sich allerdings kein Hinweis auf Quecksilber, sondern – so der erstaunliche Befund – im Haar fanden sich zwischen 192 µg und 244 µg Blei pro Gramm Haar. Das ist mit den heute angesetzten Normwerten von 1,8 µg/g verglichen der bis zu 135fache Wert.[2] Ein solch hoher Blei-Haarwert legt selbstverständlich die Vermutung einer Vergiftung nahe. Zur vordergründigen Unterstützung der These einer Bleiintoxikation wurde von dem Rechtsmediziner Kijewski Heines Gedicht »Vermächtniß« aus dem »Romanzero« (DHA III, 120f.) angeführt, um aus der Feder des Dichters höchstpersönlich den Verdacht der Vergiftung zu belegen.[3] Dabei wurde die ironische, auf Preußen zielende Erzählhaltung ebenso übersehen wie der biographische Hintergrund, daß Heine mit diesem Gedicht die zurückliegenden Erbschaftsstreitigkeiten mit seiner Hamburger Verwandtschaft kompensiert.[4] Vor allem aber wurde nicht bemerkt, daß Heine in diesem Gedicht einerseits Symptome addiert, die nicht mit einer einzigen Krankheitsdiagnose erklärt werden können, und andererseits in diesem Gedicht pathognomonische und insofern erwartbare Symptome einer Bleiintoxikation nicht aufführt.

Die Rechtsmediziner traten mit dem Befund an die Öffentlichkeit, worauf eine beispiellose Pressekampagne folgte. Von der Internet-Seite der Universität und dem Universitätsjournal, vom »Deutschen Ärzteblatt« bis zur Regenbogenpresse und dem Fernsehen wurde diese Nachricht aufgegriffen und verbreitet. Vor allem die These der Bleivergiftung wurde von der Boulevardpresse gierig aufgenommen und in einen Mord transformiert. Denn der feine, aber signifikante Unterschied zwischen einer schleichenden und unerkannt verlaufenden, auf hohe Bleiexpositionen in der Umwelt zurückzuführenden Bleivergiftung, wie man es heute z. B. von Autoabgasen weiß, und einer absichtsvollen und damit kriminellen Bleivergiftung, die durch gezielte Bleizufuhr in die Nahrungsmittel geschieht, wurde hier nicht gemacht. So stand denn schon nach kurzer Zeit die erste Tatverdächtige fest: Heines Ehefrau Mathilde.[5] Damit war der Höhepunkt in einer von (medizin-)historischer und philologischer Sachkenntnis und differenzierter Argumentation ungetrübten Sensationspresse erreicht.

Folgenden Fragen soll nun nachgegangen werden:
– Wie aussagekräftig ist der Bleigehalt einer Haarprobe und stammt die Haarlocke von Heinrich Heine?
– Welcher medizinische Kenntnisstand bestand zu Heines Lebzeiten über Bleivergiftungen, ihre Ursachen, Krankheitszeichen und ihre Therapiemöglichkeiten und besaß Heine eigene Kenntnisse über Bleivergiftungen?

– Hatte Heine Symptome einer Bleivergiftung und kann der Bleigehalt in der analysierten Haarlocke helfen, eine zusätzliche oder alternative Diagnose zu Heines Krankheitsbild(ern) zu stellen?
– Inwieweit kann der gut belegte Opium-Konsum Heines zu einer stimmigen Differentialdiagnose beitragen und kann damit auch möglicherweise die Todesursache erklärt werden?

Ist die Haarlocke von Heine und welche Aussage läßt der Bleigehalt zu?

Es gibt eine Reihe von »Reliquien«, deren Authentizität unbestreitbar ist. Dazu gehören beispielsweise die Totenmasken, an deren Echtheit in aller Regel nicht sinnvoll gezweifelt werden kann, da diese zu einem definierten Zeitpunkt aus einem bestimmten Anlaß durch eine offizielle Person von einer öffentlich bekannten Persönlichkeit oder Berühmtheit zu einem dokumentarischen Zweck abgenommen werden. Außerdem läßt sich die Echtheit der Totenmaske von Zeitgenossen an physiognomischer Ähnlichkeit bemessen, und Nachfahren können die Maske immerhin noch mit eventuell angefertigten Porträts vergleichen. Wegen dieser Kriterien ist eine Totenmaske also ein prinzipiell auf Authentizität überprüfbarer Überrest. Diese Vorteile genießt eine Haarlocke nicht von vornherein. Denn diese kann zu jedem möglichen Zeitpunkt, häufig aus romantischen Gründen, von der Berühmtheit abgenommen werden, kann verloren gehen und wiedergefunden, dann nicht wieder identifiziert werden. Prinzipiell kann eine Haarlocke fälschlicherweise auch für diejenige einer berühmten Persönlichkeit ausgegeben werden. Aus diesen Gründen muß hier gefragt werden, ob es für die Echtheit der Heine zugeschriebenen Haarlocke einen Beleg gibt. Leider gibt es aber weder in der überlieferten Korrespondenz des Dichters noch in seinem Werk oder in den Überlieferungen der Augenzeugen einen Hinweis darauf, daß Heine eine Haarlocke für eine geliebte Person abgetrennt hat, noch existiert ein konkreter Hinweis, daß eine Person nach Heines Tod dem Dichter eine Locke abgeschnitten hat. Andererseits kann nicht ausgeschlossen werden, daß während der Anfertigung einer Totenmaske Heine auch einige Haare abgetrennt worden sind. Außerdem ist in der Korrespondenz belegt, daß Heine den Autographensammlern gerne handgeschriebene Textfragmente aushändigte – wohl aus Eitelkeit, prämortale Berühmtheit zu genießen. Deshalb soll die Echtheit der Heineschen Haarlocke hier nicht prinzipiell bestritten werden. Für die hier besprochene Haarlocke kann also als einziges Zertifikat ihrer Echtheit der Umstand angeführt werden, daß sie zusammen mit einem Konvolut von Heine-Autographen aus dem Besitz der Witwe Heines in die Bestände des Heinrich-Heine-Instituts gekommen ist. Relativierend fügt sich hier der Umstand ein, daß die Veräußerung des Heine-Nachlasses offensichtlich sehr stark unter pekuniärem Diktat gestanden hat.[6] Die Echtheit der Haarlocke könnte durch einen genetischen Vergleichstest mit den Haarresten der Totenmaske ermittelt werden.

Tatsächlich ist die chemische Haaranalyse ein probates Mittel, um heute vor allem in der umweltmedizinischen Diagnostik die Belastung mit Metallen/Metalloiden zu beurteilen. Der Wert dieser Haaranalyse relativiert sich aber wegen der Schwierigkeit, exogene Einflüsse von endogenen Einflüssen trennen zu können.[7] Für die vorliegende Haarlocke Heines ergeben sich noch zusätzliche Schwierigkeiten, weil die Toxizität des gemessenen Bleiwertes sich nicht exakt ermitteln läßt, da nicht bekannt ist, wie nahe an der Kopfhaut gelegen die Probe abgeschnitten wurde. Für eine genaue Aussage ist es aber erforderlich, den Bleigehalt der ersten Zentimeter des Haares vom proximalen Ende her zu bestimmen. Ebenso korreliert auch das Alter mit dem Bleigehalt im Haar – mit zunehmendem Alter wachsen die Haare langsamer –, im vorliegenden Falle ist aber unbekannt, wie alt Heine war, als ihm die Locke abgenommen wurde. So kann der gemessene Wert nur in einem vordergründigen Vergleich dem Haarbleigehalt von Bleihüttenarbeitern gegenübergestellt werden, die auch heute noch einen Wert von 245 µg/g aufweisen können.[8] Vor ähnliche Schwierigkeiten sehen sich die Napoleon-Biographen/Pathographen gestellt, die ebenfalls wegen einer schwermetallhaltigen Haaranalyse den Verdacht einer Arsenvergiftung diskutieren und diese differentialdiagnostisch u. a. gegenüber einem Magenkrebs erwägen müssen.[9]

Heines Haupthaar

Die wohl nächstliegende und einfachste Erklärung des hohen Bleigehalts in Heines Haar könnte mit einer kosmetischen Haarfärbung durch Bleiweiß gegeben werden. Noch im zeitgenössischen Paris wird Heine das Haar-Färben und Haar-Pudern bei den Schauspielern der Bühne bemerkt haben. In Deutschland hatte Heine diese Praxis schon bei seinem Vater kennengelernt:

> Bemerkenswerth ist vielleicht der Umstand daß mein Vater auch in seinen späteren Jahren der altfränkischen Mode des Puders treu blieb und bis an sein seliges Ende sich alle Tage pudern ließ, obgleich er das schönste Haar, das man sich denken kann besaß. (DHA XV, 78)

Heine selber hat sich aber sehr wahrscheinlich die Haare nicht gepudert. Denn wenn man die wenigen Beschreibungen von Heines Kopfbehaarung der letzten 10 Lebensjahre zusammensieht, hat sich Heines Haarfarbe nicht entscheidend geändert, noch wird von einer Weißpuderung berichtet. Anfang Februar 1847 wird Heines Haar als »fahlblond oder besser fahllichtbraun, doch schon stark untermischt mit Strichen grauen Haares, Streifen, wie sie bei allen Leuten vorkommen, welche starke körperliche Leiden zu ertragen haben« (Werner II, 19) beschrieben. Einen Monat später ist die Rede von dem »braunen Haupthaar« (Werner II, 22). Mitte März 1847 besitzt das Haar in genauerer Tonbestimmung einen »kastanienbraunen Schimmer«, hängt aber »verwildert, graugesprenkelt um die hohe Stirn und die breiten Schläfen« (Werner II, 31). Diese Farbbestimmungen des Haares bleiben bis zur letzten Bemerkung im August 1852 konstant mit nur leichten Varianten. Es ist »hellbraunes, reiches und weiches Haar« (Werner II, 109), »schönes kastanienbraunes, langes Haar« (Werner II, 135) bzw. »volles dunkles Haar«, das trotz des Alters noch nicht ergraut ist (Werner II, 139). Im September 1850 ist das »dichte, schlichtanliegende dunkelbraune Haar [...] hie und da mit einigem Silbergrau untermischt« (Werner II, 197), eine Veränderung, die zeitdurchgängig sein sollte. Im Februar 1851 heißt es zwar noch einmal, daß Heines Haare »braun und dicht wie ehemals« seien (Werner II, 253). Im März des gleichen Jahres wird aber wieder »dunkles, nur wenig ergrautes glattes Haar« (Werner II, 261) und im August 1851 »rötlich grauer Bart und Haupthaar« (Werner II, 276) bemerkt. Im August 1851 ist der Grauton nicht bemerkt worden, denn es wird nur von Heines »halblangem, dunkelbraunem glattem Haar«, berichtet, das »etwas verworren reichlich den Kopf« bedecke (Werner II, 279). Heines Alter und Gesundheitszustand angemessen wird im Juli 1855 Heines »spärliches Haar« bemerkt (Werner II, 401). Wenn auch der Großteil der Berichte, die Heines Besucher aus der Erinnerung heraus von Heines Leiden, seinem Zustand und seiner Leidenskraft gegeben haben, geschönt sein mögen, erstaunt doch die Übereinstimmung, die bezüglich der Haarfarbe und -länge gefunden worden ist. Von Bedeutung ist, daß Heines Haupthaar nicht vollständig grau gewesen ist, wenn er auch wohl einige Strähnen grauen Haares gehabt hat. Von daher kann eine weiße Puderung und kosmetische Färbung von Heines Haupthaar mit großer Wahrscheinlichkeit ausgeschlossen werden.

Zu diesem Ergebnis kommt nach einer mikromorphologischen Untersuchung einer Haarprobe auch der Rechtsmediziner Steffen Berg, der abschließend zusammenfaßt, daß die mikroskopische Untersuchung des Haarschafts im Durchlicht keinen Anhalt für das Vorliegen einer künstlichen Haarfärbung oder Puderung gegeben habe.[10] Insgesamt wird dadurch deutlich, daß der

Bleigehalt anderweitig erklärt werden muß. Die Beschreibungen der Zeitgenossen machen aber auch deutlich, daß von der blonden Haarprobe nicht auf das Alter Heines geschlossen werden darf, denn Heine ist im Alter offensichtlich nicht vollständig ergraut gewesen. Die vorliegende Haarprobe Heines kann also ebenso gut von dem relativ gesunden Heine der mittleren Jahre wie von dem bereits schwer erkrankten Heine 1856 stammen – eine Zeitzuordnung ist hier nicht möglich.

Bleivergiftung in der Geschichte der Medizin

Es muß prinzipiell in Frage gestellt werden, ob und inwieweit Heines Krankheitsbild vor dem Hintergrund heutiger medizinischer Wissensbestände adäquat und hinreichend beschrieben und erklärt werden kann. Der offensichtliche Nachteil eines solcherweise eingeschlagenen Verfahrens – Heines Krankheitsbild vor dem Hintergrund heutiger Symptom-Beschreibungen und Diagnostik zu beschreiben – bestünde darin, daß Bleivergiftungen und viele ihrer Ursachen und Symptome seit der Antike und auch im 18. und 19. Jahrhundert bereits bekannt gewesen sind, deshalb zunehmend vermieden werden konnten und darum durch die an den modernen Kenntnisstand angepaßten umwelt- und gewerbehygienischen Maßnahmen bis heute seltener geworden sind. Wegen der seit Mitte des 19. Jahrhunderts greifenden Gesetzeslage und -novellierungen ist deshalb einerseits eine Bleivergiftung nicht mehr erwartbar, die eine gesamte Berufsgruppe befallen würde. Und andererseits wird heute eine Bleiintoxikation nicht mehr den hohen Vergiftungsgrad der Heine-Zeit erreichen können, weil die Symptome einer chronischen Bleiintoxikation wegen des höheren Kenntnisstandes in der Medizin schneller erkannt, wirkungsvoller therapiert und die Vergiftungsursachen effektiver eliminiert werden können. Diesen Umstand reflektieren beispielsweise die Herausgeber der »Allgemeinen und speziellen Pharmakologie und Toxikologie«, wenn sie von der »modernen Toxikologie des Bleis« sprechen, die sich an dem »»normalen«« Hintergrund des »Zivilisationsbleis«« orientiere.[11] Weil also die Symptomatik einer Bleivergiftung, so wie sie in aktuellen Lehrbüchern erscheint, nicht die Vergiftungssymptome der Heine-Zeit beschreiben kann, soll hier ein medizinhistorischer Ansatz verfolgt werden, der Heines Symptomatik vor dem zeitgenössischen Kenntnisstand von Ätiologie, Diagnostik und Therapie der Bleivergiftung diskutiert.

Bleivergiftungsquellen in Heines Zeit

Das klassische Werk zur Bleivergiftung wurde 1839 von Louis Tanquerel Des Planches geschrieben.[12] Bereits vor Tanquerel Des Planches existiert eine Fülle von Fall- und Symptombeschreibungen von Bleivergiftungen in Bleihütten oder bleiverarbeitender Industrie, die einen Vergleich mit Heines Symptomatik erlauben. Daneben können weitaus ausführlicher die Vergiftungsquellen beschrieben werden, die für Heine durchaus relevant gewesen sein können, die aber heute in die Literatur keinen Eingang mehr finden. In der »Real-Encyclopädie der gesammten Heilkunde«, die 1894 in dritter Auflage von A. Eulenburg herausgegeben wurde, werden die gewerblichen Quellen, wo Menschen aus Berufsgründen sich mit metallischem Blei oder deren Verbindungen kontaminieren, und die Quellen unterschieden, wo Blei über den Weg von Nahrungs- und Genußmitteln und durch medizinische und kosmetische Präparate resorbiert wird. Gewerbliche Quellen (Bleihütten und bleiverarbeitende Betriebe) kommen für unsere Fragestellung nicht in Betracht. Da weder Heine noch seine Frau in der bleigewinnenden oder -verarbeitenden Industrie oder als Farbenreiber, Maler, Anstreicher, Schriftsetzer und Töpfer etc. gewerblich tätig waren, können damit die häufigsten Intoxikationsquellen ausgeschlossen werden.

Nahrungs- und Genußmittel

Es bleibt der Großbereich des Haushalts mit den Bereichen Nahrungs- und Genußmittel, medizinische Therapeutika und Kosmetika. Ein ständiger Gefahrenherd waren die Bleirohre der Trinkwasserversorgung, wenn durch eine lange Verweildauer, durch Wärme und saure Bestandteile des Wassers erhebliche Bleimengen gelöst wurden. Auch konnten durch benachbarte bleiverarbeitende Betriebe Emissionen freigesetzt werden, die in die nahgelegenen Wohnungen drangen. Weiterhin wird beschrieben, daß Kohle, die mit Bleischlacke vermengt war und beim Verbrennungsprozeß Bleidämpfe freisetzte, Vergiftungen verursachte.[13] Des weiteren wird vor mit Bleiweiß gestrichenen Wänden und mit Bleiweiß gepuderten Federn und Spitzen von Hüten gewarnt. Daneben sind glasierte Tongefäße – die Glasuren enthielten Bleisilikate – ebenso eine stete Gefahrenquelle gewesen, wenn z. B. durch essigsaure Speisen oder auch durch Obstsäfte toxische Mengen Blei freigesetzt wurden, wie der mit Bleizucker gesüßte Wein. Eulenburg erinnert weiterhin an Vergiftungsfälle, in denen Konditorwaren durch Bleichromat gefärbt waren, oder Tabak und Tee in dünngewalztes Blei oder bleihaltiges Stanniol verpackt waren.[14]

Alle diese Vergiftungsquellen können aber mit großer Sicherheit ausgeschlossen werden, da in allen diesen genannten Fällen Vergiftungssymptome auch bei Mathilde, die mit Heine in einem Haushalt lebte, erwartbar wären. Von Mathilde werden aber keine klassischen Vergiftungssymptome beschrieben, auch nicht beim zeitweilig ebenfalls im Haushalt lebenden Wärterinnenpersonal.

Therapeutika

Neben den Nahrungs- und Genußmitteln stehen die bleihaltigen medizinischen Therapeutika: Hierzu sind die verschiedenen Formen von Bleipflaster zu rechnen, die durch das Kochen gleicher Teile Olivenöl, Schmalz und Bleioxid (Bleiglätte) mit ein wenig Wasser erstellt wurden. Diese Grundsubstanz wurde in Verbindung mit anderen Stoffen als Diachylonpflaster zur Behandlung von Geschwüren oder als sog. »Mutterpflaster« zur Wundheilung verwandt.

Blei wurde auch in diversen Salben verwandt, so z. B. in der Gerbsauren Bleisalbe (Bleitannat), die, aus 1 Teil Gerbsäure, 2 Teilen Bleiessig und 17 Teilen Schweineschmalz hergestellt, gegen Wundliegen, also zur Dekubitus-Prophylaxe verwandt wurde.

Als Arzneimittel wurde Bleizucker gegen resistente Diarrhöen, Darmblutungen, bei akut entzündlichen Affektionen, bei Lungengangrän und als Augenwasser verwandt.

Bleiwasser, eine Mischung aus Bleiessig, Spiritus und Brunnenwasser, wurde als kühlendes Wasser bei Quetschungen, Anschwellungen der Haut und bei Verbrennungen angewandt. Eulenburg verweist darauf, daß dieser medizinische Gebrauch von Bleisalzen (Plumbum aceticum innerlich, Bleiwasserumschläge, Bleipflaster) mehrfach akute und chronische Symptome, Hautausschläge, Magenschmerzen, Koliken, Nierenentzündung, Sehstörungen, Kollaps, Dyspnoe, auch Steifigkeit des Halses, Paresen, Paralysen, Krämpfe und Fieber provoziert habe. Orfila führt unter den Therapeutika, die eine Bleivergiftung verursachen können, Blei enthaltende Kataplasmen an.[15]

An Kosmetika werden von Eulenburg bleihaltiger Puder und Schminke oder bleihaltige Haarfärbemittel angeführt. So können Säuglinge bleikrank werden, wenn die Ammen Bleischminke gebrauchen.[16] Aber weniger die Kosmetika als die Liste der bleihaltigen Therapeutika muß für eine Bleiintoxikation diskutiert werden. Denn eine langfristige »Bleitherapie« war bei Heine durchaus indiziert: Wundbehandlung nach Moxabustion[17], Dekubitus-Prophylaxe und evtl. wegen der Augensymptomatik Augenwasser. Leider liegen aber für eine »Bleitherapie« keine verläßlichen Dokumente wie Rezepte oder Berichte von Ärzten vor, so daß die »Bleitherapie« erst einmal Hypothese bleiben muß.

Skizze der Pharmakokinetik und der Toxikologie des Bleis

Die weitere Diskussion soll sich hier auf den Teil der Blei-Pharmakologie und -Toxikologie beschränken, der von einschlägiger Relevanz für die bereits beschriebene Symptomatik Heines ist.[18] Je nach Resorptionsart können unterschiedliche Mengen Blei inkorporiert werden. Oral aufgenommenes Blei wird grundsätzlich schlecht resorbiert und nur zu durchschnittlich 8 % eingebaut, eine perkutane Aufnahme erfolgt noch schwieriger. Trotzdem können bei oralen Stoßaufnahmen hoher Dosen sehr wohl akut toxisch wirkende Mengen inkorporiert werden. Inhalativ aufgenommenes Blei wird dagegen zu 50–80 % resorbiert. Das resorbierte Blei gelangt zunächst in den Blutkreislauf, wo es zu ca. 95 % an die Erythrozyten gebunden ist. Die Hauptmenge des gebundenen Bleis diffundiert in das Skelettsystem, 70 % davon in die kompakten Knochen und bildet dort ein Bleidepot, die »Knochenfalle«. Durch Infektionskrankheiten oder psychischen Streß kann das deponierte Blei mobilisiert werden und Vergiftungssymptome auslösen. Der toxikologisch unbedenkliche Höchstwert ist bei 0,6 µg/ml Blut anzusetzen. Krankheitszeichen treten bei einer Belastung von 1 µg/ml Blut auf. An subjektiven Symptomen einer Bleivergiftung können Schwächegefühl, Appetitlosigkeit, Müdigkeit, Nervosität, Schlaflosigkeit, psychische Veränderungen, Tremor, Übelkeit, Gewichtsverlust, Kopfschmerzen, Schwindel, Magen-Darm-Beschwerden, Parästhesien, Muskelschmerzen, Streckerschwäche, Impotenz und Amenorrhoe angeführt werden. Auf der objektiven Befundseite stehen dem gegenüber: Anämie, Bleikolorit und Ikterus, Amblyopathia sartunina, Hypertonie, Bleikoliken, Bleinephropathie, Blei-Polyneuropathie, Bleigicht, Bleisaum, Encephalopathia saturnina, Blei-Arthralgie. Die akute Bleivergiftung führt zur »Bleikolik«, zu plötzlichen und heftig schmerzhaften Spasmen des Dünndarms, die oft stundenlang anhalten, sich periodisch wiederholen und von Erbrechen und Obstipation begleitet werden. Zu einer seltenen, aber gefährlichen Komplikation gehört hier der Volvulus, die Darmverschlingung. Die neuromuskuläre Symptomatik geht einher mit muskulärer Schwäche, Schmerzen und Krämpfen besonders der Beine, aber auch einer schlaffen Lähmung aller Extremitäten (Tetraplegie). Die Enzephalopathie (Encephalopathia saturnina) ist die dramatischste Form der Bleiintoxikation. Diese kann auch bei chronischem Verlauf auftreten, wenn durch langdauernde Aufnahme kleiner Mengen oder Mobilisierung von deponiertem Blei (»Knochenfalle«) die Konzentration im Blut die kritische Schwelle überschreitet. An Anfangssymptomen sind z. B. Muskeltremor und -zuckungen beschrieben worden; dann können Blickkrämpfe, epileptische Anfälle, schwere psychische Alteration, delirante Erregungszustände und massive Depressionen auftreten. Die Symptomatik einer chronischen Vergiftung zeigt eine subikterische Verfärbung des Gesichts, das typische »Bleikolorit«, eine grau-gelbliche Gesichtsfarbe. Daneben kann der typische Bleisaum, eine grauschwärzliche Färbung des Zahnfleischrandes beobachtet werden, die auf eine Reaktion von Schwefelwasserstoff (H_2S) mit abgelagertem Blei zu Schwefelblei (PbS) zurückzuführen ist. Die auftretenden Lähmungen betreffen vorwiegend die Extensoren der am meisten beanspruchten Muskeln. Im Bereich der oberen Extremitäten kann die »Bleilähmung« als Extensorenschwäche des Nervus radialis zu der typischen Fallhandstellung führen. Als Folge eines Spasmus der Netzhautarterie kann sich eine Optikusatrophie entwickeln.

Orfila und Romberg

Als Beispiele des zeitgenössischen Kenntnisstandes der Bleivergiftung sollen der französische Toxikologe Orfila und der deutsche Neuropathologe Romberg herangezogen werden. Mit dem berühmten Toxikologen Mathieu Josèphe Bonaventura Orfila (1787–1853), Dekan der Medizinischen Fakultät in Paris, hatte Heine sich wegen eines aufsehenerregenden Giftmordprozesses beschäftigt[19], wahrscheinlich hatte er ihn auch schon vorher in den Pariser Salons persönlich kennengelernt. Denn in Artikel XX der »Lutezia« beschimpft Heine den eitlen und ehrsüchtigen Toxikologen, vor allem aber auch deshalb, weil mit der Verurteilung der Madame Lafarge die Rückständigkeit der Frauenemanzipation erneut zementiert wurde:

> Wer aus näherer Beobachtung die Umtriebe jenes eiteln Selbstsüchtlings nur einigermaßen kennt, ist in tiefster Seele überzeugt, daß ihm kein Mittel zu schlecht ist, wo er eine Gelegenheit findet, sich in seiner wissenschaftlichen Spezialität wichtig zu machen und überhaupt den Glanz seiner Berühmtheit zu fördern! (DHA XIII, 90)

Orfila hat ab 1815 ein fünfbändiges Lehrbuch der Toxikologie herausgegeben. Dort beschreibt er in der »Zweiten Gattung« der Gifte die adstringierenden Gifte, worunter das Blei fällt. An Vergiftungsquellen des Bleis zählt Orfila auf: mit Blei gesüßte Weine, in Bleigefäßen aufbewahrtes Wasser, in Bleigefäßen gekochte Speisen, mit Bleizucker geklärte Sirupe und Branntweine, glühende Kohle, die mit Bleischlacke vermengt ist, und äußere Anwendung von Pflastern und Kataplasmen, die Blei enthalten.[20] Die Vergiftungssymptomatik wird folgenderweise beschrieben: Koliken, Bewußtlosigkeit und Delirium, Konvulsionen der Gliedmaßen, heftige Schmerzen, schwacher Puls, Appetitlosigkeit, Erhärtung und Einziehung des Unterleibs, Verstopfung, Schlaflosigkeit, Bleilähmung, Gliederschmerzen und Meteorismus.[21] Als Therapie empfiehlt Orfila purgierende und krampfstillende Klistiere, Opium, und Brechmittel.[22] Zwar fehlt eine Bleikinetik, aber es wird deutlich, daß in der Heine-Zeit ein relativer Kenntnisstand der Bleiintoxikation gegeben war, der eine Prophylaxe ebenso möglich machte wie eine Therapie. Die Opiat-Gabe gegen die überwältigenden Kolikschmerzen ist auch heute noch indiziert.[23]

Neben Orfila soll hier auch auf Moritz Heinrich Romberg (1795–1873) hingewiesen werden. Denn in den »Heine-Erinnerungen« schreibt Alfred Meißner anläßlich eines Besuches bei Heine im August 1854:

> Aber viele seiner der Lektüre gewidmeten Stunden nahmen Werke ernsthafterer Gattung in Anspruch. Es waren keine solchen, die zu ihm als Künstler und Dichter in irgend einer Beziehung standen – man darf hier weder auf Kunstphilosophie noch Literaturgeschichte rathen – es waren Werke, die mit seinem Leiden in dem schrecklichsten Zusammenhange standen. Er hatte in den letzten Jahren die ganze Physiologie, Anatomie und Pathologie seiner Krankheit auf das Fleißigste studirt und die Schriften von Hesse, Albers, Andral und vornehmlich von Romberg waren ihm ganz geläufig geworden. Aber er war es gewohnt, auch hier seine Kenntnisse zu ironisiren. »Meine Studien«, pflegte er zu sagen, »werden mir wohl nicht viel helfen. Ich werde höchstens im Himmel Vorlesungen halten können, um meinen Zuhörern darzuthun, wie schlecht die Aerzte auf Erden die Rückenmarkserweichung kuriren.« (Werner II, 353; Hervorhebung von uns)

Aus diesem Bericht geht einmal hervor, daß Heine überzeugt war, an einer »Rückenmarkserweichung« zu leiden, also Tabiker zu sein. Es wird aber vor allem deutlich, daß Heine sich selber medizinische Kenntnisse besonders über den Berliner Neuropathologen Moritz Heinrich Romberg angeeignet hat. Mit Rombergs »Schriften« dürfte das »Lehrbuch der Nervenkrankheiten des Menschen« gemeint sein, das in erster Auflage 1840, in zweiter Auflage 1851 und in dritter, aber nicht mehr vollendeter Auflage 1857 erschienen ist.[24] Brisante Bedeutung für Heines Symptomatik gewinnt Rombergs »Lehrbuch« deshalb, weil hier sowohl Bleilähmung (Paralysis saturnina) als auch die »Tabes dorsalis« systematisch in die Gattung der »Spinalen Lähmungen« verortet werden. Es ist anzunehmen, daß Heine gerade wegen des Krankheitsbildes der Tabes Rombergs »Lehrbuch« gelesen hat – das macht das Zitat Meißners deutlich – und es ist deshalb mit hoher Wahrscheinlichkeit ebenfalls anzunehmen, daß Heine das gesamte Kapitel der »Spinalen Lähmungen« gelesen hat, das in der zweiten Auflage nur 53 Seiten umfaßt.[25] Wenn Heine aber das gesamte Kapitel gelesen hat, wird er – auch als medizinischer Laie, der seine Symptome mit einem Krankheitsbild identifizieren möchte – bemerkt haben müssen, daß seine Symptome sowohl für eine Bleilähmung als auch für eine Tabes dorsalis sprechen konnten. Denn Muskelschwäche, -lähmung und Koliken werden von Romberg für beide Krankheitsbilder angeführt.[26] Dieser Umstand mußte für den interessierten Laien der Medizin eine differentialdiagnostisch unsichere Situation schaffen. Denn Heine konnte vor allem das von Romberg in pathognomonischen Rang erhobene Schwanken der Tabiker bei geschlossenen Augen[27] und nachmalig »Romberg-Syndrom« genannte Phänomen nicht an sich selber beobachten. Insofern mußte er auch die im »Lehrbuch« vorgeschlagene Alternative erwägen, ob seine Symptome nicht auch auf eine Bleiintoxikation zurückzuführen wären. Ähnliche differentialdiagnostische Schwierigkeiten bei einer Tabes dorsalis und einer weiteren Schwermetallvergiftung, nämlich einer Quecksilbertherapie, werden für die dänische, auch unter ihrem Pseudonym Isak Dinesen schreibende Dichterin Karen Blixen (1885–1962) diskutiert.[28]

Symptome Heines, die für eine chronische Bleivergiftung sprechen können

Mit einer Untersuchung auf Symptome hin, die für eine Bleivergiftung sprechen, soll auch der Versuch gewagt sein, eine Symptomgruppe (eben die Bleisymptomatik) aus Heines Gesamtsymptomatik herauszusondern. Hiermit wäre der Vorteil gewonnen, die verbleibenden Symptome und Krankheitsbeschreibungen unter dem Verdacht einer anderen Erkrankung zu diskutieren. Auf diese Weise könnten die gastrointestinalen Beschwerden der späten Jahre sinnvoll von der generellen Neuro-Symptomatik (Fazialisparesen, Ptosis etc.) getrennt und müßten nicht zwangsweise unter derselben Verdachtsdiagnose der Syphilis diskutiert werden. Kopfschmerzen und Depressionen, die auf eine latente Encephalopathia saturnina zurückgeführt werden könnten, sollen wegen der Zeitdurchgängigkeit und der Häufigkeit des Symptoms in der Anamnese Heines für eine Bleiintoxikation unberücksichtigt bleiben, weil sie letztlich zu unspezifisch und deshalb differentialdiagnostisch zu unsicher sind. Als Leitsymptom, das differentialdiagnostisch zur Neuro-Lues funktionieren soll, wird hier die Bleikolik herangezogen werden. Und zwar sollen deshalb Bleikolik und ihre Begleitumstände fokussiert werden, da aus der

Sicht der Bleivergiftung diese ein typisches Symptom ist und sich aus der Warte der Heineschen Gesamtsymptomatik als ein solider Parameter im Gegensatz zu den vielen Lähmungserscheinungen, der häufigen Cephalgien und der persistierenden Augensymptomatik (alle diese können im weitesten Sinne, wenn manchmal auch nur mühselig, mit einer Bleiintoxikation erklärt werden) erweist. Der aus Schwefelblei bestehende »Bleisaum«, der typischerweise eine Bleivergiftung indiziert, erweist sich aus folgenden Gründen nicht als ein solcher solider Parameter. Ein »Bleisaum« entsteht wegen einer fauligen Zersetzung in den Zahnzwischenräumen, die Schwefelwasserstoff freisetzt. Wenn dort auch Blei abgelagert ist, kann sich leicht eine Umsetzung in Schwefelblei vollziehen. Wenn nun die Zähne fehlen oder in einem guten hygienischen Zustand sind, entfällt die Freigabe von Schwefelwasserstoff. Differentialdiagnostisch könnte weiterhin ein Bleisaum »vorgetäuscht« sein, wenn gepuderte Kohle als Zahnreinigungsmittel verwendet wird.[29] Außerdem wird an keiner Stelle davon berichtet, daß Heine einen »Bleisaum« aufgewiesen habe.

Heines 1. Bleivergiftung

An Symptomen, die für eine Bleivergiftung erwartbar sind, kann auf eine Kolik im März 1836 verwiesen werden, die es Heine verbietet, George Sand zu besuchen (HSA XXI, 148). Ein weiteres Mal beschreibt Heine in einem Brief an Julius Campe vom 5. Oktober 1836 eine wohl typische Bleikolik im Zusammenhang mit Erbrechen und subikterischer Verfärbung, dem »Bleikolorit«:

> Liebster Campe! Sie dürfen dem Aeskulap einen Hahn opfern![30] [...] Als ich Ihnen von Amiens aus schrieb, fühlt' ich schon in mir den Keim der Krankheit, die mich bey meiner Rückkehr nach Paris gleich ergriff; es war eine fürchterliche Gelbsucht mit Kolera – oder sonst fabelhaft scheußlicher Krankheit akkompagnirt. Acht Tage lang nicht gegessen, noch geschlafen, sondern nur Erbrechung und Krämpfe. (HSA XXI, 162)

Heine ist sich offensichtlich nicht sicher in der Diagnosestellung (»oder sonst fabelhaft scheußlicher Krankheit«) und kann auch keine professionelle Diagnose anführen, da er wegen der Reise seine (befreundeten) Ärzte in Paris zurücklassen mußte. Deshalb führt Heine die seltene Kombination von »Gelbsucht« und »Cholera« an, eine Beschreibung, die sich hier offensichtlich an den Symptomen, die er an sich bemerken konnte, orientiert: Das sind einmal heftige gastrointestinale Beschwerden und eine farbliche Veränderung des Teints oder der Haut insgesamt. »Kolera« wird von Heine offensichtlich sym-

bolisch für die Stärke des Erbrechens, evtl. auch Diarrhoe benutzt, so wie er
»Gelbsucht« für die gelbliche Verfärbung der Haut anführt. Der Begriff der
»allgemeinen« oder »sporadischen« Cholera wurde zu der Zeit auf heftige
Durchfallerkrankungen bezogen. Daß Heine aber an der »Cholera asiatica«
erkrankt war, ist wegen des weiteren Krankheitsverlaufs sehr unwahrscheinlich. Auch eine Hepatitis-Erkrankung will nicht unbedingt evident werden,
denn im anikterischen Prodomalstadium sind zwar gastrointestinal-dyspepti-
sche Erscheinungen erwartbar, Heine beschreibt aber zeitgleich das Auftreten
des Ikterus. Auch die Heftigkeit der gastrointestinalen Beschwerden ist eher
untypisch für eine Hepatitis. Die Symptome, die Heine hier anführt, müssen
also nicht zwingend eine Hepatitis anzeigen. Gegenteilig verweisen Nausea
und abdominelle Krämpfe auch in ihrer zeitlichen Länge auf eine typische
Bleikolik. Das von Heine symbolisch gebrauchte »Kolera« läßt auch eine
starke Diarrhoe assoziieren, die für eine Bleikolik nicht erwartbar wäre. Heine spezifiziert aber in »Erbrechung«. Daneben ergänzt die vorgebrachte acht
Tage anhaltende Schlaflosigkeit das Bild subjektiver Symptome einer Bleivergiftung.[31] Die grau-gelbe Färbung des Bleikolorits vor allem im Gesicht, die
Heine glauben läßt, an einer Hepatitis erkrankt zu sein, beschreibt er im Oktober des Jahres: »[…] tous mes sentiments et mes pensées sont colorés de ce
jaune noiratre que vous avez vu sur ma figure la veille de mon depart, […].«
(HSA XXI, 166)

Wenn Heine nun tatsächlich im Sommer 1836 an einer Bleivergiftung erkrankt war, sind weitere Symptome erwartbar, die diesen Befund stützen
müssen. Tatsächlich beschreibt Heine im Zeitraum von Ende 1832 bis Ende
1837 ein Symptom, das klassischerweise für eine Bleiintoxikation sprechen
kann. Heine klagt nämlich im Oktober 1832, daß er an einer »lahmen und
schwachen Hand« leide (HSA XXI, 38), daß »zwei Finger an der linken
Hand« gelähmt seien (HSA XXI, 41). Diese Lähmung hat offensichtlich noch
Anfang 1833 bestanden (HSA XXI, 49) und scheint zu persistieren: »ich leide
noch immer an einer paralisirten Hand« (HSA XXI, 51). Er reist im Sommer
1833 seiner »armen gelähmten Hand wegen« nach Boulogne-sur-mer (HSA
XXI, 58). Eine Lähmung an zwei Fingern verweist im Zusammenhang mit der
vermuteten Bleiintoxikation auf eine asymmetrische Lähmung im Bereich der
Hand- und Fingerstrecker, wie sie bei einer Blei-Polyneuritis diskutiert werden muß. Eine traumatische Schädigung und/oder eine Schnittverletzung
kann wegen jeglichen Fehlens einer solchen Angabe hier vorläufig ausgeschlossen werden. Es kann vermutet werden, daß Heine wegen einer Radialislähmung eine Fallhand oder Kußhand hatte. Da auch nach längerer Zeit keine
Remission erfolgt ist, zieht die Parese eine Muskelatrophie nach sich, die Hei-

ne im August 1837 beklagt: »Ich habe das Baden diesmal sehr nöthig; meine linke Hand magert täglich mehr und mehr ab und stirbt zusehends« (HSA XXI, 221). Im August 1837 scheint der Sitz der Lähmung des N. radialis höher gewandert zu sein. Denn Heine beschreibt, wie durch den Ausfall der Trizepswirkung auch die Streckung des Ellbogengelenks aufgehoben ist: »Ich befinde mich wohl; körperlich leide ich fast gar nicht, außer an meiner linken Hand, deren Lähmung bis an den Ellbogen hinaufsteigt.« (HSA XXI, 223) Nach diesem Brief Heines an seinen ärztlichen Bruder Maximilian brechen die Beschreibungen dieses Symptoms für lange Jahre ab. Erst in den späten 40er Jahren klagt Heine wieder über motorische Paresen der Extremitäten.

Zusammenfassend können also Koliken im März 1836 und im Sommer / Herbst 1836 angeführt werden, die im Zusammenhang mit einer vorher bestehenden und progredient verlaufenden Radialislähmung diskutiert werden können, die von Heine vom Oktober 1832 bis zum August 1837 beschrieben wird. Nach diesen Koliken werden vorerst keine weiteren erwähnt. In der Anamnese dominiert ab September 1837 eher der zeitdurchgängige Befund der Augensymptomatik und die häufigen Cephalgien. Nicht erwähnt wird der Bleisaum, der aber, wie oben angeführt, nicht zwingend auftreten muß.

Unklar bleibt der Grund bzw. die Quelle der Bleivergiftung. Eine Vergiftung im Haushalt durch Nahrungs- und Genußmittel ist unwahrscheinlich, da Heine – hier fehlt auch eine intime Kenntnis seiner Ernährungs- und Lebensgewohnheiten – in den hier beobachteten Monaten von Oktober 1832 bis August 1837 in verschiedenen Hotels wohnte, mehrfach zu Badeaufenthalten Paris verlassen hatte und ab Januar 1836 erstmalig in Paris eine Wohnung bezog. Aus Geldmangel konnte Heine sich nur billige Wohnmöglichkeiten in den preiswerten Arrondissements von Paris leisten.[32] Möglicherweise hatten diese Absteigen aus Kostengründen die typische und bekannte Bleivergiftungsquelle einer Wasserzufuhr aus Bleirohren nicht eliminiert. Heine hat in dieser Zeit ein hohes Bleidepot akkumulieren können, das erst zu einer chronischen Bleivergiftung führte, dann aber – eventuell wegen Reisestreß im September / Oktober 1836 mobilisiert – zu der beobachteten akuten Bleivergiftung im September 1836 führte. Erst durch den Umzug in eine luxuriösere Wohnung und Wohngegend ab 1838[33] vermied Heine vielleicht eine weitere Bleiexposition. Dies führte dann auch zu einer Remission der Lähmung.

Heines 2. Bleivergiftung

Von einer weiteren möglichen Bleisymptomatik kann erst ab April 1847 ge-sprochen werden. Denn Heine berichtet wieder von Koliken und gastroin-testinalen Beschwerden. Am 5. April hatte Heine Magenbeschwerden: »mein Magen ebenso katzenjämmerlich sentimental und religiös – sittlich – flau wie dito Novelle [»Schwarzwälder Dorfgeschichten« von B. Auerbach].« (HSA XXII, 246) Am 13. April wird Heine auf dem Weg, Moritz Carrière zu besuchen, offensichtlich von einer Kolik überrascht: »Mais l'homme propose et Dieu dispose – und letzteres that gestern der Gott der Colik, der mich gestern Nachmittag plötzlich nach Hause trieb, [...]« (HSA XXII, 248).

Hiernach fehlen zwar erst einmal weitere Beschreibungen von kolikartigen Beschwerden; Heine ergänzt aber Verdauungsbeschwerden, die ebenfalls im Zusammenhang mit der Kolik als Obstipation mit spastischer Ursache inter-pretiert werden können. Denn an demselben 13. April 1847 klagt er, keine Verdauung zu haben (HSA XXII, 249). Im September 1847 beschreibt er dann gegenüber der italienischen Prinzessin und guten Freundin Cristina Belgiojo-so, daß die »paralysie« jetzt auch »le bas ventre« erreicht habe (HSA XXII, 262). Von dieser Lähmung und Paralyse des Unterleibs, mit der Heine auf eine verzögerte Kotentleerung anspielt, berichtet er dann noch zweimal. Ein-mal am 20. September gegenüber seinem befreundeten Arzt Wertheim und dann gegenüber Alexandre Weill (HSA XXII, 263 u. 264).

Erleichterungen von diesen offensichtlich sehr hartnäckigen Verstopfungen stellen sich erst durch eine Kur mit einem »Kräutertrank« eines »ungarischen Charlatan« ein. Heine schildert das retrospektiv seinem Bruder Maximilian (HSA XXII, 293 f.). In einem Brief an seine Mutter vom 4. Dezember 1847 be-schreibt Heine – in seiner Freude über den endlich erfolgten Stuhlgang dra-stisch werdend – die abführende Wirkung eines Laxativums:

> Ja, ich bin von Herzen seit zwey Jahren noch nicht so frisch und gesund gewesen wie seit 14 Tagen; das kommt von einem Kräutertrank, den ich als Cur jetzt trinke und der mich, nach der Betheurung meines Arztes radikal herstellen soll. [...] Meine Frau hat mir bereits mein Weihnachtsgeschenk gekauft (für ihr erspartes Geld) nemlich einen prächtigen Nacht-stuhl, der wirklich so prächtig, daß sich die Göttin Hammonia desselben nicht zu schähmen brauchte. Ich vertausche ihn nicht gegen den Thron des Königs von Preußen. Ich sitze dar-auf ruhig und sicher und scheiße allen meinen Feinden was! (HSA XXII, 266f.)

Die Kur scheint Heine also gegen Mitte Oktober/Anfang November begon-nen zu haben. Am 19. Januar 1848 berichtet Heine seiner Mutter ein weiteres

Mal, daß diese Kur ihn von den Unterleibsbeschwerden befreit habe (HSA XXII, 268).

Von Januar 1848 ab fehlen wieder Beschreibungen von Koliken und/oder weiteren gastrointestinalen Beschwerden. Gegenteilig schreibt er am 12. Juni 1848 seiner Schwester: »Von Herzen aber bin ich wohl, und mein Hirn und Magen sind gesund« (HSA XXII, 282). Unterleibskrämpfe und damit verbundene Obstipationen können aber zumindest für die zweite Jahreshälfte 1848 indirekt erschlossen werden, wenn Heine im September 1848 schreibt, daß er »in den letzten 3 Monaten mehr Qualen erduldet [habe] als jemals die Spanische Inquisition ersinnen konnte« und sich deshalb an die »Wundertinktur« erinnert, die ihm im »vorigen Winter« offensichtlich gegen die gleichen Beschwerden hatte helfen sollen (HSA XXII, 294). Im Winter 1847 hatte Heine aber – wie gezeigt – noch unter extremen Verdauungsbeschwerden gelitten, die möglicherweise im Zusammenhang mit den Kolikanfällen seit dem Sommer des Jahres 1847 standen. Ebenfalls indirekt verweist das Rezept, das im Anschluß an das große Ärztekonsil vom 9. Oktober 1848 ausgestellt wurde, auf starke Beschwerden des Gastrointestinaltraktes. Denn unter den Punkten 4. und 5. empfehlen die unterzeichnenden Ärzte Chomel, Gruby, Rostand und Wertheim Laxativa für »la liberté du ventre« und eine Diät, die »doux & modéré« sein solle (Original im Heinrich-Heine-Institut, Düsseldorf). Andererseits erinnert sich Caroline Jaubert, daß Heine bereits im Januar 1848 Morphin genommen habe (Werner II, 99). Deshalb muß differentialdiagnostisch auch eine opiuminduzierte Obstipation diskutiert werden. Es kann also nicht mit Sicherheit behauptet werden, daß die im Zeitraum von April 1847 bis Oktober 1848 beobachteten Koliken und die damit einher verlaufenden Obstipationen die Symptome einer erneuten Bleiintoxikation gewesen wären.

Heines 3. Bleivergiftung

Heine erwähnt erst ab Januar 1850 wieder expressis verbis kolikartige Beschwerden, die offensichtlich in das Vorjahr zurückreichen. Er schreibt am 9. Januar seinem Bruder:

> Ja, lieber Bruder, ich leide immer noch Tag und Nacht an den entsetzlichsten Krämpfen und da diese jetzt besonders meinen Unterleib bis zur Herzgrube ergriffen haben und ich zusammengezogen in einem Knäul nur auf einer Seite liegen kann, so sind auch meine Constipationen viel peinlicher geworden und ich muß oft 14 Tage lang mich unmenschlich abmartern, ehe ich zu Stuhle kommen kann. Dabei weiß ich mich nur durch Morphine Erleichterung zu schaffen. [...] Wie gesagt, mein Hauptleiden ist jetzt der Leib bis zur Herzgrube, so daß ich

immer auf dem Rücken liegen muß und gleich von den entsetzlichsten Schmerzen ergriffen
werde, wenn ich mich etwas vorwärts beugen will. (HSA XXIII, 19)

Die Unterleibsbeschwerden haben fortbestanden, denn im Brief vom
30. April 1850 an Wertheim wird deutlich, daß Heine an Krämpfen leidet,
wenn er schreibt: »die Krämpfe und Kontrakzionen bemächtigen sich täglich
mehr des Obertheils des Körpers« (HSA XXIII, 38). Differentialdiagnostisch
bedeutsam für den Lues-Verdacht ist, daß Heine in beiden Briefen nicht von
Krämpfen oder Lähmungen der Extremitäten oder Gliedmaßen berichtet,
sondern ausschließlich auf den Abdominaltrakt verweist. In dem oben zitierten Brief an Max (HSA XXIII, 19) werden diese Unterleibskrämpfe von Heine
sogar als das eigentliche »Hauptleiden« bezeichnet. Tatsächlich litt Heine, wie
nach Koliken zu erwarten ist, wieder längerfristig unter Obstipationen. Denn
es heißt am 6. Mai 1850, daß er, um den »erschrecklichen Verstopfungen entge-
genzuwirken«, »Rhabarber oder Pilnaerwasser« gebrauche und »Eselsmilch«
trinke[34] (HSA XXIII, 40f.). Gegen die therapieresistenten Verstopfungen
mußte Heine auch Klistiere einsetzen: Denn erst nach fünf langen Leidens-
jahren habe er begriffen, daß er kein Gott sei, weil – so gesteht er Weill – »les
dieux [...] n'ayant jamais eu, à sa connaissance, besoin de prendre des lave-
ments« (Werner II, 176). Von den langwierigen und quälenden Obstipationen
berichtet Heine noch im Februar 1851 seiner Mutter: »wenn ich nicht an zu
großen Verstopfungen auf Erden leide [...], so ertrüge ich geduldig meine
Existenz« (HSA XXIII, 90). Diese hier angeführten Obstipationen, die indirekt die Vermutung einer Bleikolik erhärten sollen, könnten differentialdiagnostisch auch als Nebenwirkung der seit dem Jahresanfang 1848 belegbaren
Opium-Therapie interpretiert werden. Möglicherweise haben sich beide Vergiftungen auch gegenseitig verstärkt.
   Zur Unterstützung der Hypothese einer Bleivergiftung kann noch auf den
Bericht des dänischen Schriftstellers und Publizisten Meir Aron Goldschmidt
verwiesen werden, der für den fraglichen Zeitraum Juli 1850 von der ikteri-
schen Gesichtsfärbung Heines spricht, die als Bleikolorit bei einer Bleivergiftung angesehen werden kann:

> Die Krankheit, von der er niemals geheilt werden wird, hatte ihn mager gemacht und ihm
> eine gelbe Gesichtsfarbe gegeben, und sein Bart war sehr lang; aber es scheint mir, daß ich
> nie eine schöneres Dichterantlitz gesehen habe, als dieses leidende, ovale, gelbe Gesicht mit
> den schwarzen Augen und dem schwarzen Bart. (Werner II, 185)

Daneben beklagt Heine im Sommer 1850 die in den Rahmen einer Bleivergiftung passende Schlaflosigkeit (Werner II, 189). Ein letzter Hinweis, der für

eine Bleivergiftung sprechen könnte, kann in der Medikation Heines gesehen werden. Denn im Frühjahr 1851 gibt Heine an, daß das einzige – wenn auch wirkungslose – Medikament, das er bis zuletzt eingenommen habe, Jodkali gewesen sei (Werner II, 255). Tatsächlich ist aber die innere Anwendung von Jodkalium, das das Blei im Körper durch den Harn schnell zur Ausscheidung bringen soll, ein einschlägiges therapeutisches Mittel gewesen.[35]

Heines Opium-Eigentherapie und mögliche Todesursache

Wie bereits mehrfach angedeutet wurde, ist differentialdiagnostisch die Blei-symptomatik gegen die Nebenwirkungen einer Opiumtherapie, die vielleicht gegen die starken Kolik-Schmerzen eingesetzt wurde, auszuschließen. Denn auch die chronische Morphin-Vergiftung führt zu einer ständigen Obstipa-tion. Die schmerzstillende Wirkung des Morphins kann im Gegenzuge die Schmerzursachen der Kolik sogar noch verstärken.[36] Sowohl Orfila als auch Romberg verweisen auf die Einschlägigkeit der Opium-Gabe bei Bleivergif-tung.[37] Auch Eulenburg verweist darauf, daß Opium gegen die Schmerzen ge-reicht werde bzw. Morphium therapeutisch bei der Encephalopathia saturni-na indiziert sei.[38] Und tatsächlich hat Heine sich der Opium-Therapie in einem sehr starken Maße verschrieben, denn in der gesamten Krankheitsge-schichte Heines ist nichts annähernd so ausführlich und detailliert von ihm selbst und Zeitgenossen beschrieben worden, wie die Opium-Therapie. Hei-nes Wort, die Religion sei geistiges Opium für das leidende Menschenge-schlecht (DHA XI, 103), das bekanntlich die prägnantere Formulierung von Karl Marx vorweggenommen hat, erhält von daher eine besondere biographi-sche Note.

Belegen läßt sich die Opium-Therapie durch drei jeweils von Dr. Gruby ausgestellte und bis heute im Heinrich-Heine-Institut, Düsseldorf, erhaltene Rezepte. Dr. Gruby verordnete am 2. Juli 1849 und am 4. März 1850 – ein drittes Rezept ist undatiert – jeweils Acetatis morphii und einmal Hydrochlo-ratis morphii. Die beiden datierten Rezepte verweisen ausdrücklich auf den äußerlichen Gebrauch des Morphins: »pour l'usage externe«. Die Morphium-Therapie wird aber vor dem Juli 1849, dem Ausstellungsdatum des ersten Re-zeptes, begonnen haben, denn bereits am 9. Oktober 1848 rezeptiert, wie ge-zeigt, das große Ärztekonsil »narcotiques«, die in Opium oder Morphium bestanden haben werden. Möglicherweise hat Heine auf diese ihm bereits be-kannte Medikation gedrungen, denn Caroline Jaubert erinnert sich, daß Hei-ne schon Anfang Januar 1848 mit Morphin behandelt wurde:

Cette souffrance intolérable ne cédait qu'à l'application de la morphine. On en saupoudrait des moxas, posés successivement et entretenus le long de l'épine dorsale; plus tard j'ai tenu de lui ce détail effrayant, qu'il était arrivé à absorber pour cinq cents francs par an de ce poison calmant. (Werner II, 99)

Der früheste Beleg einer Morphin-Medikation ist hiermit also in den Januar 1848 zu datieren. Wie in der gerade zitierten Erinnerung Mme. Jauberts deutlich wird, steigert Heine zunehmend seinen Morphin-Verbrauch. Am 9. Januar 1850 schreibt er in einem langen Brief an seinen Bruder Maximilian, daß er »zuweilen 7 Gran [Morphin] in 24 Stunden« einnehme und deshalb »in einer wüsten Betäubniß« lebe« (HSA XXIII, 19). 7 Gran sind umgerechnet 0,42 Gramm Morphium[39], die therapeutische Dosis von Morphium wird heute mit 10 mg angegeben.[40] Hieraus wird bereits deutlich, wie stark sich in den zurückliegenden Jahren eine Morphium-Toleranz hat ausbilden können. Hierbei ist sicherlich zu beachten, daß Heine das Morphium nicht intravenös verabreicht wurde, sondern, wie einerseits die Formulierung »pour l'usage externe« der Rezepte nahelegt, perkutan. Andererseits verweist die häufig gebrauchte Formulierung »einnehmen« auf eine perorale Zufuhr. Bei peroraler Applikation ist die Morphin-Wirkung insgesamt schwächer als bei parenteraler Zufuhr der gleichen Dosis. Im letzteren Fall tritt die Wirkung auch schneller ein.[41] Insgesamt wird berichtet, daß Heine, um sich nur ein wenig Linderung verschaffen zu können, »Morphium in drei verschiedenen Gestalten einnehmen mußte« (Werner II, 148). Die Erinnerungen Mme. Jauberts belegen die perkutane Brennkegel-Applikation, die mehrfach belegt ist (Werner II, 99, 195) und sich in der Dosierung drastisch erhöht hat: »habe schon seit diesem Morgen dreimal Morphine mir einreiben lassen und hätte nicht übel Lust, eine sehr große Portion zu verschlucken« (HSA XXIII, 236f.). Daneben hat Heine sich seit Juni 1854 täglich in eine am Hals offen gehaltene Wunde Morphin einstreuen lassen (Werner II, 269, 345, 373, 375). Auch Kataplasmen, als Morphingabe in heißen Umschlägen, sind belegt (Werner II, 123, 132). Die häufigste Applikationsweise, wohl weil sie auch die bequemste war, ist die perorale Gabe von Morphin gewesen. So berichtet Heine, daß »er heute schon einen Centner Opium verschluckt« habe (HSA XXIII, 359), daß er »2 Gran Morphium ohne Erfolg genommen« habe (Werner II, 405) und zuletzt »ungeheure Dosen Morphine« gebraucht habe (Werner II, 479). Neben diesen Applikationsweisen sind an das Morphium-Klistier und das Morphium-Suppositorium zu denken, die zeitgenössisch üblich waren. Dieser sich in den hohen Dosen beweisende extreme Morphium-Abusus hängt mit der freien Verfügbarkeit im Haushalt Heines zusammen. In ihren Erinnerungen von einem Besuch bei Heine im Oktober 1850 berichten Adolf Stahr und Fanny Lewald von einer heroischen Attitude Heines:

»Was mich immer aufrecht erhält«, sagte er, »das ist der Gedanke, daß ich all diese Schmerzen freiwillig erdulde, und sie enden kann, sobald ich will. Sehen Sie, mit der Hand kann ich auf dem Tische eine Dosis Opium ereichen, nach der ich nicht wieder aufwachen würde, und daneben liegt ein Dolch, den ich noch Kraft genug habe zu brauchen, wenn meine Schmerzen unaushaltbar werden.« (Werner II, 214)

Tatsächlich versorgt Mathilde ihren Mann bei den ersten Anzeichen seiner Schmerzen sehr schnell mit dem Medikament (Werner II, 228, 233 f., 371, 374). Offensichtlich steht auf der Konsole über dem Kamin ein Morphin-Präparat bereit:

Nous commencions à causer ensemble, lorsqu'il jeta un cri de douleur, et aussitôt Madame Heine et la garde accoururent; elles allèrent à la cheminée, lui préparèrent un petit emplâtre de morphine et le lui mirent sur le cou, ce qui parut soulager le malade instantanément. (Werner II, 374)

Bei dieser ständigen Verfügbarkeit des Rauschgifts und den hohen Dosen, die Heine zunehmend einnahm, verwundert es nicht, daß Heine auch die Nebenwirkungen des Morphins bei sich registriert. So rufen höhere Dosen von Morphin narkoseartige Zustände mit Bewußtseinsverlust hervor[42], die Heine mehrfach beklagt. August Gathy schreibt an Julius Campe am 12. September 1853:

Er lag denn auch etwas jämmerlicher da als sonst wohl, und schien anfangs nicht ganz bei klarer Besinnung zu sein, was aus seinen zerrissenen Reden und dem mühsamen Suchen nach dem gewöhnlich so trefflich beherrschten Ausdruck deutlich hervorleuchtete. Wahrscheinlich in Folge des Opiums, wovon er, wie er klagte, heut zu viel verschluckt. Doch sammelte er sich allmälig. (Werner II, 331)

Weiterhin berichtet Heine selbst, daß sein Kopf »durch die Opiate sehr ermüdet und gedankenlos« sei (HSA XXIII, 19), daß der »Kopf sehr schwach [...] durch den Uebergebrauch von betäubenden Opiaten« sei (HSA XXIII, 23), daß der Kopf »sehr dumpfig« werde, weil er »beständig Zuflucht zum Opium« nähme (HSA XXIII, 61 ff.), oder daß er »ungewöhnlich kopfbetäubt wegen [...] der zu großen Dosen von Opiaten« sei (HSA XXIII, 75). Häufig ist Heine wegen der hohen Dosen nicht mehr in der Lage, seinem Sekretär zu diktieren (HSA XXIII, 137, 148, 377 f.). Daneben ist auch die euphorisierende Wirkung des Morphins zu bemerken, die sich in Heines stimulierter Phantasie niederschlägt. So gesteht Heine seinem Verleger Campe, daß seine »geistige Aufregung [...] vielmehr Produkt der Krankheit als des Genius« sei (HSA XXIII, 225), und daß seine Phantasie ihm »in den schlaflosen Nächten die schönsten Comödien und Possen« vorspiele (HSA XXIII, 381 f.).

Auch die unmittelbare Todesursache könnte auf Morphinabusus zurückgeführt werden. Heine litt seit seinem Umzug im August 1854 in ein zwar ursprünglich als komfortableres Domizil gelobtes, nach den ersten Wochen aber
als zu feucht und zu kalt empfundenes neues Quartier an einer Erkältung, die
vielen Therapieversuchen resistierte. Nach einer längeren Folge von Leidens-
briefen, in denen Heine seinen Husten und seine »Halsentzündung« gut dokumentiert, heißt es am 19. Februar 1855: »Sie wissen nicht, daß ich zwey
Monathe todtkranker als jemals war, und noch jetzt bin ich nicht im Stande,
zu sprechen« (HSA XXIII, 414). Noch im Juni 1855 scheint Heine sich nicht
vollständig erholt zu haben, wenn er seinem Bruder Gustav gesteht, daß er im
Winter so krank gewesen sei, seinem Ende entgegensah, es ihm aber jetzt
langsam besser ginge (HSA XXIII, 426). Es ist fraglich, ob Heine im September 1855 noch den Vorjahres-Husten hat, oder ob sich ein neuer Husten ausgebildet hat. Jedenfalls klagt er Anfang September 1855 immer noch/wieder
über Husten: »hustete mich auf den Hund« (HSA XXIII, 451), im Herbst
1855 über »Lungenkrämpfe und mein entsetzlicher Husten« (HSA XXIII,
459), und im Januar 1856 »hustete [er] schrecklich 24 Stunden lang« (HSA
XXIII, 477). Dieser krampfartige Husten, der Heine über einen Zeitraum von
ca. 1 ¹/₂ Jahre geplagt hat, legt es nahe zu vermuten, daß Heine die antitussive
Wirkung des Morphiums geschätzt hat, das die Hustenanfälle beruhigt haben
wird. Gerade ein schmerzhafter und unproduktiver Husten indiziert auch
heute noch die Gabe von Morphin. Auch in der Heine-Zeit wurde diese Wirkung des Opiums u. a. gezielt gegen »pleuritischen Stichen gleichkommende
Schmerzen, trockenen, sehr quälenden, Erstickung drohenden Krampfhusten«
eingesetzt oder Morphium u. a. als »herrliches Palliativmittel, theils gegen den
quälenden Husten, die Brustbeklemmung mit stockendem Auswurf« verwendet.[43] Deshalb ist nicht auszuschließen – und der aggravierende Krankheits-
verlauf legt das auch außerhalb der Bronchialbeschwerden nahe –, daß Heine
in den letzten Monaten seines Lebens seinen Morphin- und Opiumkonsum
wiederum erhöht hat.

Gerade wegen des in Frage stehenden Verdachts einer Bleivergiftung wäre
überdies zu erwägen, ob Heines unstillbarer Husten nicht mit der bereits damals bekannten adstringierenden Wirkung von Bleipräparaten behandelt worden ist. Sobernheim schreibt in dem »Handbuch der praktischen Arzneimittellehre«:

In kleinen Gaben einverleibt, bewirken die löslichen Bleipräparate eine Verminderung aller
thierischer Ab- und Aussonderungen, eine Wirkung, die sich ganz besonders in den schleim-
secernirenden Flächen des Athmungs- und Darmapparates durch Beschränkung und end-

liche Unterdrückung der anomal gesteigerten und perversen Bronchial- und Intestinalsekre-
tion kundgibt, [...].[44]

Tatsächlich sind nach Sobernheim und auch nach Ewalds »Handbuch der allgemeinen und speciellen Arzneiverordnungslehre« Bleiacetat-Opium-Verbin-
dungen bei allen möglichen Lungenkrankheiten, wie Tuberkulose, Keuch-
husten, Pneumonie etc. indiziert.[45]

Von daher gewinnen die Aussagen Dr. Grubys, der »Mouche« und von
Heines Wärterin eine neue Bedeutung. Wie der behandelnde Arzt Dr. Gruby
am 17. Februar dem Bruder Heines schreibt, sei nach seiner Auffassung Heine
»infolge von Schwäche durch ein heftiges Erbrechen herbeigerufen« gestorben. Wie er später konkretisiert, sei Heine nicht an den Folgen seines langjährigen Leidens – er vermutete auch eine Tabes – gestorben, sondern an einer
»zufälligen Unpäßlichkeit« (Werner II, 473). Diesen Eindruck bestätigt die
späte Freundin Heines, Elise Krinitz, die kurz nach Heines Tod berichtet,
daß Heine seit drei Tagen an heftigem Erbrechen gelitten habe. Dieses Erbrechen sei ihr aber nicht verdächtig oder auffällig gewesen, da Heine bereits
häufiger langanhaltende Brechkrisen gehabt habe. So dachte sie, »diese wäre
ebensolch eine Krise, durch die ungeheuren Dosen Morphine, welche er zuletzt nahm, hervorgebracht« (Werner II, 479). Sie berichtet auch Meißner von
ihrem letzten Besuch bei dem sterbenden Heine: »Venant d'être saisi d'une de
ces crises qu'il appelait migraines, mais qui, selon toute apparence, prove-
naient de l'abus de l'Opium, il me priait de remettre ma visite au jour sui-
vant« (Werner II, 482).

Auch die Pflegerin Pauline hat vermutet, daß eine der vielen Opium-Vergif-
tungen vorläge. Denn sie versichert der »Mouche«, daß sie und der Arzt nur
an eine der üblichen Brechkrisen geglaubt habe: »[...], elle m'assura que le
médecin ne voyait aucun accident à craindre dans un état qui, je le savais moi-
même, se renouvelait chez lui de temps en temps« (Werner II, 482). Die Wärterin und die Freundin Heines vermuteten also eine Opium-Vergiftung. Möglicherweise ist die unkonkrete »zufällige Unpäßlichkeit«, die Dr. Gruby für
den Tod veranschlagt, nur ein Euphemismus für den gleichen Tatbestand. Er-
schwerend kommt zu dieser Opium- oder Morphinüberdosierung hinzu, daß
ein in der Not herbeigerufener Arzt – denn Dr. Gruby war nicht erreichbar –
Heine in Unkenntnis des Krankheitsbildes und der Medikation einen »Tee
von Orangenblüten und Wasser von Vichy« mit jeweils »einem Tropfen Laudanum« verordnete (Werner II, 474). Laudanum ist bekanntlich ein Opium-Prä-
parat, so daß dieser mit den Umständen nicht vertraute Arzt möglicherweise
eine Opium-Überdosierung mit einer Opium-Gabe zu therapieren versuchte.

So kam es nach dem überlangen Opium- oder Morphinabusus, der jede normale Magen- und Darmtätigkeit disreguliert hatte, häufiger zu starkem Erbrechen. Der Vomitus der letzten drei Tage Heines könnte dann zu einer schweren Alkalose geführt haben, die nicht mehr kompensiert werden konnte.

Schluß

Der ermittelte Bleiwert von bis zu 244 μg Blei pro Gramm Haar der mutmaßlichen Heine-Locke sollte im Rahmen der beschriebenen Symptomatik Heines diskutiert werden. Diese Diskussion war um so wichtiger, als der bloße Bleiwert solange nur schwach aussagekräftig ist, solange nicht mit Sicherheit die ersten proximalen Zentimeter der Haare vorliegen und das Alter des Haarträgers zum Zeitpunkt der Haarabnahme bekannt ist. Am Leitsymptom der Bleikolik wurde dann versucht, in der Gesamtsymptomatik Heines eine klassische Bleivergiftung zu identifizieren. Eine solche konnte am ehesten im Jahr 1836 diagnostiziert werden: Im Verlaufe dieses Jahres zeigen sich bei Heine neben den typischen Anzeichen einer Bleikolik noch weitere erwartbare Symptome einer Bleivergiftung: Eine Radialislähmung, die im Verlaufe der Zeit eine Muskelatrophie nach sich zieht, und das Bleikolorit. Hier wie auch sonst fehlten Hinweise auf den pathognomonischen Bleisaum. Auffällig bei einer weiteren beschriebenen Kolik im Frühjahr 1847 sind die hartnäckigen Obstipationen, die darauf hinweisen, daß längerfristig auf Blei-Resorption zurückgehende Spasmen des Dünndarms bestanden haben können. Von einer Bleivergiftung konnte hier allerdings nicht mit Sicherheit gesprochen werden. Ab Anfang 1848 konnte die Differentialdiagnose einer Bleivergiftung nicht mehr sichergestellt werden, da der für Heines Vita gut belegte Opium-Konsum wie eine Bleivergiftung zu einer Lähmung der glatten Muskulatur führen und schwere Obstipationen nach sich ziehen kann. Außerdem fehlten für diesen Zeitraum eigentlich unverzichtbare Hinweise auf die typische Radialislähmung oder das Bleikolorit. Die in dem Zeitraum von Frühjahr 1848 bis Oktober 1848 und ab 1850 beschriebenen Krämpfe des Unterleibs konnten also ebenfalls nicht zwingend als Bleikoliken beschrieben werden. Erst recht zurückhaltend mußte hier eine Diagnosestellung auf Bleivergiftung verfahren, insofern die Symptomtrias der Bleiintoxikation (Kolik, Radialislähmung und Bleisaum) durchaus dem zeitgenössischen Kenntnisstand der Medizin entspricht. Nicht nur die Ärzte Heines, sondern wahrscheinlich auch Heine selber sind in dieser Zeit über die Bleivergiftung, ihre Ursachen, Begleitsymptomatik und Prävention informiert gewesen. Kenntnisse hierüber hat Heine sich mit ziemlicher Sicherheit über das »Lehrbuch der Nervenkrankheiten des Menschen« von Romberg angeeignet. Die von Heine und seinen Besuchern häufig beschriebenen Krämpfe und Konvulsionen des Abdominaltraktes mußten gerade für den Zeitraum 1848 bis 1856 differentialdiagnostisch als Folgen einer palliativen Opium- und/oder Morphin-Therapie gedeutet werden. Ursprünglich wegen der starken Schmerzen des Kopfes und auch der Glieder indiziert und ärztlicherseits auch rezeptiert, übernahm Heine die Therapie wahrscheinlich zunehmend in Eigenregie. Aus dieser Selbstmedikation mußte sich mit der Zeit eine Sucht entwickeln, die immer höhere Dosen von Narkotika forderte. Die gastrointestinalen Beschwerden der letzten Jahre könnten so neben den bereits bekannten Diagnosevarianten mit einem extremen, von Ärzten, Bekannten und Pflegepersonal bezeugten Opium-Abusus erklärt werden. Unterstützend für diese Vermutung konnte einerseits auf die antitussive Wirkung des Opiums bei Husten verwiesen werden, unter dem Heine nachweislich in den beiden letzten Jahren vor seinem Tod litt. Andererseits waren gerade Blei-Opium-Verbindungen zu Heines Zeit bei hartem, unproduktivem und krampfartigem Husten indiziert. So konnten als weitere Möglichkeit der Bleiherkunft in Heines Haaren die Bleipräparate genannt werden, die wegen ihrer adstringierenden Wirkung verordnet wurden. Letztlich könnte dieses unglückliche Zusammentreffen von Opium-Abusus und Übergebrauch hustenstillender Opium-Blei-Verbindungen zum Tod geführt haben. Dieser Umstand könnte auch den hohen Bleigehalt in Heines Haarlocke erklären.

Anmerkungen

[1] Henner Montanus: Der kranke Heine. Stuttgart 1996.

[2] Zum Vergleich: Im geometrischen Mittel wiesen 1990–1992 Erwachsene im Altersintervall von 25–69 Jahren einen Bleigehalt von 1.0 μg/g auf. (Michael Wilhelm / Helga Idel: Hair Analysis in Environmental Medicine. – In: Zentralblatt für Hygiene und Umweltmedizin 198 (1996), S. 495).

[3] Deutsches Ärzteblatt 95, Heft 1–2, 5. Januar 1998 (41).

[4] Alberto Destro. – In: DHA III, 853.

[5] Rheinische Post, Nr. 287, Mittwoch, 10. Dezember 1997.

[6] Jan-Christoph Hauschild / Michael Werner: Der Zweck des Lebens ist das Leben selbst: Heinrich Heine – eine Biographie. Köln 1997, S. 619–625.

[7] Wilhelm / Idel [Anm. 2], S. 485.

[8] Peter Neukirch: Blei in der Humantoxikologie: eine Literaturübersicht. München 1982. Univ. Diss., S. 75.

[9] Vgl. hierzu instruktiv folgenden rezenten Beitrag: J. Thomas Hindmarsh/Philip F. Corso: The Death of Napoleon Bonaparte: A Critical Review of the Cause. – In: Journal of the History of Medicine and Allied Sciences 53 (1998), S. 201–218.

[10] Vgl. Brief von Prof. Dr. Steffen Berg, em. o. Prof. f. Rechtsmedizin der Universität Göttingen, vom 4. Mai 1998 an das Heinrich-Heine-Institut Düsseldorf.

[11] Wolfgang Forth: Allgemeine und spezielle Pharmakologie und Toxikologie für Studenten der Medizin. Mannheim 1987, S. 764.

[12] Louis Tanquerel Des Planches: Traité des maladies de plomb ou saturnines suivi de l'indication des moyens qu'on doit employer pour se préserver de l'influence délétère des préparations de plomb. 2 Bde. Paris 1839; deutsch 2 Bde. Quedlinburg 1842; engl. Lowell 1848; Boston 1850.

[13] Mathieu J. Orfila: Traité des poisons tirés des règnes minéral, végétal et animal ou toxicologie générale considérée sous les rapports de la physiologie, de la pathologie et de la médecine légale. Paris 1813–1815. Hier nach der Übersetzung von Sigismund Friedrich Hermbstädt zitiert: Allgemeine Toxicologie oder Giftkunde, worin die Gifte des Mineral- Pflanzen- und Thierreichs, aus dem physiologischen, pathologischen und medizinisch-gerichtlichen Gesichtspunkt untersucht werden [...] (Berlin 1818/19. Bde. I–IV). Bd. II, S. 265.

[14] Albert Eulenburg: Real-Encyclopädie der gesammten Heilkunde. Wien und Leipzig 1894, S. 451.

[15] Orfila [Anm. 13], Bd. II, S. 265. Mit Kataplasmen sind heiße Breiumschläge zur Schmerzlinderung beispielsweise bei Koliken gemeint.

[16] Eulenburg [Anm. 14], S. 451

[17] Hiermit ist das Brennen von bestimmten Hautarealen zur Steigerung der Abwehrreaktion gemeint.

[18] Vgl. hierzu und im folgenden Forth [Anm. 11], S. 765; Neukirch [Anm. 8], S. 82–114; Gustav Kuschinsky/Heinz Lüllmann/Klaus Mohr: Kurzes Lehrbuch der Pharmakologie und Toxikologie. Stuttgart 1993.

[19] Marie Lafarge wurde wegen des Verdachtes, ihren Mann vergiftet zu haben, im September 1840 der Prozeß gemacht. Der Indizienprozeß konnte über den Nachweis geführt werden, daß in der Leiche des Ehemannes noch Spuren von Arsen gefunden wurden. Das entscheidende Gutachten, das zur Verurteilung führte, wurde von Orfila vorgelegt, wenn auch nicht unwidersprochen durch ein Gegengutachten von François-Vincent Raspail.

[20] Orfila [Anm. 13], Bd. II, S. 243–246 u. 264f.

[21] Ebd., S. 256–269.

[22] Ebd., S. 281–285.

[23] Forth [Anm. 11], S. 766.

[24] Moritz Heinrich Romberg: Lehrbuch der Nerven-Krankheiten des Menschen. Berlin 1851 Bde. 1 u. 2. Hier wird die 2. Auflage zugrunde gelegt, weil Heine die 3. Auflage nicht kennen konnte und weil die 1. Auflage in einem weitaus größeren Zeitabstand zu dem Datum der Erinnerung Alfred Meißners erschienen ist als die 2. Auflage.

[25] Romberg [Anm. 24] Bd. II, S. 138–191.

[26] Ebd., S. 151–157 (Bleilähmung) und S. 185–191 (Tabes).

[27] Ebd., S. 185 ff.

[28] Kaare Weismann: Neurosyphilis, or chronic heavy metal poisoning: Karen Blixen's lifelong disease. – In: Sexually Transmitted Diseases 22 (3) (1995), S. 137–144.

[29] Eulenburg [Anm. 14], S. 455.

[30] In Platons Dialog »Phaidon« appelliert der sterbebereite Sokrates: »Kriton, wir schulden dem Asklepios einen Hahn; entrichtet ihm den und versäumt es nicht.«

[31] Neukirch [Anm. 8], S. 83.

[32] Hauschild/Werner [Anm. 6], S. 194 ff.

[33] Ebd.

[34] Nach Julius Petersen ein auf Hippokrates zurückgehendes Heilmittel und Laxativum. (Julius Petersen: Hauptmomente in der geschichtlichen Entwicklung der Medizinischen Therapie. Kopenhagen 1877, S. 71).

[35] Eulenburg [Anm. 14], S. 460 u. 482. Man hoffte, daß sich durch die Gabe von Jodkalium das Blei in Jodblei verwandle und dann ausgeschieden werden könne. Später hat man erkannt, daß das nicht der Fall ist.

[36] Forth [Anm. 11], S. 530 u. Kuschinsky/Lüllmann/Mohr [Anm. 18], S. 269.

[37] Romberg [Anm. 24], Bd. I, S. 319 u. Orfila [Anm. 13], Bd. II, S. 282 ff.

[38] Eulenburg [Anm. 14], S. 460 u. 464.

[39] Hier ist die Umrechnungstabelle von Ewalds »Handbuch« zugrunde gelegt, nach der für 1 Gran 0,0609 Gramm zu berechnen sind. (Carl Anton Ewald: Handbuch der allgemeinen und speciellen Arzneiverordnungslehre. Auf Grundlage der neuesten Pharmacopoen. 11. neu umgearbeitete u. vermehrte Auflage. Berlin 1887).

[40] Forth [Anm. 11], S. 528.

[41] Kuschinsky/Lüllmann/Mohr [Anm. 18], S. 267.

[42] Ebd., S. 266.

[43] Joseph Friedrich Sobernheim: Handbuch der praktischen Arzneimittellehre für angehende, praktische und Physikats-Ärzte, so wie als Leitfaden für den akademischen Unterricht. Berlin 1840. Hier 2. Teil, S. 17 u. 22.

[44] Sobernheim [Anm. 43], Bd. II, S. 279.

[45] Ebd., S. 281; Ewald [Anm. 39], S. 564 ff. – Für Ackerknecht ist dies ein Ausdruck von »abstoßendem Arzneimittelmißbrauch« und »romantischer Polypharmazie« (Erwin Ackerknecht: Therapie von den Primitiven bis zum 20. Jahrhundert. Stuttgart 1970, S. 98).

Mouche

Ich liege so gerne wach in der Nacht
Und denke und grüble und träume.
Das Mondlicht schleicht lautlos den Flur entlang,
Es flüstern im Garten die Bäume.

Ich träume von alter, vergangener Zeit,
Als wärst du mein Lieb Heinrich Heine,
Ich bin die Mouche und beug mich auf's Bett,
Und halt deine Hände und weine.

Du lehrst mir des Lebens tiefinnersten Werth,
Und lehrst mich die Menschen zu hassen,
Und küsst mir den heissen, rothen Mund,
Ich küss dir die Wangen, die blassen.

Wie traurig, dass dann, beim Morgengraun
Die alten Träume zerrinnen –
O Heinrich, Heinrich, du bist fort
Was soll an diesem fremden Ort
Die arme Mouche beginnen ...

Elise Krinitz
Phantasie-Porträt der »Mouche« mit einem handschriftlichen Gedicht
Künstler und Verfasser sind unbekannt

Wer war Heinrich Heines »Mouche«?

Dichtung und Wahrheit

Von Menso Folkerts

In der Heinrich-Heine-Forschung hat Elise Krinitz, alias Camille Selden, einen festen Platz: Durch ihr Buch »Les derniers jours de Henri Heine«, das 1884 erschien, wurde sie schlagartig weltberühmt, und in jeder Heine-Biographie wird sie als seine letzte Freundin, die er zärtlich »Mouche« nannte, angemessen gewürdigt. Schon zuvor hatte sie sich – zumindest in Frankreich – durch ihre Publikationen als Schriftstellerin einen Namen gemacht. Über ihre Herkunft findet man in der Sekundärliteratur jedoch recht unterschiedliche Informationen: Sie soll aus Sachsen, Österreich, Ungarn oder Prag stammen, und als Geburtsjahr werden Daten zwischen 1828 und 1835 angegeben. Einigkeit besteht im allgemeinen darüber, daß sie adoptiert wurde und danach den Namen Elise Krinitz oder Elise de Krinitz trug; »Camille Selden« wurde ihr Künstlername, unter dem sie u. a. auch ihr Buch über die letzten Tage Heines veröffentlicht hat.

Mouche selbst hat dafür gesorgt, daß ihre Herkunft von einem geheimnisvollen Schleier umgeben blieb: In den offiziellen Dokumenten, die sie zu verschiedenen Zeiten in Frankreich ausfüllen mußte, und in ihren Schriften gab sie unterschiedliche Geburtsdaten an, und den Personen, die sie kennenlernte, offenbarte sie nicht ihre wahre Identität. In den Memoiren, die sie als Auftragsarbeit nach ihrem erfolgreichen Buch über Heine verfaßte[1] und die in etwas geänderter Fassung in den Jahren 1884 und 1885 in »Schorers Familienblatt« erschienen, drückt sie sich ebenfalls nicht klar aus; an manchen Stellen hat sie vermutlich bewußt falsche Spuren gelegt. So war der Phantasie Tür und Tor geöffnet.

Die Frage nach der Herkunft der Mouche schien gelöst, als der Schriftsteller und Philosoph Fritz Mauthner 1880 Mouche in Rouen besuchte, um mit ihr über die deutsche Ausgabe der Memoiren zu verhandeln. Als sie ihm über ihre Kindheit berichtete und dabei auch das Haus beschrieb, in dem sie geboren war, wurde Mauthner aufmerksam, weil er hier den Weg zu erkennen glaubte, den er als Gymnasiast in Prag oft gegangen war. Er schreibt später:

> Ich vergaß mein bißchen Französisch und unterbrach sie auf deutsch: »Aber das ist ja das
> ...sche Palais in der Spornergasse!« Sie hat die Stelle später geändert und gekürzt und hat
> mich gebeten, nicht zu erzählen, was ein seltsames Zusammentreffen mir verrathen hatte,
> den Namen der Familie, in deren Hause sie geboren war. In jenem Augenblicke aber war sie
> ganz verblüfft. Sie habe nie geglaubt, daß sie so genau beschrieben hätte, sie habe ein Phan-
> tasiebild zu geben geglaubt. [...] Ich hatte keine Frage gestellt. Sie deutete mir aber an, daß
> sie – wenn ich ihre halben Worte richtig verstanden habe – als Tochter einer Gouvernante in
> jenem Prager Palais das Licht der Welt erblickt habe. Sie behandelte den Gegenstand mit
> einer romanhaften Geheimnisthuerei; ich habe kein Urtheil darüber, ob sie dafür einen ern-
> sten Grund hatte, oder ob es nur Gethue war. Sie spielte offenbar Verstecken.[2]

Ausgehend von diesem Bericht verfestigte sich die Meinung, Mouche sei in Prag in der Spornergasse Nr. 7 als uneheliche Tochter des Grafen Nostitz und einer Gouvernante zur Welt gekommen; die Mutter sei im Wochenbett gestorben. Diese Meinung vertrat auch Friedrich Hirth; zwar konnte er trotz umfangreicher Recherchen in den Kirchenbüchern Prags keine Spur der Taufe des betreffenden Mädchens finden, jedoch behauptete er: »Auf Grund amtlicher Akten kann alles Wissenswerte über sie gesagt werden – mit einer Ausnahme: den Namen, den sie bei ihrer Geburt und Taufe trug, umhüllt noch immer undurchdringliches Geheimnis«.[3] Als Geburtstag gibt Hirth den 26. Juni 1828 an.

In der Folgezeit wurde immer wieder die Meinung vertreten, Mouche sei adliger Herkunft und stamme aus Prag. Corinne Pulver, Autorin der neuesten und umfangreichsten Biographie der Mouche, die auf 270 Seiten ihr Leben und Werk darstellt, läßt daran keinen Zweifel.[4] Pulver weiß auch, daß das »Traum-Leben in einem vornehmen Prager Haus« die ersten drei bzw. fünf Jahre der jungen Elise ausfüllte und sie dann im Jahre 1835 mit ihrer Mutter nach Paris »ins Exil« fuhr[5]; demnach müßte sie zwischen 1830 und 1832 geboren sein. Für die Gründe dieses Umzugs gibt Pulver eine phantastische Erklärung: Sie konstruiert eine »romantische, rührende und etwas melodramatische Geschichte, wie sie zu dieser Zeit und ihrer ›guten‹ Gesellschaft gehörte und gang und gäbe war«.[6] Diese Geschichte, die auf Angaben der Mouche in ihren Memoiren und auf Pulvers Phantasie beruht, ist tatsächlich romantisch und rührend, aber leider ziemlich falsch.

Der Wahrheit etwas näher kommen Angaben zur Biographie der Mouche, die man bei Jean Wright findet. Seine Dissertation, die 1931 gedruckt wurde, beschäftigt sich vornehmlich mit ihrem literarischen Werk, behandelt aber auch ihr Leben. Im ersten Kapitel (»Enfance et jeunesse«) geht Wright auf die verschiedenen Hypothesen über Mouches Herkunft ein. Er stellt fest, daß sie »par une certaine Madame de Krinitz« adoptiert wurde[7] und seitdem Elise de Krinitz hieß. Dieses neue Leben begann »probablement en 1833«. Interessant ist die Arbeit insbesondere dadurch, daß Wright als einen möglichen Geburtsort der Mouche auch Torgau anführt. Dies beruht auf Informationen, die der Bibliograph Otto Lorentz einholte, als er sich an Camille Selden wandte, um für den Gesamtkatalog der Pariser Bibliothèque Nationale ihr Geburtsdatum und ihren Geburtsort zu ermitteln.[8] Sie war nicht bereit, ihren wahren Namen zu nennen, aber immerhin erfuhr Lorentz 1870 von ihr, sie sei »aux environs de Dresde« geboren. Als Lorentz sich 1877 bei einem in Leipzig lebenden Vetter nach Einzelheiten erkundigte, teilte ihm dieser mit, Mouche sei die Tochter eines armen Fischers aus der Umgebung von Torgau, dessen Namen man nicht kenne; später sei sie von dem Ehepaar Krinitz adoptiert worden. Offenbar schien Wright diese Nachricht nicht genügend glaubhaft; jedenfalls ist Torgau bei ihm nur einer von vielen Orten, an denen Mouche geboren sein könnte.[9]

Diese Spur ist später nicht weiter verfolgt worden. Überhaupt fand die recht solide Arbeit von Wright im deutschsprachigen Bereich wenig Beachtung; auch bei Pulver wird sie nicht erwähnt. Statt dessen hat man dem Aufsatz von Hirth mehr geglaubt, so daß heute zumeist vermerkt wird, Mouche sei um 1830 in Prag geboren worden.

In Wahrheit wurde Mouche im Jahre 1825 in Belgern geboren, einer kleinen Stadt an der Elbe etwa 15 Kilometer südöstlich von Torgau. Das Kirchenbuch gibt alle wichtigen Informationen mit der üblichen Präzision[10]: Sie erblickte am 22. März 1825, nachts um ¹/₂ 12 Uhr, das Licht der Welt und wurde am 24. März auf den Namen Johanna Christiana getauft. Sie war das zweite Kind und die erste Tochter von Christian Friedrich Müller, Bürger und Tuchmachermeister in Belgern, und seiner ersten Frau Johanna Christiana, geb. Schumann. Daß der Vater der kleinen Johanna Christiana ein angesehener Bürger war, kann man daraus schließen, daß als Paten drei Handwerksmeister bzw. deren Ehefrauen fungierten.[11]

Die Mutter, die wie ihre Tochter Johanna Christiana hieß, starb laut Kirchenbuch[12] »d. 23. März des Nachts ¹/₂ 12. Uhr«, also einen Tag nach der Geburt ihrer Tochter, an den Folgen der Entbindung. Die junge Frau wurde am 27. März auf dem Friedhof in Belgern begraben; sie wurde nur 24 Jahre alt.

Einen Monat später, am 30. April 1825, erschien der Witwer in der Wohnung des Pfarrers und fragte an, ob der Name der kleinen Tochter geändert werden könne. Dieser Vorgang wurde vom Pfarrer protokolliert. Sein Bericht

wurde zwischen die Seiten des Kirchenbuchs, auf denen sich der Taufeintrag
befindet, eingebunden. Es heißt dort:

> Pfarrwohnung Belgern, den 30 April, 1825.
>
>   Heute erschien der hiesige Bürger und Tuchmacher, Mstr: Christian Friedrich Müller, und
> erklärte, daß seine jüngste Tochter, nach deren Geburt die Mutter sehr bald verschied, zwar
> mit dem Namen: Johanne Christiane, getauft worden sey, er, der Vater, aber wünsche, daß
> sie die Namen: Emilie Adolphine Elise, in Zukunft führen möge und fragte an: ob diese
> letztern drey Namen nicht statt der erstern zwey ins Kirchenbuch eingetragen werden könn-
> ten. Diesem Wunsche hatte der Endes unterschriebene nichts entgegenzusetzen und erklärte
> hierauf Mstr. Müllern, daß obige letztern 3 Namen statt der erstern zwey ins Kirchenbuch
> eingetragen werden sollten.
>
>   Zu mehrerer Beglaubigung hat Mstr: Müller diesen Aufsatz unterschrieben und es wird
> derselbe hierdurch zugleich von dem Endes gesetzten, als Wahrheit, beglaubiget.
>   Dat ut supra
>   Meister Christian Friedrich Müller
>   Bürger und Tuchmacher allhier.
>   Johann Carl Friedr Kirsch, Oberpfarrer.

Der Sinn dieser Namensänderung wird klar, wenn man den Zusatz zum Taufeintrag betrachtet, der unter dem Taufnamen des Kindes und dem Namen des
Vaters eingetragen wurde. Er lautet:

> Soll nach dem Willen des Vaters Emilie Adolphine Elise genannt werden; lt. Protocoll Bel-
> gern, den 30. April d.J. Dieses Kind wurde d. 7. August 1826 von dem Kaufmann, Hr.
> Adolph Krinitz in Paris adoptiret.

Es handelt sich bei der kleinen Johanna Christiana Müller also um das Kind,
das von Adolph Krinitz und seiner Ehefrau adoptiert wurde und später als
Heines »Mouche« bekannt werden sollte. Die Adoption erfolgte erst am
7. August 1826, also mehr als ein Jahr nach der erfolgten Namensänderung.

  Der Grund für die Adoption liegt auf der Hand: Als die Mutter unmittelbar nach der Geburt ihrer Tochter starb, mußte ihr Ehemann plötzlich allein
für die neugeborene Tochter und seinen Sohn sorgen. Unter diesen Umständen lag es nahe, die Tochter für die Adoption freizugeben.

  In den Kirchenbüchern von Belgern werden Christian Friedrich Müller
und seine Ehefrau Johanna Christiana, geb. Schumann, nur in den beiden genannten Einträgen erwähnt. Die Geburt des ersten Kindes, eines Sohns, ist
nicht vermerkt. Daraus muß man schließen, daß beide Eheleute nicht aus Belgern stammten und erst relativ kurz vor der Geburt ihrer Tochter zuzogen.
Christian Friedrich ist nach dem Tod seiner Ehefrau keine neue Ehe in Belgern eingegangen und wird dort auch im Totenbuch nicht erwähnt. Er ist also

nicht in Belgern geblieben. Mehr ist über die Herkunft der wahren Eltern der Mouche bisher nicht bekannt.

Anders verhält es sich bei den Adoptiveltern Adolph und Emilie Krinitz. Es ist erstaunlich, daß man in der Heine-Literatur und in den Arbeiten zur Mouche fast nichts über die Herkunft des Ehepaars Krinitz liest; im allgemeinen erfährt man nur, daß der Adoptivvater als Kaufmann große Verluste machte und zeitweise in Amerika lebte, während die Adoptivmutter mit Mouche ein mehr oder weniger kärgliches Leben in Paris fristete.

Adolph Krinitz' Großvater, Andreas Krinitz (1681–1745), war Pastor in Crandorf im Erzgebirge[13]; er war mit der Tochter des Pastors im benachbarten Schwarzenberg verheiratet.[14] Das jüngste seiner zehn Kinder, Christian Traugott Krinitz, kam am 12. Dezember 1745 in Schwarzenberg zur Welt.[15] Wahrscheinlich veranlaßte ihn ein älterer Bruder, nach Bautzen zu gehen und eine Stelle bei der sächsischen Administration anzunehmen.[16] Christian Traugott arbeitete dort als Sekretär des Landeshauptmanns der Oberlausitz in der Finanzverwaltung. Als 1821 die Landeshauptmannschaft aufgelöst und durch eine Oberamts-Regierung ersetzt wurde, erhielt Christian Traugott Krinitz den Titel »Oberamtsregierungs-Advokat«.[17] Als Mitglied der Provinzialverwaltung der Oberlausitz war er ein angesehener Bürger Bautzens. Dort starb er am 20. Dezember 1823.[18]

Christian Traugott Krinitz hatte sich am 7. Juli 1778 in Bautzen mit Friederica Carolina Prenzel (1759–1800) vermählt, der Tochter eines dort ansässigen Kaufmanns.[19] Aus der Ehe gingen acht Kinder hervor[20], unter ihnen die beiden Söhne Johann Carl Christian (geb. 30. 7. 1780)[21] und Adolph Traugott (geb. 14. 10. 1786).[22] Johann Carl Christian Krinitz machte in der sächsischen Armee Karriere: Er brachte es zum Hauptmann der Artillerie und war Träger mehrerer Orden.[23] In der Garnisonstadt Torgau dürfte er Emilie Koch, die spätere Adoptivmutter der Mouche, kennengelernt haben. Beide vermählten sich am 22. Juni 1812 in Torgau[24]; die Ehe blieb kinderlos. Das Ehepaar lebte in Dresden, jedoch starb der Ehemann bereits am 8. Mai 1817.[25] Schon im nächsten Jahre, am 24. Mai 1818, heiratete seine Witwe in Bautzen seinen Bruder Adolph Krinitz; das Kirchenbuch vermerkt als Beruf des Bräutigams: »Kunst- und Handelsherr in Leipzig«.[26]

Die Adoptivmutter der Mouche, Emilie Krinitz, war die älteste von vier Töchtern von Friedrich Leberecht Koch (1761–1837). Dieser war das 15. von 17 Kindern eines Rittergutsverwalters aus Brehna, einem Ort zwischen Halle und Bitterfeld.[27] Nach einem Theologiestudium in Leipzig wurde er 1793 Diakon in Mittweida. 1794 vermählte sich Koch mit Caroline Auguste Schindler aus Zerbst. 1802 promovierte er in Wittenberg zum D. theol. Ein Jahr zuvor,

1801, war er Stadtpfarrer und Superintendent in Torgau geworden, wo er bis zu seinem Tod blieb. Er leitete während der Belagerung Torgaus durch die napoleonischen Truppen vom 24. November 1813 bis 10. Januar 1814 die Kapitulationsverhandlungen.

Das älteste Kind F. L. Kochs und seiner Ehefrau, (Caroline) Emilie Koch, kam am 20. Juni 1795 zur Welt. Als sie die Ehe mit Johann Carl Christian Krinitz einging, war sie also gerade erst 17 Jahre alt, bei seinem Tod noch nicht einmal 22 Jahre. Ihr zweiter Ehemann, Adolph Krinitz, betrieb zunächst zusammen mit einem gewissen Zschech in Leipzig ein Exportgeschäft (»Handlung«). Als Kaufmann reiste er viel, u. a. nach Kopenhagen und Paris. Schon im Dezember 1822 war das Ehepaar in Paris ansässig.[28] In der Folgezeit lebten Adolph und Emilie Krinitz überwiegend in Paris, jedoch hielten sie sich öfters auch in Torgau auf, wo sie Emilies Eltern und ihre drei jüngeren Schwestern (Henriette, Franziska, Rosalie) besuchten.[29]

Da auch Emilies zweite Ehe kinderlos blieb, beschloß das Ehepaar, ein Kind zu adoptieren. Es lag nahe, daß sich das Ehepaar in der Heimat von Emilies Eltern nach einem geeigneten Kind umsah. Wir wissen aus Tagebucheintragungen von Emilies Schwestern, daß Emilie ein kleines Mädchen mit Namen Georgine zu sich nehmen wollte; da dieses aber kränklich war, nahm sie von ihrem Vorhaben Abstand.[30] Ein anderer Plan ließ sich dagegen realisieren: Emilies Vater, der als Superintendent von Torgau auch für die Kirche in Belgern verantwortlich war, wird sicher erfahren haben, daß die Mutter der kleinen Johanna Christiana Müller im Kindbett gestorben war. Die Namensänderung des Kindes in Emilie Adolphine Elise weist deutlich auf die geplante Adoption durch das Ehepaar Emilie und Adolph Krinitz hin. Demnach war die Adoption schon am 30. April 1825 vorgesehen, als der Vater des Kindes beim Pfarrer von Belgern wegen der Namensänderung erschien. Sie erfolgte jedoch erst über ein Jahr später, am 7. August 1826. Ein Grund für die Verzögerung könnte darin liegen, daß das Ehepaar Krinitz nicht eher nach Torgau reisen konnte. Jedenfalls traf Emilie am 2. August 1826 von Paris aus in der Heimat ein.[31] Demnach ist anzunehmen, daß die Adoption in Sachsen und nicht in Paris erfolgte. Der Ort der Adoption konnte bisher allerdings noch nicht ermittelt werden.[32]

Als Emilie Krinitz von Torgau aus nach Belgern fuhr, um das künftige Adoptivkind zu holen, wurde sie von ihrer sechzehnjährigen Schwester Rosalie begleitet. Diese schrieb in ihr Tagebuch:

Wenige Tage nach ihrer [Emilies] Ankunft fuhren wir nach Belgern, wo das Mädchen war, eine mutterlose Waise von noch nicht 18 Monat. Rührend war die Scene, als Emilie das Kind

sah, seine Stiefmutter brachte das holde Mädchen. [...] Ein anwesender Arzt besah das Kind
noch einmal und erklärte es für kerngesund. [...] Gegen Abend fuhren wir fort, unsre liebe
Eliese (sie hieß erst Johanna Christiana Müller und jetzt Emilie, Adolphine, Eliese) mit uns
[...] – In den folgenden Tagen wurden die Sachen der Adoption vollendet und sie war ganz
unser; ihr Vater, ein noch junger Mann, kam noch ein paarmal, um sie zu sehen, und prieß
Gottes Güte, der ihm einen solchen Zufluchtsort für sein Kind zeigte, da er in drückender
Armuth lebt.[33]

In der Folgezeit hat sich die kleine Elise überwiegend bei ihren Adoptiveltern
in Paris aufgehalten. Die Kontakte in die Heimat der Mutter blieben aber erhalten: Von April bis Juli 1828 waren Mutter und Tochter wiederum in Torgau. Sie besuchten dort nicht nur Emilies Eltern und Geschwister, sondern
auch die Verwandten von Emilies Mutter in Zerbst. Von Zerbst aus fuhren sie
weiter nach Magdeburg und nach Wörlitz und besichtigten dort die Parkanla-
gen und Schlösser.[34] Emilie und Elise besuchten auch die Verwandten von
Adolph Krinitz in Bautzen und reisten von dort weiter nach Zittau und ins
Zittauer Gebirge, wo sie sich u.a. die Klosterruine in Oybin ansahen.[35] Aus
den Jahren 1831 bis 1834 haben sich drei Gedichte erhalten, die der Ehemann
von Emilies jüngster Schwester Rosalie, der Mathematiklehrer Fooke Hoissen
Müller, an Emilie und Elise schickte, sowie ein weiteres Gedicht, das Müller
für seine Adoptivnichte Elise als Geschenk für ihren Großvater in Torgau verfaßt hat.[36] Überhaupt scheinen Elises Beziehungen zu ihrer Tante Rosalie
Müller, geb. Koch, besonders eng gewesen zu sein. Es existiert noch ein Brief,
den die damals knapp achtjährige Elise am 27. Januar 1833 an ihre Tante Rosalie schickte; auf der einen Seite schreibt sie deutsch, auf der anderen französisch, wobei die deutschen Sätze nicht fehlerfrei sind.[37]

Einige Anspielungen in der Autobiographie und in anderen Schriften der
Mouche lassen sich auf Torgau und auf die Familie des Vaters ihrer Adoptivmutter, des Superintendenten Koch, beziehen, wobei sich allerdings Dichtung
und Wahrheit vermischen: Das »schläfrige Provinzialnest mit einem men-
schenleeren Marktplatz, altertümliche, graue und verwittert aussehende Häuser«[38] paßt sicherlich nicht, wie bisher angenommen, zu Prag, aber sehr gut
zu Torgau. Das vornehme, alte Haus mit der großen Treppe und dem grünen
Salon, in dem sich in einem großen Vitrinenschrank Kristallgefäße, Tabakdo-
sen und anderes befanden[39], dürfte das Gebäude der Superintendentur in Torgau bei der Stadtkirche gewesen sein. Die alte Dame des Hauses, die streng
darauf achtete, daß keiner ohne ihre Erlaubnis ein Wort sprach[40], war vermutlich die Frau des Superintendenten Koch. Die prächtigen Schlösser mit schat-
tigen Wegen und Bildsäulen[41] erinnern an die Wörlitzer Schlösser. Die Tante
mit den Turteltauben, die nach Elises Worten oft weinte[42], war Rosalie Koch.[43]

Paris le 27 Janvier 1833.

Ma chère tante...

Si tu savais combien je suis contente que tu
auras un enfant, et dans le mois où je suis
née, c'est bien singulier, N'est ce pas? Je te dirai
ma bonne, bonne tante, que je suis en train
de tricoter une paire de bas pour mon petit
cousin, car, c'est un petit cousin que j'aurai
Oh! que je voudrais l'entendre crier! Mal-
heureusement je ne l'entendrai ni le verrai de
sitôt. C'est bien affligeant que nous sommes si
éloignés. Hélas! on ne peut y remédier, c'est
un voeu qui ne pourra nous servir à rien.
Embrasse de ma part ma chère bonne
Maman, mon bon Grand Papa, mon oncle
Foote, Maman envoie beaucoup de baisers
à toutes les personnes que je viens de
nommer.   Je t'embrasse ma bonne
            tante ton Elise. t. P. B. P.

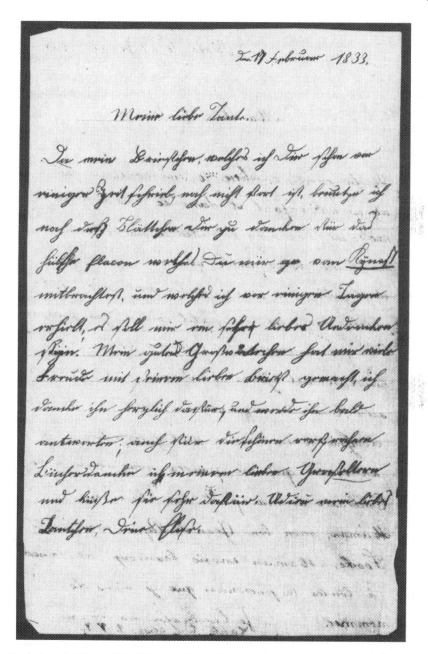

Briefe der achtjährigen Elise Krinitz in französicher und deutscher Sprache an Rosalie Müller, geb. Koch, die Schwester ihrer Adoptivmutter

Sie vermählte sich 1832 mit Fooke Hoissen Müller, der neben seiner Tätigkeit als Mathematiklehrer an verschiedenen Gymnasien auch Musikinstrumente herstellte, auf ihnen spielte und Dichtungen in hoch- und plattdeutscher Sprache schuf.[44] Er war es, den Mouche meint, wenn sie von einem Mathematiker redet, der zwölf Stunden des Tages in der Algebra steckt und doch noch Zeit für Dichtungen und Musik aufbringt.[45]

Die weitere Lebensgeschichte der Mouche ist einigermaßen bekannt[46]: Ihr Vater Adolph ging, wie schon erwähnt, von Paris aus nach Amerika, um dort Bankgeschäfte zu machen. Dies geschah vermutlich im Jahre 1834.[47] Mutter und Tochter blieben in Paris. Elise erhielt zunächst Privatunterricht durch ihre Mutter und später durch einen Hauslehrer. Die Geschäfte des Vaters in Amerika mißlangen. Man war schließlich froh, daß er 1835 in New York eine Stelle mit 800 Dollar Gehalt bekam, aber wenig später war er wieder in Paris, wo er schließlich dauernd wohnte.[48] Durch seine geschäftlichen Mißerfolge stürzte Adolph Krinitz seine Familie in Armut.

Auf einer Reise nach Le Havre im August 1847 begegnete Mouche dem deutschen Dichter Alfred Meißner. Sie verliebte sich in ihn und suchte ihn im nächsten Jahr wieder auf, als er sich in Paris aufhielt. Meißner erwiderte ihre Liebe nicht, doch erfuhr sie durch ihn viel über seinen Freund Heinrich Heine. Wenn man ihren eigenen Aussagen glaubt, hat sie wenig später (vermutlich 1849) einen reichen Mann geheiratet, jedoch versuchte dieser bald, sie loszuwerden, indem er sie in England in eine Irrenanstalt steckte.[49] Von 1853 an lebte sie wieder in Paris. Im Juni 1855 suchte sie Heine auf, möglicherweise, um über ihn wieder in Kontakt zu Meißner zu kommen. Heine war sofort von ihr angetan; er nannte sie seine »Mouche«. Bis zu seinem Tod am 17. Februar 1856 besuchte sie Heine fast täglich. Nach seinem Tod teilte Mouche Meißner in einem langen Brief ihre Freundschaft zu Heine mit.[50] Als Meißner nach Paris kam, um Material für seine »Erinnerungen an Heinrich Heine« zu sammeln, stellte Mouche ihm die in ihrem Besitz befindlichen Briefe, Notizen und Gedichte zur Verfügung. 1857 endete die einseitige Beziehung zwischen Mouche und Meißner. Ein Jahr später begann eine Liaison mit dem Philosophen und Literaturkritiker Hippolyte Taine, die bis 1868 anhielt. In dieser Zeit veröffentlichte Mouche unter dem Pseudonym Camille Selden drei Bücher: den Roman »Daniel Vlady« (1862), »L'esprit des femmes de notre temps« (1865) und »La musique en Allemagne. Mendelssohn« (1867). Vor allem durch positive Besprechungen dieser Bücher durch Taine wurde Mouche schnell berühmt. Sie verkehrte in dieser Zeit auch in dem Haus des sächsischen Gesandten Albin Leo von Seebach, in dem eine geistig anregende Atmosphäre herrschte.[51]

Nach der Trennung von Taine zog sich Mouche aus dem öffentlichen Leben zurück, veröffentlichte aber weiterhin Bücher, u. a. eine Übersetzung von Goethes »Wahlverwandtschaften«. Ihr Buch über die letzten Tage von Heine, das 1884 erschien, erregte sogleich großes Aufsehen. Noch im gleichen Jahr wurden deutsche und englische Übersetzungen ihres Heine-Buchs veröffentlicht; außerdem wurde eine Bearbeitung ihrer Memoiren in »Schorers Familienblatt« gedruckt. Trotzdem lebte Mouche weiterhin recht zurückgezogen. Im Jahre 1882 wurde sie durch Vermittlung des Konservators des Louvre-Museums, Louis de Ronchaud, zur Lehrerin der deutschen Sprache am neueröffneten Lycée des filles in Rouen ernannt, obwohl sie keine Prüfung abgelegt hatte. Ihre Lehrqualitäten wurden von dem zuständigen Schulinspektor wenig günstig beurteilt: Sie sei eher ein literarischer Geist als ein Professor.[52] Mouches Versuche, nach Paris oder Versailles versetzt zu werden, scheiterten. Die letzten Jahre ihres Lebens verbrachte sie in relativer Armut; die in ihrem Besitz befindlichen Heine-Manuskripte hatte sie bereits 1882 verkauft.

Elises Adoptiveltern waren schon zuvor beide in Paris gestorben: Adolph am 19. September 1862 im Alter von 75 Jahren, Emilie am 22. September 1871 im Alter von 76 Jahren. Sie wurden in einem Familiengrab auf dem Friedhof Montmartre in Paris bestattet.[53] Elise, alias Camille Selden, starb am 7. August 1896, also mit 71 Jahren, in einem Häuschen in Orsay, wo sie ihren Urlaub zu verbringen pflegte, und wurde dort auch begraben. Sogar in der Sterbeurkunde wurden falsche Herkunftsdaten angegeben; es heißt dort[54]: »[...] née en Hongrie le 22 mars, 1832 ou 1833, fille de père et mère inconnus«.

Anhang

Gedichte von Fooke Hoissen Müller[55]

An Emilie Krinitz[56]

Darf ich Dir in Deine Trauer reden,
Darf ich theilen meiner Schwester Leid?
Neu und zart sind uns'rer Liebe Fäden,
Doch ein heil'ger Schmerz hat sie geweiht.

Eine Blume von dem Grabeshügel,
Thränen, die die Liebe drauf geweint,
Sind dem Herzensbunde Pfand und Siegel,
Daß er ewig, auch für Leiden, eint.

Ist mir doch, seitdem ich an der Bahre
Einer Schwester mit dem Vater stand,
Ist mir doch, als hätt' ich viele Jahre
Vater, Mutter, Schwestern Euch genannt.

Thränen hab' ich nur, ach nur Cypressen,
Reift kein andrer Balsam für den Schmerz?
Kann das Menschenherz sich selbst vergessen,
Wenn die Wunden bluten? will's das Herz?

Deinen Schmerz erhöht die weite Ferne,
Unsren mehrt des Grabes Nähe hier;
Die wir liebten, floh in's Reich der Sterne,
Ach, und ohne Scheidekuß von Dir!

Laß uns weinen, laß in heißen Thränen
Sich ergießen das gepreßte Herz,
Laß uns beten – als ein gläubig Sehnen
Steigt des Christen Trauer himmelwärts.

Wenn wir stark sind, sieht ein Engel oben
Freudig, was er an der Mutter pries;
Wird uns bei dem lieben Gott beloben,
Wie uns scheidend noch sein Mund verhieß.

Keine Klage – o sie schläft so leisen
Paradiesesschlummer! stör' ihn nicht.
Engel haben sie mit sanften Weisen
Nach des Tages Drängen eingewiegt.

Stör' ihn nicht! – Ihr Herz, es war wohl müde,
Viel bewegt hat es des Lebens Spiel
Sanft und rauh – doch eh' es brach, war Friede,
Sie war glücklich, eh' der Vorhang fiel.

In des Lebens höchster Wonne scheiden,
Aus dem Paradies gen Himmel fliehn,
Eh's der Herbst entfärbt – ist zu beneiden:
Laß sie zieh'n in Frieden – laß sie zieh'n.

Sieh, kein Schmerz umwölkt die theuren Züge,
Die ein Traum von Seligkeit umzieht;
O, so träumt der Säugling in der Wiege,
Wenn die Mutter leise betend kniet.

Und ihr Traum begann schon vor dem Schlummer,
Erdenleiden fühlte sie nicht mehr,
Überirdisch waren Freud' und Kummer,
Doch der Freude war unendlich mehr.

Eh' das theure Auge war gebrochen,
Sah ich Engel um ihr Lager steh'n,
Freundlich haben sie zu ihr gesprochen:
»Schwester, komm', dort oben ist's so schön!«

Und des Lichtreichs unumwölkte Klarheit
Grüßte lächelnd ihr verklärter Blick,
Ihre Himmelsahnung ward zur Wahrheit,
Und die Erde sank in Nacht zurück.

Und wir steh'n an der entseelten Hülle,
Und das Herz, es will in Leid vergeh'n,
Und wir beten: »Herr, es war Dein Wille,
Er ist heilig, und er muß gescheh'n.«

Liebend noch ist uns ihr Geist geblieben,
Leise Stimmen weh'n um ihre Gruft,
Fester, heil'ger, reiner uns zu lieben,
Bis auch uns der Friedensengel ruft.

Inn'ger knüpft uns die verklärte Schwester
An den Himmel, unser Heimathland,
Bindet uns an Alles Heil'ge fester,
Löst das Herz von eitlem Erdentand.

Mächt'ger schützt der neubelebte Glaube
Unser Herz vor trügerischem Wahn,
Schmerzgewappnet wallen wir im Staube
Bis zum Ziele unsrer Erdenbahn.

Selbst der Liebe Thränen fließen milde,
Wenn wir zu der Schwester Grabe geh'n,
Uns erschrecken keines Todes Bilde,
Denn er führt zum sel'gen Wiedersehn.

Höre! was bestürmt von Schmerzgefühlen
In das offne Grab Dein Vater rief:
Heitre Morgensonnenstrahlen fielen
Auf den Sarg, worin die Tochter schlief.

»Herr! ich murre nicht«, sprach er, vom Stabe
Aufgebeugt zu seinem Gott empor,
»Murre nicht an meines Kindes Grabe,
Und ich fühle ganz, was ich verlor.«

»Herrlich schmücktest Du mein Erdenleben,
Kind, bereite dort mir den Empfang.
Herr, ich murre nicht, Du hast gegeben,
Hast genommen, Dir sei Preis und Dank.«

»Wie Dein Leben heiter war Dein Ende,
Reiftest, Tochter, für den Himmel früh;
Herr, ich murre nicht, in Deine Hände,
Unerforschlicher, befehl' ich sie!« –

An den Großvater. Zum Geburtstage, 28. Dec. 1831, von Elise[57]

Bon jour, Großväterchen, vergieb,
Ich wollte zu Dir kommen,
Ich weiß, Du hast die Kindlein lieb,
Die artigen, die frommen.

Und fromm und artig will ich sein,
Und niemals Dich betrüben,
Doch manchmal wirst Du wohl verzeih'n,
Ich hab' ja noch nicht sieben.

Da drüben, o mein Großpapa,
Grand mouvement et mystère,
Annonce un apostrophe de joie,
Sais-tu ce qu'on va faire?

Ich weiß was, aber sag' es nicht,
Wirst Du's zu rathen suchen?
Was in der neuen Stube liegt?
Quoi donc? Ein großer Kuchen!

Et puis ein schöner Kranz, nicht wahr?
Der ist für Dich gewunden.
Man sagt, Du hast heut siebzig Jahr,
Das sind wohl recht viel Stunden?

Und hast gelebt die Stunden all'
In Deiner Kirche drüben,
In Deinem Haus und überall
Für Gott und Deine Lieben.

Und nun hat Gott Dich wieder lieb,
So lieb mit all' den Deinen!
Die Sonne wird nicht immer trüb
In Deinen Abend scheinen.

Hast wohl der Arbeit viel gethan,
Und Schmerzen viel getragen?
Und bist noch rüstig wie ein Mann
In seinen besten Tagen.

Und bist noch jeden Morgen früh
Der Erste wach im Hause,
Und trägst des Tages Last und Müh'
Allein in Deiner Klause.

Und sitzest hier und schreibst und schreibst
Und bist nicht bei uns drüben,
Und denken wir einmal, Du bleibst,
Hat's Dich schon fortgetrieben.

Doch heute, ah mon bon ami,
Drauf küß' ich Dir die Wange,
Heut', bitte, bitte, kommst Du früh
Und bleibst bei uns recht lange.

Wir woll'n Dich herzen Groß und Klein
Und nun nicht mehr uns härmen.
Nicht wahr, wir dürfen fröhlich sein,
Nur nicht beim Spiele lärmen.

Mamachen liebt nicht lautes Spiel,
Und Großmama hat Schmerzen,
Und Onkel Albert weint so viel,
Mag nicht mehr mit mir scherzen.

Und oft ist Alles rings so still.
Ich denke dann, sie beten,
Und bete: »lieber Gott, erfüll',
Was meine Lieben flehten!«

Und Gott erhört voll Lieb und Huld
Gebet aus Kinderherzen.
Geduld, mein Großpapa, Geduld!
Bald mildern sich die Schmerzen.

An Elise[58]

Wär' nur Paris nicht gar zu fern,
Wohl über hundert Meilen,
Wir möchten heute gar zu gern,
Elise, zu dir eilen.

Wir brächten Dir der Freunde viel
Und von viel Andern Küßchen,
Und Puppen, und zum Würfelspiel
Gar süße Pfeffernüßchen.

Im fremden Lande sollte Dich
Der Heimath Reiz umweben,
Bei deutschem Weine feierlich
Elise Krinitz leben.

Und bänden wir nach deutschem Brauch
Dich an mit unsrer Gabe,
Wär' in dem Kranz ein Blättchen auch
Von einem theuren Grabe.

Das würde sicherlich den Kranz
Der Freude nicht entstellen;
Es würde mit Verklärungsglanz
Die Liebesgab' erhellen.

Es spräche still: mehr als ihr seht,
Sind Liebende hier zugegen;
Was Euch wie Geisteshauch umweht,
Ist eines Engels Segen.

Und Ahnung höhrer Himmelsluft,
Die sich in Thränen spiegelt,
Beglückt den Bund, den unbewußt
Der Hände Druck besiegelt.

Doch ach, Paris ist gar zu weit,
Und Sally kaum genesen,
Und Du bekömmst, es thut uns leid,
Nur einen Wunsch zu lesen.

Als einst der Frühling Dich gebracht
Mit seinen Erstlingsgaben,
Lag noch in kalter Schattennacht
Dein Leben tief vergraben.

Da trugen in den Sonnenschein
Dich treue Liebeshände
Und herzten Dich, und pflegten Dein,
Du theure Frühlingsspende!

Und sahn entzückt in heitrem Licht
Die Knospe sich entfalten.
O möge, was der Glanz verspricht,
So Frucht als Blüthe halten.

Werke von Elise Krinitz alias Camille Selden

»Daniel Vlady. Histoire d'un musicien«. Paris 1862
»L'esprit des femmes de notre temps«. Paris 1865
»La musique en Allemagne. Mendelssohn«. Paris 1867
»L'esprit moderne en Allemagne«. Paris 1869
(Übersetzung von:) Max Reichard: »Souvenirs d'un aumônier protestant au camp français devant Sébastopol«. Paris 1869
(Übersetzung von Johann Wolfgang von Goethe: »Die Wahlverwandtschaften«:) »Les affinités électives de Goethe«. Paris 1872
»Portraits de femmes«. Paris 1877
»En route«. Paris 1881
»Les derniers jours de Henri Heine«. Paris 1884 (englische Übersetzung 1884, 1898; deutsche Übersetzung: »Heinrich Heines letzte Tage«. Jena 1884)

»Memoiren der Mouche, der letzten Liebe Heines«. – In: Schorers Familienblatt. Bd. V (1884), Nr. 14, 16, 18, 21, 26, 28, 37, 41, 48; Bd. VI (1885), Nr. 5, 26
Zahlreiche kleinere Aufsätze (zumeist in Zeitungen): siehe Wright [Anm. 7], S. 241–246

Anmerkungen

[1] Das Original befindet sich in Paris, Bibliothèque nationale de France, franç. 13304. Das Manuskript der deutschen Übersetzung von Eugen Sierke, dem Herausgeber von »Schorers Familienblatt«, befindet sich im Heinrich-Heine-Institut, Düsseldorf.

[2] Fritz Mauthner: Eine Erinnerung an Heines Mouche. – In: Berliner Tageblatt, 15. August 1896.

[3] Friedrich Hirth: Heinrich Heines letzte Liebe. – In: Das goldene Tor. 2 (1947), S. 408–421, hier S. 409.

[4] Corinne Pulver: Mouche. Heinrich Heines letzte Liebe. Düsseldorf 1993, S. 44: »Immerhin, sie war die uneheliche Tochter des Grafen Nostiz und einer Gouvernante, wissen wir jetzt.«

[5] Ebd., S. 49.

[6] Ebd., S. 49f.

[7] Jean Wright: Un intermediaire entre l'esprit Germanique et l'esprit Français sous le Second Empire. Camille Selden. Sa vie – son œuvre. Paris 1931, S. 13.

[8] Die entsprechenden Dokumente sind bei Wright [Anm. 7] im Anhang abgedruckt (S. 235–238).

[9] Wright [Anm. 7], S. 13.

[10] Taufnachrichten für die Kirche zu Belgern, 1822–1833, Blatt 58v–59r, 1825/43.

[11] Das Kirchenbuch vermerkt:
»1) Frau Johanna Eleonora Ehrlich, Mstr. Karl Friedrich Ehrlichs, B. und Weißbäckers, wie auch Mitglieds der löbl. Cantorey-Gesellschaft allhier, Ehefr.
2) Hr. Gottlieb Samuel Oelzner, Bürger, Schneidermeister, Kirchenvorsteher u. Brau-Syndicus allhier.
3) Frau Johanna Eleonora, Mstr. Joh. August Döbters, B. und Fleischhauers allhier, Ehefrau.«

[12] Toten Anzeigen von 1806 bis 1831, Tom. IV. Blatt 130, 1825/19.

[13] Die Informationen über Andreas Krinitz und seine Kinder entstammen dem Kirchenbuch von Crandorf (1711–1758: Geburten, Trauungen, Todesfälle).

[14] Florentina Elisabeth Straube war die zweite Ehefrau von Andreas Krinitz (seine erste Gattin Christina, geb. von Uttenhofen, war 1732 gestorben). Die Hochzeit erfolgte am 26. April 1735 in Schwarzenberg; siehe Kirchenbuch Schwarzenberg, St. Georgen, Trauungen, 1735/1.

[15] Siehe Kirchenbuch Schwarzenberg, St. Georgen, Taufen, 1745/57. Der Vater, Andreas Krinitz, war kurz zuvor (am 1. Oktober 1745) in Crandorf gestorben.

[16] Christian Friedrich Krinitz, * 21. Oktober 1739 in Crandorf, † 4. April 1798 in Bautzen, war »Erster Notarius und Kanzellist beym Churfürstl. Oberamt allhier« (Bautzen, St. Petri, Begräbnis-Buch 1776–1779, S. 962).

[17] Zur Unterstützung des Landeshauptmanns gab es einen Kammerprokurator, einen Sekretär und einen Kassierer. Die 1821 eingerichtete Oberamts-Regierung war in oberer Instanz für alle in Justiz-, Polizei-, Lehn-, Kirchen- und Schulsachen vorkommenden Geschäfte zuständig. Siehe Richard Reymann: Geschichte der Stadt Bautzen. Bautzen 1902, vor allem S. 868–888.

[18] Bautzen, St. Petri, Begräbnis-Buch 1813–1829, f. 240v–241r [1824, Nr. 14].

[19] Im Kirchenbuch wird ihr Vater, Christian Gottfried Prenzel, als »wohl bestalter Vorsteher der Kirchen St Petri und St Michaelis wie auch Vornehmer Kauff und Handels Herr hieselbst« bezeichnet (Bautzen, St. Petri, Traubuch 1737–1782, S. 887 [1778, Nr. 37]. – Geburts- und Todesdaten von Friederica Carolina Prenzel: St. Petri, Taufbuch 1751–1759, S. 2189; Begräbnis-Buch 1800–1812, S. 2f. [1800, Nr. 3]).

[20] Siehe Bautzen, St. Petri, Taufbücher 1775–1781, 1782–1790, 1791–1799.

[21] Bautzen, St. Petri, Taufbuch 1775–1781, S. 499 [1780, Nr. 132].

[22] Bautzen, St. Petri, Taufbuch 1782–1790, S. 1072 [1785, Nr. 190].

[23] Siehe den Heirats- und Todeseintrag [Anm. 24 und 25].

[24] Bautzen, St. Petri, Traubuch 1800–1813, S. 338 f. [1812, Nr. 24].

[25] Dresden-Neustadt, Dreikönigskirche, Kirchenbuch 1817, Verstorbene, S. 29 f., Nr. 140.

[26] Dresden-Neustadt, Dreikönigskirche, Kirchenbuch 1818, Trauungen, Nr. 56. Demnach fand die Trauung in Bautzen statt. In den Kirchenbüchern in Bautzen ist die Hochzeit allerdings nicht vermerkt.

[27] Zu F. L. Koch und seiner Familie siehe: Fooke Hoissen Müller: Sämtliche Gedichte. Kritisch herausgegeben und eingeleitet von Menso Folkerts. Aurich 1998, S. XLf. und die Aufzeichnungen von Dr. Georg Meyer, der genealogische Untersuchungen u. a. zur Familie des Superintendenten Friedrich Leberecht Koch durchgeführt hat. Diese Aufzeichnungen, die im folgenden als »Familienpapiere G. Meyer« bezeichnet werden, befinden sich im Besitz von Frau U. Meyer-Hoissen, Bielefeld.

[28] Dies folgt aus einem Eintrag im Tagebuch von Emilies Schwester Rosalie (im Besitz von U. Meyer-Hoissen). Hirth [Anm. 3, S. 411] berichtet, das Ehepaar Krinitz sei im Jahre 1824 aus Leipzig nach Paris verzogen.

[29] Dies wird in den Tagebüchern von Rosalie und Henriette bezeugt.

[30] Henriette schrieb in ihr Tagebuch: »Am 12. 6. 1826 starb die kleine Georgine, welche meine Schwester Emilie ganz zu sich nehmen wollte.« (Zitat aus den Familienpapieren G. Meyer.) Den Tod »unsrer kleinen Georgine« erwähnt auch Rosalie Koch am 13. 6. 1826 in ihrem Tagebuch und fügt wenig später hinzu: »Emilie hatte schon vor Empfang der Todes-Nachricht der Georgine auf dieses Kind verzichtet, da es von dem Oncle Burdach [...] für kränklich gehalten wurde.«

[31] Dies war im Tagebuch von Emilies Schwester Henriette Hänsel, geb. Koch, vermerkt (Familienpapiere G. Meyer). Emilie wurde von ihrer Schwester Franziska begleitet, die sie zuvor in Paris besucht hatte.

[32] Anfragen bei Archiven in Leipzig, Dresden, Merseburg und Berlin brachten keine Ergebnisse; die Akten über Adoptionen in dieser Zeit sind nur bruchstückhaft erhalten.

[33] Im Besitz von U. Meyer-Hoissen. – Der Eintrag ist nicht datiert.

[34] Über diesen Aufenthalt berichtet Emilies Schwester Rosalie ausführlich in ihrem Tagebuch.

[35] Ob diese Reise während des Besuchs im Jahre 1828 erfolgte, ist aus dem Bericht, den Rosalie Koch schrieb, nicht erkennbar.

[36] Es sind die Nummern 2.15–2.17 und 3.2 in der Ausgabe der Gedichte Müllers (Folkerts [Anm. 27]). Die beiden Gedichte 2.15 und 3.2 schrieb Müller in den Jahren 1831 bzw. 1834 an Emilie und das Gedicht 2.17 vermutlich 1832 an Elise. Das Gedicht 2.16 mit dem Titel »An den Großvater. Zum Geburtstage, 28. Dec. 1831« schrieb Müller für Elise (s. Anhang).

[37] Der Brief, der sich im Besitz von U. Meyer-Hoissen befindet, ist hier in Faksimile abgedruckt. Das in dem Brief erwähnte Kind (»mon petit cousin«), dessen Geburt bevorstand und für das die kleine Elise Strümpfe strickte, war Helene, die älteste Tochter von F. H. Müller und seiner Ehefrau Rosalie, die am 17. Februar 1833 geboren wurde.

[38] Die Memoiren der Mouche, der letzten Liebe Heinrich Heines. Herausgegeben von Eugen Sierke. – In: Schorers Familienblatt. V (1884), S. 247.

[39] Ebd. und Wright [Anm. 7], S. 10f.

[40] Memoiren [Anm. 38], S. 247.

[41] Wright [Anm. 7], S. 12.

[42] Memoiren [Anm. 38], S. 279 und Wright [Anm. 7], S. 14f.

[43] In ihren Tagebüchern, die sich im Besitz von U. Meyer-Hoissen befinden, spielen Turteltauben eine besondere Rolle.

[44] Siehe hierzu die Biographie in Folkerts [Anm. 27].

[45] Camille Selden: Daniel Vlady. Paris 1862, S. 293: »un homme peut passer douze heures par jour dans le sanscrit ou l'algèbre et cependant sentir la musique«. – Siehe Wright [Anm. 7], S. 99f.

[46] Wesentliche Informationen findet man in Alfred Meißner: Heine's Mouche. – In: A. M.: Kleine Memoiren. Berlin 1868, S. 141–154; Alfred Meißner: Geschichte meines Lebens. 2 Bde. Wien / Teschen 1884; Bd. I, S. 281–284; Bd. II, S. 173–175 und 335–341; Gustav Karpeles: Die Mouche. – In: G. K.: Heinrich Heine und seine Zeitgenossen. Berlin 1888, S. 219–231; Marianne Gagnebin: Une muse romantique. Elise de Krinitz, née en Saxe en 1829, morte à Rouen en 1896. – In: Mercure de France, 223, 1930, S. 513–553; Hirth [Anm. 3]. – Pulver [Anm. 4] hat in ihrer Biographie die älteren Berichte, vor allem die Darstellung von Meißner, mit den Memoiren der Mouche [Anm. 1] verglichen.

[47] Es gibt einen Brief von F. H. Müller an seine Ehefrau Rosalie (im Besitz von U. Meyer-Hoissen) und ein Gedicht Müllers aus diesem Jahr (Folkerts [Anm. 27], Nr. 3.2), die beide auf dieses Ereignis und die damit für Emilie und Elise verbundenen Probleme anspielen.

[48] Eintragungen in den Tagebüchern von Rosalie Müller, geb. Koch.

[49] Die Informationen über diese Phase ihres Lebens beruhen auf Berichten von Heines Schwester Charlotte Embden (Werner II, 454–456) und Heines Nichte Maria (Erinnerungen an Heinrich Heine von seiner Nichte Maria Embden-Heine, Principessa della Rocca. Hamburg 1881, S. 146–151). Nach Hirth [Anm. 3, S. 412] sind diese Angaben erdichtet.

[50] Dieser Brief vom 2. März 1856 ist abgedruckt bei Hirth [Anm. 3], S. 413f.

[51] Dies ersieht man aus einem Brief, den Emilie Krinitz am 1. August 1866 an ihre Schwester Henriette schickte (im Besitz von U. Meyer-Hoissen). Dort heißt es in Verbindung mit der Möglichkeit, daß der sächsische Gesandte abgezogen werden könnte: »Wir dürfen nicht daran denken, was dies für ein Verlust für Elise wäre. Nicht nur daß dieses Haus ein wesentlicher Anhalt für ihre carière ist, sondern die freundlichen liebevollen Gesinnungen die sie für Elise haben, haben diese so an sie gefesselt daß sie sich immer bei ihnen heimisch wie bei lieben Verwandten fühlte.« – Albin Leo von Seebach (1811–1884) war seit 1852 sächsischer Gesandter in Paris; siehe ADB 33, 1891, S. 554.

[52] Hirth [Anm. 3], S. 419.

[53] 11. Abteilung, 4. Reihe, Nr. 16. Schon 1862 wurde die Dauernutzung genehmigt. Siehe Wright [Anm. 7], S. 229, Anm. 2.

[54] Wright [Anm. 7], S. 229, Anm. 1; Faksimile in Pulver [Anm. 4], S. 255.

[55] Fooke Hoissen Müller: Sämtliche Gedichte [Anm. 27], Nrn. 2.15; 2.16 und 2.17; vgl. auch Anm. 36.

[56] Das Gedicht wurde unmittelbar nach dem Tod von Franziska, einer Schwester von Emilie Krinitz, am 4. 12. 1831 geschrieben.

[57] Das Gedicht schrieb F. H. Müller für das Kind Elise Krinitz zum 70. Geburtstag des Großvaters, des Superintendenten Friedrich Leberecht Koch.

[58] Das Gedicht ist vermutlich nicht viel später entstanden als das vorherige.

III.

Heine in der Romania:
Vorstudie zu einer Rezeptionsgeschichte

Von Gerhart Hoffmeister

Es ist wohl symptomatisch für das gestörte Verhältnis der Deutschen zu Heine, daß für ihn noch keine übergreifende Geschichte seiner Ausstrahlung auf Europa und die Weltliteratur vorliegt, obgleich er mehr als andere für die Verständigung Frankreichs und Deutschlands getan hat und immer wieder für die Emanzipation unterdrückter Menschen eingetreten ist. Woran das liegt, hat sicher einerseits mit der »Wunde Heine« zu tun, wie Adorno es nennt[1], andererseits mit der Größe der zu bewältigenden Aufgabe, muß sich der Forscher ja nicht nur mit den europäischen Literaturen beschäftigen, sondern seine Fühler bis nach Korea und Feuerland ausstrecken.

Meine »Vorstudie« soll nun auf keinen Fall den Eindruck erwecken, als ob ich im Begriffe sei, eine solche Rezeptionsgeschichte zu schreiben. Alle guten Dinge brauchen ihre Zeit, und besonders in diesem Falle mehrere Jahre intensiver Vorarbeiten. Allein eine Bibliographie von Heines Weltwirkung in Literatur und Musik käme sicher auf mehrere Bände. Für ein solches Großprojekt wäre ein Forschungsteam wohl der einzig richtige Weg. Darum möchte ich mich auf einen Ausschnitt des Gesamtbildes konzentrieren, auf Frankreich, Italien und Spanien in der Romantik und ihren Ausläufern, wobei ich nur vorsichtig den Rahmen abzustecken versuche, um die Rezeptionsbedingungen und -positionen zu analysieren; und dies nicht im Sinne einer quantitativen Untersuchung des Wirkungsausmaßes, sondern im Hinblick auf die reproduzierende Rezeption durch die Literaturkritik verschiedener Länder, also an diesem Ort nur am Rande auf die produktive Rezeption durch ihre Dichtung.

Damit erhebt sich die Frage nach den Faktoren, die die Aufnahme Heines bestimmten, und zwar sowohl denjenigen, die von Heine und seinem Werke selbst ausgingen als auch denen, die durch den Zustand der Literatur und der sozialpolitischen Situation im Ausland determiniert wurden. Denn es ist ja bekannt, wie sehr sich ästhetische Objekte gemäß ihrer Verschiebung in Zeit, sozialer Umwelt und ideologischem Standpunkt verändern und sogar verschiedene »Objektkonstruktionen«[2] nebeneinander innerhalb derselben Generation koexistieren können. Vieles hängt von dem jeweiligen Akzent ab, womit ein Rezipient bzw. eine Rezipientengruppe einer spezifischen Nationalkultur das Werk eines Dichters versieht, sei er ästhetischer, psychologischer oder ideologischer Natur. Ich werde so vorgehen, indem ich zunächst einige Voraussetzungen für Heines Erfolg im romanischen Ausland skizziere, darauf die wichtigsten Vermittler und Kontroversen schildere und abschließend einen ersten Entwurf eines Rezeptionsvergleiches mit synchronischen Phänomenen und asymmetrischen Verbiegungen versuche.

1. Voraussetzungen für Heines Ausstrahlung

Während Goethe seinen Welterfolg der Botschaft A. W. Schlegels und Madame de Staëls an Europa verdankt, geht Heines Ruhm zunächst auf seine eigene Vermittlerrolle im Pariser Exil zurück und zwar mit ihrer dreifachen Funktion: sich selbst zu vermitteln, d. h., vor allem sich der französischen Gesellschaft zu integrieren, außerdem aber Frankreich den Deutschen näherzubringen und Deutschland den Franzosen bekanntzumachen, und zwar unter Korrektur des de Staëlschen Gesamtbildes in »De l'Allemagne«. Heine in Paris, das war ein Glücksfall der Literaturgeschichte. Der Bedeutung von Paris war er sich durchaus klar, sagte er doch: »Paris ist nicht bloß die Hauptstadt von Frankreich, sondern der ganzen civilisirten Welt, und ist ein Sammelplatz ihrer geistigen Notabilitäten.«[3] Von hier aus strahlte Heines Wirkung überallhin aus, während die Deutschen sich bis ans Ende dieses Jahrhunderts mit Heine schwer tun sollten. Zensur und Verbot nach 1835 und 1933 sind allzu bekannt. Hinzu kommt dies: Was in Deutschland als Ärgernis aufgefaßt wurde, die Leichtigkeit seines humoristischen Stils mit politisch-weltanschaulichen Akzenten, also die Synthese von Ästhetik und Politik, entsprach eher französischen Vorstellungen vom engagierten Schriftsteller.[4] Die Frage wäre zumindest aufzuwerfen, ob Heines Rezeption in der romanischen Welt wenigstens teilweise auf seine »Un-Deutschheit« zurückzuführen ist, die ihm gerade in Deutschland die Rezeption im Zuge des anwachsenden Nationalismus seit den 1890er Jahren versperrte. Bekanntlich torpedierte Karl Kraus Heines deutschen Nachruhm mit den Vorwürfen der Romanisierung des Stils, der Sprachverderbnis durch den Import der »Franzosenkrankheit« in Form seichter Feuilletons und operettenhafter Lieder sowie der Verquickung des Geistigen mit dem Journalistisch-Informatorischen.[5] Die Ironie dabei war, daß gerade Heine wie kein anderer vor Baudelaire den Weg zeigte – ich wähle hier bewußt Hugo Friedrichs Formulierung aus »Die Struktur der modernen Lyrik« – »wie nämlich Poesie möglich sei in der kommerzialisierten und technisierten Zivilisation,« derart, »daß die zivilisatorischen Reizstoffe« in die Poesie »mit einbezogen, poetisch schwingungsfähig gemacht werden.«[6] Dieser Stil war gerade mit seinem urbanen Esprit und seinem politischen Interesse gut übersetzbar, also neben der Kulturmetropole Paris eine entscheidende Vorbedingung für Heines Erfolg.

Als weiterer Faktor kommen die Pariser Salons hinzu, in denen Heine führende Künstler, Literaten und Politiker traf, nicht nur aus Frankreich, sondern aus ganz Europa und Amerika. Im Salon der italienischen Revolutionärin Marquise de Belgiojoso lernte er z.B. Lafayette und Victor Cousin kennen.[7] Die Heine-Übersetzer Gérard de Nerval und Gautier traf der Dichter in einer der »réunions mondaines«[8]; zu seinem Bekanntenkreis gehörten bald Hugo, Dumas, de Musset, de Vigny und George Sand, aber auch verschiedene Komponisten. Tommaso Gar, der erste italienische Übersetzer Heines, begegnete ihm dort, und spanische Emigranten lernten sein Werk zuerst in Paris kennen (Fontcuberta und Espronceda, s.u.).

Heine war zuallererst sein eigener Vermittler, darüber war er sich klar: »Und was sagt man in Deutschland zu der Idee, [...] mich selbst zu verdolmetschen?« oder auch selbstironisch: nach 1000 Jahren könnte ihn ein Professor der älteren Literatur in Neuseeland wiederentdecken, »ein Poetlein, Heine geheißen, welcher uns ein seltenes Beispiel von Geisteszerrüttung gegeben hat, indem er an seinen eigenen Werken zum Affen ward und sie den Franzosen vorgesticulirte!«[9] Im Gegenzug zu Madame de Staëls Deutschland-Bild stellte er aber nicht nur Frankreich den Deutschen als Modell vor, sondern legte seinem für die Franzosen geschriebenen »De l'Allemagne« (1835)[10] ihr »De l'Allemagne« zugrunde, und dies allein, um damit abzurechnen[11], sich von seinen eigenen romantischen Anfängen zu distanzieren und Frankreich auf die in Deutschland bevorstehende »Revolution der Denkart« (d.h. Pantheismus und Atheismus) aufmerksam zu machen. Indem er die »ultramontanen« Tendenzen ihrer von A.W. Schlegel inspirierten christlich-mittelalterlichen Romantik als Mystizismus und Obskurantismus anprangerte, entstand aus der Kampfschrift ein Buch über Heine selbst mit einem neuen Programm für die Literatur: eine Poetik im Zeichen einer philosophischen Traditionslinie, die von Luthers Gewissensfreiheit über Lessings Vernunftglaube und Goethes revolutionäre Absage an die Romantik[12] bis zu Hegels

Geschichtsphilosophie reicht; Heine meinte, Madame de Staël, dieser »Sturmwind in Weibskleidern«, habe nur das gesehen, »was sie sehen wollte«[13]; nach 30 Jahren war eben eine Korrektur fällig, die sich offenbar im Anschluß an den Saint-Simonismus vollzog. So ist diese Poetik gekennzeichnet durch das Engagement des Dichters, seine Teilnahme an den Problemen der Gegenwart sowie die sensualistische Feier des Lebens und der Liebe.[14]

Heines Gegenschrift »De l'Allemagne« erschien im ersten Teil (»Die romantische Schule«) zuerst auf Französisch unter dem bezeichnenden Titel: »État actuel de la littérature en Allemagne depuis Madame de Staël« in der Zeitschrift »L'Europe littéraire« (1833), wobei sich Heine aktiv an der Übersetzung beteiligt hatte.[15] Wie groß sein Anteil war, läßt sich nicht genau sagen, aber Markus Winkler hat kürzlich nachgewiesen, daß die Übersetzung in der deutschen Originalfassung bereits klar angelegt war.[16] Die Unterschiede zwischen der deutschen und französischen Fassung müßten noch weiter untersucht werden; was mir jedoch in diesem Kontext wichtiger erscheint, ist Heines intensives Interesse an diesem ersten Prosawerk, weil er sich damit eine sichere Position in der Pariser Gesellschaft als Deutschland-Experte erobern wollte; dabei überschätzte er jedoch seine Kräfte und Möglichkeiten so sehr, daß er, statt die erstrebte Integration zu erzielen, in eine Randposition abgedrängt wurde. Schuld daran hatte seine frontale Attacke gegen Victor Cousin, das geistige Haupt der Juli-Monarchie, denn er meinte: »erstens ist das keine deutsche Philosophie, was den Franzosen bisher unter diesem Titel, namentlich von Herren Victor Cousin, präsentirt worden. Herr Cousin hat sehr viel geistreiches Wischiwaschi, aber keine deutsche Philosophie vorgetragen.«[17] Der Hegelschüler Heine mußte es ja wissen, aber der Cousin-Kreis rezensierte daraufhin sein »De l'Allemagne« als Werk eines französisierten Halb- oder Undeutschen, dem es an der Qualifikation mangele, sich in Frankreich über die deutsche Philosophie zu äußern.[18] Als romantischer Dichter von Liedern und »Reisebildern« zählte er, aber sein Deutschland-Buch ließ sich nur schlecht verkaufen.[19]

Heines Versuch der Selbstvermittlung, der Akkulturation und Eroberung eines festen Platzes im literarischen Leben Frankreichs war nicht so ohne weiteres gelungen, wie er sich das gedacht hatte und wich einer zunehmenden Desillusionierung und dem Gefühl seines geistigen Exilantentums, bekannte er doch: »Auch meine Gedanken sind exilirt, exilirt in eine fremde Sprache«.[20] Die Exilsituation als »Krankheit der Intellektuellen«[21] verschärfte sich außerdem durch die zunehmende Isolierung infolge seiner Heirat mit Mathilde und der ausbrechenden Paralyse.

Darum spielten nach diesem Zeitpunkt die französischen Vermittler die entscheidende Rolle im Rezeptionsprozeß, da sie als Übersetzer und Kritiker seine Schriften und Lieder in der Zielsprache rekonstruierten und dadurch als Katalysatoren wirkten, die die überlieferten literarischen Normen mit Heine in Frage stellen konnten; darüber hinaus wirkten sie entscheidend an der Weitervermittlung des Heineschen Werkes an die anderen romanischen Literaturen mit. Inwieweit diese Rezipienten Heine für ihre eigenen Zwecke umfunktionierten, welche politisch-ideologischen Umstände dabei eine Rolle spielten und welche Kontroversen dabei entstanden, wäre im einzelnen zu untersuchen. Antworten darauf könnten das schwankende Bild Heines in der Romania erklären, das nur z.T. in seiner eigenen zwiespältigen Natur und seiner »Ästhetik der Zerrissenheit«[22] angelegt war.

2. Die großen Vermittler und Kontroversen

Die Problematik der Heine-Rezeption in Frankreich läßt sich bereits an der ersten bedeutenden Besprechung Sainte-Beuves von »De la France« von 1833 ablesen[23]: Hier erkennt er ihn als Vermittler zwischen Deutschland und Frankreich an; zwar erklärt er ihn für »tout à fait naturalisé«, drückt aber deutlich einen Rest von Unbehagen aus: Er sei nicht logisch genug, zu satirisch und »peut-être trop allemand«.[24] Noch 1867 erinnerte er sich an Heine, »un charmant, parfois divin, et souvent diabolique esprit« (einen charmanten, manchmal göttlichen, und häufig diabolischen Geist).[25] So lieferte der große Kritiker in seiner ambivalenten Einstellung ein Raster für die darauffolgende französische Rezeption: Heine war beides zugleich, Dichter und politischer Schriftsteller, mit einem Fragezeichen hinter seiner nationalen Identität.[26]

2.1 Französische Vermittler

Heines liebster französischer Freund, Gérard de Nerval, sollte sein wichtigster Vermittler an Frankreich werden. Selbst am Krankenbett arbeiteten sie zusammen und ergänzten sich trefflich, da Heine kurioserweise genausowenig das Französische beherrschte wie Nerval das Deutsche, aber beide begegneten sich in ihrem ausgeprägten Sinn für die Poesie. Man spricht in der Forschung sogar von ihrer Wahlverwandtschaft, ja, Nerval selber meinte: »Wir sangen beide die Hoffnungslosigkeit einer Jugendliebe tot, wir singen noch immer und sie stirbt doch nicht.«[27] Obwohl er ihn in seiner Zwiespältigkeit als Liebesdichter und politischen Schriftsteller erkannte – er spricht z.B. von Heine als »un Voltaire pittoresque et sentimental«[28] – ist jedoch nicht zu übersehen, daß Nerval ab 1840 in Einführung und Übersetzung Heine in eine bestimmte Richtung abdrängte, und zwar seit dem Beginn seiner Übertragungen aus dem »Lyrischen Intermezzo« im Jahre 1840; außerdem übertrug er ein paar »Traumbilder« (2 und 8) sowie »Die Nordsee« und dies offenbar in der Absicht, im Gegenzug zum Lärm der Revolution auf der Straße »les franchises de la vraie liberté« (die Privilegien wahrer Freiheit) und »le droit du beau« (das Recht des Schönen) zu behaupten mit Hilfe von Heines Liedern, »un simple bouquet de fleurs de fantaisie, aux parfums pénétrants, aux couleurs éclatantes« (einfacher Fantasiestrauß mit durchdringendem Duft und blendenden Farben), aus denen er die Politik völlig entfernt hatte. Man weiß heute, daß der Mittelteil dieser Ausführungen von Gautier stammt[29], daß sich beide also für diese Lieder der Schmerzensliebe interessierten (siehe: »les battements de votre cœur sont rythmés par ces strophes, [...] Ces pleurs«), womit sie in Frankreich dem Kunstlied und der Ballade den Weg bahnten; nicht zu vergessen sind schließlich die freien Rhythmen der »Nordsee«, die Nerval genauso wie die Lieder in Prosa übertrug, wobei er mit Absicht scharfe Satire und Ironien vermied, weil es ihm um romantische Naturszenen sowie Seelenanalyse ging, »l'analyse entière de l'âme du poète«. Gewiß war es Nervals eigene Lebenserfahrung, besonders seine unglückliche Liebe, die ihn zu Heines »Intermezzo« zogen; hier glaubte er seine »sensibilité nerveuse« und den vom Orient inspirierten Liebesgarten mit den giftigen Blumen einer »beauté fatale« wiederzuerkennen. Ironischerweise wurde also der so antiromantisch eingestellte Heine mit seinen eigenen Liedern und freien Versen *der* Repräsentant der deutschen Romantik, eine Entwicklung, die sich schon nach der Veröffentlichung der »Tableaux de voyage« 1834 abzuzeichnen begann. Darüber hinaus gelang Gautier im Mittelteil bereits eine frühsymbolistische Analyse Heines, indem er nicht nur an die absolute Schönheit seiner griechischen Formen erinnert[30], sondern auch an ihre suggestive Zauberkraft.[31]

Baudelaire widmete Gautier »Les Fleurs du Mal«, wohl auch, weil beide Heine sehr schätzten; Baudelaire kannte Heines Werk seit den vierziger Jahren und fand manche seiner ästhetischen Überzeugungen in Heines symbolistischer Poetik bestätigt, heißt es doch schon bei Heine: »Töne und Worte, Farben und Formen, das Erscheinende überhaupt, sind jedoch nur Symbole der Idee, Symbole, die in dem Gemüthe des Künstlers aufsteigen, wenn es der heilige Weltgeist bewegt.«[32] Wie Heine, Sainte-Beuve und Nerval[33] bekannte sich Baudelaire denn auch zum »Supernaturalismus«, zur Absage an jeden Naturalismus aus der Überzeugung von der Schöpferkraft des Künstlers. Andererseits konnte Baudelaire die bereits von Sainte-Beuve entdeckte diabolische Seite Heines vorerst nicht akzeptieren und erklärte ihn deshalb vorübergehend zum Haupt der »L'École païenne« (heidnischen Schule).

2.2 Kontroverse Baudelaire-Janin

Als jedoch der berühmte Kritiker Jules Janin Heine als morbiden Menschen und Dichter anprangerte, weil er nur von Tod, Teufel und Vergänglichkeit schreibe, revidierte Baudelaire seine Kritik an Heine und machte ihn zum Vorläufer der modernen Lyrik, die nicht ohne Ironie und Melancholie, ja selbst nicht ohne Teufelei und Rebellentum zu denken sei. Zwar unterschlägt Hugo Friedrich die besondere Affinität zwischen Heine und Baudelaire[34], doch entdeckte dieser seinerseits das bereits von Nerval an Heine beobachtete gleichzeitige Lachen und Weinen sowie die »nervöse Sensibilität«[35] als *genus irritabile vatum* bei Heine und erhob es zum Kennzeichen aller echten Dichter[36]: »Henri Heine était méchant, – oui, comme les hommes sensibles, irrités de vivre avec la canaille.« (Heine war unleidlich, ja, wie die sensiblen Menschen irritiert vom Zusammenleben mit der Kanaille).[37] Damals habe das arme Frankreich Heine niemand seines Kalibers an die Seite stellen können[38]; das wußten auch noch Mallarmé und Verlaine, besonders letzterer, der weit über den »französischen Heine« Jules Laforgue hinausragend, Heine in der Musikalität seiner melancholischen chansons nahestand: »De la musique avant toute chose« (Musik geht über alles) heißt es bekanntlich in seiner »L'Art poétique«.[39]

Beschränkte sich Heines Ausstrahlung auf Frankreich nun völlig auf die Poesie? Sollte dem politischen Streithahn im Lande der Jakobiner jeder Erfolg versagt geblieben sein? Zu erwarten wäre dies, aber es ist im Hinblick auf Frankreichs Vermittlerrolle nicht uninteressant, daß »Le Globe. Journal de la doctrine de Saint-Simon« Heine als einen der bedeutendsten politischen Schriftsteller Europas erkannte, der sich für den sozialen Fortschritt einsetzte und die Relikte des Feudalismus bekämpfte.[40] Kein Wunder, der Mitbegründer des »Globe«, Pierre Leroux, war von Heine nicht nur persönlich angetan, sondern setzte sich in seiner Sozialphilosophie mit dem von ihm entwickelten Bild der drohenden deutschen Gedanken-Revolution auseinander, der der Tod Gottes zugrundelag.[41] Dies blieb jedoch ein Sonderfall; insgesamt läßt sich feststellen, daß sich die Heine-Rezeption im Frankreich des 19. Jahrhunderts, seiner theoretischen Schriften ungeachtet, hauptsächlich auf dem Gebiet der Poesie und der »Reisebilder« vollzog, wobei Michael Werner für 1870 und später noch diese interessante Beobachtung macht: in Kriegszeiten mit Deutschland hielt sich Frankreich an den »undeutschen« französischen Heine; wenn Frankreich jedoch selbst durch eine nationalistische Phase ging (Dreyfus), verringerte sich sein Interesse merklich an dem »unfranzösischen« Dichter.[42]

2.3 Spanische Vermittler und Kontroversen

An Jorge Luis Borges Bemerkung: »Somos todos un tanto heineanos« (Wir sind alle ein bißchen heinisch)[43] kann man die enorme Ausstrahlung Heines auf die hispanische Welt bereits erahnen. Nach der zweibändigen, weitgehend unausgeschöpften Bibliographie »Heine im spanischen Sprachgebiet« (1968, Nachträge 1973) von Claude Owen zu schließen, handelt es sich um eine massive Rezeption von Spanien über Argentinien und Chile bis nach Mexiko, die meist über französische Zwischenstufen, vor allem Nerval, und deren Übersetzung ins Spanische zustandekam.

Agnes Areggers Studie »Heine und Larra« erhellt, daß Heine seine erste spanische »Erfolgswelle« zur Zeit des Vormärz erlebte.[44] Das betrifft nicht nur die zwölf Neuauflagen des »Buchs der Lieder« ab 1837 (bis 1856), sondern auch die Prosa von »De l'Allemagne« gleich nach dem Tode Ferdinands VII. (1833) im daran anschließenden Jahrzehnt des »romanticismo liberal«, als der heute weithin unbekannte Andrés Fontcuberta und José de Espronceda aus dem französischen Exil zurückkamen. Fontcuberta ging nach Barcelona, wo er 1836 eine Artikelserie aus der »Romantischen Schule« ohne Namensnennung Heines aus dem Französischen exzerpierte und in der sozialkritischen Zeitschrift »El Propagador de la Libertad« publizierte.[45] Auch in Madrid interessierte man sich für den polemischen Heine: Espronceda nahm auf ihn Bezug[46], und Larra, mit engen Kontakten zu Fontcuberta, empfahl seinen Lesern Heines «De l'Allemagne» (1836).[47]

Entscheidend wurde jedoch der direkte Kontakt zu Deutschland, wobei besonders an Auslandsaufenthalte zwecks Studiums bzw. diplomatischer Tätigkeit zu denken ist (siehe Studium von Julian Sanz in Heidelberg, 1842–43; Augusto Ferrán in München, 1855–59; Legationssekretär Eulogio Sanz in Berlin, 1854–56). Nach ihrer Rückkehr veröffentlichten die jungen Leute ihre literarischen Entdeckungen sowie eigenen Übersetzungen Heines – und danach auch Goethes – in den führenden Zeitschriften Madrids (»El Museo Universal«, 1857; »La América«, 1858; »El Semanario popular«, 1862) und Barcelonas (»La Abeja«, 1858–1868).[48] Besonders nach 1870/71 sollten sich die Impulse aus Deutschland noch verstärken.

Den Grund für seine Heine-Vorliebe sah Ferrán in »alguna semejanza con los cantares españoles« (einer gewissen Ähnlichkeit mit den spanischen Lie-

dern)[49], so daß er sich auf eine doppelte Rezeptionslinie in seinen »cantares«
berufen konnte. Das gab wiederum Anlaß zu der jahrzehntelangen Streitfrage
der Forschung, wie die überraschende Affinität zwischen Heine und Bécquer
zu erklären sei, ob Gustavo Adolfo Bécquer als größter Lyriker des 19. Jahrhunderts auf andalusische Lieder rekurrierte oder sich von Heine, vermittelt
durch die Übertragungen des »spanischen Heine« Eulogio Sanz[50] und seines
Freundes Ferrán (1861), habe inspirieren lassen bzw. beides vermischt hätte,
mit anderen Worten, ob er als Nachahmer oder Originaldichter einzustufen
wäre. Nach den Untersuchungen von Dámaso Alonso[51] kannte Bécquer mehr
als nur die genannten Teil-Übersetzungen von Heines »Intermezzo«, ihm
muß der gesamte Zyklus bekannt gewesen sein, und zwar entweder durch
Gérard de Nerval oder die erste spanische Übersetzung von Mariano Gil
Sanz im »Museo Universal« (1867).[52] Die motivischen und formalen Übereinstimmungen, vor allem die Vorliebe für das ein- und zweistrophige Lied, sind
überall greifbar, bis hinein in den häufig von der Forschung bei Bécquer ge-
leugneten ironisch-sarkastischen Ton[53], so daß der große venezolanische Heine-Übersetzer Teodoro Llorente schon 1885 meinte: »Sería el caso más extra-
ordinario de inspiraciones coincidentes la igualdad del asunto principal, la
analogía de sentimientos, la identidad de tono y la semejanza de formas mé-
tricas, que hay entre las *Rimas* de Bécquer y el *Intermezzo*« (Es wäre der
außergewöhnlichste Fall von Koinzidenz der Inspiration [betrachtet man] die
Gleichheit der Themen, die Analogie der Gefühle, die Identität des Tons und
die Ähnlichkeit der metrischen Formen, die es in Bécquers »Rimas« und dem
»Intermezzo« gibt).[54] Und gerade dies waren die lyrischen Neuentdeckungen
in motivischer und technischer Hinsicht, die von den sogenannten »Prä-Bek-
kerianern«[55] Sanz, Ángel María Dacarrete, Rosalía de Castro[56], Ferrán u. a. m.
an Bécquer weitergereicht worden waren. Daß die Frage ob Nachahmung
oder Originalität falsch gestellt war, hat Dámaso Alonso in seinem Essay
über »La Originalidad de Bécquer« bewiesen, indem er auf die eigenschöpfe-
rische Umwandlung der doppelten lyrischen Tradition aufmerksam gemacht
hat: »no es decir que Bécquer sea un seguidor de Heine, y nada más distante
de la servil imitación« (das soll nicht besagen, daß B. ein Gefolgsmann Heines
sei, und nichts sei weiter davon entfernt als servile Nachahmung).[57]

Trotzdem ist der Streit nicht völlig beigelegt worden, wie aus den späteren
Arbeiten von R. Pageard [58] und M. Feiwel[59] hervorgeht, die wieder auf bloße
Koinzidenz ähnlicher sozialer und psychologischer Umstände hinweisen sowie gegenüber dem scheinbar volkstümlichen Heine ganz unrichtig einen Gegensatz zu Bécquers hochkomplizierter Kunstfertigkeit feststellen.[60]

Niemand kann jedoch an der Vielzahl von Heine-Nachahmern vorbeigehen, die neben Bécquer in Barcelona und Madrid die modische Lied-Bewegung – im Zeichen der Neuorientierung an Deutschland – mittrugen; weswegen man etwas übertrieben von einem neuen poetischen Genre sprach[61], das durch die sogenannte »escuela heineana«[62] geschaffen worden sei, die nach 1860 solchen Anklang fand, daß u. a. Juan Valera sowohl die »Leerheit und Albernheit« Heinescher Gedichte als auch die »impotente Mischung deutscher mit andalusischen coplas« bei Bécquer kritisierte[63] und Nuñez de Arce gegen die ewigen »kleinen deutschen Seufzerchen« protestierte.[64]

War damit das Ende der Heine-Welle gekommen? Das Ausbleiben neuer Übersetzungen seit der letzten Jahrhundertwende scheint darauf hinzudeuten; doch sei nicht vergessen, daß sich *la generación de noventa y ocho* vor allem für Heines Essays interessierte, insbesondere seine Einleitung zum »Don Quijote«, worin er epochemachend die beiden Hauptgestalten als sich beständig parodierend und doch so wundersam ergänzend charakterisierte.[65] Auch für die Lyrik sollte Heine nie wieder ganz verlorengehen, siehe z. B. noch Miguel de Unamunos Gedicht »Heine de mis mocedades / donde aprendí mi alemán / judío de toda patria / hijo de la humanidad« (Heine meiner Jugend, als ich mein Deutsch lernte, Jude aller Vaterländer, Sohn der Menschheit)[66] und José Moreno Villas Bekenntnis:

> Yo comencé a escribir en Alemania. Allí están mis raíces, aunque ligadas a lo de lo popular andaluz. Yo veo la trama así: copla andaluza (incluso con el tono), Heine, Goethe, Schiller, Hölderlin, Stefan George, Mombert, más algo de Francia: Baudelaire, Verlaine; más algo de España: Darío, Unamuno, los Machados y Juan Ramón. Más algo de Roma, la clásica: los elegíacos, Catulo y Tibulo (Ich begann in Deutschland zu schreiben. Dort sind meine Wurzeln, obgleich verbunden mit den andalusischen copla. Ich sehe diese Ahnenreihe so: andalusisches Lied (den Ton inbegriffen), Heine, Goethe etc.).[67]

2.4 Italienische Vermittlung und Kontroversen

»Brennend rot wie der Mond an einem August-Abend«[68] stieg Heines Ruhm jenseits des Brenners auf, so formulierte Giosuè Carducci 1871 die Rezeption Heines, die sich in einer Flut von Übersetzungen, Imitationen und Diskussionen manifestiert. Vielleicht erwartet man die ersten Impulse der Vermittlung von Heine selbst, der 1828 »Von München nach Genua« reiste (»Reisebilder« III); das trifft aber nicht zu, da der eigentliche Heine-Kult erst nach 1860 einsetzte[69], und zwar wiederum im Zeichen französischer Vermittlung, wobei die »Revue des deux Mondes« (bereits 1834 mit einer zweiten Übersetzung von »De l'Allemagne«[70]) und die »Revue de Paris« eine Hauptrolle spielten.[71] Wie Fiedler-Nossing in ihrer umfangreichen Studie »Heine in Italia nel secolo decimonono« nachweist[72], erschien das erste Heine-Gedicht »Liebesgram« bereits 1839 in der »Rivista Viennese« in der Übersetzung von Tommaso Gar. Noch Carducci lernte Heine über französische Übersetzungen, z. B. über Nerval, kennen, bevor er Deutsch studierte und sich in italienischen Zeitschriften (z. B. »Critica e Arte«; »Nuova Antologia«) für Heine einsetzte. Selber fortschrittsgläubig, antiklerikal und antiromantisch eingestellt, wundert es nicht, ihn in seiner mittleren Periode zwischen 1860 und 1890 unter Heines Einfluß zu sehen, und zwar in Gedicht und Kritik. Das erste Mal fällt Heines Name in einer Rezension von 1861[73], danach erschienen unter Heines Einwirkung »Rime Nuove« (ab 1861), »Inno a Satana« (1863) und »Giambi ed Epodi« inklusive des eigenen »Intermezzo« (ab 1867); seine ersten Heine-Übertragungen kamen ab 1870 heraus, z. T. zusammengestellt in den »Conversazioni e divagazioni Heiniane«. Bezeichnenderweise trug Carducci gerade diese Exzerpte aus dem »Buch der Lieder«, aus den »Reisebildern« und »Deutschland. Ein Wintermährchen« in Bologna zur Unterstützung der verwundeten Garibaldi-Kämpfer vor.[74] Mehrfach bietet er Vers- neben Prosafassungen von Gedichten, z. B. von »Im wunderschönen Monat Mai«.[75] Das sieht so aus, als ob sich Carducci für die sentimentalen Liebeslieder interessierte. Es war aber vielmehr die polemische Ader, die ihn anzog, mit seinen eigenen Worten: »Accennai a versi politici di Arrigo Heine,«[76] »la sveglia allegramente e fieramente intonata della rivoluzione non pur politica ma sociale« (Ich betonte die politischen Verse H's, den frohen wilden Aufruf zur nicht nur politischen, sondern auch sozialen Revolution). Das bestätigt die weitere Auswahl der übersetzten Gedichte, u. a. »Carl I.«, »Die schlesischen Weber,« »Der weiße Elephant« und »Zur Beruhigung«; außerdem verfaßte er ein Gedicht auf »Un heiniano d'Italia«, wo Heine als Hammer schwingender Thor erscheint: »Dal viso del poeta atroce e bello / Pendea, ridendo, il dio / Thor, [...] brandendo il gran martello« (Aus dem Antlitz des wild-schönen Dichters schien der lachende Gott Thor hervor, [...] den großen Hammer schwingend).[77] Bezeichnenderweise wählte Carducci aus Heines »Börne«-Schrift Stellen über Lafayette und Philipp von Orleans[78] sowie aus »Deutschland. Ein Wintermährchen« die Kyffhäuser-Sage (Caput VIV–XVI), weil sie ihm jakobinisch dünkten.[79]

Während Carducci meist wortgetreu bis peinlich korrekt übersetzte[80], stellt sich die entscheidende Frage erst anläßlich seiner Nachahmungen und kritischen Schriften, nämlich was für ein Heine-Bild er entworfen hat oder mit Fiedler-Nossing: »che fece il Carducci di queste fonti« (was machte Carducci mit diesen Vorlagen)[81], und aus welchem Grunde? Als Carducci sich zuerst mit Heine beschäftigte, war Viktor Emanuel König geworden, aber noch hielt

Napoleon III. den Kirchenstaat und Rom besetzt, Florenz wurde 1865 vorläufig die Hauptstadt, bis Venetien (1866) und Rom (1870) dem Königreich
angegliedert wurden. Es war das entscheidende Jahrzehnt des Risorgimento,
als Carducci, inspiriert von seinem Vater und Mazzini, die deutsche Romantik nur als patriotische Bewegung anerkannte[82] und Heine zum Revolutionär
des Freiheitskampfes umfunktionierte, so daß Jost Hermand Heine in Italien
dank Carduccis und seiner Mitstreiter sogar als »jakobinisches Symbol«[83] verstehen konnte. Und an diesem Punkte setzte wie zu erwarten die italienische
Kontroverse um das echte Heine-Bild ein, ein literarischer Streitfall zwischen
Carducci und Zendrini, zwischen den Carducciani und den Zendriniani, der
1874 begann und erst mit Croces Urteil nach 1900 (1909; 1921) enden sollte.

Bernardino Zendrini hatte sich schon als Junge für Heines Liebeslyrik begeistert und ebenso wie Carducci den Dichter als Geistesbruder erkannt, aber
nicht im Zeichen des Donnergottes[84], sondern ähnlich wie Nerval vor ihm im
Zeichen der Lorelei.[85] 1866 kam seine Heine-Anthologie zum erstenmal heraus, später folgte sein direkter Angriff auf Carducci, dem er vorwarf, Heine
als Jakobiner völlig mißverstanden zu haben.[86] Heine hätte ihm sicher zugestimmt, denn seine Aufgabe sah er darin, »jakobinisch unerbittlich« allein die
Gefühle, Vorurteile und Konventionen zu zerschneiden (DHA II, 205). Nach
Zendrini gehörte Heine deshalb auch nicht in die Geschichte der Politik, sondern in die der Emanzipation der Kunst[87], und es ginge nicht an, wie Carducci alles in seinem politischen Eifer über einen republikanischen Leisten zu
schlagen, wo es Heine doch immer nur um die Freiheit des Genies, die Freiheit von Vorurteilen und die Freiheit des Humoristen gegangen sei.[88]

Natürlich reagierte Carducci darauf empört mit polemischen Ausfällen gegen den pedantischen Professor Zendrini unter Behauptung seiner Eigenständigkeit: »credo sento e so di essere io, proprio io, fatto male, ma fatto a modo mio« (ich glaube, fühle und weiß: das bin ich, ich allein, auch wenn's
schlecht geworden, es ist nach meiner Fasson).[89] In dieser Auseinandersetzung spiegelte sich offenbar die Suche nach neuen Wegen in der Dichtung,
denn um Carducci sammelte sich der Kreis der Klassizisten mit Rom und
Griechenland als Ideal, um Zendrini die Gruppe der Manzonianer mit der
Betonung der einheimischen Tradition und Sprache.[90] Und es war Zendrinis
scharfe Beobachtungsgabe, die die Ironie in der italienischen Rezeptionsgeschichte Heines aufdeckte, als er meinte, sein größter Triumph als Humorist
wäre sein schillerndes Rollenspiel gewesen, das manchen Italiener dazu verleitet habe, allein dem Freiheitskämpfer Bürgerrecht zu geben.[91]

Dem ganzen Zauber machte Benedetto Croce bald den Garaus, indem er
Zendrini alle poetische Fähigkeit absprach[92] und den Grund für Carduccis

Selbstprojektion auf Heine in dessen leidenschaftlichen Agitation ohne Aktion sowie dem Fehlen einer überzeugenden ästhetischen Theorie sah.[93] Beides zusammen erkläre Carduccis persönliche Tragödie, die sich in der Verkennung Heines als »Gesinnungsgenosse«[94] manifestiere. Damit war beider Ruf als Heine-Vermittler weitgehend ruiniert. Sie hatten ihre Aufgabe allerdings so erfolgreich erfüllt, daß sich Heinesche Impulse überall mit anderen Einflüssen bis zur Unkenntlichkeit vermischten (z. B. bei D'Annunzio).

3. Entwurf eines Rezeptionsvergleiches

3.1. Zustand und Erneuerung der Lyrik

Als Heines Rezeption in der Romania begann, existierte in den betreffenden Nationalliteraturen eine durchaus unterschiedliche Situation; es fragt sich daher, ob es überhaupt zu einer vergleichbaren Aufnahme Heines kommen konnte. Denn unter dem Eindruck von zeitlichen und ideologischen Verschiebungen mußte sich auch das ästhetische Objekt, d. h. das Bild Heines und die Auswahl bzw. die Interpretation seiner Werke verändern.

Zwischen Romantik und Symbolismus hatte zunächst Frankreich eine große lyrische Tradition entwickelt, die von Hugo, Lamartine und Musset über Nerval zu Baudelaire führte, sich in mehreren Phasen von den Relikten des *Classicisme* befreite und über den subjektiven Gefühlsausdruck der Romantiker zur Suggestivität freier musikalischer Verse moderner Dichtung fand. Wie gesagt übte Heine in diesem Prozeß eine verstärkende und bestätigende Funktion aus (ich habe bereits oben auf seine »suggestive Zauberkraft« sowie die »Töne und Farben als Symbole« hingewiesen); für politische Attacken interessierte man sich weniger, dafür um so mehr für den romantischen Lyriker, der zwei neue Dichtarten in Frankreich einzubürgern half: Lied und *poème en prose* (bei Baudelaire, Rimbaud, Apollinaire; nicht umsonst hatte Nerval ihn ja in Prosa übertragen!). Darin manifestierte sich ein »nouveau climat«, wo sich auf paradoxe Weise Seelenqual, Liebe und Satire ironisch brechen. Gleichzeitig fungierte Heine als Vermittler der deutschen romantischen Ästhetik.[95]

Obwohl die Leser der Zeit Heine meist in französischen Übertragungen kennenlernten, war die Lage in Spanien anders. Nachdem Larra und Espronceda Heines antiklerikale bzw. antifeudalistische Publizistik in seinem »De l'Allemagne« und »De la France« zum Vorbild genommen hatten für ihre eigene Kritik an der Restauration, war die spanische Poesie weitgehend in einen korrekt akademischen Stil verfallen, wie u. a. Bécquer, Emilia Pardo Bazán und Dámaso Alonso zu entnehmen ist; alle sprechen von einer rhetorischen *poesía pomposa*[96] (Ähnlich desolat war die Situation der italienischen Lyrik nach Foscolo und Leopardi. Zum Beispiel kritisierte Zendrini die konventionelle Muse auf rhetorischer Basis[97]). Der Umschwung kam in Spanien mit der Entdeckung der volkstümlichen Quellen der Poesie, die seit den vierziger Jahren im Gange war[98] und in der Synthese der andalusischen *cantares* und deutschen Kunstlieder bei Sanz, Ferrán und Bécquer kulminierte.

Anders auch in Italien, wo Zendrini mit seinem Versuch der Erneuerung der konventionellen Dichtung aus dem Geiste des deutschen Liedes scheiterte, während sich Carducci zunehmend an der römischen Dichtung und zeitweise dem zum Jakobiner umgemodelten Heine inspirierte.[99] So läßt sich bei der überall fast gleichzeitig anwachsenden Heine-Welle der sechziger Jahre aufgrund der literarischen und politischen Situation in Italien[100] deutlich ein anderer Akzent in der Rezeption der Heineschen Lyrik als in Frankreich oder Spanien feststellen.

Der so zwiespältige Heine, Deutscher, Jude und Franzose, Lieddichter und Prosaist, erfuhr mit seiner »Ästhetik der Zerrissenheit« (Markus Winkler) also keine einfach symmetrische Rezeption. Frankreich und Spanien orientierten sich in der frühen Heine-Rezeption z. T. wohl aus Unverständnis seiner Ironie noch am sentimental-romantischen Lieddichter, Italien rückte dagegen den »militanten«[101] Heine im Zeichen des Risorgimento in den Vordergrund; z. B. beurteilten ihn Carducci und Chiarini als *apostolo della rivoluzione*.[102] In Spanien sprach die Forschung sogar von einer »escuela heineana« (um 1860) und von einem erneuten Anstieg des Interesses an Heines Gedichten nach 1871.[103] Zu beobachten ist außerdem bei Bécquer[104], Gautier und Baudelaire eine erste, an Heine gewonnene Orientierung an den symbolistischen Möglichkeiten der Poesie[105], die in Frankreich zu der eigenständigen Bewegung des Symbolismus führen sollte, Grundlage der modernen Dichtung, die endlich auch Heines Ironie und Satire integrierte. Vom Symbolismus aus ergeben sich gewiß auch Verbindungslinien zum hispanischen Modernismo. Die Begegnung mit Heine bereitete offenbar beide vor.[106]

Zur Zeit der Lied-Welle nahm das Interesse der Romania an den sozialkritischen Mischtexten stark ab. Eine Ausnahme bilden »De l'Allemagne« (1834)[107] und die »Reisebilder« in Frankreich und Italien; in Frankreich erschienen sie ab 1834 mehrfach in französischer Übersetzung als »Tableaux de voyage«[108] und machten Heine zum populärsten romantischen Autor, noch vor dem »Buch der Lieder«, das erst nach der Jahrhundertwende die Führung übernahm. Auch in Italien übersetzte, exzerpierte und imitierte man das neue Genre der Reisebilder mit gusto[109]; in Spanien war »De l'Allemagne« schon seit 1836 zumindest auf Französisch und dann auch in spanischen Auszügen bekannt.[110] Demgegenüber kamen die ersten spanischen »Reisebilder« erst 1889 heraus.[111] Udo Rukser meinte, als gute Erzähler hätten die Spanier eben keinen Sinn für Heines impressionistischen Stil entwickeln können[112], eine merkwürdige Erklärung angesichts des Vorrangs der »Reisebilder« in Frankreich. Was auffällt ist allerdings die Staffelung der »Reisebilder«-Rezeption in einer Generationsabfolge: 1834 Frankreich, 1860 Italien, 1889 Spanien.

3.2. Heine, kein Dichter, kein Deutscher?

Die enorme Welle der Rezeption Heinescher Lieder empfing zusätzlich wichtige Impulse durch die Kompositionen der Musiker, die Heine in Paris traf, u.a. Felix Mendelssohn Bartholdy (15 Lieder), Meyerbeer (3 Lieder), Franz Liszt (57 Lieder nach Heine und Goethe) oder mit denen er in Deutschland Kontakt aufgenommen hatte, vor allem Robert Schumann mit »Dichterliebe« (16 Heine-Lieder) und »Liederkreis« (9 Lieder). Außerdem sind Franz Schubert (»Schwanengesang« mit 6 Liedern nach Heine) zu nennen sowie Brahms (6 Lieder), Hugo Wolf (7 allein im Liederstrauß), Carl Loewe (9) und Richard Strauss (7). Symptomatisch für Heines durchschlagenden Erfolg auf den bürgerlichen Liederabenden für Klavier war die Massenproduktion zweitrangiger Komponisten wie Vesque von Püttlingen (1803–1883), der in Wien vor 1848 ca. 120 Gedichte vertonte, sowie Robert Franz (1815–1892) mit ca. 90 musikalischen Bearbeitungen. Übrigens beteiligte sich auch die Romania an dieser Lieder-Flut, z.B. Giovanni Sgambati (1841–1914) mit fünf Vertonungen und Mario Castelnuovo-Tedesco (1895–1968) mit drei.[113]

Nach der Jahrhundertwende sank Heines Poesie in Deutschland und der Romania meist ins Volksläufige ab.[114] An die Stelle der Lieder trat die kritische Auseinandersetzung der Literaten, die ein vielschichtiges Heine-Bild entwickelten, wovon sich das negative bis zur 2. Hälfte des 20. Jahrhunderts weitgehend durchsetzen sollte.[115] War vorher niemand deutscher gewesen als Dichter denn Heine[116], wich diese Vorstellung der Gegenreaktion, Heine sei weder Dichter noch Deutscher gewesen.

Die Gründe dafür sind unterschiedlicher Art, aber man darf vielleicht von Karl Kraus' »Heine und die Folgen«[117] ausgehen, einer offensichtlich ästhetisch begründeten Heine-Kritik, hinter der sich allerdings moralische, psychologische und sogar nationalkulturelle Vorurteile verbargen; denn hinter der Polemik vom »skandierten Journalismus« steht expressis verbis der Vorwurf der Seichtheit ohne »sittlichen Fond«, »ein Talent, weil kein Charakter«, eine Unkultur verratend, »die das deutsche Geistesleben nach und nach als unerträglich von sich abtun muß«. Man wundert sich nicht, wenn Benedetto Croce 15 Jahre später diesen Ton aufgreift und mit Carducci und Zendrini zugleich ihren Meister Heine vernichtet: an Hegel geschult[118] trifft sein Urteil um so härter, wenn er sich »den kleinen Juden aus Düsseldorf«[119] vornimmt, dem jegliche »ernsthafte philosophische, politische oder sittliche Durchdringung« mangele und der deshalb, mit Ausnahme der kleinen verspielten Lieder, auch nie Dichter geworden sei. Hinter der geistreichen Oberfläche werde nur zu häufig der »Pferdefuß« sichtbar. Croce hatte geflissentlich übersehen, was Zendrini schon richtig erkannt hatte: »Un gran poeta [...] ha un carattere, quando rimane fedele a se medisimo, quando riman *lui*« (Ein großer Poet hat Charakter, wenn er sich selbst treu bleibt).[120] Wie hätte Heine auf Croce reagiert? Er selber hatte sich bereits in der Vorrede zum »Buch der Lieder« über seine zwiespältige Rezeption empört, indem er meinte: »Bemerken muß ich jedoch, daß meine poetischen, eben so gut wie meine politischen, theologischen und philosophischen Schriften, einem und demselben Gedanken entsprossen sind, und daß man die einen nicht verdammen darf, ohne den andern den Beifall zu entziehen.«(DHA I/1, 566)

Wie Aregger in ihrem Buch »Heine und Larra« (1981) behauptet, fand sich jenseits der Pyrenäen kein Karl Kraus[121], der Heine aus ästhetischer Sicht angefochten hätte. Doch ist nicht zu übersehen, daß es z. B. Menéndez y Pelayo nicht leichtfiel, sich von seiner frühen Geringschätzung Heinescher Prosasatiren zur begeisterten Würdigung seiner Lieder durchzuringen. Faszinierend dabei, wie gleichsam im Gegenzug zu Carduccis blitzeschleuderndem Heine im »Befreiungskampf der Menschheit« der Dichter als deutsche Nachtigall ersteht, »un ruiseñor alemán que hizo nido en la peluca de Voltaire« (eine deutsche Nachtigall, die ihr Nest in der Perücke Voltaires baute), wobei Heines Hammer ganz konsequent in die Hände Victor Hugos übergeht: »martillando sobre el yunque donde se forjean los alejandrinos centelleantes« (auf dem Amboß hämmernd, wo man die funkelnden Alexandriner schmiedet).[122]

Zusammen mit Unamuno[123] und anderen Vertretern der Generation von '98 förderte Menéndez y Pelayo auch noch indirekt Heines Wirkung durch die Anerkennung von Bécquer und Larra[124]; neben dieser Begeisterung gab es aber auch böse Stimmen wie die Ramiro de Maeztus, der in Heine den Prototyp des preußischen Machtanspruches sah[125], oder die des großen Romanciers Pío Baroja. Gleich nach dem ersten Weltkrieg wechselte dieser von der Anerkennung des Heineschen Talentes zu seiner Un-Deutschheit über, ja im Bilde des typisch jüdischen Anarchisten, der Regierung und Heimat hasse, geriet er ihm unter der Hand zum Vorläufer der Novemberverbrecher.[126] Schließlich überrascht es kaum, daß Heines Werk in der Epoche des Faschismus nur im süd- und mittelamerikanischen Exil Zuflucht fand. Symptomatisch dafür ist dies: »1941 bestand in Mexico die Vereinigung ›Freies Deutschland‹ und der Klub ›Heinrich Heine‹.«[127] Am Ende dieses Jahrhunderts haben zwar die literarischen Nachahmungen von Heines Dichtung nachgelassen, aber desto intensiver nimmt die Heine-Forschung um seinen 200. Geburtstag einen neuen Anlauf.

Anmerkungen

[1] Theodor W. Adorno: Die Wunde Heine. – In: Noten zur Literatur. Frankfurt 1974, Bd. I, S. 144.

[2] Peter V. Zima: Komparatistik. UTB 1705. Tübingen 1992, S. 187.

[3] Französische Zustände. III. 10. Februar 1832; DHA XII/1, 103.

[4] Siehe Gerhard Höhn: Heinrich Heine. Un intellectuel moderne. Paris 1994.

[5] Karl Kraus: Heine und die Folgen. München 1910, S. 11; 20; 26.

[6] Rowohlts deutsche enzyklopädie. Hamburg 1956, S. 25. Heine hatte selber auf den Konflikt zwischen Technik und Poesie aufmerksam gemacht: »Der Dampfwagen der Eisenbahn giebt uns eine zittrige Gemüthserschütterung, wobei kein Lied aufgehen kann, der Kohlendampf verscheucht die Sangesvögel und der Gasbeleuchtungsgestank verdirbt die duftige Mondnacht« (DHA X, 336).

[7] Siehe die Beschreibung des Salons in der 2. »Florentinischen Nacht« (DHA V, 235 ff.).

[8] Charles Dédéyan: Gérard de Nerval et l'Allemagne. Paris 1957, Bd. II, S. 334.

[9] Werner II, 226; 228 (Martin Cohn, Okt. 1850).

[10] Ab 1834 als Artikelserie in »Revue des deux Mondes«, siehe Agnes Aregger: Heine und Larra. Zürich 1981, S. 67.

[11] Siehe den Brief an Laube vom 8. 4. 1833, HSA XXI, 52.

[12] Der Aufsatz stammt tatsächlich von Johann Heinrich Meyer: Neu-deutsche religiös-patriotische Kunst. (1817); WA I, Bd. 49, S. 20–60.

[13] Siehe auch Schillers Brief an Goethe vom 21. 12. 1803: »Für das, was wir Poesie nennen, ist kein Sinn in ihr«. – In: Goethe-Schiller Briefwechsel. Exempla Classica 41. Frankfurt 1950, S. 540.

[14] Zur neuen Poetik siehe auch die Arbeit des Verfassers: The Poet on the Margin and in the Center: Heinrich Heine and the German Condition. – In: Michigan Germanic Studies 20 (1994), S. 18–32, besonders S. 24–26.

[15] Siehe Kurt Weinberg: Henri Heine, Romantique defroqué. Paris 1954, S. 267: »En somme, le français ne sera donc jamais, pour Heine, qu'une langue étrangère, qu'il aura mal apprise, qu'il parlera avec difficulté, et qu'il ne saura pas écrire correctement. Mais aussi, dans laquelle il saura trouver, au moment opportun, le mot juste et la pointe qui blesse. Cependant, il lui manque le don de sentir la poésie françaises.« Neben Nerval halfen Heine außerdem, ohne dessen Anerkennung, Loève Veimars, Marmier, Grenier, Taillandier, Specht, Reinhardt, siehe Manfred Windfuhr, DHA VIII/2, 1464 f.

[16] Markus Winkler: ›exilirt in eine fremde Sprache‹. Zu einigen Unterschieden zwischen den deutschen und französischen Fassungen von Heines Schriften über Deutschland. – In: Zwiesprache. Festschrift Bernhard Böschenstein. Stuttgart 1996, S. 105–120.

[17] DHA VIII/1, 190. Übrigens war sich Pierre Leroux, der französische Frühsozialist, mit Hei-

ne in der negativen Einschätzung V. Cousins einig, siehe: Discours de Schelling a Berlin – Du Cours de Philosophie de Schelling – Du Christianisme. Paris 1982, S. 67. Später hat Heine sein Urteil über Cousin allerdings revidiert. Darüber mehr in meinem geplanten Buch »Heine in der Romania«.

[18] In dem »Journal general de l'Instruction publique« von 1835, siehe Michael Werner: Crossing Borders between Cultures: On the Precondition and Function of Heine's Reception in France. – In: Peter U. Hohendahl und Sander L. Gilman (Hrsgg.): Heine and the Occident: Multiple Identities, Multiple Receptions. Lincoln, Nebraska-London 1991, S. 42–62, hier S. 51; siehe außerdem den bösen Verriß in der deutschen Emigrantenzeitschrift »Revue du Nord« von 1835, dazu Jacques Grandjonc: Die deutschen Emigranten in Paris. – In: Internationaler Heine-Kongreß Düsseldorf 1972. Hamburg 1973, S. 172.

[19] Siehe Werner [Anm. 18], S. 49–54.

[20] DHA XI, 115.

[21] Siehe Helmut Koopmann: Heine als Exilant in Paris. – In: Romanticism and Beyond. Festschrift John P. Fetzer. Hrsg. von Clifford Bernd et al. New York-Washington etc. 1996, S. 29.

[22] Markus Winkler: Weltschmerz, europäisch. Zur Ästhetik der Zerrissenheit bei Heine und Byron. – In: M. W. (Hrsg.): Heinrich Heine und die Romantik / Heinrich Heine and Romanticism. Tübingen 1997, S. 173–190.

[23] Charles-Augustin Sainte-Beuve: Premiers lundis. 2. Aufl. Paris 1894, Bd. II, S. 248–259; hier S. 250; datiert: 8. 8. 1833.

[24] So formuliert Dédéyan [Anm. 8] treffend (Bd. II, S. 325) unter Bezug auf Premiers lundis, Bd. II, S. 252.

[25] Brief vom 6. 1. 1867 an Charles Berthoud [Anm. 23], Bd. II, S. 259.

[26] Siehe Hans Hörling: Heinrich Heine im Spiegel der politischen Presse Frankreichs von 1831–1841. Ansatz zu einem Modell der qualitativen und quantitativen Rezeptionsforschung. Frankfurt-Bern-Las Vegas 1977, S. 99–101.

[27] H. H. Houben: Gespräche mit Heine. 2. Auflage. Potsdam 1948, S. 376; Heine erwähnt in seinem »Préface« zu »Poëmes et Légendes«, wie Nerval ihn im März 1848 täglich in der Santé besucht habe: »sans comprendre beaucoup la langue allemande, Gérard devinait mieux le sens d'une poésie écrite en allemand, que ceux qui avaient fait de ce idiome l'étude de toute leur vie.« (DHA I/1, 568.).

[28] Gérard de Nerval: Œuvres complémentaires. Hrsg. von Jean Richer. Paris 1959, Bd. I, S. 72; 75; 68.

[29] Siehe Jean Richer: Une collaboration Gautier-Gérard: L'étude sur Heine signée de Nerval. – In: Revue d'Histoire litteraire de France 55 (1955), S. 206–209.

[30] Nerval [Anm. 28], S. 88; 80; 86; 79; 74. Siehe auch Bernardino Zendrini zu Heines griechischer Form: »greco è chi scrive bene.« – In: Nuova Antologia 28 (1875), S. 16.

[31] »Les mots, chez lui, ne désignent pas les objets, ils les évoquent. Ce n'est plus une lecture qu'on fait, c'est une scène magique à laquelle on assiste«. [Anm. 28], S. 75; eine historisch-kritische Ausgabe der Übersetzungen und unveröffentlichten Manuskripte Nervals fehlt leider heute noch, siehe Beatrix Müller: Die französische Heine-Forschung, 1945–1975. Meisenheim 1977, S. 137, Anmerkung 4; Pierre Hessmann: Heine und Gérard de Nerval. – In: Studia Germanica Gandensia 5 (1963), S. 185–206; übrigens gibt es viele gemeinsame Motive in Heines und Nervals Lyrik, aber nach Oliver Boeck: Heines Nachwirkung und Heine-Parallelen in der französischen Dichtung. Göppingen 1972, S. 17, gibt es »kein einziges Gedicht Nervals, das an Heine erinnert.« Vergleichende Untersuchungen der Lyrik liegen vor von Boeck, S. 32–39 und Alfred Dubruck: Gérard de Nerval and the German Heritage. London-The Hague-Paris 1965, S. 99–125.

³² Zitiert in Michael Mann (Hrsg.): Heine: Zeitungsberichte über Musik und Malerei. Frankfurt 1964, S. 42; vgl. mit Baudelaire: Critique d'art. Paris 1965, Bd. I, S. 106 und Haskell M. Block: Heine and the French Symbolists. – In: Leland R. Phelps and A. Tilo Alt (Hrsgg.): Creative Encounter. Festschrift Herman Salinger. Chapel Hill 1978, S. 31.

³³ Siehe Sainte-Beuve in [Anm. 23, S. 258], wo er unter Bezug auf Heine sagt: »l'art devait tirer une troisième image *créée* qui n'était tout à fait ni la copie de la nature, ni la traduction aux yeux de l'impression insaisissable [...]«; Nerval [Anm. 28], S. 86: »supernaturalisme«.

³⁴ Friedrich [Anm. 6].

³⁵ Nerval [Anm. 28], S. 87: »un trait comique vous fait pleurer, une apostrophe pathétheique vous fait rire« und S. 86.

³⁶ Text Baudelaires in Gerhard Kaiser: Baudelaire pro Heine contra Janin. – In: HJb 22 (1983), S. 135–178, hier S. 147; auch Giosuè Carducci betont Heines weibliche »irrequietudine nervosa«, Einleitung zu »Atta Troll«. – In: Edizione nazionale delle opere. Bologna 1937. Bd. XXIII, S. 118.

³⁷ Baudelaire [Anm. 36], S. 146.

³⁸ »qu'elle n'en à pas un seul à opposer a Henri Heine«, ebd., S. 145.

³⁹ Paul Verlaine: L'Art poétique. (1885); dies ist hier mit Gustavo Adolfo Bécquers Kombination des einfachen Volksliedes mit dem hochartifiziellen Kunstlied zu vergleichen.

⁴⁰ Siehe Hörling [Anm. 26], S. 133–134.

⁴¹ Leroux [Anmerkung 17], S. 25–84; siehe Michael Werner: Heine und die französischen Frühsozialisten. – In: Internationales Archiv für Sozialgeschichte der Literatur 7 (1982), S. 88–108, hier S. 97.

⁴² Siehe Werner [Anm. 18], S. 55.

⁴³ Udo Rukser: Heine in der hispanischen Welt. – In: DVJ 30 (1956), S. 507.

⁴⁴ Agnes Aregger: Heine und Larra. Wirkungsgeschichte eines deutschen Schriftstellers in Spanien. Zürich 1981, S. 21.

⁴⁵ Ebd., S. 34, 77, 80–81.

⁴⁶ Siehe Robert Marrast: José de Espronceda et son temps. Paris 1974, S. 436; 510.

⁴⁷ Ebd., S. 509–510; Aregger [Anm. 44] verweist auch auf einen anonymen Artikel über Heine, S. 88, sowie auf die erste Heine-Kritik von 1844, S. 99; außerdem auf Julian Sanz del Río, 1842, als Kritiker, S. 73–77; wichtig die Kontroverse de Staël-Heine, S. 102–114.

⁴⁸ Diese Zeitschrift war »compuesta casi exclusivamente de artículos y versos traducidos del alemán«, wie Emilia Pardo Bazán meinte. – In: Obras Completas. Hrsg. von Harry Kirby. 1973, Bd. III, S. 695.

⁴⁹ Prólogo zu »La Soledad«, 1861. – In: Augusto Ferrán: Obras completas. Hrsg. von José P. Díaz. Madrid 1969, S. 18.

⁵⁰ Eulogio Sanz: Poesía alemana (1857) mit 15 Heine-Übersetzungen.

⁵¹ Dámaso Alonso: Ensayos sobre poesía española. Buenos Aires 1946, S. 268–304.

⁵² In demselben Jahr, als Bécquer die meisten »Rimas« verfaßte. Aus der synoptischen Tabelle literarischer Vorbilder in José P. Díaz' Buch: Gustavo Adolfo Bécquer, Madrid 1958, S. 336–338, ergeben sich zwölf Bezüge zwischen den »Rimas« und »Intermezzo«.

⁵³ Alonso [Anm. 51], S. 282.

⁵⁴ Zitiert in Gerhart Hoffmeister: Spanien und Deutschland, Geschichte und Dokumentation der literarischen Beziehungen. Berlin 1976, S. 147; siehe auch die Übersetzung: España y Alemania. Madrid 1980, S. 206.

⁵⁵ José M. de Cossío. – In: Claude Owen: Heine im spanischen Sprachgebiet, eine kritische Bibliographie. Münster 1968, hier FF-8p; Nachträge in: Gesammelte Aufsätze zur Kulturgeschichte Spaniens, I, Reihe 27, 1973, S. 1–172.

[56] Rosalia de Castro: La Flor (1857).

[57] Alonso [Anm. 51], S. 285.

[58] R. Pageard: Le germanisme de Bécquer. – In: Bull. Hisp. 56 (1954), S. 83–109.

[59] M. Feiwel: Bécquer, Heine y la tradición poética. – In: RLC 51 (1977), S. 395–416.

[60] Siehe ebd., S. 397; dagegen siehe schon B. Zendrini über Heines Lied: »ma e frutto di lunga elaborazione e di cure pazientissime.« – In: Nuova Antologia 28 (1875), S. 9; außerdem siehe Isabel de Castro: Presencia de Heine en las imitaciones erúditas del cantar popular. – In: Epos 6 (1990), S. 251.

[61] Siehe Bécquer in A. Ferrán [Anm. 49], S. 12: »este nuevo género«.

[62] Siehe Gómez de las Cortinas: La formación literaria de Bécquer. – In: Revista Bibliográfica y Documental 1950, S. 93, zitiert Isabel de Castro [Anm. 59], S. 247n.

[63] In: F. Blanco García: La Literatura española en el siglo XIX. Madrid 1891–1911. Bd. II, S. 91 (Owen [Anm. 55], S. 30).

[64] Prefacio zu Gritos de Combate. Sevilla 1896, S. XIV (Owen [Anm. 55], FF-951).

[65] DHA X, 261.

[66] Owen [Anm. 55], S. 299.

[67] Zitiert nach Juan Chabás: Literatura española contemporánea. Havanna 1952, S. 398, Anmerkung 1.

[68] »la musa heiniana apparve rossa e affocata come luna che sorga all'orizzonte in una sera d'agosto.« – In: Carducci [Anm. 36], Bd. XVII, S. 132: »Conversazioni e divagazioni Heiniane«.

[69] Anna Fiedler-Nossing: Heine in Italia nel secolo decimonono. New York 1948. S. 299: »quasi tutta l'Italia corresse dietro l'Heine.«

[70] Aregger [Anm. 44], S. 67.

[71] Ebd., S. 69.

[72] Fiedler-Nossing [Anm. 69], S. 27–28.

[73] Emilio Tezas »Canti« nach dem »Buch der Lieder«.

[74] Carducci [Anm. 36], Bd. XXVII, S. 370; siehe dort außerdem die Auszüge aus der »Reise von München nach Genua« und die Übersetzung der »Don Quijote«-Einleitung.

[75] Fiedler-Nossing [Anm. 69], S. 116.

[76] Carducci [Anm. 36], Bd. XXVII, S. 132 und 134.

[77] Giosuè Carducci: Poesie. Bologna 1966, S. 496.

[78] Prefazione all' Atta Troll (1878) [Anm. 36], Bd. XXIII, S. 111–113.

[79] Carducci [Anm. 36], Bd. XXVII, S. 141.

[80] In diesem Sinne stellt Fiedler-Nossing [Anm. 69] eine Liste seiner Kritiker zusammen, S. 117–119; dagegen behauptet Carducci: »Nessuno richiede, credo io, una versione precisamente letterale in poesie.« [Anm. 36], Bd. XXIII, S. 135.

[81] Fiedler-Nossing [Anm. 69], S. 108.

[82] Siehe in der Einleitung zu Atta Troll: »Da principio romanticismo e patriotismo furono in Germania una cosa.« [Anm. 78], S. 109.

[83] Jost Hermand: Streitobjekt Heine, ein Forschungsbericht 1945–1975. Frankfurt a. M. 1975, S. 171; siehe später die Scapigliatura der 1860er Jahre.

[84] Bernardino Zendrini: Enrico Heine e i suoi interpreti: »Egli [Carducci] ne fa poco men che un Giove fulminatore, uno strenuo campione di libertà che tiene a' suoi servigi il dio Thor armato del gran martello demolitore.« – In: Nuova Antologia 27 (1874), S. 795.

[85] Vgl. Nervals Einleitung zu »Loreley« (1852), wo er auf ihre Zauberkraft verweist: »cette ondine fatale [...] elle me fait signe toujours: elle m'attire encore une fois!« – In: Œuvres. Paris 1960. Bd. II, S. 733. Unter Zendrinis Lorelei scheint Heine durch: »Aveva nel viso / L'acre beltà

del' angiolo rubello [...] La fronte mi baciò.« – In: Opere complete. Hrsg. von Tullo Massarani. Mailand 1881. Bd. I, S. XLIII.

[86] »un giacobino, un secondo Herwegh.« – In: Nuova Antologia 27 (1874), S. 803.

[87] »Ma Heine [...] non appartiene alla storia politica, bensì alla storia letteraria«, [Anm. 86], S. 812; oder: »Il gran cómpito, la costante preoccupazione della vita di Heine non fu già la emancipazione del popolo, ma l'arte,« S. 818.

[88] [Anm. 86], S. 798, 807, besonders S. 809: »avversione al repubblicanismo«.

[89] Critica e Arte IV (1913), S. 246f., zitiert nach Fiedler-Nossing [Anm. 69], S. 134; ganz so einseitig sah Carducci Heine übrigens nicht; er schätzte durchaus sein poetisches Talent, wie aus seiner Analyse des »Atta Troll« als einer komplexen Synthese von polemischer Satire und freiem Flug der Fantasie hervorgeht, die einen Vergleich mit Leopardis »Paralipomeni alla Batracomiomachia« nicht zu scheuen brauche ([Anm. 78], S. 130–131) und gut neben Dantes »Divina Commedia« stehen könne, »a salvaguardia della verità e dell'arte contro l'allegoria e l'astrazione.«(S. 132). Gegen seine Kritiker behauptet Carducci sogar: »Non voglio esser io a rappresentare Heine per rivoluzionario e radicale« (S. 127) und bescheinigt Heines Freiheitsliebe eine poetische Qualität: »Heine aveva adorato la libertà, ma in visione, come una dama del medio evo.« (S. 117).

[90] Der klassizistische Carducci »non ami veder gualdrappata l'umile Italia colla umiltà dello stile manzoniano.« – In: Nuova Antologia 28 (1875), S. 374.

[91] »Egli non avrebbe potuto aspirare alle cittadinanza italiana sotto altro nome e in altro costume.« – In: Nuova Antologia 27 (1874), S. 819.

[92] Benedetto Croce: La Letteratura della nuova Italia. Saggi critici. Bari 1921, 5. Auflage Bari 1947–57, Bd. I (1947), S. 221: »La virtù poetica fece difetto allo Zendrini.«

[93] Benedetto Croce: G. Carducci. 1909. In: La Letteratura [Anm. 88], Bd. II (1948), S. 98.

[94] Bendetto Croce: Heinrich Heine. – In: Helmut Koopmann (Hrsg.): Heinrich Heine. Darmstadt 1975, S. 11–23; hier S. 13. Das bedeutet aber keineswegs, daß Croce keinen Sinn für Carduccis gesunden Klassizismus hatte, wie sein Carducci-Buch zeigt (s. Anm. 93).

[95] Siehe Weinberg [Anm. 15], S. 271.

[96] Siehe Bécquers Einleitung zu Ferrán [Anm. 49], S. 9: »las pompas de la lengua«; auch zitiert in Alonso [Anm. 51], S. 271. Pardo Bazán formulierte es so: »la poesía culta propriamente lírica, que expresa los movimientos del alma, pecó siempre de retórica difusa.« [Anm. 48], Bd. III, S. 691.

[97] Siehe Nuova Antologia 28 (1875), S. 10; besonders S. 893.

[98] Siehe Ferrán [Anm. 49], S. XVI f.

[99] Allerdings kannte Carducci die volkstümliche Liedkunst Italiens: »c'è una poesia italiana del secolo decimoquarto e decimoquinto, e che fu molto piú naturale e piú vera [...] della poesia degli arcadi classici.« – In: Einleitung zu Atta Troll [Anm. 78], S. 138; darum überraschte ihn keineswegs die Affinität zwischen einer Florentiner Ballade des 13. Jahrhunderts und Heine: »Tutt'e due sono una riazione contro il razionalimo dogmatico, contro la incredulita, contro la sensualita e la materialita meccanica della poesia aulica.« – In: [Anm. 36], Bd. XXVII, S. 154; nur war es nach Zendrinis Urteil schade, daß sich Carducci selber nicht an diese Tradition gehalten habe: »il miglior modo per derivarla su l'arpa italiana e falsarne men che sia possibile il tono.« Nuova Antologia 28 (1875), S. 17. – Auf den politisch allzu aggressiven Heine hatte übrigens schon Sainte-Beuve 1833 mit Vorsicht reagiert, da er dem Verfall der jakobinischen Doktrin in Frankreich mit Heine einen aus Deutschland importierten »homme de guerre« entgegenstellte, der nicht unbedingt dorthin paßte; siehe Anm. 23, Bd. II, S. 251.

[100] Siehe dazu auch Susanne Zantop: Zwischen Aneignung und Enteignung. Heine in Südeuropa. – In: Lothar Jordan und Bernd Kortländer (Hrsgg.): Nationale Grenzen und internationaler

Austausch. Studien zum Kultur- und Wissenschaftstransfer in Europa. Tübingen 1995, S. 95–108, besonders S. 97f.

[101] Siehe Luciano Zagari: Permanence in Change: Heine's Reception in Italian Culture through the Centuries. – In: Heine and the Occident [Anm. 18], S. 87.

[102] Chiarini, zitiert nach Fiedler-Nossing [Anm. 69], S. 337.

[103] Zantop [Anm. 100], S. 99 weist auf 7 verschiedene Sammlungen Heinescher Gedichte in 25 Editionen zwischen 1873 und 1914 hin.

[104] Siehe Bécquers Rima I, wo er von seiner neuen Wortwahl spricht: »Yo quisiera escribirlo [el himno] [...] con palabras que fuesen a un tiempo suspiros y risas, colores y notas.« – In: Obras Completas. Hrsg. von A. Cardona de Gibert und J. Alcina Franch. Barcelona etc. 1970, S. 76. Dazu vergleiche man seinen »Prólogo« zu A. Ferrán [Anm. 49], S. 9–11, wo es heißt: »Hay otra [poesía] [...] que hiere el sentimiento con una palabra y huye, y desnuda de artificio, desembarazada dentro de una forma libre, despierta [...] las mil ideas que duermen en el océano sin fondo de la fantasía.«

[105] Siehe Anm. 31.

[106] Siehe Hoffmeister [Anm. 54], S. 148.

[107] »De la France« (»Französische Zustände«) schon 1833.

[108] 1853, 1855, siehe Werner [Anm. 18], S. 49.

[109] Siehe Fiedler-Nossing [Anm. 69], S. 285–296; siehe Carducci [Anm. 74].

[110] Siehe Aregger [Anm. 44], S. 77.

[111] Lorenzo González Agejas: Cuadros de viaje. Madrid 1906.

[112] Rukser [Anm. 43], S. 499.

[113] A. Eckhoff: Dichterliebe. H. Heine im Lied. Hamburg 1972.

[114] Siehe Fiedler-Nossing [Anm. 69], S. 340: »e diventato, più o meno, pasto per le classi di cultura meno elevata.« siehe Zantop [Anm. 100], S. 103; siehe Jeffrey L. Sammons: Heinrich Heine. Stuttgart 1991, Schlußkapitel.

[115] Siehe Zagari [Anm. 101], S. 91: »Heine was finished in Italy until the end of WW II.«

[116] Siehe Sainte-Beuve: »poëte de son pays.« [Anm. 23], Bd. II, S. 253, auch in Friedenszeiten – im Gegensatz zu Werner [Anm. 18], S. 55; außerdem Emilia Pardo Bazán: La vida contemporánea – Heine – Dos valentones (1901), S. 730; zitiert Zantop [Anm. 100], S. 102.

[117] Kraus [Anm. 5], S. 28; 43; 18.

[118] Siehe Croces Ironie-Kritik: durch seine romantische Ironie ging Heine »tieferer Eingebungen verlustig oder verflüchtigte sie sofort dadurch selbst.« [Anm. 94], S. 22; dazu Otto Pöggeler: Hegels Kritik der Romantik. Bonn 1956.

[119] Croce [Anm. 94], S. 17; 23.

[120] Nuova Antologia 27 (1874), S. 813.

[121] Aregger [Anm. 44], S. 29.

[122] Menéndez y Pelayo: Prólogo zu José Herrero (Übers.): Enrique Heine. Poemas y Fantasías. Madrid 1883; Reprint in: M. P.: Edición nacional de las obras completas. 3. Auflage. Madrid 1961, Bd. X, S. 411; interessanterweise stammt das Perücken-Bild von Heine selber, wenn auch in anderem Kontext, siehe sein: »ich niste da in der Allongeperücke Voltaires«; zu Alfred Meißner, August 1854. – In: Werner II, 349.

[123] Siehe Owen [Anm. 55], S. 298–99.

[124] Siehe Aregger [Anm. 44], S. 36.

[125] Ramiro de Maeztu: Wilson, Goethe y Heine; übersetzt von Claude Owen. – In: HJb 6 (1967), S. 95f.

[126] Pío Baroja: Las Horas solitarias, Kap. VI und La Caverna del humorismo, Kap. XIII. – In:

Obras completas. Madrid 1948, Bd. V, S. 243 und 421; den ersten Hinweis auf Baroja verdanke ich Susanne Zantop [Anm. 100], S. 107; Baroja wird auch von Owen zitiert, [Anm. 55], S. 277–278.

[127] Owen [Anm. 55], S. 306.

Die arabische Welt in Heines Werk und Heines Werk in der arabischen Welt

Von Moustafa Maher

Die Frage, wie sich Heinrich Heine uns Araber und Muslime vorgestellt hat und wie wir ihn uns vorgestellt haben[1], ist der Zentralgegenstand der Rezeptionsforschung, der die Konzeption zugrundeliegt, daß das literarische Phänomen erst oder gar nur existiert, wenn es rezipiert wird. Ob ein bestimmtes Wortkunstwerk ein absolutes Sein hat oder erst in der rezipierbaren Realität ein Dasein erlangt, ist eine philosophische Frage, die auf der Ebene der Metaphysik die Geister beschäftigt. Da unsere Frage in das Feld der Rezeption fällt und ihre Berechtigung davon ableitet, ist es wichtig, auf diese Problematik hinzuweisen. Es geht nicht vordergründig um Heine, wie er jenseits von Rezeptionsfaktoren zu verstehen wäre, sondern um Heine, wie ihn der arabisch-islamische Kulturraum, genauer gesagt, einige mir bekannte Teile davon, rezipiert hat. Wir konzentrieren uns auf Stoffe, Motive, Voraussetzungen, Bedingungen, Modalitäten, Werte und wie sie bei Verlagerungen verschieden wirken.

Daß wir uns in der arabisch-islamischen Welt oder einfach in Ägypten für Heinrich Heine, den Menschen und das Werk, interessiert haben und weiter interessieren, ist eine Frage, die der Erläuterung, der Begründung oder gar der Rechtfertigung bedarf. Wir müssen den geistesgeschichtlichen Verlauf des Kulturaustauschs zwischen Ost und West zurückverfolgen bis zur Schaffung des ersten Modells der translatio studiorum, das die Kulturgeschichte der Menschheit durch die Muslime kennt, konzipiert unter den Omayyaden und erweitert unter den Abbassiden. Zum ersten Mal in der Geschichte wurde der Kulturaustausch unter den Khalifen zu einem Programm entwickelt, das das Ziel verfolgte, alles, was es an wertvollen Geistesprodukten bei den anderen Völkern gab, zu importieren, zu verarbeiten, weiterzuführen und vermittlungsfertig zu gestalten. Die Zentralidee, die diesem umfassenden Programm zugrundelag, ist die Vorstellung, alle Völker, so verschieden ihre Sprachen und Lebensbedingungen auch sein mögen, gehörten zu einer großen Einheit: zur Menschheit.[2] Der Einfachheit halber nennen wir es »Das Dar-el-Hikma-Programm«.

Ich möchte die negativen Aspekte, die Rückschläge, ausklammern und behaupten, daß dieses Modell bis heute seine Lebensfähigkeit bewiesen hat und daß immer wieder darauf zurückgegriffen wurde. In Tunesien z. B. gibt es ein berühmtes Dar el-Hikma: Bait el-Hikma. Trotz der Kreuzzüge und der Reconquista haben die Christen Westeuropas das arabisch-islamische Modell mit seinem *Humanitätsideal* übernommen und die arabisch-islamischen Geistesprodukte ins Lateinische und gegebenenfalls in die europäischen Mundarten oder Nationalsprachen übersetzt. An den Wendepunkten, wo die Banner des Fortschritts oder des Anschlusses an die Welt der Humanität gehißt werden, wird ein solches Programm ins Leben gerufen und ein Dar el-Hikma errichtet.

In Ägypten geschah das Anfang des 19. Jahrhunderts. Die Akzente setzte *Rifa'a at-Tahtawi* (1801–1872), der an solchen Kulturaustausch mit Humanitätsideal glaubte. »Dar el-Hikma« nannte er »Madrasat al-Alsun« (= Sprachenhochschule) und »Qalam et-Targama« (= Übersetzungsamt). Er rief seine Landsleute dazu auf, alle Geistesprodukte von Ost und West, hauptsächlich vom Westen, abgesehen von Politik und Religion, einzuführen und sich damit auseinanderzusetzen. An gedruckten Büchern dieser Art gab es vor ihm nichts. Zusammen mit seinen Schülern füllte er die Regale der modernen Bibliothek mit 200 Titeln, die in rund 20 Jahren übersetzt wurden.[3]

Seine Schüler vertraten die gleiche Kulturphilosophie, die von Gegenströmungen angegriffen wurde. Dieser modernen Kulturphilosophie ist es zu verdanken, daß viele Werke aus verschiedenen Wissenszweigen übersetzt wurden. Der Aufbau des modernen Staates begünstigte diese Ansätze. *Taha Hussein*[4] rief in den 20er und 30er Jahren zu einer Dar-el-Hikma-Übersetzungsbewegung auf. Den Aufruf schickte er 1950 nochmals in die Welt. In der letzten Hälfte dieses Jahrhunderts, die ich bewußt erlebt habe, hat es solche Aufrufe immer wieder gegeben. Heute wird in Ägypten an einem »Nationalen Übersetzungsprojekt« gearbeitet. In diesem Kontext wurden die Voraussetzungen für die Rezeption der Werke von Goethe, Schiller, Heine, Hölderlin, Lessing, Kant, Hegel, um nur einige Namen zu nennen, geschaffen.

Die Übersetzer im Mittelalter hatten es leicht. Die beschränkte Anzahl der Werke, die sie wählten und übersetzten, war repräsentativ genug. Im 19. Jahrhundert wurden wir von der Fülle der übersetzungswürdigen Titel überwältigt. Heute kommen wir uns wie in einem Labyrinth vor.[5]

Vielleicht füge ich hier etwas hinzu, um Mißverständnissen vorzubeugen. Die weltoffene Kulturphilosophie war nie die einzige Position, sondern eine von drei oder vier Alternativen, aber sie herrschte in den genannten Zeitabschnitten vor. Darüber hinaus spielten die individuellen Initiativen eine immer größere Rolle im Lichte dieser Kulturphilosophie.[6] Manche individuelle Initiative nahm institutionsähnliche Formen an.

Wenn ich das Humanitätsideal betone, das wir in den Rahmen einer Aufklärung und einer Renaissance setzen, die für uns heute noch relevant sind, so denke ich, daß es sich um bestimmte Zentralmotive handelt, die für allgemeinmenschlich gehalten werden und das Menschliche im Menschen betonen. So gehören zu den ersten deutschen Werken, die rezipiert wurden, »Nathan der Weise« als Verkörperung der Toleranz und »Wilhelm Tell«[7] als Verkörperung der Freiheit und der Befreiung. Als soziale Aspekte in Betracht gezogen wurden, waren die Werke, die soziale Themen behandeln, geschätzt. Die Frage der Würde des Menschen nahm klare Dimensionen an. Auch durch die zeitgemäßen politischen Faktoren, die die Massen in Bewegung setzten, wurde die Würde des Menschen profilierter: Ablehnung der Unterdrückung und des Lebens unter der Armutsgrenze, Ablehnung der Ausbeutung und der Eliminierung aus der Entscheidungsebene der Politik. Die neue Thematik setzte Akzente und öffnete Perspektiven.

Wie in dem Roman »Zeinab« von *Heikal*, geschrieben 1910–1911, erschienen 1914, fällt der neugestalteten Liebesthematik die Bedeutung der Anerkennung des Individuums zu. Die Liebesthematik beinhaltet das Streben nach Freiheit, Selbstbehauptung, Entscheidungsrecht und dem Widerstand gegen das politische, soziale, geistliche und geistige Establishment.

Die Suche nach Anerkennung und Legitimation lenkte die Aufmerksamkeit auf die fremdsprachige Literatur über die Ost-West- bzw. Islam-Christenheit-Beziehungen. Die Vermittler westlicher Kulturen bevorzugten die Werke, die in ihre Konzepte paßten. So schätzten sie die Autoren, die den Islam, aber auch die vorislamischen Kulturen, objektiv studierten und würdigten. Die Muslime kamen sich in der Kolonial-Ära als Ziel einer Verschwörung vor und wollten die Wahrheit über sich wissen und vermitteln.

Auch hier liegt die Bedeutung Heines, der z.B. in »Almansor« Partei für die arabisch-islamische Kultur ergriff. War Heine für einige ein Verfechter der Freiheit, ein Verteidiger der Unterdrückten, ein hemmungsloser Feind der Diktatur, so war er für viele der »Almansor«-Dichter.

Bei der Rezeption bediente man sich in Ägypten anfangs einer einzigen Sprache als Vehikel, des Französischen[8], dann des Englischen[9], später beider Sprachen. Das war typisch für die Unbeholfenheit, deutete aber auch auf das

Bestreben hin, volle Ausnutzung der verfügbaren Arbeitsmittel zu erzielen. Je mehr Fortschritte man im Lande erzielte, um so stärker wurde das Interesse an den Kultursprachen mit Betonung der direkten Übersetzung.

Aber von der Perspektive der Übersetzungswissenschaft aus gesehen können wir die indirekten Übersetzungen nicht übersehen, weil sie in einem bestimmten Zeitabschnitt in einem bestimmten Raum – so schlecht oder falsch sie sein mögen – den Kulturaustausch prägen. Darüber hinaus gibt es »indirekte« Übersetzungen, die von berühmten Dichtern und Schriftstellern stammen und Spitzenleistungen darstellen. Ich erwähne z.B. *Jehja Hakkis* und *Abbas Mahmûd Al-Aqqâds* Übersetzungen deutscher Werke.

Wie dem Titel meines Beitrages zu entnehmen ist, behandle ich zwei verschiedene Rezeptionsaspekte, einmal, wie Heine sich die arabisch-islamische Welt vorstellte und zum anderen, wie Heine – l'homme et l'œuvre – in der arabisch-islamischen Welt am Beispiel Ägyptens rezipiert worden ist.

Die Rezeption der arabischen Welt durch Heine

Wie sich Heinrich Heine die arabisch-islamische Welt vorgestellt hat, darüber hat Mounir Fendri[10] eine vorbildliche Studie geschrieben, die das Thema mit aller Sorgfalt und Akribie bis in die kleinsten Einzelheiten erschöpft hat. Nur auf die großen Linien weise ich hin. Heines Drama »Almansor«, sein episches Gedicht »Almansor« und die zu diesem thematischen Feld gehörenden kürzeren Gedichte sprechen von Heinrich Heines Sympathie für die Muslime, die, nachdem sie in Spanien eine blühende Kultur entwickelt und Westeuropa den Weg in die Neuzeit geebnet hatten, getötet, versklavt oder vertrieben wurden. Da ein ähnliches Schicksal die Juden, die in Spanien unter den Muslimen Toleranz genossen hatten[11], ereilte, versteht es sich, daß Heine mit Nachdruck die Frage nach der Toleranz in ihrer globalen Weite aufwirft. Dabei hebt er hervor, wie schön es ist, daß Liebe die Herzen verbindet, wie bei Almansor und Suleima. Seine politischen Themen – Freiheit, Menschenwürde, Ablehnung jeglichen Zwangs, die Kunst als Ausdruck der höchsten menschlichen Werte – werden unterstrichen.

Heine hat sich nicht so umfassend mit der islamischen Kultur befaßt wie etwa Goethe (siehe die »Noten und Abhandlungen zu besserem Verständnis des West-östlichen Divans«), aber die Stoffe und Motive, die er aus dieser von den Romantikern geschätzten orientalischen Quelle geschöpft hat, sind mitprägend für sein Werk. Wir finden bei ihm die Geschichte von »Meschnun und Laila«, eine arabische Liebesgeschichte, der die Perser ein besonderes

Gepräge verliehen haben. Für Heine, der die Motive Liebe, Leiden und Tod in allen Variationen behandelt, ist es eine eklektische Aneignung von Kulturgütern, die auf der Ebene des Humanitätsideals und der romantischen Kongenialität erfolgt. Die Übersetzungen von Hamasa, Makamen und anderen orientalischen Dichtungen regten ihn an. Dem Zauber von »1001 Nacht« ist er nicht entgangen. Wie hätte er, in dessen Werk das Märchenhafte und das Traumhafte eine große Rolle spielen, es können? Die Rahmengeschichte von Scheherazade und Schahrayar zeigt eine Frau, die sich durch Geist und Kunst profiliert, sich Unrecht und blinder Gewalt gegenüber behauptet und die die »Menschenrechte« resolut verteidigt. In diesem Sinn ist dieses Erzählwerk keine Unterhaltungsliteratur, sondern eine Konkretisierung der islamischen Konzeption der Menschenwürde. Darüber hinaus veranschaulichen die Märchen von »1001 Nacht« das arabisch-islamische Prinzip der Freude am diesseitigen Leben, die mit der Freude im Jenseits nicht im Widerspruch steht, sofern sie im Rahmen des Erlaubten bleibt.[12] Der Typ des Ritters, der auf dem Schlachtfeld Heldentaten vollbringt und in der Liebe zärtlich ist, ist bezeichnend für die arabisch-islamische Kultur, die auch Frömmigkeit oder gar Mystik hinzuzählt.[13] Ich verweise auf Heinrich Heines Gedicht »Ali Bey«.

Wenn es um den Islam als eine Religion mit ihren Symbolen – Koran, Prophet – geht, ist die Haltung Heines ähnlich wie seine Haltung dem Judentum und dem Christentum gegenüber. Er schwankt zwischen positiv und negativ, übt bisweilen vorbehaltlos Kritik und spart nicht mit satirischen Bemerkungen und herausfordernden Wendungen. Was ihm an der Religion nicht gefällt, ist der Stand der Geistlichkeit, der sich in den Dienst der politischen Diktatur stellt und den Fortschritt hemmt. Was ihn an der Religion interessiert, ist die menschliche Seite, der Beitrag zur Lebensqualität. Der Islam, den er bewundert, ist die islamische Kultur.

Die Beschäftigung Heines mit den aktuellen Fragen der Ost-West-Beziehungen fällt in seine journalistische Tätigkeit und konzentriert sich auf das Osmanische Reich, das in Auflösung begriffen war, und den Freiheitskampf in Griechenland, Muhammad Ali in Ägypten sowie auf Syrien und die Kolonialpolitik in Nordafrika. Als Journalist hat sich Heine über diese Ereignisse Gedanken gemacht. Er nahm sie teils zum Anlaß, seine sozio-politischen Gedanken zum Ausdruck zu bringen, teils um seine Parteinahme für Europa zu unterstreichen. Ob er sich hier als Kosmopolit erweist, ist eine Frage, die vertiefter Forschung bedarf.

Die Rezeption Heines in der arabischen Welt

Wann hat die Rezeption Heines in unserem Kulturraum begonnen? In einem Artikel, erschienen in der Kairoer Zeitschrift »Akhbar Eladab« vom 2. November 1997, vertritt der syrische Kollege Abdu Aboud die Meinung, die Rezeption Heines hätte erst 1953 mit der Arabisierung der Schrift »Die Götter im Exil« durch den syrischen Übersetzer *Fou'ad Ayyûb*, erschienen in dem Sammelband »Rawâ'i min al-'adab el-almâni« (= Meisterwerke der dt. Literatur), begonnen. Weiter heißt es in dem Aufsatz: Dann hörte das arabische Interesse an Heine für eine lange Zeit auf bis 1982, als der große syrische Schriftsteller *Abdelmu'în Maluhi* Heines »Reisebilder« ins Arabische übersetzte. 1988 erschien in Damaskus die Übersetzung von »Zur Geschichte der Religion und Philosophie in Deutschland«. Übersetzer ist der Syrer *Salâh Hâtim*. Dann fragt er sich: Und was hat man mit seiner Poesie gemacht? Die Antwort ist: Nichts. Er spricht vom Rückstand der Rezeption Heines. Nachdem der Autor des »Akhbar-Eladab«-Artikels vorausgeschickt hatte, der Übersetzer von Gedichten müsse ein dichterisches Talent besitzen, d.h. er müsse Dichter im weiten Sinn des Wortes sein, legt er dem Leser seine eigenen Übersetzungen von drei Heine-Gedichten vor.

Die Angaben im »Akhbar-Eladab«-Artikel weisen auf wichtige Beiträge von Übersetzern hin, müssen aber gründlich korrigiert werden. Die Rezeption Heines hat nicht 1953 begonnen sondern 1917, als Abdellatif An-Naschâr[14] die Übersetzung eines Gedichtes von Heine in der Kairoer Zeitschrift »Ramsis« veröffentlichte.

Wir müssen weiterforschen, um frühere Zeugnisse zu suchen, weil die ägyptischen Kontakte zum geistigen Leben in Frankreich im allgemeinen und zu den Saint-Simonisten und Sozialisten insbesondere sehr früh eingesetzt haben. *Rifa'a at-Tahtawi* hat über die Revolution von 1830 in Paris berichtet, *Muhammad Mazhar* war von 1826 bis 1834 in Paris, dann wieder 1842 und kannte die Saint-Simonisten sehr gut, verkehrte in ihren Kreisen und teilte ihre Ansichten.[15]

Ali Ahmad El-'Inâni[16] hat 1932 Die »Loreley« ins Arabische übersetzt, und *Ahmad As-Sawi Muhammad* hat 1936 in Kairo eine Heine-Monographie veröffentlicht.[17] Über 20 Jahre davor hatte *Abderrahmân Schukri* Gedichte von Heine übersetzt. Eine große Anzahl von prominenten ägyptischen Dichtern übersetzte Gedichte von Heine »poetisch«: *Abbâs Mahmûd Al-'Aqqâd, Ibrahim Abdelkader Al-Mazni, Ibrahim Nagi, 'Ali Mahmûd Taha* und andere. Es liegt auf der Hand, daß die ägyptischen Dichter, die Gedichte von Heine übersetzten, Gemeinsamkeiten mit ihm haben, die die Forschung erhellen müßte, und sie müßte zeigen, wie tiefgreifend die Wirkung Heines in jedem Fall war.

Ich beginne mit *As-Sawis* Buch, das zwar erst 1936 erschien, jedoch die umfangreichste Heine-Monographie auf Arabisch darstellt. *Ahmad As-Sawi Muhammad* ist eine Schlüsselfigur des ägyptischen geistigen Lebens. Er wirkte dort als Journalist und Schriftsteller. Er wurde am 2. Januar 1902 geboren. 1920 war er Angestellter im Innenministerium, später in der Verwaltung der Minen bis 1926. 1927 fuhr er nach Frankreich, wo er bis 1930 weilte. Entsandt hatte ihn *Hoda Scha'rawi* (mit *Mahmûd Mukhtâr* und *Taufik el-Hakîm*) zum Studium der Journalistik. Dort erlangte er ein Diplom der Journalistik und ein Diplom der Soziologie. Nach seiner Rückkehr (1930) arbeitete er bei »Al-Ahrâm«, wo seine Kolonne »Ma qalla wa dalla« (= In der Kürze liegt die Würze) berühmt wurde. 1935 gründete er die Zeitschrift »Magallati« (= Meine Zeitschrift) und arbeitete weiter bis 1941 bei »Al-Ahrâm«. Er schrieb dann in »Al-Misri« Artikel und präsentierte wichtige Bücher der Weltliteratur. 1945 schloß er einen Vertrag mit »Akhbâr-el-Yôm«, und fuhr für diese Zeitung nach Europa, um sie mit Berichten, Reportagen und Buch-Präsentationen zu versorgen. 1949 kam er wieder in das Zeitungshaus »Al-Ahrâm«, und von 1952–1957 war er dort Chefredakteur. 1959 wurde er einer der Chefredakteure der Tageszeitung »Al-Akhbar« und bald darauf Chefredakteur von »Akher Sa'a.« Er starb 1978.

Seine Bücher (Übersetzungen, eigene Werke, Artikelsammlungen), die ca. 40 Titel zählen, legen darüber Zeugnis ab, welche Bedeutung er der Kulturvermittlung beimaß.[18] Er hatte einen Stil, der »auf dem Papier pulste, wie das Herz hinter den Rippen« (*Ahmad Schauki*). Das Material für sein Heine-Buch hat er hauptsächlich aus *Lewis Brownes* Heine-Biographie geschöpft.[19] Er gibt dem Leser zur weiterführenden Lektüre eine Liste von Publikationen (18 Titel) in Englisch oder Französisch, darunter viele Übersetzungen aus dem Deutschen.

As-Sawis Buch besteht aus zwei Teilen. Teil I behandelt die Jahre in Deutschland, Untertitel: »Der Fremde in seiner Heimat«, Teil II die Jahre in Frankreich, Untertitel: »Der Fremde in seinem Exil«. As-Sawi schickt eine handgeschriebene Widmung voraus: »An die Gequälten auf Erden, damit ihnen die Qual leichter werde!« Diese Wendung »die Gequälten auf Erden«, arab.: »al-Mu'azzabuna fi-l-ard« verbirgt einen Aufruf zu einer Revolution, die den Unterjochten ihre Rechte erzwingen sollte. *Taha Hussein* übernahm diese Wendung als Titel für sein revolutionäres Buch »Al-Mu'azzabuna fi-l-ard«, das 1949 unter König Faruk von der Zensur beschlagnahmt wurde und erst 1952, nach der Revolution, erschien.[20]

Die Widmung verrät schon, wie As-Sawi Heine versteht und funktionalisiert. In einem faszinierenden Stil berichtet As-Sawi über Heinrich Heines Leben, Leiden, Kampf und Werk. Das Buch ist reich an Einzelheiten. Wir lesen über die Eltern, die Familie der Mutter und die Lebensverhältnisse der Juden in Deutschland damals.

Er ist »der Dichter der Generation« (scha'ir el-gîl). Seine Poesie ist echt, aufrichtig, lebensnah, weit vom Phantastischen und von Künstelei. Sie ist ironisch, frech, scharf wegen der Enttäuschung in der Liebe und des ihm vorgehaltenen Versagens im Leben und der Unzufriedenheit mit der Politik. In diesem Sinn schrieb er »Almansor« und identifizierte sich mit dem Helden, einem Muslim, der eine Christin – eigentlich eine muslimische Fürstin – liebt und lieber stirbt als auf seine Gefühle und Gedanken zu verzichten.

Der Autor erwähnt die vielen Vertonungen durch Schumann, Schubert, Mendelssohn und Wagner. Heine schrieb keine langen Werke (Dramen, Romane), sondern nur Gedichte und Kurzprosa. As-Sawi lobt ihn, vergleicht ihn mit Goethe und hält ihn für den besten deutschen Lyriker, ja für den besten Dichter überhaupt. »Goethes Gedichte wurden nicht so oft vertont und gesungen wie Heines Gedichte. Das ›Buch der Lieder‹ ist heute die berühmteste und beste Gedichtsammlung in allen Weltliteraturen«, schreibt er. Heine bestand 1825 die Jura-Prüfung und ließ sich taufen, um sich eine Karriere zu sichern.

Er hielt es in der Heimat wegen seiner politischen Einstellung nicht mehr aus: Die Juden haßten ihn, die Christen verachteten ihn, die Verwandten lehnten ihn ab. Das Leben in Armut und Enttäuschung und seine Krankheit, seine hoffnungslose Liebe, all das trieb ihn ins Exil.

Seine Kritik wurde schärfer. Er sah eine Revolution der Armen und Ausgebeuteten voraus. Das Judentum, das er verachtete, hielt er für den niederträchtigsten Glauben. Seine Freude über die Revolution von 1830 in Frankreich war groß, und er wünschte eine ähnliche für Deutschland.

In Frankreich war Heine glücklich. Er nahm Kontakt zu den Saint-Simonisten auf (Humanitätsideal – Gerechtigkeit). Er bewunderte die Franzosen. In der französischen Gesellschaft spielten die Künstler und Wissenschaftler eine führende Rolle.

As-Sawi erwähnt Heines Krankheit, die mit Kopfschmerzen begann und mit Lähmung endete. Die Lähmung nahm ständig zu: zuerst zwei Finger, dann die Beine, Gesicht und Mund. Er kämpfte gegen die Krankheit. Als er nicht mehr selbst schreiben konnte, diktierte er. Als Todkranker diktiert er bis zur Erschöpfung, um von seiner Feder leben zu können. So hat kein Dichter gelitten! Es folgt eine lange Beschreibung des Dahinsiechenden, der sich mit Gott versöhnt und sicher ist, Vergebung zu erlangen.

As-Sawi hat Heinrich Heine in seinem Buch ein Denkmal gesetzt und ihn die Herzen der Leser erobern lassen. Seine Wirkung auf Dichter und Schriftsteller ist groß gewesen. Wer sein Buch liest, kann sich ein recht gutes Bild von Heine, l'homme et l'œuvre, machen und sich fasziniert weiter mit ihm befassen: Heine der Poet, der Satiriker, der Historiker, der Philosoph, der Freiheitskämpfer, der Verfechter der Menschenrechte und des Himmelreiches auf Erden.

Die wenigen Zeilen oder Seiten, die es über Heine in einigen Kompendien gab, haben Akzente gesetzt und Wege gewiesen. In meiner arabischen Übersetzung von *Émile Faguets* »Initiation littéraire«[21], sind einige Zeilen Heinrich Heine gewidmet. Émile Faguet ist der Ansicht, daß Deutschland das hohe Niveau, das es durch Goethe erreicht hatte, nicht weiter halten konnte nach Goethes Tod, ausgenommen in der Lyrik dank Heinrich Heine. Er hebt Heines Originalität, seinen Humor, seine Ironie und seine elegische Neigung hervor. Zwei Werke werden angeführt: »Reisebilder« und »Lyrisches Intermezzo«. Dieses Urteil, das Heine und Goethe im gleichen Atemzug nennt, werden wir häufig unter den ägyptischen Rezipienten antreffen.

Für Émile Faguet sind die orientalisierenden, arabisch-islamischen Aspekte in Heines Werk nicht besonders relevant, geht er doch von einer französischen, bestenfalls europäischen Perspektive aus. Auch diese Akzentsetzung wirkt weiter auf die ägyptische Rezeption, die das Französische als Vehikel benutzte.

Zwölf Jahre später habe ich Heinrich Heine durch die Übersetzung ausgewählter Texte weiter präsentiert in »Safahat Khalida min el-'adab el-almani« (Beirut 1970). Über die ausgewählten übersetzten Texte hinaus, die hauptsächlich das soziale und politische Engagement veranschaulichen, enthält der Beitrag einen kurzen Vorbericht über Heines Leben und seine Grundideen. Heine wird dargestellt als der einzige große Dichter, der aufgrund seiner geistigen Haltung mit Recht zum »Jungen Deutschland« gehört. Seine Gedichte sind trotz ihrer satirischen Schärfe der Romantik, deren Auflösung sie verkünden, zuzuordnen. Er ist zugleich Dichter und politischer Schriftsteller. Auf seine scharfe Kritik reagierte die Zensur in Deutschland mit dem Verbot seiner Schriften (1835). Er hatte sich vier Jahre davor nach Frankreich ins Exil begeben. Seine Überlegungen, die die Revolution von 1830 für eine adäquate Antwort auf die Diktatur hielten, drücken keine feste Überzeugung aus.

In den »Reisebildern« hält er die Franzosen – nach der Revolution von 1830 – für würdig, frei zu sein, weil sie die Freiheit im Herzen tragen. Er lobt den unblutigen Charakter der Revolution von 1830, der sich von der blutigen Revolution von 1789 abhebt. Weiter nimmt er zu den Verhältnissen in Deutschland Stellung und wirft den Deutschen vor, keinen Mut zu einer solchen Revolution zu haben und lieber geknechtet und ausgebeutet zu leben.

In einem anderen Text wird seine Idee bezüglich der Volksrevolution, der Legitimation der Revolution durch Belege aus dem Evangelium, die Revolution als Frucht der Vernunft, zum Ausdruck gebracht. Die Feinde der Freiheit, aber auch die der Wahrheit stellt er bloß. Die Freiheit ist für ihn eine Religion; wer sie verachtet ist ein Ketzer.

Vier Jahre später veröffentlichte *Hamdi Al-Khayyât* seine »Deutsche Literaturgeschichte« in arabischer Sprache (Köln 1974): »Tarikh el-'adab el-'almâni«. Obwohl der Text nicht ausführlich ist, finden wir darin die wichtigen Schwerpunkte im Leben und Werk Heines: Heine ist als Sohn einer armen jüdischen Familie, die im Handel tätig war, in Düsseldorf zur Welt gekommen. Schon früh merkte er, daß er anders war als die Familie und kam sich wie ein Sonderling in der Gesellschaft vor. Das drückte sich in Auflehnung, Satire, Ironie und Trotz aus. Bei der ihm aufgezwungenen Arbeit im Handel scheiterte er. Die sozialen und politischen Verhältnisse, die er durch das Jurastudium genauer erkennen konnte, empörten ihn wegen der Ungerechtigkeit, des Zwangs und der Korruption. Er begab sich nach Frankreich, wo er sich als politischer Asylant bis zu seinem Tod nach langer schwerer Krankheit aufhielt.

Weiter lesen wir: Heines Bedeutung und Ruhm beruhen an erster Stelle auf seinem poetischen Talent. Seine Poesie zog sowohl Bewunderer als auch scharfe Kritiker auf sich. Seine Gedichte sind einfach, leicht und drücken tiefe Gedanken und menschliche Gefühle aus. Oft ähneln sie den Volksliedern. Viele wurden vertont durch Schubert, Schumann, Mendelssohn. Auch als Prosa-Autor war Heine mit der »Harzreise« und »Nordsee« III einer der besten Autoren seiner Zeit.

Heine pflegte enge Kontakte zum Jungen Deutschland, einer literarischen Bewegung, an deren Spitze Ludwig Börne und Karl Gutzkow standen, die die Klassik und die Romantik für rückständig hielten und die Meinung vertraten, daß die Schriftsteller die Aufgabe haben, zu den politischen und sozialen Problemen ihrer Zeit Stellung zu nehmen. Preußen und Österreich verboten 1835 die Schriften des Junges Deutschland.

1985 veröffentlichte *Ahmad asch-Schibâni* in 'Ukâz ein Buch mit dem Titel »Qimam asch-schi'r el-'almani« (etwa: Schlüsselfiguren der deutschen Poesie), in dem Heinrich Heine ein Kapitel gewidmet ist. Die anderen Kapitel betreffen Goethe, Schiller, Hölderlin und Kafka. – Von Ahmad asch-Schibâni sind Übersetzungen von philosophischen Werken bekannt: »Kritik der reinen Vernunft« von Kant, »Der Untergang des Abendlandes« von Oswald Spengler, »Geschichte der Philosophie« von W. Durant, »Geschichte des modernen europäischen Denkens« in 5 Bänden. Der 15 Seiten lange Aufsatz hebt die Bedeutung Heines als Lyriker hervor und erwähnt die Vertonungen durch Schubert, Schumann und Mendelssohn, die dem Dichter eine große Verbreitung sicherten.

Anders als As-Sawi erwähnt er nur nebenbei die unendlichen Leiden, die Heine Zeit seines Lebens zu ertragen hatte. Dafür betont er sein häufiges Schwanken zwischen den Gegensätzen. Wichtig in dem Aufsatz sind die Vergleiche mit Fichte, Hegel, Kierkegaard und Kant und seine Kontakte mit Karl Marx, Friedrich Engels, Ludwig Börne, den Saint-Simonisten und dem Jungen Deutschland. Asch-Schibânis Urteil lautet ungefähr: Heine war kein politischer Denker mit klarer Linie, klaren Zielen und bestimmten Methoden; er pries die Revolution von 1830, war aber Aristokrat.

Der Autor gibt sich große Mühe zu beweisen, daß Heine kein Atheist war, sondern ein gläubiger Mensch. Wir lesen aber zwischen den Zeilen, daß sein Glaube von rein ästhetischen Begriffen ausging. Ebenfalls hebt der Autor Heines Prognose hervor, der Sozialismus werde in Kommunismus ausarten, und der Kommunismus werde die Freiheit zugrunde richten. Unbestritten ist die Tatsache, daß Heine Gewalt, Zwang und Terror haßte. In abgeschwächter Form erwähnt er die Kritik Heines an Deutschland und den Deutschen. Als Jude, urteilt asch-Schibâni, habe Heine keine Sympathie für die Juden gehabt und ihren Glauben nicht geteilt.

Im Schlußwort meint der Autor, daß Heine mit der Zeit seinen Wert als Kritiker, Historiker und Philosoph eingebüßt habe. Sein Wert als Lyriker habe sich dagegen erhalten und sogar gefestigt. Er sei vielleicht der einzige deutsche Dichter jüdischer Abstammung, der Hitler trotzte, denn die Nationalsozialisten verbrannten alle Bücher jüdischer Autoren, während Heines Lieder im Gedächtnis der Deutschen blieben. Die Hitlerjugend habe sie bisweilen gesungen.

Damit wir die Wirkung Heines auf die arabische Poesie richtig verstehen, ist es notwendig, einige Bemerkungen allgemeiner Art vorauszuschicken.

Die Rezeption der fremden Poesie – in welcher Sprache auch immer – stieß im arabischen Kulturraum schon während der ersten »translatio studiorum« unter den Omayyaden und Abbassiden auf die Ablehnung der Araber, die der Ansicht waren, die arabische Poesie sei etwas ganz Besonderes, das weder übersetzt werden noch Poesien anderer Sprachen in sich aufnehmen könne. Das Urteil von *Al-Gâhiz* ist bekannt. In der Tat geschah auf diesem Teilgebiet der Übersetzung verhältnismäßig wenig im Laufe der Jahrhunderte der Begegnung mit anderen Kulturen. Doch dieses Wenige erlebte im 19. und noch mehr im 20. Jahrhundert stetige Erweiterungen. *Rifa'a at-Tahtawi* übersetzte französische Gedichte ins Arabische, z. B. die »Marseillaise«. Sein Schüler

'Uthmân Galâl übersetzte *La Fontaines* »Fabeln« in gebundene Sprache. *Suleiman el-Bustani* veröffentlichte 1900 seine poetische »Ilias«-Übersetzung. Es hat seitdem nicht an Übersetzern gefehlt, die fremdsprachige Gedichte ins Arabische umdichteten. In »Megallat az-Zuhûr« veröffentlichte *Anton el-Gamil* »Ginan el-Gharb« (= Westliche Gärten), gemeint sind arabische Übersetzungen ausgewählter Gedichte der europäischen Literaturen. Die Vorstellung, daß nichtarabische Poesien nicht in Arabisch umgedichtet werden können, verlor an Ausschließlichkeit. Anton el-Gamîl schrieb, die Übersetzungen werden »unserer Sprache einen gewaltigen Reichtum an neuen und modernen Inhalten gewähren.«[22]

Als die ägyptischen Erneuerer der Poesie, von denen einige wichtige unter der Bezeichnung »Schu'ara' ad-Diwân« (= die Diwan-Dichter) erfaßt werden, ihre Programme bekanntgaben, waren schon Ansätze da. Diese Erneuerer – *Abdellatif An-Naschâr, Abderrahmân Schukri, Ibrahim Abdelkader Al-Mazni, Abbâs Mahmûd Al-'Aqqâd, Ali Muhammad Taha, Ibrahim Nagi* – sind bei Goethe und Heine, aber auch bei etlichen Franzosen, Engländern und Russen in die Schule gegangen. Manche kannten Schiller, Hölderlin und Rilke. Die Vermittlungssprache war das Englische. Bezeichnend ist die Tatsache, daß sie Goethe und Heine auf die gleiche Stufe stellten.

Schon 1917 hatte *Abdellatif An-Naschâr* eine arabische poetische Übersetzung eines Gedichtes von Heine (*Munâgatu-l-hubb*) veröffentlicht, die die moderne Art, mit der Liebesthematik umzugehen, veranschaulicht.

Abderrahmân Schukri, dessen erste Gedichtsammlung (1909) einen Einschnitt in der Geschichte der arabischen Poesie darstellt, kündigt ein Programm an, das Affinitäten mit Heine erkennen läßt. Ob man Heine richtig verstanden oder seine Lyrik auf bestimmte inhaltliche und formale Aspekte reduziert hat, ist eine wichtige Frage, die wir einer weiteren Forschungsphase überlassen. Die Einleitung zum V. Gedichtband[23] enthält die angestrebten Ziele der Moderne, die für uns die Perspektive darstellen, von der aus man Heine betrachtete: Die neue Poesie ist subjektiv und soll sich von der Turbulenz des Lebens befreien. Das Gedicht ist eine organische Einheit wie die Statue, die sich nicht zerlegen läßt. Mit dem Reim müßte frei umgegangen werden, indem man ihn variiert und teilweise oder ganz fallen läßt. Weitere Forderungen sind: Pflege der geistigen, philosophischen, weltanschaulichen und menschlichen Themen, Konzentration auf den tiefen Sinn und die Essenz, Beschreibung der Natur und Eintauchen in die Metaphysik, Interesse an den banalen Dingen und den flüchtigen Ereignissen sowie deren kunstvolle Aufnahme in die Lyrik. In der Sekundärliteratur wird auf Übersetzungen von Heine hingewiesen, die wir noch nicht ermitteln konnten.[24]

Bei der Ausarbeitung eines Programms für die moderne Poesie, die anders, ja grundsätzlich anders ist als diejenige, die es bis dahin gab, berief *Abbâs Mahmûd Al-'Aqqâd* sich u. a. auf Goethe und Heine. In seiner Artikelreihe »Sa'at baina el-kutub«[25] schreibt er, daß Goethe als Vorbild vom »Ich« ausging und daß seine Gedichte nicht direkt Bezug auf soziale, politische, alltägliche oder aktuelle Ereignisse nehmen. Wir wissen aus anderen Texten Al-'Aqqâds, daß er Heine genauso wie Goethe im Sinne hatte, wenn es sich um Vorbilder handelte. Von Al-'Aqqâd haben wir mindestens vier Übersetzungen von Gedichten Heines, die zu den schönsten poetischen Übertragungen gehören. Sie sind in dem Band »Arâ'is wa Schajatîn« (etwa: Musen und Teufel) enthalten, der ohne Jahresangabe in Kairo erschienen ist (wohl nach 1940).[26]

1932 hat *El-'Inâni* seine prosaisch-poetische Übersetzung der »Loreley« veröffentlicht.[27]

Man strebte nicht nach realitätsgetreuer Wiedergabe des Gesehenen, sondern danach, die Realität auf das Ich des Dichters wirken zu lassen. Die ausgelösten Sinneswahrnehmungen und Gefühle beschwören das poetische Wort, das auf den Leser und Hörer gleichermaßen wirkt und das gleiche Erlebnis hervorruft. Dabei schöpften die ägyptischen Theoretiker aus den europäischen Theorien der Romantik. Die englische Romantik, aber auch die deutsche, wie sie Goethe und Heine verkörpern, steht ihnen näher als der französische »romanticisme«. Vergleiche und Metaphern müssen verständlich und logisch oder wahrscheinlich sein. Im Mittelpunkt der Themen der Lyrik stehen die Gefühle mit den dazugehörigen Einfällen und Sinneswahrnehmungen. Erlebnislyrik und Gedankenlyrik schließen einander nicht aus, aber die Gedanken müßten über den Weg des Gefühls zum Ausdruck gelangen. Das Gedicht ist die Einheit und nicht der Vers, wie es in der herkömmlichen arabischen Poesie oft der Fall war.

Wichtig ist Schukris Äußerung: »Ich habe mich nie über etwas mehr gewundert, als über das Bestreben mancher Leute, eine Trennlinie zwischen der arabischen Literatur und den europäischen Literaturen zu ziehen und zu behaupten, die Vorstellungskraft der Europäer sei etwas, und die der Araber sei etwas anderes.«[28]

Die Forderung nach einer großzügigen Öffnung gegenüber anderen Kulturen, zumal der europäischen, wird stark unterstrichen. Schukri erinnert daran, daß es eine solche fruchtbare Öffnung in verschiedenen Epochen gegeben hat. *Zuhair ibn Abi Sulma* und *Amralkais* (6. Jahrh.) hatten Kontakte zur byzantinischen Kultur; *'Adiy ibn Zaid* war mit dem persischen Geist vertraut; unter den Abbassiden hatten die Dichter *'Abu-el 'Atahiya Ibn-er-Rûmi, Al-*

mutanabbi, Asch-Scharîf ar-Radiy und *Abulela el-Ma'arri* Kontakte zu anderen Kulturen, wovon ihre Gedichte Zeugnis ablegen.[29]

Diese Öffnung für die literarischen Schätze anderer Völker dürfte, so Schukri, nicht bedeuten, die Gedichte anderer Dichter zu »stehlen«. Schukri fordert, daß mindestens angegeben wird, ob es sich um Übersetzung, Nachdichtung oder freie Nachahmung handelt. Wieder beruft er sich im Vorwort zu seinem IV. Gedichtband (1916) auf Goethe; im Vorwort zu Band VI beruft er sich auf Schopenhauer und Nietzsche, um den besonders hohen Rang der Kunst – hier der Poesie – zu unterstreichen. Er hätte mit den gleichen Argumenten Heines Kunst-Aristokratie anführen können.

Ironische, ja sarkastische Züge fehlen nicht, wie wir in dem Gedicht »Hilmun-bi-l-ba'th« (= Traum von der Auferstehung) feststellen können. Der Tod ist ein wichtiges Motiv geworden, um das die anderen Motive wie Liebe, Enttäuschung, Gerechtigkeit kreisen. Aus der Geschichte, nicht nur der Ägyptens oder der der arabisch-islamischen Welt, sondern auch aus der Englands und Frankreichs sowie aus der Antike werden Stoffe und Motive geschöpft.

Auch die Heimat und die Sorge darum tauchen bei ihm wie bei Heine auf. Als er sich in England aufhielt, waren es Sehnsucht nach der Heimat und Erinnerung an sie. Innenpolitisch: Streben nach Freiheit, Demokratie, Menschenrechten und außenpolitisch: Streben nach Unabhängigkeit – 1919 fand die Revolution statt. Wie Heine hat Schukri Memoiren geschrieben, in denen er über seine Enttäuschung, erlittene Ungerechtigkeit, Ängste und innere Unruhe berichtet.

Wir haben von Schukri nur einige Übersetzungen oder Teilübersetzungen von Gedichten Heines, sollten aber sein Werk in bezug auf Einflüsse und Wirkungen näher untersuchen. Es wird sich lohnen, dabei auch seine programmatischen Schriften als Wegweiser heranzuziehen.

Die gleichen Untersuchungen müßten wir bei anderen Dichtern der gleichen Generation anstellen, die mit Heine Gemeinsamkeiten aufweisen. Hier ist auf *Ibrahim Abdelkader Al-Mazni* (1890–1949) hinzuweisen, der sich, meiner Meinung nach, intensiver mit Heines Werk, zumal mit der Poesie, schöpferisch auseinandergesetzt hat als man gewöhnlich annimmt. Von Al-Mazni haben wir eine poetische Übersetzung von Heines »Vermächtnis«. Der Übersetzung hat er einen Kommentar hinzugefügt, der darauf hindeutet, wie stark Heines Poesie auf ihn gewirkt hat.[30] Ironie, Satire, Sarkasmus sind bei Al-Mazni viel stärker ausgeprägt als bei den anderen Vertretern der Moderne (Ibrahim Nagi, Al-'Aqqâd, Schukri). Er kam sich wie ein Toter vor und blickte aus einer verbitterten Perspektive auf das Leben. Er schöpfte aus dem Alten und dem Neuen Testament weitaus mehr als die anderen muslimischen

Dichter seiner Generation. Auch hier gibt es eine Gemeinsamkeit mit Heine. Ich bin der Ansicht, daß es sich lohnen würde, das poetische Werk Al-Maznis mit dem Heines ausführlich zu vergleichen.

Wenden wir uns den Aufsätzen und Zeitungsartikeln zu, die auf Heine eingegangen sind, fällt uns *Abbâs Mahmûd Al-'Aqqâds* Artikel über Lessing auf, den er durch die Beschäftigung mit Heine kennengelernt hat. Der Artikel geht auf das Jahr 1928 zurück.[31] Anlaß war der 200. Geburtstag Lessings. Al-'Aqqâd beginnt mit Heine: »Heine«, schreibt er, »war einer der größten Bewunderer Lessings. Ich bin einer der größten Bewunderer beider, Heines und Lessings. Für mich sind sie die besten Schriftsteller Deutschlands. Beide – insbesondere Heine – stellen, jeder auf seine Art, Vorbilder dar, die unvergleichlich sind. Was Heine über Lessing geschrieben hat, hätte ich geschrieben, wenn ich seine Feder besessen hätte.« Er zitiert dann ausführlich aus »Zur Geschichte der Religion und Philosophie in Deutschland«.

Ein wichtiger Aufsatz mit dem Titel »Asch-Scharq al-islâmi wa-l-Andalus fi Schi'r Heine« (= Der islamische Orient und Andalusien in der Poesie Heines) von Mounir Fendri, erschienen in Heft 51 von »Fikrun wa Fann«, behandelt die islamischen Stoffe und Motive in der Poesie Heines. Er charakterisiert die orientalisierenden Texte Heines, wie z.B. »Der Asra«, »Ali Bey«, »Der Dichter Firdusi«, »Der Mohrenkönig« und das Drama »Almansor«.

Fendri erwähnt die Quellen Heines: *Firdusis* »Schahname«; »1001 Nacht«; die »Moallakat« in der Übersetzung von A. Th. Hartmannn; »Hamasa«; »Laila wa Madschnun« von *Gami* in der Übersetzung von Hartmann; Goethes »West-östlicher Divan«; persische Dichter wie *Saadi, Nizâni* und *Hafiz*.

Der Orient, der Heine fasziniert, ist nicht der wirkliche Orient, sondern der Orient, wie ihn Dichter, Künstler und phantasiereiche Reisebericht-Autoren darstellten, aber auch der Orient vom Mittelalter, der eine blühende Kultur schuf und den Fortschritt repräsentierte. In seiner Tragödie »Almansor«[32] schildert er das Schicksal der Liebenden Almansor ben Abdallah und Zulaima ben Ali, die einander in ihrer frühen Kindheit versprochen wurden. Nach dem Fall Granadas wurden die Muslime, um dem Tod zu entgehen, vor die Alternative gestellt, entweder zu emigrieren oder sich taufen zu lassen. Almansor wählt das Exil, Zulaima ist gezwungen, Christin zu werden. Als Almansor erfährt, daß sich seine Geliebte nicht dagegen wehren kann, mit einem Mann des feindlichen Lagers verheiratet zu werden, überfällt er zusammen mit einigen mutigen Kämpfern die Hochzeitsgesellschaft und flieht mit seiner Geliebten. Die Liebenden sterben in der Hoffnung, in eine bessere Welt zu gelangen, in der die religiöse Intoleranz die Menschen nicht ins Elend treibt.

Fendri hält die Interpretation, Heine stelle hier eigentlich das Schicksal der spanischen Juden dar, für unzureichend und hebt den islamischen Aspekt hervor, der nicht auf die Staffage-Funktion reduziert werden dürfte. »Almansor« ist nach Ansicht Fendris ein Werk, das die Muslime Andalusiens und ihre Kultur verherrlicht und den ihnen durch die Reconquista versetzten tödlichen Schlag bedauert. Verurteilt wird nicht nur die Intoleranz, hervorgehoben wird auch die historische Verantwortung der spanischen Christen für die Zerstörung einer Kultur, die Europa aus der Finsternis ans Licht führte.

Mit Textbelegen wird Heines Huldigung der arabischen Kultur dokumentiert. Cordoba war eines der größten Ausstrahlungszentren, ebenfalls Granada. Fendri unterstreicht Heines Sorge um die historische Wahrheit und führt seine Quellen an.

Ein Beweis für das besondere Interesse am islamischen Aspekt des Stoffes und der Behandlung ist die Tatsache, daß Heine 1825 ein langes Gedicht mit dem gleichen Namen veröffentlichte. Ein Vierteljahrhundert später schrieb Heine über ein ähnliches Motiv, das tragische Schicksal von Boabdil, d.i. Abu Abdallah Muhammad Al-Mursi, letzter muslimischer König von Granada.

In dieser Zeit schrieb der Dichter auch »Der Rabbi von Bacherach«. Es geht um die christliche Verfolgung der Juden, die unter den Muslimen in Spanien Freiheit und Toleranz genossen hatten. Beide Aspekte werden hervorgehoben: das Schicksal der Juden und die zu Fall gebrachten Humanitätsideale der Muslime in Spanien. Heine bewunderte die harmonische Atmosphäre, die alle Religionsgemeinschaften unter den andalusischen Khalifen umfaßte. In diesem Zusammenhang behandelte er eine Reihe von jüdischen Stoffen, die einen Aspekt der islamischen Toleranz belegen. Der Aufsatz ist nach dem Buch von As-Sawi ein Markstein auf dem Weg der intensiven Rezeption Heines im arabisch-islamischen Kulturraum.

Zum 200. Geburtstag Heines veröffentlichte *Muhammad 'Issa Asch-Scharkawi*, ein prominenter Kolumnist, am 6. Dezember 1997 in »Al-Ahrâm« unter seiner Rubrik »Hikaya siyasseya« (= Eine politische Geschichte) einen Artikel über Heinrich Heine. Als Titel wählte er: »Al-fata-l-hâlim jas-ra' kitâb el-'anâschîd (= Der verträumte junge Mann liest das »Buch der Lieder«); als Illustration wählte er nicht das Bild Heines, sondern das Napoléons. Der Autor versucht, die Lebensstationen Heines nachzuzeichnen und die wichtigsten Menschen und Zeitereignisse darzustellen, die den Dichter und sein Werk beeinflußten.

In dem kurzen Artikel Asch-Scharkawis kommen die für den Leser der Tageszeitung relevanten Schwerpunkte deutlich zum Ausdruck: Poesie, Leiden, politisches Engagement. Vielleicht vermißt man den Hinweis auf Heines Ironie. Es fällt auf, daß der Autor von der deutschen oder europäischen Perspektive ausgeht. Er geht auf die Rezeption in Ägypten oder im arabisch-islamischen Kulturraum nicht ein. Wir lesen nichts über Abderrahman Schukri, Al-Mazni, Al-'Aqqâd, nichts über As-Sâwi.

Schlußbetrachtung

Die Zeitspanne, die wir ins Auge fassen, wenn wir auf die Rezeption fremder Kulturgüter im arabisch-islamischen Kulturraum mit Betonung der Rezeption im gegenwärtigen Ägypten eingehen, umfaßt die letzten 150 oder 170 Jahre. Das ist eine Zeitspanne, die alles andere als homogen ist. Das gilt sowohl für die politischen und sozialen Verhältnisse als auch für das Bildungswesen und damit für die Rezeption. Wir müssen die geographischen Verhältnisse mit einbeziehen, wenn wir die Rezipienten, was Größenordnung und Umgangsart angeht, bestimmen wollen. So haben wir im Vergleich mit Deutschland, Frankreich, England oder Italien eine auffallend geringe Leserschaft. Innerhalb dieser kleinen Leserschaft ist das Publikum, das sich für fremde Literatur interessiert, noch geringer. Es sei denn, es handelt sich um Bücher, die für Schüler und Studenten programmgemäß bestimmt sind oder ihnen hilfreich sein können. Ausnahmen gibt es. So z.B. die Bücher, die in lange etablierten Reihen erscheinen, die in der ganzen arabischen Welt vertrieben werden können.

Es gibt anziehende Namen, die durch Presse und Massenmedien einen gewissen Ruhm erlangt haben oder durch besondere Rollen in der Politik, Kunst oder Religion die Aufmerksamkeit von breiten Schichten auf sich gezogen haben, z.B. Taha Hussein und Al-'Aqqâd, die als Vermittler auf größere Kreise gewirkt haben und weiter wirken.

Die Voraussetzungen sind von Fall zu Fall verschieden. Shakespeare z.B. ragt hervor, alle seine Werke sind übersetzt, oft mehrmals, und viele davon sind aufgeführt worden. Eine tiefgreifende kreative und kritische Auseinandersetzung mit ihm hat sich bis heute fortgesetzt. Goethes und Schillers Rezeption tritt dagegen quantitativ und qualitativ zurück. Dabei stellen wir fest, daß nach der Errichtung von germanistischen Abteilungen Magister- und Doktorarbeiten geschrieben werden, die aber auf keine breite Leserschaft wirken, weil sie auf deutsch geschrieben werden. Das ist ein Problem, auf das ich oft hingewiesen habe.

Brechts Werk hat bessere Chancen gehabt, nicht zuletzt wegen der besonderen Beziehungen zur DDR in den sechziger Jahren und der Bemühung der Bundesrepublik, die Brecht-Welle im Sinn einer allgemeindeutschen Kultur zu fördern. Sozialisten, Kommunisten, Avantgardisten und Humanisten haben an der Rezeption mitgewirkt.

Wir dürfen nicht erwarten, daß Heine so intensiv rezipiert worden ist wie Shakespeare. Aber das Interesse, das ihm Dichter, Kritiker, Universitätsprofessoren und Journalisten entgegengebracht haben, ist beachtlich, fast möchte ich sagen phänomenal. Zum größten Teil erfolgte die Rezeption über das Englische und vielleicht auch über das Französische. Viele interessierte Leser in Ägypten haben auch die Publikationen über Heine gelesen, die in den anderen arabischen Ländern erschienen sind, sofern sie ihnen zugänglich waren. Leider gibt es dabei große Lücken. So weiß man in Ägypten nicht immer, was in Tunesien erschienen ist. Wir sprechen viel von der arabischen Einheit, aber wir haben keine modernen Computer, keine mit Datenbank ausgestattete »panarabische« Buchhandlung, die uns mit den gewünschten Titeln versorgt.

Ich mache darüber hinaus darauf aufmerksam, daß wir in Ägypten im allgemeinen nicht wissen, unter welchen Voraussetzungen die Heine-Publikationen in Syrien erschienen sind und wie sie dort aufgefaßt werden. Daher werden Rezeptionsfaktoren außer acht gelassen und z. B. die gute Übersetzung von *Salâh Hâtim* im Sinn der Rezeption von Weltliteratur verstanden.

Kein geringerer als *As-Sawi* hat Heinrich Heine in seinem faszinierenden Stil ein ganzes Buch gewidmet, und zwar schon 1936. (Nicht jedem wichtigen Dichter wird eine Monographie gewidmet; zum Vergleich: Al-'Aqqâd: »Abqariyyat Goethe«; Abderrahman Badawi: »Rilke«; Abdelghafar Mekkawi: »Hölderlin« und Moustafa Maher: »Schiller Hayatuhu wa 'a'maluhu«). Eine Reihe namhafter Dichter – Abdellatif An-Naschâr, Abderrahmân Schukri, Ibrahim Nagi, Ali Mahmûd Taha, Ibrahim Abdelkader Al-Mazni und Abbas Mahmûd Al-'Aqqâd – haben Gedichte von ihm übersetzt. Die Wirkung blieb nicht bei der Übersetzung. Heine hat die ägyptischen Dichter, die ihn übersetzt haben, stark beeinflußt, und die Forschung wird zeigen, wie umfangreich und wie tiefgreifend die Wirkung ist.[33]

Über Heine sind viele Kurzbeiträge in Kompendien und Sammelbänden erschienen. *Muhammad Hassanein Heikal* hat in einen seiner politischen Artikel Heines »Loreley« eingebaut, *Mahmûd Amin El-'Alim* kennt Heine und bewundert seinen Text mit den vielen Auslassungspunkten, der trotz der Zensur alles sagen konnte. *Mahmûd Abdelmu'ti Hegazi* hat sich mit mir über »Die poetischen Übersetzungen« von Al-'Aqqâd und Al-Mazni unterhalten. Nicht minder beachtlich ist die Wirkung Heines auf die Rezeption anderer Stoffe und Motive. Al-'Aqqâd zitiert ihn in seinen Beiträgen über Lessing und Kant.

Die ägyptischen Heine-Bewunderer, die von ihm fasziniert waren, scheuten nicht davor zurück, ihm den Rang Goethes zuzusprechen: Goethe und Heine, die größten deutschen Dichter.

Anhang

Drei Heine-Gedichte aus dem »Buch der Lieder«, übersetzt von Moustafa Maher.

Ein Fichtenbaum steht einsam

شجرة بلوط تقف وحيدة
في بلاد الشمال على مرتفع جديب.
أخذه النعاس؛ وأحاط بها لحاف أبيض
من الثلج والجليد.

ورأت في المنام نخلة
نائية في بلاد الشرق
تقف وحيدة تتأسى في صمت
على سفح صخري قائظ.

(ج۱، ص ۸۵، القطعة۳۳)

Aus meinen großen Schmerzen

من آلامي الكبيرة
أصنع الأناشيد الصغيرة؛
وهي تنفش ريشها بنغم رخيم
وترفرف نحو فؤادها.

ولقد وجدت الطريق إلى الحبيبة
ولكنها تعود أدراجها وتشكو
وتشكو، ولا تريد أن تفصح
عما رأت في صميم الفؤاد.

(ج۱، ص ۸٦ القطعة ۳٦)

Loreley

اللوريلاى

لا أعرف
سبباً لما دهاني وأشجاني
حكاية من زمان غابر
لا تبرح بالي وخيالي

الهواء بارد والظلام يسدل أستاره
ونهر الراين يتهادى على وقع وئيد
وقمة الجبل تتلألأ بالبروق
في شفق امتد بعد الغروب .

وجلست العذراء سيدة الحسان
فوق الأعالى
وحليها الذهبي ينثر البريق
وهي تسوى بالمشط شعرها الذهبي

تسويه بمشط من ذهب
وتشدو إذّاك بنشيد
لحنه خلاب
عجيب.

استبد بالملاح في قاربه الصغير
شجن عارم.
فلم ينظر إلى جلاميد الصخور
بل رفع ناظريه إلى الأعالي.

أظن أن الموج ابتلع
في النهاية الملاح والقارب
وهذا ما فعلته بشدوها
اللوريلاي.

(ج١، ص ١٠٣، القطعة٢)

Anmerkungen

[1] Dieser Aufsatz ist auf Anregung von Frau Ilse Joana Heinle, Leiterin des Goethe-Instituts Tunis, entstanden. Er lag dem Vortrag zugrunde, den ich am 28. 12. 1997 anläßlich des internationalen Seminars »Heinrich Heine 1797–1856. Der Dichter als Vermittler zwischen Völkern und Kulturen« im Goethe-Institut gehalten habe. Ich nutze die Gelegenheit, mich bei Frau Heinle zu bedanken. Auch Herrn Prof. Dr. Mounir Fendri danke ich für seine freundliche Einladung, an der Universität Manuba einen Vortrag über die Germanistik in Ägypten zu halten und mit den Studenten der Germanistik zu diskutieren.

[2] Moustafa Maher: Umrisse einer neuen Kulturphilosophie in Ägypten seit dem 19. Jahrhundert. Festschrift f. Fritz Steppat. – In: Die Welt des Islams. Leiden 1988. Bd. 28, S. 309–318; ders.: Übersetzung und kulturelle Entwicklung. (arab.) – In: At-targama wa-t-tanmiyya ath-thaqafiyya. Kairo 1992.

[3] Gamâl ed-dîn Al-Schayyâl: Tarikh al-tergama wa-l-haraka ath-thaqafiya fi 'asr Muhammad Ali. Kairo 1951; Moustafa Maher: Deutschunterricht und Germanistik in Ägypten. – In: Ètudes Germano-Africaines. Heft 5. Dakar 1987, S. 93–100; ders.: 25 Jahre Übersetzungstätigkeit. – In: Sprache im technischen Zeitalter. Heft 96 (1985), S. 193.

[4] Taha Hussein: Mustaqbal-ath-thaqafa fi Misr (= Die Zukunft des Bildungswesens in Ägypten). 2 Bde. Kairo 1938–39; Moustafa Maher: Taha Hussein wa tahdîd li-ma'âlim falsafat ath-thaqafa fi Misr (Taha Husseins Beitrag zur Festlegung der Kulturphilosophie in Ägypten). – In: Nahr-u-l-'amid al-Fayyâd. Kairo 1996, S. 185–200.

[5] Moustafa Maher: Die Grenzen der sogenannten originalgetreuen Wiedergabe bei der Übersetzung von literarischen Texten. – In: Das nahe Fremde und das entfremdete Eigene im Dialog zwischen den Kulturen. Festschrift für Nabil Kassem. Hamburg und Kairo 1996, S. 391–403.

[6] Zu erwähnen wäre hier z.B. Abderrahman Badawi: »100 Meisterwerke der Weltliteratur« und Moustafa Mahers Übersetzungsprojekte, darüber in: Germanistik an ägyptischen Hochschulen. DAAD. Kairo 1991; vgl. auch Maher [Anm. 2].

[7] Die erste uns bekannte Übersetzung von Lessings »Nathan« hat Ilyâs Nasrallah Hadâd in den zwanziger Jahren veröffentlicht (Kairo o.J.); die erste uns bekannte Übersetzung von Schillers »Wilhelm Tell« ist in Fortsetzungen 1912 in Megallet »Al-Bayan«, hrsg. von Abderrahmân El-Barqûqi, erschienen. Übersetzer ist Ahmad El-Khazendar.

[8] Moustafa Maher: Zur Voltaire-Rezeption im arabisch-islamischen Kulturraum am Beispiel Ägyptens. Referat während der Voltaire-Tagung an der Universität Salzburg, vom 23.–26. November 1994; Ägypten und die Mittelmeerraum-Kulturwelt. – In: Karlsruher Pädagogische Beiträge. Nr. 38 (1996); Die Vermittlung römisch-griechischer Motive durch die Übersetzung deutscher Literatur (arab.). – In: Classical Papers. Vol. III. Kairo 1994, S. 197–205.

[9] Fritz Steppat: Die arabische Welt in der Epoche des Nationalismus. – In: Franz Taeschner: Geschichte der arabischen Welt. Stuttgart 1964.

[10] Mounir Fendri: Halbmond, Kreuz und Schibboleth. Heinrich Heine und der islamische Orient. Hamburg 1980.

[11] Alain de Libera: La philosophie médiévale. 2. Aufl. Paris 1995, S. 70ff. und S. 137ff.; siehe auch S. 187ff.

[12] Moustafa Maher: Das Motiv der orientalischen Landschaft in der deutschen Dichtung von Klopstocks Messias bis zu Goethes Diwan. Düsseldorf 1962.

[13] Schauki Deif: Al-butula-fil-schi'r el 'arabi (Die Ritterlichkeit in der arabischen Poesie). Kairo o.J.; Artikel »Islamische Mystik« in der Enzyklopädie des Islam.

[14] Abdellatif An-Naschâr: Munâagatu-l-hubb. – In: Diwân Abdellatif An-Naschâr (= Gedichtband). Kairo 1987. S. 140.

[15] Muhammad Mazhar Pascha al-muhandis el-failasûf (= Muhammad Mazhar Pascha, Architekt und Philosoph). – In: Akhbar Eladab, Kairo, vom 30. 11. 1997.

[16] Ali Ahmad El-'Inâni: Die »Loreley«-Übersetzung in: Apollo. Heft 1, Oktober 1932, S. 160. Ali Ahmad El-'Inâni (1881–1943) hat in Berlin studiert und 1917 dort promoviert. Vgl. Attahir Ahmad Makki: Al-'adab al-muqaran (Vergleichende Literaturwissenschaft). Kairo 1987, S. 177.

[17] Ahmad As-Sawi Muhammad: Heine – hayatu-el-'azâbi wa-l-'ibdâ (= Heine, ein Leben des Leidens und der Schöpfung). Kairo 1936.

[18] Ali Mahmoud Taha widmete As-Sawi seinen Diwan und nannte in der Widmung einige seiner Übersetzungen, die auf die Dichter der Zeit tiefgreifend wirkten.

[19] Lewis Browne: That Man Heine. With the Collaboration of Elsa Weihl. New York 1927.

[20] Taha Hussein: Al-Mu'azzabuna fi-l-ard. Kairo 1949 (die Einzelkurzgeschichten erschienen zwischen 1946 und 1947 in »Al-Katib al-Misri«). As-Sawi und Taha Hussein kannten sich. As-Sawi schrieb oft Artikel über Taha Hussein, die von der gleichen Gesinnung Zeugnis ablegen. Vgl. As-Sakkût: Taha Hussein. Kairo 1975, S. 80, 200 und 252.

[21] Émile Faguet: Initiation littéraire. Arab. Übersetzung von Moustafa Maher. Kairo 1959.

[22] Schauki Deif: Derasat fi-sch-schi'r el-'arabi-el-mu'âsir (= Untersuchungen zur zeitgenössischen arabischen Poesie). 7. Aufl. Kairo 1980; Al-'adab el-'arabi-el-mu'asir fi Misr (= Zeitgenössische arabische Literatur in Ägypten). 7. Aufl. Kairo 1980.

[23] [Anm. 14]; siehe auch: Hamdi As-Sakkût: Abderrahmân Schukri. Kairo 1980.

[24] Hamdi As-Sakkût [Anm. 23].

[25] Abbâs Mahmûd Al-'Aqqâd: Sa'at baina el-kutub (Gesammelte Aufsätze und Artikel). Beirut o. J.

[26] Abbâs-Majmûd Al-'Aqqâd: 'Arâyyis wa Schayatîn (= Musen und Teufel). Kairo o. J.

[27] [Anm. 16]

[28] [Anm. 23]

[29] Taha Hussein verglich Kafka mit el-Ma'arri, und Abderrahmân Badawi verglich Kafka mit at-Tauhidi.

[30] Diwân Al-Mazni. Publikationen des Obersten Kulturrates. Kairo 1961; siehe auch Abdellatif Abdelhalîm: Al-Mazni schâ-'iran (Der Dichter Al-Mazni). Kairo 1985; Muhammad Mandûr: Vorlesungen über Ibrahim Al-Mazni. Kairo 1954; Ni'mât Ahmad Fou'âd: Ibrahim Abdelkader Al-Mazni. Kairo 1978.

[31] Abbâs Mahmûd Al-'Aqqâd: Lessing. – In: Sa'ât baina el kutub [Anm. 25]. Artikel vom 27. 2. 1928.

[32] Entstanden zwischen 1820 und 1822.

[33] Meine Schülerin Nermine esch-Scharqawi arbeitet über die Rezeption Heines in Ägypten.

Kleinere Beiträge

Offenbarungen des Bildes

Heinrich Heine über Roberts Gemälde »Die Schnitter«

Von Robert Olwitz

Heines Schrift über »Französische Maler«, 1831 anläßlich einer Ausstellung im Pariser Salon entstanden, reflektiert die behandelten Gemälde jenseits »objektiver« Beschreibung und gängiger Bildkritik. Der im ironischen Understatement geäußerte Vorsatz, Lesern, denen die Bilder unbekannt seien, »Winke über das Stoffartige und die Bedeutung der Gemälde« (DHA XII/1, 12) zu liefern, führt zu einer Betrachtungsweise, der es gelingt, Bilder in ihrer sinnlichen Präsenz zur Anschauung zu bringen. Diese Kunst der Darstellung möchte ich zum Anlaß nehmen, näher das Verhältnis zu beleuchten, das Heines Sprache zur Malerei als einem zweiten Medium eingeht. Können Texte überhaupt eine Spiegelung von Bildern sein? Und – wäre dies zu zeigen: Wie könnte es einem dritten Text gelingen, die Kluft, die sich zwischen den Medien Bild und Sprache öffnet, zu überbrücken?

Illusorisch erscheint der Versuch, Heines Ausstellungsbericht mit Bildbeschreibungen kunsthistorischer Couleur ins Verhältnis zu setzen – als hätte sich Heines Text nicht längst in die Gemälde eingeschrieben; eine neu formulierte Betrachtung wird unbewußt Beziehungen zu ihm aufnehmen – und sei es durch Ausblendung. Auch zeitgenössische Kunstrezensionen können uns hier nicht weiterhelfen; denn im ganzen hat jede Beschreibung, sollten wir sie hinzuziehen, einen Diskurs zur Folge, in dem allein noch die Texte sprechen, aus dem die Bilder verschwinden. Am ehesten könnte das Bild noch ikonographisch zu seinem Recht kommen – doch belebt auch diese Technik das Bild nur mit Bildern, wie eine Bildbeschreibung Texte nur als Text belebt.

Bei Sarah Kofman, in ihrer Schrift über die »Melancholie der Kunst«, ist diese Kluft zwischen Sprache und Bild als strukturelle Spannung beschrieben: »Zwischen der figurativen Ordnung des Bildes und der diskursiven Ordnung der Sprache gibt es einen Spielraum, der durch nichts aufzufüllen ist.«[1] Doch

Spielräume lassen zumindest Spiele zu – den Versuch vielleicht, in das Sprachspiel des Heine-Textes experimentell einzutreten. In diesem Sinne soll Heines Schrift für diesmal zum alleinigen Ausgangspunkt der Überlegung werden. Denn sollte tatsächlich eine intermediale Verbindung vorhanden sein, dann muß die Kluft zum Bild sich bereits in der Sprache auftun – sie muß Leerstellen eröffnen, in die das Bild Einlaß hat. Die Frage nach der Präsenz des Bildes könnte lauten: Wo im Text kann ein Bild beginnen zu sprechen? Wo beginnt *Das Bild* im Text?

Turmbau

Bild und Schrift werden sich keinesfalls dort berühren, wo Sprache nicht mehr als bloße »Beschreibung« ist – wo sie das Bild zum Objekt ihrer Zeichen erklärt. Niemals können Zeichen in dieser Form ein Gemälde als Bild-Erfahrung im Leser wachrufen – immer vorausgesetzt, daß er das Bild nicht kennt. Denn ein Text, der die Illusion erzeugt, das Bild sei Objekt seiner Sprache, rückt es in die Ferne. Es muß im Gegenteil dort liegen, wo die Zeichenhaftigkeit des Textes sich aufhebt. So könnte ein Text auch dort, wo er das Bild nicht explizit beschreibt, Mimesis eines Gemäldes sein.

Beispielhaft läßt sich dies zeigen an der Behandlung der »Schnitter« von Léopold Robert, wo Heines Text einen »artistischen« Zirkelschluß vollführt. Sein Thema scheint eben unseres zu sein: die Frage nach einer Sprache des Bildes.

> Die Kunst, lange Zeit die Zierde von Italien, wird jetzt der Cicerone seiner Herrlichkeit, die *sprechenden Farben* des Malers *offenbaren* uns seine geheimsten Reitze, ein alter *Zauber* wird wieder mächtig, und das Land, das uns einst durch seine *Waffen* und später durch seine *Worte* unterjochte, unterjocht uns jetzt durch seine *Schönheit*. (DHA XII/1, 31; Hervorhebungen R. O.)

Die Farben in Roberts Gemälde scheinen eine Qualität zu besitzen, die sonst nur der Sprache zugewiesen wird. Schönheit ist hier nicht bloße Zierde: Wie Sprache ist sie »mächtig«, und sie kann unterjochen. Doch neben der geschichtlichen Dimension der »Worte« und der »Waffen« klingt mit »Zauber« und »Offenbarung« zugleich etwas Neues, Mythisches an, das jenseits der Historie liegt und doch zu ihr in Beziehung steht. Die Robertschen Gemälde scheinen Geschichte und Mythos, Sprache und Bildende Kunst eins werden zu lassen.

Hierin könnte ein Schlüssel für das Verhältnis der Heineschen Kunstbetrachtung zur Malerei Roberts, das Verhältnis der Schrift zum Bild liegen. Denn folgt man dieser Vision, wird Heines Text, wenn er seine Sprache reflektiert, immer auch die Kunst meinen, die ihn auslöst. Dies scheint gleich zu Beginn der Ausführung das erste Mal auf.

Dort ist die Rede von einer »unverständigen« Terminologie der Kunsthistoriker (im Text: der »deutschen Zunftmeister«), die eine Unterscheidung in »Historien-« und »Genremalerey« nahelegt. Doch die sinnstiftende Trennung selbst ist »sinnverwirrend«: »Jene Unterscheidung von Historie und Genre ist so sinnverwirrend, daß man glauben sollte, sie sey eine Erfindung der *Künstler*, die am babylonischen Thurme gearbeitet haben.« (DHA XII/i, 29; Hervorhebung R. O.) Hier bereits erscheint eine Formulierung, die auf Heines Behandlung der Robertschen Gemälde vorausweist; denn mit Nennung des babylonischen Turms wird der Sprachgestalter eins mit dem Künstler, die Sprache eins mit dem Kunstwerk »Turm«.

Ich möchte dieses Bild noch weiter strapazieren. Denn interessant scheint mir noch das Attribut der »Sinnverwirrung« (Verwirrung der Sinne/des Sinns) zu sein – die das Sprachbild vom Turmbau selbst zu ergreifen beginnt. Es läßt erahnen, welche Folgen die Begegnung von Kunst und Sprache nach sich zieht.

Wenn der Turmbau mit dem Erfinden von Terminologie, einer Sprache identisch ist, steht dies noch unmittelbar mit dem biblischen Mythos in Einklang, wo die Zertrümmerung des Turms die Zertrümmerung auch der Sprache bedeutet. Kunst (Turm) und Sprache – wir könnten beides als Versuch betrachten, in das »Herz Gottes«, eines Sinns zu zielen. Doch in Heines Text ist die mit dem Kunstwerk »Turm« identische Sprache *per se* schon »sinnverwirrend«, Gott eine Leerstelle. Die Zertrümmerung ist dem Versuch, über Kunstwerke Sinn zu stiften, Bilder sprechen zu lassen, bereits immanent: Kunst und Sprache, Bild und Sinn – »Materie und Gott« – können nur eins werden im Erlebnis ihrer Unentzifferbarkeit, als Auflösung ihrer Zeichen.

Synästhesie

Die Unentzifferbarkeit von Wort und Bild – als Irrealität der sprachlichen Bezüge – demonstriert Heine im weiteren Verlauf, wenn der Text auf die Wirkung der sogenannten »Genre-Bilder« eingeht. Nach gängiger Definition – dies ist begrifflich erläutert – zeichnen sich Genre-Bilder vor allem durch ihre Eigenschaft aus, nicht »historisch« zu sein; sie sind Darstellungen einer

Gegenwart, »Manifestazionen des gewöhnlichen Lebens« (DHA XII/1, 29). Doch eben dies ist im Text zur historischen Dimension erhoben:

> Alle diese Bilder gewinnen aber für uns ein historisches Interesse; denn wenn wir die hübschen Gemälde des Mieris, des Netscher, des Jan Steen, des Van Dow, des van der Werff u. s. w. betrachten, *offenbart* sich uns wunderbar der *Geist ihrer Zeit*, wir sehen so zu sagen dem sechzehnten *Jahrhundert* in die Fenster und *erlauschen* damalige Beschäftigungen und *Kostüme*. (DHA XII/1, 29; Hervorhebungen R. O.)

An dieser Stelle ist das »Genre«-sprengende Programm des Textes, der »Gewinn eines historischen Interesses«, zum ersten Mal mit dem Begriff der »Offenbarung« in Verbindung gebracht – derselben Offenbarung, der wir in den »sprechenden Farben« schon einmal begegnet sind. Und *was* sich in den Bildern offenbart, ist der »Geist ihrer Zeit«. So schafft das Bild, einerseits, die Gegenwart dessen, was war; es hebt – ganz im Sinne des »Genre-Bildes« – die historische Spanne auf, es manifestiert eine Gegenwart. Doch zugleich ist der »Geist« eine Abstraktion von Zeit und verweist auf sie: »Wir sehen [...] dem [...] Jahrhundert in die Fenster.« Neugierde, historisches Interesse entsteht. Das Gemälde läßt Geschichte spürbar werden, indem es sie aufhebt. Und die Schleife setzt sich noch fort: Denn was sich in der Kunst auf diese Weise offenbart, ist wieder nur Kunst, ein Kostüm.

Will der Text die Irrealität dieser Offenbarung einfangen, endet er zwangsweise in Endlosbrechungen, in paradoxen Schleifen. Dennoch wird das Phänomen ihrer Auflösung in der textlichen Gestaltung faßbar, im eigentlichen Sinne bildhaft: denn im Text wird der Geist zum Bild, die Zeit zum Rahmen / zum »Fenster«. Der Bau des babylonischen Turmes, die Verwirrung von Genre und Historie, Gegenwart und Zeit, vollzieht sich als Synästhesie:

Der Geist wird im Bild sichtbar.

Zeit-Rahmen öffnen sich zum Raum.

Kostüme lassen sich erlauschen.

Und eben diese Synästhesie scheint Teil des Robertschen Gemäldes zu werden, das, wie wir gelesen haben, sich in »sprechenden Farben« offenbart. Denn die Umsetzung des Bildes in Sprache selbst ist Synästhesie – der Vollzug einer Offenbarung des Bildes.

Himmel und Erde

Welche Offenbarung im Bild der »Schnitter« erfahrbar wird, ist im Text explizit benannt: »»Die Erde ist der Himmel und die Menschen sind heilig, durchgöttert,‹ das ist die große Offenbarung, die mit seligen Farben aus diesem Bilde leuchtet« (DHA XII/1, 32). Damit ist von neuem eine Endlosbrechung eingeleitet – die zudem unsere Beobachtungen stützt. Denn das Offenbarte ist eben das, was wir aus der Lektüre heraus als Wesen der Offenbarung selbst definiert haben: Zeichen und Bedeutung, Materie und Geist, Erde und Himmel verschmelzen. Insofern hat der bisherige Text das Sujet des Gemäldes mimetisch wiederholt. Was zur Folge hat, daß soeben beschriebene Textstrukturen in der »eigentlichen« Bildbetrachtung wiederkehren. Diese neue Schleife, ein letzter Zirkelschluß, der das Bild in einen Zustand der »Unschärfe« zurückführen wird, läßt sich an verschiedenen Abschnitten demonstrieren.

So heißt es an einer Stelle: »Oben auf dem Wagen, an der einen Seite, liegt, weich gebettet, der Großvater, ein milder, erschöpfter Greis, der aber vielleicht geistig den Familienwagen lenkt« (DHA XII/1, 32). Dem Geist wird erneut eine materielle – hier lenkende – Kraft zugesprochen. Zugleich ist damit eine Reihe säkularisierter christlicher Motive eröffnet. So läßt der »milde Greis« an ein ins Profane gewendetes Gottesbild denken – ebenso das etwas später erwähnte »junge schöne Eheweib des Mannes, ein Kind im Arm, eine Rose mit einer Knospe« (DHA XII/1, 32f.) an die Jungfrau Maria mit dem Kind. Das Heilige ist – mitunter ironisch – gebrochen ins Profane, ins Heidnische. Denn der »Himmel der Kunst«, heißt es weiter unten, liegt dort, »wo Venus und Maria niemals ihre Anbeter verlieren« (DHA XII/1, 33). Auch hier berühren sich, im Erotischen, Erde und Himmel, Materie und Geist.

Auch der synästhetische »Zauber« sprechender Farben, dem wir begegnet sind, erschließt dem Bild die Dimension dieser »Durchgötterung«:

> [Der Zauber des Bildes] besteht im Colorit. Die Gestalten, die sämmtlich dunkler sind als der Hintergrund, werden durch den *Widerschein des Himmels* so himmlisch beleuchtet, so wunderbar, daß sie *an und für sich* in freudigst *hellen Farben* erglänzen und dennoch alle Conturen sich streng abzeichnen. (DHA XII/1, 33; Hervorhebungen R. O.)

Hier ist der Augenblick größter Verdichtung im Text erreicht: Denn die Wirkung des Gemäldes – der synästhetische »Zauber« des Bildes – wird zu seinem Sujet – der Offenbarung – ins Verhältnis gesetzt. Das Leuchten der Farben ist hergeleitet aus dem imaginären Licht, das die Gestalten des Bildes durchdringt.

Doch in dieser Dopplung der Offenbarung, in der es scheint, als hätte die Vision der Durchgötterung ihr Medium erhalten, beginnt die neugewonnene Einheit von Materie und Geist, die Gegenwart des Bildes im Text, sich zu verlieren. Denn die Unentzifferbarkeit der offenbarten Welt greift nun über auf die Substanz des Bildes selbst.

Die Farben des Bildes leuchten »an und für sich«, sind aber zugleich ein Reflex, beleuchtet »durch den Widerschein des Himmels«. Das »Wunderbare« scheint in einer »so-daß«-Konstruktion den Widerspruch zunächst noch aufzuheben. Doch im Anschluß öffnet der Text einen neuen, denn die Gestalten, die »an und für sich« erglänzen, sind *dennoch* ein Objekt des Lichtes, sie »zeichnen sich ab«. Malerei und Zeichnung, Farbe und Zeichen, beginnen zu oszillieren; die Synästhesie, die Wahrnehmung selbst, ist in die Endlos-Schleife des Textes eingetreten.

Und auch der »Widerschein des Himmels«, das Licht der Offenbarung, scheint sich im Text zu verlieren, wenn es weiter unten heißt: »so wurden jene Gestalten [...] geläutert, daß sie verklärt emporstiegen in den *Himmel der Kunst*« (DHA XII/1, 33; Hervorhebung R. O.). Das Licht ist nicht mehr nur Widerschein des Himmels in den Gestalten: Der Himmel ist Widerschein seiner selbst, ein Reflex im Himmel der Kunst.

Die pantheistische Vision einer durchgötterten Welt läßt sich nicht mehr einfangen in der Synästhesie von Bild und Sprache. Sie selbst ist in doppelter Optik gebrochen, perpetuiert sich zur Unauflösbarkeit.

Ikonen

Die Synästhesie, die Offenbarung einer Einheit der Gegensätze, scheint nur als Spannung erfahrbar zu sein, ebenso die Spiegelung von Bild und Text. Die Offenbarung bringt kein neues Ganzes, kein Absolutes hervor.

Diese Erfahrung ist auch bei Heine schon auf der reinen Textebene thematisiert. Noch bevor seine Schrift auf Robert eingeht, behandelt sie den Gegensatz von Sprache und Malerei als einen zeitlichen Umbruch: Die Künstler der Gegenwart seien »in nicht geringer Verlegenheit ob der darzustellenden Stoffe« (DHA XII/1, 30). Denn die Kostüme der Zeitgenossen schienen sich nicht für die Malerei zu eignen:

> Unser moderner Frack hat wirklich so etwas Grundprosaisches, daß er nur parodistisch in einem Gemälde zu gebrauchen wäre. Die Maler, die ebenfalls dieser Meinung sind, haben sich daher nach malerischen Kostümen umgesehen. (DHA XII/1, 30)

Im Gegensatz von »malerisch« und »grundprosaisch« wird der Widerspruch von Sprache und Malerei zum historischen Phänomen. Nur die »Kostüme« der Vergangenheit werden als »malerisch« empfunden – schließlich sind sie auch nur als Malerei präsent. Die Moderne – geprägt von rationalistischer

»Prosa« – ist eine Zeit, in der die Transzendierung in Kunst (das heißt auch: die Transzendierung der Sprache) kaum mehr möglich erscheint. Doch dann ist die Malerei Roberts auch Weltflucht – Flucht nach Italien. Sein Gemälde kann das Ende der Transzendenz, die Zeit nicht aufheben, und »bey dem Anblick desselben vergißt man, daß es ein Schattenreich giebt« (DHA XII/1, 32).

Damit öffnet der Text eine zweite Ebene, einen doppelten Boden, er macht nachvollziehbar, was Roberts Gemälde auch leistet: in den Bildern des Lebens den Tod aufzuspüren. Denn die Schnitter – hier möchte ich das Bild direkt sprechen lassen – stehen ikonographisch in einer Reihe von Todessymbolen, des Sensenmanns, des Schnitters Tod. Diese Ikonen schwingen mit in den Gestalten des Bildes. Und ebenso gibt es verschleierte Todessymbole im Text – eine Dimension, die nicht direkt benannt ist. Der Text läßt im Gegenteil selbst in den Symbolen des Lebens eine Ikonographie des Todes entstehen. Er vollzieht damit auch die Unzulänglichkeit »seiner« Offenbarung als Mimesis des Gemäldes.

Dies wird eingeleitet durch die Betrachtung eines anderen Gemäldes von Robert, das eine Leiche darstellt, umgeben von der Familie des Verstorbenen. Von diesem Bild aus gibt es leitmotivische Verschränkungen zum Gemälde der »Schnitter«, die als Ikonen auf seine Darstellung einwirken. So heißt es über die Leiche: »Der Verstorbene scheint der älteste Sohn zu seyn, die Stütze und *Zierde* der Familie, *korinthische Säule* des Hauses« (DHA XII/1, 31 f.; Hervorhebungen R. O.). Schönheit und Architektur bestimmen auch das Gemälde der Schnitter:

> In der Farbengebung des Robertschen Bildes erkennt man das Studium des Raphael [eines Malers, der »den Kampf des Geistes mit der Materie, oder des Himmels mit der Erde« gestaltet]. An diesen erinnert mich ebenfalls die *architektonische Schönheit* der Gruppierung. (DHA XII/1, 33; Hervorhebung R. O.)

Neben dem Attribut der Schönheit werden dem »jungen« Leichnam auch »Blüte«, »Jugend« und »Unendlichkeit« zugewiesen: »und jugendlich blühend, anmuthig und fast lächelnd liegt er auf der Bahre, so daß auf diesem Gemälde [...] der Tod [...] unendlich schön erscheint« (DHA XII/1, 32). All diese Attribute finden sich auch – in vielfacher Kombination – bei den »Schnittern« wieder:

> Eine öde Gegend der Romagna im italienisch *blühendsten* Abendlichte [...]. Links kommen [...] Weiber mit Fruchtgarben, *jung* und *schön, Blumen*, belastet mit Aehren; [...] etwas höher auf dem Wagen, fast erhaben, steht das *junge schöne* Eheweib des Mannes, ein Kind im Arm, eine *Rose* mit einer *Knospe*, und neben ihr steht eine eben so *holdblühende Jünglingsgestalt*. (DHA XII/1, 32 f.; Hervorhebungen R. O.)

Und auch der Himmel auf Erden wird thematisiert als Jenseits, als »ewiges Leben und ewige Schönheit« (DHA XII/1, 33). Alles Göttliche ist zugleich der Tod.

Spiegelt sich in Heines »Offenbarung« ein Pantheismus mit negativem Vorzeichen? Sarah Kofman beschreibt, ohne auf Heine einzugehen, diesen Tod der Ganzheit als Leichenmimesis der Kunst:

> Bei der Kunst hat man es nicht mit einem »Schattenreich« zu tun, das auf einfache Weise der realen Welt der Lebenden gegenüberstünde. Die Kunst bringt die Gegenüberstellung dieser beiden Welten aus dem Gleichgewicht, läßt sie ineinandergleiten. Der Schatten spukt nunmehr in der lebendigen Form »selbst« (wenn diese noch als solche identifiziert werden könnte).[2]

Das Todeserlebnis, Erlebnisse der Unvollkommenheit, des Vergänglichen, sind mit der Kunst untrennbar verbunden. Dieses Phänomen wird bei Heine nicht nur bezeichnet, sondern vollzogen, bis hin zur Relativierung durch Ironie. Insofern (und nur so) läßt die Offenbarung der Kunst, das »Unzulängliche«, Bilder im Text sichtbar werden. In der Doppelbödigkeit von Geist und Materie, Vision und Vergänglichkeit, entgrenzt sich auch der Text ins »Schattenreich« der Geschichte.

Anmerkungen

[1] Sarah Kofman: Melancholie der Kunst. Hrsg. v. Peter Engelmann. (Aus d. Franz. von Birgit Wagner) Graz [u.a] 1986, S. 22.
[2] Kofman [Anm. 1], S. 17.

Heine-Rezeption in Griechenland

Von Sabine Bierwirth

Fragt man nach Heines Bezug zu Griechenland, so stößt man gleich auf seine außerordentlich produktive Auseinandersetzung mit der Antike. Heine, der sich lange Zeit als Hellene begriff und sich gleich nach Goethe als den »großen Heiden Nr. II« (DHA XV, 112) einstufte, gelangte durch seine Interpretation des Hellenentums als Weltanschauung und Lebenshaltung zu neuen, umfassenden kulturkritischen, politischen und kunstprogrammatischen Deutungen. Als ein Kenner der antiken Sagen- und Götterwelt spiegelte er sich als Dichter in einigen ihrer Figuren und entwickelte sie phantasievoll-witzig zu einer eigenen Mythologie weiter. Er war vertraut mit der griechischen Philosophie und Literatur und stellte sich in bestimmte Traditionen – schon zu Lebzeiten wurde er als ›deutscher Aristophanes‹ apostrophiert. Dem Philhellenismus der zwanziger und dreißiger Jahre des 19. Jahrhunderts schloß er sich jedoch nicht an.[1]

Fragt man nun umgekehrt nach dem Bezug der Griechen zu Heine, so stößt man auf interessante, bislang leider recht unbekannte Funde. Deshalb möchte ich die Spuren des Dichters Heine in Griechenland verfolgen – welche Aufnahme fanden seine Werke, welcher Wandlung und Vertiefung unterlag das Heine-Verständnis hier? Hauptaugenmerk der Untersuchung liegt auf der griechischen Heine-Forschung insbesondere nach 1945. Natürlich übertrifft die Zahl der Übersetzungen bei weitem die der literaturwissenschaftlichen Beschäftigung mit dem Dichter. Auf zwei Untersuchungen von Georg Veloudis und Evangelia Schulze-Röbbecke darf verwiesen werden, die über die Übersetzungen informieren.[2]

Obwohl die griechische Heine-Rezeption nicht den Stand der westeuropäischen erreicht, besitzt sie ein beachtliches Ausmaß. 1863 durch Irineos Asopios' Studie »Über die zeitgenössischen Dichter Deutschlands« den Griechen vorgestellt, war Heine dem Publikum, den Dichtern und Literaturwissenschaftlern Griechenlands kontinuierlich präsent, und zwar sowohl durch Übersetzungen als auch durch Sekundärstudien. Er galt als einer der beliebtesten deutschen Dichter[3], bekannt vor allem durch das »Buch der Lieder« und die »Reisebilder«.[4] Doch bereits 1863/64 veröffentlichte der Diplomat, Kritiker, Dichter und Übersetzer Angelos Vlachos (1839–1920) »Die Götter im Exil«[5] – hier liegt der Bezug zur Antike nahe. Auch ein Teil des weiteren Prosawerkes wurde übertragen: »Florentinische Nächte« (1918, insgesamt vier Übersetzungen, zuletzt 1954), »Memoiren« (1934), ein Auszug aus »Zur Geschichte der neueren schönen Literatur in Deutschland« (1904) und zuletzt 1993 »Die romantische Schule«. Distanzierter verhielt sich die griechische Rezeption gegenüber dem sogenannt ›politischen Heine‹. Die kritische Aufbereitung der Revolutionsgeschichte, der tagespolitischen Ereignisse mit ihren Persönlichkeiten aus dem politischen und kulturellen Leben, die besonders die journalistischen Schriften und Artikelserien kennzeichnet – das alles war zu fremdartig.

Selbst wenn der Kern von Heines schriftstellerischer Existenz, die engagierte Forderung nach Demokratie und Menschenrechten, auf weniger produktive Resonanz stieß, so war Heines Einfluß auf die griechische Literatur entscheidend: Seine Ironie, sein Humor, die Kürze, das Spielerische des Ausdrucks, sein Antiklassizismus und vor allem das Volksliedhafte riefen nicht nur Bewunderung hervor, es wurde nicht nur die Verwandtschaft zu dem für die neugriechische Literatur überaus wichtigen und immer noch sehr lebendigen griechischen Volkslied herausgestellt, sondern diese Merkmale regten eine Reihe von Nachdichtungen an, von denen an dieser Stelle nur eine kurze Auswahl aufgezeigt werden kann. An erster Stelle ist Emmanuil Roidis (1836–1904) historischer Roman »Die Päpstin Johanna« (1866) zu nennen; in seinem Vorwort erklärt er sich der Heineschen Ironie verpflichtet. Daß dieser Roman ein wahres Kind der Heineschen Satire ist, zeigt sich z. B. daran, daß die in eleganten Stil gekleidete Provokation von Staat und Kirche heftige Proteste auslöste, ja der Roman auf den Index gesetzt wurde. Direkte Nachdichtungen aus »Reise von München nach Genua« findet man in Jorgos Viziinos' (1849–1896) Prosaerzählung »Von Piräus nach Neapel« (1883), aus »Die Harzreise« in »Die Folgen der alten Geschichte« (1884).[6] Kostis Palamas (1859–1943) veröffentlichte zu Beginn seiner dichterischen Laufbahn acht kurze Gedichte mit dem Titel »Verse nach Heine« (1882), diese Liebesgedichte sind denen des »Buchs der Lieder« angeglichen. Weiterhin wählten Heines Lyrik als Vorbild die bekannten Dichter Kostas Kariotakis (1896–1928, »Elegien und Satiren«, 1927) und die Brüder Angelos und Jorgos Simiriotis (1870–1944 und 1879–1964; »Schatten von Träumen«, 1935).

Doch Heines Einfluß zeigt sich nicht nur in einzelnen Werken namhafter Dichter, sondern er konstituierte ein künstlerisches Programm: Seine Werke bewirkten maßgeblich die Entstehung des neugriechischen Naturalismus ab 1870/80, der die gefühlsbeladene »Athener Romantik« ablöste. Dabei galt er der neuen Schriftstellergeneration von 1880[7] mit ihrem geistigen Führer Roidis als Antiromantiker, der, aus ihrer Sicht, der Literatur zu einem neuen unprätentiösen, klaren, dynamischen Ausdrucksmodus und zu lebensbejahenden, alltäglichen Themen verhalf. So führte z.B. die treue Übersetzung von Heine-Gedichten durch A. Vlachos den Kurzvers und schnelle, liedhafte Rhythmen ein.[8] Zu noch einer weiteren wichtigen Entwicklung gaben die Heine-Übertragungen den Anstoß: Sie beeinflußten den griechischen Sprachenstreit zugunsten der Dimotiki. Bei dem Sprachenstreit handelt es sich um die (immer noch aktuelle) Konkurrenz zwischen der gesprochenen Volkssprache, der Dimotiki, und der archaisierenden puristischen Schrift- und offiziellen Staatssprache, der Katharewusa. Seit der griechischen Aufklärung (ca. 1770–1820) existierten Bestrebungen, die Dimotiki zu »legitimieren«, die griechische Romantik unterstützte hingegen die Katharewusa, doch mit der Abwendung von ihr forderten die jungen Dichter energisch die Durchsetzung der Volkssprache.[9] Selbst A. Vlachos, der Kontrahent Roidis' und Katharewusa-Anhänger, zog für Heines Gedichte die Dimotiki vor, die den melodischen Duktus besser wiedergibt.[10]

Wie es zu diesem Triumphzug Heines in der neugriechischen Literatur kam und warum er nach 1945 leise verebbt, sei im folgenden dargestellt. Die Rezeptionsgeschichte gliedert sich in vier Phasen, denen ich ein charakterisierendes Stichwort voranstelle:

1. »Vorbereitung« ca. 1830–1880: Romantik und Neoklassizismus
2. »Höhepunkt« ca. 1880–1918: Naturalismus und Symbolismus
3. »Andauern« ca. 1918–1945: Realismus und Antirealismus[11]
4. »Stillstand« ca. 1945–1998: Nachkriegsliteratur und neuere Literatur

Allgemein ist zu beachten, daß diese literarischen Epochen eine zeitliche Verzögerung gegenüber den westeuropäischen aufzeigen, die eine übersetzerische Verzögerung mit einschließt. Daraus folgt, daß die westeuropäischen Literaturströmungen allgemein die neugriechischen zeitlich wie inhaltlich beeinflußten und daß speziell Übersetzungen jeweils aktuelle (philosophische, literarische etc.) Tendenzen und Ideen der Zeit dem Empfängerland vermitteln und dort damit oft eine neue Epoche einzuleiten vermögen, wie es im Fall Heines geschah.

Den Auftakt für die neugriechische Literatur gibt das nachrevolutionäre, von türkischer Herrschaft befreite Griechenland (1830), in dem Deutsch als

Fremdsprache oder gar als universitäres Fach nicht existierte und wo somit die Verbreitung der deutschen Literatur im Gegensatz zur französischen und englischen in den Anfängen steckte und auf wenige Zeitschriften angewiesen war. Die erste Analyse über Heine stammt von dem Initiator der griechischen Heine-Rezeption Ireneos Asopios (1825–1905), der 1855 Heine in Paris besuchte. Asopios war Professor für klassische Philologie und einer der ersten Kritiker der griechischen Romantik. Der Zugang zu Heine in seinem ca. 30seitigen Aufsatz »Über die zeitgenössischen Dichter Deutschlands«[12] ist ein weniger wissenschaftlicher als ein eher biographisch und durch Sympathie geprägter. So wird das entworfene, in der Geschichte der Heine-Rezeption schon stereotype »psychologische« Bild vom widersprüchlichen, aber genialen Dichter durch einen Vergleich mit Byron (vs. Voltaire) angereichert. Asopios bemüht sich um vielseitige Informationen über Heines politisches und völkervermittelndes Anliegen, seine klassische Bildung, den hegelianischen Einfluß und vor allem über seine dichterische Eigenständigkeit, die Asopios in der Auseinandersetzung mit der Romantik bestätigt und auf dem Hintergrund von Mme. de Staëls »De l'Allemagne« profiliert sieht. Die Beurteilung der deutschen Romantikbewegung(en) und Heines Beziehung zu ihr ist eine sehr verkürzte. Sie besteht darin, Heines romantische Wurzeln und seinen der Romantik verpflichteten Kunst- und Ironiebegriff zu verkennen, ihn dagegen einseitig als Streiter gegen die Romantik darzustellen, anstatt in dem »romantique défroqué« einen produktiven Überwinder der Romantik zu sehen, der etwa ihr Anliegen, Kunst- und Volksliteratur einander anzunähern, konstruktiv weiterentwickelte. Gerade letzteres spielte ja für die griechische Rezeption eine so wichtige Rolle!

Auf diesem unausgewogenen Bild des Antiromantikers beruht Heines Vorbildfunktion für die Naturalisten. In der Zeit des Naturalismus und Symbolismus (1880–1918) erreicht die Heine-Rezeption ihren Höhepunkt. Mit ihr findet der entscheidende Durchbruch der deutschen Literatur statt, wie allgemein diese Periode als die der Öffnung Griechenlands zum Westen hin gilt, wofür der bekannteste Lyriker der Zeit und Führer der jungen literarischen Richtung Kostis Palamas mit seinem Schlagwort »Norden« begeistert eintrat.[13] Hinsichtlich der Sekundärliteratur möchte ich von den in dieser Phase nennenswerten Untersuchungen zwei hervorheben: A. Vlachos beklagt in seinem Artikel von 1887[14] die zeitgenössischen Verbote und die Zensurpraxis in Deutschland sowie die dortige Kritik an Heine, die weniger auf den Dichter als auf den Menschen zielte, also vor moralischer Wertung und Anfeindungen nicht zurückschreckte. Dieses Antibild will er korrigieren – die zeitgenössische große Popularität Heines in Deutschland wird nicht erwähnt – und auch den politischen Dichter mehr in den Vordergrund rücken. Entsprechend der neuen Literaturbewegung liegt aber sein Hauptanliegen in der Präsentation Heines als Volkslieddichter. Daran schließt sich der Artikel von J.Viziinos an: Hier wird der neue literarische Entwicklungsprozeß bereits resümiert, bei dem Heine den Weg für den griechischen Naturalismus ebnete.[15]

Während der Periode des Realismus/Antirealismus (1918–1945) änderte sich nichts an der Beliebtheit des Dichters beim griechischen Publikum, wieder wurden eine Reihe von Werken übersetzt bzw. erschienen in Anthologien und Zeitschriften. Die literaturwissenschaftliche Beschäftigung allerdings stagnierte, was wohl auch in der unruhigen Zeitgeschichte gründete (die Kriege zwischen 1912–1922, die kleinasiatische Katastrophe von 1922, der Zweite Weltkrieg).

In der Zeit nach dem Zweiten Weltkrieg nimmt zwar die theoretische Auseinandersetzung mit Heine wieder zu, doch setzen sich weder die jüngeren griechischen Schriftsteller produktiv mit seinem Werk auseinander noch zeigt das allgemeine Lesepublikum größeres Interesse an ihm, was im Gegensatz zu der gleichzeitig stetig ansteigenden Beliebtheit und Zahl der Untersuchungen über den Dichter in Westeuropa, Amerika und Asien steht. Generell ist die griechische wissenschaftliche Beschäftigung mit Heine bislang weniger durch profunde Analysen geprägt als durch einen eher naiven Zugang, durch unpräzise, recht ausladende Ausdrucksweise und durch wenig interpretierende Textnähe, (neuere) germanistische Sekundärliteratur wird nicht verarbeitet. Trotzdem gelangt man nun zu einem umfassenderen Heine-Bild, insbesondere was seine romantischen Züge betrifft, und stellt seine sogenannte Modernität heraus.

Anläßlich des 100. Todestages erscheinen in »Nea Estia«, einer der führenden literarischen Zeitschriften (heute eingestellt), eine Reihe von Untersuchungen und Übersetzungen aus Gedichtsammlungen (vorwiegend »Buch der Lieder«) sowie aus den sogenannten »Gedanken und Einfällen«. Der Dichter, Theaterkritiker und Heine-Übersetzer Leon Kukulas (1894–1967) verfaßte einen umfassenden Aufsatz, in dem er Vlachos' Rüge der zeitgenössischen Kritik an Heine, besonders an dessen Judentum, fortsetzt.[16] Kukulas macht die griechischen Adressaten mit wichtigen literarischen Zeitgenossen Heines und der Zeitgeschichte bekannt. Er beschreibt Heines Vermittlungsauftrag zwischen Deutschland und Frankreich, so daß der Leser die Artikelserien in der »Allgemeinen Zeitung« besser einzuschätzen weiß, wobei allerdings Heines satirischer Stil überbetont wird. Zwar bildet nach wie vor die Trennung zwischen dem politischen Schriftsteller und dem poetischen Dichter die Grundlage der Interpretation, doch die einseitige (naturalistische) Interpretation von Heines Romantik-Kritik wird korrigiert. Differenzierter als seine Vorgänger weist Kukulas auf Heines romantisches Erbe hin, das sich insbesondere in dessen Ironie belege. Weiterhin gelingt es ihm, die Verbindung von demokratischem Engagement und Patriotismus (im Sinne der »Wintermährchen«-Vorrede) herzustellen. Völlig unangemessen als »ethischen Tod Heines« schätzt er dagegen den Erhalt der französischen Staatspension ein. Gerühmt wird wieder die Weiterentwicklung des Volksliedes, der »melodischste« Dichter Deutschlands, dessen Gedichte Kukulas weitgehend biographisch deutet, sei zugleich auch ein geborener, Aristophanes nahestehender Pamphletist.

Jannis M.Panajiotopulos betont in seinem Aufsatz »Das 100jährige Heine-Juliläum«[17] Heines Modernität, die er auch in dessen kritischer Romantik-Rezeption erkennt sowie in der Kürze und Prägnanz des Ausdrucks. Heines Ruhm begründe sich in der Leichtigkeit und Gefühlsintensität seiner Gedichte – letzteres verleitet Panajiotopulos zu der Annahme, daß Heine ganz in seinem Gefühl gelebt hätte (»brennendes Herz, ewig gequält«). Neben »Lyrisches Intermezzo«, das mit »Asma Asmaton« verglichen wird, »Loreley« und »Der Tannhäuser« findet das Gedicht »Thalatta!« (gr. thalassa = das Meer) besondere Erwähnung. Heines politischen Ansichten wird mit den Schlagworten »Freiheit« und »Feind des Spießbürgers« unzureichend nachgekommen.

Den Abschluß der Publikationen in »Nea Estia« bildet Themistokles Athanassiadis-Novas' kurze, essayistische Studie[18], die den Streit um die Heine-Denkmäler beschreibt. Heines Bezug zu Deutschland wird richtig mit kritischer Liebe umschrieben, er selbst als »Prophet der Demokratie« bezeichnet.

Erst wieder in den siebziger Jahren stößt man auf weitere nennenswerte Sekundärliteratur zu Heine: Der Literaturkritiker Konstantinos Th. Dimaras resümiert »Heines Rezeption im griechischen Bildungsraum«[19], deren Eckpunkte I. Asopius sowie Jean Moréas (d.i. Jannis Papadiamantopulos) und K. Palamas bilden – weiter geht er nicht. Insgesamt kommt Dimaras zu keinen neuen Ergebnissen, sondern liefert einen generellen Überblick, auch über ältere Übersetzungen; innerhalb des Einflusses Herders, Heines und Nietzsches auf die neugriechische Literatur wird Heines besondere Position als Initiator der antiromantischen Bewegung betont.

Größtenteils auf »Die romantische Schule« bezieht sich Panajotis Kanellopoulos' Kapitel über Heine.[20] Er gilt dabei als erster Historiker und Kritiker der (deutschen) romantischen Bewegung. Diese Studie kann dazu dienen, den griechischen Leser über Heines Einschätzungen der verschiedenen Romantiker (A. W. Schlegel, Novalis, Tieck, Brentano etc.) zu informieren. Irritierend ist jedoch, daß der Interpret Heines Urteile aus heutiger Sicht bewertet, ihnen entweder zustimmt oder sie ablehnt, und weniger ihren zeitgeschichtlichen Kontext, ihre literaturgeschichtliche Relevanz und vor allem Heines Intentionen beachtet.

Besonders hervorzuheben ist Vassilis I. Lazanas Buch »Heinrich Heine. Kritische Analyse des Werks des großen Dichters« (griech.)[21] von 1975 als die einzige ausführliche Untersuchung, die den Leser eingehender über Lebenslauf und folgende Werke unterrichtet: »Almansor«, »William Ratcliff«, »Buch der Lieder«, »Reisebilder«, »Neue Gedichte«, »Atta Troll«, »Deutschland. Ein Wintermährchen«, »Über Deutschland«, »Florentinische Nächte«, »Die Götter im Exil«, »Romanzero«, »Letzte Gedichte«. Des weiteren will Lazana über ausländische Sekundärliteratur orientieren – hier allerdings ist der Informationsstand mehr als unzureichend – und über die Heine-Forschung in Griechenland. Zwar bespricht er die griechische Sekundärliteratur nicht, doch dem Interessierten wird sie durch längere Zitate zugänglich gemacht. Lazana liefert eine recht gründliche Einführung, in der seine Bewunderung für Heine stets durchscheint. Vielleicht muß man hier auch das Erscheinungsjahr berücksichtigen: 1975 war die Diktatur in Griechenland seit einem Jahr beendet, das Bild von Heine als Kämpfer »für Freiheit und gegen Tyrannen« (S. 168) paßt ebenso gut in diese Epoche wie seine Parteilosigkeit und sein Kosmopolitismus. Trotz des teilweise unwissenschaftlichen Stils vermittelt Lazana ein ausgewogeneres Heine-Bild als die griechischen Interpreten vor ihm. Er stellt Heine nicht nur als Dichter des »Buchs der Lieder« dar, sondern auch als gesellschaftspolitischen, liberalen Schriftsteller, der in erster Linie für die Menschenrechte eintrete, Toleranz auf allen Gebieten, besonders auf dem der Religion fordere – Heines Judentum beachtet Lazana kaum – und die Kunst nie als Werkzeug für seine politische Überzeugung benutze, sondern ihr Eigenwert zuspreche (S. 172). Heines kritische Haltung gegenüber dem (Früh-) Sozialismus, der die Freiheit des Einzelnen und der Kunst bedrohe, wird ebenso angerissen wie die Auseinandersetzung mit Goethes Kunstauffassung und der der Romantik, wobei Lazana endlich genauer Heines politische Kritik an der Spätromantik (u. Schelling) beschreibt. Fraglich ist die getroffene Unterscheidung zwischen Lied und Gedicht: Der große »Lieddichter der Weltliteratur« habe aus dem Volkslied das erotische, patriotische und philosophische Lied geschaffen, das im Unterschied zu einem Gedicht weniger mehrdeutig sei, ein Gedicht fasse höhere Ideale in Worte, Heines Lieder seien einfacher, klarer (S. 164 ff.). Lazanas Studie kommt noch eine weitere Bedeutung zu, da er in ihr viele Gedichte von Heine übersetzt bzw. Übersetzungen abdruckt.

Zum Schluß noch ein Blick auf Georg Veloudis Buch »Germanograecia. Deutsche Einflüsse auf die neugriechische Literatur (1750–1945)«: Da Velou-

dis die Einwirkung von deutscher Philosophie, Literatur und deutschem Theater auf die griechische Literatur beschreibt, kann er Heine nur begrenzte Aufmerksamkeit widmen. Deutlich aber hebt er Heines großen Einfluß hervor
und charakterisiert ihn als »Sonderfall«, der auf vier Ebenen, der der Rezeption, der des schöpferischen Einflusses, der der Gelehrten und Dichter und
der der Leser das griechische Publikum erobert habe.[22] Hauptsächlich stellt die
sorgfältige Recherche die jeweiligen Übersetzer und die Übersetzungen vor
sowie die Einflüsse auf griechische Dichter und ihre Werke. Eine Analyse zu
Heine zu liefern, überschreitet Veloudis' Themenstellung, generell ordnet er
Heine als Romantiker ein, obwohl er sich dessen Zwischenstellung bewußt ist.

Weitere neuere Untersuchungen zu Heine existieren nicht. Es ist zum gerade vergangenen 200. Geburtstag des Dichters, aus dessen Anlaß fast weltweit
viele Veranstaltungen und Kongresse stattfanden, wünschenswert, daß auch in
Griechenland das allgemeine wie wissenschaftliche Interesse an dem Dichter
wiederauflebt. Rezeption der aktuellen germanistischen Forschungsergebnisse
und fruchtbare Auseinandersetzung mit ihnen wäre der erste Schritt, auf den
dann eigenständige Interpretationen, an denen es bislang fehlt, folgen könnten. Dazu lädt Heines Werk die Griechen besonders ein, weil er sich, wie anfangs erwähnt, mit dem Hellenismus intensiv beschäftigte, was hier so gut
wie keine Beachtung fand, und weil gerade Heines revolutionär engagierte
Züge, sein Humor und seine das Zeitgeschehen karikaturistisch scharf analy-
sierende Fähigkeit die neuere gesellschaftskritische Literatur in Griechenland
ansprechen müßten. Doch dazu ist es notwendig, daß sich die Aufmerksamkeit von philologischen Fragen einer angemessenen Übersetzung abwendet
und sich der inhaltlichen Anwendung von Heines Werk auf die griechischen
gesellschaftspolitischen Zustände zuwendet. Auch die bislang fehlenden kom-
paratistischen Untersuchungen zu dem Einfluß des Dichters auf die neuere
griechische Literatur würden die Heine-Forschung um vieles bereichern.

Anmerkungen

[1] Vgl. »Briefe aus Berlin« und »Ueber Polen« (DHA VI, 31, 66).

[2] Georg Veloudis: Germanograecia. Deutsche Einflüsse auf die neugriechische Literatur (1750–
1945). Amsterdam 1983; Evangelia Schulze-Röbbecke: Die Übersetzung in Griechenland.
Deutsch-griechische Übersetzungen seit der Aufklärung. Heidelberg 1993. Letztere rechne ich
nicht mit zu der griechischen Heine-Literatur, da Schulze-Röbbecke sich auf Übersetzungen beschränkt, Heine nur unter vielen anderen kurz erwähnt, und sie zudem kein vollständiges Verzeichnis der Heine-Übersetzungen liefert, vielfach kennt sie die Titel der übersetzten Gedichte
nicht, bzw. kann sie nicht identifizieren.

³ Vgl. Veloudis [Anm. 2], S. 464. »Heine ist der einzige deutsche Dichter, dessen Präsenz im Griechenland dieser Zeit sowohl quantitativ wie qualitativ, inhaltlich wie formal von entscheidender Bedeutung und nachhaltiger Wirkung war, und es ist kein Zufall, daß seine Rezeption mit seinem Einfluß Hand in Hand ging; von ihm blieb, mehr als von Nietzsche, kaum ein griechischer Lyriker der Zeit verschont« (S. 343).

⁴ Von den »Reisebildern«: »Harzreise« 1925, 1979 Neuauflage; »Die Bergwerke von Claustal« 1868/69; Auszug aus »Ueber Polen« 1890; »Ideen. Das Buch Le Grand« 1925; »Italien« 1918. Vom »Buch der Lieder« wurden Gedichte aus allen Zyklen übersetzt, z.B. existieren vom »Loreley«-Gedicht allein 6 Übersetzungen in einem Zeitraum von 1894 bis 1975. Vgl. auch die Anthologie von Jorgos Simiriotis: Heinrich Heine. Gedichte. Athen 1948, 1979 erweiterte Neuauflage. Weitere neuere Übersetzungen aus »Buch der Lieder«, »Neue Gedichte«, »Romanzero«, »Gedichte. 1853 und 1854« und »Bimini« finden sich innerhalb der Studie von Vassilis I. Lazana: Heinrich Heine. Kritische Analyse des Werks des großen Dichters (griech.). Athen 1975, vgl. weiter unten. Hinsichtlich Vertonungen übersetzte N. Poriotis u.a. Heine-Gedichte, damit sie auf griechisch nach der Originalmusik gesungen werden können: Nikolaos Poriotis: Fremde Leier. Fremde Gedichte in griechischer Sprache passend zu den musikalischen Rhythmen (griech.). Athen 1925.

⁵ Zuletzt 1967, 1982 Neuauflage.

⁶ Vgl. Veloudis [Anm. 2], S. 315.

⁷ Zu ihnen zählen z.B. Jorgos Viziinos, Jorgos Drossinis (1859–1951), Kostis Palamas (1859–1943), Konstantinos Chatzopulos (1868–1920), Jannis Kampisis (1872–1901), Konstantinos Theotokis (1872–1923) u.v.a.m.

⁸ Veloudis [Anm. 2], S. 306 ff.

⁹ Insbesondere K. Palamas, E. Roidis (»Die Idole«, 1893) und Jannis Psycharis (»Meine Reise«, 1888).

¹⁰ Generell sei zu den Übersetzungen angemerkt: Bis zum 2.Weltkrieg haben wir es größtenteils nicht mit reinen Übersetzern, sondern mit Lyrikern zu tun, die sehr frei und schöpferisch übersetzten. Somit ist die Grenze zwischen Übersetzung von Heines Werk und Einfluß Heines auf die griechische Literatur, der zu Nachdichtungen führte, fließend. Bei den jeweiligen Übertragungen kommt es inhaltlich wie formal zu Gräzisierung bzw. Metakenosis, der Kulturübertragung des Originals, z.B.: Die Umformung des Heineschen Versmaßes in den für das griechische Volkslied charakteristischen Fünfzehnsilber: »Lyrisches Intermezzo XVIII« übers. v. Petros Gneftos 1903; »Die Wallfahrt nach Kevlaar« übers. v. A. Vlachos 1887, v. K. Theotokis 1915/16, dieser wählt den griech. Titel »Die Litanei«, v. Jannis Kampuroglu mit dem griech. Titel »Wundertätige Madonna«. Gräzisierung der Namen: »Der arme Peter« übers. v. A. Vlachos 1887, aus »Hans und Grete« werden »Jannis und Mari(a)« (vgl. Veloudis [Anm. 2], S. 307 f.). – Wissenswert ist weiterhin, daß einige Übersetzer des Deutschen nicht mächtig waren und Heine aus dem Französischen übertrugen. Dies trifft ausgerechnet auf Palamas zu, der Heine in Übersetzungen von Vlachos und Diamantopulos las. Neben der Tatsache, daß Frankreich eine wichtige Transferfunktion zwischen deutscher Literatur und griechischer Rezeption übernahm, bewirkte dieser indirekte Vermittlungsprozeß zweierlei: Zum einen bot die französische »Version« von Heines Werken den griechischen Rezipienten ein leicht variiertes Bild – ein deutsch-französischer Werkvergleich zeigt die inhaltlichen Eingriffe Heines in seine französischen Texte, so als Anpassung an den französischen Adressaten, eigene (spätere) Korrektur, Hinzufügung, Auslassung, Vorworte oder auch in Form von freieren, da ohne Zensurdruck geschriebenen Äußerungen. Ebenso werden bestimmte Werke anders aufgebaut, kompiliert etc., wie etwa die Übersetzung »Die Götter im Exil« von D. Olympios aus dem Jahre 1982 den »Les dieux en exil« folgt, sich also aus den

»Elementargeistern« II und den »Göttern im Exil« zusammensetzt. Zum anderen leidet durch diesen indirekten Vermittlungsprozeß die Qualität der Übersetzung, insbesondere bei den ohnehin problematischen Lyrikübertragungen. – Allgemein ist der Stand der neueren Übersetzungen verbesserungswürdig, da es sich zumeist um reine Übersetzertätigkeit ohne die wünschenswerte Einleitung, notwendige Kommentare und Erläuterungen handelt.

[11] Ich folge bis zu diesem Punkt Veloudis' Einteilung der Literaturepochen. Veloudis [Anm. 2], S. 14–16.

[12] Irineos Asopios: Über die zeitgenössischen Dichter Deutschlands (griech.). – In: Chrisallis. 1863, S. 3–7, 33–37, 65–68, 97–101, 129–138. Die Zeitschrift wurde von ihm selbst herausgegeben.

[13] Kostis Palamas: Aus Anlaß eines Wortes (griech.). – In: Efimeris. 23, Nr. 348, 14. 12. 1895, S. 1 f.

[14] Angelos Vlachos: Heinrich Heine (griech.). – In: Estia 23, 1887, S. 177–180, 193–196.

[15] Jorgos Viziinos: Heinrich Heine (griech.). – In: Enzyklopädisches Lexikon. Hrsg. von Barth / Christ, 1889/90, Bd.II, Athen 1889/90, S. 333.

[16] Leon Kukulas: Das Leben und Werk Heines (griech.). – In: Nea Estia (59) 1956, H. 689, S. 390–396, H. 690, S. 452–457, H. 691, S. 510–518, H. 692, S. 612–619.

[17] Jannis M. Panajiotopulos: Das 100jährige Heine-Jubiläum (griech.). – In: Nea Estia (59) 1956, H. 689, S. 397–399.

[18] Themistokles Athanassiadis-Novas: Der Dichter, der lacht und stirbt (griech.). – In: Nea Estia (59) 1956, H. 689, S. 401–403.

[19] Konstantinos Th. Dimaras: Heines Rezeption im griechischen Bildungsraum (griech.). Zuerst in: Heinrich Heine (1797–1856). Goethe-Institut Athen (1972), S. 10ff. Auch in: ders.: Die griechische Romantik (griech.). Athen 1982, S. 286ff.

[20] Panajotis Kanellopoulos: Geschichte der europäischen Geisteswelt. Athen 1974.

[21] Lazana [Anm. 4]. Vgl. auch ders.: Heinrich Heine. 175 Jahre nach seiner Geburt. – In: Nea Estia (93) 1973, H. 1098, S. 462–468. Auch in: ders.: Aufsätze zur Literatur. Deutsche, norwegische, französische, neugriechische Literatur. Bd. II, Athen 1987, S. 246–258.

[22] Veloudis [Anm. 2], S. 509. Veloudis füllt hier eine Lücke, denn in griechischen Literaturgeschichten wird der Einfluß Heines nicht erwähnt, vgl. z.B. Mario Vitti: Einführung in die Geschichte der neugriechischen Literatur. München 1972; Linos Politis: Geschichte der neugriechischen Literatur. Köln 1984.

Das Berliner Heine-Denkmal
von Waldemar Grzimek

Von Erich Wulf[1]

Öfter werden heute noch, auch von Heine-Freunden, das am 17. Februar 1958 in Berlin errichtete Heine-Denkmal und das zwei Jahre zuvor im Februar 1956 in Ludwigsfelde eingeweihte Heine-Denkmal verwechselt. Beide Denkmäler stammen von demselben Bildhauer, von Waldemar Grzimek (1918–1984). Die Ursache des Irrtums liegt in einem mehrere Jahre andauernden Streit begründet, der wie ein lächerlicher Nachklang zu dem bekannten Düsseldorfer Denkmalstreit anmutet, aber der Beweggrund dieser ein halbes Jahrhundert späteren Farce war nicht die Ablehnung des Dichters, sondern im Gegenteil, seine nicht genügende Würdigung durch die Denkmalsfigur, wie eine der beiden Streitparteien befand.

Waldemar Grzimek, der sich schon früh und intensiv mit dem Werk Heinrich Heines beschäftigt hatte, war sehr erfreut, als er Anfang der fünfziger Jahre den Auftrag erhielt, für eine neue Wohnsiedlung des Industrieortes Ludwigsfelde ein Heine-Denkmal zu schaffen. 1954 war es fertiggestellt, im Mai 1955 auf der Frühjahrsausstellung der Akademie der Künste in Berlin (Ost) gezeigt und am 18. Februar 1956, einem Sonnabend, zum 100. Todestag des Dichters im Heinrich-Heine-Park in Ludwigsfelde eingeweiht worden. Diese sogenannte 1. Fassung wird von zwei mannshohen Sandsteinmauern mit ebenfalls von Waldemar Grzimek geschaffenen Reliefs, einer Szene zum *Weberlied* und einer Darstellung der *Teetisch*-Gesellschaft, flankiert. Denkmal und Parkanlage bilden eine städtebauliche Einheit.

Als der damalige Magistrat von Ost-Berlin beschloß, ein gleiches Heine-Denkmal, jedoch ohne die Sandsteinreliefs, in Berlin aufzustellen, brach ein heftiger Streit über die von Grzimek geschaffene Heine-Figur und über den Standort des Denkmals aus. Eine Partei, darunter bekannte Bildhauer, befürwortete die von Grzimek inzwischen überarbeitete und durch Veränderung der Arm- und Kopfhaltung, Verbesserung der Proportionen und Vereinfachung der Details noch spannungsreicher gemachte Figur, die 1955 fertiggestellte sogenannte 2. Fassung. Grzimek sagte zu seiner Arbeit: »Ich wollte keinen konfliktlosen Heine gestalten, weder allein den lyrischen noch den tragischen oder den kämpferischen; mir kam es darauf an, den ganzen Komplex dieser differenzierten Persönlichkeit, freilich mit besonderer Richtung auf das Kämpferische, wiederzugeben.« Die Gegenpartei, als deren Sprecher der Schriftsteller Walther Victor auftrat, war weder mit der Figur noch mit dem vorgesehenen Standort beim Maxim-Gorki-Theater, Unter den Linden, einverstanden. Sie wollte ihren Heine anders repräsentiert sehen. Der Meinungsstreit wurde schließlich durch einen Kompromiß gelöst und das Denkmal nicht im Stadtzentrum, sondern mit zweijähriger Verspätung und ohne Feierlichkeiten am Rande des entfernt liegenden »Volksparks am Weinberg« aufgestellt. Neuerliche mehrjährige Bemühungen, das Denkmal anläßlich des 200. Geburtstages von Heinrich Heine in das Stadtzentrum, in die unmittelbare Nähe seiner Studien-, Wohn- und Wirkungsstätten umzusetzen, scheiterten an der ablehnenden Haltung der Berliner Stadtverwaltung

Mit dem Berliner Denkmal hat Waldemar Grzimek etwas Neues in der Reihe aller bisherigen Heine-Denkmäler geschaffen. Die Figur zeigt den immer jung gebliebenen Dichter in seiner Lebensfreude, mit seinem Humor, der streitbaren Ironie und spöttischen Überlegenheit, aber auch dem früh schon erfahrenen Leid und einer stillen Wehmut.

Aufmerksame Betrachtung verdienen auch die in ihrer strengen Einfachheit klar ablesbaren Reliefs auf dem den Sockel umrundenden Bronzeband. Sie stellen Szenen aus dem Leben des Dichters und seinen Werken dar:

An der *Vorderseite*: Heines Pariser Zimmer; seine »Verbrengerin« Mathilde mit Blumen und ihrem Papagei beschäftigt, während Heine, bereits vom schweren Augenübel gepeinigt, in ein Gespräch mit Friedrich Engels vertieft ist. Eine Bedienerin stellt Wein und zwei Trinkbecher auf einen kleinen Tisch. Im Hintergrund der für den todkranken Dichter in seiner »Matratzengruft« unentbehrliche Wandschirm. Als Friesabschluß Heines bekenntnishafter Satz von der vorwärtstreibenden Macht der Idee.

Der eine *Seitenfries* zeigt Szenen aus dem politisch-satirischen Epos »Deutschland. Ein Wintermährchen«: Gesinnungsschnüffelei am Grenzbaum, ein »hölzerner Winkel mit stählerner Pointe«, das Eiapopeia und das bessere Lied – fleißige Hände und faule Bäuche. Aus der offenen Tür des Reisewagens schaut nachdenklich sinnend ein aufmerksamer Beobachter.

Der andere *Seitenfries* zeigt Bilder zu Gedichten aus den zwei »Nordsee«-Zyklen im »Buch der Lieder«: »Der Gesang der Okeaniden« und »Die Nacht am Strande«. Er ruft im Betrachter Erinnerungen auch an die Gedichte »Fragen« und »Erklärung« derselben »Nordsee«-Zyklen hervor.

Auf der *Rückseite*: Das Gedicht »Doktrin« dargestellt durch das Revolutionsjahr 1848. Die selbstbewußt gewordenen Bürger kämpfen auf den Barrikaden um die Souveränität des Volkes, für die Heine sein Leben lang als guter Tambour trommelnd immer voranmarschiert war.

In dem Fries kommt der feine Humor des Bildhauers auch bei den scheinbar kleinen Dingen zum Ausdruck, z. B. die um einen Fußtritt bettelnden Hunde, die Äpfel der Atalante oder die wie bei einer Zirkusdressur sich bäumenden Schlachtpferde.

Das Berliner Heine-Denkmal von Waldemar Grzimek ist nicht nur eine Ehrung eines unserer größten deutschen Dichter, sondern regt vor allem auch zum Lesen seiner Werke und zum Nachdenken über seine und unsere Zeit an.

Anmerkungen

[1] Vgl. jetzt auch: Dietrich Schubert: »Jetzt wohin?« Heinrich Heine in seinen verhinderten und errichteten Denkmälern. Köln/Weimar/Wien: Böhlau 1999 (Beiträge zur Geschichtskultur Bd. 17, hrsg. von Jörn Rüsen).

Heine-Denkmäler von Waldemar Grzimek in Ludwigsfelde und Berlin
links: Ludwigsfelde, 1. Fassung von 1956
rechts: Berlin, 2. Fassung von 1958

Bronzefries an beiden Fassungen. Oben: Vorderseite, unten: Rückseite

Die beiden Seitenfriese

Die Denkmalsanlage in Ludwigsfelde

Linke Sandsteinreliefmauer

Rechte Sandsteinreliefmauer

Heinrich Heine im Spiegel der Philatelie

Von Wolfram Zöller

Allgemeines

Der Beginn der Philatelie oder Briefmarkenkunde fällt in das vorige Jahrhundert, als Roland Hill, der Reformer des britischen Postwesens, um 1840 die ersten aufklebbaren Briefmarken herausbrachte. Wenige Jahre später folgten andere europäische Monarchien und Republiken diesem Beispiel. In Deutschland waren es ab 1849 das Königreich Bayern und ab 1850 die Königreiche Hannover, Preußen, Sachsen, diverse Fürstentümer, Helgoland sowie einige Hansestädte, die der MICHEL-Katalog, das Standardwerk der Philatelisten, unter dem Sammelbegriff »Deutsche Staaten« zusammenfaßt.

Nach der Reichsgründung 1871 entstand ein gemeinsames Postgebiet mit einheitlichen »Freimarken«, im MICHEL der Abschnitt »Deutsches Reich«, der auch die Zeiträume der Weimarer Republik und des Nationalsozialismus umfaßt. Nach einer Übergangszeit seit dem Ende des 2. Weltkriegs mit einzelnen »Lokalausgaben« und Freimarken, im MICHEL unter »Alliierte Besetzung«, entstanden 1949 mit der politischen Teilung in zwei deutsche Staaten auch zwei deutsche Postgebiete, im MICHEL unter »Bundesrepublik Deutschland« und »Deutsche Demokratische Republik« aufgeführt, mit der Besonderheit separater Freimarkenausgaben für »Berlin (West)«. Mit der Vereinigung der beiden deutschen Staaten im Jahre 1990 entstand wieder *ein* Postgebiet mit einheitlichen Briefmarken.

Neben den Allgemeinen Ausgaben bzw. Dauerserien mit gestaffelten Wertaufdrucken für die verschiedenen postalischen Zwecke erschienen zu Beginn dieses Jahrhunderts neben Ziffern, Wappen und Monarchen auf den Briefmarken zunehmend auch andere Motive wie Stadtansichten, Burgen und Schlösser, Köpfe berühmter Deutscher usw. – In den 20er Jahren der Weimarer Republik wurde unter anderem die Forderung erhoben, unter den Köpfen berühmter Deutscher auch Heinrich Heine abzubilden; Heine zählte zweifelsohne dazu, war aber aus den bekannten Gründen schließlich nicht darunter. – In jenen Jahren wurden vereinzelt auch Gedenktage zum Anlaß für Sonderausgaben gewählt, darunter auch Geburts- und Todestage berühmter Deutscher, später immer häufiger auch die von Politikern. Inzwischen erscheinen Sonderausgaben zu den vielfältigsten Anlässen, auch Sondermarken mit Zuschlägen für wohltätige Zwecke, für die Jugend, für die Sporthilfe, bis hin zu Sonderausgaben zum alljährlichen Tag der Briefmarke.

Deutsche Heine-Gedenkmarken

Die erste Briefmarke im Bereich der deutschen Philatelie, die Heinrich Heine darstellte, erschien 1946 zur Zeit der Alliierten Besetzung in der Französischen Zone Deutschlands, 90 Jahre nach Heines Todestag. Sie war wohl nicht als Gedenkmarke gedacht, denn sie erschien in einem sogenannten Freimarken-Satz von drei Marken mit Goethe und Schiller als weiteren Motiven. Es waren Freimarken-Ergänzungswerte zur Allgemeinen Ausgabe von zehn Werten in kleinerem Format, die die Wappen der fünf Länder der Französischen Besatzungszone zeigten. Die drei größeren Ergänzungswerte waren im aufwendigen Stahlstich-Tiefdruckverfahren hergestellt, mit den Werten 2 M, 3 M und die Heine-Marke mit dem Wert 5 M. Sie wurde nach einer Zeichnung gestaltet, die sich im Besitz des Bildarchivs der Stiftung Preußischer Kulturbesitz in Berlin befindet.

Die zwei Sonderausgaben der inzwischen entstandenen Bundesrepublik Deutschland erinnerten 1956 an seinen 100. Todestag und 1972 an seinen 175. Geburtstag, beide hergestellt im Offsetverfahren. Die erstere zeigt Heine als Silhouette nach der Radierung von Ludwig Emil Grimm aus dem Jahr 1827; die letztere stellt Heine dar nach einer Bleistiftzeichnung von Gottlieb Gassen aus dem Jahr 1828.

Die drei Sonderausgaben der ehemaligen DDR für Heinrich Heine waren ebenfalls zum Gedenken an Heines 100. Todestag 1956 und zum 175. Geburtstag 1972 herausgegeben worden. Zwei wurden im Rastertiefdruckverfahren hergestellt. Die 10-Pfg.-Sondermarke stellte einen sogenannten Sperrwert dar, der in einer wesentlich geringeren Auflage als üblich erschien. Er wurde nur an Mitglieder des sogenannten Kulturbundes oder an ähnlich Privilegierte in beschränkter Menge ausgegeben und sollte durch seine Verknappung den Katalogwert steigern und zu höheren Deviseneinnahmen führen. Diese Marke zeigt Heine nach einer Lithographie von Paul Rohrbach nach dem Porträt von Friedrich Pecht von 1840. Die 20-Pfg.-Sondermarke zeigt ihn nach dem Gemälde von Moritz Oppenheim aus dem Jahre 1831. Die dritte Sonderausgabe erfolgte 1972 in Blockform mit einem Wert von 1 M, im Offsetverfahren hergestellt. Sie zeigt Heine ebenfalls nach dem Gemälde von Oppenheim.

Die neue Heine-Sondermarke von 1997

Der Werdegang einer neuen Sondermarke war bislang so geregelt: Nach einer privaten Anregung – sie stammte für diese Sondermarke bereits aus dem Jahr 1989 – beschloß der Programmbeirat des ehem. Bundesministeriums für Post und Telekommunikation (BMPT) die Aufnahme des Vorschlags in das jeweilige Jahresprogramm. Der Programmbeirat ist ein unabhängiges Gremium, das sich unter anderen aus Angehörigen des Deutschen Bundestags, der Kultusministerkonferenz, des Bundesministeriums des Innern, des Deutschen Presserates, des Bundes der Philatelisten und des Postwertzeichen-Handelsverbandes zusammensetzt.

Das BMPT plante ein »Sonderpostwertzeichen 200. Geburtstag Heinrich Heine« im Wert von DM 2, —. Im Zug der Tariferhöhungen im Lauf des Jahres reduzierte man den Wert auf DM 1,10, den Wert des neuen Briefportos. Es wurde wie üblich vom BMPT ein Wettbewerb ausgeschrieben, zu dem in der Regel etwa acht renommierte Graphiker eingeladen werden. Sie reichten zwischen zwei und sieben Entwürfe ein, insgesamt 32 Arbeiten. In fast allen Fällen haben die Künstler alte und bekannte Heine-Bildnisse ausgewählt zur Stilisierung eines Heine-Porträts. Nur in vier Fällen wählten sie Abbildungen eines Gemäldes (z.B. Lorelei-Felsen), eines Heine-Textes (»Die deutschen Censoren – – – Dummköpfe – – –«) oder einer Postkutsche aus Heines Zeit. Frau Dr. Ursula Roth vom Heinrich-Heine-Institut, Düsseldorf, stand beratend zur Seite und verfaßte die Begleittexte für die Bundespost.

Der Kunstbeirat der Deutschen Bundespost beurteilte die vorgelegten Entwürfe und empfahl dem BMPT den seines »Erachtens graphisch treffendsten und thematisch am besten umgesetzten Entwurf« zur Grundlage der künftigen Sondermarke (laut Erläuterung der Bundespost dazu). Für die Ausführung wurde der Entwurf von Gerhard Lienemeyer ausgewählt. – Die Sondermarke erschien am 6. November 1997, zeitgleich mit der Ausgabe der Sonderprägung einer 10-DM-Gedenkmünze in Silber zur 200. Wiederkehr des Geburtstages von Heinrich Heine. Sie wurde im Offsetdruckverfahren hergestellt.

Kurz nach der Auslieferung der Heine-Sondermarke an die Schalter der

Postämter stellte die Deutsche Post AG den Verkauf bzw. den Versand (an Sammler) der Sondermarken ein, weil auf dem Rand der sogenannten Zehner- blöcke der Marke zwei germanische Runenzeichen abgebildet worden waren zur Symbolisierung des Geburts- und des Todesjahrs Heinrich Heines. Die Verwendung der Runen war kritisiert worden, weil sie in den 30er Jahren häufig vorkamen und auch heute noch von rechtsextremen Gruppen verwen- det werden.

Von den 50 Millionen gedruckten Sondermarken war zu diesem Zeitpunkt erst die Hälfte verkauft worden. Die Deutsche Post AG druckte im Januar 1998 neue Marken mit geändertem Rand der Zehnerbogen. Ansonsten blieb die Sondermarke unverändert. Sie war im Monat darauf bereits vergriffen. Dieser Vorgang ist einmalig, wird dem Briefmarken-Handel beträchtliche Wertsteigerungen bescheren und die Katalogpreise für die Heine-Sondermar- ke, speziell für die alten Zehnerblöcke, hochschnellen lassen, denn die weit- aus meisten Briefmarkenfreunde sammeln einzelne Marken, wenige Philateli- sten sammeln ganze Zehnerblöcke.

Briefmarken der Alliierten Besetzung
Allgemeine Ausgabe für die Länder der Französischen Zone:
Rheinland, Pfalz, Württemberg, Baden, Saargebiet

1945   1946   1946

Freimarken Ergänzungswerte

Heine-Sondermarken der ehemaligen DDR

1956   1972

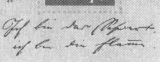

100. Todestag Heines   175. Geburtstag Heines

Heine-Briefmarken der Französichen Zone, der ehem. DDR und der Bundesrepublik Deutschland

Sonderausgaben der Bundesrepublik Deutschland

1956

100. Todestag Heines

1972

175. Geburtstag Heines

1997

Heine Sondermarke nach der
Zeichnung von Wilhelm Hensel,
Berlin 1829. Die schwarz-rot-
goldene Linie links verweist auf
Heines Heimatland Deutschland,
die blau-weiß-rote Linie rechts
auf die Jahre im französischen
Exil.

200. Geburtstag Heines

Der »Ersttagsstempel« zur Ausgabe der Heine-Sondermarke
am 6. November 1997 in Bonn.
Erstausgaben mit Ersttagsstem-
peln erfolgen auch in Berlin.
Ersttagsstempel gibt es zu jeder
Sondermarke.

Heine-Briefmarken der Französichen Zone, der ehem. DDR und der Bundesrepublik Deutschland

Heinrich-Heine-Institut Sammlungen und Bestände

Bestandsverzeichnis der Düsseldorfer Heine-Autographen Neuerwerbungen: 1983–1998

Bearbeitet von Marianne Tilch

Das vorliegende Verzeichnis setzt durch Nachträge zu den Werkmanuskripten die Bestandsverzeichnisse in den Heine-Jahrbüchern seit 1968 fort.[1] Einen besonderen Zuwachs, sowohl was Umfang als auch Qualität betrifft, brachte der Ankauf der Heine-Sammlung Gottschalk. Der Manuskriptbestand der Werke Heinrich Heines in dieser Sammlung wird hier zum ersten Mal detailliert vorgestellt.[2]
Für die Drucknachweise wurde die DHA benutzt.

Nachlese zum »Buch der Lieder«

»Giebelrede des Verfassers« (= »Die schönsten Blumen – Leiden und Lieben«)
Eigh. Widm.-Gedicht m. U. für Friedrich Merckel, H[amburg], 26. 5. 1826; 1 S.[3] (DHA I, 530)
91.5050/2 TG, Slg. Gottschalk

»Sohn der Thorheit! träume immer«
Eigh. Reinschr. m. U., 2 Bl., 4 S. beschr. (DHA I, 456 ff.)
85.5029

»Neue Gedichte«

»Unterm weißen Baume sitzend« (»Neuer Frühling« 1)
Eigh. Reinschr.; 1 S. (DHA II, 12)
86.5062

»Ich lieb' eine Blume, doch weiß ich nicht welche« (»Neuer Frühling« 4)
Eigh. Reinschr. m. U., »Geschrieben zu München im May 1828.«; 1 S. (DHA II, 13)
96.

»Durch den Wald, im Mondenscheine« (»Neuer Frühling« 32)
Eigh. Gedichtms.; 1 S. (DHA II, 25)
91.5050/5 TG, Slg. Gottschalk

»Das Fräulein stand am Meere« (»Seraphine« 10)
Zeitgenöss. Abschr. v. fr. Hand; 1 S. (DHA II, 35 f.)
86.5002

»Der Tannhäuser« I.–III.
S. 265–279 von »Salon« III m. eigh. Korr.; eigh. Titelbl., 1 eigh. Bl. m d. Versen 181–184 und
189–192 (DHA II, 53 ff./497 ff. und XVI, 32)
88.5031

»Gedichte von H. Heine«:
»I. O, lüge nicht« (»Ein schöner Stern geht auf in meiner Nacht« = »Katharina« 1)
»II. Psyche« (»In der Hand die kleine Lampe« = »Romanzen« 15)
»III. »Ritter Olaf« 1–3 (»Vor dem Dome stehn zwey Männer« = »Romanzen« 10)
Eigh. Shs., 5 S. u. Adr.⁴ (DHA II, 65, 82 ff., 88; vgl. XVI, 33 ff.)
95.5034 TG

»Gleich Merlin dem eitlen Weisen« (»Katharina« 3)
Eigh. Gedichtabschr. und Brief m. U. an Ferdinand Hiller, o. O. u. D. [Paris, 24. 4. 1833]; 1 S.
u. Adr. (DHA II, 66 f. und HSA XXI, Nr. 430)
91.5050/6 TG, Slg. Gottschalk

»Der Frühling schien bereits am Thor« (»Katharina« 6)
Eigh. Gedichtms.; 1 Bl., 2 S. (DHA II, 68)
91.5050/7 TG, Slg. Gottschalk

»Helena« (»Du hast mich beschworen aus dem Grab« = »Zur Ollea« 8)
(s. u. »Der Doktor Faust«)

»Bey des Nachtwächters Ankunft zu Paris« (»Nachtwächter mit langen Fortschrittsbeinen« =
»Zeitgedichte« 6)
Eigh. Ms. d. Verse 13–16; 1 S. (DHA II, 112 f./697 ff. und XVI, 40 f.)
88.5032

»Erleuchtung« (»Michel! fallen dir die Schuppen« = »Zeitgedichte« 22)
Eigh. Reinschr. m. U.; 1 S.⁵ (DHA II, 127 f. und XVI, 44)
85.G.501

Nachlese zu den »Neuen Gedichten«

»Den Tag, den hab ich so himmlisch verbracht« und »Unsre Seelen bleiben freylich« (»Kitty« 1
und 5)
Eigh. Reinschr.; 1 Bl., 2 S. (DHA II, 138 f. und 139 f.)
91.5050/8 TG, Slg. Gottschalk

»Es läuft dahin die Barke« und »Kitty stirbt! und ihre Wangen« (»Kitty« 4 und 11)
Eigh. Reinschr.; 1 Bl., 2 S. (DHA II, 181 und 140)
91.5050/9 TG, Slg. Gottschalk

»Zu München in der Schloßkapell« (»Lobgesänge auf König Ludwig« III)
Eigh. Gedichtms.; 1 Bl., 2 S. (DHA II, 145 f.)
91.5050/10 TG, Slg. Gottschalk

»O, des liebenswürd'gen Dichters« und Prosagedicht »Ein ungeheurer Kalkfelsen [...]« (»Ramsgate« 1 und 2)
Eigh. Reinschr.; 1 Bl., 2 S. (DHA II, 151 und 205 f.)
91.5050/11 TG, Slg. Gottschalk

»Schau hinein ins Buch, da drinnen«
Eigh. Widm.-Gedicht m. U. für Friedrich Merckel, Hamburg, 15. 1. 1830; 1 S.[6] (DHA II, 188)
91.5050/4 TG, Slg. Gottschalk

Vorredenfragment (zur Vorrede zur 2. Auflage der »Neuen Gedichte«)
Eigh. Entwurf; 1 Dbl., 1 S. beschr. (DHA XVI, 64, 11−22/82 ff.)
91.5050/50 TG, Slg. Gottschalk

»Romanzero«

»Altes Lied« (»Du bist gestorben und weißt es nicht«), »Das goldne Kalb« (»Doppelflöten, Hörner, Geigen«), »Nächtliche Fahrt« (»Es wogt das Meer, aus dem dunkeln Gewölk«)
Schreiberhand (Reinhardt); 4 S. (DHA III, 40; 55 f.; 103/641 ff.)
93.5004/1 TG

»Geoffroy Rudèl und Melisende von Tripoli« (»In dem Schlosse Blay erblickt man«)
Eigh. Reinschr. m. U.; 1 Dbl., 4 S.[7] (DHA III, 47 f.)
91.5050/12 TG, Slg. Gottschalk

Lyrischer Nachlaß

Konvolut von 19 Gedichten:
»An Eduard G.«; »Lied der Marketenderin«; »Der tugendhafte Hund«; »Pferd und Esel«; »König Langohr«; »Die Wahl-Esel«; »Celimene«; »Mir lodert und wogt im Hirn eine Fluth«; »Mein Tag war heiter, glücklich meine Nacht«; »Nachts, erfaßt vom wilden Geiste«; »Ich seh im Stundenglase schon«; »Die Söhne des Glückes beneid' ich nicht«; »Wer ein Herz hat und im Herzen«; »Den Strauß, den mir Mathilde band«; »Ganz entsetzlich ungesund«; »Nicht gedacht soll seiner werden!«; »Wenn sich die Blutegel vollgesogen«; »Ich war, o Lamm, als Hirt bestellt«; »Aus der Zopfzeit«
Schreiberhand (Reinhardt) z. T. mit eigh. Bleistiftkorr.; insges. 9 Dbl. u. 15 Bl., 58 S. beschr. (vgl. Überl. DHA III, 1380 f.)
91.5050/13/1−19 TG, Slg. Gottschalk

Konvolut von 5 Gedichten:
»Eduard«; »Antwort«; »Orpheisch«; »Vermittlung«; »Wälsche Sage« (= »Schloßlegende«)
Schreiberhand (Reinhardt) z. T. m. eigh. Bleistiftkorr.; insges. 5 Bl., 8 S. beschr. (vgl. Überl. DHA III, 1381)
91.5050/14/1−5 TG, Slg. Gottschalk

»Das hohe Lied« (»Des Weibes Leib ist ein Gedicht«)
Gedichtms., Schreiberhand (Reinhardt) m. eigh. Bleistiftkorr.; 1 Dbl., 3 S. beschr. (DHA III, 283)
91.5050/15 TG, Slg. Gottschalk

»Epilog [zum Loblied auf den celeberrimo maestro Fiascomo]« (»Die Neger berichten [...]«)
Gedichtms., Schreiberhand (Reinhardt) m. eigh. Korr.; 1 S. (DHA III, 325)
91.5050/16 TG, Slg. Gottschalk

»Jammerthal« (»Der Nachtwind durch die Lucken pfeift«)
Gedichtms., Schreiberhand (Reinhardt) mit eigh. Korr.; 2 S. (DHA III, 326f.)
91.5050/17 TG, Slg. Gottschalk

»König Langohr I.« (Bey der Königswahl, wie sich versteht«)
Gedichtms., Schreiberhand (Reinhardt) m. eigh. Korr.; 2 Dbl., 7 S. beschr. (DHA III, 330ff.)
91.5050/18 TG, Slg. Gottschalk

»Aus der Zopfzeit« (»Zu Kassel waren zwei Ratten«)
Gedichtms., Schreiberhand m. eigh. Korr.; 2 S. (DHA III, 339f.)
91.5050/19 TG, Slg. Gottschalk

»Mein Tag war heiter, glücklich meine Nacht«
Eigh. Entwurfsms.; 2 S. (DHA III, 353/1529ff. und XVI, 62f.)
92.5011

»Dich fesselt mein Gedankenbann«
Eigh. Entwurfsms.; 2 Bl., 2 S. beschr. (DHA III, 389)
91.5050/20 TG, Slg. Gottschalk

»Für das Album von Elisabeth Friedländer«
Eigh. Gedichtms. m. U., Hamburg, 5.9.1844; 2 S. (DHA III, 397f.)
95.5069 G

»Beine hat uns zwey gegeben«
Eigh. Entwurfsms.; insges. 10 Bl. (DHA III, 400ff.)
90.5020 TG

»Citronia« (»Das war in jener Kinderzeit«)
Eigh. Entwurfsms. v. 23 Versen (etwa V. 45–58); 1 Bl., 1 S. beschr. (DHA III, 404f.)
91.5050/21 TG, Slg. Gottschalk

Entwurf einer Vorrede zu einer französischen Übersetzung von »Bimini« [?]
Eigh. Entwurfsms.; 5 Bl., 8 S. beschr. (DHA III, 387ff./1645ff.)
91.5050/22 TG, Slg. Gottschalk

»Atta Troll. Ein Sommernachtstraum«

Caput XI
Zeitgenöss. Abschr. d. Verse 69–80; 1 S. (DHA IV, 37f.)
90.5004

Caput XIX und XX
  Eigh. Entwurfsms. zu XIX, Vers 109–120 u. Vers 133 und XX, Vers 55 u. Vers 101–116; 2 S.
  (DHA IV, 59ff.; und XVI, 66ff.)
  91.5050/23/1 TG, Slg. Gottschalk

Caput XXVI
  Eigh. Entwurfsms. d. Verse 21–32 u. 37–40; 1 S. (DHA IV, 82f. und XVI, 66ff.)
  91.5011

Zu »Atta Troll«

Zu Caput III: Bruchstück D 6
  Eigh. Entwurfsms. d. Verse 5–16.; 1 S.[8] (vgl. DHA IV, 216/821ff.)
  97.5037 G

Zu Caput VI: Bruchstück E 8
  Eigh. Entwurfsms. d. Verse 25–36; 1 S. (DHA IV, 217f.)
  91.5050/23/2 TG, Slg. Gottschalk

Zu Caput X: Bruchstück E 13 b
  Eigh. Entwurfsms. d. Verse 32–43; 1 S. (DHA IV, 222)
  92.5063 TG

»Deutschland. Ein Wintermährchen«

Caput XVIII
  Eigh. Entwurfsms. d. Verse 33–40; 1/2 S., montiert (DHA IV, 132 und XVI, 76)
  85.5030

Caput XXIII und Bruchstück B 8
  Eigh. Entwurfsms. d. Verse 97–116 und zum Bruchstück B 8 (DHA IV, 144/296 und XVI, 76
  u. 81)
  91.5050/24 TG, Slg. Gottschalk

Deutschland. Ein Wintermährchen. Hamburg 1844.
  Druck d. »Neuen Gedichte« mit vorgeb. Vorwort. Expl. m. Bleistift- u. Tintenanstreichungen[9]
  98.5018 G

Zu »Deutschland. Ein Wintermährchen«

Zu Caput XVIII: Bruchstück A 4
  Eigh. Eintwurfsms. d. ersten Fassung; 1 S., montiert (DHA IV, 1189ff.)
  97.5016 TG

»Reisebilder«

Reisebilder von H. Heine. Zweiter Theil. Dritte Auflage. Hamburg. Bei Hoffmann und Campe. 1843.
> Expl. m. eigh. Bleistiftanstr. am Rand von »Die Nordsee. 1826. Dritte Abtheilung« (vgl. DHA XVI, 90f.)

Reisebilder von H. Heine. Vierter Theil. Zweyte Auflage. Hamburg, bey Hoffmann und Campe. 1834.
> Expl. m. eigh. Bleistiftanstr. u. Korr. im »Schlußwort«[10] (vgl. DHA XVI, 96f.)

Zu »Reisebilder«

Notizen zur Italienreise. 1828
> Eigh. Ms.; 3 S. (DHA VII, 526/1054ff.)
> 86.5031

»Zur Geschichte der Religion und Philosophie in Deutschland«

3. Buch; Text des Bruchstücks A 25 und Vorstufe zum Bruchstück A 26
> Eigh. Entwurfsms.; 3 Dbl., 2 Bl., 14 1/3 S. beschr. (DHA VIII, 94, 27–100, 19 und 104, 35; 459f. und XVI, 101f.)
> 91.5050/25 TG, Slg. Gottschalk

Druckvorlage für die 2. Auflage
> Bestehend aus einem aufgetrennten, nicht ganz vollständigen Expl. d. 1. Auflage von »Salon« II; 9 handschr. Einschüben (Schreiberhände) und 5 Druckseiten aus dem »Geächteten«, Paris 1834, Bd. I, 6. Heft, S. 263–268 (DHA VIII; vgl. XVI, 102ff.)
> 91.5050/26 TG Slg. Gottschalk

Zu »Zur Geschichte der Religion und Philosophie in Deutschland«

F. B. von Buchholtz: »Geschichte der Regierung Ferdinand des Ersten«, Bd. V, Wien 1834
> Eigh. Exzerpt d. S. 606f.; Dbl., 3 S. beschr. (DHA XVI, 99f./111ff.)
> 91.5050/27 TG, Slg. Gottschalk

»Die romantische Schule«

Die romantische Schule von H. Heine. Hamburg, bey Hoffmann und Campe. 1836.
> Expl. m. eigh. Bleistiftanstreichungen und Korr. der Spätzeit im 3. Buch, Kapitel 3–5[11] (vgl. DHA XVI, 114f.)

Zu »Die romantische Schule«

Bruchstück A 22
  Eigh. Ms.; 1 S. (DHA VIII, 483, 6–10/1434 ff.)
  83.5028

Zu »De l'Allemagne«

»A Prosper Enfantin En Egypte«
  Eigh. Reinschr. (franz.); 1 S. (DHA XIII, 495 und XVI, 122 f.)
  91.5050/28 TG, Slg. Gottschalk

»Elementargeister«

»Sie schifften wohl über das salzige Meer«.
  Eigh. Entwurfsms.; 6 Dbl. u. 1 Bl., 13 S. beschr. (DHA IX, 26–32)
  91.5050/29 TG, Slg. Gottschalk

Zu »Elementargeister«

Bruchstück A 19 a
  Eigh. Entwurfsms.; 1 S.[12] (DHA XVI, 124 f./128 f. und IX, 57)
  91.5050/30 TG, Slg. Gottschalk

»Der Doktor Faust«

»Du hast mich beschworen aus dem Grab«
  Eigh. Entwurf des Motto-Gedichts. 1 S. (DHA IX, 84 und II, 107)
  91.5050/31 TG, Slg. Gottschalk

Vollständige Druckvorlage
  Bestehend aus:
  »Viertes Buch. Der Doktor Faust«; eigh. Titelblatt; auf d. Rückseite: »Du hast mich be-
  schworen aus dem Grab«, Schreiberhand (Reinhardt) m. eigh. Korr.; 1 Bl., 2 S.
  »Einleitende Bemerkung«; Schreiberhand; 1 Dbl. u. 1 Bl., 5 S. beschr.
  »Der Doktor Faust. Eine getanzte Tragödie«; Reinschr. d. Ballett-Textes; Schreiberhand m.
  eigh. erg. Titel; 12 Bl., 24 S. beschr.
  »Erläuterungen«; mehrere Schreiberhände m. zahlreichen eigh. Streichungen, Einschüben,
  Korr. und Paginierungen; 8 Dbl. u. 6 Bl., 43 S. beschr. Die Druckvorlage der »Erläuterungen« enthält gestr. Texte von mehreren Bruchstücken (vgl. DHA IX, 77–121 und XVI, 125–
  127/129 ff.)
  91.5050/32 TG, Slg. Gottschalk

Korrekturabzüge
Voigt-Druck mit Verlagskorr. (vgl. DHA XVI, 135)
91.5050/33 TG, Slg. Gottschalk

»Die Götter im Exil«

Eigh. Entwurfsms. einer kurzen Texterweiterung d. deutschen Fassung; auf d. Rückseite Entwurf
(franz.) zur Vorbemerkung zu »Les dieux en exil«; 1 Bl., 2 S. beschr. (DHA IX, 134, 13–17
und XVI, 177)
91.5050/34 TG, Slg. Gottschalk

Vorstufe des Anfangs der Buchfassung und zum Bruchstück C 1
Schreiberhand (Reinhardt) m. eigh. Korr.; 1 Bl. 2 S.beschr. (DHA IX, 125, 34–126, 15 und
294; vgl. XVI, 177)
91.5050/35 TG, Slg. Gottschalk

»Les dieux en exil«

Eigh. Entwürfe in franz. Sprache; Texteinschübe und Neufassungen von Textpartien der Grund-
übersetzung; 1 Dbl., 4 Bl. (DHA XVI, 180)
91.5050/36 TG, Slg. Gottschalk

»Prosanotizen«

Judentum und Christentum
Eigh. Ms.; 1 S., montiert (DHA X, 317/899 f.)
93.5002

Courtoisie/Auffenberg/Gervinus
Eigh. Ms.; 1 S. (DHA X, 331)
91.5050/37 TG, Slg. Gottschalk

Allianz zwischen Rußland und Frankreich
Eigh. Ms.; 1 Dbl., 2 S. beschr. (DHA XIII, 331 f.)
91.5050/38 TG, Slg. Gottschalk

Geld – der jetzige Gott
Eigh. Ms.; 1 S. (DHA XIII, 336)
Depositum d. Stadt-Sparkasse Düsseldorf

Zu »Ludwig Börne. Eine Denkschrift«

»Dix ans après« (Deutsche Version des »Postscriptum« zum »Reveil«)
  Eigh. Reinschr.; 1 Dbl. u. 1 Bl. (aufgeklebt), 3 S. beschr. (DHA XVI, 196 f., vgl. XI, 56 ff.)
  83.5040

»Ueber die französische Bühne«

Teil der Druckvorlage für »Salon« IV
  Bestehend aus: S. 155–246 der »Allgemeinen Theater-Revue«, Stuttgart/Tübingen 1837, mit
  eigh. Erg., Korr. und Streichungen (DHA XII, 227 ff.)
  91.5050/39 TG, Slg. Gottschalk

»Lutezia« I

Zu Artikel I: Bruchstück A
  Eigh. Entwurfsms. der Journalfassung; 1 Dbl., 2 S. beschr. (DHA XIII, 302, 17–40)
  91.5050/41 TG, Slg. Gottschalk

Artikel V und Bruchstück A 2 a
  2 S. Schreiberhand (Reinhardt) und 1 ¹/₂ S. eigh. Ergänzungstext zum Artikelschluß und Text
  des Bruchstücks; 1 Dbl., 3 ¹/₂ S. beschr. (DHA XIII, 39, 17–40; 39, 40–40, 5; 37, 33–40 und
  XVI, 228/245)
  91.5050/42/1 TG, Slg. Gottschalk

Artikel V
  Eigh. Entwürfe z. Artikelschluß; 1 Bl., 2 S. beschr. (DHA XIII, 38, 17–20 und 38, 34–40)
  91.5050/42/2 TG, Slg. Gottschalk

Artikel XI und Bruchstück A 1
  Eigh. Reinschr.; 1 Bl., 2 S. beschr. (DHA XIII, 58, 40–59, 12 und Bruchstück A 1)
  91.5050/43 TG, Slg. Gottschalk

Artikel XIX
  Eigh. Entwurfsms. d. Artikelanfangs; 1 S. (DHA XIII, 86, 37–87, 11)
  85.5009

Artikel XXX und Bruchstück A
  Eigh. Entwurf zum Artikelschluß; 1 Bl., 2 S. beschr. (DHA XIII, 111, 4–112, 33 und 333, 11–
  41)
  Dauerleihgabe der Heinrich-Heine-Universität, Düsseldorf

Artikel XXXVIII
  Eigh. Entwurfsms. der Spätzeit; 2 Bl., 4 S. (DHA XIII, 145 ff./1739 ff.)
  89.5010

Zu »Lutezia« I

Artikel vom 4. 2. 1840
  Eigh. Reinschr.; 2 Dbl., 1 Bl., 9 S. beschr. (DHA XIII, 298 ff.)
  91.5050/40 TG, Slg. Gottschalk

Artikel vom 27. 2. 1840
  Eigh. Reinschr.; Schluß d. Artikels; darunter eigh. Br. m. U. an Gustav Kolb; 1 S. u. Adr.
  (DHA XIII, 305 f./730 ff.)
  85.5010

Bruchstück A/B. »Irische Rebellion und Landung der Franzosen in Irland« (= »Thomas Reynolds«)
  Anfang des Artikels; Schreiberhand (Reinhardt) m. eigh. Paginierung; 1 Dbl., 6 Bl., 16 S.
  beschr. (DHA XIII, 346, 27–352, 8)
  91.5050/44 TG, Slg. Gottschalk

»Lutezia« II

Artikel LIV und Bruchstück A/B
  Eigh. Entwürfe zur Journal- u. Buchfassung; 2 Dbl., 4 Bl., 9 S. beschr. (DHA XIV, 40, 4–41,
  38 u. 243, 10–33)
  91.5050/45 TG, Slg. Gottschalk

»Communismus, Philosophie und Clerisey« I.
  Eigh. Entwurfsms.; 1 Bl., 1 S. beschr. (DHA XIV, 108, 5–7)
  91.5050/46 TG, Slg. Gottschalk

»Communismus, Philosophie und Clerisey« II.
  Eigh. Entwurfsms.; 2 1/2 S. (DHA XIV, 108, 22–109, 10)
  83.5041

»Musikalische Saison von 1844« II.
  Eigh. Entwürfe; 2 Bl., 4 S. beschr. (DHA XIV, 138, 24–139, 4 und 139, 28–140, 2)
  91.5050/47 TG, Slg. Gottschalk

Zu »Lutezia« II

Artikelfragmente. Gold, der neue Gott
  Eigh. Entwurfsms.; 2 Dbl., 4 S. beschr. (DHA XVI, 277 f./307 ff.)
  91.5050/48 TG, Slg. Gottschalk

»Erklärung« vom 15. 5. 1848
  Franz. Version m. eigh. Datum u. U.; 3 S. (DHA XIV, 299 f./1652 f.)
  85.5027

Zu »Lutèce«

Zur »Préface«. B 1. (Deutsche Entwürfe c) »Vorrede«
Schreiberhand (Reinhardt), eigh. Paginierung; 1 Dbl., 4 S. beschr. (DHA XIII, 291 ff. und
XVI, 226, 9–227, 20/274)
91.5050/49 TG, Slg. Gottschalk

»Geständnisse«

Eigh. Entwurfsms. zu einem Teil des Vorworts, 1 S. (DHA XV, 12 und XVI, 317 f.)
91.5012 TG

Eigh. Entwurfsms., 1 S. (DHA XV, 15, 24–40; vgl. DHA XVI, 316 ff.)
86.5060

Anmerkungen

[1] HJb 1969, 1971, 1976, 1983 und Gesamtverzeichnis: Heinrich Heine 1797–1856 – Handschriften aus dem Bestand des Heinrich-Heine-Instituts Düsseldorf. Düsseldorf 1981.

[2] Vgl.: Die Sammlung Gottschalk und weitere Heine-Archivalien. – In: Patrimonia 54. Hrsg. von der Kulturstiftung der Länder in Verbindung mit dem Heinrich-Heine-Institut, Düsseldorf. Düsseldorf 1992. Die Briefe von und an Heine in der Sammlung Gottschalk wurden bereits im HJb 1996 verzeichnet.

[3] Eingetragen in die Erstauflage von »Reisebilder. Erster Theil«, Hamburg: Hoffmann und Campe 1826.

[4] Die Handschrift war Druckvorlage für den Erstdruck in der »Zeitung für die elegante Welt«, Nr. 105 vom 1. Juni 1839.

[5] Die Handschrift war Druckvorlage für den »Vorwärts! Pariser Deutsche Zeitschrift«, Nr. 59 vom 24. Juli 1844.

[6] Eingetragen in die Erstauflage von »Reisebilder. Dritter Theil«, Hamburg: Hoffmann und Campe 1830.

[7] Druckvorlage für das »Morgenblatt für gebildete Leser«, Nr. 210 vom 2. September 1846.

[8] Die drei Strophen entstanden im Herbst 1846, wurden aber nicht in den Druck übernommen.

[9] Das Buch war Druckvorlage für den Abdruck im »Vorwärts!« Pariser Deutsche Zeitschrift«, 19. Oktober – 30. November 1844.

[10] Die Korrekturen in »Reisebilder« II und IV entstanden etwa April/Mai 1855 zur Vorbereitung der Lévy-Ausgabe der »Tableaux de voyage«; die Bücher stammen aus dem Besitz von Lucy Duff Gordon.

[11] Die Korrekturen entstanden vielleicht im Herbst 1854 zur Vorbereitung der Lévy-Ausgabe von »De l'Allemagne«; aus dem Besitz von Lucy Duff Gordon.

[12] Nicht in den Druck übernommene Einführung von Heines eigener »Tannhäuser«-Version.

Einführung in den Sengle-Nachlaß

Von Manfred Windfuhr*

Friedrich Sengle gilt als der bedeutendste Historiker unter den Germanisten der Bundesrepublik. Seine Hauptwerke haben der neueren Literaturwissenschaft wichtige, noch immer weiterwirkende Impulse verliehen. Mit dem »Wieland« (1949) erneuerte er die Dichterbiographie und setzte sich für die in Deutschland damals unterbewertete ironische und skeptische Schreibart ein. Die dreibändige »Biedermeierzeit« (1971–1980) setzte schwer zu überbietende Maßstäbe für die Erfassung der Literatur der Metternich-Ära, und die Goethebücher erweiterten das Goethebild um den theoretischen Aspekt (Dissertation von 1937) und den sozialhistorischen (»Das Genie und sein Fürst«, 1993). Mit den »Vorschlägen zur Reform der literarischen Formenlehre« (2. Auflage 1969) leistete Sengle einen wichtigen Beitrag zur Theoriedebatte, indem er die spekulative, deutsch-idealistische Gattungspoetik kritisierte und »auf die Füße stellte«. In drei Bänden sammelte er – keineswegs vollständig – Aufsätze und Vorträge zu den Schwerpunkten seiner wissenschaftlichen Arbeit (1965, 1980 und 1989).

Friedrich Sengle wurde geboren am 14. November 1909 in Tellicherry (Südindien) als Sohn eines Missionars der Basler Mission. Nach der Studienzeit in Berlin und Frankfurt am Main folgten Promotion und Habilitation in Tübingen und vier Stationen als Universitätsprofessor; ab 1951 in Köln, ab 1952 in Marburg/Lahn, ab 1959 in Heidelberg und von 1965–1978 in München. Sengle war Mitglied der Wissenschaftsakademien in Heidelberg und München sowie korrespondierendes Mitglied der Österreichischen Akademie der Wissen-

* Ebenfalls gedruckt in: Mitteilungen. Marbacher Arbeitskreis für Geschichte der Germanistik. Marbach 1999, Doppelheft 15/16. Eine Kurzfassung erscheint in: Sichtungen. Hrsg. vom Österreichischen Literatur-Archiv der Österreichischen Nationalbibliothek. Wien 1999.

schaften in Wien. Unterbrechungen der akademischen Karriere bedeuteten der Schuldienst von 1933–1937 und die Kriegsteilnahme von 1939–1945. Am 14. März 1994 starb Sengle in Seefeld-Hechendorf. Ende 1994 übernahm das Heinrich-Heine-Institut in Düsseldorf den umfangreichen Nachlaß. Er besteht im wesentlichen aus folgenden Abteilungen.

Werkmanuskripte und -typoskripte: Arbeitshandschriften zum »Wieland« und zur Habilitationsschrift über das deutsche Geschichtsdrama; vielschichtige Stufen zur »Biedermeierzeit«, darunter die später völlig umgearbeitete essayistische Erstfassung des dritten Bandes über die »Dichter«, außerdem handschriftliche und gedruckte Vorlagen zu den späteren Goethe-Büchern. Die Manuskripte und Typoskripte zu Aufsätzen und Vorträgen – viele unveröffentlicht – sind in 10 Leitzordnern zusammengefaßt. Weiterhin existieren 9 Hefte mit Sengles Schulaufsätzen.

Korrespondenz: allgemeiner Briefwechsel (29 Ordner), Herausgebertätigkeit (3 Ordner »Deutsche Vierteljahrsschrift«, 2 Ordner »Deutsche Neudrucke«, 4 Ordner »Internationales Archiv für Sozialgeschichte der deutschen Literatur«), Verlagskorrespondenz (2 Ordner), Deutsche Forschungsgemeinschaft (1 Ordner), Vortragsreisen (1 Ordner). Die folgende Liste von Korrespondenzpartnern stellt nur eine Auswahl dar: Richard Alewyn, Athenäum Verlag, Stuart Atkins, Frank Baron, Gerhard Bauer, Gerhart Baumann, Eva D. Becker, Friedrich Beißner, Effi Biedrzynski, Wolfgang Binder, Paul Böckmann, Dieter Borchmeyer, Richard Brinkmann, W. H. Bruford, August Buck, Heinz-Otto Burger, Annemarie Christiansen, Claude David, Horst Denkler, Richard Dove, Wilhelm Emrich, Moritz Enzinger, Gerhard Fricke, Hugo Friedrich, Hans Fromm, Hartmut Fröschle, Wolfgang Frühwald, Hans-Georg Gadamer, Vridhagiri Ganeshan, Herbert G. Göpfert, Kurt Goldammer, Karl S. Guthke, Günter Häntzschel, Hans-Egon Hass, Peter Hasubek, Arthur Henkel, Jost Hermand, Clemens Heselhaus, Renate von Heydebrand, Georg Jäger, Hans-Wolf Jäger, Lee Byron Jennings, Ruth-Ellen Boetcher Joeres, Sven-Aage Jørgensen, Hans Juretschke, Anton Kaes, Gerhard Kaiser, Wolfgang Kayser, Heinz Kindermann, Paul Kluckhohn, Helmut Kreuzer, Hugo Kuhn, Lieselotte Kurth, Eberhard Lämmert, Victor Lange, August Langen, Erik Lunding, John A. McCarthy, Fritz Martini, Alberto Martino, Wolfgang Martens, Franz H. Mautner, Kurt May, Hans Mayer, Verlag J. B. Metzler, Heinrich Meyer, Kenzo Miyashita, Hugo Moser, Günther Müller, Walter Muschg, Walter Naumann, Virgil Nemoianu, Josefine Nettesheim, Max Niemeyer Verlag, H. B. Nisbet, Walter Pabst, Ronald Peacock, Piper Verlag, Karl Konrad Polheim, Siegbert S. Prawer, Wolfgang Proß, Hans Pyritz, Wolfdietrich Rasch, Henry Remak, Erich Rothacker, Eda Sagarra, Jeffrey L. Sammons, Jiro Sato,

Eugen Seibold, Herbert Seidler, Oskar Seidlin, Hans Werner Seiffert, Eberhard Seybold, Hans-Joachim Simm, Herbert Singer, Zdenko Škreb, Wolfgang Schadewaldt, Hansjörg Schelle, Jörg Schönert, Franz Rolf Schröder, Rolf Schröder, Franz Schüppen, Wolf Jobst Siedler, Emil Staiger, Franz Stanzel, Horst Steinmetz, Martin Stern, Dolf Sternberger, Paul Stöcklein, Eugen Thurnher, Karl Tober, Erich Trunz, Hans Tümmler, Horst Turk, Fritz Wagner, Peter Wapnewski, Max Wehrli, Werner Welzig, Michael Werner, Günther Weydt, Benno von Wiese, Manfred Windfuhr, Ludwig Wolff, Wulf Wülfing, Bernhard Zeller, Herbert Zeman, Klaus Ziegler. Die Abteilung konnte inzwischen durch Zustiftungen von Korrespondenzpartnern angereichert werden. Genannt seien Dietrich Bode (Stuttgart), Christoph Fasel (Stuttgart), Walter Müller-Seidel (München), Roger Paulin (Cambridge), Hans S. Reiss (Bristol) und Marlies Schindler (Neuried). Karl-Heinz Fallbacher, einer von Sengles Forschungsassistenten aus der Spätzeit, wird die in seinem Besitz befindlichen ca. 200 fast ausschließlich handschriftlichen Briefe und Arbeitsanweisungen dem Heine-Institut testamentarisch vermachen. Von besonderem literarischen Interesse ist Sengles Briefwechsel mit Schriftstellern: Jorge Luis Borges, Georg Britting, Hilde Domin, Hans-Egon Holthusen, Peter Huchel, Wilhelm Lehmann, Thomas Mann, Josef Weinheber u. a. Eine eigene Kategorie bilden die »nicht abgeschickten Briefe« mit meist vertraulichem Inhalt.

Akten und Gutachten: Tätigkeiten an den verschiedenen Seminarstandorten (7 Ordner), Sozialgeschichtliche Forschergruppe in München (4 Ordner), Prüfungen (1 Ordner), Haupt- und Oberseminare (1 Ordner), Habilitationen (2 Ordner), Gutachten (7 Ordner).

Diarium: in Form von Kalendern, geführt von 1946–1994. Die Dichte der Eintragungen zu den beruflichen und privaten Tagesgeschäften nimmt mit den Jahren erheblich zu.

Vorlesungen: 14 Vorlesungen über den gesamten Zeitraum von Luther bis zur Moderne (nur der neuere deutsche Roman ist nicht abgedeckt), drei davon im Typoskript. Interdisziplinär angelegt ist die Tübinger Vorlesung vom Wintersemester 1950/51 über die »Gipfelpunkte des europäischen Dramas«. Sie überschreitet die Fachgrenzen und erfaßt alle wichtigen Dramatiker von der Antike bis zur Goethezeit. Die Münchner Goethevorlesung (1968/69, 1973/74 und 1976/77) liegt inzwischen im Druck vor, herausgegeben von Marianne Tilch, mit einem Nachwort des Nachlaßverwalters und Berichterstatters: »Kontinuität und Wandlung. Einführung in Goethes Leben und Werk«, Universitätsverlag C. Winter, Heidelberg (1999). Die Edition der Vorlesung über die moderne Lyrik von Nietzsche bis Enzensberger befindet sich in Vorbereitung. Aus Sengles Studienzeit enthält der Nachlaß Vorlesungsmitschriften in 4 Mappen und 14 Einzelheften.

Vorarbeiten und Materialsammlungen: zu allen Forschungs- und Lehrfeldern existieren umfangreiche Sammlungen von Exzerpten, Notizen, Sonderdrucken, Zeitungsartikeln und anderen Materialien in Jurismappen. Besonders stark vertreten sind die Gebiete Goethe (199 Mappen) und Biedermeierzeit (196 Mappen). Viele Sonderdrucke enthalten Sengles handschriftliche Zusammenfassungen und kritische Stellungnahmen.

Rezeption der Sengle-Werke: 19 Jurismappen mit Sammlungen der Rezensionen und wichtigen brieflichen Reaktionen. Sie werden inzwischen ebenfalls angereichert.

Sammlungen von Schüler-Arbeiten: von Sengle betreute Untersuchungen auf allen Stufen von der Staatsarbeit bis zur Habilitationsschrift.

Reden zur Verleihung des Heinrich-Heine-Preises 1998

Über die gutmütigen Deutschen

Von Hans Magnus Enzensberger[*]

Ungeachtet unseres erheblichen Heizölkonsums leben wir bekanntlich in einer kalten Welt. Was uns da zu schaffen macht, ist vor allem das Klima sozialer Kälte, von dem viele Medien zu berichten wissen. Und wer ist daran schuld? Die Ellenbogen- und Zweidrittelgesellschaft, in der die Reichen immer reicher und die Armen immer ärmer werden. Schnatternd und betroffen, von schlechtem Gewissen gepeinigt, fahren wir in den Zweiturlaub, unverbesserliche Egoisten, die wir sind. Dafür ist nicht nur unser ungezügelter Individualismus verantwortlich, der Verlust an Mitmenschlichkeit und christlicher Nächstenliebe, sondern auch der brutale Kapitalismus, die hemmungslose Globalisierung, überhaupt die an allen Ecken und Enden ihr häßliches Haupt erhebende Ungerechtigkeit. So kann es natürlich nicht weitergehen. Das wird uns immer wieder eingeschärft von einer wahren Phalanx von Mahnern, deren vorwurfsvolles Unisono uns in den Ohren schallt.

Nur wer genauer hinhört, wird in diesem Chor verschiedene Tonfälle unterscheiden: die der alten Alten und die der neuen Neuen Linken, die der Bischofskonferenzen, der Wohlfahrtsverbände, der Leitartikler und der sozialpolitischen Parteisoldaten. Besonders deutlich heben sich die Kapuzinerpredigten Fidel Castros und des Papstes von diesem Hintergrund ab. Gemeinsam ist all diesen Rednern die Entrüstung über unsere verderbte Gesellschaft, ein gewisses Beben der Stimme und eine eigentümliche Form der Kapitalismuskritik, die sich nach dem Untergang des real existierenden Sozialismus durchgesetzt hat und die nicht mehr mit der politischen Ökonomie argumentiert, sondern mit einer Moral, die sich vor allem durch ihre Penetranz auszeichnet.

[*] Quelle: DER SPIEGEL 51/1998.

Natürlich können diese wohlmeinenden Mahner nichts dafür, daß sie allesamt in wohlgeheizten Stuben sitzen und im allgemeinen recht komfortable Gehälter beziehen. Es ist auch nicht ihre Schuld, daß ihre Auftritte in Fernsehstudios, Forschungsinstituten, auf Weltreisen und Konferenzen allerhand Unkosten verursachen. Doch wird man sich, ohne ihnen allzu nahe zu treten, darüber wundern dürfen, daß sie es an jeder Selbstreflexion fehlen lassen und daß ihr Zeigefinger immer nur auf andere zeigt.

Von diesen anderen aber soll hier die Rede sein. Sie sind die Mehrheit, und vielleicht ist es an der Zeit, sie in Schutz zu nehmen, ja sogar, auch wenn es schwerfällt, sie zu loben, und zwar für ihre bewundernswürdige Geduld und für ihre unerschöpfliche Gutmütigkeit.

Weit entfernt davon, nur an sich selber zu denken, legen sich die meisten nämlich für das Gemeinwohl auf beispiellose Art und Weise ins Zeug. Sie tun es zugegebenermaßen nicht ganz aus freien Stücken. Auch ist hie und da ein leises Grummeln zu vernehmen. Doch im großen und ganzen muß man sagen: Was die Leute bieten und was sie sich bieten lassen, das geht auf keine Kuhhaut.

Ist es nicht einfach wunderbar, wie sich die Freude an Steuern und Abgaben in den letzten hundert Jahren vermehrt hat? Noch im Jahre 1891 nahm der preußische Staat jedem Bürger, der Lohn oder Einkommen bezog, einen Anfangssatz von 0,62 Prozent ab, und wer mehr als hunderttausend Goldmark verdiente, zahlte eine Spitzensteuer von genau 4 Prozent. Seitdem hat die Selbstlosigkeit der Bürger enorme Fortschritte gemacht: Heutzutage sind die Deutschen bei einer Staatsquote von 48,8 Prozent angelangt, und genau 41,6 Prozent des Bruttoinlandsprodukts werden für Steuern und Sozialabgaben erlegt. (Die Schweden und die Dänen sind noch großzügiger, bei ihnen macht der Anteil mehr als die Hälfte aus.) Daß ein beachtlicher Teil dieser Gelder zum Fenster hinausgeworfen wird, stört die wenigsten. Denn immerhin mehr als ein Drittel dessen, was das Land erwirtschaftet, wird wieder an alle möglichen Klienten ausgeschüttet; auf mehr als eine Billion Mark beläuft sich das sogenannte Sozialbudget. Woher kommt es dann, daß die Armut in Deutschland und anderswo unaufhaltsam wächst? Jedes fünfte Kind im Osten und jedes zehnte im Westen habe unter ihr zu leiden, heißt es in einem Bericht des Jugendministeriums, der im Sommer 1998 veröffentlicht wurde. »Verschämte Armut und unverschämter Reichtum«, rief der Chef der deutschen Gewerkschaften, »gehören bereits zum Alltag.« An den fünf großen Wohlfahrtsverbänden kann es nicht liegen. Sie gehören mit 1,34 Millionen »hauptamtlichen Mitarbeitern« zu den größten Arbeitgebern des Landes. Auch sind die sozialen Berufe, allen voran die Sozialarbeiter und Sozialpädagogen, wie die Statistik zeigt, die »entscheidenden Expansionsgewinner der letzten 20 Jahre«.

Andere Experten wiederum belegen mit ihren Zahlen, daß die Bundesrepublik, nach Dänemark, die zweitniedrigste Armutsquote in der europäischen Union aufweist und daß sie zu den Ländern mit der geringsten Einkommensungleichheit gehört. Selbst ein Sozialhilfeempfänger, murmelt eines der führenden Institute, genieße heute einen höheren Lebensstandard als ein Durchschnittsverdiener zu Anfang der sechziger Jahre. Und ein weiterer Forscher stellt fest, daß von einer Schere zwischen Arm und Reich, die sich immer weiter öffne, nicht die Rede sein könne: Zwischen 1985 und 1995, heißt es lapidar, sei »das Einkommen in allen Schichten gewachsen«.

Solche Rätsel lösen sich aber ganz von selber, wenn man weiß, wie man in den Schlaraffenländern des Westens die Armut definiert. Nach einer Definition der Europäischen Kommission aus dem Jahr 1981 sind alle arm, die weniger als die Hälfte des durchschnittlichen Einkommens verdienen. Das bedeutet natürlich, daß uns die Armut praktisch nicht ausgehen kann. Selbst wenn das Pro-Kopf-Einkommen im Lande auf über zwei Millionen Mark stiege, würde es an Armen nicht mangeln; sie würden sich aus den simplen Millionären rekrutieren. Eine solche Rechnung hat Vor- und Nachteile. Einerseits verschafft sie den Sozialbürokratien eine immerwährende Massenbasis, den Predigern einen rhetorischen Resonanzboden, der nie einbrechen kann, und den Verbänden eine solide Klientel. Andererseits kann bei der wundersamen Vermehrung der Bedürftigen auf diejenigen, die wirklich Hilfe brauchen, leider keine besondere Rücksicht genommen werden. Denn wie der SPIEGEL unlängst ausführlich erläutert hat (30/1998), »dient nur der kleinste Teil des gewaltigen Sozialbudgets noch der Versorgung der Armen, dem ›Schutz und der Daseinshilfe in Notlagen‹. Dieser Teil wird, gemessen am Gesamtetat, sogar immer kleiner«. Schweigen wir von den rund 40 Millionen Menschen, die nach der Schätzung der Vereinten Nationen dort, wo die Armut weniger großzügig definiert wird, alljährlich verhungern.

Vorbei sind indes die Zeiten, da der Dichter behaupten konnte: »Die im Dunkeln sieht man nicht.« Sie werden vielmehr jeden Abend im Fernsehen vorgeführt. Selbst in die entlegensten Gegenden dringen die Reporter mit Hubschrauber und Geländewagen vor, um uns zu zeigen, wie elend es dort zugeht. Und auch diese unermüdliche Unterweisung stößt nicht auf taube Ohren. Verläßliche Zahlen über die Spendenfreude gibt es zwar nicht; die Hilfsorganisationen hüllen sich in Schweigen, vielleicht, weil die Aufwendungen für Werbung und Apparat, wie hartnäckige Richter herausgefunden haben, bei bis zu einem Drittel der eingesammelten Beträge liegen. Aber eine runde Schätzung für das Jahr 1997 nennt immerhin zehn Milliarden Mark, die auf die entsprechenden Konten geflossen sind. Ja nicht einmal die wirklich

Reichen, von denen manche bekanntlich überhaupt keine Steuern zahlen, lassen sich jederzeit lumpen: Mehr als 8000 Stiftungen gibt es in Deutschland, die Jahr für Jahr ungefähr vier Milliarden für alle möglichen Zwecke ausschütten.

So kommt doch ein Scherflein zum andern. Und es ist durchaus nicht so, daß die milde Gesinnung sich nur durch Scheckbuch und Einzugsermächtigung ausdrückt. Von ganz anderen Wunderdingen muß hier die Rede sein. Erst kürzlich war zu hören, daß in Deutschland fast jeder siebte irgendeiner ehrenamtlichen Tätigkeit nachgeht. Zwölf Millionen solcher Helfer sind hierzulande unterwegs. Ob das die Hüter der sozialen Moral bemerkt haben, steht dahin. Vereinzelt schallt es der gutmütigen Mehrheit immer noch höhnisch entgegen: Ihr wollt euch ja nur ein gutes Gewissen erkaufen! Der altbekannte satte, selbstsüchtige Wohlstandsbürger sucht sich ein Alibi! Aber offenbar lassen sich die Leute auch von solchen Verdächtigungen nicht abschrecken. Gleichmütig hören sie sich die Vorhaltungen der Aufpasser an. Daß Undank der Welt Lohn ist, haben sie vermutlich längst erkannt, und was an uns liegt, so wollen wir uns Lob und Dank durch keinen häßlichen Zwischenruf vergällen lassen.

Lieber preisen wir jene gutwilligen Steuerzahler, die alljährlich mehr als fünf Milliarden Mark allein für Asylsuchende aufbringen – obwohl andere Nationen sich weit zugeknöpfter zeigen; denn Deutschland nimmt gut und gern die Hälfte der Bedürftigen auf, die aus diesem Grund in die Europäische Union kommen. Elf weitere Milliarden, die freilich nur ein Tropfen auf den heißen Stein sind, zahlen die Leute für die Entwicklungshilfe – obwohl ihnen klar sein dürfte, daß 80 Prozent dieser Summe als verdeckte Exportsubvention an die heimische Industrie zurückfließen. Ohne viel Murren werden auch die Brüder und Schwestern in der ehemaligen DDR reich bedacht – obwohl diese Zuwendung (netto tausend Milliarden sind es inzwischen) gewöhnlich mit Verdrossenheit quittiert wird. Sogar über die Ökosteuer lassen die Leute mit sich reden – obwohl sie ganz genau wissen, daß das Geld keineswegs der Umwelt zugute kommt, sondern im allgemeinen Staatshaushalt versickert. Und nicht einmal die Künstler gehen leer aus, obwohl viele von ihnen ihre Mission darin sehen, auf den Gefühlen ihrer Mitmenschen herumzutrampeln.

Vielleicht ist hier ein Wort zugunsten unserer Nachbarn am Platz. Es ist ja nicht so, als legten nur die Deutschen derart philanthropische Neigungen an den Tag, auch wenn sie sich aus guten Gründen zu Experten des Schuldbewußtseins gemausert haben. Doch sieht es in ganz Westeuropa nicht viel anders aus, und zumal die Skandinavier lassen sich in ihrem Eifer von niemandem übertreffen. Nicht jeder wird so weit gehen wollen wie eine Schar von schwedischen Intellektuellen, die vor Jahren einen öffentlichen Aufruf ergehen ließ; er gipfelte in dem Wunsch, höhere Steuern zahlen zu dürfen. Aber selbst der Italiener, der sich über solche Forderungen lustig macht, zahlt inzwischen redlich seine Mehrwertsteuer.

Mit einem Wort: Das Volk, der »große Lümmel«, wie Heinrich Heine es genannt hat, zeigt sich – nicht nur hierzulande – wohlerzogen und manierlich; ja, man kann sagen, seine Geduld ist beinahe grenzenlos.

Und dieser Biedersinn drückt sich keineswegs nur in der »gefühllosen baren Zahlung« aus, von der das Kommunistische Manifest spricht. Ganz andere Zumutungen lassen sich die Leute gefallen, ohne zu klagen. Hat nicht allein der Bund an die 5000 Gesetze und Rechtsverordnungen mit insgesamt 85000 Einzelvorschriften auf die Wähler niederprasseln lassen? Ist es nicht rührend zu sehen, wie die meisten von uns versuchen, auf dem immer glitschigeren Boden zu balancieren, ohne auszurutschen? Natürlich sind auch Länder und Gemeinden nicht untätig geblieben. Niemand hat die Runderlasse, Verfügungen, Normen und Ausführungsbestimmungen gezählt, mit denen sie uns bedacht haben. Und Jahre unermüdlichen Studiums würde es kosten, wollten wir uns mit den Direktiven der hohen Europäischen Behörden vertraut machen, die aller Welt mit ihren 14000 Rechtsakten auf 200000 Seiten immer neue Rätsel aufgeben.

Und wie reagieren die Leute? Mit Aufruhr und Anarchie? Davon kann keine Rede sein. Unbedroht von Steinwürfen können die Brüsseler Beamten in ihren Glashäusern ihre üppigen Gehälter einstreichen. Nirgends stehen die Finanzämter in Flammen. Verzweifelte Autofahrer harren stundenlang in ihren Wagen aus, ohne die Schilderwälder, von denen sie umstellt sind, auszureißen. Werbeagenturen, die uns nicht nur im Kino und auf der Straße, sondern sogar bis in die eigenen vier Wände mit ihren Brechreiz verursachenden Botschaften verfolgen, können seelenruhig ihr grausames Geschäft verrichten, ohne Polizeischutz anzufordern, und von den Bewohnern abscheulicher Wohnblocks lauert keiner den Bauherren und Architekten auf, die an diesem Elend schuld sind. Ganz im Gegenteil! Man braucht nur einen öffentlichen Platz mit Behältern von abstoßender Häßlichkeit zu verbarrikadieren, und schon bildet sich eine Schlange von Leuten, die, mit dicken Tüten versehen, Plastikreste von Metall und Papier trennen, obwohl sie ahnen, daß der ganze Müll oft genug auf ein und derselben Halde landen wird. Man kann nicht umhin, die Friedlichkeit dieser Personen zu bewundern.

Aber vielleicht wäre es nicht fair, nur von den Tugenden der »Menschen draußen im Lande« zu reden, wie die Politiker den großen Lümmel zu nennen pflegen. Auch der Leviathan hat Kreide gefressen. Er zeichnet sich durch eine Fürsorglichkeit aus, die ihresgleichen sucht. Wen er alles beschenkt und um was er sich alles kümmert, das aufzuzählen würde uns allzu lange beschäftigen. Nicht umsonst tauchen die Worte »sozial«, »gerecht« und »Gerechtigkeit« im Programm der führenden Regierungspartei genau 123mal auf, ein einziges Mantra der Umverteilung. In diesem Punkt scheint freilich zwischen Wählern und Gewählten, Empfängern und Austeilern ein inniges Einverständnis zu herrschen. Nicht nur gehört zu jedem Geber ein Nehmer und umgekehrt; im Idealfall können diese beiden Figuren auch identisch sein, was einen wunderbaren und endlosen Kreislauf ermöglicht. Man wird, um davon eine Vorstellung zu geben, auf den reichen Anekdotenschatz der Republik zurückgreifen müssen. Es sind ja nicht nur die Karnevalsvereine und die Hundezüchter, die sich der Gunst der Staatsgewalt erfreuen dürfen. Wenn nicht alles täuscht, sind es 38 Behörden, von denen man sich Geld abholen kann; wer Kinder hat, kann auf 15 verschiedenen Wegen ein kleines Zubrot fordern; und wer Sozialhilfe bezieht, hat Anspruch auf 30 staatliche Leistungen, die das Gesetz penibel definiert.

Auch der Arbeitnehmer genießt manchen Schutz vor der Gefräßigkeit des Kapitals. Der Unternehmer, der sich an ihm vergreift, bekommt es mit dem Arbeitsrecht zu tun. Eine Kasseler Firma, die ein paar Leuten kündigte, weil sie angeblich nicht genug Deutsch konnten, um zu verstehen, was man von ihnen wollte, hat das zu spüren bekommen. Es half ihr nichts, daß sie kostenlose Sprachkurse anbot. Die nämlich sollten in der Freizeit stattfinden. Deshalb hatten die Arbeiter womöglich keine Lust, sich an ihnen zu beteiligen. Das Gericht erklärte die Kündigungen für unwirksam. Doch auch wenn es der Staat selber ist, der seinen Beschäftigten zuviel zumutet, wird er zur Ordnung gerufen: Ein städtischer Arbeitnehmer, der sich krank schreiben läßt, darf beispielsweise jederzeit öffentlich als Musiker auftreten (Aktenzeichen 2 Sa 157/97, Landesarbeitsgericht Bremen), so daß seiner guten Laune nichts mehr im Wege steht.

Vor allem aber haben Strafjustiz und Erlebnispädagogik einen legendären Ruf erworben. Dem 15fach vorbestraften Gefangenen, der sich durch seine Tätowierungen beeinträchtigt fühlt, wird eine Laserbehandlung zuteil, Kostenpunkt 17000 Mark. Als sportpädagogische Projekte, zu denen Strafgefangene gelegentlich eingeladen werden, weil sie der sozialen Eingliederung dienen, verstehen sich mehrtägige Skitouren und Kanufahrten. Der 14jährige, der 170 Straftaten hinter sich hat, wird mit einem Betreuer auf einen Abenteuerurlaub nach Lateinamerika verschickt, Kostenpunkt: 73000 Mark. Andere sind mit einem Segeltörn zu 60000 Mark pro Person dabei.

So schön das alles sein mag, so wenig läßt sich leugnen, daß in solchen heiklen Fällen hie und da Widerspruch laut geworden ist. Sollte hier am Ende die Gutmütigkeit doch versagen? Geradezu schrille Töne waren in manchen Blättern zuhören. »Die harsche Kritik ärgert Jörg Ziegenspeck, den Vater der modernen Erlebnispädagogik und Professor an der Universität Lüneburg, zutiefst«, berichtete die Hamburger Wochenzeitung »Die Zeit«. Ja, da kann es schon manchmal eng werden.

Fest steht jedoch, daß man niemanden ausgrenzen darf. Das kommt auf gar keinen Fall in Frage. Niemand hat das klarer erkannt als Max Goldt. Ich zitiere aus seiner Kolumne »Herr Kosmos ist von den Menschen enttäuscht (Schlabber!)«, wo er die Frage stellt: »Darf man etwas gegen Drogenabhängige sagen? Ich glaube nicht. Man muß sagen: ›Das kann doch jedem passieren, die armen Hascherl, sie sind ja nur Opfer, gebt ihnen Methadon, man darf sie nicht kriminalisieren etc.‹, auch wenn man im gleichen Augenblick denkt: ›Mir würde das nie passieren, sie sind selber schuld, sie sind nicht Opfer, sondern Täter, wegen ihrer ständigen Wohnungseinbrüche habe ich mir eine sündhaft teure Stahltür mit Stangenschloß anschaffen müssen etc.‹ Sagen darf man das aber auf gar keinen Fall! Rohes Reden darf niemals geduldet werden!

Wie gesagt: In den Hirnen der Menschen hausen Einfälle und Ansichten, wie sie übler nicht denkbar sind. Scheinheiligkeit und vorgetäuschte Freundlichkeit gehören zu den größten zivilisatorischen Errungenschaften, denn sie bewahren uns davor, auszusprechen, was wir denken. Man sollte sich absolut keinen Kopf darüber machen, ob das, was man spricht, mit seinen Gedanken übereinstimmt. Kindern z.B. würde ich stets einschärfen, daß man mit Gewalt niemals Probleme lösen kann, obwohl ich leider ziemlich genau weiß, daß es durchaus Probleme gibt, die sich am einfachsten mit Gewalt lösen lassen.«

Da haben wir es! Trotz allem, was das Gemeinwesen Gutes denkt und tut, gibt es immer wieder unliebsame Zwischenfälle. Man hört von Neonazis und von Polizisten, die in die andere Richtung blicken, wenn die irregeleitete Jugend auf die Idee kommt, »Neger zu klatschen«. Ein rätselhaftes Projekt, das noch keine Kommission hat schlüssig erklären können. Eine bescheidene Hypothese, die sicher nicht neu ist, möchte ich dazu beisteuern:

Wenn es wahr ist, daß man eine gutmütigere Gesellschaftsverfassung in historischer Zeit mit der Lupe suchen kann, ohne fündig zu werden, wenn aber viele ihrer Glieder einfach immer wieder ausrasten, so muß man sich fragen, ob da nicht irgendein Zusammenhang besteht. Wie, wenn an der Menschenliebe, mit der wir es zu tun haben, etwas Beängstigendes wäre? Könnte es nicht sein, daß ihr nicht jeder gewachsen ist, daß die nimmersatte Moral so manches Gemüt überfordert? Und was dann? Man braucht schließlich nicht mit dem blutrünstigen Terroristen auf dem Fahndungsplakat zu sympathisieren oder mit dem wilden Kurden, der in der Lüneburger Heide gestrandet ist, um zu kapieren, daß es Leute gibt, die auf unsere Gutmütigkeit pfeifen, ja, die gar nicht verstehen, was damit gemeint ist. Vielleicht genügt es ja, daß einer genügend Haß, Angst und Wut fühlt, und schon bringt er alles an den Tag, was die Menschenfreunde sich mühsam genug verboten haben. Am Ende begleitet selbst den Gutwilligsten so ein schattenhafter, unheimlicher Stellvertreter, der alles repräsentiert und ausdrückt, was jener erfolgreich verleugnet.

Erfreulich ist das natürlich nicht, aber da es an sofortiger Abhilfe mangelt, möchte ich mit einem Vorschlag zur Güte schließen, der nichts kostet als ein wenig Zurückhaltung. Auf die Gefahr hin, nun meinerseits den Zeigefinger zu erheben, appelliere ich an die Verweser unseres schlechten Gewissens, an Leitartikler, Bischöfe, linke und rechte Gurus: Laßt ab! Laßt ab von euren ewigen Vorwürfen, senkt eure Stimme, hört auf, all die geduldigen Nettozahler, Blutspender und Feuerwehrleute zu verdächtigen und zu erpressen, die für eure Gehälter aufkommen. Ihr seid stolz darauf, daß ihr den Leuten auf die Nerven geht. Aber treibt es bitte nicht zu weit, nicht so weit, daß sie die Nerven verlieren. Denn was dann passieren könnte, wollen wir uns lieber nicht ausmalen. Allem Augenschein zum Trotz ist die Gutmütigkeit eine knappe Ressource, die nicht Ausbeutung verdient, sondern Schonung.

Zorn altert, Ironie ist unsterblich

Laudatio auf Hans Magnus Enzensberger

Von Wolf Lepenies

Meine Laudatio dauert eine knappe halbe Stunde und hat sieben Teile: Der Hase, Der Skorpion, Der Libero, Die Wetterfahne, Hans und Harry, Poeta doctus, Zorn und Ironie.

Der Hase

Am Start wirkt er besonders gespannt. Er sieht ein bißchen zu schmächtig aus. Innerlich trippelt er bereits. Er zupft an der Startnummer, zieht das Trikot zurecht. Ein letzter Blick auf die Armbanduhr, noch einmal den Zeitplan rekapitulieren. Gleich geht es los. Die Mitläufer nehmen kaum Notiz von ihm. Sofort setzt er sich an die Spitze des Feldes. Das beunruhigt niemanden. So ist es abgemacht. Im Fachjargon spricht man von einem ›Hasen‹. In der Leichtathletik sind Weltrekorde ohne ihn nicht mehr zu erzielen. Der Hase macht das Tempo. Mörderisch »Wie will er das nur durchhalten«, sagen die, die keine Ahnung haben. »Das ist doch der Hase«, sagen die Eingeweihten und bleiben gelassen, »der macht nur das Tempo. Gleich steigt er aus.« Und so geschieht es. Zwei, drei Runden vor Schluß hat der Hase seine Schuldigkeit getan, er geht aus der Bahn, die Favoriten, die er mitgezogen hat, ziehen davon; wenn alles klappt, fällt der Weltrekord. Der Hase ist längst auf dem Weg unter die Dusche.

Nicht immer.

Einmal geschah das Unerwartete. Der Hase machte das Tempo. »Mörderisch«, sagten die, die keine Ahnung hatten, »der hält das nie durch.« »Das ist doch nur der Hase«, sagten die Eingeweihten, »gleich steigt er aus«, und holten sich erst mal ein Bier. Doch der Hase stieg nicht aus, er blieb in der Bahn, er verschärfte sogar noch das Tempo, die Mitläufer blieben zurück, die Favoriten hatten das Nachsehen, und als der Hase duschte, gehörte ihm der Weltrekord.

Der Skorpion

Hans Magnus Enzensberger wurde am 11. November 1929 in Kaufbeuren im Allgäu, Regierungsbezirk Schwaben, geboren. Er ist Skorpion, und wo er einmal hinsticht, vergißt man ihn nicht mehr.

Vor fünfundzwanzig Jahren erhielt ich eine Einladung an ein Forschungsinstitut in Neu-England. Ich war sehr stolz – aber nicht sehr lange. »Aha, Sie tragen eine Krawatte«, so wurde ich begrüßt. »Er trug das Hemd stets offen.« Ich hatte keine Ahnung, von wem die Rede war. »Worüber werden Sie sprechen? – Hmm. – Er hielt die ganze Fragestellung schon für überholt.« So ging es weiter, tagaus, tagein. Das Institut war eine melancholieproduzierende Maßschneiderei: dauernd wurde man mit der Elle gemessen, die einst einem anderen, einem größeren angelegt worden war. Was aber besonders schmerzte: Er blieb in Erinnerung und war doch im Zorn geschieden, er hatte die Privilegien verschmäht und wurde immer noch gepriesen, er reiste, kaum da, schon wieder ab, hob sich, Hans Magnus und doch schon Fliegender Robert, in die Luft, demonstrierte rotzfrech den Furor des Verschwindens und blieb dabei stets das Maß der Dinge und Elle für all jene, die nach ihm kamen und die ihm nicht nachkamen.

Was tat Immanuel Kant, als er seinem langjährigen Diener Lampe, mit dem das Streiten nicht mehr aufhören wollte, endlich den Laufpaß gegeben hatte? Mit deutlicher Schrift schrieb der Philosoph in sein Merkbüchlein: »Der Name Lampe soll von nun an auf immer vergessen sein« – und machte derart Lampe unsterblich. So hielten es auch die Kollegen der Wesleyan University, die 1967 Hans Magnus Enzensberger eingeladen hatten. Von ihm, der geschieden war im Zorn und abgerauscht nach Kuba, wollten sie nichts mehr wissen, aber nur über ihn, über niemanden sonst redeten sie noch eine Dekade später, und so, wie in der französischen Nationalversammlung der Putschgeneral Boulanger erledigt war, als ihm der Ministerpräsident Floquet den Satz entgegenschleuderte: »Mein Herr! In Ihrem Alter war Napoleon bereits tot!«, so bekam auch mein Selbstbewußtsein seinen unheilbaren Knacks, als der Direktor des Center, dem ich brav von meinem *work in progress* berichtet hatte, mit trockener, ein wenig zerstreuter Höflichkeit erwiderte: »Schon gut, schon gut! – aber zu diesem Zeitpunkt war Herr Enzensberger bereits wieder weg!«

Intellektuell wäre es natürlich befriedigender, sich einmal ordentlich mit ihm zu streiten. Statt dessen ist schon wieder eine Eloge fällig.

Der Libero

Denn dies hat Enzensberger mit Beckenbauer gemeinsam: auch wenn er einmal ein Selbsttor schießen sollte – in die Geschichte wird es unweigerlich als genialer Rückpaß eingehen. Franz der Große gibt mir das Stichwort, um mit einem Wort deutlich zu machen, was Hans Magnus für die Geistesgeschichte der Bundesrepublik bedeutet: Er ist der Libero der intellektuellen Welt. Wir verfügen im geistigen Deutschland, die Namen sind bekannt, über beeindruckende Ausputzer und intelligente Flügelflitzer, kühne Flankenschläger und biedere Stopper, bedächtige Aufbauspieler und ehrgeizige Ersatzleute, und im rechten Mittelfeld herrscht schon wieder das übliche Gedränge. Aber wir haben nur einen Libero. Hans Magnus Enzensberger. Der Libero. Der Nationaldichter, der nach Belieben den Raum deckt oder den Gegner, der hinten dichtmacht und dabei zugleich nach vorne marschiert. Der Libero. Philosophisch gesprochen: der freie Mann.

Hans Magnus Enzensberger ist ein freier, weil neugieriger Mann. Das rerum novarum cupidus hat seit Cäsar und Cicero keinen guten Klang, aber Enzensbergers Begierde nach Neuem ist ebenso ansteckend wie bewundernswert. Er ist auch ein mutiger Autor: die Risikogesellschaft in einem Fall. Mit leichter Hand schreibend, macht er es sich schwer. Würde er sich sonst am gefährlichsten aller Genres, am Kinderbuch, versuchen?

Und dabei ist Enzensberger immer schnell, fast zu schnell. »Das hält der nie durch!«, sagen die, die keine Ahnung haben.

Die Wetterfahne

In Frankreich gibt es seit langem ein Dictionnaire des Girouettes – das Lexikon der Wetterfahnen. Hier findet sich, in regelmäßigen Abständen auf den neuesten Stand gebracht, die Rangliste der Persönlichkeiten aus Geschichte und Gegenwart, die ihr Mäntelchen am häufigsten nach dem Wind hingen. An der Spitze steht unangefochten Talleyrand. Schon früh wollten einige Kollegen Hans Magnus Enzensberger einen Eintrag in diesem Lexikon verschaffen. Den ersten ärgerte, daß Enzensberger es nirgends lange aushält, der zweite klagte, H. M. glaube nur an sich, das sei seine einzige Stärke – und der dritte brachte den allgemeinen Unzuverlässigkeitsverdacht auf den Begriff, als er ein Treffen der Gruppe 47 mit folgendem Satz beschrieb: »Hans Magnus Enzensberger wechselt gerade den Platz.«

Der Tatbestand ist nicht zu leugnen. Nichts ist dem jüngsten Träger des Heine-Preises mehr zuwider als die von allen Seiten erhobene Forderung nach Festigkeit und Stetigkeit. Prinzipienscheu, doch zutiefst davon überzeugt, daß jede Sache falsch wird, wenn man sie zu Ende denkt, tummelt er sich vergnügt in einem Durcheinander sanfter Doktrinen und vorläufiger Lehrsätze. Auf die bangen Fragen, die er aufwirft, gibt er selbst die ebenso präzise wie beruhigende Antwort: »Das weiß ich auch nicht so genau!« Er lobt den Wirrwarr, begrüßt die Unruhe und preist die Unregierbarkeit und bleibt Theodor W. Adorno wie Herbert Wehner treu, die im Auseinanderklaffen von Theorie und Praxis einen zivilisatorischen Fortschritt sahen.

Ja, es ist etwas Machiavellihaftes an H. M., der schon früh in Niccolò seinen fünfhundertjährigen Bruder wiedererkannte. Das Problem ist nur, daß es in der Massendemokratie keinen Prinzen mehr gibt, der auf einen modernen Machiavell hören könnte. So predigt Enzensberger meist tauben Ohren, wenn er uns alle höflich darauf aufmerksam macht, daß der begründete Sinneswandel der anhaltenden Sinnlosigkeit allemal vorzuziehen ist. Im Dezember 1851 schrieb Heinrich Heine an Marx, er habe so viel erlebt, daß er gar nicht mehr wisse, was eigentlich ein Fortschritt oder ein Rückschritt sei. Dieses Gefühl des begründeten Unwissens ist Hans Magnus Enzensberger nicht fremd. »Zickzack« heißt eines seiner Bücher. Es ist ein Leitmotiv seiner Gesammelten Schriften.

Aber bereits die Chronologie hilft, den Vorwurf des Wankelmuts zu entkräften. Nehmen Sie die folgenden Sätze: »Die moralische Aufrüstung von links kann mir gestohlen bleiben. Ich bin kein Idealist. Bekenntnissen ziehe ich Argumente vor. Zweifel sind mir lieber als Sentiments. Revolutionäres Geschwätz ist mir verhaßt. Widerspruchsfreie Weltbilder brauche ich nicht. Im Zweifelsfall entscheidet die Wirklichkeit.« Ist das nicht ein starkes Stück? So schreibt jetzt der Autor, dessen aufrührerische Gedichte einst den Elan der 68er befeuerten? So zynisch gibt sich auf einmal der Poet, der wieder Pathos in die politische Lyrik brachte? Den Mann kann man doch nicht mehr ernstnehmen! Gemach. Der zitierte Text von Enzensberger stammt nicht aus dem Nachsommer, er datiert aus dem Vormärz der letzten deutschen Revolte – dem März des Jahres 1966.

»Jünger als jetzt, und bleich vor Eifer«, so beschreibt im epischen Rückblick Hans Magnus Enzensberger sich selbst im Untergang der Titanic, »seinerzeit glaubte ich jedes Wort, / das ich schrieb.« Gehört zu seinen Lieblings-

texten vielleicht die folgende Keuner-Geschichte von Bertolt Brecht? »Ein
Mann, der Herrn K. lange nicht gesehen hatte, begrüßte ihn mit den Worten:
›Sie haben sich gar nicht verändert.‹ ›Oh!‹, sagte Herr K. und erbleichte.« Es
ist gut, daß in unserem Land, in dem die schlechte Laune als poetisch korrekt
und Verkniffenheit bereits als Nachweis von Intelligenz gilt, ein Dichter und
Denker geehrt wird, dessen Hautfarbe immer frischer wird.

Hans und Harry

Über Hans Magnus Enzensberger hat als erster ein Kritiker trefflich geurteilt,
den mit dem Preisträger eine eigentümliche ›Intimität auf Distanz‹ verbindet,
so innig und so diskret zugleich, daß er ihn nie als Hans Magnus, sondern
nur als H. M. anredet. Ich zitiere:

»H. M. ist unstreitig einer der witzigsten Schriftsteller Deutschlands, er
kann seine Natur nicht verleugnen, und möchte er auch, alle witzigen Einfälle
ablehnend, in einem steifen Perückentone dozieren, so überrascht ihn wenigstens der Ideenwitz, und diese Witzart, eine Verknüpfung von Gedanken, die
sich noch nie in einem Menschenkopfe begegnet, eine wilde Ehe zwischen
Scherz, und Weisheit, ist vorherrschend in [seinem] Werke. ›Universalität ist
der Charakter unserer Zeit‹, sagt H. M. [und da sein Werk] ganz den Charakter unserer Zeit trägt, so finden wir darin auch ein Streben nach jener Universalität. Daher ein Verbreiten über alle Richtungen des Lebens und des Wissens,
und zwar unter folgenden Rubriken: ›Die Masse der Literatur, Nationalität,
Einfluß der Schulgelehrsamkeit, Einfluß der fremden Literatur, der literarische Verkehr, Religion, Philosophie, Geschichte, Staat, Erziehung, Natur,
Kunst und Kritik.‹ Es ist zu bezweifeln, ob ein junger Gelehrter [Autor] in
allen möglichen Disziplinen so tief eingeweiht sein kann, daß wir eine gründliche Kritik des neuesten Zustandes derselben von ihm erwarten dürften.
[H. M.] hat sich durch Divination und Konstruktion zu helfen gewußt. Im
Divinieren ist er oft sehr glücklich, im Konstruieren immer geistreich. Wenn
auch zuweilen seine Annahmen willkürlich und irrig sind, so ist er doch un-
übertrefflich im Zusammenstellen des Gleichartigen und der Gegensätze [...].
Wir können nicht genug rühmen, mit welchem Scharfsinne [H. M.] [...]
spricht.«

Ich bin mir sicher: hätte der Rezensent gewußt, daß seine Vaterstadt der-
einst einen Preis in seinem Namen stiften würde, er selbst hätte ihn mit dem
größten Vergnügen H. M. zuerkannt – doch nicht Herrn Menzel, dessen
Schrift »Die deutsche Literatur« aus dem Jahre 1828 er hier lobend zitiert, als

Menzel noch Oppositioneller und noch kein Feind des Jungen Deutschland war, hätte Heinrich Heine gepriesen – sondern H. M. Enzensberger.

Als die »verteidigung der wölfe«, sein erster Gedichtband, erschien, wußte Alfred Andersch für diesen Auftritt auf der Bühne des deutschen Geistes »keinen anderen Vergleich als die Erinnerung an das Erscheinen von Heinrich Heine«. Enzensberger habe neu geschaffen, was es in Deutschland seit Brecht nicht mehr gegeben und wofür Heine das Vorbild geliefert habe: das große politische Gedicht. Alfred Andersch ist nicht der einzige geblieben, der die Autoren von »Deutschland. Ein Wintermärchen« und Deutschland, Deutschland unter anderem miteinander verglichen hat.

Und zu vergleichen gäbe es vieles in der Sprache und in der Gesinnung, im Ton und in der Themenwahl, im Rhythmus der Verse und in so verführerisch leicht erscheinenden Dahingleiten der Prosa, im Mangel an Respekt gegenüber der Autorität und in der unerwiderten Zuneigung zur Revolution, im unstillbaren Hang zur Ironie, die weder Feind noch Freund verschont, und nicht zuletzt im Leiden an unserem »Nacht- und Nebelland« (Enzensberger), dem »Land der Eichen und des Stumpfsinns« (Heine), einem Leiden, das Enzensberger wie einst Heine zum entschiedenen Kosmopolitismus im Denken und im Dichten führte.

Der Heine-Preisträger freilich ist mit Vergleichen zurückhaltend – nicht nur, was Heine betrifft. Als er den Büchner-Preis entgegennahm, sprach er nicht von der Poesie, nicht von Büchner und nicht von sich. Er sprach von Texten und Kontexten. Wenn man Heine und Enzensberger miteinander vergleichen wollte, müßte man nicht die beiden Autoren, sondern ihre literarischen Umwelten miteinander vergleichen und beispielsweise herauszufinden versuchen, welche Entsprechungen es im restaurativen Umkreis des frühen Enzensberger zu den Milieufaktoren gab, die das Werk Heines entscheidend prägten: Exil, Zensur und »der große Judenschmerz«. Das aber wäre der Gegenstand einer Seminararbeit, nicht einer Laudatio. Enzensberger wird im Namen Heines geehrt; Hans Magnus wird nicht gelobt, weil er so ist wie Harry.

Poeta Doctus

Von Hans Magnus Enzensberger haben wir uns bereits als Schüler belehren lassen. Auf seine Kursbücher sind wir abgefahren. Seine frühen Gedichte heute wiederzulesen, ist eine eigentümliche Erfahrung – sie führt zurück in eine Nostalgie, vor der wir uns ein für alle Male sicher glaubten. Selbst der Berli-

ner, der doch stets, ich zitiere Enzensberger, dem Münchner »nach alten Pa-
tronenhülsen, nach Osten, nach Schwefel, nach Desinfektion« roch, selbst
der Berliner droht nun in jene Verklärung der alten Bundesrepublik zu verfallen, in der heute die Altlinken die Neorechten zu überbieten trachten. Wie
war sie doch schön, die Zeit, in der die Republik noch überschaubar und
frisch, Adenauer erst 87 und die Deutsche Akademie für Sprache und Dichtung in Darmstadt noch jung genug war, um den Büchner-Preis einem jungen
Dichter zu verleihen. 1963, als er ihn erhielt, war Hans Magnus Enzensberger
34 Jahre alt – und ein Schuft, der erwähnt, daß in diesem Alter Georg Büchner bereits 10 Jahre lang tot war ...

Hans Magnus Enzensberger begleitet uns nun schon lange. Es ist ebenso
aufregend wie angenehm, in seiner Gesellschaft zu sein. Doch wer ist er wirklich? Ist er ein Aufklärer, ist er es nicht? Ein Hellseher? Ein Dunkelmann?
Voltaire? Rousseau? Als 1978 der 200. Todestag der beiden großen Kontra-
henten der Lumières in Paris gefeiert wurde, schloß der Kongreßpräsident
seine Begrüßung mit den Worten: »Und wenn, meine Damen und Herren,
ich mich zwischen Voltaire und Rousseau zu entscheiden hätte, ich entschiede
mich heute und in aller Zeit für – Diderot.«

Ja, auch wenn ihm heute der Heine-Preis verliehen wird, zunächst denkt
man an Diderot, wenn von dem Aufklärer Enzensberger die Rede ist. Heinrich Heine sprach von sich als von der armen deutschen Nachtigall, die ihr
Nest in der Perücke Voltaires gebaut habe. Hans Magnus Enzensberger ist
der Zaunkönig am Ohr Diderots.

Auch dieser Diderot ist eine Wetterfahne. Über die Einwohner seiner Heimatstadt schreibt er: »Die Menschen hier sind von Kind auf daran gewöhnt,
ein Spielball des Windes zu sein. Der Kopf eines Mannes aus Langres sitzt
ihm auf den Schultern wie ein Wetterhahn auf einer Kirchturmspitze. Nie
bleibt er ruhig an einem Punkte stehen, und wenn er an seinen Ausgangspunkt zurückkehrt, dann bestimmt nicht, um lange dort zu verharren.« »Was
denn sonst«, sekundiert Enzensbergers Fliegender Robert, den Vorwurf des
Eskapismus fröhlich zurückweisend, »Was denn sonst / bei diesem Sauwet-
ter!«

In der Gegenwart gibt Hans Magnus Enzensberger das überzeugende Beispiel dafür, wie eine skeptische Aufklärung nicht nur überleben, sondern wei-
terleben und sich entwickeln kann. Die Geschichte der Aufklärung ist ja keineswegs, wie die Lehrbücher meinen, ein Kampf der Lichtgestalten gegen die
Dunkelmänner. Sie ist, zunächst und vor allem, wie der Titel der großen Enzyklopädie es ausdrückt, der tollkühne Versuch, die arts, die sciences und die
métiers noch einmal zusammenzubringen, also die Trennung zwischen den

Künsten, den Wissenschaften und der Praxis, die Kluft zwischen Kopf- und Handarbeit, aufzuheben. In unserer Zeit hat keiner dies so nachdrücklich, im ebenso selbstverständlichen wie heiteren Gefühl des Scheiternmüssens versucht wie Dr. Hans Magnus Enzensberger. Er ist der poeta doctus unter den deutschen Schriftstellern, und an Gelehrsamkeit ist ihm nur noch Dr. Benn an die Seite zu stellen.

Nicht um das »empirische Mitschwatzen« des Dichters geht es, wie Goethe es verächtlich nannte, sondern um Recherche und um Detailarbeit, zu Hause in alten Büchern und draußen auf der Straße, es geht um Statistiken und um Schaubilder, Gespräche mit Betroffenen und Quellenkritik, um eine Hermeneutik, die ebenso präzise wie sensibel ist, es geht um die »Anstrengung des Begriffs« statt der »gewundenen Phrase der Verlegenheit«, es handelt sich stets um Feldforschung und nie um Weltschmerz. Und immer läuft es darauf hinaus, die erworbenen Kenntnisse in eine Sprache zu übersetzen, die von möglichst vielen verstanden wird. Der Dichter als Aufklärer ist nicht zuletzt ein homo faber, und unter den deutschen Dichtern dieses Jahrhunderts wüßte ich keinen, der so sehr wie Hans Magnus Enzensberger – der Herausgeber und der Übersetzer, der Redakteur und der Reklamefachmann, der Theaterprinzipal und der Korrektor, der Wortzauberer und der Zahlenteufel – sich auch als Handwerker verstanden hat.

Zorn und Ironie

Es ist stets amüsant, Hans Magnus Enzensberger zu lesen, ein reines Vergnügen, ihm zuzuhören, und wer über ihn spricht, gerät unweigerlich in die Versuchung, sich ein wenig von seiner Verstandesheiterkeit zu borgen. Er hat so viel davon. Doch zugleich durchzieht Enzensbergers Schriften ein Ernst, der sich hinter allem Spaß nur mühsam verbirgt, durchzittert seine Sätze eine Unruhe, die nicht nur etwas mit dem Temperament des Schreibenden, sondern auch mit den Themen seiner Beschreibungen und mit dem Tonfall der Zeit zu tun hat. Jüngste Beispiele dafür sind zwei Essays: »Die große Wanderung« und »Aussichten auf den Bürgerkrieg«.

Am 19. November 1830 schrieb Heinrich Heine an Varnhagen: »Wie es Vögel giebt die irgend eine physische Revoluzion, etwa Gewitter, Erdbeben, Ueberschwemmungen etc. vorausahnen, so giebts Menschen denen die sozialen Revoluzionen sich im Gemüthe voraus ankündigen, und denen es dabei lähmend betäubend und seltsam stockend zu Muthe wird.« Hans Magnus Enzensberger mit all seinem Witz ist ein solcher Mensch, ein lebender Seismograph, ein anticipator maximus. Ein Besserwisser aber ist er nicht, und wir sind ihm dankbar dafür, daß er nicht aufhört, seinen »Betäubungen« und »Stockungen« eine Form zu geben, die aufrüttelt, ohne zu predigen und die mahnt, ohne zu lamentieren. »Sogar zu einem bißchen Sarkasmus könnte es wieder reichen«, meinte er im Jahr der großen Begeisterung, im Jahr des Mauerfalls, »wenn man sich weigert, jederzeit auf Verlangen grundsätzlich zu werden, zu einer gewissen Heiterkeit im Angesicht der allgemeinen Depression. Hie und da eine Prise Lichtenberg, ein Quentchen Diderot, ein Hauch Heine – und schon röche es nicht mehr so muffig im intellektuellen Psychodrom.«

Als Alfred Andersch Ende der fünfziger Jahre den Auftritt Hans Magnus Enzensbergers im Kantatenton beinahe so ergriffen begrüßte wie sonst nur Gläubige die Wiederkunft des Herrn – »Endlich, endlich ist unter uns der zornige junge Mann erschienen« – da dachte er an die Zukunft, an den heutigen Tag vielleicht, als er fragte: »Eine Begabung wie diejenige Enzensbergers wird immer gefährdet sein. Was wird mit ihm geschehen, wenn der Zorn einmal nachläßt, wenn nicht mehr Empörung die leichte Hand regiert?«

Die Antwort auf diese Frage – meine Gratulation an Hans Magnus Enzensberger in einem Satz – ist einfach. Sie kann, im Geiste Heinrich Heines, nur lauten: Der Zorn altert, die Ironie ist unsterblich.

Buchbesprechungen

Maria-Christina Boerner: »*Die ganze Janitscharenmusik der Weltqual*«. *Heines Auseinandersetzung mit der romantischen Theorie*. Stuttgart und Weimar: Metzler 1998. 396 S., DM 98,—.

Betrachtet man den nicht erst seit dem 200. Geburtstag Heines rasch wachsenden Berg an Sekundärliteratur, läßt sich ein Dilemma der Heine-Forschung nicht verschweigen: Neue Interpretationsansätze oder Forschungslücken zu finden, ist schwierig. Vieles ist schon längst von anderen festgestellt und der Druckerpresse anvertraut worden. So ergeht es auch der in Berlin vorgelegten Dissertation von Maria-Christina Boerner, die Heines Auseinandersetzung mit der Romantik noch einmal aufgreift und damit an Herbert Clasens Studie über Heines Romantikkritik anknüpft, aber einen anderen thematischen Schwerpunkt wählt. Sie widmet sich einem bislang vernachlässigten Gebiet, nämlich der Kunsttheorie und Philosophie der Frühromantiker und möchte Heines Abhängigkeiten von ihnen, seine Weiterentwicklung der frühromantischen Ansätze darstellen und mit dem Bewußtsein des ›modernen‹ Schriftstellers in Verbindung bringen. Sie profitiert dabei von dem großen Fundus der historisch-kritischen Werkausgaben und nimmt explizit Bezug auf Würffel (1986), Preisendanz (1963, 1970) und das Heine-Handbuch Höhns (1987), deren Erkenntnissen sie auch hinsichtlich der Begrifflichkeit viel verdankt. Um »Tradition und Innovation in Heines eigenem Literaturprogramm« herauszuarbeiten, legt sie in ihrer Analyse den Schwerpunkt auf seine Prosa-Werke (S. 92). Dabei versucht die Verf. eine Neubewertung der Frühromantiker als Wegbereiter der literarischen Moderne und der modernen Kunsttheorie. Sie reagierten als erste auf die Veränderungen in der Gesellschaft; die neue Wahrnehmung der Wirklichkeit und das entwickelte Krisenbewußtsein fanden in der Kunst ihre entsprechende Umsetzung. Heines Theorien und seine literaturgeschichtliche Position ordnet Boerner in die zeitgenössische Ästhetik-Diskussion ein und deckt seinen versteckten Diskurs mit der Frühromantik auf – seine literarischen Wurzeln beschreibe der Dichter selbst, doch seine theoretisch-philosophischen überdecke er mit Polemik. Fast vorwurfsvoll charakterisiert sie Heines ›undankbare‹ Haltung gegenüber den Verdiensten der Romantik, die er verschweige oder verwerfe, mehrfach betont sie, daß er ein »maßgeblicher Urheber« der »negativen Bewertung der romantischen, als reaktionär verurteilten Gesinnung« sei, deren Folgen noch heute zu spüren sind (S. 109). Selbst daß er in der Romantikforschung wenig beachtet wird, daran sei er »nicht unschuldig«, da er die romantische Ironie-Theorie nicht explizit erwähne (S. 270, vgl. S. 253 f., 281). Sachlicher und sehr ausführlich werden Heines direkte Anknüpfungspunkte an die romantische Subjektivierung der Kunst und an das romantische Stilprinzip erläutert (Abgrenzung vom Weimarer Klassizismus, Orientierung an den romantischen Vorbildern Cervantes, Shakespeare bzw. an dem von den Brüdern Schlegel aufgestellten Kanon moderner Klassiker, Fragment-Begriff, Kontrastästhetik, Tragikomik, Ästhetik des Häßlichen, Ironie als eine Ausdrucksform der Subjektivität). Von der romantischen Ironie-Konzeption leite sich Heines ironisches Prinzip des Widerspruchs als Antwort auf die Konflikte der Zeit ab, er finde zu einer »ästhetischen Bewältigung des Problems der Zerrissenheit« (S. 169). ›Zerrissenheit‹ und ›Widersprüchlichkeit‹ Heines stellen die Grundbegriffe von Boerners Studie dar, die sie als »zentrale Motive« für das Verständnis seiner Werke wertet (S. 26). Heine greife das romantische Krisenbewußtsein auf, definiere sich und seine Zeit in dieser Zerrissenheit mit ihren verschiedenen Ebenen. Sie sei Ausdruck des modernen Individuums und besitze durchaus eine positive Bedeutung als »Movens«, wie Würffel es vorformulierte. Zwei Schwierigkeiten ergeben sich in diesem Zusammenhang: Erstens sind die Termini Zerrissenheit und Widersprüchlichkeit in der Heine-Forschung (und -Rezeption) sehr problematisch und belastet – wie Boerner nur kurz bemerkt (S. 87) –, so daß man davon Abstand nehmen müßte. Differenzierter wäre es hier, die dialektische Struktur, den produktiven Widerspruch (Würffel), die Spannungen in Heines ästhetischem Selbstverständnis zu beachten. Auf einen weiteren oft mißbrauchten Begriff, auf die sogenannte Außenseiterrolle des Dichters, reagiert die Verf. dagegen sensibler und kritisiert u. a. Brieglebs Festlegung der Außenseiterexistenz auf Heines Judentum. Zweitens vernachlässigt die Akzentuierung von Heines ›Zerrissenheit‹ seine Vorstellung einer möglichen Überwindung der Gegensätzlichkeiten. Seine Visionen einer Versöhnung aber verweist Boerner ins Reich der Träume und Prophetien, die die Wirklichkeit verklärten, die Widersprüche verdrängten, und engt sie auf die idealistische Kunstauffassung ein. Nun gehen diese Vorstellungen Heines jedoch weit über die der ›Kunstperiode‹ hinaus, es sind nicht nur Gegenbilder zur Realität, sondern konkrete Utopien, in denen er seine ästhetischen und sozialemanzipatorischen Gedanken bündelt und eine Neuorientierung in der Gegenwart fordert. Es ist zwar richtig, daß er ein kritisches Bild von einer besseren Zukunft entwirft (vgl. den Hinweis S. 164), auch sind Heines Zweifel an Hegels Geschichtsoptimismus und sein strikter Gegenwartsbezug bereits ausführlich in der Forschung diskutiert worden. Doch seine kontinuierliche Suche nach einem Ausgleich, die mal hoffnungsvoll, mal völlig pessimistisch ausfällt, stellt einen wichtigen Bestandteil seiner ästhetischen Ansichten dar, den Boerner nicht erkennt (vgl. Andeutungen S. 52, 143, 212f.). Sie beruft sich statt dessen auf P. Bürgers Vorschlag für die moderne Ästhetik unserer Zeit, Wahrheit liege im Festhalten des Widerspruchs und finde im Bruch den ästhetisch adäquaten Ausdruck (S. 124). Die Frage nach Heines Modernität – angeblich bislang nur am Rande in der Sekundärliteratur erörtert – bejaht sie mit klareren Argumenten und bezieht sich dabei wieder auf frühromantische Vorarbeit, z. B. auf die Kritik an der modernen Zeit. Auch wird Heines zweifacher Anspruch auf Modernität und Überzeitlichkeit behandelt. Seine Anforderung an die Kunst, Wissen zu vermitteln, die eindeutig in die Diskussion um den modernen Schriftsteller gehört, spricht sie dagegen recht beiläufig an, indem sie nur die Diskrepanz zwischen Wissenschaft, Kunst und Leben festhält. Auf Heines modernisierte Form des prodesse und delectare, auf seine poetologische Forderung, diese Gebiete zu verbinden, zu popularisieren, wird nicht eingegangen.

Will man kurz etwas zu formalen Kriterien bemerken, so ist ein Inhaltsverzeichnis mit längeren Zitattiteln zwar Geschmackssache, jedoch darf man nicht vergessen, ein ganzes Kapitel aufzuführen: Kap. 4.6., S. 303 ff. Auch fallen allgemein Druckfehler auf. Der Forschungsbericht ist verstreut, eher thematisch zugeordnet (S. 87 ff., 224 ff.) Der Anhang besteht aus einem Namensregister leider ohne Werktitel und einem umfangreichen Literaturverzeichnis. Letzteres zeigt – und hiermit ist ein wichtiger inhaltlicher Kritikpunkt zu besprechen –, daß neuere Sekundärliteratur zwar konsultiert, jedoch teilweise nicht genauer verarbeitet wurde. Gerade Heines Ästhetik, das spannungsvolle Verhältnis von künstlerischem und politischem Selbstverständnis, von Schönheit und Wahrheit, seine poetologischen Vorstellungen, die er sowohl in Bildern, Vorbildern als auch im kritischen Selbstgespräch entwickelt, – all das ist bereits eingehend analysiert worden. So stößt man in der Dissertation auf offenkundig bekannte Begriffe und Vorstellungen, von denen hier nur einige genannt werden können: auf die esoterische Lesart seiner Werke, die auf der poetologischen Konstante des esoterischen Dichters, der die Zeitsignaturen zu enthüllen versteht, beruht sowie auf die Theorie der nicht mehr existenten Identität zwischen Idee und Form. Auch Heines Auffassung, daß sich im Dichter die Welt spiegelt, daß seine phänotypische Biographie damit objektiven Wert besitzt und das mehrere Aspekte beinhaltende Märtyrer-Bild sowie der Zusammenhang von kreativem Schmerz – Poesie – lustvollem Leiden werden referiert. Hier müßte Boerner beachten, daß eine Selbststilisierung des Dichters in einer bestimmten Pose nichts an der Gültigkeit des Bildes ändert (S. 80). Ferner findet man Hegels Diktum vom Ende der Kunst wieder, das bekanntlich nicht mit Heines Ende der Kunstperiode gleichzusetzen ist. Die Figur des Narren, die Dialektik Vernunft – Narrentum / Geschichtsverlauf werden abermals auf- und dabei auf etwas überholte Literatur wie Voigt (1982) zurückgegriffen. Mit Pongs (1985) kommt die Verf. auf Heines Skepsis gegenüber der aufklärerischen Perfektibilitätstheorie zurück. Die Höherschätzung Goethes ab Mitte der 30er Jahre, die Beschreibung von Heines Dichtertriumvirat, Shakespeare, Cervantes und Goethe, bzw. dann Heine selbst als Gründer der modernen neuen Dichterschule und seine Rolle als destructeur initiateur erinnern ebenso an bereits Vorgetragenes wie die Zusammenfassung der Auseinandersetzung mit Hugo. Das gleiche gilt für die wiederholte Auslegung des Donquixotismus als »Schlüsselwort zu Heines Selbstverständnis« sowie Hamlets und Fausts als Inkorporationen des »Grundproblems des (modernen) dissonanten Individuums« (S. 179, 198). Hinsichtlich Heines Naturauffassung bestätigt Boerner zwar die Hinfälligkeit der Mimesisforderung, aber eine wünschenswerte Untersuchung von Heines Naturästhetik mit ihren Wertungen Naturalismus, Indifferenz vs. Naturprodukt, Ursprünglichkeit etc. auf romantische Ursprünge hin fehlt.

Die eindeutige Leistung des Dissertation liegt folglich nicht in der Interpretation von Heines ästhetischen und philosophischen Ansichten, sondern vielmehr im Vergleich dieser Elemente mit der Frühromantik und dem Aufzeigen von Heines Quellen, Anregungen und Abweichungen. So etwa wird beim Faustballett auf die Nähe zu F. Schlegels »Gespräch über die Poesie« und auf den Zusammenhang von Mephisto(phela) und der romantischen Diskussion um Phantasie und Schöpferkraft verwiesen. Im Zusammenhang mit der literarhistorischen Bewertung von Hegels »Ästhetik«, der im Gegensatz zur frühromantischen Theorie die geringere Innovationskraft für die moderne Literatur zugeschrieben wird, beschreibt Boerner Heines Taktik, Hegel gegen A. W. Schlegel auszuspielen (Kap. 3.2.). Die Auseinandersetzung mit A. W. und besonders mit F. Schlegel findet gründliche Beachtung, dessen Überlegungen zu den Zusammenhängen von Kunst und Geschichte, der Koexistenz von Geschichtssystemen, antagonistischen Strömungen und der Gegenwart als Übergangszeit für Heine entscheidend waren. Orientiert an Duncan (1993) und Großklaus (1973) wird der thematische und stilbildende Einfluß der fragmentarischen Romankunst der Romantik anhand von »Lucinde« und »Ideen« demonstriert. Hinsichtlich der »Einleitung« zu »Don Quixote« widerspricht die Verf. energisch den Ausführungen Hauschilds in der DHA: Die Auslegung der » kontrastiven Einheit von ›Witz und Enthusiasmus‹ oder eben ›Satire‹ und ›Begeisterung‹ als ein entscheidendes Merkmal der Modernität des Don Quixote« seien nicht Heines Eigenleistung, sondern die der Frühromantik (S. 227 ff.). Große Aufmerksamkeit erhalten die von der romantischen Philosophie geschaffenen Grundlagen, die den Topos von Shakespeare als gottgleichem Schöpfer begründeten und dabei speziell A. W. Schlegels Bild von ihm als systematischem Dichter (in Abgrenzung vom Sturm und Drang), woran Heines Berufung auf die künstlerischen Qualitäten Shakespeares anschließt (Kap. 4.2., 4.6.).

Den entscheidenden Unterschied zur Romantik sieht Boerner in Heines »Radikalisierung des
frühromantischen Stilmischungsprinzips« (S. 370) und in seiner konsequent zeitkritischen Haltung, bei der die »Funktionsbestimmung der Literatur als Ausdrucksträger der progressiven politischen Ideen« zum Tragen kommt (S. 362). So etwa binde der romantique défroqué die Ironie-
Konzeption an die Realität, für ihn besitze der Witz keine synthetisierende Kraft, sondern sei primär Angriffswaffe. Wo die Romantik also eher metaphysisch verfährt, konkretisiert und politi-
siert Heine. Dies ist treffend festgestellt, doch auch wenig überraschend. Wohl bedingt durch ihre
Themenstellung kennzeichnet die Dissertation insgesamt eine Fixierung Heines auf die Romantik, die die Gefahr einer Einseitigkeit zu Lasten der aufklärerischen Wurzeln Heines und seines
engagierten demokratischen Selbstverständnisses in sich trägt.   *Sabine Bierwirth*

Burkhard Gutleben: *Die deutsch-deutsche Heine-Forschung. Kontroversen und Konvergenzen
1949–1990.* Frankfurt a. M.: R. G. Fischer 1997. 151 S., DM 34, –.

Burkhard Gutleben hat einen Band vorgelegt, der die wissenschaftliche Heine-Forschung zusam-
menfassen will. Es geht hier nicht um die gesamte literarische, politische, öffentliche Rezeption
Heines, sondern um Forschung und Forschungsresultate. Dennoch wird die allgemeine Wirkungsgeschichte als Voraussetzung genommen. Die weltanschaulichen Interpretationen Heines
haben sich auf die Auswahl der Texte und deren Auslegung ausgewirkt. Gutleben übt Zurückhaltung, vielleicht sogar zu viel. Auf die Darstellung fachspezifischer methodischer Verfahrensweisen
verzichtet er. Dies hätte die Geschichte der gesamten modernen Germanistik eingeschlossen. Es
kommt ihm nicht auf ideologisch bestimmte Überblicke an. Herausgefordert wurde sein Werk
durch die polemische Veröffentlichung von Jost Hermand »Streitobjekt Heine. Ein Forschungsbericht 1945–1975«, das die Heine-Forschung polarisierte. Dabei bleibt die Kompetenz von Hermand unbestritten.

Die Veröffentlichung von Gutleben hat ihren Reiz dadurch, daß sie, auf der Grundlage genauer
Bibliographierung, aufzeigt, wie unterschiedlich sich die germanistische Literaturwissenschaft in
der damaligen DDR und in der Bundesrepublik zu Heine verhalten hat. Dies dürfte ein Unikum
gewesen sein, wie es nur bei Heine der Fall sein konnte.

Bis Ende der sechziger Jahre lag der Schwerpunkt der Heine-Forschung in der DDR, dann
aber trat der Boom in der Bundesrepublik ein, nicht unbeeinflußt von den Zielsetzungen der 68er
Bewegung.

Die Heine-Forschung ging in den beiden deutschen Staaten verschiedene Wege, wenn auch
mehr Übereinstimmung herrschte, als man damals glaubte. Die Verrücktheit von zwei historisch-
kritischen Heine-Ausgaben, DHA und HSA, ist ein Beleg dafür. Man bezog sich auf dasselbe
Forschungsmaterial, tauschte es aus. Heute können beide Ausgaben gut nebeneinander bestehen,
die Düsseldorfer Ausgabe für das Werk und seine Kommentierung, die Weimarer Säkularausgabe
besonders für die Briefe.

Vor 1956 gab es in der DDR eine populäre Heine-Rezeption, und zu Recht wird das Werk von
Walther Victor »Heine. Ein Lesebuch für unsere Zeit« (1950) an den Anfang gestellt. Es folgen
die wichtigen Einschnitte der Jubiläumsjahre 1956 und 1972. Aus heutiger Sicht müßte man als
letzte Station das Heine-Jahr 1997 nennen: Heine-Kongresse im In- und Ausland, Abschluß der
Düsseldorfer Historisch-kritischen Heine-Ausgabe. Die getrennte Vorzeit ist kaum noch spürbar:
eine Normalisierung, die nicht mehr auf größere Entdeckungsfahrten hoffen läßt.

Auf viele Einzelheiten wäre einzugehen, aber zwei Aspekte sollen noch erwähnt werden: Düsseldorf als Zentrum der institutionalisierten Heine-Forschung und dann auch der Hinweis, daß
die didaktischen Forschungen über Heine, wie sie in der DDR mit Fritz Mende einsetzten, durch

die Heine-Gesellschaft fortgesetzt und intensiviert wurden. Das Literaturverzeichnis am Schluß gibt einen geordneten Überblick über den Forschungsstand zwischen 1949 und 1990. Eine Weiterführung der Forschungsarbeit von Burkhard Gutleben ist zu gegebener Zeit wünschenswert.

Wilhelm Gössmann

Peter Hasubek: *Vom Biedermeier zum Vormärz. Arbeiten zur deutschen Literatur zwischen 1820 und 1850 (Büchner, Heine, Grabbe, Immermann, Gutzkow, Herwegh).* Frankfurt a.M. (u.a.): Peter Lang 1996. 304 S., DM 89,—.

Peter Hasubek gehört zu den ausgesprochenen Kennern der Literatur des Biedermeiers und des Vormärz, einer Zeitspanne, die er bereits im Titel entgegen den Gepflogenheiten um je einige Jahre nach hinten verlängert und zwischen 1820 und 1850 ansetzt, wobei er in den beiden Begriffen eine Bewegung vom einen, in der Regel eher statisch-stilistisch begriffenen Ausgangspunkt zum andern, stets eher bewegt-politisch verstandenen Ziel deutet. Seit Jahrzehnten hat er sich mit den literarischen Erscheinungen und Persönlichkeiten dieser Epoche auseinandergesetzt. Dabei hat seine besondere Fürsorge bekanntlich dem Werk Karl Immermanns gegolten. Aber auch die übrigen Autoren und ihre Werke sind ihm geläufig genug, so daß bei Hasubeks Nachdenken über das 19. Jahrhundert immer ein Gewinn für das Epochen- und Werkverständnis zu erwarten ist. Das gilt gerade auch für seine Beschäftigung mit dem Schaffen und der Wirkung Heinrich Heines, dem in diesem Kontext von elf Arbeiten allein drei Aufsätze gewidmet sind. Der vorliegende Sammelband, der Beiträge aus verschiedenen Publikationszusammenhängen von 1968 bis 1990 zusammenfaßt, verknüpft nämlich kenntnisreiche Ausführungen zur Gattung des Romans bzw. des Zeitromans mit Untersuchungen zu Schriftstellern wie Büchner, Grabbe, Immermann, Gutzkow und Herwegh und bettet dabei die Arbeiten zu Heine zwanglos ein, womit Hasubek auf unprätentiöse Weise schon vor dem Heine-Jahr 1997 seinen literaturwissenschaftlichen Beitrag geleistet hat.

Interessant bleibt Hasubeks Einstieg in die Problematik im Jahre 1968, just zur Zeit der Studentenbewegung, durch seinen Beitrag zum Zeitroman. Dadurch wird die Neuformulierung germanistischer Erkenntnisinteressen geleistet, ohne jeden modernistischen Zungenschlag. So zeigt sich, wie in den folgenden Publikationen Hasubeks, daß ihm die ersten Jahrzehnte des 19. Jahrhunderts mit ihrer spezifischen Signatur, als bisher teilweise vernachlässigter Bereich der üblichen Literaturgeschichtsschreibung, tatsächlich mindestens so sehr wegen der germanistischen Defizite und nicht etwa allein wegen damals zeitgemäßer politischer Wissenschaftswendung am Herzen liegen. Den Heine-Philologen sei besonders der Aufsatz über Heines Stellung in den Lesebüchern mit dem sprechenden Titel »Ausbürgerung – Einbürgerung?« empfohlen, in dem Hasubek seine Profession mit der äußerst delikaten Stellung Heines als Autor für Schullektüren verknüpft. Es wäre wirklich zu hoffen, daß die Untersuchung von 1977 ihre mittlerweile ganz den veränderten Bedingungen verpflichtete Fortsetzung findet.

Die Beiträge zu Büchner, Grabbe, Immermann, Gutzkow und Herwegh ergeben in ihrer Summe jenen Horizont, der die Zeit des Jungen Deutschland und des Vormärz wesentlich bestimmt. Hasubeks vorsichtige Darstellungen kommen nie hemdsärmelig daher, sondern verstehen die Texte und ihre Autoren, ihre Bedingungen und zeitlichen Verfaßtheiten stets als Teil eines Gesamtprozesses und literarischen Lebens. Insofern leistet der Autor Vermittlungsarbeit, für die ihm zu danken ist. Ein kleiner Druckfehler am Schluß des Bandes macht auf die enge Verbindung von Arbeitsgebiet und Einzelpublikationen aufmerksam: Was »Bibliographische Nachweise« heißen sollte, sind in der Tat in diesem Fall auch »Biographische Nachweise«!

Joseph A. Kruse

Heinrich Heine. *Prinzessin Sabbat. Über Juden und Judentum.* Herausgeben und eingeleitet von
Paul Peters. Bodenheim: Philo-Verlagsgesellschaft 1997. 697 S., DM 68,—.

Paul Peters hat in seinem Band alle Texte Heines »über Juden und Judentum« versammelt, und
dies in einer Ausführlichkeit, die über sein unmittelbares Vorbild, Hugo Biebers »Heinrich Heine:
Confessio Judaica« (Berlin 1925), weit hinausgeht. Insbesondere hat er sich auch der handschriftlichen Varianten bedient, die in den beiden großen historisch-kritischen Heine-Ausgaben, der
Düsseldorfer Ausgabe und der Säkularausgabe, in den kritischen Apparaten publiziert worden
sind. Insofern behauptet Peters zu Recht, seine Ausgabe stelle so etwas wie »eine mögliche ›zweite‹ Präsentation des Heineschen Textes« dar (S. 607). Läßt er doch damit den »geheimen« Heine
zu Wort kommen, der sich in den veröffentlichten Schriften unter den verschiedensten Masken
verbirgt. Dieser eigentliche Heine aber ist der zutiefst von seinem Judentum traumatisierte
Schriftsteller: »Nichts indes hat Heine so tief gefühlt wie sein Judentum« (S. 7).

Allerdings bleibt unverständlich, warum Peters die publizierten Texte Heines nach der Ausgabe
Brieglebs druckt und die aus den historisch-kritischen Editionen übernommenen Texte »ortho-
graphisch modernisiert«. Ist es doch vor allem die Orthographie – wir haben es soeben erst wieder aktuell an der neuesten Rechtschreibreform erfahren –, die einem Text seinen historischen
Index gibt und die man deshalb auf alle Fälle beibehalten sollte. Dem Verlag wie dem Autor sei
nahegelegt, ihr verdienstvolles Werk, wenn es in einer zweiten Auflage erscheinen sollte, auf die
originalen, historischen Textformen umzustellen, wie sie etwa in der Düsseldorfer Heine-Ausgabe
vorliegen.

Zwei Grundprinzipien seiner Anthologie hat Peters von seinem Vorgänger Bieber übernommen. Er ordnet die Texte chronologisch-biographisch in sieben großen Kapiteln, die sich zunächst mit der Düsseldorfer und Hamburger Familie beschäftigen, die Krise um die Taufe und
den »Rabbi von Bacherach« behandeln und mit dem »Streit um die Emanzipation« Heines deutsche Lebensphase beschließen. Unter der Überschrift »Das neue Jerusalem« wird die Ankunft in
Paris, sodann die »Jüdische Komödie« in den Pariser Charaktermasken und schließlich der Erb-
schaftsstreit behandelt. Das abschließende Kapitel läßt den Heine der »Matratzengruft« mit seiner neuerlichen Zuwendung zum »Gott der Väter« zu Worte kommen. Von Bieber übernimmt
Peters auch das Prinzip, literarische und briefliche Äußerungen Heines zum Thema »Judentum«
nebeneinander zu stellen, so daß sich die öffentlichen und die privaten Stellungnahmen gegenseitig erhellen. Eine Zeittafel sowie Wort- und Sacherläuterungen ergänzen den Hauptteil des Buches.

In seinem Vorwort charakterisiert Peters Heine zu Recht als Erneuerer der jüdischen Tradition.
Diese Erneuerung geschieht allerdings nicht ungebrochen, sondern erweist sich als »Ausdruck
einer Krisenerfahrung – der Krise des Exils«. (S. 16) Diese Bestimmung trifft ins Zentrum von
Heines jüdischem Selbstbewußtsein. Schon in seinem ersten literarischen Text, dem »Rabbi von
Bacherach« bestimmt Heine an der historischen Figur seines Helden die dem Judentum zugrunde
liegende Erfahrung als die einer kontinuierlichen und sich vom Ursprungsort stets weiter entfer-
nenden Situation des Exils. In seinem letzten großen Text, jüdische Dinge betreffend, dem Gedicht »Jehuda ben Halevey«, wird diese Erfahrung erneut thematisiert, hier jedoch programmatisch als kulturelles Vermächtnis an die deutschsprachige Moderne. Dabei geht es Heine aber
nicht nur um eine zeitgemäße, d.h. für Peters »politische Transformation des Messianismus«
(S. 22), sondern vor allem um die Bewahrung des kulturellen Gedächtnisses des Judentums, das
durch die Emanzipation in seinem Bestand gefährdet ist und das Heine durch seine Transformation im Medium des modernen literarischen Textes zu retten versucht, womit er sich durchaus in
Einklang mit den Bestrebungen seiner Anfänge im »Verein für Cultur und Wissenschaft der Juden« befindet.

Peters definiert in seinem Vorwort die Methode seines Sammelbandes zu Recht als eine Konstruktion aus Bruchstücken, die vor allem das »Extrem der Tonlagen« (S. 11) gegeneinander stellen soll. Diese aus Walter Benjamins Spätwerk übernommene Vorgehensweise, durch die die Brüche und Widersprüche nicht nur in Heines Persönlichkeit, sondern vor allem in dem großen, immer noch nicht zu Ende gedachten Thema »Deutsche und Juden« herausgestellt werden, widerspricht allerdings einer zweiten Intention des Herausgebers, die in dem auf dem Schutzumschlag aufgedruckten und auf S. 606 wiederholten Untertitel »Bruchstücke einer großen Konfession« zum Ausdruck kommt. Diese Goethesche Formulierung, mit der der Herausgeber die vorgelegten Texte zum Roman einer Lebensgeschichte geordnet wissen möchte, läßt sich mit dem zuvor genannten Verfahren, das Heine als den ersten modernen Autor deutscher Sprache charakterisiert, nicht vereinbaren.

Insgesamt erweist sich der Textband von Paul Peters jedoch als eine äußerst nützliche, den Gegenstand neu beleuchtende und provokative Zusammenstellung, dessen Lektüre nicht nur den an Heines Judentum interessierten Lesern, sondern auch allen, die am Ursprung der literarischen Moderne in Deutschland interessiert sind, empfohlen werden sollte.   *Bernd Witte*

Heine-Symposien

Markus Winkler (Hrsg.): *Heinrich Heine und die Romantik. Erträge eines Symposiums an der Pennsylvania State University (21.–23. September 1995)*. Tübingen: Niemeyer 1997. 332 S., DM 86,—.

Der Begriff Romantik ist bei Heine fest eingewurzelt, und doch provoziert er viele Mißverständnisse, je nachdem aus welcher Perspektive er benutzt wird. Von besonderem Einfluß war dabei lange Zeit auch die Einstellung der DDR-Germanistik, die grundsätzlich ein negatives Verhältnis zur Romantik betonte. Viele sehen – und denken an seine Lyrik – in Heine einen Romantiker und haben sicherlich in mancher Hinsicht nicht ganz unrecht. Aber die Heine-Forschung ist weitergegangen, und ein wichtiger Schritt vor dem Heine-Jubiläumsjahr war 1995 das Symposium an der Pennsylvania State University, dessen Beiträge jetzt als Buch vorliegen.

Markus Winkler als Herausgeber hat sich der Mühe unterzogen, in der Einleitung die einzelnen Beiträge zusammengefaßt wiederzugeben, unter Hervorhebung der herausgearbeiteten Intentionen. Ein gutes Unternehmen, das zwar dazu verführen kann, die einzelnen Beiträge nur noch zu überfliegen, das aber die Ergebnisse schnell und unmißverständlich zugänglich macht.

Es ist ein großer Unterschied, ob man Heines Verständnis der Romantik aus seiner »Romantischen Schule« herleitet, vielfach mißverstanden und für einzelne Schriftsteller positiv oder negativ ausgebeutet, oder ob man Heines Werk vom Blickpunkt eines übergeordneten Romantikverständnisses aus beurteilt. Auf dieses Problem gehen die ersten drei Beiträge ein, die von Jeffrey L. Sammons, Joseph A. Kruse und Robert C. Holub. Sehr differenziert argumentiert Sammons: Einerseits wird die Romantik als »Wiedererweckung der Poesie des Mittelalters«, wie in der »Romantischen Schule«, für Heine postuliert, andererseits suche Heine die nachromantische moderne Alltagswirklichkeit und behalte doch das Exotische und Unheimliche der romantischen Poesie. Ein interessanter Abwägungsprozeß, der die langfristige Wirkungslosigkeit der »Romantischen Schule« begründen will.

Mit großem Interesse liest man Kruses Beitrag »Heine und Fouqué. Romantischer Ausgangspunkt mit emanzipierten Folgen«. In der Heine-Forschung war schon immer bekannt, daß Heines Dichten einen romantischen Anfang hatte, wofür die Fouqué-Lektüre steht. Den gesamten Zusammenhang hat Kruse aufgearbeitet und dabei das Verhältnis Heines zu Fouqué bis zu dessen späterer Ablehnung verfolgt. Die frühesten Anfänge Heines sind und bleiben aufschlußreich. So versteht man auch das ambivalente Verhältnis Heines zur Romantik. Einen wichtigen Aspekt von Heines Romantikverständnis glaubt Robert C. Holub feststellen zu können, daß nämlich Heines Abwendung von der Romantik zeitlich zusammenfalle mit seiner Hinwendung zum Judentum. Das Ergebnis der Beiträge von Ulrich Stadler, Jürgen Brummack und Diana I. Behler hat die Einleitung Winklers so zusammengefaßt: »Doch Heines antiromantische Polemik darf nicht den Blick darauf verstellen, daß seine Schreibweise romantischen, insbesondere frühromantischen Themen, Motiven und Kommunikationsstrategien verpflichtet bleibt.«

Sinnvoll ist es, in die Auseinandersetzung mit Heines Romantik und der »Romantischen Schule« die Gestalt und das Werk Madame de Staëls einzubeziehen. Das Verhältnis Heines zu ihr war schon am Anfang brisant, verbösartigte sich in den »Geständnissen«. Die Beiträge von Kurt Kloocke und Ernst Behler zu diesem Komplex erscheinen kontrastiv: Hier wird stärker das beiden Gemeinsame betont, dort die Polemik und die Gegensätze.

Die folgenden Beiträge bringen romantische Nachklänge, wenn von »Heine und Byron« die Rede ist (Markus Winkler), oder die Adaption des Heineschen Fliegenden Holländers durch Richard Wagner (Hans-Jürgen Schrader). Auch die deutsche Nationalsymbolik hat bei Heine romantische Implikationen (Stefan Bodo Würffel). Und daß der Orient nicht fehlen darf, dafür steht der Beitrag von Gerhart Hoffmeister.

Ein anspruchsvoller Symposiums-Band von ausgewiesenen Heine-Kennern, der die Forschung zu Heines Stellung zur Romantik ein Stück weitergebracht hat.   *Wilhelm Gössmann*

Aufklärung und Skepsis. Internationaler Heine-Kongreß 1997 zum 200. Geburtstag. Hrsg. von Joseph A. Kruse, Bernd Witte, Karin Füllner. Stuttgart/Weimar: Metzler 1999. 950 S., DM 98,—.

Der große Heine-Kongreß 1997 in Düsseldorf aus Anlaß seines 200. Geburtstages gehörte zu den tragenden Säulen in dem von Heines Geburtsstadt ebenso üppig wie angemessen im Stile eines Triumphbogens ausgestalteten Festprogramm. Die jetzt im Druck erschienene Sammlung aller dort vorgetragenen Referate gibt schon durch ihre schiere Masse von beinahe 1000 Seiten dem Gewicht des Anlasses ebenso Ausdruck wie sie den gegenwärtigen Zustand der Heine-Philologie treffend abspiegelt. Dieselbe ist in den letzten beiden Jahrzehnten schwer in die Breite gegangen; wo früher Einzelkämpfer und kleine bewegliche Einheiten fochten, da treten jetzt die germanistischen Bataillone in geschlossener Phalanx von Magister-, Doktor- und Habilitationsarbeiten an. Manch einer der Veteranen fühlt sich nicht wohl in der neuen Massengesellschaft um Heine und wird sich auch auf dem Kongreß nicht wohl gefühlt haben. Doch der Blick zurück ist müßig und wohlfeil: Die Heine-Philologie hat jetzt die ihr im Konzert der übrigen Einzelphilologien gebührende Gestalt angenommen. Der irgendwann unvermeidliche Status der Normalität ist längst erreicht: Auch Heine, der so lange als Untoter durch die deutsche Literatur geisterte, ist jetzt, umgeben vom üblichen Brimborium, in jenem Leichenschauhaus zu besichtigen, als das er selbst die Literaturgeschichte beschrieben hat.

Die Organisatoren, das Heinrich-Heine-Institut im Verein mit der Heinrich-Heine-Universität Düsseldorf, sind bei der thematischen Ausrichtung der Tagung genau von diesem Ist-Zustand ausgegangen und haben sich mit der Formulierung eines sehr weiten Obertitels »Aufklärung und Skepsis« gewinnbringend darauf eingestellt. Der Kongreß und sein Referateband wurden so ein inhaltlich prinzipiell offenes Diskussionsforum für die gesamte Heine-Gemeinde, wo – nur leicht gesteuert und strukturiert durch neun ebenfalls sehr weit ausgelegte Sektionen – alles erlaubt und erwünscht war, was gefiel. Denn, und auch dies spiegelt die erfreuliche Stärke der heutigen Heine-Philologie, eingeladen wurden nur neun Redner zu sechs Haupt- und drei Abendvorträgen, während die übrigen 53 Referenten aus einer Fülle von eingesandten Vorschlägen ausgewählt wurden. Das hatte den zusätzlichen positiven Effekt, daß viele in der Heine-Forschung bislang noch nicht aufgetauchte Namen in den Rednerlisten erschienen.

Der Band, der in Titel und Abfolge der Beiträge genau dem Kolloquium folgt, kann nach allem, was bisher gesagt wurde, keinen eindeutig zu identifizierenden Schwerpunkt haben, sondern bietet einen Überblick über die Fülle und Vielfalt der gegenwärtigen Beschäftigung mit Heine. Entsprechend schwer ist es, ihn im Rahmen einer Besprechung vorzustellen, und der Rezensent möchte sich deshalb bereits im voraus für alle Unterschlagungen entschuldigen und sich zu seiner sehr subjektiven Auswahl bekennen.

Eröffnet wird das Buch mit Beiträgen zum Verständnis der Aufklärung bei und mit Heine (*Sektion I: Diskurse der Aufklärung*). Peter Bürger sieht Heine als Zeugen einer Aufklärung, die das Element der Selbstkritik (»Skepsis«) fest in ihren Diskurs installiert hat und so zu immer neuen ›Aufklärungen‹ zwingt. Auch die Beiträge von Gerhard Höhn und Rainer Kolk verweisen auf dieses Moment einer selbstkritischen Aufklärung, wobei Kolk zeigt, wie Heine in der kritischen Auseinandersetzung mit seiner Börne-Figur versucht, schon durch Schreibart und thematische Balance sein prinzipiell offenes Modell von Geschichte sichtbar zu machen.

Sektion II: Deutsche Nation und europäische Nationen wird eingeleitet mit einem Überblick des Historikers Wolfgang J. Mommsen über Heines Verhältnis zu den Deutschen im Kontext seiner Zeit. Mommsen nennt Heine einen »unzeitgemäßen Zeitgenossen« und betont genau wie Bodo Würffel und Renate Stauf in ihren Beiträgen die Originalität und Fortschrittlichkeit seiner Vorstellung von Nationalität, Patriotismus und Kosmopolitismus.

Zu den besonders eindrücklichen Beiträgen gehören die Referate von Moshe Zimmermann »Von der Verbrennung von Büchern und Menschen«, mit dem die umfangreiche *Sektion III: Judenemanzipation als »Probierstein« der Aufklärung* eingeleitet wird, und Michael Perraudin. Zimmermann stellt Heines Ideen zur Judenemanzipation in den Kontext der zeitgenössischen Diskussion; sie werden so, für manchen Heine-Freund sicher überraschend, Teil eines allgemeinen Diskurses, vor dessen Hintergrund die Illusionen in Heines Position besonders deutlich werden. Authentischer ist er in den Reflexionen auf die jüdischen Anteile der eigenen Existenz: Perraudin hat in seinem Beitrag Heines Versteckspiel mit Anspielungen auf sein Judentum in »Ideen. Das Buch Le Grand« ebenso spannend wie überzeugend nachgezeichnet und entschlüsselt. Die selbstreferentielle Funktion der historischen jüdischen Dichterporträts unterstreicht auch Hartmut Steinecke in seinem Beitrag.

In Heines Umgang mit dem romantischen Instrumentarium führte der inzwischen verstorbene Ernst Behler in seinem Eröffnungsreferat zur *Sektion IV: Historisierung des Mythos, Mythisierung der Aktualität* ein. Mehrere Referate kreisen hier um die Frage der Heineschen Mythenkritik (Andreas Böhn zu »Vitzliputzli«; Wulf Wülfing zu Barbarossa und Napoleon; George F. Peters zu Faust, Olaf Briese zu Maria), die selbst wieder in einen neuen Mythos einmündet, der, wie Markus Winkler in seinem Vortrag zu »Heines Napoleon-Mythos« feststellt, dem modernen Zerrissenheitskonzept bewußt entgegengestellt wird.

Für das Thema von *Sektion V: Autonome versus politische Literatur* stellt Jakob Hessing in seinem Beitrag Heine in den Prozeß der Säkularisierung: So wie Goethe in der Kunst die Religion überwand, so versuchte Heine in der Politik die Kunst zu überwinden und endlich eine diesseitige Utopie aufzubauen. Zugleich weist Hessing darauf hin, daß Heine von seinen dichterischen Anfängen an selbst an der Realisierbarkeit seines Unternehmens zweifelte und sich schließlich davon verabschiedete. Einen Beleg für die frühe Einsicht Heines in das Ende der Geschichte sieht Walter Erhart in seinem glänzenden Referat über die fragmentierte Schreibart von »Ideen. Das Buch Le Grand«.

Mit dem Beitrag von Sigrid Weigel, der die *Sektion VI: Menschheitsideal und Menschenrechte* einleitet, tritt ein Thema in den Vordergrund der Diskussion, das in einer Reihe weiterer Referate auch der folgenden *Sektion VII: Philosophie, Religion, Psychologie im Werk Heines* eine Rolle spielt und um die Begriffe »Geschichte, Revolution, Leben« gruppiert ist. Es geht um die von Heine immer wieder neu gestellte und im Laufe seines Lebens unterschiedlich beantwortete Frage nach dem Verhältnis von allgemeiner historischer Forderung und subjektiv individuellem Anspruch. Weigel zeigt überzeugend, wie Heine diese den Menschenrechten innewohnende Aporie in den Gegensatz von Weltgeschichte und Menschheitsgeschichte bringt, diesen Gegensatz in seiner Formulierung von den Gottesrechten des Menschen zu überwinden sucht, am Ende seines Lebens aber doch auf das »Recht auf Leben« als das eigentliche Grundrecht zurückkommt.

Es spricht für die Qualität der Weigelschen Arbeit, daß sie auf die verschiedenen, in diesem Feld der Heine-Forschung bereits bestehenden Vorarbeiten verzichten konnte. Deren Protagonisten Jürgen Ferner, Christian Liedtke und Ortwin Lämke, alle drei jüngst mit Büchern zu Heines Geschichtsbild hervorgetreten, kommen in Sektion VII direkt nacheinander zu Wort. Diese Sequenz, in der die eben angedeuteten Problemkreise ausgearbeitet und präzisiert werden, bildet einen der Höhepunkte der gesamten Aufsatzsammlung.

Die Sektion *VIII: Die internationale Heine-Rezeption* enthält höchst belehrsame und für deutsche Leser immer neu erstaunliche und überraschende Beiträge zur Rolle Heines für das deutsche Exil (Ariane Neuhaus-Koch, Dieter Schiller), für die portugiesische, spanische, koreanische und chinesische Literatur (Manuela Delille, Arno Gimber, Su-Yong Kim, Zhang Yushu, Ma Wentao) oder auch für einzelne Dichter wie etwa Paul Celan (Werner Wögerbauer).

In der letzten Sektion schließlich (*IX: Der Dichter Heine*) geht es um allgemeine Positionen ebenso wie um Analysen von Einzelwerken. Fritz Mende wie auch Mauro Ponzi betonen die Zeugenschaft des Dichters gegen die ihn umgebende moralisch und emotional verarmte Gesellschaft, Paul Peters besteht auf des »Plebejers Heine« ›Unbehagen an der Kultur‹. Lucien Calvié und Bettina Knauer legen Strukturanalysen des »Schnabelewopski« bzw. der »Florentinischen Nächte« vor, und Ralf Schnell fragt nach Momenten der Gattung »Essay« in Heines »Deutschland«-Schriften.

Den Abschluß des Bandes bilden drei Vorträge, die außerhalb des eigentlichen Kongresses als öffentliche Abendveranstaltungen vor entsprechend größerem, nicht fachspezifischem Publikum gehalten wurden. Odo Marquard fragt hier in gewohnt geschliffenem Stil und mit einigen biographischen Abschweifungen nach der Möglichkeit, Bürgerlichkeit und die Vorliebe für Heine zusammenzubringen. Eigentlich hätten die drei Herausgeber des Bandes, Karin Füllner und Joseph A. Kruse vom Heine-Institut und Bernd Witte von der Heine-Universität Düsseldorf, diesen Beitrag ganz ans Ende stellen sollen. Sie hätten auf diese Weise den Bogen zwischen Seite 1 und Seite 1000 aufs Wunderbarste geschlossen, kommt Marquard doch genau wie ganz zu Anfang Bürger zu dem Ergebnis, daß Heine Bannerträger einer selbstkritischen Aufklärung war und ein Beispiel dafür gibt, wie Aufklärung nicht in emanzipatorischem Radikalismus, sondern in Skepsis gipfeln sollte, eine Haltung, in der eben auch Bürgerlichkeit und Heinescher Witz zusammenkommen können.

Die beiden letzten Beiträge des Bandes, die material- und kenntnisreichen Referate von Jacques Revel und Georges-Arthur Goldschmidt über Heines deutsch-französische Existenz und Identität, geben diesem umfangreichen und schwergewichtigen Zeugnis einer blühenden Heine-Philologie dann noch einen Akzent, der diese Philologie von anderen Philologien unterscheidet: ihre ausgeprägte Internationalität, die sich auch in dem Umstand wiederfindet, daß beinahe die Hälfte der Beiträger Vertreter der Auslandsgermanistik sind.

Insgesamt ist dieser Band – ich hoffe, das ist im Zuge der Besprechung deutlich geworden – eine wirkliche Fundgrube von Themen, Gedanken und Anregungen für jeden, der sich wissenschaftlich mit Heine beschäftigt. Er ist zudem – trotz der Dickleibigkeit – angenehm anzuschauen, schön gesetzt und verarbeitet und ausgesprochen sorgsam von Bernd und Karin Füllner redigiert. Ich denke, die Veranstalter können mit ihrer Tagung, die Leser mit deren Ergebnis sehr zufrieden sein. *Bernd Kortländer*

XVIII. Symposion deutsch-italienischer Studien: Heinrich Heine. Für die Akademie deutsch-italienischer Studien in Meran herausgegeben von Roberto Cotteri. – Monographische Reihe XVIII – Innerhoferstr. 1, I-39012 Meran, dort beziehbar; 270 S. zum Heinesymposion + 220 S. Studien zu Max Stirner und Ingeborg Bachmann. – L. 80.000.

In seinem Überblick über die zehn Heine-Referate kommt Roberto Cotteri zu der Formel von Heine als dem »großen Protagonisten«, dem »jedem Dogma abgeneigten Vorläufer einer europäischen Kultur, deren sowohl ephemere als auch intensivste Lebensmomente Heine zu erfassen vermochte.« Das Nebeneinander von Journalistischem und Philosophischem wie die Dualität des Poetischen bei Heine sind nachdrücklich vorgestelltes Ergebnis der Tagung auf vielen Ebenen. Charakteristika der nirgendwo eindimensionalen Spätphase der europäischen Romantik werden erkennbar.

Nach dem Modell der Akademie bei personenbezogenen Veranstaltungen wurde auf eine vorgängig festgelegte spezielle Fragestellung verzichtet. Eine Darstellung der Eigenheiten von Schumanns Vertonung des ersten Gedichts seines Heine-Zyklus von Günter Schnitzler (Freiburg) steht also neben einer Untersuchung der Plazierung Luthers in Heines Philosophiegeschichte (von dem Philosophen V. Vitello aus Salerno), neben einer Untersuchung der Farben in Heines Poesie (von dem Germanisten Rubini aus Bari) und neben einer auf Gesamtergebnisse zielenden Analyse der »großen Frauenfrage« in Heines Leben und Werk (von Edda Ziegler aus München). Der Autor formatiert aber gleichsam die ihm gewidmeten Untersuchungen aus seinem Werk, Leben und Nachleben heraus zum Thema einer vielfältigen Einheit in den europäischen Aspekten.

Die italienischen Referate haben deutsche Zusammenfassungen und umgekehrt, so daß das Ziel der Akademie, die sich als Mittler zwischen den Kulturen und Sprachen versteht, hervortritt, was auch durch die zahlenmäßige Gleichheit von jeweils fünf Referenten aus den beiden Sprachgebieten äußerlich unterstrichen wird.

Der erste Beitrag von Giorgio Cusatelli aus Pavia wählt ein großes Thema: »Heine e l'invenzione de l'Europa«. Hatte Paul Michael Lützeler in seiner Untersuchung »Die Schriftsteller und Europa« (München 1992) in seinem wichtigen Heine-Kapitel »Freiheitskomparatistik« und einen in den europäischen Bereich und zu Europa-Vokabular führenden Napoleonismus entdeckt, mit dem nebenbei und bezeichnend von Heine festgestellt wurde, daß »alle edeln Herzen *des europäischen Vaterlandes*« (Hervorhebung F. S.) dem verstorbenen Helden noch nachträglich entgegenschlagen (S. 100 mit Heine-Zitat), so sieht sich Cusatellis genauere Untersuchung im einzelnen mit manchen Problemen konfrontiert, die in seiner deutschen Zusammenfassung schlichter und nicht immer präzise hervortreten. Die zentrale Stellung des Europäischen bei und für Heine wird im Vortrag jedenfalls eindrucksvoll sichtbar, wie mir scheint, wobei diese europäische Perspektive so elementar ist, daß sie – präsentiert – einer ausdrücklichen Kommentierung nicht bedarf. Bewußte Übertragung von französischer Freiheitsgesinnung nach Deutschland und von deutscher Poesie und Philosophie nach Frankreich, wie sie unübersehbar sind und im angezeigten Band von Joseph A. Kruse noch einmal genau benannt werden (S. 151), dürften dabei eine vorsichtige und enge Bestimmung sein, die sich erheblich ausweiten läßt, wie der italienische Germanist Cusatelli aus seiner speziellen Perspektive zu veranschaulichen weiß. Heines Reiseeindrücke sind in den italienischen Ausgaben, die Cusatelli benutzt, als »Germania e Inghilterra« (Milano 1956) und

– neben »Lutezia« (Torino 1959) – als »Italia« (Milano 1951) zusammengefaßt, so daß Deutsch-Französisches nicht dominiert. Wenn die Französische Revolution ein unbestritten europäisches Ereignis ist, so ist für Cusatelli eine universal europäisch gemeinte Aufklärung wichtiger, die über den Umkreis der Revolution hinaus die europäischen Bestrebungen unserer Zeit vorwegnehme, indem sie sich nicht aufs Politische beschränke:

> Siamo in grado ora di ravvisare in questo concetto di rivoluzione la chiave per attribuire allo scrittore tedesco non soltanto il ruolo di anticipatore, e in una certa misura di profeta, del dibattito europeistico via concretatosi nella seconda metà del nostro secolo, ma anche e sopratutto della nostra consapevolezza dell'indissolubilità del programma politico da quello sociale e culturale. (S. 7)

Joseph A. Kruse hat seinen gewohnt souveränen Überblick gegen solche inhaltliche Bestimmung hier mehr aufs Methodische abgestellt, »Vermittelndes Denken«, »Darstellung als Dokument des Nach- und Mitdenkens ebenso wie als didaktische Leistung« wird verstanden als Voraussetzung eines Werkes, das über Jahrhunderte wirksam sein kann dank seines ungenierten Zugriffs auf die höchsten und die tiefsten Wahrheiten. Das Unverständnis der bemühten und schwerfälligen jungdeutschen Zeitgenossen Mundt und Gutzkow für Heines »Anspruchslosigkeit als besonderer Anspruch« (S. 160) benutzt Kruse, den neuen Gehalt in Heines Kunstform anschaulich zu machen. In den Aussagen kulminiert er in der Philosophiegeschichte in den Elogen Luthers, Lessings und Spinozas wie dem (damaligen) »öffentlichen Geheimniß in Deutschland«, dem Pantheismus. Bei Heine entsteht ein besonders einleuchtendes und überschaubares Panorama europäischer Kulturgeschichte. Man mag bei Mitleiden und Weltverbesserungsplänen an das denken, was Paul Peters aus Michigan in Düsseldorf 1997 Heines »Plebejertum« nannte.

Geistesgeschichte ist in schlichter Sprache jedenfalls auf ein Niveau gehoben, das Menschheits- wie Menschenrechtsfragen als solche behandelt. Daß man damit auf der Höhe der von Goethe erahnten Weltliteratur sei, die zunächst einmal eine im weitesten Sinn »europäische« Literatur ist, sagt Kruse nicht, doch läßt er diese Perspektive in dem bei seinem übernationalen Publikum adressatenbezogenen universellen Ton Heines (konkret durch seine Anmerkungen zum Weltliteratur-Thema) als Gehalt der Philosophiegeschichte Heines erleben.

Welche Qualität der Deutungen die Textaufbereitung der Düsseldorfer Heineausgabe ermöglicht (wie sich auch sonst in diesem Band verfolgen läßt, etwa bei Schnitzler), wird bei Werner M. Bauer aus Innsbruck an einem einzelnen Text aus den Nordseebildern sichtbar. Sein Thema paßt im Kontext der Vorstellung des Autors zur Weltliteratur-Thematik insofern besonders gut, als nicht nur ein bei den »Göttern Griechenlands« naheliegender Bezug zu Schiller, sondern neben dem Vergleich zu romantischer Klangkunst, Ästhetik, Philosophie und Metaphorik der Tieck und Novalis und der Einbeziehung der Errungenschaften des Poeten Klopstock auch der Bezug zur griechisch-römischen Antike in einem subtilen und weitgespannten Überblick hergestellt wird. Dem »Europäischen« wird im Zitat Rechnung getragen. Varnhagen befand, offenbar treffend, zu den Nordseebildern, wie man hier zum Ganzen finden könnte: »Der Lebensgehalt europäischer Menschen, wie er sich als Wunsch, als Seufzer, als Verfehltes, Unerreichtes, als Genuß und Besitz, als Treiben und Richtung aller Art darstellt, ist hier in gediegenen Auszügen ans Licht gebracht.« (S. 201, nach dem »Gesellschafter« 1826 aus Varnhagens Sammlung »Zur Geschichtsschreibung und Literatur«, Hamburg 1833, S. 588)

Wenn der Europäer Heine europäische Themen und ein europäisches Publikum hatte und hat, bleibt doch das historische Problem seiner Ausgrenzung aus der deutschen Gesellschaft. Viele Probleme, die man mit Heines bürgerlichen Qualitäten hat – die Odo Marquard in Düsseldorf hervorhob –, mögen hier ihren Ursprung haben. Für Heines Seelenlage glaubt der römische Psychologe Flavio Manieri ein »doppio«, eine Doppelheit des Verbannten auszumachen, die immerhin neben der Suche nach persönlicher Freiheit ihn politisch für soziale Freiheit einzutreten veranlaßt habe. Für die Biographie untersucht die Germanistin Maria Carolina Foi aus Triest neu die poetischen Wirkungen eines Leidens an der Gesellschaft, dem sie einen klangvollen und schönen Schluß zu geben versteht: »Reiietto, paria, escluso, ma signore del regno dei sogni, partecipe di quella grazia che lo rende capace di dar voce al dolore degli esclusi trasformandolo nella poesia che appartiene a tutti.« (S. 235)

So optimistisch kann des Grazers Dietmar Goltschnigg Untersuchung über Karl Kraus' Heine-Bild nicht abschließen, die in einer ausführlichen Studie einen Aspekt des traurigen Teils der Rezeptionsgeschichte in Erinnerung ruft. Kraus' »sprachkritischer Würgegriff« (S. 80), der sich hier nach seiner seltsamen Theorie auf unzulängliche Sprachbeherrschung des »Dichterjuden« stützt (vgl. S. 83 und Anm. 18), weise auf eine kulminierende Verwendung aller einschlägigen Diffamierungen, wie man sie aus Paul Peters Darstellung (1997) kennen kann. Das entziehe die magische Schuldzuweisung nicht »jeglicher Rationalität« (S. 83).

Daß ich hier nicht folgen kann, sondern eine dramatische Akkumulierung von Irrationalem erkenne, ist sicherlich unerheblich. Goltschniggs Fazit, daß wir Anlaß haben, Grund und Folgen und Zusammenhänge des Kraus'schen Vorgehens zu bedenken, wie er es tut, das dürfte unbestreitbar sein.

Dieser deutsch-italienische Band kann daneben lehren, daß der Europäer Heine auch als Dichter aus Deutschland nie eine so umstrittene Gestalt gewesen ist, wie – aber wohl nur in der Vergangenheit! – der deutsche Dichter unter Deutschen. Dazu, ihn aus der Sicht des 20. Jahrhunderts (wieder) verständlicher und selbstverständlicher zu machen, leisten die europäischen Studien des angezeigten Bandes mit der erstaunlichen Fülle ihrer dem Autor gemäßen Aspekte jedenfalls einen Beitrag, auch wenn man dankbar notiert hat, wieviel im einzelnen in der umfassenden Düsseldorfer Tagung des Heine-Jahres 1997 – beim hier Angesprochenen etwa zum Napoleon-Mythos durch Markus Winkler oder zu »Italia und Germania« durch Waltraud Maierhofer und in vielen Details zur Rezeptionsgeschichte – gesagt und inzwischen auch publiziert worden ist.

Franz Schüppen

Zhang Yushu (Hrsg.): *Heine gehört auch uns. Tagungsband des Internationalen Heine-Symposiums '97 Beijing, veranstaltet von der Peking-Universität und der Heinrich-Heine-Universität Düsseldorf.* Beijing: Verlag der Peking-Universität 1998. 470 S.

Den Heine-Slogan »Heine gehört allen« hat das Germanistische Seminar der Peking-Universität auf sich angewandt – »Heine gehört auch uns« und daraus die wissenschaftliche Konsequenz gezogen: ein Symposium auf dem Niveau und unter Verwendung der Resultate der vorangegangenen Heine-Veranstaltungen des Jubiläumsjahres. Zustande gekommen war das Symposium durch die Partnerschaft mit der Heinrich-Heine-Universität Düsseldorf, die deshalb auch gut vertreten war. Die Vorträge des Symposiums liegen nun gedruckt vor, in deutscher Sprache, in der auch die Veranstaltung ablief, mit den manchmal notwendigen Rückverweisen auf die chinesische Kultur und Sprache.

Im Mittelpunkt stand die Modernität Heines. Dies hat seine geschichtlichen Voraussetzungen und Gründe in der Rezeption Heines in China. Schon früh hatte der Liederdichter Heine hier Anklang gefunden. Mit den gesellschaftlichen Veränderungen war der kritische politische Heine hinzugekommen. An der Beliebtheit der Gedichte Heines verifiziert: Zur »Loreley« trat das Gedicht »Die schlesischen Weber«. Auf solche Aspekte gehen auch die Beiträge von Liu Min (Peking) und

Wang Xiaoxin (Shanghai) ein. Schon in der Eröffnungsrede hatte der Initiator des Heine-Symposiums Zhang Yushu vehement und kritisch herausgestellt, daß Heine durch die Kulturrevolution zu einer persona ingrata geworden war und es darum gehe, Heine neu zu verstehen und zu vermitteln. Das Symposium sollte zum gegenseitigen Austausch beitragen – und so wie es verlaufen ist und der Band dokumentiert – trägt es auch dazu bei.

Der Symposiums-Band enthält – und hier liegt der große Vorteil – nicht so sehr allgemeine Vorträge über Heine. Der Initiator Zhang Yushu hatte durch vorherige Absprachen, bei aller Freizügigkeit, dafür gesorgt, daß bestimmte Bereiche und Ziele der Heine-Forschung in gegenseitiger Ergänzung zur Sprache kommen konnten. Dazu gehören die Vergleiche bzw. Kontrastierungen mit anderen europäischen Dichtern, der Blick auf Japan, die im Werk Heines deutlich gewordenen Zukunftsperspektiven und vor allem die Bedeutung seines Werkes für die chinesische Literatur und Kultur.

Wei Yuqing (Shanghai) versucht Heine und Rousseau in einen geschichtlichen Zusammenhang zu bringen: »Obwohl zwischen den beiden Autoren Unterschiede unübersehbar sind, obwohl Heine Rousseau nur sporadisch erwähnte und auch nicht immer positiv beurteilte, stand er dennoch in der Tradition der großen Befreiungsbewegung, die mit Rousseau und anderen angefangen hatte.« Für die chinesische Kultur folgert er daraus: »Wohl deshalb wurden sie beide bei uns begeistert aufgenommen etwa um die Jahrhundertwende, also in der Zeit, wo die Chinesen anfingen, die traditionelle Autorität in Frage zu stellen, das feudalistische Joch abzuschütteln und eine neue Gesellschaftsordnung herzustellen.« (S. 317f.)

Walter Gebhard setzt sich mit der Aufklärungsarbeit von Heine und Nietzsche auseinander. Sicherlich ein Thema, das den Rahmen eines Symposiumsbeitrags sprengt. Heine wird hier vor allem aus der Sicht Nietzsches gesehen und beurteilt. Trotz bestimmter Vorbehalte kommt die Kongenialität beider zum Vorschein. Anders verfährt der Beitrag von Dolf Oehler, der Heine und Baudelaire gegenüberstellt. Vielleicht darf aus der Diskussion, die in den Tagungsband nicht aufgenommen ist, angemerkt werden, daß das Plenum sich länger damit auseinandergesetzt hat, ob die Moderne mit Heine schon begonnen hat oder erst mit Baudelaire. Bei den vielen Heine-Liebhabern und auch Heine-Kennern neigte man zu Heine. Modernität wurde gemessen an der literarischen Umsetzung großstädtischer Erfahrungen. Der Beitrag schließt mit der beachtenswerten Anmerkung: »Den Posten, der bei Heines Tod vakant wurde, hat womöglich der einsame Fechter Baudelaire selbst eingenommen – am selben welthistorischen, wenn schon nicht am gleichen poetischen Ort – aber mit einem ähnlichen Auftrag.« (S. 339)

Die junge Wissenschaftlerin Yu Yang (Nanking) scheute sich nicht, die Rolle der Vernunft in Heineschen und Grass'schen Werken zu vergleichen. Es kommt ihr darauf an, eine blutleere Aufklärungsvernunft abzubauen, die Bedeutung der Sinne und der Sinnlichkeit herauszustellen, wobei sie genügend Parallelen zwischen Heine und Grass findet. Den Zeitabstand dieser beiden Schriftsteller überspringend, zitiert sie Günter Grass: »Für mich ist er [Heine] jemand, der in der Tradition der europäischen Aufklärung steht und Glanz und Elend dieser Aufklärung verkörpert mit ihren Möglichkeiten, mit ihren Grenzen, auch mit der ihr innewohnenden Gefahr der Überprononcierung.« (S. 355)

In meinem eigenen Beitrag geht es nicht so sehr um Vergleich, sondern um eine Kontrastierung aus Zeitgenossenschaft, zwischen Heine und der Droste, die im selben Jahr, 1797, geboren wurden. Zunächst könnte man meinen, daß zwischen beiden kaum Übereinstimmendes zu finden sei. Im Hinblick auf Modernität befragt, steht das revolutionäre Denken Heines einem eher konservativen, aber keineswegs restaurativen Denken der Droste gegenüber. Wenn es aber um die innere Unabhängigkeit und Freiheit der Frau geht, dann ist sie um vieles moderner. Bei dem Vergleich zwischen dem »Rabbi von Bacherach« und der »Judenbuche« zeigt die Droste eine realistischere

Schreibweise. Beide Texte überwinden das so verhängnisvolle Vergeltungsdenken. Nebenbei bemerkt: Eine Ausgabe von Gedichten der Droste in chinesischer Sprache liegt vor, übersetzt und herausgegeben von Zhang Yushu, der sich seit langem für Heine engagiert hat.

Quasi einen Gesamtüberblick über Heine im Vergleich mit anderen Autoren liefert der Beitrag von Joseph A. Kruse »Heinrich Heine und die Weltliteratur«. Die vielfachen Anknüpfungen und Auseinandersetzungen Heines sind schon erstaunlich. Zugleich kommt es in diesem Beitrag darauf an, daß Heine nicht nur ein Teil der Weltliteratur ist, sondern daß auch mit diesem Prädikat, wie bei Goethe, literarische Qualität gemeint ist. Ein solcher Beitrag durch die Literaturgeschichte öffnet sich für die erstrebenswerte Integration mit der alten und modernen chinesischen Literatur. Gut schließt sich daran an: »Heinrich Heine und seine Einflüsse auf moderne chinesische Lyriker« von Li Zhiyong (Xiangtan-Universität).

Von klarer Akzentsetzung geprägt ist der Beitrag des Goethe-Forschers Naoji Kimura, Sophia-Universität Tokyo. Er geht den Übersetzungen der »Romantischen Schule« in Japan nach, bezieht sich vor allem auf die in den Vorworten geäußerten Positionen. Ausgangspunkt bildet die Heine-Biographie von Kenji Takahashi aus dem Jahre 1931, in der die »Romantische Schule« aus literaturgeschichtlichen Gründen eingehend behandelt ist. Bedrückend ist, daß ein solcher Heine-Forscher später in die kulturelle Zusammenarbeit mit dem nationalsozialistischen Deutschland trat, nach dem Krieg allerdings berühmt wurde durch die Goethe- und Hesse-Übersetzungen. Kimura bleibt bei kulturgeschichtlichen Folgerungen, wenn er die Übersetzungen der »Romantischen Schule« von Ishinaka, Yamashita und Yamazaki dafür verantwortlich macht, daß die Rezeption des Mittelalters und der Romantik unter den Intellektuellen in Japan, abgesehen von Eichendorff, bis heute unter einem kritischen Vorbehalt steht. Auch ein allgemeiner Überblick über die Heine-Rezeption in Japan wird geboten von Wolfgang Nitz (Himeji-Dokkyo-Universität).

Schon auf dem Heine-Kongreß in Düsseldorf war ein großes Interesse an Heine und seinem jüdischen Selbstverständnis in den Vordergrund gerückt. Hiroshi Kiba (Kobe) sucht sich einem solchen Verständnis zu nähern, mit Positionen, die durchaus diskutabel bleiben müssen. Anders der Vortrag von Bernd Witte, der Heines Judentum mit seiner Modernität verband, keine Ethnizität wie bei Kiba. Entscheidend ist für ihn Heines säkularisiertes Verhältnis zur Bibel und zum Wort, was am »Rabbi von Bacherach« im einzelnen aufgewiesen wird: der Kommentar als literarisches Verfahren der Moderne. »Erzählung als Kommentar, darin erfüllt sich das Paradox der Erfindung der Schreibweise der Moderne aus den ältesten, den talmudischen Traditionen des Judentums. Im Kontext der in der ersten Hälfte des neunzehnten Jahrhunderts unangefochten gültigen klassisch-romantischen Ästhetik stellt sie etwas revolutionär Neues dar.« (S. 60)

Eine detaillierte Interpretation des »Rabbi von Bacherach«, das am meisten beachtete Werk bei diesem Symposium, bietet der gemeinsame Beitrag von Gert Kaiser und Joachim Rickes. Weitere Interpretationen finden sich zum »Buch der Lieder« von Julie D. Prandi, zu »Deutschland. Ein Wintermährchen« von Winfried Woesler, zur »Harzreise« von Yao Li (Shenyang) und Gao Yanting (Xian), zur »Lutezia« von Zhao Leilian (Peking), zur »Matratzengruft« von Diao Chengjun (Chongqing). Unter dem Gesichtspunkt »Heine im Schnittpunkt der Kulturen« kamen Heines frühe Ambitionen zur maurischen Kultur im Spanien des Mittelalters zur Sprache, ein Beitrag von Ulrich Müller und Margarete Springeth. Bei der Darstellung von Fritz Paul über »Hans Christian Andersen auf Heines Spuren im Harz« wird das Problem des Plagiats aufgeworfen, ein Problem, das sich bei der schriftstellerischen Nachfolge Heines, wie bei kaum einem anderen Autor stellt.

Bei Witte wird die Modernität Heines, ähnlich wie bei den Ausführungen von Oehler über Baudelaire, am Schreiben aus großstädtischen Eindrücken gemessen. Durch den Beitrag von Albrecht Betz »Der Dichter als Publizist. Heine – Die Presse – Paris« wird darauf aufmerksam gemacht, daß die journalistische Schreibweise die Modernität Heines bestimmt. Ich selbst war davon ausgegangen, daß die Modernität durch die Auseinandersetzung mit dem Kunstverständnis der Literatur als Ware ausgelöst und dann nach einer nachwarenhaften Schreibweise gesucht wurde. Die ästhetischen und politischen Implikationen bei dem Begriff der Moderne ergeben sich folgerichtig aus dem Werk Heines.

»Fern und fremd wie auch rätselhaft« – so hat Zhang Penggao seine chinesisch-sprachigen Übersetzungen des »Rabbi von Bacherach« und der »Memoiren des Herren von Schnabelewopski« überschrieben. Er geht vor allem auf die Schwierigkeiten der Wiedergabe ein. Aufschlußreich ist hierbei, daß es sich vor allem um religiöse Vorstellungen handelt, die ihren Ursprung in der Bibel haben. Diese sind immerhin noch übersetzbar, wenn sie nicht in dem Prozeß der Säkularisierung stehen. Hinzu kommt das Heinesche Spiel auf verschiedenen Ebenen. Säkularisierungsformen wie in Europa gibt es in China nicht in gleicher Weise. Eine Auseinandersetzung mit der Religiosität Heines müßte geistige und sprachliche Barrieren überwinden.

Einen Blick auf die Rezeption in der Düsseldorfer Heimat Heines, auf die zurückliegenden Probleme, auch zur Benennung der Universität nach Heine und die Aktivitäten im Jubiläumsjahr bietet der Beitrag von Ma Wentao (Peking). Das Problem der didaktischen Vermittlung Heines in Deutschland wird dokumentiert von Hans-Christoph Graf v. Nayhauss mit der Analyse von Lesebüchern.

In dem Beitrag »Heines ›Idee‹ und ihre Bedeutung für die Gegenwart« von Li Changke (Peking) wird nach den Überzeugungen Heines gefragt. Sie werden im einzelnen herausgestellt und für die chinesische Literatur als wünschenswert erachtet: »Indem wir heute hier Heines gedenken, müßten wir unsere Rolle als Kulturvermittler zwischen China und Deutschland eigentlich so wahrnehmen, daß wir Heine als ›Prototyp‹ des Intellektuellen seinen chinesischen Kollegen von heute als Vorbild empfehlen, daß wir sie auffordern, ihm zu folgen.« (S. 50)

Zhang Yushu stellte Heines Liebe und Haß ins Zentrum seiner Überlegungen, Haß auf das Reaktionäre und Diktatorische, Liebe zu einem menschlich politischen Horizont, der frei wird durch die Absetzung von dem, was Heine haßt und hassen muß: »In Liebe und Haß lernen wir Chinesen eifrig von Heine. In Liebe wie in Haß ist Heine unser Vorbild. Das ist die Lösung des Rätsels, warum sich Heinrich Heine bei den Chinesen einer so großen Beliebtheit erfreut.« (S. 118)

Das Grußwort des Prorektors der Peking-Universität, He Fangchuan, korrespondiert mit dem Grußwort des Rektors der Heinrich-Heine-Universität, Gert Kaiser. Ähnlich korrespondieren die Beiträge der chinesischen und deutschen Wissenschaftler: Heine als Vermittler und Vermittelter. *Wilhelm Gössmann*

Heinrich Heine und Europa. Hrsg. v. Institut für deutsche Geistes- und Sozialwissenschaften – Germanicum der St. Kliment-Ohridski Universität, Herausgeberkollegium: Pavel Petkov, Christo Todorov, Emilia Staitscheva, Birgit Igla. Germanica. Jahrbuch für deutschlandkundliche Studien, 4. Jg. 1997. Sofia 1997, 312 S.

Differenz und Identität. Heinrich Heine (1797–1856). Europäische Perspektiven im 19. Jahrhundert. Tagungsakten des internationalen Kolloquiums zum Heine-Gedenkjahr. Lissabon 4.–5. Dezember 1997. Hrsg. v. Alfred Opitz. Trier: Wissenschaftlicher Verlag 1998. (= Schriftenreihe Literaturwissenschaft. Hrsg. v. Heinz Kosok, Heinz Rölleke, Bd. 41), 279 S., DM 50,–.

»Dichter unbekannt«. Heine lesen heute. Internationales Heine-Symposion Bonn, Mai 1997. Hrsg. v. Dolf Oehler u. Karin Hempel-Soos. Bonn: Bouvier 1998, 178 S., DM 24.80.

Heinrich Heine und die Religion, ein kritischer Rückblick. Ein Symposium der Evangelischen Kirche im Rheinland vom 27.–30. Oktober 1997. Hrsg. v. Ferdinand Schlingensiepen u. Manfred Windfuhr. Düsseldorf: Archiv der Evangelischen Kirche im Rheinland 1998, 244 S.

Die Heineforschung kann das Heine-Jahr 1997 fraglos als Gewinn verbuchen: Nicht nur ent-
stand der umfangreiche und mit vielen Forschungsperspektiven aufwartende Sammelband des
Düsseldorfer Symposions als eine »zentrale Publikation«; auch die mehr am »Rande« liegenden
Publikationen der Symposien, die hier zu besprechen sind, erreichen mit ebenfalls 64 Beiträgen in
etwa den gleichen Umfang. Sie dokumentieren den »europäischen Heine« auch geographisch.
Hier allerdings muß und soll eine vergleichende Betrachtung enden. Zu offensichtlich sind die
Unterschiede in Intention und Ressourcen, die an den jeweiligen Orten, von Sofia über Düsseldorf, Bonn und Lissabon, aufgewandt werden konnten. Dennoch ist es die hier bezeichnete europäische Dimension von Werk und Wirkung Heines, die eine zusammenfassende Betrachtung und
den nachdrücklichen Hinweis auf die Substanz dieser scheinbar nur marginalen Publikationen ermöglicht, ja notwendig erscheinen läßt.

Die Publikation des Instituts für deutsche Geistes- und Sozialwissenschaften – Germanicum
der St. Kliment Ohridski Universität Sofia, betitelt »Heinrich Heine und Europa«, gewinnt ge-
genwärtig eine 1997 noch kaum prognostizierbare Aktualität. Hier geht es nicht nur darum, die
sogenannten Ränder Europas in den Mittelpunkt zu rücken, hier geht es auch um eine Fremde,
die bisweilen in kyrillischen Buchstaben unter dem Text erscheint, aber gleichwohl integral zur
europäischen Vielfalt zählen muß. Auch wenn Heine als der Vermittler nach Westen, seine »pazi-
fike Mission« oft nur im Blick auf den französischen Nachbarn gelesen wird – durchaus notwendig und zu Recht – im Blick nach Südosten, noch bis 1945 die Himmelsrichtung einer großen Leserschaft für Heine, eröffnet sich ein Feld für Rezeptionsstudien, die hier, am Beispiel Bulgariens,
exemplarisch vorgeführt werden. Joseph A. Kruses statt einer Einleitung stehende Abhandlung
über die »edlen Herzen des europäischen Vaterlandes« gewinnt durch die Beiträge der Gastgeber
immer neue Facetten. Heines »Präsenz« (Emilia Staitscheva) erschöpft sich nicht in deutschen
(hamburgischen) Denkmalsstreitigkeiten, deren Darstellung demgegenüber als das kleine Thema
erscheint. Einer »karnevalesken« Neulektüre des Heineschen »Faust« im Sinne Bachtins ist der
Aufsatz von Boshidara Deliivanova gewidmet. Heine und Nietzsche, Heine und Börne (Welisar
Iliev, Jutta Nickel) bilden weitere Konstellationen der Lektüre.

Thematisch orientiert erscheinen demgegenüber die »Europäischen Perspektiven im 19. Jahrhundert« unter dem Obertitel »Differenz und Identität« – die lusitanische Perspektive auf Heine.
Auch hier ist die Himmelsrichtung leitend. Die Beiträge zur Rezeption zielen auf die Romania,
auf das Abenteuer der Entdeckung neuer Welten, auf Grenzen und Ränder auch des Lebens, auf
Fremdheit, auf Differenzen und auf die Suche nach Identitäten. Daß auch hier die Faust-Figur,
wie im bulgarischen Sammelband, in der Heineschen Medialisierung thematisiert werden kann
(im Beitrag von Volkmar Hansen), zeigt die europäische Tendenz einer »Weltliteratur« an. Alfred
Opitz und Maria Manuela Gouveia Delille behandeln das Portugal-Thema, Karin Füllner erneut
und abgewogen die Staël-Polemik, Susanne Zantop die Entdeckung Heines und Humboldts
durch Amerika – eine interessante Umkehr der Perspektive. Neue Aspekte zur Frage der jüdischen Identität bringt Anne Maximiliane Jäger. Mit der »Rheinsymbolik« (Ernst-Ullrich Pinkert)
ist ein ›deutsches‹ Thema angesprochen. Der Band schließt mit den ›letzten Dingen‹, »Schreiben
in der Matratzengruft« (Orlando Grossegesse), »Lebenssinn und Tod« (Joseph A. Kruse).

Die beiden deutschen Sammelbände, der eine die Dokumentation einer Tagung an Heines erster Universität, der damals neubegründeten Rheinischen Friedrich-Wilhelms-Universität in
Bonn, der andere eine höchst aufschlußreiche Wiederaufnahme der vielumstrittenen Thematik
von Heines »Religion« in einer Tagung der Evangelischen Kirche im Rheinland, betreffen zentrale Fragen einer Heine-Forschung, die oft nur mit wohlfeilen Phrasen, auch in der einschlägigen
Forschung, beantwortet worden sind. Daß es, wie die neuen Quellen zu Heines evangelischer
Taufe, vorzüglich dokumentiert von Ferdinand Schlingensiepen, im Düsseldorfer, zu »Juni 1832.

Heine und der Pariser Aufstand« von Bodo Morawe im Bonner Tagungsband paradigmatisch zeigen, auch bei Heine noch viel zu entdecken gibt, läßt auch in Zukunft immer wieder Revisionen des Heine-Bildes erhoffen und wünschen. Die künftige Heine-Biographie wird an solchen Beiträgen nicht vorbeigehen können. Man muß dabei nicht den »unbekannten Heine« zitieren – genaue Lektüre des scheinbar Bekannten läßt gelegentlich Überraschendes zutage treten. Es würde den Rahmen einer Sammelanzeige sprengen, wollte man jeden der Beiträgerinnen und Beiträger auch nur namentlich nennen. Auch hält nicht jeder der vorliegenden Beiträge das Niveau von Neuentdeckungen. Gelegentlich ist die stets erwartete Vollständigkeit der Akten für eine zusammenfassende Beschreibung nach den benannten Schwerpunkten hinderlich – jenseits der Frage nach kritischer Würdigung. Erst beim zweiten Lesen kann sich z. B. ein »Werkstattbericht aus der Heine-Säkularausgabe« als Beitrag zu einem »Unbekannten Heine« erweisen. Das Interesse an den »Grenzen«, den Grenzen des Schreibens und des Lesens, die Themen »am Rande« treten, zu Recht, in den Mittelpunkt der Heine-Säkularbetrachtungen am Ende des 20. Jahrhunderts, nachdem sich Heine als der »erste« Dichter des 19. so nachdrücklich erwiesen hat. *Helmut Schanze*

Heine für Kinder und Jugendliche

Jürgen Seidel: *Harry Heine und der Morgenländer*. Roman. Weinheim und Basel: Beltz 1997. Geb. 240 S. – Weinheim und Basel: Beltz 1998. Br. 240 S., DM 19,90.
Uschi Flacke: *Heine für Kleine*. Stuttgart: Quell Verlag 1997. 164 S., DM 29,80.
Dagmar Matten-Gohdes: *Heine ist gut. Ein Heine-Lesebuch*. Mit Zeichnungen von Marie Marcks. Weinheim und Basel: Beltz 1997. 199 S., DM 12,90.

Nicht nur eine große Anzahl von Biographien, Aufsatzsammlungen und Kongreßbänden ist zum 200. Geburtstag und in Folge des Heine-Jahres 1997 erschienen, die Verlage haben sich auch bemüht, Heine einem jungen Lesepublikum nahezubringen, und so ist Literatur aus dem Kinder- und Jugendbuchbereich vorzustellen.

Jürgen Seidels Roman »Harry Heine und der Morgenländer« läßt den jungen Heine lebendig werden, einen Heine, den wir wenig kennen, und so ist die Handlung dieses Romans weitgehend Fiktion, wenn auch nicht die handelnden Personen und die Orte. In die Bolkerstraße im Frühjahr 1816 werden wir hineingeführt: Die Mutter Peira steht am breiten, schwarzen Küchenherd, der Vater Samson ist im Tuchlager beschäftigt. Harry Heine, achtzehn Jahre alt, hilft dem Vater im Lager, holt der Mutter Holz und sucht mit seinem Freund Christian Sethe den Mörder des roten Sefchens. Eine Kriminalgeschichte mit historischem Kolorit: Der blutige Knauf eines Gehstocks, den die beiden Freunde in der Kammer der Toten entdecken, führt sie auf eine geheimnisvolle Spur, die sie gegen den Willen der Honoratioren verfolgen, über die fliegende Schiffsbrücke ans gegenüberliegende Rheinufer und weiter bis nach Neuß. Dort stoßen die beiden – unterstützt von einem verrückten Onkel des Freundes – auf Pater Wunderscheid, eine unheimlich finstere Figur, inspiriert von der historischen Person des Pater Dickerscheid, der nicht nur den Schüler Heine, wie im Memoirenfragment nachzulesen ist, »unbarmherzig schlug« und später spurlos aus Düsseldorf verschwand. Eine weitere »räthselhafte Erscheinung« aus Heines »Memoiren« spielt schon im Titel eine Rolle: der Morgenländer, Heines Großoheim Simon de Geldern, der – so heißt es in den »Memoiren« – »die Einbildungskraft des Knaben außerordentlich beschäftigt« hat. Seidel läßt ihn in phantastischer Weise in seine Geschichte hineinspielen und verknüpft in der Lösung des mysteriösen Kriminalfalles das Motiv des »morgenländischen Doppelgängers« mit dem des Liktors aus dem »Wintermährchen«.

Damit wird deutlich: Seidel hat keinen Jugendkrimi in »Fünf Freunde«-Manier geschrieben und ihn in ein historisches Gewand gekleidet. Vielmehr verfolgt er mit dieser fiktiven Kriminalgeschichte selbst eine Spur: einen jungen Heine am Wendepunkt zur Welt der Erwachsenen aufzufinden, Heine auf der Suche nach seinem Ort, seiner Bestimmung, in der Auseinandersetzung mit den Eltern, mit dem Freund, mit den eigenen Träumen und Phantasien, mit der eigenen Geschlechtlichkeit. Seidel versucht das Charakterbild des werdenden Dichters zu zeichnen, sein Engagement für die sozial Schwachen, seinen Wunsch, aus der bürgerlichen Beengtheit auszubrechen, seinen Sinn für das Phantastische, sein kritisches Verhältnis zur Macht, seine ironische Distanz zu den eigenen hochfliegenden Plänen und seine erste Liebe. Um all dies darstellen zu können, imaginiert er einen Besuch des reichen Onkels Salomon aus Hamburg, der auf Geschäftsreise mit seinen Töchtern beim Bruder Samson in der Bolkerstraße in Düsseldorf einkehrt. So kann er sowohl Heines erste Neigung zu Amalie als auch die familiäre Diskussion von Heines Berufswahl in einer kunstvollen Mischung aus Fiktion und Fakten in die Kriminalgeschichte miteinbeziehen. Ein spannender Roman und ein spannender Versuch, den jungen Heine lebendig werden zu lassen, wenngleich uns der Heine der Berliner und Pariser Salons, der Heine der Matratzengruft, nicht der Jugendliche, sondern der Dichter vielleicht näher und wichtiger sein mag.

Ganz anders präsentiert sich Uschi Flackes Buch »Heine für Kleine«. In einer bunten Mischung aus erzähltem Text, schwarz-weißen und farbigen Porträts, Stadt- und Landschaftsansichten – zumeist sehr klein – sowie vielerlei unterschiedlichen Illustrationen – zum Teil untertitelt, zum Teil nicht –, eingestreuten kursiv gedruckten Heine-Zitaten, fett gedruckten Heine-Gedichten sowie großen Notenseiten mit Heine-Vertonungen von Ulrich Türk lädt der Band zum Durchblättern und Entdecken ein.

Er läßt sich indes auch lesen. Uschi Flake unternimmt den Versuch, Kindern – »ab 11 Jahren« weist der Verlag aus – Heines Leben und Werk vertraut zu machen. Auf dem Flohmarkt entdecken die Ich-Erzählerin und ihr Sohn Daniel einen ausgestopften Papagei, von dem sie sich geheimnisvoll beobachtet fühlen. Er reizt sie zum Kauf. Zuhause angekommen, sträubt und plustert sich der Papagei, krächzt seinen Namen »Cocotte« und läßt sie im Silberring an seinem Bein ein kleines Papierchen finden: auf der einen Seite ein alter Düsseldorfer Stadtplan mit der Bolkerstraße, auf der anderen Seite ein »Gespenstergedicht« von Heine. Geschickt und sehr anschaulich und spannend für Kinder berichtet die Autorin, wie Mutter und Sohn – fasziniert von der märchenhaften Wandlung des Papageis – in den Sog des Recherchierens geraten, ganz handfest unterstützt von »Professor Geistesblitz«, Daniels sprechendem Robotercomputer: »sozusagen ein wandelndes Lexikon mit Internet-Anschluss und Drucker«. Auch der Freund Sebastian stößt noch dazu, so daß wir im Gespräch der drei, immer wieder angeregt vom sprechenden Papagei und den Informationen von »Professor Geistesblitz«, den Spuren Heinrich Heines folgen, Leben und Werk kennenlernen und nebenbei noch über Zeit-, Philosophie- und Kulturgeschichte des 19. Jahrhunderts, von den Karlsbader Beschlüssen über den Saint-Simonismus bis hin zur Erfindung des Telefons, von der Düsseldorfer Stadtgeschichte bis zur Cholera in Paris unterrichtet werden. Die Fülle der mitgeteilten Informationen ist auch für Heine-Kenner noch interessant zu lesen und steht so in merkwürdiger Diskrepanz zur Handlung der Geschichte, die kindgerecht immer wieder die Spannung aufrechtzuerhalten weiß, indem sich »Cocotte« etwa erst gegen Ende als Mathildes Papagei entpuppt, und die schließlich sehr hübsch mit dem Besuch auf einem anderen Flohmarkt am nächsten Morgen endet. Zu kindlich scheint die erzählte Geschichte, zu anspruchsvoll die Präsentation von Heines Leben und Werk, als daß Kinder ab 11 Jahren Gefallen an beidem finden könnten.

»Heine für Kleine«, ein durchaus ambitioniertes Vorhaben, aber zugegebenermaßen äußerst schwierig. Ob Seidels fiktiver Roman über den jungen Heine am Wendepunkt zur Erwachsenenwelt oder Flackes spielerisches, aber materialüberladenes Aufarbeiten von Leben und Werk ein junges Lesepublikum für Heine zu interessieren vermag, werden eben diese Leserinnen und Leser entscheiden. In jedem Fall kann ihnen dazu noch eine Anthologie an die Hand gegeben werden, ein Heine-Lesebuch, ausgewählt von Dagmar Matten-Gohdes und mit spitzer Feder kommentiert durch Zeichnungen von Marie Marcks. Entlang der Chronologie des Lebens informiert Matten-Gohdes in kleinen Vor- und Zwischentexten über Leben und Werk und läßt dann Heine selber sprechen: eine schön zusammengestellte Sammlung von Prosaausschnitten und Gedichten, in der gleichen Art, wie sie bereits ein Goethe-Lesebuch im Beltz-Verlag herausgegeben hat. »Ein Heine-Lesebuch, nicht nur für Kinder!« wirbt der Verlag. Immerhin, wir wissen jetzt: Nicht nur Goethe, auch Heine ist gut, wenn sich das auch nicht so schön alliterierend sagen läßt wie beim großen Dichterfürsten. *Karin Füllner*

Heinrich Heine. Zeit, Leben, Werk. CD-ROM. Autorengemeinschaft: Wolfgang Decker, Jürgen von Esenwein, Waltraud von Esenwein, Harald Gerlach und Bettina Olbrich. Produzentengemeinschaft: HEUREKA-Klett Softwareverlag, J. B. Metzlersche Verlagsbuchhandlung, SDR Holding. Stuttgart 1997. DM 99.—.
Heinrich Heine: Werke. (Digitale Bibliothek 7). Ausgewählt von Mathias Bertram. Hörtext »Die Harzreise« vorgetragen von Achim Hübner. rororo-Monographie Heinrich Heine von Christian Liedtke. Autorengemeinschaft: Mathias Bertram, Erwin Jurschitza, Kai Lillich, Christian Kirchhoff, Angelika Willig, Oliver Stefanescu und Daniel Luca. Berlin: DIRECTMEDIA Publishing GmbH 1998. DM 49,90.

Innerhalb eines knappen Jahres erschienen zwei CD-ROMs, die Heines Werk elektronisch aufbereiten und zum Teil umfangreiches Material zu Autor und Werk anbieten. Die Produzentengemeinschaft HEUREKA/Metzler/SDR verspricht großmundig, »erstmals alles von und über Heinrich Heine« zu liefern. Ein Versprechen, das sie einzulösen versucht, indem sie den Text des Heineschen Gesamtwerks, »soweit es sich um annähernd abgeschlossene Texte handelt«, anreichert durch Höhns Heine-Handbuch (erschienen bei Metzler); zusätzlich wird dem Benutzer eine umfangreiche Bildergalerie (400 Bilder aus den Beständen des Heine-Instituts Düsseldorf) zur Verfügung gestellt, die den Heine-Umkreis illustrieren (leider lassen sich diese Grafiken nur im vorgegebenen Format ausdrucken!). Hinzu kommt ein umfangreiches Tonarchiv (100 Tondateien mit Redeausschnitten aus historischen Aufnahmen von André François Poncet, französischer Botschafter in der BRD 1955; Klaus Gysi, DDR Kultusminister in den 50er Jahren, über Kasimir Edschmid, Max Frisch, Stefan Heym und Stephan Hermlin bis zu Wolf Biermann). Einige Videosequenzen mit und ohne Ton unterstreichen den multimedialen Anspruch der CD-ROM, – immerhin erfährt der mit der hierzu erforderlichen Technik ausgestattete Benutzer, daß Walter Jens sich irgendwann (wann?) vorstellen konnte, daß Rudi Dutschke Heine-Preisträger hätte werden können – wenn man die Liste der tatsächlichen Preisträger anschaut, mag man sich's kaum vorstellen.

Beim Start der HEUREKA/Metzler/SDR-Produktion wird man von Spieluhrklängen (Silchers Loreley) empfangen – eine freundliche Begrüßung, die leider nicht abzustellen ist. Nach zwei Strophen, also wenn »der Gipfel des Berges funkelt / im Abendsonnenschein«, gelangt man in das Hauptmenü, Ausgangspunkt zu den fünf Abteilungen: LEBEN, REZEPTION, UNTERRICHT, WERK und ZEIT, die mit Mausklick zu erreichen sind.

REZEPTION meint hier die Wirkungsgeschichte, die in drei Abschnitte unterteilt ist: In dem ersten, »Heine bibliophil«, werden in einem kuriosen Durcheinander 32 illustrierte Heine-Ausgaben vorgestellt, im Abschnitt »Heine in der Musik«, der aus einem Aufsatz Inge Hermstrüwers (»Auf Flügeln des Gesanges«. Heine Vertonungen) besteht, fehlt die Musik, d.h. die musikalischen Beispiele, die das Medium per Hyperlink anbieten könnte; ganz multimedial, nach dem

Prinzip einer Ton-Dia-Schau, läuft dagegen »Wirkungs«geschichte ab: kurze Informationstexte über die Geschichte der Heine-Denkmäler, die Einrichtung des Düsseldorfer Heine-Instituts, den Streit um die Namensgebung der Universität Düsseldorf und die Verleihung der Heine-Preise der Stadt Düsseldorf werden vorgetragen (auch zum Mitlesen), zahlreiche Einzelbilder ergänzen auf Abruf das (Vor-)Gelesene, angereichert mit zusätzlichen Video- und Tonsequenzen.

Die Abteilung UNTERRICHT präsentiert fünf didaktische Unterrichtsmodelle, deren Erarbeitung weniger am Desinteresse der Schüler als in erster Linie an der deutschen Schulwirklichkeit scheitern wird, denn im Normalfall verfügen die Schulen nicht über eine auch nur annähernd ausreichende Anzahl von PC-Arbeitsplätzen, eine ernsthafte multimediale Erarbeitung schulischer Themen steht noch nicht einmal in den Sternen.

Im multimedial aufbereiteten Essay von Harald Gerlach (»Ich habe in die Tiefe der Dinge geschaut.« Die vertrackten Wirklichkeiten des Dichters Heinrich Heine) zur Abteilung LEBEN lassen sich zu zahlreichen farbig markierten Begriffen Zusatzinformationen abfragen, dazu gehören auch Illustrationen aus der umfangreichen Bildgalerie, Querverweise zum Heine-Handbuch sowie zu weiteren Video- und Tondateien. Warum freilich einer der drei Zusatztexte, die man unter »Karl Marx« abrufen kann, von dessen Mitstreiter Friedrich Engels stammt, bleibt das Geheimnis der Bearbeiter.

Zur Heine-ZEIT ist eine tagesgenaue Zeittafel abrufbar, die Daten zu Heines Leben und zur Zeitgeschichte liefert, und die nicht zuletzt deshalb verläßlich ist, weil ihr – zu einem großen Teil mit wörtlichen, aber ungezeichneten Übernahmen! – die Heine-Chronik von Fritz Mende (Berlin 1970/ 1981) zugrunde liegt. Auch hier wird dem Benutzer wieder die Möglichkeit geboten, zusätzliches Bild- bzw. Textmaterial abzufragen, bei Werkerwähnungen erfolgt der Querverweis auf das Heine-Handbuch.

In der für viele Benutzer aus Studium und Lehre wichtigsten Abteilung WERK wird laut Produzentengemeinschaft HEUREKA/Metzler/SDR »das literarische Gesamtwerk Heines, soweit es sich um annähernd abgeschlossene Texte handelt« geboten.

Die Auswahl der Textgrundlage, nervus rerum einer CD-ROM literarischer Texte, ist in den beiden zu besprechenden CDs unterschiedlich und wenig überzeugend gelöst:

– Die Digitale Bibliothek legt ihre Textgrundlage offen, sie geht zurück auf die zweite Auflage der von Hans Kaufmann herausgegebenen Heine-Ausgabe von 1972, eine Ausgabe, die heute nur noch mit einiger Mühe in Antiquariaten aufzutreiben ist, so daß die hier dankenswerterweise in eine Kopfzeile eingearbeitete Seitenkonkordanz, die im übrigen auch beim Kopieren kleinerer wie größerer Passagen als stellenbezogene Information mitgeliefert wird, ein wenig an Wert einbüßt.

– Die Produzentengemeinschaft HEUREKA/Metzler/SDR geht mit ihrer Textgrundlage dagegen sehr geheimnisvoll um: die Anordnung folge der von Oskar Walzel ab 1910 besorgten Werkausgabe, wird zunächst behauptet, eine Behauptung, die sich schnell als falsch erweist und es nötig macht, ein halbes Jahr nach Erscheinen der CD-ROM einen in holprigstem Juristendeutsch verfaßten Beipackzettel mitzugeben, der von einer »missverständlichen Formulierung« spricht und die wahre Textquelle enthüllt: die von Briegleb herausgegebenen »Sämtlichen Werke«.

Im nachträglich beigelegten Heft wird nun in aller Ausführlichkeit auf das »Suchinstrumentarium«, d.h. die gewiß guten Register der Brieglebschen »Sämtlichen Schriften« verwiesen, mit der Maßgabe, doch bitteschön den Band VI/2 der »Sämtlichen Schriften« zu benutzen, und durchaus von Nutzen könne es des weiteren sein, sich auch die Bände I, IV und VI/1 anzusehen, enthielten sie doch die nicht unwichtigen Verzeichnisse der Gedichtanfänge etc. Freilich wirkt der Verweis auf die Textbände etwas anachronistisch, hat man doch durch den Kauf der CD-ROM und mit all ihren komfortablen Volltextrecherchen Zugang zu erheblich erweiterten Recherchemöglichkeiten, vor allem auch nach Begriffen, die ein notwendigerweise immer unvollständiges Register nicht bieten kann. – Darüber hinaus wird im Beiheft das geliefert, was man sich integriert in die CD-ROM gewünscht hätte, eine immerhin halbwegs brauchbare Seitenkonkordanz zur Textgrundlage, im Wechsel zwischen Beiheft und CD-ROM allerdings eine lästige Angelegenheit.

Wünschenswert wäre es natürlich, könnte man eine individuell ein-/ausblendbare Konkordanz zu den drei großen aktuellen Heine-Ausgaben, der von Klaus Briegleb, der Heine Säkularausgabe (HSA) und der Düsseldorfer Ausgabe (DHA) abrufen, dies vor allem, weil in der Abteilung WERK mit den Heine-Texten das vorzügliche Heine-Handbuch von Höhn vernetzt angeboten wird, in dem der Autor doch abwechselnd aus der DHA und der Ausgabe von Briegleb zitiert. Immerhin in der Vernetzung von Werk und Handbuch deuten sich die Möglichkeiten des Mediums an. Warum allerdings wurde von der Produzentengemeinschaft nicht die Gelegenheit genutzt, die erweiterte und verbesserte zweite Auflage von Höhns Handbuch (erschienen Herbst 1997) in die CD einzuarbeiten, statt ein zehn Jahre altes Handbuch (mit einer entsprechend ›veralteten‹ Bibliographie) in einer Technologie zu bieten, die doch ansonsten keine Gelegenheit ausläßt, die Notwendigkeit von Modernität bzw. Aktualität zu betonen?

So erfreulich komfortabel die Volltextrecherche mit ihren sehr vielfältigen Möglichkeiten ist, im Handbuch auf wenigen Seiten kurz und verständlich erklärt, muß dennoch angemerkt werden, daß eine einmal erstellte Liste der Fundstellen zu einem Suchbegriff sich weder speichern noch ausdrucken läßt, zudem kann man zwar von einer einzelnen Stelle einer Suchliste zu einer Textstelle wechseln, muß aber, um die nächste Fundstelle ansteuern zu können, das vollständige Suchprogramm wiederholen.

Ganz allgemein ist die große Möglichkeit – nach der Fertigstellung der DHA –, tradierte Textfehler zu korrigieren, völlig vertan worden, eine Möglichkeit, die sich vermutlich so schnell nicht wieder bieten wird.

In diesem Zusammenhang sei kurz auf ein anderes Problem hingewiesen, nämlich auf die Fehlerquote bei der Digitalisierung des Heine-Textes. Einlese-Fehler wie »tagend hake« statt »tugendhafte« u. a. stellen den Leser nicht vor unlösbare Probleme, derjenige freilich, der per Textrecherche Begriffe sucht, sollte sich vielleicht Gedanken über die Verläßlichkeit der Suchprogramme machen, die schließlich immer nur das finden können, was wirklich im Text steht – ein Problem, das freilich nicht nur für die besprochene CD-ROM gilt!

Über kleine Fehler läßt sich da schon leichter hinwegsehen, so wenn die negative Abstimmung über die Umbenennung der Düsseldorfer Universität fälschlicherweise ins selbe Jahr fällt wie die Feierstunde zur vollzogenen Umbenennung.

– Die in der Reihe Digitale Bibliothek erschienene CD-ROM kommt wesentlich sachlicher und bescheidener daher, sie bietet »ausgewählte Werke«, hinzu kommt ein »Hörtext« und die neue Heine-»rororo-Monographie von Christian Liedtke« (Rez. im Heine-Jahrbuch 1998), die eine Einführung in Leben und Werk des Autors bietet, ergänzt durch eine Bibliographie der Texteditionen sowie wichtiger Werke der Sekundärliteratur. Abgerundet wird die Zusammenstellung durch eine kleine Sammlung von Bilddokumenten.

Die Texte werden auch hier grundsätzlich ungekürzt wiedergegeben. Realistischerweise nimmt der Verlag nicht an, daß digitalisierte Bücher primär zum Lesen benutzt werden. Darum ist die CD vor allem so konzipiert, daß sich leicht mit den Texten arbeiten läßt; vor allem die Benutzeroberfläche ist so eingerichtet, daß sich das Werk in seiner Gesamtheit auf fortgeschrittene Weise und blitzschnell durchsuchen läßt.

Einer gewissen Unzulänglichkeit, der des fehlenden Werkkommentars, scheint man sich durchaus bewußt zu sein, die weitere Entwicklung der Digitalen Bibliothek wird zeigen, ob diese Erkenntnis zu einer veränderten CD-Konzeption führt. Mit Hilfe sehr differenzierter Suchstrategien lassen sich sekundenschnell Einzelwerke, Werkabteilungen oder auch mehrere Werkausgaben anderer in der Digitalen Bibliothek erschienener Autoren (hier zeigen sich natürlich die Vorteile einer größer angelegten Bibliothek) nach Begriffen, Textstellen oder Themengebieten durchforschen. Fundstellenverzeichnisse sind rasch und mühelos zu erstellen und können problemlos mit eigenem Kommentar des Benutzers versehen werden, variable Bildschirmeinstellungen erlauben es auch einmal, Texte zu lesen, fürs eigene Interesse bedeutsame Stellen mit unterschiedlichen Farben zu markieren oder gar Seiten verschiedener Werke für einen Textvergleich parallel aufzurufen. Alle heute üblichen Standardfunktionen werden ebenfalls erfüllt. Die Produzenten verzichten auf ein ausführliches Handbuch, was auf den ersten Blick verwirren mag, doch selbst der nur wenig geübte PC-Benutzer wird durch eine angenehm übersichtliche Bildschirmgestaltung nicht überfordert, zudem unterstützt ein gutes »Hilfe«-Menu auch den Anfänger zuverlässig bei der Nutzung der CD.

So bleibt am Schluß die Frage an beide CD-ROM-Produzenten gleichermaßen, warum die Möglichkeiten des Mediums nicht ausgeschöpft wurden, um z. B. per Hyperlink zusätzlich zum Text den Korpus der Anmerkungen der jeweilig herangezogenen Ausgaben zur Verfügung zu stellen? An der »popularisierenden« Zielsetzung der Produzentengemeinschaft HEUREKA/Metzler/SDR liegt dies sicherlich ebensowenig wie daran, daß sich die Autorengemeinschaft der Digitalen Bibliothek zusätzlich auch den speziellen Interessen von »Studierenden und Forschenden« verpflichtet fühlt. Und wenn man schon meint, die Düsseldorfer Ausgabe käme aufgrund ihres »wissenschaftlichen Anspruchs« nicht als Textquelle in Betracht (HEUREKA/Metzler/SDR), so hätte man sie doch zumindest bei einer leider nicht erfolgten Textrevision benutzen sollen.

Und wie Heinrich Heine die so oft und auch zu Recht gepriesenen Vorteile der Volltextrecherche genutzt hätte, läßt sich gut denken, gesteht der Autor doch in »Ideen. Das Buch Le Grand« seiner fiktiven Gesprächspartnerin, das »Citiren alter und neuer Bücher« sei das »Hauptvergnügen« eines jungen Autors, und so ein paar grundgelehrte Citate zieren den ganzen Menschen« (DHA VI, 201). *Bernd Füllner*

»Ich Narr des Glücks«. Heinrich Heine 1797–1856. Bilder einer Ausstellung. Hrsg. von Joseph A. Kruse unter Mitw. von Ulrike Reuter und Martin Hollender. Stuttgart/Weimar: Metzler 1997. 584 S., DM 78,—.

Wer den »gewichtigen« Begleitband zur Düsseldorfer Heine-Ausstellung mit skeptischem Interesse aufblättert – vor sich auf dem Tisch liegend, denn von einem Zur-Hand-Nehmen kann des ungewöhnlichen Umfanges wegen wohl keine Rede sein – wird schnell feststellen, daß es sich hier allein vom äußeren Eindruck her um eine herausragende publizistische Leistung handelt. Sie verdient die Beachtung einer großen Zahl an Heine interessierter Leser.

Abgesehen von der eingangs plazierten Mitteilung der Fakten und Details, die das Zustandekommen der Ausstellung würdigen und dokumentieren, enthält der Band als Kernstück (auf allein fünfhundert Seiten) eine bunte Reihe kurzer wissenschaftlicher Beiträge, welche kaleidoskopartig wichtige Bereiche der gegenwärtigen Heine-Forschung widerspiegeln. – Der Herausgeber rief, und alle, alle gaben. Über sechzig Autorinnen und Autoren, dem Dichter durch ihre Arbeit und con amore mehr oder weniger verbunden, stellten insgesamt 65 Beiträge zur Verfügung, die in der Form locker aneinander gereihter Miniaturen »ein völlig ungezwungenes Kompendium« (Kruse) bilden: im Heine-Jahr eine besondere Art einer Hommage an den Dichter, wie sie einem literarischen Familienalbum zur Ehre gereicht.

Eine kritische Wertung der einzelnen Beiträge; so sehr die eine oder andere Arbeit eine besondere Würdigung verdiente, kann hier nicht erfolgen. Jedoch erscheint mir ein kursorischer Überblick notwendig im Hinblick auf eine Wertung der Arbeiten nach dem Grad ihrer Belebung und Anregung der Heine-Forschung.

Trotz dieser notwendigen Einschränkung möchte ich zuerst etwas dezidierter auf einige Artikel von grundsätzlicher Anlage eingehen. – Bemerkenswert erscheint mir Joseph A. Kruses »Einleitung« (»200 Jahre Heinrich Heine: Wirkung, Ruhm und Kontroverse«, S. 3–14), wo konzentriert und reflexionsreich das »wunderbare Ereignis«, die überraschende Gegenwärtigkeit Heines (neuerdings werden Briefe an ihn geschrieben) und seine Modernität aus den Charakteristika seiner Persönlichkeit heraus erklärt werden: »Heine bejahte den Ruhm und nahm ihn gleichzeitig als Vehikel von Botschaften aufgeklärter Maximen von Freiheit, Gleichheit und Brüderlichkeit in Anspruch.« Er besaß die Fähigkeit, als ein »prophetischer Kommentator der Geschichte die eigene Individualität zu entwickeln und sie mit den Ereignissen der Zeit zu parallelisieren.« (S. 6) Gleichermaßen erwähnenswert ist Jörg Engelbrechts folgende Analyse des historisch-sozialen Umfeldes der Entwicklung Heines (»Der schwierige Weg in die Moderne. Deutsche Geschichte in der ersten Hälfte des 19. Jahrhunderts«, S. 17–23), der Epoche der Auflösung alter Strukturen und der Herausbildung einer neuen Klassengesellschaft, in welcher dem Individuum ein neuer Stellenwert, dem Schriftsteller ein neuer Auftrag zugewiesen wurde.

Auch auf zwei Arbeiten im Schlußteil des Bandes möchte ich besonders hinweisen. Das sind einmal die Ausführungen von Jan-Christoph Hauschild und Michael Werner (»Was bleibt. Lebensspuren Heinrich Heines«, S. 536–540) über die der Ausstellung zugrunde liegenden Auswahlkriterien und ihre Zielsetzung: »Das Spektrum reicht von archivalischen Dokumenten und Urkunden bis zum literarisch durchgeformten Fremdporträt«. (S. 538) Die Richtung ist eine klar konturierte »Dokumenten-Biographie« (S. 539). – Das sind zum anderen Volker Geisslers Gedanken »Über eine sinnvolle und gewinnbringende Ausstellungsgestaltung« (S. 541–547) mit der begründeten Vorgabe, die Persönlichkeit des Dichters unter den für ihn wichtigen Themen (Deutschland, Frankreich, Europa, Frauen, Nordsee, Loreley, Matratzengruft) anschaulich zu »erfassen« (S. 546).

Die einzelnen Beiträge (Mosaiksteine) sind in thematischen Gruppen zusammengefaßt und decken in ihrer zufälligen Vielfältigkeit wichtige Bereiche von Heines Schaffen ab. – In der ersten (»Deutschland: Ein Wintermärchen«, S. 15–101) steht Heines Verhältnis zu Deutschland und zu den Deutschen im Mittelpunkt, seine »Deutschlandliebe«, seine kritische Distanz zum preußisch-deutschen Nationalismus (Kölner Dom), seine einzigartige Position als ein »deutscher Dichter jüdischer Herkunft«. Auch einzelne Aspekte seines Auftretens als politischer Schriftsteller, z.B. den deutschen Kommunisten (Weitling) gegenüber, wie seiner Rezeption durch die Zeitgenossen (im Kontrast zu Eichendorff) werden thematisiert. – Die Arbeiten der zweiten Gruppe (»Frankreich: die andere Hoffnung«, S. 103–172) beschäftigen sich mit dem Verhältnis des Dichters zu Paris, »der großen Stadt«, zu Frankreich in seiner historisch-revolutionären Entwicklung insgesamt und mit seinen vielfältigen Beziehungen zu einigen hervorragenden Persönlichkeiten des Geisteslebens in Paris (Ludwig Börne, Cristina di Belgiojoso, Frédéric Chopin, Hector Berlioz, Franz Liszt, Giacomo Meyerbeer) und mit Heines Wirkung in Frankreich bis in die Gegenwart. – In der folgenden Gruppierung (»Reise nach Europa: Gegenden des Mythos oder der Utopie«, S. 173–244) wird Heine, der »Exilant mitten in Europa«, in seinem Verhältnis zur Wirtschaft, zum Geld, zur industriellen Entwicklung beleuchtet, und er wird in seinem Verhältnis zu den von ihm als Reisendem erlebten Ländern (Frankreich, Italien, Polen, England, Holland) dargestellt. – Ein nächstes der behandelten Themen ist Heines Verhältnis zur Natur (»Natur oder z.B. die Nordsee«, S. 245–304), das heißt: zur romantischen Natur, zur Natur als »ein lichter freundlicher Ort«, der »körperliche und seelische Genüsse« verheißt (S. 259), ebenso zum Meer, das der Dichter als »Kulisse für Gefühle und Ereignisse« einsetzt. (S. 267) Heine bleibt aber – auf der Linie seines supranaturalistischen Weltverständnisses – in seiner Bewertung der Kunst wie der technischen Innovationen stets dem gesellschaftlichen Fortschritt, der Moderne verpflichtet. – Ein folgender, zentraler Themenkomplex

(»Religion, keine Frage allein der ›Matratzengruft‹«, S. 305–360) ist Heines ideologischem Standort gewidmet, seiner religiösen, seiner inneren und politischen Entwicklung. Diese mündet im Umfeld der jüdischen Tradition und im Zuge seiner Auseinandersetzung mit dem Christentum in eine ganz persönliche Religionsauffassung und wird maßgeblich geprägt von seinen sozialen Anliegen wie seiner sozialrevolutionären Geschichtsauffassung. – Die nächsten Arbeiten (»Heines Frauenbilder und Bilderfrauen«, S. 361–406) thematisieren die Beziehungen des Dichters zum anderen Geschlecht: Heine der »Frauenliebling« und »Frauenheld« und Heine als Parteigänger einer sozialen und gesellschaftlichen Gleichstellung der Frau. Es werden seine singulären Beziehungen zur Mutter gewürdigt, und es werden seine Begegnungen mit Schriftstellerinnen (George Sand, Fanny Lewald)) ins Blickfeld gerückt, ebenso die Frauengestalten seiner Werke als Elementargeister oder Gestalten künstlerischer Imagination (marmorne Venus, tote Maria). – Folgerichtig schließt sich eine Gruppe von 5 Artikeln (»Die Loreley: Verführung, Kunst und Kitsch«, S. 407–441) an, die dem Mythos und der Wirkung von Heines Loreley-Gedicht – bis zu Rudolf Gottschalls später Kritik – gewidmet sind. – Den Schluß (des Kompendiums) bilden einige Artikel (»Heine: Leben aus Dichtung und Wahrheit«, S. 443–514), die sich mit Details der Biographie und künstlerischen Arbeit des Dichters beschäftigen. Sie dürften, der spielerischen Zufälligkeit ihrer Ausrichtung auf den privaten Interessenbereich ihrer Verfasser wegen, zu den anregendsten Beiträgen des Bandes gehören. Das betrifft beispielsweise die Untersuchung des »Rollenspiels in Variationen« der Beziehungen Heines zu seiner Mutter oder die Darstellung des Ablaufs der Beziehungen Heines – zwischen Frauenideal und Realfrau – zu Crescence Mirat (»Mathilde«), ebenso die knappe Darstellung der »poetischen Spracharbeit« des Dichters, welche die Aufmerksamkeit auf den Variantenapparat seiner Werke lenkt. Zwei Gedichtinterpretationen (»Rothe Pantoffeln« und »Herz, mein Herz, sey nicht beklommen«) beschließen die letzte Gruppe dieses Kompendiums.

Abschließend soll auf die reiche und typographisch hervorragende Illustrierung des Bandes mit sorgfältig ausgewähltem Bildmaterial hingewiesen werden. Der Band ist editorisch ein kaum zu übertreffendes Beispiel für die hohe Wertschätzung, die Heinrich Heine 1997 in seinem Vaterlande mit sinnvoll gebündelten Anstrengungen zuteil geworden ist. *Fritz Mende*

Joseph A. Kruse: *Heine-Zeit.* Stuttgart und Weimar: Metzler 1997. 401 S., DM 78,—.

Joseph A. Kruse, Direktor des Heinrich-Heine-Instituts in Düsseldorf, hat zum Heine-Jahr 1997 einen umfangreichen Band von Heine-Studien vorgelegt, der in seinem sehr ansprechenden Äußeren vom Metzler-Verlag in Stuttgart publiziert wurde. Der alles subsumierende Titel »Heine-Zeit« soll nach Aussage des Verfassers im Vorwort in mehrfacher Konnotation gesehen werden. Zunächst plädiert Kruse leidenschaftlich, jedoch ein wenig ironisch dafür, sich schlicht einmal als Leser Zeit zu nehmen, sich mit dem Autor Heine und seiner Epoche zu beschäftigen. Dann postuliert der rhetorisch versierte Verfasser analog zum Geist der Goethe-Zeit am Ende der Kunstperiode als literaturwissenschaftliche Epoche auch eine Heine-Zeit. Er meint damit einmal die in Heine kulminierenden Bemühungen der jungdeutschen Autoren angesichts der industriell-technischen, revolutionären und sozialen Veränderungen, die in der Epoche der Restauration, aber auch noch nach 1848 gegen das idyllisch-statische biedermeierliche Leben des vorrealistischen Deutschlands im Althergebrachten des Winkels (Erich Auerbach) aufstanden. Heine also als Mittelpunkt einer Zeit, die unter der Signatur von Umwälzungen stand. Zum anderen, und damit beginnen die Studien, zeigt Kruse den »Dichter in seinen mannigfachen Verquickungen wie Begegnungen mit Orten und Motiven, mit Kollegen, anderen Zeitgenossen und Nachfolgern als Stein des Anstoßes oder Medium der Unterscheidung und Beeinflussung.«

Joseph A. Kruses Studien lassen sich nicht vom modischen großen Strom der Heineforschung tragen. Sein Augenmerk ruht vielmehr in den kleinen Buchten am Rande des Ufers, am Rande seiner literaturwissenschaftlichen Disziplin. Gerade hier setzten sich im Windschatten der Literaturwissenschaft häufig unbewiesene Behauptungen, Vorurteile und Pauschalitäten zu einem Sediment ab, das diese Buchten immer seichter machte. Als Beispiel mögen hier die immer wieder in Umlauf gebrachten Spekulationen dienen, die Familie van Geldern sei adelig gewesen. Die Art und Weise, wie Kruse hier in bester historischer Manier sich die Stammtafeln der van Gelderns erarbeitet und für die literaturwissenschaftliche Biographik Heines verfügbar macht, ist vorbildlich. Hinzu kommt, daß Kruse dem an sich trockenen genealogischen Stoff eine sprachliche Note zu verleihen vermag, die den Leser trotz der Fülle der Details nie den roten Faden verlieren läßt. Joseph A. Kruse zeigt sich hier als ein Mann des präzisen Details. Er gibt sich nicht mit pauschalen Erkenntnisssen aus anderen Disziplinen zufrieden, sondern überprüft deren Prämissen ebenso wie er auch deren Verfahren nachvollzieht.

Die Beiträge des Bandes, die zum größten Teil schon an entlegenen Stellen publiziert wurden, fügen sich spiralförmig zusammen. Der Beginn der Spirale ist der Blick auf Heines mütterliches Erbe der Familie van Geldern. Sie endet bei den Nachwirkungen Heinrich Heines im Schlußteil des Buches mit dem prädestinativen Titel: »Heine trifft Brecht«. In diesem letzten Beitrag arbeitet der Verfasser die analogen revolutionären Mischungen der Poesie und der Wirkungen Heines und Brechts heraus.

Kruses Buch »Heine-Zeit« ist in vier Kapitel gegliedert, die jeweils fünf Studien enthalten. Das erste Kapitel umfaßt Darstellungen über Heines Familiengenealogie, seine Heimatstadt Düsseldorf, die allmähliche Konstituierung seines dichterischen Ichs durch Lektüre und Literaturbegegnungen sowie Einflüsse der Ideen der Französischen Revolution auf die politische Bewußtseinsbildung des Dichters Heinrich Heine.

Im zweiten Kapitel treten einzelne Städte wie Lüneburg, Hamburg, Leiden und schließlich die Provence und ganz Europa in den Blick. An diesen Orten erfuhr Heine sowohl in seiner Familie als auch bei Verwandten und Freunden Anregungen und Hilfen für seine eigene dichterische Sinn- und Identitätssuche.

Das dritte Kapitel umfaßt die Räume des Geistes, die als romantische Epoche, als frühsozialistische Glücksutopie, als religiöse Frage und Auseinandersetzung mit der jüdisch-christlichen Religion, dann biblisch in Krankheit und Todesschmerzen und schließlich als Fragen des menschlichen Zusammenlebens, das in der Chiffre der Wanderratten auf eine Welt verweist, »die auf Gedeih und Verderb aufeinander angewiesen ist«, vor dem Leser mit einer Fülle von Einzelheiten ausgebreitet werden.

Das vierte Kapitel widmet sich dichterischen Zeitgenossen und Nachfahren Heines, die in ihrem Verhältnis zu dem Dichter sowohl Distanz und Nähe, Solidarität oder Abneigung empfunden haben. Kruse stellt heraus, wie Immermann und Heine trotz gegenteiliger politischer Auffassungen und zahlreicher zwischenmenschlicher Mißverständnisse im Dienst an der Literatur und der Bewußtseinsbildung des Publikums einen gemeinsamen Nenner fanden. Bei Heine und Börne wird die Suche Kruses nach dem gemeinsamen Nenner schwieriger. Er findet ihn jedoch, bestätigt durch neuere Forschungsliteratur, in ihrer Gemeinsamkeit in ihren politischen Zielen und geistigen Positionen, die Börne und Heine als die Dioskuren des deutschen Liberalismus weit über die »Jahre der Konstellation des Hasses« hinaus in ihren Grundauffassungen übereinstimmen ließen.

Marginal erscheint zunächst der Beitrag über Steinheim und Heine, an dem jedoch paradigmatisch das Verhältnis von Deutschen und Juden aufscheint. Steinheim, ein jüdischer Dichter und Religionsphilosoph, der das Format eines Mendelsohn besaß, ist der Vergessenheit anheim gefallen. Dieses Vergessen wird für Kruse zum »Topos der Aussagen über die Geschichte des Judentums in Deutschland«. Trotz des unterschiedlichen Verhältnisses zwischen Steinheim und Heine in der Akzeptanz religiöser Überzeugungen und ihrer Verbindlichkeit in der Gruppe lagen beide doch in ihrem politisch-sozialen Auftrag eng beieinander.

Das Verhältnis Heines zu Richard Wagner beruht auf beider Einschätzung der Macht der Liebe. Für Heine, so Kruse, ist »die Liebe der Motor seines weiteren Bemühens um Deutschland und seine Leser«. Für Wagner ist die Liebe die Utopie des Heils. Diese Gemeinsamkeit verlor sich erst, als Wagners Antisemitismus zu wachsen begann und er in seinen Betrachtungen über »Das Judenthum in der Musik« 1850 dem vorher so bewunderten Dichter Heine als deutschem Dichter durch Ausgrenzung den Todesstoß versetzte.

In allen Studien wird deutlich, daß Joseph A. Kruse nicht nur akribisch recherchiert hat, sondern sich zugleich als ein Meister erweist, scheinbar am seichten Ufer liegende kleine Kostbarkeiten so ins Blickfeld zu rücken, daß sie in ihrer Leuchtkraft auch die Farben des großen Bildes beeinflussen. Joseph A. Kruse geht immer vom Allgemeinen, von festgefahrenen Vorstellungen aus zum Besonderen, das dann in der Rückkehr zum Allgemeinen dieses differenzierter und transparenter erscheinen läßt. Diese Form des Vorgehens, die auf Diltheys Hermeneutik beruht, wird ergänzt durch einen fruchtbaren Wechsel der Perspektiven, wie er schon in den Überschriften der Beiträge zum Ausdruck kommt. Denken wir an Kruses Darstellung über »Heines Düsseldorf und Düsseldorfs Heine«. In dieser Überschrift wird die doppelte Blickrichtung deutlich, wie Düsseldorf Heines Bezugspunkt bleibt und zugleich die Stadt selbst ihrem bedeutendsten Dichter Heine, ja der Literatur überhaupt dieses Heimatrecht immer wieder verweigert. Einer solchen doppelten Perspektivierung folgt Kruse auch in den weiteren Beiträgen, wenn er z. B. nach Heines dichterischer Konstituierung fragt durch das, was er sich auslieh und gelesen hat, da er nur eine »unzulängliche Privatbibliothek« besaß, oder wenn er über die Anstöße zur Ich-Bildung und Einflüsse der Französischen Revolution, als deren Sohn Heine sich fühlte, reflektiert.

Joseph A. Kruses »Heine-Zeit« kommt zur rechten Zeit, da in unserer Zeit abstrakte Entwürfe scheinbar großartiger Hypothesen den Umgang mit wirklich Großartigem immer mehr erschweren. Die »Heine-Zeit« lehrt uns, auch über die engen Fachgrenzen hinaus zu schauen, uns im guten positivistischen Sinne Dokumente verfügbar zu machen, die die Zugriffe der Philologie erweitern und ein differenziertes Bild der Heine-Zeit ermöglichen. Dafür sei Joseph A. Kruse Dank.
Hans-Christoph Graf v. Nayhauss

Frank Schwamborn: *Maskenfreiheit. Karnevalisierung und Theatralität bei Heinrich Heine.* München: iudicium 1998. 244 S., DM 38,—.

Heine und die Masken – das geht für den zusammen, der Heines Vorliebe für Maskierungen in seiner schriftstellerischen Arbeit zu durchschauen glaubt. Es fängt bei der »Harzreise« an, erklimmt den Gipfel im »Schnabelewopski« und hört mit dem »Atta Troll« noch lange nicht auf.

Aber »Karnevalisierung« bei Heinrich Heine? Sicher, die Maske gehört zum Karneval. Auf die Spitze getrieben wurde die karnevalistische Maskenkunst im venezianischen Karneval der Renaissance; ihre tolpatschig-hanswurstigen Ausprägungen entwickelte sie im rheinischen Straßenkarneval, also in Heinrich Heines Heimat. Das ausgelassene Maskentreiben der feinen wie der groben Art ist nie sehr weit vom tödlichen Spiel entfernt, jedenfalls nicht damals in Venedig. Und auch nicht im fernen Afrika, wo die Maske zur Gottheit gehörte wie im Allemannischen zu ziemlich unchristlichen Geistern. Für den klassisch Gebildeten oder auch nur Halbgebildeten muß jetzt noch dringend auf jene Masken hingewiesen werden, die ein wesentliches Element des frühantiken griechischen Theaters waren und somit Elternstelle bei westlicher Bühnenkunst einnehmen. Griechisches Hellenentum wiederum bildete jahrzehntelang ein Lebens- und Denkelixir des unter dumpfer Teutomanie ebenso leidenden Heine wie unter dem jüdischen Hang zur Askese. Schon haben wir die vollständige Rechtfertigung für den Titel der Dissertation von Frank Schwamborn, ein Titel, so wenig griffig, daß er Heine wohl nicht in Feder oder Bleistift gekommen wäre. Aber schließlich liefert Schwamborn eine wissenschaftliche Untersuchung, keine Dichtung.

Die Säulen dieser Arbeit sind einmal Heinrich Heines Werk, vom revolutionären Ritterschlag im Schloß zu Düsseldorf am Rhein über die Annäherung an Cervantes bis in die Matratzengruft, zum anderen der russische Philosoph Michail Bachtin, der sich in vielen Werken mit dem Lachen, vielmehr der Lachkultur in der Literatur beschäftigt.

Es gehört wohl zum Wesen wissenschaftlicher Arbeit, daß sich Aha-Effekte beim Lesen nicht als explosive Ereignisse ergeben. Aber sie ergeben sich, und dies führt in jedem Fall zu einem neuen Verständnis bisher als gegeben hingenommener Leseerfahrung. Kein Heine-Leser wird von solchen Aha-Effekten etwa in den »Bädern von Lucca« überrascht sein, er wird sie erwarten. Aber beim »Schelm von Bergen«? Ist über den nicht alles gesagt? »Heine hat den Karneval nie mit mehr Nutzen verwendet als in diesem Gedicht«, zitiert Schwamborn den Germanisten Barker Fairley. Das unheimliche Geschehen zwischen dem Herzog, der Herzogin und dem frechen Henker, dem »Schelm von Bergen«, das Gelächter beim Tanz, das Erschrecken bis fast zum Tode bei der Demaskierung des »Unreinen« – das ist karnevalistische Meisterschaft bei Heine. Und spätestens hier wird deutlich, wie wenig rheinischer Karneval mit dem Karneval im Werk des Rheinländers Heinrich Heine zu tun hat.   *Gerda Kaltwasser*

Cornelia Tönnesen: *Die Vormärz-Autorin Luise Mühlbach. Vom sozialkritischen Frühwerk zum historischen Roman.* Neuss: Ahasvera Verlag 1997. 269 S., DM 38,—.

Im Feld der Vormärzforschung sind wirkliche Entdeckungen selten geworden; mit der Darstellung des Werks von Luise Mühlbach zwischen 1838 und 1849 ist eine solche anzuzeigen. Von Luise Mühlbach, Pseudonym für Clara Mundt (1814–1873), wird in einem biographischen Einleitungsteil das Bild einer an den Erfolg gewöhnten Autorin mit ausgeprägtem literarischen Ehrgeiz und ungeheurer Schaffenskraft entworfen, für die das Schreiben einer inneren Notwendigkeit entsprang. Ganz ihrer Professionalität und der Überzeugung verpflichtet, daß das Geschlecht dem Geist »keine Grenzen ziehen kann« (15. 5. 1856), wandte sie sich gegen geschlechtsspezifische Diskriminierungen ihres Schriftstellertums durch nicht unbedeutende Kritiker, zu denen sie auch den Verleger Georg von Cotta zählen konnte.

Die Arbeit wertet neben dem umfangreichen Frühwerk eine Fülle von neuem Quellenmaterial aus, ungedruckte Briefe Mühlbachs u.a. an Ludmilla Assing, an Hermann von Pückler-Muskau, an die Verleger Otto Janke und Georg von Cotta, ebenso Briefe Pückler-Muskaus an Luise Mühlbach. Ein besonderer Stellenwert kommt den Briefen Mühlbachs an den Publizisten und Herausgeber der Zeitschrift »Europa«, Gustav F. Kühne zu, von denen die wichtigsten aus dem Revolutionsjahr 1848 dankenswerterweise im Anhang abgedruckt sind (S. 259 ff.). In ihnen artikuliert sich sehr pointiert das schriftstellerische, emanzipatorische und politische Selbstverständnis der Autorin.

Die vorgestellten »Aspekte« der Rezeptionsgeschichte erscheinen, bezogen auf das Frühwerk, als eine Summe von Verzeichnungen und vereinfachenden Etikettierungen (S. 15 ff.). Im Verlauf der Studie werden jedoch eine Reihe von differenzierteren zeitgenössischen Einzelanalysen berücksichtigt, die dieses Bild relativieren. Die marginale germanistische Forschung der ersten Hälfte des 20. Jahrhunderts zur Autorin fußte in ihrem Urteil auf einer sehr eingeschränkten Textkenntnis. Das historische Spätwerk Mühlbachs wurde in den 80er Jahren von der amerikanischen Forschung gewürdigt, ausgehend von ihren erstaunlichen Bucherfolgen in den Vereinigten Staaten in der zweiten Hälfte des 19. Jahrhunderts.

Die Untersuchung des sozialkritischen Frühwerks baut auf der Grundthese auf, daß die Spannungen zwischen politisch-fortschrittlichen Tendenzen und restaurativen Bestrebungen der 30er und 40er Jahre sich in stilistischen und thematischen Dichotomien in den Romanen und Novellen widerspiegeln. Als eine konstitutive Dichotomie erscheint der Gegensatz zwischen Natur und Gesellschaft (S. 39 ff.). Die Verfasserin konstatiert hier mit Recht ausgeprägte Rousseau-Reminiszenzen. Mühlbach ist einerseits an Entfremdungsprozessen interessiert, an den Auswirkungen gesellschaftlicher Verformungsprozesse auf die in Harmonie mit sich selbst und der Natur lebenden Menschen, andererseits steuert sie die erzählerische Gegenbewegung gegen die »Zerwürfnisse und Zerfallenheiten« (5. 11. 1841) ihrer Zeit dergestalt, daß sie auf das Idyllische rekurriert. Tönnesen ist bemüht, bezüglich der Funktion der idyllischen Entwürfe zu differenzieren. Von besonderem Interesse sind Mühlbachs poetisierte Armutsschilderungen mit jenen im Biedermeier beliebten sentimentalisierten Proletarierfiguren. Diese werden als sozialintegrative Versuche gewertet, die emotionale Abwehr des bürgerlichen Lesers gegenüber dem ›Lumpenproletariat‹ abzubauen (S. 55). Die Verfasserin scheut davor zurück, die Überhöhung der Armut zum ›Raum der Freiheit‹ und zum wahren Ort der Tugend als rückwärtsgewandte Sozialromantik zu kennzeichnen.

Im Gegensatz dazu steht die detailrealistische Darstellung von Elend, Verwahrlosung und Ausbeutung im Lebensraum Großstadt, die aus einer kritischen Distanz zum uneingeschränkten Fortschrittsoptimismus von Mühlbach als Auswirkung eines expansiven Frühkapitalismus gewertet werden. In den Romanen »Eva. Ein Roman aus Berlins Gegenwart« von 1844 und »Ein Roman in Berlin« von 1846 gelangt ein breites Spektrum an Großstadterfahrungen zur Darstellung und rechtfertigt die Frage, inwieweit der Autorin der Anschluß an die Moderne gelingt – eine Frage, deren weitere Diskussion lohnenswert erscheint.

Den zweiten Schwerpunkt der Arbeit bilden Mühlbachs Weiblichkeitsentwürfe, deren geistesgeschichtlicher Hintergrund die Idee der Gleichheit der Geschlechter als ›natürliches Menschenrecht‹ bildet (S. 61). Traditionelle Frauengestalten, die die Klischees von Naturverbundenheit, Naivität und Empfindsamkeit bedienen, treten hinter jenen zurück, die in Opposition zu tradierten Rollenmustern stehen, die jedoch in Reaktion auf die Rückschrittlichkeit der Gesellschaft in Lebens- und Identitätskrisen geraten. Es überwiegt die Darstellung von Desillusionierungsprozessen und Enttäuschungserlebnissen. Diese initiieren entweder Reifungsprozesse oder münden ein in die Selbstaufgabe. Eine spezifische Konturierung erfährt das Motiv der Desillusionierung durch die Einbettung in die religiösen Orientierungsprobleme der Zeit. Gefahren für die weibliche Identitätsfindung gehen in »Des Lebens Heiland« (1840) von religiöser Schwärmerei und dem Absolutheitsanspruch der positiven Religionen aus; Ich-Stabilität wird letztlich durch die Hinwendung zum Pantheismus erzielt.

Die Ankündigung, Aufschlüsse über das »politische Bewußtsein der ›anderen Frau‹« zu liefern (S. 156 ff.), jener emanzipierten Frauenfiguren des Frühwerks, wird nicht eingelöst. Dagegen wird das persönliche Politikverständnis der Autorin an Hand von Briefmaterial veranschaulicht, eine gute Ergänzung zu dem einleitenden biographischen Teil.

Das letzte Großkapitel ist der Entwicklung des historischen Romans bei Luise Mühlbach nach 1848 gewidmet (S. 190 ff.). Der 1849 erschienene Roman »Aphra Behn« wird als Beispiel für eine qualitativ sehr hochstehende Ausprägung dieses Romantypus' herangezogen, der als ergänzendes Spezifikum aktuelle politische Zeitimplikationen aufweist. In ihm wird das Motiv der Enttäuschung und Ernüchterung von der Ebene der Weiblichkeitsentwürfe des Frühwerks auf die politische Handlungsebene ausgeweitet. Aus den Ergebnissen der Handlungsanalyse von Tönnesen läßt sich folgern, daß es eine Intention der Autorin war, die strukturellen Gemeinsamkeiten zwischen dem Geschlechterkampf und den politischen Machtkämpfen evident werden zu lassen. Der Terminologie Sengles folgend, kann hier von einem »historischen Tendenzroman« gesprochen werden, der jedoch keine Modellfunktion für die folgenden zahllosen Romane der 50er und 60er Jahre hat. Tönnesen vertritt die Auffassung, daß die Epochenzäsur 1848/49 für die historischen Romane Mühlbachs nur partiell gilt, daß zumindest die emanzipatorische Ausrichtung im Spätwerk beibehalten wird. Man kann ihr nur zustimmen, daß fundierte Analysen hinsichtlich »der Kontinuität vormärzlicher Themen in Mühlbachs Spätwerk« wünschenswert sind (S. 222).

Die vorliegende kenntnisreiche und sorgfältige Mühlbach-Studie, im Kontext der germanistischen Vormärzforschung der Heinrich-Heine-Universität Düsseldorf entstanden, aus der bereits Arbeiten zu Fanny Lewald, Louise Aston und Louise Otto-Peters hervorgingen, lädt ein zur produktiven Auseinandersetzung mit der noch literarische Überraschungen bergenden ›Szene‹ der Vormärzautorinnen.   *Ariane Neuhaus-Koch*

Gert Vonhoff (Hrsg.): *Naturlyrik. Über Zyklen und Sequenzen im Werk von Annette von Droste-Hülshoff, Uhland, Lenau und Heine.* Frankfurt a.M. (u.a.): Peter Lang 1998 (= Historisch-kritische Arbeiten zur deutschen Literatur, Bd. 23), 282 S., DM 89,—.

In zehn Aufsätzen, hauptsächlich von Studierenden der Universität Münster verfaßt, wird ein neuer begriffstheoretischer und dann auch anhand von Gedichtinterpretationen praktisch vorgeführter Ansatz entwickelt, der ein besonderes Phänomen in der ersten Hälfte des 19. Jahrhunderts zu erfassen hilft: nämlich das der in Musik, Kunst und Literatur auffällig häufig auftretenden zyklischen Form. Mit der Einführung des Begriffs ›Sequenz‹ in Abgrenzung zu ›Zyklus‹ bietet sich ein neuer ästhetischer Begriff und damit keine formalistische, sondern eine literatursoziologisch und bewußtseinsgeschichtlich verankerte ästhetische Kategorie an, die folgende »Aporie, die der zyklischen Form immanent ist« (S. 12), erklärt: Vor dem Hintergrund einer unsicheren, kriegszerrütteten und alte Ordnungsgefüge zerbrechenden Zeitgeschichte spiegelt der Zyklus auf der einen Seite durch seine kreisförmige Geschlossenheit und Totalität Sicherheit(sbedürfnis) und einen utopischen Gegenentwurf wider. Dieser aber verliert bald durch Anpassung an die restaurative Ideologie seinen positiven Gehalt. Auf der anderen Seite bildet der Zyklus die neue Spektrenvielfalt der Welt ab, ist durch Offenheit und Modernität gekennzeichnet. Hierfür soll nun, bewußt programmatisch, der Begriff ›Sequenz‹ stehen (vgl. Definition S. 14). Die ausführlichen und immer sehr genauen Gedichtanalysen der ausgewählten Werke der Droste, Uhlands, Lenaus und Heines belegen die Notwendigkeit dieser einleuchtenden Unterscheidung. Wohl weil der Band auf dem Hauptseminar »Projektarbeit zum Droste-Jahr 1997: Naturlyrik«, geleitet von Prof. Kraft, beruht und weil die Naturgedichte der Droste den Übergang Zyklus – Sequenz exemplarisch belegen, hat die Dichterin mit sechs Gedichtanalysen das eindeutige Übergewicht. Zudem beziehen sich mehrere Aufsätze wiederholt auf ihre Gedichte »Der Weiher«, »Am Weiher« und auf weitere Sammlungen wie etwa »Klänge aus dem Orient«. Uhland und Lenau sind jeweils nur einmal und dazu noch im Vergleich mit Püttmann bzw. der Droste vertreten (vgl. den kurzen Verweis auf die »Schilflieder« S. 93). Heines Naturlyrik reduziert sich in zwei Aufsätzen auf »Die Nordsee. Erster Cyklus« und »Zweiter Cyklus«. Der Untertitel des Bandes gibt hier ein unrichtiges Bild des literaturgeschichtlich vergleichenden Ansatzes.

Verbunden mit dem Begriff Sequenz ist die von fast allen Interpreten skizzierte politische Aussage der Gedichte, die das Bürgertum kritisiert. Es verlor seine ursprüngliche Innovationskraft, seine Funktion als Repräsentant einer progressiven, die revolutionären Ideale von Freiheit und Gleichheit verfechtenden Schicht. Statt dessen präsentiert es sich nun als saturiertes

Besitzbürgertum, das an der restaurativen Ordnung festhält und sich ins Private zurückzieht. Diese – hier etwas vergröberte – Kritik spiegelt sich in der jeweiligen Darstellung von Natur, die die Dichter, allen voran Heine, zumeist als privat resignativen Fluchtraum vor gesellschaftlicher Verantwortung entlarven. Weiter können Naturbilder die Ängste des Bürgertums darstellen, sie werden damit ideologisch in den Dienst genommen, indem entweder dämonisch bedrohliche Beschreibungen abschrecken, neue Ideen und Veränderungen unterdrücken sollen (»Der Heidemann« / »Der Weiher«) oder Natur als Beweis für die ›gottgegebene‹ gesellschaftliche Ordnung herhält, die aber immer wieder gefährdet ist (»Die Elemente«, »Erde«, S. 45 ff., 82). Interessant sind in diesem Zusammenhang die Hinweise von Ludwig und Pomp/Zumloh auf ein entstehendes naturwissenschaftliches Naturbild, dem in »Die Wasserfäden« auch wieder die restaurative Aussage anhaftet. Dagegen steht die bewußt künstlich gehaltene Scheinidylle, etwa das »Kitsch-Bild« des »Haus in der Haide« (S. 115). Auch zeigt sich die ländliche Idylle längst nicht mehr als (romantischer) »Projektionsraum für das bessere Leben«, ebenso zeitfremd wirken ein Rückzug in die Natur und damit der utopische Entwurf eines Naturraums außerhalb der Gesellschaft (S. 24, »Wanderlieder« / »Haidebilder«). In der Sequenz können sich die Naturbilder der sozialen Thematik annehmen (»Haidebilder« / »Winternacht« / »Volksglauben in den Pyrenäen«). .

Gert Vonhoff eröffnet die Interpretationsreihe mit dem anschaulichen Vergleich von Uhlands »Wanderliedern« (1815) mit Püttmanns »Wanderbildern« (1845), um die Unterschiede zwischen Zyklus und Sequenz vorzuführen. Sein differenziertes Uhland-Bild läßt ihn in dem Zyklus zwar die Berufung auf die »Freiheit der Einzelnen im Staat« erkennen, aber Püttmanns Sequenz nimmt sich ungleich politischer aus, kritisiert die handlungsunfähige bürgerliche Opposition wie die Wirkungslosigkeit der Tendenzlyrik und rückt die soziale Ungleichheit immer mehr in den Vordergrund (S. 20). Als weitere Beispiele für Zyklen gelten »Am Weiher« der Droste, wo »entpolitisierte Freiheit [...] zur Freizeit« wird (S. 63), und »Die Elemente«. Im Vergleich mit dem Tageszeiten-Zyklus des Barockdichters Harsdörffer erweist sich dieser als der modernere, offenere und rechtfertigt so die Einschätzung der Interpretin Binek als Sequenz. Als »Sequenz mit Rahmen« bezeichnet Garcia Bruch »Ein Sommertagstraum«, wo die gesellschaftskritischen Ansätze der Droste in eine Traumvision verpackt sind (S. 79). Diese vorsichtige politische Öffnung zeigen auch die »Brüche« in dem »Genrebild« »Der Weiher«, insbesondere sein offenes Ende, die Unruhe der Kinder deuten Veränderungen an, wie Kirsten Ludwig feststellt (S. 92). Die Sequenzen »Haidebilder« mit »Clustern« als »wichtigste ästhetische Organisationsform« (S. 95) und »Volksglauben in den Pyrenäen« schließen sich an. Björn Bremer hebt hervor, daß sich letzteres Gedicht von der restaurativen Pyrenäenbegeisterung der Zeit abhebt, indem die Droste Volksglauben mit sozialen Ungleichheiten verbindet, die sie die einfachen Leute ansatzweise erkennen läßt, Aberglauben, »christliche und frühkapitalistische Strukturen« gingen ineinander über (S. 169). Lenaus »Winternacht« mit seinem Aufruf zur handelnden Solidarität bewertet Tobias Gombert im Vergleich zu »Am Weiher« zwar als Sequenz, aber er befragt die theoretische Konzeption Zyklus – Sequenz nach ihrer Anwendbarkeit auf dialektische Kurzzyklen. Für Heines »Nordsee« hingegen trifft die Bezeichnung Sequenz in ihrer Gänze zu, Dirk Jürgens sieht – zuungunsten von Heines früher Prosa – gerade in der Lyrik den Bruch mit der Tradition und verweist auf die Offenheit der »Nordsee« auch hinsichtlich ihrer Positionierung im »Buch der Lieder« (die versprochene Interpretation im Kontext der Gedichtsammlung bleibt er aber weitgehend schuldig). Der Aufsatz liefert ein Beispiel für die unterschiedlichen Deutungsversuche, denen sich Heines Gedichte unterziehen mußten. Jürgens tritt denen, die den politischen Gehalt des »Buchs der Lieder« verneinen, mit solcher Konsequenz entgegen, daß die Gedichte allein auf die Zeitkritik reduziert werden; die »Macht- und Orientierungslosigkeit« des bürgerlichen Bewußtsein seien in der

»Nordsee« abgebildet, die unteren Schichten bräuchten »sich bloß (!) von ihrer Unmündigkeit zu befreien«, sie bräuchten »nur (!) zu handeln« (S. 130, 132, 144). Die Naturbilder der »Nordsee« setzten sich aus romantisch-christlichen und griechisch-klassizistischen ›Zitaten‹ Heines zusammen. Den Ansatz einer neuen Ästhetik, die sich der Realität und dem Alltag verschreibt, erkennt er im letzten Gedicht »Epilog«. Der Beitrag von Sabine Scho bietet hierzu eine Ergänzung, sie fragt nach einer neuen Sprache und Bildlichkeit, die sie der »Nordsee« nicht zugesteht. Statt dessen weist sie auf die Abgegriffenheit der Meeresbildlichkeit hin. Heine habe »alte Taschenspielertricks« benutzt, jedoch um sie dann endgültig ad acta zu legen (S. 189). Schos Aufsatz hebt sich von den anderen ab, da sie die Malerei, und zwar das »Atelier«-Bild Courbets, miteinbezieht und dabei von Klaus Brieglebs Deutungen profitiert (»Opfer Heine«, Ffm. 1986, S. 115, 131 ff.). Sie zieht keinen eigentlichen Vergleich zwischen Heine und Courbet, sondern sieht in ihnen zwei Künstler, die sich mit den neuen Bedingungen und Möglichkeiten von Kunst im Kapitalismus, mit dem Bewußtsein von Moderne und von 1789 auseinandersetzen. Ihren Platz fänden sie zwischen den Deklassierten und den Kapitalisten, »in einer Montage des Gegeneinanders von Zerschlagenem und Reproduziertem erschließt sich die Kunst am Zerstückten dazwischen« (S. 195).

Blickt man auf die gesamte Studie, so fallen zuweilen einige Redundanzen auf, etwa die wiederholte Beschreibung der politischen Situation Deutschlands nach dem Wiener Kongreß oder Erklärungen zum Jagdrecht des Adels. Natürlich sind auch einige Behauptungen der Interpreten zur Diskussion zu stellen, die aber an dieser Stelle nicht geführt werden kann (viel Angriffsfläche bietet Jürgens Aufsatz zu Heine, vgl. auch Bremers Fazit, das im Umkehrschluß wahrscheinlicher ist S. 176; Pomp/Zumlohs Bemerkungen über die Funktion des Lakaien in »Der Hünenstein« S. 104; der nur im letzten Satz geleistete direkte Vergleich zwischen der Droste und Harsdörffer bei Binek usw.). Manchmal erscheint der Stil etwas zu locker, mit Zitatenbruchstücken versetzt (vgl. Schos Aufsatz) oder die Art der Interpretation recht schulmäßig (vgl. Pomp/Zumloh). Durchgängig in allen Aufsätzen finden sich viele einzelne literaturgeschichtliche Vergleiche zu dem jeweiligen Gedicht, die, wenn sie sich nicht gerade häufen, das interpretatorische Blickfeld öffnen. Hierfür ist das Namens- mit Werkregister sehr nützlich. Ein ausführliches Literaturverzeichnis findet sich ebenso im Anhang. Aufmerksame Beachtung verdient die vorgeschlagene neue ästhetische Begrifflichkeit der Sequenz im Unterschied zu Zyklus. Sie erleichtert den Zugang zur (Natur-) Lyrik der ersten Hälfte des 19. Jahrhunderts, wie die Autoren in ihren Beiträgen stichhaltig nachwiesen.   *Sabine Bierwirth*

Hubert Wolf / Wolfgang Schopf / Dominik Burkard / Gisbert Lepper: *Die Macht der Zensur. Heinrich Heine auf dem Index.* Düsseldorf: Patmos 1998. 272 S., DM 48,—.

Es scheint wie ein Spuk aus vergangenen Tagen, ein längst verjährtes Kapitel unrühmlicher Kirchengeschichte und verstaubtes Epiphänomen päpstlicher Willkürherrschaft, zu abgelegen und zeitentrückt, um heute noch in seiner literarisch wie intellektuell fatalen Repressivität wahrgenommen zu werden. Und doch ist es erst gut dreißig Jahre her, seit – im Gefolge der Reformen des II. Vatikanischen Konzils (1967) – die katholische Kirche darauf verzichtete, Werke von als unchristlich oder häretisch eingestuften Autoren durch das Instrument der Indizierung zu ächten. Erst drei Jahrzehnte also, seit Papst Paul VI. jene unrühmliche schwarze Liste des »Index liberorum prohibitorum« aufhob, die bereits im fünften Jahrhundert als Waffe kirchlicher Zensur eingesetzt wurde, um mit eisernem Regiment jenen ›antichristlichen Ungeist‹ einer ›glaubenszersetzenden‹ Sprach- und Wissenskultur zu unterdrücken, der die Gläubigen zum Abfall von der wahren apostolischen Lehre verleiten könnte.

Vor diesem Hintergrund mutet es fast wie ein nachträglicher Akt der Wiedergutmachung an, daß jetzt durch Vermittlung des Bischofs von Rottenburg-Stuttgart und die »wohlwollende Unterstützung« des Präfekten der Glaubenskongregation, Joseph Kardinal Ratzinger, dem Frankfurter Kirchenhistoriker Hubert Wolf die Erlaubnis erteilt wurde, das Archiv der römischen Indexkongregation, der kurialen Zensurbehörde also, für seine Forschungen zum »Fall Heine« zu konsultieren. Denn Wolf hatte es sich zur Aufgabe gemacht, Licht in jene undurchsichtigen Vorgänge zu bringen, die in zwei gesonderten Verfahren zur Indizierung von vier Werken Heines geführt hatten: 1836 zur Indizierung der drei – in der französischen Werkausgabe von Eugène Renduel (Paris 1833–35) erschienenen – Bücher »De l'Allemagne«, »Tableaux de Voyages« und »De la France« sowie 1845 zur Verurteilung der »Neuen Gedichte«. Um diesem ehrgeizigen Projekt einer umfassenden Rekonstruktion der beiden Anathemata gerecht zu werden und die historische Komplexität des Themas in seinen politischen, religiösen, literaturgeschichtlichen, kirchen- und zensurrechtlichen Implikationen zu dokumentieren, verzichtete Wolf darauf, den gordischen Knoten der sich überlagernden Motivketten in eigener Regie zu entflechten, und teilte sich den mühsamen Prozeß wissenschaftlicher Sondierung mit einem als Mitherausgeber verantwortlich zeichnenden Expertenteam. Sekundiert von seinem Assistenten Dominik Burkard übernahm er es zwar selbst, im ersten Teil seines Buches das staatliche und kirchliche Zensurverfahren gegen Heine in seiner wechselseitigen Verzahnung zu illustrieren und im zweiten die – zunächst mühsam aufgespürten, handschriftlich erfaßten und kollationierten – Orginaldokumente der Indexprozesse, im besonderen der Geheimgutachten und Urteilsbegründung, authentisch zu präsentieren. Doch überließ er es zwei Kollegen vom Fachbereich Neuere Philologie der Universität Frankfurt, für die literaturgeschichtliche Aufarbeitung des offengelegten Archivmaterials zu sorgen. So steuerte Gisbert Lepper im dritten Teil des Buchs eine erste Analyse der römischen Geheimgutachten bei, während Wolfgang Schopf im vierten Abschnitt einen allgemeinen Überblick zum religiösen Selbstverständnis Heines und seinem schwierigen Verhältnis zur Zensur zu geben sucht.

Dabei liegt, trotz dieser sinnvollen Aufgabenteilung, der Schwerpunkt des Geleisteten eindeutig in den von Hubert Wolf betreuten Arbeitsbereichen. Alleine die Fülle der authentischen Textzeugnisse bezüglich der regen politischen wie kirchlichen Aktivitäten gegen Heine und das »Junge Deutschland«, die Wolf aus den unterschiedlichsten Quellen akribisch herausgezogen und zu einem schlüssigen Geschichtspanorama zusammengefügt hat, verdient unsere volle Anerkennung: Von den reaktionär eingetrübten Briefkontakten einflußreicher kirchlicher und staatlicher Würdenträger bis zu den sachlich-trockenen Dokumenten der Konstitution »Sollicita ac provida«, die den Ablauf des Indexverfahrens regelte, oder den nur schwer verdaulichen Artikeln der eine reaktionär-antijüdische Stimmungslage schürenden katholischen Kampfblätter – nirgendwo läßt Wolf eine Gelegenheit verstreichen, das Beziehungsgeflecht der historischen Fakten als Voraussetzung des gegen Heine ausgesprochenen Bücherverbots zu enthüllen. Was er solcherart bewußt als historische Kulisse zu den beiden Indizierungsverfahren gegen Heine gestaltet, ist eine weltanschauliche Bestandsaufnahme, oder, besser gesagt, ein Psychogramm jener restaurativen Koalition von Thron und Altar, die, von einer geradezu traumatischen Revolutionsangst befallen, ihr Heil entweder in einer Politik der aggressiven Einschüchterung und Disziplinierung oder in einem kulturfeindlichen Kurs der Abschottung und Ghettoisierung sucht. Indes geht es – und dies rückt Wolfs historische Rahmenstudie plastisch vor Augen – von allem Anfang an um das Monopol des gedruckten Wortes. Denn um sich ihre angestammten Rechte und Privilegien wie das Prinzip monarchischer Legitimität oder die Einrichtung eines weltlichen Kirchenstaates weiterhin zu sichern, hielten es die seit den Befreiungskriegen gegen Napoleon wieder erstarkten und im Wiener Kongreß sich konsolidierenden Machthaber des Ancien régime für überlebenswichtig, die in einer politischen Publizistik sich artikulierenden Freiheitsbestrebungen der nationalen und demokratisch-revolutionären Bewegungen niederzuhalten und einzudämmen. Die altbewährte Entente von Klerus und Aristokratie, beispielhaft repräsentiert durch den effektiven Schulterschluß des österreichischen Staatskanzlers Metternich mit Papst Gregor XVI., bekämpfte deshalb den Ruf des demokratischen Lagers nach Gewissens-, Meinungs- und Pressefreiheit mit den Waffen von Zensur und Indizierung, welche sich als wirksamste Mittel ihres absoluten Autoritätsanspruches erwiesen. Gerade die durch die Erfindung des Buchdrucks und die massenhafte Verbreitung von Luthers Schriften in ihren dogmatischen Grundfesten erschütterte Kirche war laut Wolf dafür prädestiniert, die Gefährlichkeit des Mediums Buch zu erfassen. Einer Revolution der Verbreitung von Wissen mit antiklerikaler Stoßrichtung, wie sie zumal nach außen das »Junge Deutschland« darstellte, mußte die in ihrer alten Monopolstellung bedrohte römische Kurie so mit einer Totalkontrolle des Büchermarktes zu begegnen suchen.

Daß in diesem leidenschaftlichen Ringen um die geistige Hegemonie im Bereich von Belletristik und Publizistik jedoch weniger die Kirche, sondern hauptsächlich Metternich den Ton angab, ist einer der interessantesten Aspekte von Wolfs Forschungen. Wo auch immer es um die Verhinderung demokratischer Autonomiebestrebungen und die Wahrung fürstlicher Souveränität ging, schien der allmächtige Staatskanzler leibhaftig präsent zu sein, um den Lauf der Geschichte im Sinne der alten Fürstenordnung zu lenken. Diese Omnipräsenz äußerte sich nicht nur in dem Aufbau eines geheimen Nachrichten- und Spitzeldienstes, dem »Mainzer-Informations-Bureau«, welchem die Observierung der »hochverräterischen Secte« des »Jungen Deutschlands«, namentlich Heines, Gutzkows, Laubes, Wienbargs und Mundts, anvertraut war. Auf das unermüdliche Betreiben des spiritus rector der Restauration und seiner emsigen ›Konfidenten‹ war es auch zurückzuführen, daß das »Junge Deutschland« als ein literarischer Geheimbund von revolutionären Verschwörern ›enttarnt‹ und später durch den Bundestagsbeschluß von 1835 stigmatisiert wurde, obwohl eine derartige Vereinigung nach Aussage der Denunzierten in Wirklichkeit nie existiert hat. Auch der längst in Paris ansässige und daher unschuldige Heine hatte es letztendlich der antirevolutionären ›Hexenjagd‹ Metternichs zu verdanken, daß er als »geistiger Vater des jungen Deutschland« in die Liste der Verfemten aufgenommen und mit dem »Stempel der öffentlichen Ahndung« belegt wurde. Doch damit nicht genug. Sogar bis zum päpstlichen Stuhl im Vatikan ließ Metternich seine geheimen Verbindungen spielen, um Heines Indizierung zu betreiben. Die nicht zuletzt durch Revolutionsangst zusammengehaltene »Achse Wien–Rom« stellte hier einmal mehr ihre Effizienz unter Beweis.

Diese letztgenannte These vermag Wolf allerdings nicht definitiv im Sinn eines Tatsachenbeweises zu verifizieren, da die Überlieferungslage gerade in diesem Punkt ungesichert ist und nur einzelne Indizien für ihre Plausibilität sprechen. Tatsächlich fehlt nämlich ein positiver Aktenbeweis dafür, wie Heines Schriften zur Begutachtung in die Indexkongregation gelangt sind. Doch zieht man in Betracht, daß Metternich, lange schon vor Heine, den Verfasser von »Wally, die Zweiflerin«, Karl Gutzkow, und mit ihm das »Junge Deutschland«, angezeigt hatte, dann scheint es für Wolf – »nach Abwägen aller Aspekte« – dennoch am wahrscheinlichsten, »daß das Verfahren gegen die Schriften Heines auf den durch Metternich mitgeteilten Bundestagsbeschluß zurückging«. Dies aber kam faktisch einer Vorverurteilung des Autors gleich. Denn das offiziell eindeutige Dekret der deutschen Bundesstaaten gegen das »Junge Deutschland« zuzüglich der zahlreichen Abhängigkeiten und Verpflichtungen, die Rom gegenüber Wien besaß, machten es für die Verantwortlichen des Indizierungsverfahrens praktisch unmöglich, Heines Schriften nicht zu verurteilen.

Hinzu kam, daß Heines Schriften, im Gegensatz zu den ansonsten nur auf den deutschen Sprachraum begrenzten Veröffentlichungen der Jungdeutschen, auch in französischer Sprache erschienen waren. Das aber verlieh ihnen – so nebensächlich dieser Gesichtspunkt für den Laien auch aussehen mag – in den Augen der Glaubenshüter erst ihre eigentliche Brisanz: Denn als ein in der romanischen »Kultursprache« Französisch abgefaßtes Œuvre konnten Heines religionskritische Invektiven dem Kirchenstaat und der katholischen Welt gefährlich werden, da es nun möglich war, sie dort zu lesen und zu verstehen, wohingegen die »Barbarensprache« des größtenteils vom wahren Glauben abgefallenen ›protestantischen‹ Deutschland dem ›gebildeten‹, sprich romanischen Leser, unzugänglich blieb. Nur so ist es zu begreifen, daß das weitaus skandalträchtigere Werk Gutzkows von Rom unangetastet blieb, während die Schriften des Wahlfranzosen Heine mit unnachgiebiger Härte proskribiert wurden.

Angesichts dieser differenzierten Darstellung der komplizierten zeitgeschichtlichen Ausgangslage, die schließlich zu Heines Verurteilung führte, wirken die im zweiten Teil veröffentlichten Orginaldokumente der Indexprozesse eher blaß und oberflächlich. Zwangsläufig drängt sich dem Leser damit der Eindruck einer seltsamen Diskrepanz auf: Wie ausgeklügelt und juristisch einwandfrei das kirchliche Indizierungsverfahren – mit seinem aufwendigen Instanzenweg über die Stationen von Gutachterberufung, Konsultorenberatung, Kardinalsversammlung und päpstlichem Dekret – auch einer fairen Beurteilung Heines vorzuarbeiten scheint, so begrenzt und voreingenommen wirken die Dokumente der Geheimgutachten, die ausschlaggebend für die Verdammung Heines waren. Das Erfüllen der formalen Voraussetzungen erweist sich, so gesehen, lediglich als Scheinlegitimität, die die ideologische Befangenheit der Konsultoren kunstvoll überdeckte. So waren denn auch, wie Gisbert Lepper einleuchtend in seiner Analyse im dritten Teil diagnostiziert, die Gutachten der Konsultoren keine wertfreien oder sachlich fundierten Expertisen, die Heines Denkansätzen gerecht zu werden suchten, sondern »Auftragsarbeiten und Verschlußsachen in einem Geheimverfahren«. Dementsprechend wählten die berufenen Juroren für ihre Untersuchung auch eine Methode der Demonstration, die in zahlreichen Zitaten all das aufspießte, was nach christlichem Verständnis als sittlich anstößig oder blasphemisch erschien. Den Konsultoren war also – gemäß Leppers treffender Schlußfolgerung – keineswegs daran gelegen, die Grundzüge der »Ideen« in Heines Schriften wiederzugeben oder diese so herauszuarbeiten, daß sie von der Warte der Rechtgläubigkeit aus widerlegt werden konnten. Da deren Verwerflichkeit für sie a priori feststand, öffneten sie vielmehr ein Sündenregister, das, zum Zweck der Denunziation, Heine der Blasphemie, der Verhöhnung der Moral und der Aufwiegelung zur Revolution bezichtigte.

Die hermeneutische Willkür einer derartigen Parteilichkeit wird dann durch den abschließenden vierten Teil noch verschärft. Denn Wolfgang Schopfs flüssig geschriebener Essay zum Thema »Religionskritik, Zensur und Selbstzensur« versucht nicht nur einen umfassenden Überblick zu den wichtigsten Positionen von Heines Religions- und Kirchenkritik zu geben, sondern gleichzeitig auch das religiöse Alternativprogramm des Dichters zu skizzieren. Im klugen Rückgriff auf Dolf Sternbergers Recherchen zu Heines saint-simonistischer Weltfrömmigkeit und Karl-Josef Kuschels Reflexionen über Heines positives, aber ausschließlich säkularistisch besetztes Christusbild untersucht Schopf dabei wiederholt einzelne, für die Indizierung Heines ausschlaggebende Werkausschnitte, um die tiefe Ernsthaftigkeit von Heines subjektiv getönter und sozialethisch motivierter Religiosität herauszuarbeiten. Gegen alle geistigen Knebelungs- und Manipulationsversuche des Autors durch die Zensur, welche seinen Schreibakt zu einer gewagten Gratwanderung zwischen technischer Maskerade und innerer Selbstzensur, zwischen »trickreicher Tarnung seiner Gedanken und vorauseilender Verstümmelung des Textes bis zur Unkenntlichkeit«, werden läßt, behauptet und bewahrt Heine nämlich ein Leben lang sein engagiertes Verhältnis zur Religion, deren künftige Form – aus einem prophetischen Sendungsbewußtsein heraus – er mitgestalten will. Der im Indizierungsprozeß gegen Heine erhobene Vorwurf der Religionsfeindlichkeit und Gottlosigkeit wird damit eindeutig als substanzlos widerlegt.   *Christoph Bartscherer*

Heine-Literatur 1997/98 mit Nachträgen

Zusammengestellt von Traute-Renate Feuerhake

Sammelbände sind jeweils nur einmal vollständig bibliographiert; ihre Titel werden bei den gesondert aufgeführten Einzelbeiträgen verkürzt wiedergegeben.

1 Primärliteratur

1.1 Werke

Heine, Heinrich: Säkularausgabe. Werke, Briefwechsel, Lebenszeugnisse. Hrsg. von der Stiftung Weimarer Klassik und dem Centre National de la Recherche Scientifique in Paris. – Bd. 2K: Gedichte 1827–1844 und Versepen. Kommentar. – Teilbd. 2: Atta Troll. Atta Troll, ein Sommernachtstraum. Bearb. von Irmgard Möller unter Mitarb. von Hans Böhm. Berlin 1998. 525 S. – Teilbd. 3: Deutschland. Ein Wintermärchen. Bearb. von Hans Böhm. Berlin 1998. 345 S.

Heine, Heinrich: Säkularausgabe. Werke, Briefwechsel, Lebenszeugnisse. Hrsg. von der Stiftung Weimarer Klassik und dem Centre National de la Recherche Scientifique in Paris. – Bd. 10/11K 1.1: Pariser Berichte 1840–1848 u. Lutezia. Berichte über Politik, Kunst und Volksleben. Kommentar. – Teilbd. 1.1 bearb. von Christa Stöcker. Berlin 1998. S. 1–618. – Bd. 10/11K 1.2: Pariser Berichte 1840–1848 u. Lutezia. Berichte über Politik, Kunst und Volksleben. Kommentar. – Teilbd. 1.2 bearb. von Christa Stöcker. Berlin 1998. S. 619–1249.
Heine, Heinrich: Sämtliche Werke in zwei Bänden. Essen [1998]. – Bd. 1: 736 S. – Bd. 2: 752 S. (in einem Bd. geb.)

1.2 Einzelausgaben

Heine, Heinrich: Buch der Lieder. Hrsg. von Bernd Kortländer. Neuausg. Stuttgart 1998. 407 S. (Universal-Bibliothek. Nr. 2231)
Heine, Heinrich: Fünfzig Gedichte. Ausgew. von Bernd Kortländer. Stuttgart 1999. 101 S. (Universal-Bibliothek. Nr. 2232)

1.3 Texte in Anthologien

Andreas, Peter: Komm in mein umblühtes Haus. Lauben, Pavillons und Gartenhäuser in Fotografie und Literatur. Vorw. von Dieter Hoffmann. Cadolzburg 1998. 110 S.
Apfel. Eine kleine kulinarische Anthologie. Hrsg. von Jörg Zirfas u. Caspar Alves. Stuttgart 1998. 158 S. (Universal-Bibliothek. Nr. 18201)
Bezaubern! Verführen! Erobern! Von Menschen, die sich näherkommen. Hrsg. von Beatrix Müller-Kampel. Leipzig 1998. 202 S. (Reclam-Bibliothek. Bd. 1632)
Blumen auf den Weg gestreut. Gedichte. Hrsg. von Heinke Wunderlich. 2. durchges. Aufl. Stuttgart 1998. 308 S.
Köln, Blicke. Ein Lesebuch. Hrsg. von Jochen Schimmang. Köln 1998. 369 S.
Tee. Eine kleine kulinarische Anthologie. Hrsg. von Evelyne Polt-Heinzl u. Christine Schmidjell. Stuttgart 1998. (Universal-Bibliothek. Nr. 18205)
Von Sünde, Leidenschaft und Laster. Teufelsgeschichten aus tausend Jahren. Mit einem Nachw. hrsg. von Helmut Brall. München 1998. 244 S. (dtv. 20068)
Wöhlcke, Manfred: Der Weihnachtsmann. Begegnungen der dritten Art. Mit Vignetten von Noël Bremer. München 1996. 222 S. (dtv. 12326)

1.4 Übersetzungen

Heine, Heinrich: Différentes manières de considérer l'histoire. – In: Revue Germanique Internationale. Nr. 9, Paris 1998. S. 191–192.
Heine, Heinrich: Nouveaux poèmes. Éditions présentée et annotée par Gerhard Höhn. Traduction nouvelle d'Anne-Sophie Astrup et Jean Guégan. Paris 1998. 338 S. (Collection Poésie)

2 Sekundärliteratur

2.1 Dokumentationen, Monographien und Aufsätze

Abels, Kurt: »Waisenkinder des Ruhms«. Grenadiere, Tamboure und andere Soldaten im Werk Heines. – In: HJb '98. S. 22–58.

1848 – Literatur, Kunst und Freiheit im europäischen Rahmen. Hrsg. von Hartmut Melenk, Klaus Bushoff. Freiburg i. Br. 1998. 220 S. (Ludwigsburger Hochschulschriften. 19)

Alves, Fernanda Mota: Zwischen Miranda und Cleopatra gibt es Verschiedene. Heines weibliche Figuren. – In: Differenz und Identität. Trier 1998. S. 225–235.

Anadón, Pablo: Heine en poetas postmodernistas argentinos. – In : Desde la actualidad. Córdoba 1998. S. 143–152.

Andreeva-Popova, Nadezda: Ljuben Karavelov und Heinrich Heine. – In: Germanica. Jg. 4, Sofia 1997. S. 139–146.

Anglade, René: »Napoleon und die Französische Revolution stehen darin in Lebensgröße«. L'Allemagne de la Restauration dans le miroir de la Révolution. – In: Reisebilder de Heinrich Heine. Lectures d'une Œuvre. Paris 1998. S. 51–83.

Aptroot, Marion / Roland Gruschka: Jiddisch und Heinrich Heine. – In: Die Jahre kommen und vergehn! Düsseldorf 1998. S. 19–22.

Arnaudova, Svetlana: Heine und das Bild der anderen in den »Reisebildern«. – In: Germanica. Jg. 4, Sofia 1997. S. 239–246.

Arnsberg, Paul: Heinrich Heine. Ein gestriges – Heute! – In: ders.: Zivilcourage zum Widerstand. Beiträge zum Verhältnis von Deutschen, Juden, Israelis. Frankfurt a. M. 1998. S. 115–126.

Aufklärung und Skepsis. Internationaler Heine-Kongreß 1997 zum 200. Geburtstag. Hrsg. von Joseph Anton Kruse, Bernd Witte u. Karin Füllner. Stuttgart (u. a.) 1999. XX, 950 S.

Barbier, Frédéric: Eugène Renduel, éditeur de Heinrich Heine. – In: Revue Germanique Internationale. Nr. 9, Paris 1998. S. 103–114.

Bauer, Alfredo: La valoración de Heine en la Argentina. – In: Desde la actualidad. Córdoba 1998. S. 19–31.

Baumöller, Peter: ›Heine lebt‹ und: Ein Leben mit Heine. – In: Die Jahre kommen und vergehn! Düsseldorf 1998. S. 25–29.

Behler, Ernst: Mythos und Ironie im literarischen Diskurs Heinrich Heines. – In: Aufklärung und Skepsis. Stuttgart (u. a.) 1999. S. 353–366.

Bel, Jacqueline: Le »Reisebild« heinéen. Sa place dans l'histoire du récit de voyage. – In: Reisebilder de Heinrich Heine. Lectures d'une Œuvre. Paris 1998. S. 7–26.

Benoit, Martine-Sophie: Les Poèmes de la »Nordsee«, un style unique entre le »Buch der Lieder« et les »Reisebilder«. – In: Reisebilder de Heinrich Heine. Lectures d'une Œuvre. Paris 1998. S. 175–194.

Berbig, Roland: »Der Dichter Firdusi« – ›sehr gut‹. Zu Theodor Fontanes Lektüre des »Romanzero« von Heine. Begleitumstände mit einem detektivischen Exkurs. – In: Fontane Blätter. 65–66, Potsdam 1998. S. 10–53.

Berendse, Gerrit-Jan: Heine im Kalten Krieg. Wolf Biermanns selektive Rezeption des »Wintermärchens«. – In: HJb '98. S. 168–181.

Bergmeier, Horst: Die Eröffnung von Heines Salon. – In: Differenz und Identität. Trier 1998. S. 169–180.

Beste, Gisela: Heines Sicht auf Berlin, mit heutigen Augen gesehen. Unterrichtsvorhaben zu Heines Briefen aus Berlin in einem Profilkurs der 11. Klasse. – In: Der Deutschunterricht. Jg. 49, Seelze 1997, H. 5. S. 19–26.

Betz, Albrecht: Der Dichter als Publizist – Heine – Die Presse – Paris. – In: Heine gehört auch uns. Peking 1998. S. 435–445.

Betz, Albrecht: Heinrich Heines Prosa. Ästhetik und Politik I. 2.; erw. Aufl. Aachen 1999. 189 S.

Betz, Albrecht: Der letzte Sommernachtstraum. Heines Gedicht »An die Mouche«. – In: Aufklärung und Skepsis. Stuttgart (u. a.) 1999. S. 811–818.

Betz, Albrecht: ›Musikalische Saison in Paris‹. Heine als Kritiker und Musiksoziologe ›avant la lettre‹. – In: »Dichter unbekannt«. Bonn 1998. S. 68–80.

Betz, Albecht: Vom »Zauberglanz der Waren«. Frühe Beobachtungen Heines in London und Paris. – In: Reisebilder de Heinrich Heine. Lectures d'une Œuvre. Paris 1998. S. 139–158.

Beutin, Wolfgang: Heinrich Heine und Willibald Alexis. – In: ders.: Vom Mittelalter zur Moderne. – Bd. 2. Hamburg 1994. S. 75–96.

Beutin, Wolfgang: Vom Mittelalter zur Moderne. – Bd. 2: Von der Aufklärung bis zum 19. Jahrhundert. Hamburg 1994. 182 S.

Biermann, Wolf: Heine, unsere Zuckererbsen. Rede zur Eröffnung des Internationalen Heine-Kongresses zum 200. Geburtstag des Dichters am 25. Mai 1997 im Düsseldorfer Schauspielhaus. – In: Aufklärung und Skepsis. Stuttgart (u. a.) 1999. S. 1–18.

Biermann, Wolf: Loreley? Ich weiß wohl, was es bedeutet. – In: Die Jahre kommen und vergehn! Düsseldorf 1998. S. 30–32.

Bierwirth, Sabine: Trommler und Tambour. Heines Versuch einer Synthese ›politisch-romantischer‹ Dichtung. – In: Aufklärung und Skepsis. Stuttgart (u. a.) 1999. S. 475–488.

Blum, Marie-Odile: Les tropes dans la poesie de Heine. – In: Cahiers d'Études Germaniques. Nr. 34, Aix-en-Provence 1998/1. S. 119–128.

Bodenheimer, Alfred: »Die Engel sehen sich alle ähnlich«. Heines »Rabbi von Bacherach« als Entwurf einer jüdischen Historiographie. – In: Heinrich Heine und die Religion, ein kritischer Rückblick. Düsseldorf 1998. S. 49–64.

Bodsch, Ingrid: Heinrich Heine und die Bonner Universität bei Aufnahme seines Studiums im WS 1819/20. – In: Harry Heine stud. juris in Bonn 1819/20. Bonn 1997. S. 9–35.

Böhn, Andreas: Der fremde Mythos und die Mythisierung des Fremden. Heines politisch-literarische Mythologie in »Vitzliputzli«. – In: Aufklärung und Skepsis. Stuttgart (u. a.) 1999. S. 367–378.

Boerner, Maria-Christina: »Die ganze Janitscharenmusik der Weltqual«. Heines Auseinandersetzung mit der romantischen Theorie. Stuttgart (u.a) 1998. 396 S. (Heine-Studien)

Brandt, Helmut: Die Hereinnahme der Prosa der bürgerlichen Gesellschaft in die Lyrik. – In: Heine-Symposium in Nagoya 1997. Nagoya 1998. S. 25–26.

Brendel, Ina: Heinrich Heine en 1997. Bibliographie choisie et commentée. – In: romantisme. Jg. 28, Paris 1998, Nr. 101. S. 109–112.

Briese, Olaf: Venus – Madonna – Maria. Über Heines Marienverständnis. – In: Aufklärung und Skepsis. Stuttgart (u. a.) 1999. S. 436–449.

Brunn, Anke: Der Name tut viel – Ein Signal für Liberalität und Weltläufigkeit. – In: Die Jahre kommen und vergehn! Düsseldorf 1998. S. 33–35.

Bürger, Peter: Zweite Aufklärung. Ein Versuch über Heine. – In: Aufklärung und Skepsis. Stuttgart (u. a.) 1999. S. 19–32.

Calakova, Nedjalka: Heinrich Heine in Frankreich. – In: Germanica. Jg. 4, Sofia 1997. S. 299–306.

Calvié, Lucien: »Aus den Memoiren des Herren von Schnabelewopski«. Autobiographie, Parodie, Kunstperiode und Politik. – In: Aufklärung und Skepsis. Stuttgart (u. a.) 1999. S. 799–810.

Calvié, Lucien: Heine et Goethe ou: de la dialectique comme un des beaux-arts. – In: Reisebilder de Heinrich Heine. Lectures d'une Œuvre. Paris 1998. S. 159–173.

Calvié, Lucien: Heine, médiateur de l'idée de révolution. – In : romantisme. Jg. 28, Paris 1998, Nr. 101. S. 51–61.

Calvié, Lucien: Que nous dit Heine aujourd'hui? – In: Cahiers d'Études Germaniques. Nr. 34, Aix-en-Provence 1998/1. S. 27–40.

Cassagnau, Laurent: Une hétérobiographie moderne: »Aus den Memoiren des Herren von Schnabelewopski« de Heinrich Heine. – In: Harry... Henri... Heinrich Heine. Paris 1998. S. 70–78.

Cassagnau, Laurent: »Reisebilder«/»Götterbilder«. Nature et mythologie dans les poèmes de la »Nordsee« de Heinrich Heine. – In: Reisebilder de Heinrich Heine. Lectures d'une Œuvre. Paris 1998. S. 195–214.

Changke, Li: Heines »Idee« und ihre Bedeutung für die Gegenwart. – In: Heine gehört auch uns. Peking 1998. S. 38–50.

Chengjun, Diao: Der Kämpfer Heine in der »Matratzengruft«. – In: Heine gehört auch uns. Peking 1998. S. 446–451.

Chiarini, Paolo: Alle origini dell'intellettuale moderno. Suggio su Heine. Rom 1987. 133 S. (Biblioteca minima)

Cook, Roger F.: By the Rivers of Babylon. Heinrich Heine's Late Songs and Reflections. Detroit, Mich. 1998. 399 S.

Dakova, Nadezda: Zur Poetik der Faust-Texte Heinrich Heines. – In : Germanica. Jg. 4, Sofia 1997. S. 59–76.

Décultot, Élisabeth: La réception de Heine en France entre 1860 et 1960. Contribution à une histoire croisée des disciplines littéraires. – In: Revue Germanique Internationale. Nr. 9, Paris 1998. S. 167–190.

Deliivanova, Boshidara: Heines »Faust« im Kontext seiner Zeit. – In: Germanica. Jg. 4, Sofia 1997. S. 223–238.

Delille, Maria Manuela Gouveia: Die Heine-Rezeption in Portugal. Von der Romantik bis zum Ersten Weltkrieg. – In: Aufklärung und Skepsis. Stuttgart (u.a.) 1999. S. 691–709.

Delille, Maria Manuela Gouveia: Die Heine-Rezeption in Portugal. Von der Romantik bis zur Gegenwart. – In: Differenz und Identität. Trier 1998. S. 27–55.

Desde la actualidad. En el ano del Bicentenario de Heinrich Heine, 1797–1997. Vaquerias (Sierras de Córdoba), 25. al 27. de setiembre de 1997. Córdoba 1998. 342 S.

Dias, Mónica: Heinrich Heine als utopischer Dichter Deutschlands. – In: Differenz und Identität. Trier 1998. S. 135–141.

»Dichter unbekannt«. Heine lesen heute. Internationales Heine-Symposium Bonn Mai 1997. Hrsg. von Dolf Oehler u. Karin Hempel-Soos. Bonn 1998. 178 S.

Differenz und Identität. Heinrich Heine (1797–1856). Europäische Perspektiven im 19. Jahrhundert. Tagungsakten des internat. Kolloquiums zum Heine-Gedenkjahr. Lissabon 4.-5. Dezember 1997. Hrsg. von Alfred Opitz. Trier 1998. 279 S. (Schriftenreihe Literaturwissenschaft. Bd. 41)

Dimitrova, Natascha: Heine als Lyriker im politischen Kampf. – In : Germanica. Jg. 4, Sofia 1997. S. 307–312.

Dorst, Tankred: Thanatos. Letzte Szene aus »Harrys Kopf«. – In: Die Jahre kommen und vergehn! Düsseldorf 1998. S. 36–43.

Dreßen, Bernd: Wider die Lücke. – In: Die Jahre kommen und vergehn! Düsseldorf 1998. S. 44–45.

Drux, Rudolf: Mit romantischen Traumfrauen gegen die Pest der Zeit. Heinrich Heines »Florentinische Nächte« im dritten Teil des Salons. – In: Literatur und Politik in der Heine-Zeit. Köln (u.a.) 1998. S. 49–64.

Egners, Christian/Leif Peters: Lebendig ward das Marmorbild (aus kaltem Metall). – In: Die Jahre kommen und vergehn! Düsseldorf 1998. S. 46–52.

Epping-Jäger, Cornelia: Mythos Paris? – Heinrich Heines daguerreotypische Schreibart. – In: Aufklärung und Skepsis. Stuttgart (u.a.) 1999. S. 408–421.

Erhart, Walter: Heinrich Heine: Das Ende der Geschichte und ›verschiedenartige‹ Theorien zur Literatur. – In: Aufklärung und Skepsis. Stuttgart (u. a.) 1999. S. 489–506.

Erker-Sonnabend, Ulrich: Teilnehmen kann jeder. – In: Die Jahre kommen und vergehn! Düsseldorf 1998. S. 53–58.

Espagne, Michel: Heine historien de la culture. – In: Revue Germanique Internationale. Nr. 9, Paris 1998. S. 27–45.

Esselborn, Hans: Heinrich Heines späte Tiergedichte. Fabeltradition und Humor. – In: Harry... Henri... Heinrich Heine. Paris 1998. S. 36–48.

Estermann, Alfred: Handschriftenforschung und Editionen: Die Analyse der primären Textträger. Am Beispiel Heinrich Heine. – In: ders.: Kontextverarbeitung. Frankfurt a. M. 1998. S. 320–321.

Estermann, Alfred: Der Heine-Briefwechsel. Zu den Bänden 20–27 der Säkular-Ausgabe. – In: ders.: Kontextverarbeitung. Frankfurt a. M. 1998. S. 314–319.

Estermann, Alfred: Konsolidierung und zustimmendes Interesse. Die Heine-Bibliographie 1965–1982. – In: ders.: Kontextverarbeitung. Frankfurt a. M. 1998. S. 322–323.

Estermann, Alfred: Kontextverarbeitung. Buchwissenschaftliche Studien. Hrsg. von Klaus-Dieter Lehmann u. Klaus G. Saur in Verbindung mit der Stadt- u. Universitätsbibliothek Frankfurt a. M. Frankfurt a. M. 1998. 486 S.

Estermann, Alfred: »Der moderne Verstand, der vor Schmerz witzig wird«. Heinrich Heine im Urteil seiner Zeitgenossen: das große Jahrzehnt 1830–1840. – In: ders.: Kontextverarbeitung. Frankfurt a. M. 1998. S. 301–313.

Fellrath, Ingo: Von der Deutschen demokratischen Gesellschaft zur Deutschen demokratischen Legion (Paris, März-Juni 1848). – In: HJb '98. S. 238–251.

Ferner, Jürgen: Theatrum historiae: Anmerkungen zur Mäuseparabel in Heines »Shakespeares Mädchen und Frauen«. – In: Aufklärung und Skepsis. Stuttgart (u. a.) 1999. S. 586–597.

Fingerhut, Karlheinz: Apoll schindet Marsyas. Satiren in Heines »Reisebildern«. – In: Reisebilder de Heinrich Heine. Lectures d'une Œuvre. Paris 1998. S. 117–138.

Fingerhut, Karlheinz: »Die ganze Welt wird frei und bankrott«. Heinrich Heine, Georg Herwegh, Ludwig Pfau, Justinus Kerner und die unglücklichen poetischen Kommentierungen der verunglückten Revolution von 1848. – In: 1848 – Literatur, Kunst und Freiheit im europäischen Rahmen. Freiburg i. Br. 1998. S. 39–62.

Fingerhut, Karlheinz: Goethe-Reminiszenzen in Heines »Reisebildern«. – In: Die Jahre kommen und vergehn! Düsseldorf 1998. S. 59–66.

Fingerhut, Karlheinz: Heine als Symptom. Auch eine Einführung in die Literaturdidaktik. – In: Der Deutschunterricht. Jg. 49, Seelze 1997, H. 5. S. 5–18.

Fingerhut, Karlheinz / Jörn Stückrath: »Wie man Heine fressen kann und verdauen«. Wolf Biermann im Gespräch. – In: Der Deutschunterricht. Jg. 49, Seelze 1997, H. 5. S. 63–77.

Fohrmann, Jürgen: Heines Marmor. – In: Vormärz und Klassik. Bielefeld 1999. S. 63–80.

»For Freedom's Battle«. Heinrich Heine and England. A Bicentenary Exhibition 16 January–6 February 1998. Exhibition and catalogue compiled by Julia Rosenthal in association with the Heinrich-Heine-Institut. London 1998. 120 S.

Francke, Renate: Werkstattbericht aus der Heine-Säkularausgabe. – In: »Dichter unbekannt«. Bonn 1998. S. 42–54.

Füllner, Karin: »Ja, die Weiber sind gefährlich«. Heinrich Heines Polemik gegen Germaine de Staël. – In: Differenz und Identität. Trier 1998. S. 67–78.

Gaál Gyulai, Erzsébet von: Heinrich Heine – Dichter, Philosoph und Europäer. Eine Studie zum weltanschaulich-philosophischen Strukturprinzip seiner Pariser Schriften. Frankfurt a. M. (u. a.)

1998. 199 S. (Europäische Hochschulschriften. Reihe 1: Deutsche Sprache und Literatur. Bd. 1658) [Zugl.: Freiburg i.Br., Uni., Diss., 1997]

Galle, Helmut: ›Westöstlich dunkler Spleen‹. – Heinrich Heines Verhältnis zur Bibeldichtung im »Romanzero«. – In: Desde la actualidad. Córdoba 1998. S. 153–164.

Gamper, Michael: Übersetzung oder Interpretation? Heinrich Heines Gemäldekommentare und ihre Auseinandersetzung mit der romantischen Kunsttheorie. – In: HJb '98. S. 59–86.

Gebhard, Walter: Heine und Nietzsche – Historische und literarische Formen der Aufklärungsarbeit. – In: Heine gehört auch uns. Peking 1998. S. 268–304.

Gehle, Holger: Heines »Denkschrift« über Ludwig Börne.- In: Heinrich Heine zum 200. Geburtstag. Brüssel 1998. S. 68–81.

Geitner, Christa: Un art de la fausse citation et de la fausse répétition? Les apaisements inquiétants et contradictoires dans le lyrisme de Heine. – In: Cahiers d'Études Germaniques. Nr. 34, Aix-en-Provence 1998/1. S. 129–145.

Genger, Angela: Heines Geschwister – Aspekte jüdischen Lebens in Düsseldorf und am Niederrhein. – In: Die Jahre kommen und vergehn! Düsseldorf 1998. S. 67–74.

Genton, François: Lyoner Canuts und »Schlesische Weber«. Noch einmal Heine und die Folgen. – In: 1848 – Literatur, Kunst und Freiheit im europäischen Rahmen. Freiburg i.Br. 1998. S. 119–135.

Georgiev, Nikola: Ein ehrerbietiger Manipulator Heines in Bulgarien. (Versuch über die angewandte Imagologie). – In: Germanica. Jg. 4, Sofia 1997. S. 97–126.

Gerich, Eva: Der 200. Geburtstag Heinrich Heines in den Medien. Ingolstadt 1998. (Facharbeit Leistungskurs Deutsch; Maschinenschrift)

Germanica. Jahrbuch für deutschlandkundliche Studien. Jg. 4, Sofia 1997. 312 S. (Themenheft: Heinrich Heine und Europa)

Giese, Thomas: »Es ist zwar nur ein Guerillakrieg...«. Der Dichter und die Frühstunker des Vormärz. – In: Die Jahre kommen und vergehn! Düsseldorf 1998. S. 75–82.

Gimber, Arno: Von Perlen, Mond und Wasserfrauen. Die Heine-Rezeption in der spanischen Literatur der Jahrhundertwende. – In: Aufklärung und Skepsis. Stuttgart (u.a.) 1999. S. 710–721.

Gössmann, Wilhelm: Eine literarische Zeitgenossenschaft: Heine und die Droste. – In: Heine gehört auch uns. Peking 1998. S. 239–267.

Gössmann, Wilhelm: Der Name Heinrich-Heine-Universität hat sich bewährt. – In: Die Jahre kommen und vergehn! Düsseldorf 1998. S. 273–277.

Gössmann, Wilhelm: Die Rückkehr zu einem persönlichen Gott. Der späte Heine. – In: Heinrich Heine und die Religion, ein kritischer Rückblick. Düsseldorf 1998. S. 205–224.

Goetschel, Willi: Heines Spinoza: Ent/Mythologisierung der Philosophie als Projekt der Entzauberung und Emanzipation. – In: Aufklärung und Skepsis. Stuttgart (u.a.) 1999. S. 571–585.

Götze, Karl Heinz: Heurs et malheurs de l'amour. La poésie amoureuse de Heine dans l'histoire de la sensibilité. – In: Cahiers d'Études Germaniques. Nr. 34, Aix-en-Provence 1998/1. S. 187–202.

Goldschmidt, Georges-Arthur: Heine, ein deutscher Dichter in Frankreich. – In: Aufklärung und Skepsis. Stuttgart (u.a.) 1999. S. 934–947.

Goldschmidt, Georges-Arthur: Un poète allemand en France. – In: romantisme. Jg. 28, Paris 1998, Nr. 101. S. 7–16.

Goltschnigg, Dietmar: Judentum und Moderne – Heinrich Heine und Karl Kraus. – In: Harry... Henri... Heinrich Heine. Paris 1998. S. 19–34.

Grab, Walter: Jüdische Aspekte in den Dichtungen Heinrich Heines. – In: »Dichter unbekannt«. Bonn 1998. S. 55–67.

Griese, Kerstin: Wie ein roter Faden. Studentisches Engagement für die Heinrich-Heine-Universität. – In: Die Jahre kommen und vergehn! Düsseldorf 1998. S. 83–87.

Grimm, Sieglinde: Das Allgemeine des Subjektiven: Revolution des Bewußtseins im Theater des Vormärz. – In: Literatur und Politik in der Heine-Zeit. Köln (u. a.) 1998. S. 83–97.

Grossegesse, Orlando: Sterben und Schreiben in der Matratzengruft. – In: Differenz und Identität. Trier 1998. S. 237–247.

Grüger, Stephan: Heine als deutsch-französischer Vermittler? Von der »Wunde Heine« zur »Brücke Heine«. – In: Die Jahre kommen und vergehn! Düsseldorf 1998. S. 88–95.

Guttenhöfer, Peter: Heinrich Heine und die Bibel. – In: Heinrich Heine und die Religion, ein kritischer Rückblick. Düsseldorf 1998. S. 35–47.

Hadzikosev, Simeon: Heine und Botev. – In: Germanica. Jg. 4, Sofia 1997. S. 147–152.

Hagen, William W.: Von ›heidnischer Nazionalität‹ zu ›christlicher Fraternität‹ und ›allgemeiner Völkerliebe‹. Heines Überlegungen zur polnischen Frage und zum europäischen Nationalismus. – In: Aufklärung und Skepsis. Stuttgart (u. a.) 1999. S. 210–225.

Hansen, Volkmar: Heines Faust-Buch. – In: Differenz und Identität. Trier 1998. S. 157–167.

Hansers Sozialgeschichte der deutschen Literatur vom 16. Jahrhundert bis zur Gegenwart. Begr. von Rolf Grimminger. – Bd. 5: Zwischen Restauration und Revolution 1815–1848. Hrsg. von Gert Sautermeister u. Ulrich Schmid. München 1998. 760 S.

Harry Heine stud. juris in Bonn 1819/20. Zum ersten Studienjahr Heinrich Heines (1797–1856) und zur Bonner Stammbuchblätterfolge von ca. 1820 des stud. med. Joseph Neunzig (1797–1877). Ausstellung des Stadtmuseums Bonn in Zusammenarb. mit dem Heinrich-Heine-Institut Düsseldorf aus Anlaß des 200. Geburtstages von Heinrich Heine. Konzept u. Durchf. Ingrid Bodsch u. Inge Hermsträwer. Bonn 17. Mai – 13. Juli 1997. Bonn 1997. 232 S. (Begleitbuch zur Ausstellung)

Harry... Henri... Heinrich Heine. Textes réunis par Erika Tunner. Paris 1998. 93 S.

Harslem, Frank: Heinrich Heine und Übersetzen. – In: Desde la actualidad. Córdoba 1998. S. 165–178.

Harth, Dietrich: »Literatur, das sind wir und unsere Feinde«. Vier Variationen über einen Satz von Heine. – In: Cahiers d'Études Germaniques. Nr. 34, Aix-en-Provence 1998/1. S. 66–82.

Hauschild, Jan-Christoph: »Différentes manières de considérer l'histoire«. A propos des réflexions de Heine en matière de philosophie de l'histoire dans les années 1830. – In: Revue Germanique Internationale. Nr. 9, Paris 1998. S. 61–72.

Hauschild, Jan-Christoph: Die Wunden Heines. – In: Aufklärung und Skepsis. Stuttgart (u. a.) 1999. S. 71–85.

Hay, Louis: Notizen zu den ›Notizen‹ oder Heine als Schriftsteller. – In: Aufklärung und Skepsis. Stuttgart (u. a.) 1999. S. 858–873.

Heine gehört auch uns. Tagungsband des Internationalen Heine-Symposiums '97 Beijing. Veranstaltet von der Peking-Universität u. der Heinrich-Heine-Universität Düsseldorf. Hrsg. von Zhang Yushu. Peking 1998. 470 S.

Heine in der Schule. Hrsg. von Karlheinz Fingerhut u. Jörn Stückrath. – In: Der Deutschunterricht. Jg. 49, Seelze 1997, H. 5. 96 S. (Themenheft)

Heine-Jahrbuch 1998. Hrsg. von Joseph Anton Kruse. Heinrich-Heine-Institut der Landeshauptstadt Düsseldorf. In Verb. mit der Heinrich-Heine-Gesellschaft. Jg. 37, Stuttgart 1998. 393 S.

Heine-Symposium in Nagoya 1997. Zum zweihundertjährigen Andenken des Heine-Geburtstags. Red. Kiyoko Tachikawa u. Masataka Kachi. Nagoya 1998. 46 S.

Heinrich Heine. Études réunies par Karl-Heinz Götze, Ingrid Haag et Michel Vanoosthuyse. Actes des colloques internationaux d'Aix-en-Provence et de Montpellier (5–6 décembre 1997). Cahiers d'Études Germaniques Nr. 34, Aix-en-Provence 1998/1. 219 S.

Heinrich Heine auf Helgoland. Briefe, Berichte und Bilder aus den ersten Jahren des Seebads Helgoland. Gesammelt u. hrsg. von Eckhard Wallmann. Helgoland 1997. o. Z.

Heinrich Heine und die Religion, ein kritischer Rückblick. Ein Symposium der Evgl. Kirche im Rheinland vom 27.–30. Oktober 1997. Hrsg. von Ferdinand Schlingensiepen u. Manfred Windfuhr. Düsseldorf 1998. 244 S. (Schriften des Archivs der Evgl. Kirche im Rheinland. Nr. 21)

Heinrich Heine. 1797–1856. Tafelausstellung 1997. [Texte der Tafelausstellung in arabischer Übersetzung.] Übers. vom Goethe-Institut. Damaskus 1997. 21 S.

Heinrich Heine zum 200. Geburtstag. Kolloquium vom 14. März 1997 in Zusammenarbeit mit der Université Libre de Bruxelles. Hrsg. von Bernhard Beutler, Goethe-Institut Brüssel. Red. Florian Höllerer. Brüssel 1998. 94 S.

Hermand, Jost: Amalie oder Germania? Die Frage der unerwiderten Liebe im »Buch der Lieder«. – In: Harry… Henri… Heinrich Heine. Paris 1998. S. 10–17.

Hessing, Jakob: Auf Tod und Leben. Heinrich Heine zwischen autonomer und politischer Literatur. – In: Aufklärung und Skepsis. Stuttgart (u. a.) 1999. S. 450–463.

Hermstrüwer, Inge: Das Stammbuch des Bonner Studenten Isaac Coppenhagen. – In: Harry Heine stud. juris in Bonn 1819/20. Bonn 1997. S. 97–109.

Hermstrüwer, Inge/Marianne Tilch: Die Anfänge der Widmungstexte im Stammbuch von Isaac Coppenhagen in chronologischer Reihenfolge ihrer Eintragung. – In: Harry Heine stud. juris in Bonn 1819/20. Bonn 1997. S. 110–114.

Herzog, Roman: Zum 200. Geburtstag von Heinrich Heine. – In: Die Jahre kommen und vergehn! Düsseldorf 1998. S. 96–99.

Hessing, Jakob: Totgeborene Zeit. Zum 200. Geburtstag Heinrich Heines. – In: Jüdischer Almanach 1998/5758 des Leo Baeck Instituts. Hrsg. von Jakob Hessing u. Alfred Bodenheimer. Frankfurt a. M. 1997. S. 45–58.

Hildebrand, Olaf: Sinnliche Seligkeit. Goethes heidnischer Sensualismus und seine Beziehung zu Heine. – In: Goethe-Jahrbuch. Bd. 114, Weimar 1998. S. 231–251.

Höhn, Gerhard: ›La force des choses‹. Geschichtsauffassung und Geschichtsschreibung in Heines »Reisebildern«. – In: Reisebilder de Heinrich Heine. Lectures d'une Œuvre. Paris 1998. S. 84–102.

Höhn, Gerhard: Heinrich Heine, une figure européenne. – In: Maison Heinrich Heine Paris. Bonn (u. a.) 1998. S. 313–322.

Höhn, Gerhard: »Les salons disent le faux, les tombeaux disent le vrai«. Heine, penseur de l'histoire. – In: Revue Germanique Internationale. Nr. 9, Paris 1998. S. 73–87.

Höhn, Gerhard: (Ver-)Bildungsreisen. Zu Heines Kritik am modernen Tourismus. – In: Der Deutschunterricht. Jg. 49, Seelze 1997, H. 5. S. 27–33.

Höhn, Gerhard: ›Wissenschaft der Freiheit‹ und jesuitische Falschmünzerei. Zu Heines Politikbegriff. – In: Aufklärung und Skepsis. Stuttgart (u. a.) 1999. S. 33–46.

Höllerer, Florian: Heinrich Heine und das Ballett. – In: Heinrich Heine zum 200. Geburtstag. Brüssel 1998. S. 82–92.

Hoffmeister, Gerhart: The Poet on the Margin to the Center: Heinrich Heine and the German Condition. – In: Michigan Germanic Studies. Jg. 20, Ann Abor, Mich. 1994, Nr. 1. S. 18–32.

Hofmann, Michael: Heinrich Heine – ein Aufklärer? – In: Heinrich Heine zum 200. Geburtstag. Brüssel 1998. S. 37–47.

Hofmann, Michael: Veranschaulichung und Ambivalenz in Bildern des Tanzes. Dichotomien der Aufklärung und ihre poetische Bearbeitung bei Heine und Wieland. – In: Aufklärung und Skepsis. Stuttgart (u. a.) 1999. S. 102–117.

Hohendahl, Peter Uwe: Fiktion und Kritik: Heines »Romantische Schule« im Kontext der zeitgenössischen Literaturgeschichte. – In: Vormärz und Klassik. Bielefeld 1999. S. 249–263.

Holmes, Terence M.: Welcher Gedanke geht wessen Tat voraus? Zur Revolutionsproblematik bei Heine. – In: Aufklärung und Skepsis. Stuttgart (u. a.) 1999. S. 544–554.

Hoock-Demarle, Marie-Claire: La méditation selon Heine. – In: romantisme. Jg. 28, Paris 1998, Nr. 101. S. 17–27.

Horst, Christoph auf der/Alfons Labisch: Heinrich Heine und der Verdacht einer Bleivergiftung. – In: Die Jahre kommen und vergehn! Düsseldorf 1998. S. 100–105.

Hyde, Ralph: London 1827. – In: »For Freedom's Battle«. Heinrich Heine and England. London 1998. S. 12–22.

Iliev, Welisar: Nietzsche und Heine. Chronik einer (lebenslänglichen?) Beziehung. – In: Germanica. Jg. 4, Sofia 1997. S. 247–266.

Jäger, Anne Maximiliane: Abraham und Isaak. Jüdische Identität und Emanzipation in Heines »Der Rabbi von Bacherach«. – In: Differenz und Identität. Trier 1998. S. 143–156.

Jäger, Anne Maximiliane: Bacherach – Frankfurt – Toledo. Heines »Rabbi von Bacherach« als literarisches Projekt der jüdischen Aufklärung. – In: Aufklärung und Skepsis. Stuttgart (u. a.) 1999. S. 334–351.

Jäger, Anne Maximiliane: Heinrich Heines »Rabbi von Bacherach« – literarisches Projekt der jüdischen Aufklärung? – In: Heinrich Heine zum 200. Geburtstag. Brüssel 1998. S. 48–67.

Jährling, Astrid: Heine vermitteln in Ausstellungen am Beispiel der Heinrich-Heine-Ausstellung in der Düsseldorfer Kunsthalle 1997. Düsseldorf 1998. 85 S. (Düsseldorf, Uni., Magisterarbeit, 1998)

Die Jahre kommen und vergehn! 10 Jahre Heinrich-Heine-Universität Düsseldorf. Hrsg. von Holger Ehlert (u. a.). Düsseldorf 1998. 299 S.

Jastal, Katarzyna: Eine tadelhafte Unziemlichkeit. Über eine politische Episode E. T. A. Hoffmanns. – In: Literatur und Politik in der Heine-Zeit. Köln 1998. S. 17–25.

Jauregui, Heidi: La blessure de Heine – In: Cahiers d'Études Germaniques. Nr. 34, Aix-en-Provence 1998/1. S. 57–65.

Jens, Walter: Heinrich Heine – ein deutscher Jude. – In: Die Jahre kommen und vergehn! Düsseldorf 1998. S. 106–111.

Jöst, Erhard: Der romantische Satiriker und die Revolution. Heinrich Heines Spott über den deutschen Vormärz. – In: Die Unterrichtspraxis. Jg. 32, Stuttgart 1998, H. 2. S. 9–12.

Jokl, Johann: Heinrich Heine. – In: Hansers Sozialgeschichte der deutschen Literatur vom 16. Jahrhundert bis zur Gegenwart. – Bd. 5. München 1998. S. 526–578.

Jordan, Lothar: Von der Subversivität zur Repräsentativität: Über Heines Schwierigkeiten, ein kritischer Schriftsteller zu bleiben. – In: HJb '98. S. 1–21.

Jürgens, Dirk: Der Schiffbruch des Ichs. Heines ›Nordsee-Cyklen‹ als Teil des »Buchs der Lieder«. – In: Naturlyrik. Frankfurt a. M. (u. a.) 1998. S. 119–160.

Kaiser, Gert: Von der Schwierigkeit, Heinrich-Heine-Universität zu heißen. – In: Die Jahre kommen und vergehn! Düsseldorf 1998. S. 112–115.

Kaiser, Gert/Joachim Rickes: Die rätselhafte Flucht des »Rabbi von Bacherach«. Überlegungen zu einer Neudeutung von Figur und Fragment. – In: Heine gehört auch uns. Peking 1998. S. 119–142.

Kalinowski, Isabelle: Heine en français: brève histoire d'une réception difficile. – In: romantisme. Jg. 28, Paris 1998, Nr. 101. S. 89–96.

Kalinowski, Isabelle: L'histoire, les fantômes et la poésie dans le »Romancero«. – In: Revue Germanique Internationale. Nr. 9, Paris 1998. S. 129–142.

Kaltwasser, Gerda: Scheinheiliger Kampf gegen Heines Namen. – In : Die Jahre kommen und vergehn! Düsseldorf 1998. S. 116–117.

Karlowski, Dietmar: Abgesägt. – In: Die Jahre kommen und vergehn! Düsseldorf 1998. S. 118–121.

Kiba, Hiroshi: Aufklärung und Ethnizität bei Heinrich Heine. – In : Aufklärung und Skepsis. Stuttgart (u. a.) 1999. S. 256–264.

Kiba, Hiroshi: Ethnizität und Dichtertum bei Heinrich Heine. – In : Heine gehört auch uns. Peking 1998. S. 73–86.

Kiba, Hiroshi: Heine und Amerika. – In: Festschrift für Teruyasu Yamato. Osaka 1998. S. 47–62.

Kiba, Hiroshi: Über die internationalen Heine-Symposien zu seinem 200. Geburtstag in Düsseldorf, Peking und Tel Aviv. – In: Doitsubungaku-Ronkô (Forschungsberichte zur Germanistik). XXXIX, Osaka-Kobe 1997. S. 123–130. (Jap.)

Kim, Su-Yong: Die »Loreley« in Korea. Eine Rezeptionsgeschichte. – In: Aufklärung und Skepsis. Stuttgart (u. a.) 1999. S. 739–750.

Kimura, Naoji: Heines »Romantische Schule« in japanischer Übersetzung. – In: Heine gehört auch uns. Peking 1998. S. 372–383.

Kleinertz, Rainer: »Wie sehr ich auch Liszt liebe, so wirkt doch seine Musik nicht angenehm auf mein Gemüt«. Freundschaft und Entfremdung zwischen Heine und Liszt. – In: HJb '98. S. 107–139.

Knauer, Bettina: Heinrich Heines »Florentinische Nächte«. Form und Funktion novellistischen Erzählens und esoterischer Allegorik. – In: Aufklärung und Skepsis. Stuttgart (u. a.) 1999. S. 833–845.

Kolk, Rainer: Über die Aufgabe des Geschichtsschreibers. Heines »Ludwig Börne. Eine Denkschrift« im Kontext. – In: Aufklärung und Skepsis. Stuttgart (u. a.) 1999. S. 86–101.

Koopmann, Helmut: Heine als Exilant in Paris. – In: Romanticism and Beyond. A Festschrift for John F. Fetzer. Ed. by Clifford A. Bernd (u. a.). New York, NY (u. a.) 1996. S. 9–31. (California studies in german and european romanticism and in the age of Goethe. Bd. 2)

Kortländer, Bernd: Heines Modernität. – In: Die Jahre kommen und vergehn! Düsseldorf 1998. S. 122–126.

Kortländer, Bernd: Heinrich Heine et Annette von Droste-Hülshoff. Deux poètes d'Allemagne. – In: Revue Germanique Internationale. Nr. 9, Paris 1998. S. 151–165.

Kortländer, Bernd: »...in der Kunst wie im Leben ist die Freyheit das Höchste«. Heinrich Heine – Politik und Poesie. – In: Cahiers d'Études Germaniques. Nr. 34, Aix-en-Provence 1998/1. S. 169–186.

Kortländer, Bernd: »... ist nicht alles wie gemalt?« Naturdarstellungen in Heines »Reisebildern«. – In: Reisebilder de Heinrich Heine. Lectures d'une Œuvre. Paris 1998. S. 103–115.

Kortländer, Bernd: Le poète inconnu de la »Loreley«: le médiateur supprimé. – In: romantisme. Jg. 28, Paris 1998, Nr. 101. S. 29–40.

Kotani, Tamina: Heines Zeitkritik anhand seiner Denkmalbeschreibungen in seinen französischen Korrespondenzen. – In: Heine-Symposium in Nagoya 1997. Nagoya 1998. S. 1–17.

Kreis, Rudolf: Gegen den »tausendjährigen Schmerz«. Heine, der jüdische Dichter. – In: Der Deutschunterricht. Jg. 49, Seelze 1997, H. 5. S. 91–92.

Kruse, Joseph Anton: »...alle edeln Herzen des europäischen Vaterlandes«. Heine und Europa. – In: Germanica. Jg. 4, Sofia 1997. S. 5–26. [Zuerst in: Nationale Grenzen und internationaler Austausch. Hrsg. von Lothar Jordan (u. a.). Tübingen 1995. S. 53–72.]

Kruse, Joseph Anton: Heine feiern 1997. Ein Erfahrungsbericht. – In: karlsruher pädagogische beiträge. Karlsruhe 1998, Nr. 45. S. 55–75.

Kruse, Joseph Anton: Heines Schmerzen. – In: Med-Report. Jg. 22, Berlin 1998, Nr. 31. S. 13.

Kruse, Joseph Anton: Heinrich Heine. Leben und Werk in Texten und Bildern. Unter Mitarb. von Inge Hermstrüwer. 3. Aufl. Frankfurt a. M. 1998. 352 S.

Kruse, Joseph Anton: Heinrich Heine und die Weltliteratur. – In: Heine gehört auch uns. Peking 1998. S. 17–37.

Kruse, Joseph Anton: Heinrich Heines »Harzreise«. Biographischer und literarischer Wendepunkt. – In: Wegweiser durch das jüdische Sachsen-Anhalt. Potsdam 1998. S. 234–243.

Kruse, Joseph Anton: Die letzte Reise. Heines lyrische wie versepische Paraphrasen über Lebenssinn und Tod. – In: Differenz und Identität. Trier 1998. S. 263–279. – ders. in: Heinrich Heine und die Religion, ein kritischer Rückblick. Düsseldorf 1998. S. 189–203.

Kruse, Joseph Anton: »Mir dünkt, dass du dictiertest«. Kaiserin Elisabeths Dichter: Heinrich Heine. – In: »Keine Thränen wird man weinen ...«. Wien 1998. S. 41–52.

Kruse, Joseph Anton: Was aber nah liegt, ist doch oftmals fern. Erfahrungen mit der weltweiten Wirkungsgeschichte der Düsseldorfer Universitätsbenennung nach Heinrich Heine. – In: Die Jahre kommen und vergehn! Düsseldorf 1998. S. 127–132.

Kruse, Joseph Anton: 200 Jahre Heinrich Heine: Wirkung, Ruhm und Kontroversen.- In: Heinrich Heine zum 200. Geburtstag. Brüssel 1998. S. 11–21.

Kruse, Joseph Anton: Zwischen Weltschmerz und Engagement: Heine. Über historische Grenzen und deren Bestimmbarkeit, fließende Übergänge und die Nähe von Klassik und Romantik zur deutschen Literatur des Vormärz. – In: Vormärz und Klassik. Bielefeld 1999. S. 33–47.

Lämke, Ortwin: Heine, »Lutèce« et le communisme. Une nouvelle conception de l'histoire après 1848? – In: Revue Germanique Internationale. Nr. 9, Paris 1998. S. 89–101.

Lämke, Ortwin: Heines ›Geschichtsschreibung der Gegenwart‹. Zu Artikel VI der »Französischen Zustände«. – In: Aufklärung und Skepsis. Stuttgart (u. a.) 1999. S. 615–628.

Laudenberg, Beate: Heine off- und online oder Aus der Matratzengruft auf die Datenbank. – In: karlsruher pädagogische beiträge. Karlsruhe 1998, Nr. 45. S. 108–111.

Lazarova, Erika: Heinrich Heine und einige Paradoxa der bulgarischen Europäisierung. – In: Germanica. Jg. 4, Sofia 1997. S. 183–190.

Ledebur, Ruth von: Heines Shylock. – In: Die Jahre kommen und vergehn! Düsseldorf 1998. S. 133–139.

Leduc, Alain: »Distance, miroir et conscience«. La distanciation littéraire dans la poésie de Heinrich Heine: »Wie der Mond sich leuchtend drängt«. – In: Harry... Henri... Heinrich Heine. Paris 1998. S. 60–68.

Lee, Kwang-Bok: Rezeption – Vermittlung – Reflexion. Ein literaturdidaktisches Konzept für die Vermittlung Heinrich Heines in Korea. Frankfurt a. M. (u. a.) 1998. IX, 214 S. (Europäische Hochschulschriften. Reihe 1: Deutsche Sprache und Literatur. Bd. 1669)

Lefebvre, Jean-Pierre: L'assassinat de Wilhelm Wisetski. – In: Revue Germanique Internationale. Nr. 9, Paris 1998. S. 143–149.

Lefebvre, Jean-Pierre: Le ton Heine. – In: Cahiers d'Études Germaniques. Nr. 34, Aix-en-Provence, 1998/1. S. 147–165.

Leilian, Zhao: Geldkult, Ruhmsucht und die Bürgerkomödie als Zielscheiben der Heineschen Kritik. Analyse anhand einiger Textstellen in »Lutetia« von Heinrich Heine. – In: Heine gehört auch uns. Peking 1998. S. 221–238.

Leonhardt, Rudolf Walter: Heinrich Heine – der erste Jude in der deutschen Literatur. – In: Porträts zur deutsch-jüdischen Geistesgeschichte. Köln 1997. S. 47–65.

Li, Yao: Über das Studium der Poesie in der Prosa »Die Harzreise« von Heinrich Heine. – In: Heine gehört auch uns. Peking 1998. S. 201–208.

Liedtke, Christian: »Das Leben ist weder Zweck noch Mittel; das Leben ist ein Recht«. Heines Kritik des teleologischen Denkens. – In: Aufklärung und Skepsis. Stuttgart (u.a.) 1999. S. 598–614.

Lißner, Bianca: Heine versus Heine – eine Provokation. – In: Die Jahre kommen und vergehn! Düsseldorf 1998. S. 140–142.

Literatur und Politik in der Heine-Zeit. Die 48er Revolution in Texten zwischen Vormärz und Nachmärz. Hrsg. von Hartmut Kircher u. Maria Klanska. Köln (u.a.) 1998. 260 S.

Lutz, Edith: Heinrich Heine und der »Verein für Cultur und Wissenschaft der Juden«. – In: Heinrich Heine und die Religion, ein kritischer Rückblick. Düsseldorf 1998. S. 65–80.

Mae, Michiko: Zwischen Subjektivität und Universalität: Zum Emanzipationskonzept Heinrich Heines. – In: Die Jahre kommen und vergehn! Düsseldorf 1998. S. 143–147.

Maier-Bode, Martin: Heine, dritte Reihe, vierte Stunde. – In: Die Jahre kommen und vergehn! Düsseldorf 1998. S. 148–151.

»Madame, Sie sollen meine Küche loben«. Essen und Trinken mit Heinrich Heine. Mit neun Heinrich-Heine-Créationen von Maître Jean-Claude Bourgueil. Hrsg. von Jan-Christoph Hauschild. Mit 75 Abb. 2. Aufl. München 1998. 143 S. (dtv premium)

Maierhofer, Waltraud: Italia und Germania. Zum Frauen- und Deutschlandbild in Heines italienischen »Reisebildern«. – In: Aufklärung und Skepsis. Stuttgart (u.a.) 1999. S. 153–178.

Maison Heinrich Heine Paris 1956–1996. Quarante ans de présence culturelle. Édité par Martin Raether. Bonn (u.a.) 1998. 399 S.

Marquard, Odo: Skepsis in der Moderne. Überlegungen im Blick auf Heinrich Heine. – In: Aufklärung und Skepsis. Stuttgart (u.a.) 1999. S. 909–918.

Martens, Gunter: Heines Taufe und ihre Spuren in den Gedicht-Zyklen »Nordsee I und II«. – In: Germanica. Jg. 4, Sofia 1997. S. 205–222.

Mecklenburg, Norbert: Durch politische Brille und Butzenscheibe. Literarische Lutherbilder in der Heine-Zeit. – In: Literatur und Politik in der Heine-Zeit. Köln 1998. S. 1–15.

Meier-Lenz, Dieter P.: Heines Modernität. Aspekte zu Heines Denkmethode. – In: Cahiers d'Études Germaniques. Nr. 34, Aix-en-Provence 1998/1. S. 41–53.

Mende, Fritz: Die »Wahrheit des Gefühls«. Bemerkungen zu Heines Selbstverständnis als ein Dichter der Moderne. – In: Aufklärung und Skepsis. Stuttgart (u.a.) 1999. S. 769–782.

Min, Liu: Zur Rezeption und Wirkung Heinescher Lyrik in China. – In: Heine gehört auch uns. Peking 1998. S. 172–179.

Mingocho, Maria Teresa Delgado: »Der große Moderne«. Heinrich Heine und Heinrich Manns Lehrjahre. Die Briefe an Ewers. – In: Differenz und Identität. Trier 1998. S. 91–99.

Mitin, G. A.: Prisvoenie poeziej. (Razdum' ja o sud'be Genricha Gejne v Rossii). – In: Literatur v škole. Moskva 1993, Nr. 3. S. 7–15. (Aneignung der Poesie: Nachdenken über Heinrich Heines Schicksal in Rußland)

Mojem, Helmuth: Als Cottascher Musquetir. Zu einem neu gefundenen Brief an Heinrich Heine. – In: Jahrbuch der Deutschen Schillergesellschaft. Jg. 42, Stuttgart 1998. S. 5–20.

Mommsen, Wolfgang J.: Heinrich Heine und die Deutschen. – In: Aufklärung und Skepsis. Stuttgart (u.a.) 1999. S. 119–136.

Morawe, Bodo: Juni 1832: Heine und der Aufstand. – In: »Dichter unbekannt«. Bonn 1998. S. 81–108.

Müchler, Günter: Korrespondent Heine. – In: ders.: ›Wie ein treuer Spiegel‹. Darmstadt 1998. S. 105–119.

Müchler, Günter: ›Wie ein treuer Spiegel‹. Die Geschichte der Cotta'schen Allgemeinen Zeitung. Darmstadt 1998. 233 S.

Müller, Ulrich/Margarete Springeth: »Aber schöner noch / Prangten mit stolzem Glanz die Maurenstädte«: Heine im Schnittpunkt der Kulturen. Ein Interkultureller Versuch. – In: Heine gehört auch uns. Peking 1998. S. 87–104.

Naturlyrik. Über Zyklen und Sequenzen im Werk von Annette von Droste-Hülshoff, Uhland, Lenau und Heine. Hrsg. von Gert Vonhoff. Frankfurt a. M. (u. a.) 1998. 282 S. (Historisch-kritische Arbeiten zur deutschen Literatur. Bd. 23)

Nayhauss, Hans-Christoph von: Aspekte der ›Heine‹-Rezeption in Lesebüchern der Bundesrepublik Deutschland. – In: karlsruher pädagogische beiträge. Karlsruhe 1998, Nr. 45. S. 76–100.
– ders. in: Heine gehört auch uns. Peking 1998. S. 407–434.

Negt, Oskar: Ich bin die Tat von Deinen Gedanken. – In: Die Jahre kommen und vergehn! Düsseldorf 1998. S. 152–157.

Neubauer, Kai: Freiheit, Ironie, Sinnlichkeit: Heine und Bruno. – In: Aufklärung und Skepsis. Stuttgart (u. a.) 1999. S. 629–648.

Neuhaus-Koch, Ariane: »Heine hat alle Stadien der Emigration mit uns geteilt«. Aspekte der Exilrezeption 1933–1945. – In: Aufklärung und Skepsis. Stuttgart (u. a.) 1999. S. 649–665.

Nickel, Jutta: Der Name der Revolution in Heinrich Heines ›Ludwig Börne. Eine Denkschrift‹. Ein Lektüreversuch. – In: Germanica. Jg. 4, Sofia 1997. S. 285–294.

Niermann, Heike: Mißstände und Unbequemes. – In: Die Jahre kommen und vergehn! Düsseldorf 1998. S. 158–159.

Nitz, Wolfgang: Die Heinrich-Heine-Rezeption in Japan. – In: Heine gehört auch uns. Peking 1998. S. 394–406.

Nitzberg, Alexander: Zum Jubiläum. – In: Die Jahre kommen und vergehn! Düsseldorf 1998. S. 160–163.

Nölp, Markus: ›Traumzeit‹. Vom Traum und Träumen bei Heinrich Heine. – In: Differenz und Identität. Trier 1998. S. 181–189.

Och, Gunnar: »Schalet, schöner Götterfunken«. Heinrich Heine und die jüdische Küche. – In: Aufklärung und Skepsis. Stuttgart (u. a.) 1999. S. 242–255.

Oehler, Dolf: Heine, Baudelaire, Nietzsche: Zur Poetik der Unbotmäßigkeit. – In: »Dichter unbekannt«. Bonn 1998. S. 153–175.

Oehler, Dolf: Heine und Baudelaire: Kritik, Poesie und Einsamkeit. – In: Heine gehört auch uns. Peking 1998. S. 320–339.

Oehler, Dolf: Pariser Bilder 1 (1830–1848). Antibourgeoise Ästhetik bei Baudelaire, Daumier und Heine. Frankfurt a. M. 1979. 300 S.

Oesterle, Ingrid: Les »Lettres de Paris«: un genre heinéen. – In: romantisme. Jg. 28, Paris 1998, Nr. 101. S. 73–83.

Opitz, Alfred: Das Portugal-Thema im Vormärz. – In: Differenz und Identität. Trier 1998. S. 13–25.

Opitz, Alfred: Von Heine bis Baudelaire. Zum Begriff der »literarischen Race« bei Hermann Bahr. – In: Aufklärung und Skepsis. Stuttgart (u. a.) 1999. S. 677–690.

Papiór, Jan: Zu Heines Polenmotiven (im Kontext seiner »pacifiken Mission« der Völkerannäherung). – In: Differenz und Identität. Trier 1998. S. 211–223.

Parpulova, Slatka: Heinrich Heine und der Begriff des Massenmenschen. – In: Germanica. Jg. 4, Sofia 1997. S. 295–298.

Paul, Fritz: Plagiat, ›imitatio‹ oder ›writing back‹. Hans Christian Andersen auf Heines Spuren im Harz. – In: Heine gehört auch uns. Peking 1998. S. 358–371.

Penggao, Zhang: Fern und fremd wie auch rätselhaft – Zu meiner chinesischsprachigen Wiedergabe zweier Fragmente von Heinrich Heine: »Der Rabbi von Bacherach« und »Aus den Memoiren des Herren von Schnabelewopski«. – In: Heine gehört auch uns. Peking 1998. S. 143–156.

Perraudin, Michael: Heine et l'Angleterre ou le médiateur en défaut. – In: romantisme. Jg. 28, Paris 1998, Nr. 101. S. 41–49.

Perraudin, Michael: Irrationalismus und jüdisches Schicksal. Die thematischen Zusammenhänge von Heines »Ideen. Das Buch Le Grand«. – In: Aufklärung und Skepsis. Stuttgart (u.a.) 1999. S. 279–302.

Perrey, Beate: Rationalisierung von Sinnlichkeit in Heines »Lyrischem Intermezzo«. Das ›Hohelied‹ als poetisches Modell im Zerrspiegel »kleiner maliziöser Lieder«. – In: Aufklärung und Skepsis. Stuttgart (u.a.) 1999. S. 846–857.

Peters, George F.: Der Dichter als Mythenbeleber. Goethe, Heine, und Faust. – In: Aufklärung und Skepsis. Stuttgart (u.a.) 1999. S. 422–435.

Peters, Paul: Heine als Plebejer. – In: Aufklärung und Skepsis. Stuttgart (u.a.) 1999. S. 819–832.

Peters, Paul: Die Moderne vor den letzten Dingen: Heines »Bimini«, Baudelaires »Voyage«. – In: »Dichter unbekannt«. Bonn 1998. S. 125–152.

Petrovic, Hans: Hommage à Heinrich Heine. – In: Die Jahre kommen und vergehn! Düsseldorf 1998. S. 164–182.

Pfahl, Berengar: Das ewige U und E mit Heinrich Heine. – In: Die Jahre kommen und vergehn! Düsseldorf 1998. S. 183–188.

Pinkert, Ernst-Ullrich: Differenz und Identität, Krieger und Sänger. Zur Rheinsymbolik bei Heine und in der deutschen Lyrik des 19. Jahrhunderts. – In: Differenz und Identität. Trier 1998. S. 249–262.

Pistiak, Arnold: »Seine Magd weiß es besser«. Vorläufige Anmerkungen zu Heines letzter Gedichtsammlung. – In: »Dichter unbekannt«. Bonn 1998. S. 109–124.

Ponsard, Monika/Gio Batta Bucciol/Marisa Siguan: Heine europäisch. – In: Der Deutschunterricht. Jg. 49, Seelze 1997, H. 5. S. 34–48.

Ponzi, Mauro: Heine und die neue Zeit oder ›Die schwarze Sonne der Zukunft‹. – In: Aufklärung und Skepsis. Stuttgart (u.a.) 1999. S. 783–798.

Porträts zur deutsch-jüdischen Geistesgeschichte. Hrsg. von Thilo Koch. Köln 1997. 279 S.

Post-Martens, Annemarie: Heines ›Himmelreich auf Erden‹. – In: Germanica. Jg. 4, Sofia 1997. S. 267–284.

Prandi, Julie D.: Die Frau als Welt: Liebe ohne Gegenliebe im »Buch der Lieder«. – In: Heine gehört auch uns. Peking 1998. S. 157–171.

Prüss, Jens: Zivilcourage ist kein deutsches Wort. – In: Die Jahre kommen und vergehn! Düsseldorf 1998. S. 189–196.

Rau, Johannes: Der jüdische Dichter Heinrich Heine. – In: Die Jahre kommen und vergehn! Düsseldorf 1998. S. 197–200.

A Recepção de H. Heine em Portugal. Mostra bibliográfica. Lissabon 1997. 29 S.

Reed, Terence James: Unrequited Dislike: Heine and England. – In : »For Freedom's Battle«. Heinrich Heine and England. London 1998. S. 114–117.

Reich-Ranicki, Marcel: Dank und Gratulation. – In: Die Jahre kommen und vergehn! Düsseldorf 1998. S. 278–279.

Reisebilder de Heinrich Heine. Lectures d'une Œuvre. Coordonné par René Anglade. Paris 1998. 223 S. (Capes & Agrégation d'allemand)

Revel, Jacques: Heine zwischen Deutschland und Frankreich. Eine historische Vergewisserung. – In: Aufklärung und Skepsis. Stuttgart (u.a.) 1999. S. 919–933.

Revel, Jaques: Retour sur une histoire: Heine entre la France et l'Allemagne. – In: Revue Germanique Internationale. Nr. 9, Paris 1998. S. 11–25.

Ribbat, Ernst: Alfred Döblin – Heine redivivus. Über das Verhältnis von Aktualität und Literatur. – In: Internationales Alfred-Döblin-Kolloquium. Leipzig 1997. S. 9–16.

Ribeiro, António Sousa: Noch einmal: Heine und die Folgen. Ein Kapitel der Heine-Rezeption am Anfang des Jahrhunderts. – In: Differenz und Identität. Trier 1998. S. 101–111.

Riemenschneider, Monika/Angelika Bücher: Annäherung an Heine. Über die Arbeit mit dem Literaturkurs und der Foto-AG der Heinrich-Heine-Gesamtschule Düsseldorf. – In: Der Deutschunterricht. Jg. 49, Seelze 1997, H. 5. S. 86–91.

Ringmayr, Thomas: Nationalcharaktere und nationale Heterostereotypen im Werk Heinrich Heines. – In: Germanica. Jg. 4, Sofia 1997. S. 87–96.

Rodrigues, Cristina Vasconcelos: Aspekte des Zynismus in Heines »Lutezia«. – In: Differenz und Identität. Trier 1998. S. 201–210.

The romantic movement. A selective and critical bibliography for 1997. Ed. David V. Erdman. West Cornwall, Conn. 1998. (Heine-Bibliographie zusammengest. von Jeffrey L. Sammons. S. 344–375)

romantisme. Revue du dix-neuvième siècle. Jg. 28, Paris 1998, Nr. 101. 128 S. (Themenheft: Heine le médiateur)

Rosenberg, Rainer: Eine ›Neue Literatur‹ am ›Ende der Kunst‹? – In: Vormärz und Klassik. Bielefeld 1999. S. 155–161.

Roth, Klaus-Hinrich: Heine – Tucholsky. Überlegungen zu einem problemorientierten Brückenschlag. – In: Der Deutschunterricht. Jg. 49, Seelze 1997, H. 5. S. 56–62.

Ruhl-Anglade, Gabriela: Heines »Meeresstille«. Ironie und Kritik. – In: Reisebilder de Heinrich Heine. Lectures d'une Œuvre. Paris 1998. S. 215–220.

Rupp, Gerhard: Mein Heine. Lektürebiographie über mein aufzubesserndes Verhältnis zum Namenspatron meiner Universität. – In: Die Jahre kommen und vergehn! Düsseldorf 1998. S. 201–207.

Sammons, Jeffrey L.: Charles Godfrey Leland and the English-Language Heine Edition. – In: HJb '98. S. 140–167.

Sanches, Manuela Ribeiro: Heinrich Heines »Geständnisse« und »Memoiren« oder die gescheiterte Assimilation. – In: Differenz und Identität. Trier 1998. S. 125–133.

Sarandev, Ivan: Heine in den kritischen Einschätzungen von Penco Slavejkovs. – In: Germanica. Jg. 4, Sofia 1997. S. 177–182.

Sautermeister, Gert: Zeit- und Selbstkritik im Medium der ästhetischen Form. Analysen zu Heines »Buch der Lieder«. – In: Cahiers d'Études Germaniques. Nr. 34, Aix-en-Provence 1998/1. S. 203–219.

Sautermeister, Gert: Heinrich Heine: Zur Wahrheit entstellt. Drei Traumgebilde Heines. – In: Cahiers d'Études Germaniques. Nr. 33, Aix-en-Provence 1997/2. S. 87–104.

Schärf, Christian: Die Selbstinszenierung des modernen Autors. Heinrich Heines »Ideen. Das Buch LeGrand«. – In: literatur für leser. Jg. 21, Frankfurt a. M. 1998, H. 4. S. 301–311.

Schiavoni, Giulio: Heine und die ›Blutschuld‹ der Juden. Über die Erzählung »Der Rabbi von Bacherach«. – In: Der Deutschunterricht. Jg. 49, Seelze 1997, H. 5. S. 49–55.

Schiller, Dieter: Heinrich Heine als Leitfigur in der Exilpublizistik 1933–1945. – In: Aufklärung und Skepsis. Stuttgart (u. a.) 1999. S. 666–676.

Schlingensiepen, Ferdinand: Heines Taufe in Heiligenstadt. – In: Heinrich Heine und die Religion, ein kritischer Rückblick. Düsseldorf 1998. S. 81–125.

Schlingensiepen, Ferdinand: Luther und Heine. – In: Evangelische Kirchenzeitung. Jg. 22, Düsseldorf 1967, H. 11. S. 501–506.

Schlocker, Georges: Heine journaliste, notes sur le langage d'un contrebandier. – In: romantisme. Jg. 28, Paris 1998, Nr. 101. S. 85–88.

Schlocker, Georges: »Les yeux rivés sur l'avenir«, une lecture d'Albrecht Betz. – In: romantisme. Jg. 28, Paris 1998, Nr. 101. S. 105–108.

Schlossmacher, Norbert: Heine-Freund, Lithograph, Mediziner und Revolutionär. Der Arzt Dr. med. Peter Joseph Neunzig (1797–1877). – In: Harry Heine stud. juris in Bonn 1819/20. Bonn 1997. S. 37–77. – ders. in: Rund um den Quadenhof. Jg. 49, Düsseldorf 1998, Nr. 1. S. 5–19.

Schmeling, Manfred: »Ihr Genie ist ein Weib«. Heinrich Heine contra Madame de Staël. – In: Germanica. Jg. 4, Sofia 1997. S. 191–204.

Schmid, Peter A.: Deutschtum und Judentum bei Hermann Cohen und Heinrich Heine. – In: Aufklärung und Skepsis. Stuttgart (u. a.) 1999. S. 265–278.

Schmidt, Michael: Heinrich Heines Bedeutung für das christlich-jüdische Verhältnis heute. – In: Heinrich Heine und die Religion, ein kritischer Rückblick. Düsseldorf 1998. S. 225–243.

Schmidt-Beste, Thomas: Felix Mendelssohn and Heinrich Heine. – In: »For Freedom's Battle«. Heinrich Heine and England. London 1998. S. 105–113.

Schneider, Jost: Widersprüche in Heines Werk und Inkonsequenzen in der Heine-Forschung. Methodologische Überlegungen am Beispiel von »Ueber Polen« und »Zwey Ritter«. – In: HJb '98. S. 87–106.

Schnell, Ralf: Heine und der Junghegelianismus. – In: Vormärz und Klassik. Bielefeld 1999. S. 141–153.

Schnell, Ralf: Heines Essayismus. – In: Aufklärung und Skepsis. Stuttgart (u. a.) 1999. S. 874–890.

Scho, Sabine: Ihr Platz ist dazwischen. Heine und Courbet. Künstler in einer kunstlosen Zeit? – In: Naturlyrik. Frankfurt a. M. (u. a.) 1998. S. 177–206.

Schopf, Wolfgang: Von Scheren in Rom und Scheren im Kopf. – In: Heinrich Heine und die Religion, ein kritischer Rückblick. Düsseldorf 1998. S. 171–187.

Schüppen, Franz: Heinrich Heine und die Abschaffung der Armut. Ein deutscher Dichter in der Welt des französischen Bürgerkönigs. – In: Aufklärung und Skepsis. Stuttgart (u. a.) 1999. S. 526–543.

Schuller, Marianne: Der Witz bei Heine. – In: Germanica. Jg. 4, Sofia 1997. S. 77–86.

Schwamborn, Frank: Maskenfreiheit. Karnevalisierung und Theatralität bei Heinrich Heine. München 1998. 244 S. (Zugl.: München, Uni., Diss. 1998)

Schwerdtfeger, Joachim: Die 88er Wintermär. – In: Die Jahre kommen und vergehn! Düsseldorf 1998. S. 208–212.

Siguan, Marisa: Heine und Spanien. – In: 1848 – Literatur, Kunst und Freiheit im europäischen Rahmen. Freiburg i. Br. 1998. S. 137–156.

Singh, Sikander: Heine und die literarische Tradition des 18. Jahrhunderts. Düsseldorf 1998. 139, XXV S. (Düsseldorf, Uni., Magisterarbeit, 1998)

Skolnik, Jonathan: Die seltsame Karriere der Familie Abarbanel. – In: Aufklärung und Skepsis. Stuttgart (u. a.) 1999. S. 322–333.

Smeed, J. W.: Heine and Faust. – In: »For Freedom's Battle«. Heinrich Heine and England. London 1998. S. 23–31.

Smeets, Marlies: Einige Gedanken zum Verhältnis ›Heine und Düsseldorf‹. – In: Die Jahre kommen und vergehn! Düsseldorf 1998. S. 213–216.

Söhn, Gerhart: Es ist eine alte Geschichte … – In: Die Jahre kommen und vergehn! Düsseldorf 1998. S. 217–223.

Söhn, Stefan: »Diese illiberalste Wissenschaft«. Heinrich Heine und die Juristerei. – In: Neue Juristische Wochenschrift. Jg. 51, München 1998, Nr. 19. S. 1358–1363.

Spreckelsen, Tilman: »... gleichsam Arm in Arm«? Heinrich Heines Mitarbeit an Karl Immermanns »Tulifäntchen«. – In: Differenz und Identität. Trier 1998. S. 57–66.

Springer, Bernd: Modernität, Mythos und Ironie bei Heine. – In: Differenz und Identität. Trier 1998. S. 191–200.

Stadler, Ulrich: Heines »Die Nordsee« III als programmatischer Beitrag zur ›Neuen Mythologie‹. – In: Aufklärung und Skepsis. Stuttgart (u.a.) 1999. S. 555–570.

Staitscheva, Emilia: Die Heine-Porträts in der bulgarischen Dichtung. – In: Germanistentreffen Bundesrepublik Deutschland – Bulgarien – Rumänien. 28. 2.–5. 3. 1993. Dokumentation der Tagungsberichte/DAAD. Bonn 1993. S. 105–114.

Staitscheva, Emilia: Vapcarov und Heine. – In: Archiv für Bulgarische Philologie. Bd. 1, Sofia 1988. S. 155–161.

Staitscheva, Emilia: Zur Präsenz Heines in der bulgarischen literarischen Entwicklung. – In: Germanica. Jg. 4, Sofia 1997. S. 127–138.

Stauf, Renate: »...es gibt jetzt in Europa keine Nazionen mehr, sondern nur Partheyen«. Heines Europa im Widerstreit von Geschichte und Utopie. – In: Aufklärung und Skepsis. Stuttgart (u.a.) 1999. S. 179–194.

Stauf, Renate: Marianne und Germania beim literarischen Tee. Heine contra Mme. de Staël. – In: »Dichter unbekannt«. Bonn 1998. S. 9–27.

Steigels, Ralf: Querdenker vom Fließband? – In: Die Jahre kommen und vergehn! Düsseldorf 1998. S. 224–228.

Stein, Peter: »Kunstperiode« und »Vormärz«. Zum veränderten Verhältnis von Ästhetizität und Operativität am Beispiel Heinrich Heines. – In : Vormärz und Klassik. Bielefeld 1999. S. 49–62.

Steinecke, Hartmut: »Reisende waren wir beide«. Pückler-Muskau und Heine, London, Frühjahr 1827. Aspekte der Reiseliteratur vor der Julirevolution. – In: Vormärz und Klassik. Bielefeld 1999. S. 163–180.

Steinecke, Hartmut: »Wir stammen von Schlemihl«. Jüdische Dichter-Bilder in Heines Spätwerk von Jehuda ben Halevy bis Rabbi Faibisch. – In: Aufklärung und Skepsis. Stuttgart (u.a.) 1999. S. 303–321.

Stenger, Gerhardt: Zur Entstehungsgeschichte des französischen Materialismus im Zeitalter der Aufklärung (nebst kritischen Anmerkungen zu Heines »Zur Geschichte der Religion und Philosophie in Deutschland«). – In: Aufklärung und Skepsis. Stuttgart (u.a.) 1999. S. 47–56.

Suhr, Geertje: Venus und Loreley. Die Wandlung des Frauenbildes in der Lyrik Heinrich Heines. Düsseldorf 1998. 208 S.

Tebbe, André: Heines Frankreichbild. Düsseldorf 1997. 97 S. (Düsseldorf, Uni., Magisterarbeit, 1997)

Tecev, Tonco: Penco Slavejkov und der bulgarische Umgang mit der deutschen Literatur – Heinrich Heine. – In: Germanica. Jg. 4, Sofia 1997. S. 173–176.

Teraoka, Takanori: Heinrich Heine und die Ambivalenz der Moderne. – In: Heine-Symposium in Nagoya 1997. Nagoya 1998. S. 35–45.

Teraoka, Takanori: Verteidigung des ›Schönen‹. Plädoyer für Kunstautonomie in Heines Brief an Gutzkow. – In: Aufklärung und Skepsis. Stuttgart (u.a.) 1999. S. 464–474.

Tölle, Heinrich: Der kranke Heine. – In: HJb '98. S. 211–224.

Trautmann-Waller, Céline: Du »Rabbin de Bacharach« aux »Mélodies hébraiques« du »Romancero«. Le judaïsme entre science et poésie. – In : Revue Germanique Internationale. Nr. 9, Paris 1998. S. 115–128.

Tribulations posthumes d'une figure de poète. (Images commentées par Bernd Kortländer). – In: romantisme. Jg. 28, Paris 1998, Nr. 101. S. 63–71.

Tunner, Erika: Die schöne Hexe: Lore Lay. – In: Harry... Henri... Heinrich Heine. Paris 1998. S. 80–86.

Urbahn de Jauregui, Heidi: Heinrich Heine, un bonapartiste allemand. – In: Harry... Henri... Heinrich Heine. Paris 1998. S. 50–58.

Vedda, Miguel: Contra la leyenda de la »sublime« Germania. Las críticas de Heine al »De L'Allemagne« de Mme. de Staël. – In: Desde la actualidad. Córdoba 1998. S. 179–194.

Vormärz und Klassik. Hrsg. von Lothar Ehrlich, Hartmut Steinecke u. Michael Vogt. Bielefeld 1999. 300 S. (Vormärz-Studien. Bd. 3)

Wapnewski, Peter: Aber ist das eine Antwort ...? Fragen von und an Heine. Zum 200. Geburtstag Heinrich Heines am 13. Dezember 1997. – In: HJb '98. S. 281–294.

Waszek, Norbert: Aufklärung, Hegelianismus und Judentum im Lichte der Freundschaft von Heine und Gans. – In: Aufklärung und Skepsis. Stuttgart (u.a.) 1999. S. 226–241.

Wegweiser durch das jüdische Sachsen-Anhalt. Im Auftrag der Moses Mendelssohn Akademie hrsg. von Jutta Dick u. Marina Sassenberg. Potsdam 1998. 461 S.

Weigel, Sigrid: »Das Wort wird Fleisch, und das Fleisch blutet«. Heines Reflexion der Menschenrechte im Buch Gottes und in der Weltgeschichte. – In: Aufklärung und Skepsis. Stuttgart (u.a.) 1999. S. 507–525.

Welbers, Ulrich: Heinrich Heines Demut. Ethik der Besinnung für eine Universität auf der Suche nach Aufklärung. – In: Die Jahre kommen und vergehn! Düsseldorf 1998. S. 229–236.

Wentao, Ma: Heine und seine Heimat. – In: Heine gehört auch uns. Peking 1998. S. 458–470.

Wentao, Ma: Heines Texte im Deutschstudium in China. – In: Aufklärung und Skepsis. Stuttgart (u.a.) 1999. S. 760–768.

Werner, Matthäus: Für ein solidarisches Miteinander. – In: Die Jahre kommen und vergehn! Düsseldorf 1998. S. 237–238.

Werner, Michael: Présentation. – In: Revue Germanique Internationale. Nr. 9, Paris 1998. S. 5–9.

Werner, Michael: La réception de Heine en France. – In: Cahiers d'Études Germaniques. Nr. 34, Aix-en-Provence 1998/1. S. 11–25.

Werner, Michael: Réflexion et révolution. Notes sur le travail de l'histoire dans l'œuvre de Heine. – In: Revue Germanique Internationale. Nr. 9, Paris 1998. S. 47–60.

Werner, Michael: »Zusammengewürfeltes Lappenwerk« oder »harmonisch verschlungene Fäden«? Zum Problem der Komposition von Heines »Reisebildern«. – In: Reisebilder de Heinrich Heine. Lectures d'une Œuvre. Paris 1998. S. 27–49.

Wilamowitz-Moellendorff, Erdmann von / Günther Mühlpfordt: Heine-Bibliographie 1983–1995. Stiftung Weimarer Klassik, Herzogin Anna Amalia Bibliothek. Stuttgart (u.a.) 1998. XIII, 396 S. (Personalbibliographien zur neueren deutschen Literatur. Bd. 2)

Wills, Margaret: The image of Germany in the works of Heinrich Heine und Friedrich Nietzsche. Waterloo, Ont. 1983. 234 S. (Waterloo, Ont., Uni., Diss., 1983)

Windfuhr, Manfred: Heine als Polemiker. – In: Aufklärung und Skepsis. Stuttgart (u.a.) 1999. S. 57–70.

Windfuhr, Manfred: Der private Heine. Emotionalität, Selbststilisierung, Privatsprache. – In: Heinrich Heine und die Religion, ein kritischer Rückblick. Düsseldorf 1998. S. 17–33.

Windfuhr, Manfred: Rückblick auf Heines Umstrittenheit. – In: Die Jahre kommen und vergehn! Düsseldorf 1998. S. 239–251.

Winkler, Markus: Heines Napoleon-Mythos. – In: Aufklärung und Skepsis. Stuttgart (u.a.) 1999. S. 379–394.

Wirbelauer, Jörg: Eine Passage über den Rhein. – In: Die Jahre kommen und vergehn! Düsseldorf 1998. S. 252–255.

Wirth-Ortmann, Beate: Das Christusbild Heinrich Heines. – In: Heinrich Heine und die Religion, ein kritischer Rückblick. Düsseldorf 1998. S. 127–149.

Witte, Bernd: Heinrich Heine und die Moderne. Zu seinen frühen Prosaschriften. – In: Heine gehört auch uns. Peking 1998. S. 51–72.

Witte, Bernd: Hieroglyphenschrift. Poetologie und Anthropologie der Moderne in Heinrich Heines »Lutetia«. – In: Heinrich Heine zum 200. Geburtstag. Brüssel 1998. S. 22–36.

Witte, Bernd: Judentum als kulturelles Vermächtnis. Zu Heines spätem Gedicht »Jehuda ben Halevy«. – In: Die Jahre kommen und vergehn! Düsseldorf 1998. S. 256–264.

Wögerbauer, Werner: Der krumme Leser. Heinrich Heine und Paul Celan. – In: Aufklärung und Skepsis. Stuttgart (u. a.) 1999. S. 722–738.

Woesler, Winfried: Freiheitssehnsucht in einer preußischen Festung. Interpretation von »Deutschland. Ein Wintermährchen«. Caput XVIII. – In: Heine gehört auch uns. Peking 1998. S. 180–200.

Wolf, Hubert: Heinrich Heine auf dem Index. Ein literarischer Fall und seine politischen Hintergründe. Rudolf Reinhardt zum 70. Geburtstag. – In: Heinrich Heine und die Religion, ein kritischer Rückblick. Düsseldorf 1998. S. 151–169.

Wolf, Hubert / Wolfgang Schopf: Die Macht der Zensur. Heinrich Heine auf dem Index. Düsseldorf 1998. 272 S.

Wülfing, Wulf: Gleichzeitigkeit als ›Unendlichkeit‹. Zur Darstellung von Raum-und Zeiterfahrungen in Texten des Vormärz. – In: Vormärz und Klassik. Bielefeld 1999. S. 199–219.

Wülfing, Wulf: Luise gegen Napoleon, Napoleon gegen Barbarossa: Zu einigen Positionen Heines in einem Jahrhundert der Mythenkonkurrenzen. – In: Aufklärung und Skepsis. Stuttgart (u. a.) 1999. S. 395–407.

Würffel, Stefan Bodo: Geistige Bastillen und Tempel der Freiheit. Zur Konstruktion politischer Identität bei Heine im Spannungsfeld von Nationalismus und Kosmopolitismus. – In: Aufklärung und Skepsis. Stuttgart (u. a.) 1999. S. 137–152.

Xiaoxin, Wang: Zur Verbreitung und Wirkung Heinescher Gedichte in China während der Neuen-Literatur-Zeit. – In: Heine gehört auch uns. Peking 1998. S. 384–393.

Yang, Yu: Der Traum der Vernunft erzeugt Ungeheuer? – Versuch eines Vergleichs. Die Rolle der Vernunft in Heineschen und Grass'schen Werken. – In: Heine gehört auch uns. Peking 1998. S. 340–357.

Yanting, Gao: Eine Reise in die Übergangszeit – Zur Zeitkritik und deren künstlerischer Gestaltung der »Harzreise« von Heine. – In: Heine gehört auch uns. Peking 1998. S. 209–220.

Yun, Cao Nai: Heinrich Heines »Harzreise«. – In: karlsruher pädagogische beiträge. Karlsruhe 1998, Nr. 45. S. 101–107.

Yuqing, Wei: Heine und Rousseau. – In: Heine gehört auch uns. Peking 1998. S. 305–319.

Yushu, Zhang: Das Heine-Bild in China. – In: Aufklärung und Skepsis. Stuttgart (u. a.) 1999. S. 751–759.

Yushu, Zhang: Heines Liebe und Haß. – In: Heine gehört auch uns. Peking 1998. S. 105–118.

Zaneva, Milena: Heinrich Heine und die poetische Entwicklung Ivan Vazovs. – In: Germanica. Jg. 4, Sofia 1997. S. 153–172.

Zantop, Susanne: Kolumbus, Humboldt, Heine: Über die Entdeckung Europas durch Amerika. – In: Differenz und Identität. Trier 1998. S. 79–89.

Zhiyong, Li: Heinrich Heine und seine Einflüsse auf moderne chinesische Lyriker. – In: Heine gehört auch uns. Peking 1998. S. 452–457.

Zimmermann, Moshe: Von der Verbrennung von Büchern und Menschen. – In: Aufklärung und Skepsis. Stuttgart (u. a.) 1999. S. 195–209.

Zimorski, Walter: »Aus wahnsinniger Angst vor dem Richtschwert des Zensors«. Heines Oppositionsstrategien gegen die Zensur. – In: Die Jahre kommen und vergehn! Düsseldorf 1998. S. 265–270.

Zwei Zeitmaler in Paris. Honoré Daumier und Heinrich Heine. Bearb. von Werner Büsen u. Heidemarie Vahl. Mit einem Essay von Thomas Metzen. Düsseldorf 1998. (Veröffentlichungen des Heinrich-Heine-Instituts, Düsseldorf)

2.2 Weitere publizistische Beiträge

Borchmeyer, Dieter: Parodie, Negation und Metamorphose. Heinrich Heine und sein abtrünniger Adept: Richard Wagner. – In: Frankfurter Allgemeine Zeitung. Frankfurt a. M., 23. Mai 1998.

Broer, Bärbel: Wurde der Poet vergiftet? Spektakuläre Erkenntnisse zum Tod von Heinrich Heine. – In: Düsseldorfer Uni-Zeitung. Jg. 27, Duisburg 1998, Nr. 1. S. 4.

Buch, Hans-Joachim: Dionysos Heine trifft Jupiter Goethe. – In: Das Tor. Jg. 65, Düsseldorf 1999, H. 2. S. 12–13.

Casimir, Torsten: Der Dichter, der vor Rattenfängern warnt. Düsseldorfer Literaturwissenschaftler feierten mit chinesischen Kollegen Heines Geburtstag in Peking. – In: Rheinische Post, Düsseldorf, 11. Oktober 1997.

Dengel, Günter: Zur Ausstellung Heine und Neunzig. Jugendfreunde und Studienkollegen. – In: Rund um den Quadenhof. Jg. 49, Düsseldorf 1998, Nr. 1. S. 19.

Engel, Ulrich: Männer zwischen Kritik und Frömmigkeit – z. B. Heinrich Heine. (Predigt gehalten zum ›Bußgang der Männer‹ am 15. März 1997). – In: Info St. Andreas. Düsseldorf 1997, Nr. 74. S. 10–16.

Fangchuan, He: Grußwort des Prorektors der Peking-Universität. – In: Heine gehört auch uns. Peking 1998. S. 10–11.

Fleischer, Michael: Schwieriges Gedenken. – In: Ostfriesland Magazin. Norden, 7. Juli 1993.

François, Étienne/Hagen Schulze: Auf der Suche nach der verlorenen Vergangenheit. – In: Frankfurter Allgemeine Zeitung. Frankfurt a. M., 2. September 1998.

Frank, Abraham: Die von Geldern Haggadah und Heinrich Heines »Der Rabbi von Bacherach«. – In: Mitteilungsblatt des Irgun Olei Merkas Europa. Jg. 66, Tel Aviv 1998, Nr. 135. S. 1–2.

Frede, Matthias: Wo Heinrich sich in Ilse verliebte. – In: Mitteldeutsche Zeitung. Halle/Saale, 5. September 1997.

Gössmann, Wilhelm: Bilker Straße – Bolker Straße. – In: Straßenbilder. Düsseldorfer Schriftstellerinnen und Schriftsteller über ihr Quartier. Hrsg. von Alla Pfeffer. Düsseldorf 1998. S. 39–41.

Gössmann, Wilhelm: Patriotismus – Vaterland – Heimat. Überlegungen mit Heine und der Droste. – In: Der Patriot. Lippstadt, 7. Oktober 1998.

Green, Holger: Grußwort des Leiters des Kulturreferates der deutschen Botschaft. – In: Heine gehört auch uns. Peking 1998. S. 12–13.

Die ›heilige Vorwelt‹. Klaus Briegleb über Heine und das Volksgespenst. – In: Rheinische Post. Düsseldorf, 25. April 1998.

Heinrich Heine. Düsseldorfer Stationen. Hrsg. vom Freundeskreis Heinrich Heine u. Landeshauptstadt Düsseldorf – Geschäftsstelle Heine-Jahr 1997 u. Presseamt. Text: Sabine Stoye u. Sikander Singh. Düsseldorf 1997. 28 S.

Heinrichs, Joseph: Brillante Schneidelust hin und her. Heinrich Heine und Ludwig Börne. – In: Rheinische Post. Düsseldorf, 9. Juni 1998.

Hoffmann, Rainer: Mit Heine durch das Jahr. – In: Neue Zürcher Zeitung. Zürich, 11. Juli 1997.

Jenssen, Hans-Hinrich: Heinrich Heine, die DDR und ihre evangelischen Kirchen. – In: Freies Christentum. Jg. 50, Stuttgart 1998, H. 1. S. 13–14.

Kaiser, Gert: Grußwort des Rektors der Heinrich-Heine-Universität Düsseldorf. – In: Heine gehört auch uns. Peking 1998. S. 8–9.

Kellner, Anne: H. H. und B. B. oder Erst kommt das Fressen, dann kommt die Moral. – In: Risse. Jg. 1, Rostock 1998, Nr. 1. S. 62–65.

Krumbholz, Martin: Bilder eines Selbstbebilderers. Eine Heinrich-Heine-Ausstellung in Düsseldorf. – In: Neue Zürcher Zeitung. Zürich, 31. Mai / 1. Juni 1997.

Der »Narr des Glücks« brachte Tausende von Gästen an den Rhein. Stadt zieht positive Bilanz. Für die Jugend wurde Heine zur Entdeckung. Rund 180 offizielle Veranstaltungen. – In: Die Bilker Sternwarte. Jg. 44, Düsseldorf 1998, H. 2. S. 46–47.

Rau, Johannes: Grußwort zum 200. Geburtstag Heinrich Heines am 13. Dezember 1997. – In: HJb '98. S. 274–276.

Ribbat, Ernst: Heinrich Heine. – In: ForumsBlätter. Evang. Forum Münster. Jg. 2, Münster 1998, Ausg. 1. S. 3–6.

Schäfer, Anne: »Heine für Kleine« – ein Geburtstagsständchen. Uli und Julia Türk in der Bücherei Eller. – In: Rheinische Post. Düsseldorf, 17. Juni 1997.

Schlicht, Uwe: Der Beichtstuhl: ›Notdurft des Gewissens‹. Warum Werke des Dichters Heine auf den Index kamen. Forscher berichtet über Geheimverfahren. – In: Der Tagesspiegel. Berlin, 22. September 1998.

Schmitz, Hermann-Josef: Heinrich Heine. Zerrissen zwischen Kritik und Frömmigkeit. Ein Beitrag zum Heine-Jubiläumsjahr in Düsseldorf. Düsseldorf 1997. 2 S.

Siegmund-Schultze, Nicola: Heinrich Heine wurde vergiftet – ein Haar aus der Totenmaske beweist's. Der Göttinger Rechtsmediziner Harald Kijewski ist sich nach einer Haaranalyse sicher. – In: Ärzte-Zeitung. Neu-Isenburg, 29. September 1998.

Skorna, Hans Jürgen: Ausufernder Aktivismus in Sachen Heinrich Heine. – In: Das Tor. Jg. 64, Düsseldorf 1998, H. 1. S. 12.

Smeets, Marlies: Grußwort zum 200. Geburtstag Heinrich Heines am 13. Dezember 1997. – In: HJb '98. S. 272–273.

Voigt, Kirsten / Marcel Reich-Ranicki: »Aber Identifikation ist nie ein ganz bewußter Prozeß.« Interview mit Marcel Reich-Ranicki über Lyrik, die Frankfurter Anthologie und Heinrich Heine. – In: Badisches Tagblatt. Baden-Baden, 27. September 1997.

Wiesinger, Peter: Grußwort des Präsidenten der Internationalen Vereinigung für Germanische Sprach-und Literaturwissenschaft. – In: Heine gehört auch uns. Peking 1998. S. 14–16.

Willhardt, Rolf: »Die Geschichte einer schwierigen Zuneigung…« Seit zehn Jahren trägt die Universität den Namen Heinrich Heines. – In: Magazin der Heinrich-Heine-Universität Düsseldorf. Duisburg 1999, Nr. 2. S. 11.

Willhardt, Rolf: Dr. Heinrich Heine. – In: Magazin der Heinrich-Heine-Universität Düsseldorf. Duisburg 1999, Nr. 2. S. 11.

Wilske, Detlef: Heinrich Heine in Finnland. Buchausstellung im Institut für Deutsche Sprache und Literatur. Universität Vaasa. 4.–30. 11. 1997. 4 S. (Begleitblatt zur Ausstellung)

Wo ist der kleine ›Heine-Einbaum‹? Gebraucht, verschmäht und dann abgesoffen. – In: Rheinische Post. Düsseldorf, 17. Januar 1998.

Yushu, Zhang: Eröffnungsrede des Veranstalters des Internationalen Heine-Symposiums '97 Beijing. – In: Heine gehört auch uns. Peking 1998. S. 3–7.

Zendagui, Karim: Heine als Sahnetorte? Veranstaltungsreihe ›Jüdisches Leben‹. – In: Rheinische Post. Düsseldorf, 11. November 1997.

Zimmermann, Karl L.: Unter Lorenz Cantadors Fahne. Ein Rückblick auf das Sturmjahr 1848 nach zeitgenössischen Berichten. – In: Die Bilker Sternwarte. Jg. 44, Düsseldorf 1998, H. 9. S. 209–222. [Zuerst in: Düsseldorfer Schützenzeitung. Düsseldorf 1968, H. 4]

2.3 Allgemeine Literatur mit Heine-Erwähnungen und Bezügen

Die Achtundvierziger. Lebensbilder aus der deutschen Revolution 1848/49. Hrsg. von Sabine Freitag. München 1998. 354 S.

Angesichts der Ereignisse. Facetten der Historienmalerei zwischen 1800 und 1900. Aus dem Bestand des Kunstmuseums Düsseldorf im Ehrenhof mit Sammlung der Kunstakademie (NRW). Hrsg. von Martina Sitt unter Mitarb. von Bernd Kortländer u. Sylvia Martin. Köln 1999. 139 S.

August Graf von Platen. Leben, Werk, Wirkung. Hrsg. von Hartmut Bobzin u. Gunnar Och. Paderborn (u. a.) 1998. 189 S.

Baumann, Daniel: Der Sissi-Almanach. Berlin 1998. 155 S.

Becker, Heinz: Brahms. Stuttgart (u. a.) 1993. 264 S. (The New Grove – die großen Komponisten)

Behrens, Paul: Vatergestalt und alte Zwingburg. Am 15. August wird die Grundsteinlegung des Kölner Doms vor 750 Jahren gefeiert – und die Verlage feiern mit. – In: Rheinische Post. Düsseldorf, 5. August 1998.

Belting, Isabella: Mode und Revolution. Deutschland 1848/49. Hildesheim (u. a.) 1997. 234 S. (Historische Texte und Studien. Bd. 15) [Zugl.: München, Uni., Diss., 1995]

Bermann, Richard A.: Die Fahrt auf dem Katarakt. Eine Autobiographie ohne einen Helden – Richard A. Bermann alias Arnold Höllriegel. Mit einem Beitrag von Brita Eckert, hrsg. von Hans-Harald Müller. Wien 1998. 352 S.

Bock, Helmut: Deutscher Vormärz. Immer noch Fragen nach Definition und Zäsuren einer Epoche? – In: Vormärz und Klassik. Bielefeld 1999. S. 9–32.

Braun, Anton: Omas Düsseldorfer Kochbuch. Mit Geschichten un Verzällches us de joode alde Ziet. Ill. von Falko Honnen. Köln 1997. 142 S.

Der Briefwechsel zwischen Karl Gutzkow und Levin Schücking 1838–1876. Hrsg., eingel. u. komm. von Wolfgang Rasch. Bielefeld 1998. 278 S.

Calvié, Lucien: »Don Quichotte« dans la discussion allemande sur la théorie du roman. – In: Chroniques allemandes. Grenoble 1997, Nr. 6. S. 51–60.

Christomanos, Constantin: Elisabeth von Österreich. Tagebuchblätter. Hrsg. von Verena von der Heyden-Rynsch. München 1983. 207 S.

Dahlhaus, Carl / John Deathridgen: Wagner. Aus d. Engl. von Bettina Obrecht. Stuttgart (u. a.) 1994. 224 S. (The New Grove – die großen Komponisten)

Debrunner, Hans Werner: Grégoire l'Européen. Kontinentale Beziehungen eines französischen Patrioten. Henri Grégoire 1750–1831. Anif / Salzburg 1997. II, 365 S. (Im Kontext. Beiträge zur Religion, Philosophie und Kultur. Bd. 8)

Deckert, Hans-Joachim: Sisi – eine Frau für die Ewigkeit. Die vor 100 Jahren ermordete Kaiserin ist zum Mythos und Verkaufsschlager geworden. – In: Augsburger Allgemeine. Augsburg, 7. September 1998.

Dengel, Günter: Zeiten und Begegnungen. 1935–1995. Langwaden 1998. 386 S.

Diehl, Wolfgang: Heinrich Laube. Zwischen Revolution und Restauration. Ein Exempel zum politischen Gesinnungswandel im 19. Jahrhundert – dargestellt an Heinrich Laubes zeitgeschichtlichen Schriften bis 1849. – In: Jahrbuch der Hambach Gesellschaft. Bd. 2, Speyer 1989. S. 69–128.

Dotzler, Bernhard J.: Litterarum secreta – fraus litteraria. Über Gustav Freytag: »Die verlorene Handschrift«. – In: Literatur und Politik in der Heine-Zeit. Köln (u. a.) 1998. S. 235–250.

Durnez, Gaston: Seltsame Typen – Rare Menschen. – In: Jahrbuch der Felix-Timmermans-Gesellschaft. Bd. 9, Kleve 1998. S. 95–96.

Ehrlich, Lothar: Immermanns Verhältnis zur Weimarer Klassik. – In : Vormärz und Klassik. Bielefeld 1999. S. 81–97.

Eke, Norbert Otto: »Ja, ja, wir leben schnell, schneller, als je Menschen lebten.« Beiläufige Anmerkungen zum Verhältnis von Revolution und Beschleunigung in Revolutionsdramen des Vor- und Nachmärz. – In: Vormärz und Klassik. Bielefeld 1999. S. 221–233.

Elisabeth (Kaiserin von Österreich): Das poetische Tagebuch. Hrsg. von Brigitte Hamann. Österreichische Akademie der Wissenschaften, Philosophisch-Historische Klasse. Historische Kommission. 4. Aufl. Wien 1997. 392 S. (Fontes Rerum Austriacarum. Abt. 1: Scriptores. Bd. 12)

Eymer, Wilfrid: Eymers Pseudonymen Lexikon. Realnamen und Pseudonyme in der deutschen Literatur. – Teil 1: Realnamen mit den verwendeten Pseudonymen. – Teil 2: Pseudonyme mit Verweisen auf die Realnamen. Bonn 1997. 672 S.

Fanny Hensel geb. Mendelssohn Bartholdy. Komponieren zwischen Geselligkeitsideal und romantischer Musikästhetik. Hrsg. von Beatrix Borchard u. Monika Schwarz-Danuser. Stuttgart (u. a.) 1999. X, 341 S. (M & P Schriftenreihe für Wissenschaft und Forschung)

Fischer, Lisa: Schattenwürfe in die Zukunft. Kaiserin Elisabeth und die Frauen ihrer Zeit. Wien (u. a.) 1998. 222 S.

Forte, Dieter: In der Erinnerung. Roman. Frankfurt a. M. 1998. 251 S.

Forte, Dieter: Le garçon aux semelles de sang. Roman. Traduit de l'allemand par Nicole Casanova. Paris 1997. 291 S.

Forte, Dieter: Der Junge mit den blutigen Schuhen. Roman. Frankfurt a. M. 1995. 300 S.

Frank, Gustav: Georg Büchner. – In: Hansers Sozialgeschichte der deutschen Literatur vom 16. Jahrhundert bis zur Gegenwart. – Bd. 5. München 1998. S. 579–604.

Füllner, Bernd: » – Gern zög ich im Frühjahr einmal wieder in die patriotische Heimat, ...«. – In: Literatur in Westfalen. Beiträge zur Forschung. Hrsg. von Walter Gödden u. Winfried Woesler. Paderborn 1992. S. 145–159.

Füllner, Bernd: »Nur Unruhe! Unruhe! sonst bin ich verloren«. Georg Weerth und die »Göttin der Langeweile«. – In: Vormärz und Klassik. Bielefeld 1999. S. 181–197.

Genton, François: »La Juive de Tolède«. Grillparzer et Feuchtwanger. – In: Chroniques allemandes. Grenoble 1997, Nr. 6. S. 61–72.

Grésillon, Almuth: Literarische Handschriften. Einführung in die ›critique génétique‹. Aus d. Franz. von Frauke Rother u. Wolfgang Günther. Bern (u. a.) 1999. 309 S. (Arbeiten zur Editionswissenschaft. Bd. 4)

Das Hambacher Schloß. Ein Fest für die Freiheit. Hrsg. von Meinrad M. Grewenig. Ausstellungskatalog. Historisches Museum der Pfalz Speyer. Ostfildern-Ruit 1998. 139 S.

Hamann, Brigitte: Elisabeth. Kaiserin wider Willen. Überarb. Neuausgabe. 2. Aufl. Wien (u. a.) 1997. 640 S.

Handbuch Lesen. Im Auftrag der Stifung Lesen und der deutschen Literaturkonferenz. Hrsg. von Bodo Franzmann (u. a.); unter Mitarb. von Gerd Jäger (u. a.). München 1999. XII, 690 S.

Hauschild, Jan-Christoph: Georg Büchner. Biographie. Überarb. Ausg. Berlin 1997. 848 S. (Ullstein-Buch. 26 505; Propyläen Taschenbuch)

Hecht, Werner: Brecht-Chronik 1898–1956. Frankfurt a. M. 1997. 1315 S.

Hodenberg, Christina von: Aufstand der Weber. Die Revolte von 1844 und ihr Aufstieg zum Mythos. Bonn 1997. 304 S. (Dietz Taschenbuch. 73)

Holzhausen, Hans-Dieter: Über das Sammeln von Erstausgaben. – In : Marginalien. Zeitschrift für Buchkunst und Bibliophilie. Berlin 1993, Nr. 129. S. 32–38.

Hundert fünfzig Jahre Künstler Verein Malkasten. 1848–1998. Hrsg. vom Künstler-Verein Malkasten. Düsseldorf 1998. 271 S.

Janssen, Wilhelm: Kleine rheinische Geschichte. Düsseldorf 1997. 431 S. (Veröffentlichung des Instituts für Geschichtliche Landeskunde der Rheinlande der Universität Bonn)

Jasper, Willi: Faust und die Deutschen. Berlin 1998. 303 S.

Jens, Tilman: Goethe und seine Opfer. Eine Schmähschrift. Düsseldorf 1999. 152 S.

Die jüdische Welt von gestern 1860–1938. Text- und Bildzeugnisse aus Mitteleuropa. Hrsg. von Rachel Salamander. Mit Textbeiträgen von Schalom Ben-Chorin, Marcel Reich-Ranicki, Joachim Riedl u. Julius Schoeps. Bildausw. u. Gestaltung von Christian Brandstätter. 2. Aufl. München 1999. 320 S.

Kabbala und Romantik. Hrsg. von Eveline Goodman-Thau, Gert Mattenklott u. Christoph Schulte. Tübingen 1994. VIII, 336 S.

Kastner, Dieter/Vera Torunsky: Kleine rheinische Geschichte 1815–1986. Köln 1987. 106 S.

»Keine Thränen wird man weinen ...« Kaiserin Elisabeth. 235. Sonderausstellung des Historischen Museums der Stadt Wien. Hermesvilla. Lainzer Tiergarten. 2. April 1998–16. Februar 1999. Wien 1998. 251 S.

Kircher, Hartmut: ›Arznei auf Honigkuchen‹. Zur sozialkritischen Dorfgeschichte im Vormärz am Beispiel Carl Arnold Schloenbachs. – In: Literatur und Politik in der Heine-Zeit. Köln (u.a.) 1998. S. 149–167.

Kleinfeld, Hermann: Düsseldorfs Straßen und ihre Benennungen. Von der Stadtgründung bis zur Gegenwart. Mit einem Geleitw. von Hugo Weidenhaupt. Düsseldorf 1996. 344 S.

Kleinschmidt, Erich: Revolutionäre Spielregeln. Zu Moritz Hartmanns »Reimchronik des Pfaffen Maurizius« (1849). – In: Literatur und Politik in der Heine-Zeit. Köln (u.a.) 1998. S. 185–203.

Klien, Wolfgang: »Er sprach viel und trank nicht wenig«. – Goethe. Wie berühmte Zeitgenossen ihn erlebten. München [1998]. 244 S.

Köhler, Karl-Heinz: Mendelssohn. Stuttgart (u.a.) 1995. 174 S. (The New Grove – die großen Komponisten)

Kortländer, Bernd: Der Karl-Immermann-Preis der Stadt Düsseldorf in den Jahren 1947–1967. – In: Literaturpreise. Stuttgart (u.a.) 1998. S. 175–192.

Kortländer, Bernd: »...unendlich deutsch und komisch«. Der Malkasten und seine Dichter. – In: Hundert fünfzig Jahre Künstler Verein Malkasten. 1848–1998. Düsseldorf 1998. S. 42–54.

Kortländer, Bernd: Zur Geschichte der Literaturpreise in Nordrhein-Westfalen. Ein Ausstellungsprojekt des Heinrich-Heine-Instituts Düsseldorf. – In: Literaturpreise. Stuttgart (u.a.) 1998. S. 7–21.

Kramp, Mario: Baumeister und Archäologe in Paris: Franz Christian Gau (1789–1853). – In: Frankreichfreunde. Mittler des französisch-deutschen Kulturtransfers (1750–1850). Hrsg. von Michel Espagne u. Werner Greiling. Leipzig 1996. S. 289–346. (Deutsch-Französische Kulturbibliothek. Bd. 7)

Kunert, Günter: Erwachsenenspiele. Erinnerungen. München 1997. 446 S.

Lassalle: Agitator, Dandy, Frauenheld. Ferdinand Lassalle und die Revolution 1848 in Düsseldorf. – In: Die Bilker Sternwarte. Jg. 45, Düsseldorf 1999, H. 1. S. 21.

Lepenies, Wolf: Sainte-Beuve. Auf der Schwelle zur Moderne. München (u.a.) 1997. 644 S.

Li, Changke: Das chinesische Verständnis der deutschen Romantik. – In: Aurora. Bd. 58, Sigmaringen 1998. S. 133–144.

Literaturpreise. Literaturpolitik und Literatur am Beispiel der Region Rheinland/Westfalen. Hrsg. von Bernd Kortländer. Stuttgart (u.a.) 1998. 199 S. (Heinrich-Heine-Institut Düsseldorf. Archiv – Bibliothek – Museum. Bd. 7)

Lücker, Theo: Düsseldorf – rund um die Karlstadt. Hrsg. vom Freundeskreis Düsseldorfer Buch e.V. Düsseldorf 1990. 256 S.

Margwelaschwili, Giwi: Leserlorelei. – In: karlsruher pädagogische beiträge. Karlsruhe 1998, Nr. 45. S. 114.

Margwelaschwili, Giwi: Der Literaturerinnerungstest. – In: karlsruher pädagogische beiträge. Karlsruhe 1998, Nr. 45. S. 113.

Matos, Mário: Thomas Rosenlöchers »Die Wiederentdeckung des Gehens beim Wandern«: Eine Harzreise auf den Spuren Heines. – In: Differenz und Identität. Trier 1998. S. 113–124.

Minaty, Wolfgang: Rambos am Rhein. – In: Täglicher Anzeiger. Holzminden, 27. Juli 1998. [Zuerst in: »Ich Narr des Glücks«. Ausstellungskatalog. Stuttgart 1997. S. 415–422]

Neumann, Peter Horst: Apropos Felix Mendelssohn Bartholdy – »ein schöner Zwischenfall der deutschen Musik«? – In: Aurora. Bd. 58, Sigmaringen 1998. S. 115–124.

Niehoff, Maren R.: Zunz's Concept of Haggadah as an Expression of Jewish Spirituality. – In: Leo Baeck Institut Year Book 1998. Bd. XLIII, London 1998. S. 3–24.

Nowoshilowa, Xenia: Die Kategorie der emotionalen Wertung und ihre Gestaltung im lyrischen Text. – In: Textsorten und Textsortentraditionen. Hrsg. von Franz Simmler. Frankfurt a. M. (u.a.) 1997. S. 187–193.

Öde Orte. Ausgesuchte Stadtkritiken: von Aachen bis Zwickau. Hrsg. von Jürgen Roth u. Rayk Wieland. 2.; durchges. Aufl. Leipzig 1998. 251 S. (Reclam-Bibliothek. Bd. 1625)

Ossowski, Miroslaw: Das Polenbild des jungen und des alten Fontane. – In: Literatur und Politik in der Heine-Zeit. Köln (u.a.) 1998. S. 219–234.

Pepperle, Ingrid: Georg Herwegh. Korrespondenzen aus Paris 1848 in Arnold Ruges Zeitung »Die Reform«. – In: HJb '98. S. 182–210.

Rasch, Wolfgang: Bibliographie Karl Gutzkow (1829–1880). Bielefeld 1998. – Bd. 1: Primärliteratur. 633 S. – Bd 2.: Sekundärliteratur. 566 S. (Bibliographien zur deutschen Literaturgeschichte. Bd. 5)

Richard A. Bermann alias Arnold Höllriegel. Österreicher – Demokrat – Weltbürger. Eine Ausstellung des Deutschen Exilarchivs 1933–1945. Die Deutsche Bibliothek Frankfurt a. M. München (u.a.) 1995. XII, 431 S.

Safranski, Rüdiger: Das Böse oder Das Drama der Freiheit. München 1997. 335 S.

Sautermeister, Gert: Reiseliteratur als Ausdruck der Epoche. – In : Hansers Sozialgeschichte der deutschen Literatur vom 16. Jahrhundert bis zur Gegenwart. – Bd. 5. München 1998. S. 116–150.

Sautermeister, Gert: Religiöse und soziale Lyrik. – In: Hansers Sozialgeschichte der deutschen Literatur vom 16. Jahrhundert bis zur Gegenwart. – Bd. 5. München 1998. S. 505–525.

Schatten, Thomas: Die Max. Geschichte einer Düsseldorfer Kirche. Düsseldorf 1997. 255 S.

Schmidt, Klaus: Kanzel, Thron und Demokraten. Die Protestanten und die Revolution 1848/49 in der preußischen Rheinprovinz. Köln 1998. 184 S.

Schröder, Julia: Pascha in der Niederlausitz. Hermann Fürst Pückler und sein Park Branitz. – In: Stuttgarter Zeitung. Stuttgart, 21. September 1996.

Sengle, Friedrich: Kontinuität und Wandlung. Einführung in Goethes Leben und Werk. Mit einem Nachw. von Manfred Windfuhr. Hrsg. von Marianne Tilch. Heidelberg 1999. 307 S. (Reihe Siegen. Bd. 138. Germanistische Abteilung)

Siegel, Eva-Maria: Nach dem Vormärz oder von der ›Emancipation des Fleisches‹ zur ›Ästhetik des Hässlichen‹. – In: Literatur und Politik in der Heine-Zeit. Köln (u. a.) 1998. S. 205–218.

Simonis, Annette: ›Profezeien Sie uns die Zukunft ...‹ Allianz und (verborgene) Kontroverse zwischen Bettina von Arnim und den ›Jungdeutschen‹. – In: Literatur und Politik in der Heine-Zeit. Köln (u. a.) 1998. S. 65–81.

Skasa, Michael: Die Alpentraumprinzessin. Warum Märchen und Mythos von ›Sisi‹ auch hundert Jahre nach deren Tod noch immer erzählt werden können. – In: Süddeutsche Zeitung. Stuttgart, 10. September 1998.

Söhn, Gerhart: Frauen der Aufklärung und Romantik. Von der Karschin bis zur Droste. Düsseldorf 1998. 333 S.

Stankiewitz, Karl: »Bis zu der höchsten Felsenspitz«. Mit Gedichten auf den Spuren der Alpenkaiserin Elisabeth durch das Tote Gebirge. – In: Augsburger Allgemeine. Augsburg, 25. August 1998.

Traduction/Médiation, une lecture de Wolf Biermann le passeur. (Traductions et commentaires de Marie-Claude Deshayes-Rodriguez). – In: romantisme. Jg. 28, Paris 1998, Nr. 101. S. 97–104.

»Trotz alledem und alledem«. Ferdinand Freiligraths Briefe an Karl Heinzen 1845 bis 1848. Mit einem Verzeichnis der Schriften Heinzens. Hrsg. von Gerhard K. Friesen. Bielefeld 1998. 167 S. (Vormärz-Studien. Bd. 3)

Tschörtner, Heinz Dieter: Bibliographie Werner Steinberg 1913–1992. – In: Marginalien. Zeitschrift für Buchkunst und Bibliophilie. Berlin 1993, Nr. 129. S. 38–48.

Tümmers, Horst Johannes: Der Rhein. Ein europäischer Fluß und seine Geschichte. 2., überarb. u. aktualisierte Aufl. München 1999. 479 S.

Der unbegabte Goethe. Der Dichter in mißwollenden Zeugnissen seiner Mitlebenden. Mit einem Vorw. von Johann Wolfgang Goethe u. Bildern von Hans Traxler. München 1998. 47 S.

Vogel, Juliane: Elisabeth von Österreich. Momente aus dem Leben einer Kunstfigur. Mit einem kunstgeschichtlichen Exkurs von Gabriela Christen. Frankfurt a. M. 1998. 207 S.

Vom Verdichten der Welt. Zum Werk von Dieter Forte. Hrsg. von Holger Hof. Frankfurt a. M. 1998. 238 S. (Fischer Taschenbuch. 13436)

Wegen der Gegend. Literarische Reisen durch Niederösterreich. Hrsg. von Barbara Higgs u. Wolfgang Straub. Fotos von Paul Albert Leitner u. Jo Pesendorfer. Frankfurt a. M. 1997. 127 S.

Wende, Waltraud: Goethe-Parodien. Zur Wirkungsgeschichte eines Klassikers. 2. Aufl. Stuttgart (u. a.) 1999. 436 S. (Zugl.: Bonn, Uni., Habil.-Schrift)

Wo Könige und Dichter tafelten... Der Reiseführer für Geist und Gaumen von Rügen bis zum Erzgebirge. Von Gabi Loke (u. a.). Mit Ill. von Hans-Jörg Kotulla. Wernigerode 1998. 312 S.

3 Rezensionen

Andreas, A. J.: Heinrich Heine: Braver Soldat im Befreiungskrieg der Menschheit. Zum 200. Geburtstag des Dichters – Biographien, Essays, Bildbände. – In: Welt am Sonntag. Berlin, 7. Dezember 1997. (Sammelrezension)

Aufklärung und Skepsis. Internationaler Heine-Kongreß 1997 zum 200. Geburtstag. Hrsg. von Joseph A. Kruse, Bernd Witte u. Karin Füllner. Stuttgart (u. a.) 1999. XX, 950 S. – Rez.: Silke Rehren in: Rheinische Post. Düsseldorf, 14. Januar 1999.

Berbig, Roland: Das Heine-Jahr vorbei – alles vorbei? Eine Revue der neuesten Literatur über Heinrich Heine 1997. – In: Zeitschrift für Germanistik. Bern (u. a.) 1998, N. F. VIII/3. S. 627–640. (Sammelrezension)

Betz, Albrecht: Der Charme des Ruhestörers. Heine-Studien. Ästhetik und Politik II. Aachen 1997. 95 S. – Rez.: Sabine Bierwirth in: HJb '98. S. 299–301.

Bisky, Jens: Vor 30 Jahren ein Grund zur Erregung. Ein Rückblick auf Bücher zum Heine-Jahr. – In: Berliner Zeitung. Berlin, 29. Dezember 1997. (Sammelrezension)

Briegleb, Klaus: Bei den Wassern Babels. Heinrich Heine. Jüdischer Schriftsteller in der Moderne. München 1997. 439 S. (dtv. 30648). – Rez.: Roland Berbig in: Zeitschrift für Germanistik. Bern (u. a.) 1998, N. F. VIII/3. S. 627–640. – Rez.: A. J. Andreas in: Welt am Sonntag. Berlin, 7. Dezember 1997. – Rez.: Jens Bisky in: Berliner Zeitung. Berlin, 29. Dezember 1997. – Rez.: Joseph Anton Kruse in: HJb '98. S. 301–302. – Rez.: Jutta Nickel in: Mittelweg 36. Jg. 7, Hamburg 1998, Nr. 6. S. 62–64.

Dorst, Tankred: Harrys Kopf. Mitarbeit Ursula Ehler. Frankfurt a. M. 1997. 137 S. – Rez.: A. J. Andreas in: Welt am Sonntag. Berlin, 7. Dezember 1997. – Rez.: Barbara Bongartz in: HJb '98. S. 302–305.

Duti, Ralph: Wie hätte er seine Vers-Peitsche knallen lassen. Wer hätte das gedacht? Neben Parfum und T-Shirt gibt's gar Bücher zu entdecken. Heinrich Heine zum Zweihundertsten. – In: Die Weltwoche. Nr. 50, Zürich, 11. Dezember 1997. (Sammelrezension)

Filmer, Werner / Walter Mayr: Die Harzreise. Auf Heinrich Heines Spuren. Hamburg 1997. 96 S. (Eine Bildreise). – Rez.: A. J. Andreas in: Welt am Sonntag. Berlin, 7. Dezember 1997.

Gerlach, Harald: Nirgends und zu keiner Stunde. Gedichte. Berlin 1998. 115 S. – Rez.: Thomas Poiss in: Frankfurter Allgemeine Zeitung. Frankfurt a. M., 6. August 1998.

Gernhardt, Robert: Klappaltar. Drei Hommagen. Zürich 1998. 95 S. – Rez.: Bernd Hempelmann in: Kölnische Rundschau. Köln, 24. September 1998. – Rez.: Peter Köhler in: Badische Zeitung. Freiburg, 1. September 1998. – Rez.: Hans-Martin Kruckis in: Die Tageszeitung taz. Berlin, 3. September 1998. – Rez.: Hans-Joachim Trippler in: Deister- und Weserzeitung. Hameln, 3. Oktober 1998.

Gössmann, Wilhelm: Heine und die Droste. Eine literarische Zeitgenossenschaft. Düsseldorf 1996. 232 S. – Rez.: Joseph Anton Kruse in: HJb '98. S. 305–306. – Rez.: Brigitte Leuschner in: Germanistik. Jg. 39, Tübingen 1998, H. 1. S. 557.

Gronau, Dietrich: Heinrich Heine. ›Nichts als ein Dichter‹. München 1997. 237 S. (Heyne Sachbuch. 19/540). – Rez: A. J. Andreas in: Welt am Sonntag. Berlin, 7. Dezember 1997. – Rez: Walter Hinck in: HJb '98. S. 313–315.

Hauschild, Jan-Christoph / Michael Werner: »Der Zweck des Lebens ist das Leben selbst.« Heinrich Heine. Eine Biographie. Köln 1997. 696 S. – Rez.: A. J. Andreas in: Welt am Sonntag. Berlin, 7. Dezember 1997. – Rez.: Roland Berbig in: Zeitschrift für Germanistik. Bern (u. a.) 1998, N. F. VIII/3. S. 627–640. – Rez.: Jens Bisky in: Berliner Zeitung. Berlin, 29. Dezember 1997. – Rez.: Irmela Brender in: ›Bücherbar‹. Sendung vom 7. Dezember 1997. SDR Stuttgart 1997. (Maschinensch. Konzept). – Rez.: Ralph Duti in: Die Weltwoche. Nr. 50, Zürich, 11. Dezember 1997. – Rez.: Benedikt Erenz in: Die Zeit. Hamburg, 12. Dezember 1997. – Rez.: Walter Hinck in: HJb '98. S. 313–315. – Rez.: Agnes Hüfner in: Süddeutsche Zeitung. Stuttgart, 10. Dezember 1997. – Rez.: Gerda Kaltwasser in: Rheinische Post. Düsseldorf, 24. September 1997. – dies. in: Rheinische Post. Düsseldorf, 17. Januar 1998. – Rez.: Hans Lehmann in: Oberösterreichische Nachrichten. Linz, 13. Dezember 1997. – Rez.: Jan Luijten in: De Volkskrant. Amsterdam, 5. Dezember 1997. – Rez.: T. J. Reed in: The Times literary supplement. London, 10. Oktober 1997. – Rez.: Manfred Rieger in: Generalanzeiger. Bonn, 13. Dezember 1997. – Rez.: Jace van de Ven in: Eindhovens Dagblad. Eindhoven, 13. Dezember 1997. – Rez. in: Westdeutsche Zeitung. Düsseldorf, 24. September 1997.

Heine, Heinrich: Écrits autobiographiques. Traduction et notes par Nicole Taubes. Postface par

Michel Espagne. Paris 1997. 206 S. (Bibliothèque franco-allemande). – Rez.: Jean Lacoste in: romantisme. Jg. 28, Paris 1998, Nr. 101. S. 117–120.

Heine, Heinrich: Historisch-kritische Gesamtausgabe der Werke. In Verbindung mit dem Heinrich-Heine-Institut hrsg. von Manfred Windfuhr im Auftrag der Landeshauptstadt Düsseldorf. – Bd. 16: Nachträge und Korrekturen. Register. Bearb. von Marianne Tilch (Nachträge u. Korrekturen), Bernd Füllner u. Karin Füllner (Register). 1. Aufl. Hamburg 1997. 840 S. – Rez.: Norbert Oellers in: Germanistik. Jg. 38, Tübingen 1997, H. 2. S. 557. – Rez.: Helmut Schanze in: HJb '98. S. 306–308.

Heine, Heinrich: »Ich liebe doch das Leben«. Ein Lesebuch. Hrsg. von Joseph A. Kruse, unter Mitw. von Christoph Hollender, Markus Küppers, Hendrik Rost u. Inge Hermstrüwer. Frankfurt a.M. (u.a.) 1997. 403 S. – Rez.: A.J. Andreas in: Welt am Sonntag. Berlin, 7. Dezember 1997. – Rez.: Jace van de Ven in: Eindhovens Dagblad. Eindhoven, 13. Dezember 1997.

Heinrich Heine: Ich hab im Traum geweinet. 44 Gedichte mit Interpretationen. Hrsg. von Marcel Reich-Ranicki. Frankfurt a.M. 1997. 211 S. – Rez.: Jace van de Ven in: Eindhovens Dagblad. Eindhoven, 13. Dezember 1997.

Heine, Heinrich . Mit scharfer Zunge. 999 Aperçus und Bonmots. Ausgew. von Jan-Christoph Hauschild. Mit Zeichnungen von Horst Hussel. München 1997. 198 S. (dtv. 2413). – Rez.: Bernd Noack in: Nürnberger Nachrichten. Nürnberg, 27. Oktober 1997. – Rez.: Eberhard Seybold in: Frankfurter Neue Presse. Frankfurt a.M., 10. März 1997.

Heine, Heinrich: Die Prosa nimmt mich auf in ihre Arme. Verrisse und Visionen. Ausgewählt u. kommentiert von Dolf Oehler. München 1997. 172 S. – Rez.: A.J. Andreas in: Welt am Sonntag. Berlin, 7. Dezember 1997. – Rez.: Ralph Duti in: Die Weltwoche. Nr. 50, Zürich, 11. Dezember 1997.

Heine, Heinrich: Romancero. Traduction, notes et notice par Isabelle Kalinowski. Paris 1997. 222 S. (Bibliothèque franco-allemande). – Rez.: Jean Lacoste in: romantisme. Jg. 28, Paris 1998, Nr. 101. S. 117–120.

Heine, Heinrich: Roter König, Grüne Sau. Frivole Gedichte. Hrsg. von Jan-Christoph Hauschild. Köln 1997.160 S. – Rez.: Cord Beintmann in: Lift. Nr. 5, Stuttgart 1997. – Rez.: Hans-Joachim Trippler in: Deister- und Weserzeitung. Hameln, 10. April 1997. – Rez.: Jürgen Werth in: ›Kulturszene West‹. Sendung vom 13. Juni 1997. WDR Köln 1997. (Maschinenschr. Konzept)

Heine, Heinrich: Säkularausgabe. Werke, Briefwechsel, Lebenszeugnisse. Hrsg. von der Stiftung Weimarer Klassik und dem Centre National de la Recherche Scientifique in Paris. – Bd. 4K: Tragödien, Frühe Prosa 1820–1831. Kommentar. Bearb. von Elke Richter. Berlin 1996. – Rez.: Volker Giel in: HJb '98. S. 308–312.

Heine, Heinrich: Sämtliche Gedichte in zeitlicher Folge. Hrsg. von Klaus Briegleb. 4. Aufl. Frankfurt a.M. (u.a.) 1996. 917 S. – Rez.: Agnes Hüfner in: Süddeutsche Zeitung. Stuttgart, 10. Dezember 1997.

Heine, Heinrich: Sämtliche Schriften. Hrsg. von Klaus Briegleb. Diese Taschenbuchausg. ist band- und textidentisch mit der im Carl Hanser Verl. erschienenen Ausg.) – Bd. 1–6,2. München 1997. (dtv). – Rez.: Roland Berbig in: Zeitschrift für Germanistik. Bern (u.a.) 1998, N.F. VIII/3. S. 627–640. – Rez.: Jens Bisky in: Berliner Zeitung. Berlin, 29. Dezember 1997.

Heine, Heinrich: Und grüß mich nicht unter den Linden. Gedichte von Heinrich Heine komm. von Elke Schmitter. München (u.a.) 1997. 190 S. – Rez.: Ralph Duti in: Die Weltwoche. Nr. 50, Zürich, 11. Dezember 1997.

Heine, Heinrich: Unterwegs in Europa: Reisebilder 1822–1826. Eine Auswahl in 2 Bänden. Hrsg. von Gotthard Erler. Berlin (u.a.) 1995. – Rez.: Walter Zimorski in: Wirkendes Wort. Jg. 46, Bonn 1996, Bd. 3. S. 499–501.

Heine-Jahrbuch 1998. Hrsg. von Joseph Anton Kruse. Heinrich-Heine-Institut der Landeshauptstadt Düsseldorf. In Verb. mit der Heinrich-Heine-Gesellschaft. Jg. 37, Stuttgart 1998. 393 S. – Rez.: Gerda Kaltwasser in: Rheinische Post. Düsseldorf, 7. Januar 1999.

Heinrich Heine und die Romantik. Heinrich Heine and Romanticism. Erträge eines Symposiums an der Pennsylvania State University (21.–23. September 1995). Hrsg. von Markus Winkler. Tübingen 1997. XIII, 232 S. – Rez.: Roland Berbig in: Zeitschrift für Germanistik. Bern (u. a.) 1998, N. F. VIII/3. S. 627–640. – Rez.: Joseph Anton Kruse in: HJb '98. S. 315–316. – Rez.: Helmuth Mojem in: Aurora. Bd. 58, Sigmaringen 1998. S. 180–184.

Höhn, Gerhard: Heine-Handbuch. Zeit, Person, Werk. 2.; aktualisierte u. erw. Aufl. Stuttgart (u. a.) 1997. XV, 570 S. – Rez.: A. J. Andreas in: Welt am Sonntag. Berlin, 7. Dezember 1997. – Rez.: Roland Berbig in: Zeitschrift für Germanistik. Bern (u. a.) 1998, N. F. VIII/3. S. 627–640. – Rez.: Jens Bisky in: Berliner Zeitung. Berlin, 29. Dezember 1997. – Rez.: Agnes Hüfner in: Süddeutsche Zeitung. Stuttgart, 10. Dezember 1997. – Rez.: Gerda Kaltwasser in: Rheinische Post. Düsseldorf, 17. Januar 1998.

Höpfner, Christian: Romantik und Religion. Heinrich Heines Suche nach Identität. Stuttgart (u. a.) 1997. 319 S. (Heine-Studien). – Rez.: Robert Steegers in: HJb '98. S. 316–319.

Hüfner, Agnes: Die schief und schön vernarbende Wunde. Vorläufig abschließende Bemühungen um Heinrich Heine im Jahr seines 200. Geburtstages. – In: Süddeutsche Zeitung. Stuttgart, 10. Dezember 1997. (Sammelrezension)

»Ich Narr des Glücks«. Heinrich Heine 1797–1856. Bilder einer Ausstellung. Hrsg. von Joseph A. Kruse unter Mitarb. von Ulrike Reuter u. Martin Hollender. (Eine Ausstellung zum 200. Geburtstag. Kunsthalle Düsseldorf.) Stuttgart (u. a.) 1997. X, 584 S. – Rez.: Roland Berbig in: Zeitschrift für Germanistik. Bern (u. a.) 1998, N. F. VIII/3. S. 627–640. – Rez.: T. J. Reed in: The Times literary supplement. London, 10. Oktober 1997.

Die Jahre kommen und vergehn! 10 Jahre Heinrich-Heine-Universität Düsseldorf. Hrsg. von Holger Ehlert (u. a.). Düsseldorf 1998. 299 S. – Rez.: Thomas Gutmann in: Rheinische Post. Düsseldorf, 19. Dezember 1998. – Rez.: Ulrike Merten in: Neue Rhein Zeitung. Düsseldorf, 19. Dezember 1998.

Kolb, Jocelyne: The Ambiguity of Taste. Freedom and Food in European Romanticism. Ann Abor, Mich. 1995. 346 S. – Rez.: Lilian R. Furst in : Arcadia. Bd. 31, Berlin 1996. S. 301–302. – Rez.: Robert C. Holub in: Journal of English and Germanic Philology. Bd. 96, Urbana, Ill. 1997, Nr. 2. S. 306–308.

Kruse, Joseph Anton: Heine und Düsseldorf. Unter Mitwirkung von Sikander Singh. 2., erw. Aufl. Düsseldorf 1998. 228 S. (Veröffentlichungen des Heinrich-Heine-Instituts, Düsseldorf). – Rez. in: neues rheinland. Jg. 41, Pulheim 1998, Nr. 6. S. 43.

Kruse, Joseph Anton: Heine-Zeit. Stuttgart (u. a.) 1997. 401 S. – Rez.: A. J. Andreas in: Welt am Sonntag. Berlin, 7. Dezember 1997. – Rez.: Roland Berbig in: Zeitschrift für Germanistik. Bern (u. a.) 1998, N. F. VIII/3. S. 627–640. – Rez.: Jens Bisky in: Berliner Zeitung. Berlin, 29. Dezember 1997. – Rez.: Gerda Kaltwasser in: Rheinische Post. Düsseldorf, 22. Oktober 1998.

Lämke, Ortwin: Heines Begriff der Geschichte. Der Journalist Heinrich Heine und die Julimonarchie. Stuttgart 1997. 180 S. (Heine-Studien). – Rez.: Roland Berbig in: Zeitschrift für Germanistik. Bern (u. a.) 1998, N. F. VIII/3. S. 627–640. – Rez.: Gerhard Höhn in: HJb '98. S. 319–322.

Liedtke, Christian: Heinrich Heine. Originalausg. Reinbek bei Hamburg 1997. 174 S. (rororo Monographie. 50535). – Rez.: Walter Hinck in : HJb '98. S. 313–315. – Rez: Agnes Hüfner in: Süddeutsche Zeitung. Stuttgart, 10. Dezember 1997.

La Loreley et la Liberté. Heinrich Heine 1797–1856. Un poète allemand de Paris. Édité par Joseph A. Kruse en collaboration avec Ulrike Reuter et Martin Hollender. Paris 1997. XXVII, 617 S. – Rez.: Jean Lacoste in: romantisme. Jg. 28, Paris 1998, Nr. 101. S. 117–120.

Luijten, Jan: En aristocratisch revolutionair. – In: De Volkskrant. Amsterdam, 5. Dezember 1997. (Sammelrezension)

»Madame, Sie sollen meine Küche loben«. Essen und Trinken mit Heinrich Heine. Mit neun Heinrich-Heine Créationen von Maître Jean-Claude Bourgueil. Hrsg. von Jan-Christoph Hauschild. Mit 75 Abb. München 1997. 143 S. (dtv premium). – Rez.: A.J. Andreas in: Welt am Sonntag. Berlin, 7. Dezember 1997. – Rez.: Kyra Ina Martin in: Frankfurter Rundschau. Frankfurt a.M., 19. November 1997. – Rez.: Caro Maurer in Generalanzeiger. Bonn, 29. November 1997. – Rez.: Erwin Seitz in: Frankfurter Allgemeine Zeitung. Frankfurt a.M., 6. April 1998. – Rez.: Michael Stitz in: Flensburger Tageblatt. Flensburg, 20. Januar 1998. – Rez.: Babette Weber in: Lausitzer Rundschau. Cottbus, 14. Februar 1998. – Rez. in: Berliner Zeitung. 19. Dezember 1997. – Rez. in: Darmstädter Echo. Darmstadt 13. Dezember 1997. – Rez. in: neues rheinland. Jg. 41, Pulheim 1998, Nr. 3. S. 39.

Matten-Gohdes, Dagmar: Heine ist gut. Ein Heine-Lesebuch. Mit Zeichnungen von Marie Marcks. Weinheim (u.a.) 1997. 198 S. – Rez.: Gisela Karau in: Neues Deutschland. Berlin, 18. September 1998. – Rez. in: neues rheinland. Jg. 41, Pulheim 1998, Nr. 7. S. 46.

Morawe, Bodo: Heines »Französische Zustände«. Über die Fortschritte des Republikanismus und die anmarschierende Weltliteratur. Heidelberg 1997. 109 S. (Beiheft zu Euphorion. H. 28). – Rez.: Roland Berbig in: Zeitschrift für Germanistik. Bern (u.a.) 1998, N.F. VIII/3. S. 627–640.

Neef, Annemarie: Sigmund Freud und Heinrich Heine. Annäherung. Hamburg 1997. 92 S. – Rez.: Gerda Kaltwasser in: Rheinische Post. Düsseldorf, 17. Januar 1998.

Pawel, Ernst: Der Dichter stirbt. Heinrich Heines letzte Jahre in Paris. Aus d. Engl. von Regina Schmidt-Ott. Berlin 1997. 239 S. – Rez.: A.J. Andreas in: Welt am Sonntag. Berlin, 7. Dezember 1997. – Rez.: Agnes Hüfner in: Süddeutsche Zeitung. Stuttgart, 10. Dezember 1997. – Rez.: Gert Mattenklott in: Frankfurter Allgemeine Zeitung. Frankfurt a.M., 9. April 1997. – Rez.: Karl Pörnbacher in: Germanistik. Jg. 38, Tübingen 1997, H. 3/4. S. 948.

Raddatz, Fritz J.: Heinrich Heine. Taubenherz und Geierschnabel. Eine Biographie. Weinheim (u.a.) 1997. 391 S. – Rez.: A.J. Andreas in: Welt am Sonntag. Berlin, 7. Dezember 1997. – Rez.: Roland Berbig in: Zeitschrift für Germanistik. Bern (u.a.) 1998, N.F. VIII/3. S. 627–640. – Rez.: Jens Bisky in: Berliner Zeitung. Berlin, 29. Dezember 1997. – Rez: Walter Hinck in: HJb '98. S. 313–315. – Rez.: Agnes Hüfner in: Süddeutsche Zeitung. Stuttgart, 10. Dezember 1997. – Rez.: Gerda Kaltwasser in: Rheinische Post. Düsseldorf, 17. Januar 1998. – Rez.: Jan Luijten in: De Volkskrant. Amsterdam, 5. Dezember 1997. – Rez.: T.J. Reed in: The Times literary supplement. London, 10. Oktober 1997.

Reed, T.J.: Happy return? Heinrich Heine: ›the last German poet of the eighteenth and the first of the twentieth century‹. – In: The Times literary supplement. London, 10. Oktober 1997. (Sammelrezension)

Reich-Ranicki, Marcel: Der Fall Heine. Stuttgart 1997. 128 S. – Rez.: A.J. Andreas in: Welt am Sonntag. Berlin, 7. Dezember 1997. – Rez.: Agnes Hüfner in: Süddeutsche Zeitung. Stuttgart, 10. Dezember 1997. – Rez.: Jan Luijten in: De Volkskrant. Amsterdam, 5. Dezember 1997. – Rez.: T.J. Reed in: The Times literary supplement. London, 10. Oktober 1997. – Rez. in: neues rheinland. Jg. 41, Pulheim 1998, Nr. 3. S. 39.

Seidel, Jürgen: Harry Heine und der Morgenländer. Roman. Weinheim (u.a.) 1997. 235 S. – Rez.: Ralf Tiron in: Rheinische Post. Düsseldorf 1997.

Stauf, Renate: Der problematische Europäer. Heinrich Heine im Konflikt zwischen Nationenkritik und gesellschaftlicher Utopie. Heidelberg 1997. VI, 517 S. (Beiträge zur neueren Literaturgeschichte. F. 3. Bd. 154) – [Zugl.: Berlin, Techn. Uni., Habil.-Schrift,1996]. – Rez.: Bernd Kortländer in: HJb '98. S. 324–325.

Trilse-Finkelstein, Jochanan: Gelebter Widerspruch. Heinrich Heine Biographie. Berlin 1997. 420 S. – Rez.: A. J. Andreas in: Welt am Sonntag. Berlin, 7. Dezember 1997. – Rez.: Roland Berbig in: Zeitschrift für Germanistik. Bern (u.a.) 1998, N.F. VIII/3. S. 627–640. – Rez: Jens Bisky in: Berliner Zeitung. Berlin, 29. Dezember 1997. – Rez.: Walter Hinck in: HJb '98. S. 313–315. – Rez.: Agnes Hüfner in: Süddeutsche Zeitung. Stuttgart, 10. Dezember 1997. – Rez.: Gerda Kaltwasser in: Rheinische Post. Düsseldorf, 29. September 1997. – dies. in: Rheinische Post. Düsseldorf, 17. Januar 1998. – Rez: Jan Luijten in: De Volkskrant. Amsterdam, 5. Dezember 1997.

Ven, Jac van de: Onze boosaardige nachtegaal. Heinrich Heine 200 jaar geleden geboren. – In: Eindhovens Dagblad. Eindhoven, 13. Dezember 1997. (Sammelrezension)

Die von Geldern Haggadah und Heinrich Heines »Der Rabbi von Bacherach«. Hrsg. von Emile G.L. Schrijver und Falk Wiesemann. Mit Beiträgen von Gert Kaiser, Edward van Voolen u. Bernd Witte. Wien 1997. 80, 40 S. – Rez. : Willehad Paul Eckert in: HJb '98. S. 322–323.

Wilamowitz-Moellendorff, Erdmann von/Günther Mühlpfordt: Heine-Bibliographie 1983–1995. Stiftung Weimarer Klassik, Herzogin Anna Amalia Bibliothek. Stuttgart (u.a.) 1998. XIII, 396 S. (Personalbibliographien zur neueren deutschen Literatur. Bd. 2). – Rez.: Joseph Anton Kruse in: HJb '98. S. 325–326.

Windfuhr, Manfred: Rätsel Heine. Autorprofil – Werk – Wirkung. Heidelberg 1997. 439 S. (Reihe Siegen. Beiträge zur Literatur-, Sprach- und Medienwissenschaft. Bd. 133). – Rez.: Kurt Abels in: HJb '98. S. 327–330. – Rez.: Roland Berbig in: Zeitschrift für Germanistik. Bern (u.a.) 1998, N.F. VIII/3. S. 627–640. – Rez.: Gerda Kaltwasser in: Rheinische Post. Düsseldorf, 17. Januar 1998.

Winkler, Markus: Mythisches Denken zwischen Romantik und Realismus. Zur Erfahrung kultureller Fremdheit im Werk Heinrich Heines. Tübingen 1995. (Studien zur deutschen Literatur. Bd. 138). – Rez.: Norbert Oellers in: Germanistik. Jg. 38, Tübingen 1997, H. 2. S. 558. – Rez.: Frank Plagwitz in: Seminar. A Journal of Germanic Studies. Bd. 33, New York, NY 1997, Nr. 2. S. 169–170.

4 Rezeption

4.1 Das Werk auf der Bühne, Vertonungen

Betz, Albrecht: »Aus meinen großen Schmerzen / Mach ich die kleinen Lieder«. Heinrich Heine und die Musik. – In: Cahiers d'Études Germaniques. Nr. 34, Aix-en-Provence 1998/1. S. 105–117.

Brenken, Erika: Heine rein, Dorst raus. Jürgen Flimm inszenierte »Harrys Kopf« in Hamburg. – In: Rheinische Post. Düsseldorf, 11. November 1997.

Dorst, Tankred: Harrys Kopf. Mitarbeit Ursula Ehler. – In: Theater heute. Berlin 1997, Nr. 12. S. 42–55.

Hennrich, Lutz: »Almansor« von Heinrich Heine im Rheinischen Landestheater Neuss. – In: Theater pur. Essen 1995, Nr. 5. S. 12–13.

Hennrich, Lutz: Kopfgeburt. – In: Theater pur. Essen 1997, Nr. 12. S. 40–41.

Heinrichs, Joseph: Wie geschliffene Steine. ›Heiliger Heinrich Heine hilf!‹ im Kom(m)ödchen. – In: Rheinische Post. Düsseldorf, 28. August 1998.

Hillger, Andreas: Der Himmel auf Erden beginnt mit einer rasanten Höllenfahrt. Tarek Assam findet mit den »Faust-Allegorien« nach Heinrich Heine zu überraschender Lösung. – In: Mitteldeutsche Zeitung Halle. Halle, 19. März 1996.

Merten, Ulrike: Saftig satirisch ist die Andacht. Lebenshilfe mit Heine im Kom(m)ödchen. – In: Neue Rhein Zeitung. Düsseldorf, 26. August 1998.

Müller, Iris: Heinrich Heine und der Gartenzwerg. Ein etwas anderer Kom(m)ödchen-Abend. – In: Westdeutsche Zeitung. Düsseldorf, 31. August 1998.

Salvan-Renucci, Françoise: Sprache als Musik und in der Musik: Heine und das Lied. – In: Cahiers d'Études Germaniques. Nr. 34, Aix-en-Provence 1998/1. S. 85–104.

SeTa spukt mit Heine durch die Literatur. Lorchen Ley und der kleine Harry. – In: Rheinische Post. Düsseldorf, 14. November 1997.

Wille, Franz: Harry Heines Nachfahren. »Harrys Kopf« – Tankred Dorst hat ein Stück über Heinrich Heine geschrieben und stellt die Frage nach den Intellektuellen. – In: Theater heute. Berlin 1997, Nr. 12. S. 39–42.

Yamashita, Hideo: Illustration portforio. Tokyo 1996. 71 S.

4.2 Literarische Essays und Dichtungen zu Heine

Gerlach, Harald: Nirgends und zu keiner Stunde. Gedichte. Berlin 1998. 115 S.

Gernhardt, Robert: Klappaltar. Drei Hommagen. Zürich 1998. 95 S.

Lützeler, Paul Michael: Die Lippen der liebsten Frau (zu Heine, Heinrich: »Im Rhein, im schönen Strome«). – In: Frankfurter Allgemeine Zeitung. Frankfurt a. M., 12. April 1997.

Rühmkorf, Peter: Lethe mit Schuß. Gedichte. Ausgew. u. mit einem Nachw. versehen von Robert Gernhardt. Frankfurt a. M. 1998. 138 S.

4.3 Audiovisuelle Medien

Ahn, Heinz: »Selde hadder mech verstange«. Heinrich Heine auf Düsseldorfer Platt. Gelesen vom Autor. BurRo 1997. 1 CD zum Buch.

An Anthology of Classical »Eye« Songs. Godfried Thiers (Bariton), Jean-Pierre Moemaers (Klavier). Waanrode 1995. 1 CD.

Clara Schumann and her Family. Waldemar Bargiel, Johannes Brahms, Clara Schumann, Robert Schumann. Ira Maria Witoschynskyj (Klavier), Joachim Draheim (Text). Detmold 1996. (Piano Music) 1 CD.

»Denk' ich an Heine«. Sendung vom 21. Mai 1997. ›Lokalzeit‹ Düsseldorf. WDR Düsseldorf 1997. Video.

Deutsche Balladen. Sprecher: Will Quadflieg, Günther Dockerill (u. a.) Kiel o. J. 1 CD.

Füllner, Karin: »Die einzigen, die nicht von ihrer respektiven Regierung zum Tode verurteilt worden«. Heine trifft Börne. 14. Dezember 1997. BR München 1997. 1 MC.

Heine in der Bronx. Sendung vom 28. Dezember 1998. ORF Wien 1998. Video.

Heine, Heinrich: Die Bäder von Lucca. Reisebilder. Ungekürzt. Gelesen von Gert Westphal. Studioaufnahme 1996. Hamburg 1997. 3 MC's.

Heine, Heinrich: Deutschland. Ein Wintermärchen. Gesprochen von Eberhard Esche. Aufzeichnung aus dem Deutschen Theater Berlin 1997. Berlin 1997. 1 MC.

Heine, Heinrich: Gumpelino. – Aus: Die Bäder von Lucca. Gelesen von Gerd Westphal. Studioaufnahme April 1996. Hamburg 1997. 1 CD.

Heine, Heinrich: Reise von München nach Genua. Reisebilder. Ungekürzt. Gelesen von Gert Westphal. Studioaufnahme 1996. Hamburg 1997. 3 MC's.

Heine, Heinrich: Von Berlinern und Trientern. – Aus: Reise von München nach Genua. Gelesen von Gert Westphal. Studioaufnahme 1996. Hamburg 1997. 1 CD.

Heiterer Heinrich Heine. Gedichte und Prosa. Gesprochen von Martin Held. Zusammenstellung Walther Huder. Hamburg 1968. 1 CD.

Lang, Josefine/Johanna Kinkel: Ausgewählte Lieder. Claudia Taha (Sopran), Heidi Kommerell (Klavier). WDR Köln 1995. 1 CD.

Lieder von Schubert, Brahms und Schumann. Duette und Quartette. Radio Studio Zürich 1990. (Musikszene Schweiz) 1 CD.

Mein Heine. Red.: Bettina Wenke, Jürgen von Esenwein. Eine Schulfunksendung vom 14. November bis 19. Dezember 1997. SDR Stuttgart 1997. 3 MC's.

Türk, Julia/Uli Türk: Heine für Kleine. Lieder und Texte. Stuttgart 1997. 1 CD; 1 MC.

Zimmermann, Konrad: Wasserpoesie. Düsseldorf 1998. 1 CD.

Zwei Zeitmaler in Paris. (Honoré) Daumier (und Heinrich) Heine. Elektronischer Katalog. Heinrich-Heine-Institut Düsseldorf. Düsseldorf 1998. 1 CD-Rom.

4.4 Bildende Kunst / Denkmäler

Bernd Tilgner auf Heines Spuren. – In: Northeimer Neueste Nachrichten. Northeim, 8. September 1998.

Bernstein, F. W.: Lesen gefährdet Ihre Dummheit. Ein Autorenalphabet mit Leserstimmen u. einem Vorw. von Hans Traxler. Zürich 1996. ca. 178 S.

Broodthaers, Marcel: Autour de la Lorelei. Édition établie et postfacée par Philippe Cuenat. Genf 1997. 207 S.

Broodthaers, Marcel: En lisant la Lorelei. Genf 1997. ca. 30 S.

Cichotzki, Stephan: Collagen zu Heines Hymnus-Text. – In: Der Deutschunterricht. Jg. 49, Seelze 1997, H. 5. S. 84–85.

Ehrung für den Dichter mit der spitzen Feder. – In: Die Welt. Hamburg, 18. August 1998.

Heine, Heinrich: Es ist heute eine schöne Witterung. Mit Linolschnitten von Eduard Prüssen. Köln 1998. 16 S. Mit 12 Linolschnitten. (Donkey-Press. 34. Druck)

Heine, Heinrich: Ein Weib. Ill. von Tina Bauer-Pezellen. Faksimile-Reprint des Originals von 1928. Unkel ca. 1998. (Leporello)

Janssen, Horst: Das Portrait. Eine Auswahl 1945 bis 1994. Holzschnitte, Radierungen, Lithographien, Zeichnungen, Aquarelle. Mit einem Vorw. von Manfred Osten u. biograph. Notizen zu den Dargestellten von Gerhard Schack. Katalog zur Ausstellung im German. Nationalmuseum Nürnberg vom 26. November 1998 bis 28. Februar 1999. Hamburg 1998. o. Z.

Köster, Udo/Bernd Eilitz: Die ›Leitartikel‹ zu den Hamburger Heinedenkmälern. Denkmalsgeschichte als Rezeptionsgeschichte. 1897, 1906, 1956. – In: Germanica. Jg. 4, Sofia 1997. S. 27–58.

Künstler arbeiten für ein Heine-Denkmal. Sparkasse zeigt Malerei und Graphik – Auktion im November. – In: Mitteldeutsche Zeitung Halle. Halle, 25. August 1998.

Kujau, Konrad: Kujau's kulinarisches Geheimarchiv. Unveröffentlichte Lieblingsrezepte prominenter Persönlichkeiten ges. u. ill. von Konrad Kujau. Stuttgart 1999. 174 S.

Lücker, Theo: Das Heinrich-Heine-Denkmal. Ein Zerrbild unserer Zeit? – In: ders.: Düsseldorf – rund um die Karlstadt. Hrsg. vom Freundeskreis Düsseldorfer Buch e.V. Düsseldorf 1990. S. 167–170.

Plamper, Egon: Düsseldorf. Text Kurt Loup. Karlsruhe ca. 1970. ca. 30 S.

Riemann, Johannes: Neuer Glanz für den Dichter. Das Heine-Denkmal in New York wird mit Hilfe aus Düsseldorf restauriert. – In: Rheinische Post. Düsseldorf, 13. Oktober 1998.

Schenk, Lis: Hilfe aus Düsseldorf. Heine-Denkmal in der Bronx. – In: neues rheinland. Jg. 42, Pulheim 1999, Nr. 2. S. 13.

Schubert, Dietrich: Mein Ruhm ruht noch im Marmorbruch. Die wenig erhebende Geschichte der Heine-Denkmäler in Deutschland. – In: Frankfurter Allgemeine Zeitung. Frankfurt a.M., 5. November 1997.

Schubert, Dietrich: Vom Meer hinauf in den Dichter-Bezirk. Am Lieblingsort der Kaiserin: Auf Corfu verfällt das schönste Heinrich-Heine-Denkmal. – In: Frankfurter Allgemeine Zeitung. Frankfurt a.M., 3. August 1998.

Der Tannhäuser. Die Legende. Text Heinrich Heine; Bilder von Andrea Di Gennaro. Frankfurt a.M. 1998. ca. 36 S.

4.5 Heinrich-Heine-Gesellschaft / Heinrich-Heine-Institut / Gedenkstätten / Weitere Forschungsinstitutionen

Gutmann, Thomas: Rektor Kaiser: »Ein Sieg der Jugend«. Vor zehn Jahren gab sich die Universität Düsseldorf den Namen Heinrich Heines. – In: Rheinische Post. Düsseldorf, 19. Dezember 1998.

Roth, Ursula: Didaktische Aktivitäten des Heinrich-Heine-Instituts. – In: Der Deutschunterricht. Jg. 49, Seelze 1997, H. 5. S. 78–82.

Schneider, Gabriele: »Meine Mutter paßt auf, daß mir Keiner was thut!« – Fanny Lewald. Familienbriefe Fanny Lewalds aus Privatbesitz im Heinrich-Heine-Institut (Stiftung Gurlitt). – In: HJb '98. S. 252–271.

Stadt erhielt drei Millionen. 1997 wurde rege gespendet. – In: Rheinische Post. Düsseldorf, 8. August 1998.

Stratman, Peter: Den »Zukunftsseelen«. Museumsnacht im Heinrich-Heine-Institut. – In: Rheinische Post. Düsseldorf, 23. Juni 1998.

Tachikawa, Kiyoko: Internationaler Heinrich-Heine-Kongreß 1997 in Düsseldorf. – In: Heine-Symposium in Nagoya 1997. Nagoya 1998. S. 27–30.

Vahl, Heidemarie: Satirisches Gift gegen das Establishment. Heinrich Heine und Honoré Daumier als Zeitkritiker: Karikaturen und Texte in der Gegenüberstellung. – In: Düsseldorfer Museen. Jg. 18, Düsseldorf 1998, Nr. 4. S. 10.

4.6 Heinrich-Heine-Preis der Landeshauptstadt Düsseldorf

Enzensberger erhielt Heine-Preis. – In: Der Gießerjunge. Jg. 19, Düsseldorf 1999, Nr. 1. S. 20.

Enzensberger, Hans Magnus: Über die gutmütigen Deutschen. – In: Der Spiegel. Hamburg 1997, Nr. 51. S. 218–221.

Heine-Preis an Enzensberger. – In: Rheinische Post. Düsseldorf, 23. Januar 1998.

Schröder, Lothar: Die Gutmütigkeit der Lämmer. Hans Magnus Enzensberger mit dem Heinrich-Heine-Preis ausgezeichnet. – In: Rheinische Post. Düsseldorf, 14. Dezember 1998.

Schröder, Lothar: Schwerfüßler, Dichter, »Neue Mitte«. Interview mit dem Schriftsteller und Herausgeber Hans Magnus Enzensberger, Träger des Düsseldorfer Heinrich-Heine-Preises. – In: Rheinische Post. Düsseldorf, 12. Dezember 1998.

Smoltczyk, Alexander: Der Fahrplan der Lüfte. – In: Der Spiegel. Hamburg 1997, Nr. 51. S. 214–216.

Veranstaltungen
des Heinrich-Heine-Instituts und der Heinrich-Heine-Gesellschaft e.V.

Januar bis Dezember 1998
Zusammengestellt von Marianne Tilch

Abkürzungen: HHI Heinrich-Heine-Institut, Düsseldorf
HHG Heinrich-Heine-Gesellschaft e.V.
Wenn nicht anders angegeben, gilt als Veranstaltungsort das Heinrich-Heine-Institut, Düsseldorf, und als Veranstalter die Heinrich-Heine-Gesellschaft in Verbindung mit dem Heinrich-Heine-Institut.

bis 1.2.1998   Ausstellung: »Heimat und Fremde«. Ausgewählte Arbeiten des Schülerwettbewerbs zum 200. Geburtstag Heinrich Heines (seit 12.11.1997).

bis 1.2.1998   »Heine. Ein Bildermärchen«. Installation von Gabriele Henkel (seit 9.12.1997).

16.1.1998   Christie's, St. James's, London
Ausstellung: »›For Freedom's Battle.‹ Heinrich Heine and England«. Eröffnung durch The Rt. Hon. Lord Weidenfeld (16.1.–6.2.1998). Ausstellungskonzeption: Julia Rosenthal in Zusammenarbeit mit dem HHI.
Die Ausstellung versucht, Heines schwierige Beziehung zu England und den Engländern zu dokumentieren und die Reaktion der Engländer auf Heine und sein Werk.

17.2.1998   Ausstellungseröffnung: »›Sieh in mein verwandertes Gesicht‹. Leben, Werk und Zeit von Else Lasker-Schüler« (18.2.–3.5.1998).
Stella Avni liest aus Werken und Briefen von Else Lasker-Schüler; Ausstellungsrundgang mit Manfred Escherig, Wuppertal.

18.2.1998   Ausstellung: »›For Freedom's Battle‹. Heinrich Heine und England« (18.2.–3.5.1998). Um die aus englischem Besitz stammenden Exponate verkleinerte Übernahme der Londoner Ausstellung.

8.3.1998   Lewone – Jiddische Lieder und Klezmermusik. »Jankele – A Jiddische Majsse«. Mit Roswitha Dasch (Violine, Gesang), Wolfgang Engelbertz (Kontrabaß), Carsten Eckstaedt (Akkordeon) und Dirk Lattenkamp (Gitarre).

12. 3. 1998	»Wie ich zum Zeichnen kam«. Else Lasker-Schüler als Künstlerin unter Künstlern. Vortrag mit Lichtbildern von Rainer Stamm, Wuppertal.
19. 3. 1998	Mitgliederversammlung der Heinrich-Heine-Gesellschaft e.V. Im Anschluß daran Kammerkonzert mit Werken von Felix Mendelssohn Bartholdy u. a. zur Ausstellung »›For Freedom's Battle‹. Heine und England«. Ausführende: Schülerinnen und Schüler der Städt. Clara-Schumann-Musikschule, Düsseldorf.
20. 4. 1998	Literaturtreff »Schnabelewopski« Buchpräsentation: Liane Dirks: »Und die Liebe? frag ich sie«. Veranstalter: Stiftung Kunst und Kultur des Landes NRW, Ammann Verlag, HHI und Literaturbüro Düsseldorf.
23. 4. 1998	»Das Volksgespenst« und sein Dichter. Kleiner Versuch über Heines Stimme aus dem Exil. Vortrag von Prof. Dr. Klaus Briegleb, Hamburg.
28. 4. 1998	Manfred Escherig: »Die Welt ist Ostern«. Kommentierte Lesung aus den unveröffentlichten Zürcher Tagebüchern Else Lasker-Schülers.
7. 5. 1998	Paul Steinberg liest aus seinem neu erschienenen Buch »Chronik aus einer dunklen Welt«. Veranstalter: HHI in Zusammenarbeit mit Literatur bei Rudolf Müller.
10. 5. 1998	Buchpräsentation: Alla Pfeffer (Hrsg.): »Straßenbilder«. 37 Düsseldorfer Schriftstellerinnen und Schriftsteller über ihr Quartier. Es lesen: Astrid Gehlhoff-Claes, Rolfrafael Schröer, Klas Ewert Everwyn, Christian Götz, John Linthicum. Veranstalter: Grupello Verlag, Alla Pfeffer, HHI.
13. 5. 1998	Buchpräsentation: Gerhart Söhn stellt sein neu erschienenes Buch vor: »Frauen der Aufklärung und Romantik«. Von der Karschin bis zur Droste. Veranstalter: HHI, HHG, in Zusammenarbeit mit Grupello Verlag.
15. 5. 1998	Ausstellungseröffnung: »Bertolt Brecht. Leben und Überleben im 20. Jahrhundert« (17. 5.–9. 8. 1998). Begrüßung: Prof. Dr. Joseph A. Kruse. »Bertolt Brecht oder die Provokation der Dinge«. Ein LiteraturProjekt von und mit Jovita Dermota. Mitarbeit: Eva-Maria Schachenhofer; Tontechnik: Reinhard Köberl.
26. 5. 1998	»Brecht von Tag zu Tag«. Zum Erscheinen der Brecht Chronik 1898–1956. Vortrag von Dr. Werner Hecht, Berlin. Im Anschluß führt Dr. Hecht durch die Brecht-Ausstellung.
7. 6. 1998	»... als sängen sie heimlich die Marseillaise«. Wolfgang Arps liest aus Heines Börne-Buch. Eine literarisch-musikalische Collage. Heinrich Heine trifft Ludwig Börne. Am Flügel: Uwe Rössler; Texteinrichtung: Dr. Karin Füllner.

11.–14.6.1998   Bücherbummel auf der Kö.
Heinrich-Heine-Institut und Heinrich-Heine-Gesellschaft e.V. präsentieren sich.

14.6.1998   »... dies oder jenes Angenehme zeigen«. Lieder und Balladen von Hanns Eisler nach Texten von Bertolt Brecht. Mit Joachim Vogt (Tenor) und Wolfgang Panwitz (Klavier).

17.6.1998   »Und niemand ist Zeuge«. Edwin Wolfram Dahl liest aus seinen neun Lyrikbänden 1970–1998.

20.6.1998   Museumsnacht im Heine-Institut.
Begrüßung und Kurzvortrag von Prof. Dr. Joseph A. Kruse: »Mir dünkt, dass du dictiertest«. Kaiserin Elisabeths Dichter: Heinrich Heine.
Daniel Berger liest: Botschaften an die Zukunftsseelen. Gedichte der Kaiserin Elisabeth.
Musikalische Soiree mit Liedern und Klaviermusik aus der Heine-Zeit von Felix Mendelssohn Bartholdy, Johannes Brahms, Franz Schubert und Robert Schumann. Mit Elisa Rabanus (Sopran), Anja Belzner (Mezzosopran), Raimund Laufen und Marcel Ober (Klavier).
Daniel Berger liest Bertolt Brecht: »Sport- und Boxgeschichten«.
Nikolaus Lenau: »Ein Traum, entflatternd deiner Haft...«. Szenen aus dem Faust in einer Bühnenfassung von Alexander Nitzberg. Ausführende: Alexander Nitzberg und Peter Sendtko.

28.6.1998   Freak out: Heinrich Heine und Frank Zappa – Cruising for burgers. Gedichte und Songtexte von Heinrich Heine und Frank Zappa für Harfe, Stimme, Tontöpfe und Elektronik. Ausführende: Katarzyna Lewandowska (elektrische Harfe), Wol Müller (Wort und percussives Tonequipment), Florian Müller (elektronische Einspielungen). Ausgangspunkt für das Sommerferienprogramm vom 29.6.–3.7.1998.

9.8.1998   »Von den Mächtigen und den Schwachen und andere nützliche Gedichte«. Die Lyrik Bertolt Brechts. Es sprechen und singen Sigrun Rost und Rolfrafael Schröer.

10.9.1998   Donnerstagsvorstellung. Literatur im Schnabelewopski
»Schreiben als Frau – Leben in Düsseldorf«. Ina-Maria von Ettingshausen liest Lyrik und Prosa. Moderation: Dr. Karin Füllner und Alla Pfeffer.

20.9.1998   Zum 100. Todestag Fontanes: »...wahre Dir den vollen Glauben an diese Welt trotz dieser Welt«. Herbert Kromann liest Texte von Theodor Fontane; Peter Hecking (Kontrabaß) spielt musikalische Reflexionen.

24.9.1998   »Die Tochter der Luft«. Fontanes Effi Briest – der Dichter und seine Figur. Vortrag von Prof. Dr. Helmuth Nürnberger.

6.10.1998   Buchvorstellung aus Anlaß des 100. Geburtstages von Lotte Lenya. »Sprich leise, wenn Du Liebe sagst«. Der Briefwechsel Kurt Weill / Lotte Lenya. Lys Symonette von der Kurt Weill-Foundation, New York, und Mitherausgeberin liest aus dem Briefwechsel und erzählt über ihre musikalische Arbeit mit Kurt Weill und ihre langjährige Freundschaft mit Lotte Lenya.

8. 10. 1998 Donnerstagsvorstellung. Literatur im Schnabelewopski
Helga Lippelt liest aus ihrem neuen Roman »Und ewig lockt der Mann«. Moderation: Dr. Karin Füllner.

21. 10. 1998 Jürg Baur. Der Komponist Prof. Jürg Baur, Düsseldorf, im Gespräch mit Prof. Dr. Jürgen Schläder, München, aus Anlaß seines 80. Geburtstags. Am Flügel: Udo Falkner. Begrüßung: Prof. Dr. Joseph A. Kruse.

22. 10. 1998 Gemeindehaus der Matthäikirche
»Es bleibt noch viel zu sagen«. Die Lyrik von Rose Ausländer. Gespräch über Literatur mit Dr. Ursula Roth (weitere Termine: 29. 10., 5. 11, 12. 11., 19. 11. und 26. 11. 1998). Veranstalter: Evangelische Stadtakademie Düsseldorf in Verbindung mit dem HHI.

3. 11. 1998 Aus Anlaß des 150. Todesjahrs von Annette von Droste-Hülshoff: »Der Distel mystische Rose«. Film und Vortrag von Werner Fritsch.

4. 11. 1998 Veranstaltungsreihe »150 Jahre Revolution 1848«.
»Ewige Wiederkehr des Gleichen oder geheime Progression«. Heines Reaktion auf die Revolution von 1848. Vortrag von Dr. Gerhard Höhn, Paris.

11. 11. 1998 Veranstaltungsreihe »150 Jahre Revolution 1848«.
»Ich schmachte, schmachte nach Geist...«. Ein Gesprächskonzert über die Komponistin, Schriftstellerin und Revolutionärin Johanna Kinkel. Mit Heike Hallaschka (Sopran) und Heidi Kommerell (Klavier, Text und Moderation).

13. 11. 1998 Ausstellungseröffnung: Literatur und Kunst aus Lianzovo. Bilder des Malers Vladimir Nemuchin (13. 11.–28. 11. 1998). Einführung: Gudrun Lehmann. Veranstalter: Kontakty. Deutsch-Russischer Kreis e.V. Düsseldorf und HHI.

14. 11. 1998 Lianzovo-Moskau. Russische Literatur und Kunst vom Samizdat zum Markt. Deutsch-russischer Workshop mit den Lianzovo-Mitgliedern. Einführung und Moderation: Sabine Hänsgen. Übersetzungen: M. Buljanowskaja, T. Wahl-Aust. Veranstalter: Kontakty. Deutsch-Russischer Kreis e.V. Düsseldorf und HHI.

15. 11. 1998 Lesungen der Moskauer Dichter Igor Cholin und Genrich Sapgir. Einführung und Übertragung: Sabine Hänsgen. Veranstalter: Kontakty. Deutsch-Russischer Kreis e.V. Düsseldorf und HHI.

18. 11. 1998 Veranstaltungsreihe: »150 Jahre Revolution 1848«.
»Jleechgültigkeit und Rochen im Tierjarten«. Tabak und Ekstase in der Revolution von 1848. Vortrag von Dr. Olaf Briese, London.

25.11.1998	Veranstaltungsreihe: »150 Jahre Revolution 1848«. Louise Otto und die Revolution. Vortrag von Dr. Irina Hundt, Berlin.
2.12.1998	»Erfahrungen im Grenzenlosen«. Rausch und Realität im Werk Ernst Jüngers. Vortrag von Dr. Klaus Modick.
6.12.1998	Ausstellungseröffnung: »Zwei Zeitmaler in Paris: Heinrich Heine und Honoré Daumier«. Ausstellungskonzeption: Heidemarie Vahl in Zusammenarbeit mit der Honoré-Daumier-Gesellschaft (6.12.1998–7.2.1999). Begrüßung: Prof. Dr. Joseph A. Kruse; Einführung: Thomas Metzen, Tübingen; Lesung: Hanna Seiffert und Dieter Prochnow vom Düsseldorfer Schauspielhaus.
10.12.1998	Donnerstagsvorstellung. Literatur im Schnabelewopski Gabriele Wohmann liest aus ihrem neuen Erzählband »Bleibt doch über Weihnachten«.
12.12.1998	Studierenden-Kolloquium 1998. Neue Arbeiten über Heinrich Heine. Vorträge und Diskussionen. Studierende der Heinrich-Heine-Universität, Düsseldorf, tragen die Ergebnisse ihrer in diesem Jahr entstandenen Magister- und Examensarbeiten zu Heine vor. Begrüßung: Prof. Dr. Joseph A. Kruse und Prof. Dr. Georg Stötzel. Konzeption und Moderation: Dr. Karin Füllner und Holger Ehlert, M.A. Veranstalter: HHI, HHG und Germanistisches Seminar der Heinrich-Heine-Universität, Düsseldorf. Literaturtreff »Schnabelewopski« Feier in den Heine-Geburtstag. 201 Heine-Texte – Überraschungsgäste – Musikalisches Programm.
13.12.1998	Geburtstagstee zur Feier des 201. Geburtstages von Heinrich Heine. Mit einer Führung durch die Ausstellung »Zwei Zeitmaler in Paris. Heinrich Heine und Honoré Daumier« und einem literarisch-musikalischen Programm: »Heinrich Heines Musikkritiken in Paris. Franz Liszt und Frédéric Chopin«.
15.12.1998	Thomas Lang liest in Anwesenheit des Autors aus »In der Erinnerung«, dem letzten Band der großen Romantrilogie von Dieter Forte. Begrüßung: Prof. Dr. Joseph A. Kruse. Veranstalter: HHI und S. Fischer Verlag.

Nachruf auf Inge Hermstrüwer

Nach nur zwei Jahren im Ruhestand ist die langjährige Archivarin des Heinrich-Heine-Instituts und frühere Mitarbeiterin der Düsseldorfer Heine-Ausgabe Inge Hermstrüwer, geboren am 4. März 1932, nach kurzer, schwerer Krankheit am 22. August 1999 verstorben. Für über drei Jahrzehnte war sie zuerst am Grabbeplatz, wo sie im Rahmen der Heine-Arbeitsstelle an der Auswertung zeitgenössischer Zeitschriften mitwirkte, eine liebenswürdige Ansprechpartnerin für Gäste und Benutzer von nah und fern, schließlich seit Herbst 1975 im neuen Domizil des Heinrich-Heine-Instituts an der Bilker Straße unermüdlich als Archivarin und Sachwalterin für das Heine-Archiv, die Schumann-Sammlung und die große Autographenabteilung des Instituts tätig. Am Aufbau des erst 1970 verselbständigten Heinrich-Heine-Instituts, der Pflege und Ordnung seiner Sammlungen, anfangs auch was den graphischen Bereich und Fotobestand anging, war sie maßgeblich beteiligt. In den frühen Jahren der Außenwirksamkeit des Instituts übernahm sie mit Sachverstand und Liebe auch den Aufbau zahlreicher Heine- und Schumann-Originalausstellungen im In- und Ausland. Ob in Moskau oder Sofia, in New York oder Washington war sie vor allem auch für die Partnereinrichtungen die Seele der historischen Literatur- und Musikvermittlung. In Düsseldorf widmete sie sich nachhaltig auch dem Bereich des Kunstarchivs mit Beständen zur Düsseldorfer Malerschule. Benutzerinnen und Benutzer aus aller Welt fühlten sich bestens von ihr betreut. Während der offiziell schwierigen Jahre der Zusammenarbeit mit der Heine-Säkularausgabe im Goethe- und Schiller-Archiv Weimar und dem Schumann-Haus in Zwickau schuf sie Möglichkeiten freundschaftlichen Austausches und gemeinsamer archivischer Fürsorge. Inge Hermstrüwer besaß die Kunst, Mauern zu überwinden, der Sache zu dienen und zu den Menschen ihres Arbeitsumkreises Freundschaften aufzubauen. Aber auch ihre Außenkontakte zu den Einrichtungen Düsseldorfs und der näheren und ferneren Umgebung waren immer geprägt von einer Liebe zum Detail und einer Anhänglichkeit an das Ganze. Das Heinrich-Heine-Institut bedeutete ihr Heimat und Erfüllung; die Einrichtung wurde vielerorts gleich und ohne Umschweife mit ihr in Verbindung gebracht. Ihrer publizistischen Pflege unterlag die Veröffentlichung von Beständen des Heine-Archivs, die Bildauswahl und Unterstützung zahlreicher Kataloge, zahlreicher Chroniken und mancher auf die Belange der Sammlungen bezogenen Beiträge. Nach ihrer Betreuung eines großen Clara-Schumann-Projektes am Ende ihrer aktiven Zeit ermöglichte sie, direkt nach ihrem Ausscheiden aus dem Dienst, der Ausstellung über Heine und England in London Anfang 1998 eine vielbeachtete Existenz. Wir werden ihr Andenken in Ehren halten!

Joseph A. Kruse

Hinweise für die Autoren

Für unverlangt eingesandte Texte und Rezensionsexemplare können wir keine Gewähr übernehmen.

Die Autoren werden gebeten, soweit sie mit Computern arbeiten, ihre Beiträge möglichst als Ausdruck und Diskette einzusenden.

Die Manuskripte sollen folgendermaßen eingerichtet sein:

1. Im Text:

Zitate und Werktitel in doppelte Anführungszeichen.
Größere Zitate (mehr als 3 Zeilen) und Verse einrücken. Sie werden in kleinem Druck gesetzt; eine weitere Kennzeichnung entfällt.
Auslassungen oder eigene Zusätze im Zitat: [ ].
Hochzahlen (für Anmerkungen) ohne Klammer hinter den schließenden Anführungszeichen, und zwar vor Komma, Semikolon und Doppelpunkt, aber hinter dem Punkt.
Unterstreichung bedeutet Kursivsatz.

2. Fußnoten

Alle Anmerkungen fortlaufend durchnumeriert am Schluß des Manuskriptes. Hochzahlen ohne Klammer oder Punkt.
Literaturangaben in folgender Form:
a) Bücher
    – Monographien: Vorname Zuname des Verfassers: Titel. Ort Jahr, Band (röm. Ziffer), Seite.
    – Editionen: Vorname Zuname (Hrsg.): Titel. Ort Jahr, Seite.
b) Artikel
    – in Zeitschriften: Vorname Zuname des Verfassers: Titel. – In: Zeitschriftentitel Bandnummer. Jahr, Seite.
    – in Sammelwerken: Vorname Zuname des Verfassers: Titel. – In: Titel des Sammelwerks, hrsg. von Vorname Zuname. Ort Jahr, Band, Seite.
Bei wiederholter Zitierung desselben Werkes: Zuname des Verfassers [Anm. XXX], Seite.

c) Heine-Ausgaben und gängige Heine-Literatur
   – Abkürzungen nach dem Siglenverzeichnis (im Heine-Jahrbuch hinter dem Inhaltsverzeichnis) verwenden.
   – Heine-Texte möglichst im laufenden Text unter Verwendung der Abkürzungen in runden Klammern nachweisen [z.B. (B III, 100) oder (DHA I, 850) oder (HSA XXV, 120)].

3. Abkürzungen:

Zeitschriftentitel u. dgl. möglichst nach dem Verzeichnis der »Germanistik« u.ä.
S.   = Seite
hrsg. v. = herausgegeben von
Auflagenziffer vor der Jahreszahl hochgestellt.
(vgl. auch das Verzeichnis der Siglen hinter dem Inhaltsverzeichnis in diesem Jahrbuch).

4. Korrekturen:

Der Verlag trägt die Kosten für die von der Druckerei nicht verschuldeten Korrekturen nur in beschränktem Maße und behält sich vor, den Verfassern die Mehrkosten für Autorkorrekturen zu belasten.

Abbildungen

S. 31: Heinrich Heine. Statuette von Theodor von Gosen (1898). Bronze, ca. 50 cm (Markus von Gosen, Prien, Foto: Berger, Prien).

Theodor von Gosen wurde 1873 in Augsburg geboren. Er studierte von 1892 bis 1899 an der Akademie der bildenden Künste in München. Von 1906 bis zur Schließung 1932 war er Professor an der Kunstakademie in Breslau. Er starb 1943 in Breslau (vgl. Der Bildhauer Theodor von Gosen 1873–1943. Einführung von Hubertus Lossow. München 1979. SILESIA Folge 22. Publikationen der Stiftung Kulturwerk Schlesien).

Ein Exemplar seiner Heine-Statuette befindet sich im Orz´agos Szeßmüveszti Museum, Budapest, ein weiteres war im Besitz der Kunsthalle, Bremen, und wurde 1933 verkauft. Möglicherweise ist es jenes Stück, das bei einer Versteigerung vom Museum des Hauses Schlesien in Königswinter erworben wurde. Das Gußmodell befindet sich im Besitz seines Sohnes Markus von Gosen, Prien.

S. 132: Elise Krinitz. Phantasie-Porträt der »Mouche« mit einem handschriftlichen Gedicht. Künstler und Verfasser sind unbekannt (Heinrich-Heine-Institut, Düsseldorf, Foto: Walter Klein).

S. 140f.: Briefe der achtjährigen Elise Krinitz in französicher und deutscher Sprache an Rosalie Müller, geb. Koch, die Schwester ihrer Adoptivmutter (U. Meyer-Hoissen, Foto: Walter Klein).

S. 218ff.: Heine-Denkmäler von Waldemar Grzimek in Berlin und Ludwigsfelde (Fotos: Erich Wulf).

S. 229f.: Heine-Briefmarken der Französichen Zone, der ehem. DDR und der Bundesrepublik Deutschland.

Mitarbeiter des Heine-Jahrbuchs 1999

Prof. René Anglade, 49, rue de Chatenay – Estérel 4, F-92160 Antony

Christoph Bartscherer, Ludwig-Maximilians-Universität, Veterinärstr. 1, 80539 München

Dr. Sabine Bierwirth, Generalkonsulat Breslau, Postfach 1730, 02818 Görlitz

Traute-Renate Feuerhake, Karl-Müller-Str. 14, 40237 Düsseldorf

Prof. Dr. Menso Folkerts, Ludwig Maximilians Universität München, Institut für Geschichte der Naturwissenschaften, Postfach, 80306 München

Dr. Renate Francke, Stiftung Weimarer Klassik, Goethe- und Schiller-Archiv, Postfach 2012, 99401 Weimar

Dr. Bernd Füllner, Urdenbacher Dorfstr. 30, 40593 Düsseldorf

Dr. Karin Füllner, Urdenbacher Dorfstr. 30, 40593 Düsseldorf

Martin Glückert, Thüngersheimerstr. 28, 97209 Veitshöchheim

Prof. Dr. Wilhelm Gössmann, Graf-Recke-Str. 160, 40237 Düsseldorf

Prof. Dr. Gerhart Hoffmeister, University of California, Department of Germanic, Slavic and Semitic Studies, Santa Barbara, California 93106-430/USA

Prof. Dr. Karl Heinz Götze, Grüneburgweg 137, 60323 Frankfurt a. M.

Dr. Christoph auf der Horst, Klosterstr. 51, 40211 Düsseldorf

Gerda Kaltwasser, Schiefbahnweg 23, 40547 Düsseldorf

Dr. Bernd Kortländer, Gernandusstr. 8, 40489 Düsseldorf

Prof. Dr. Joseph A. Kruse, Feldstr. 39, 40479 Düsseldorf

Prof. Dr. Dr. Alfons Labisch, Heinrich-Heine-Universität Düsseldorf, Institut für Geschichte der Medizin, Universitätsstr. 1, 40225 Düsseldorf

Dr. Susanne Ledanff, University of Canterbury, Department of German, Private Bag 4800, Christchurch / New Zeeland

Prof. Dr. Moustafa Maher, 8 Sharia Ali Amin Maher, 11351 Heliopolis-West, Kairo / Ägypten

Dr. Fritz Mende, Dichterweg 26, 99425 Weimar

Prof. Dr. Hans-Christoph Graf v. Nayhauss-Cormons, Wolfsweg 11, 76593 Gernsbach-Staufenberg

Robert Olwitz, Desnißstr. 5, 22083 Hamburg

Prof. Dr. Helmut Schanze, Laurentiusstr. 60, 52072 Aachen

Dr. Franz Schüppen, Grenzweg 34, 44623 Herne

Marianne Tilch, Heinrich-Heine-Institut, Düsseldorf, Bilker Str. 12–14, 40213 Düsseldorf

Prof. Dr. Manfred Windfuhr, Frankfurter Weg 6, 41564 Kaarst

Prof. Dr. Bernd Witte, Heinrich-Heine-Universität, Germanistik II, Universitätsstr. 1, 40225 Düsseldorf

Erich Wulf, Goethestr. 2, 12459 Berlin

Wolfram Zöller, Karlsruher Str. 21, 30519 Hannover

Printed in the United States
By Bookmasters